JN140407

東亞同文會編纂發行

中國省別全誌

第四卷

山東省

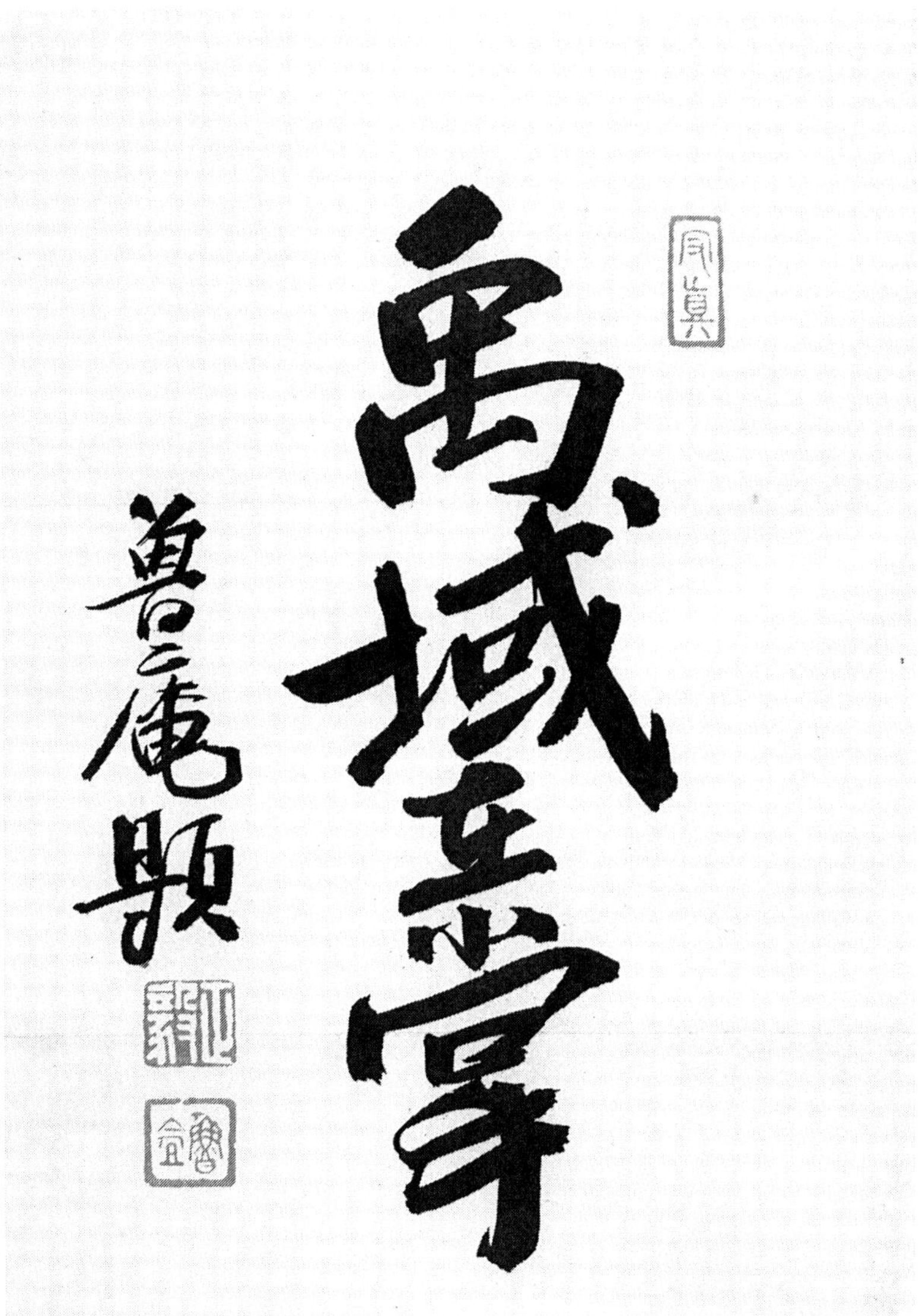
善庵題

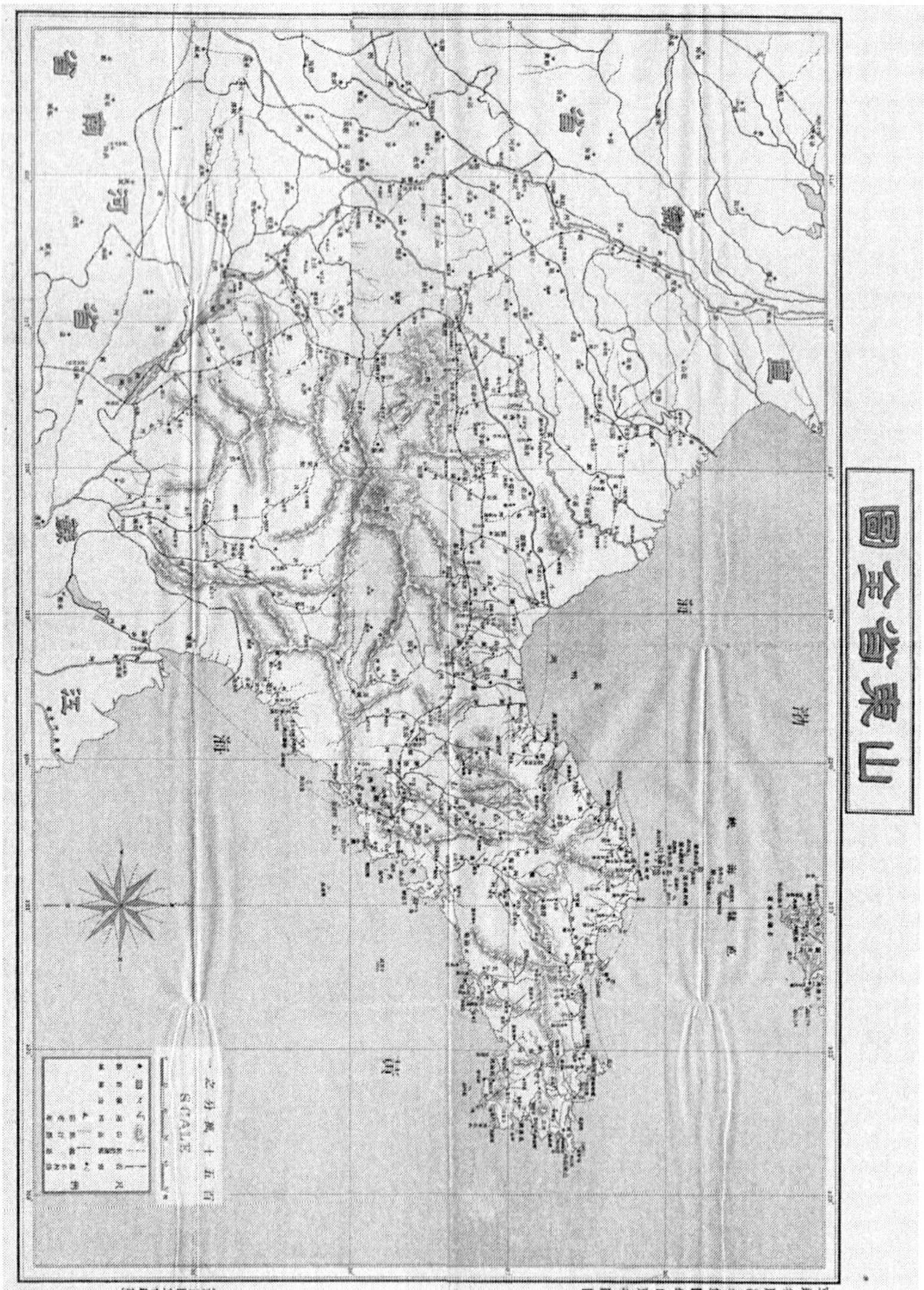
山東省全図
SCALE

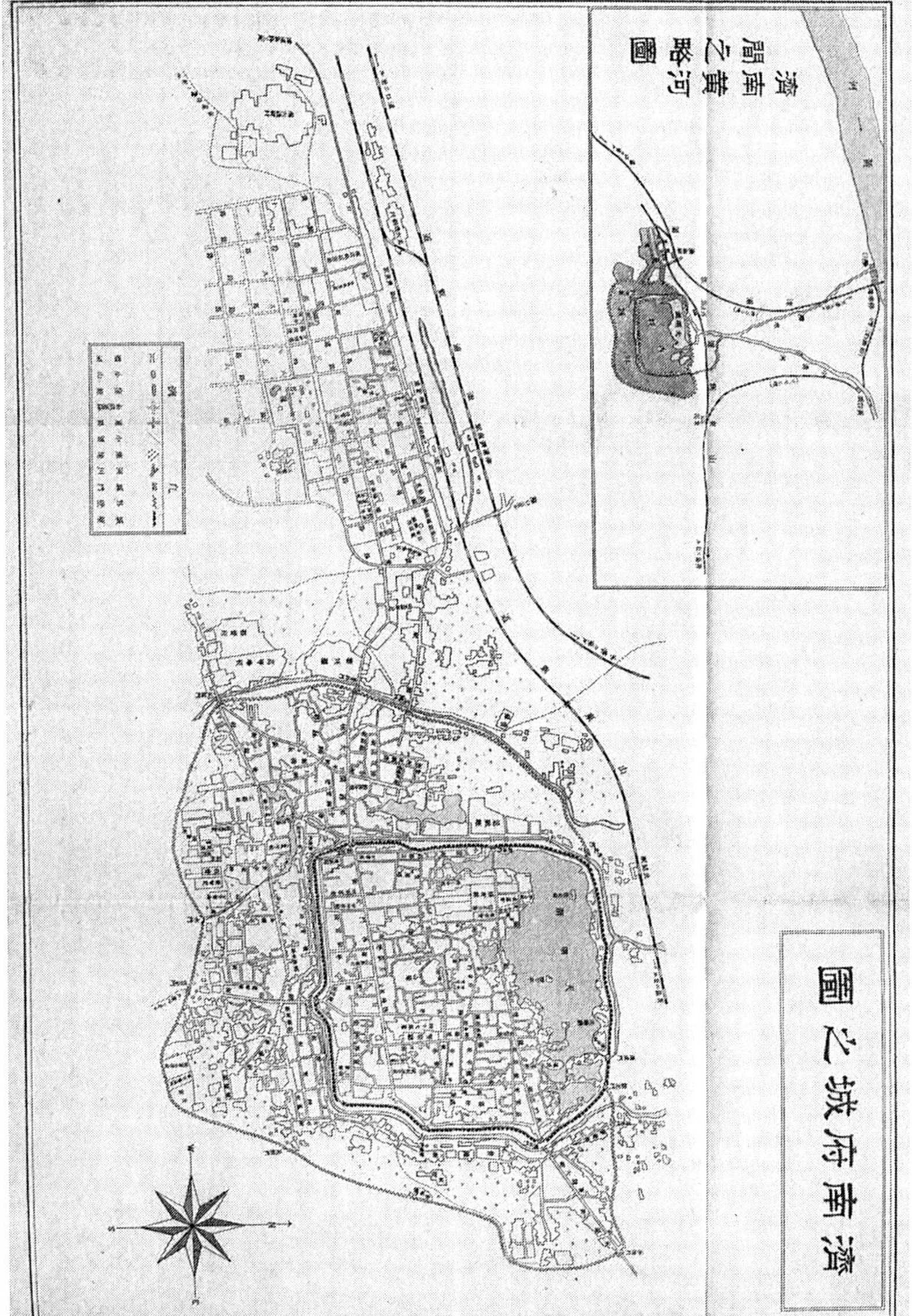
濟南府城之圖
濟南黃河間之略圖

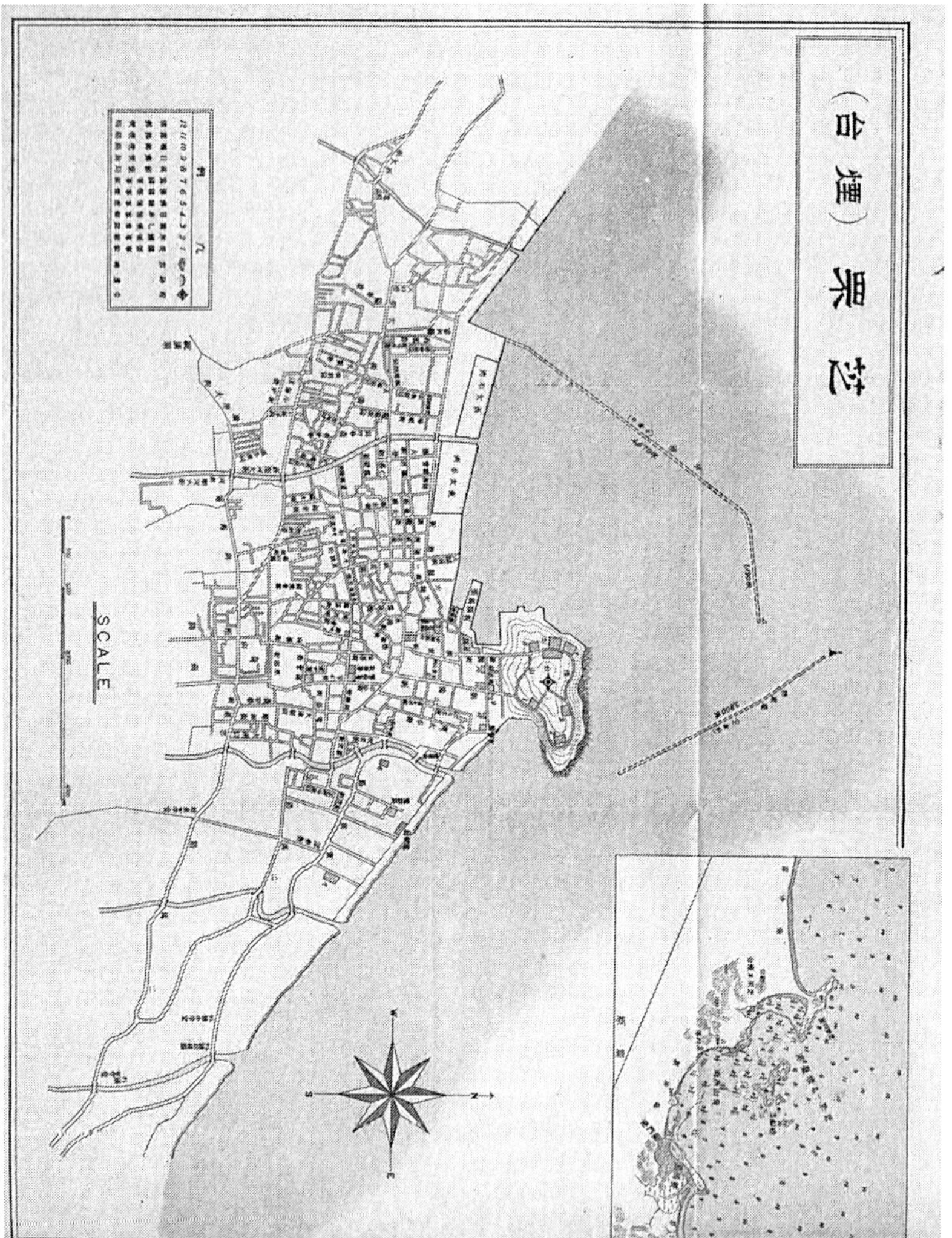
芝罘（煙台）
SCALE

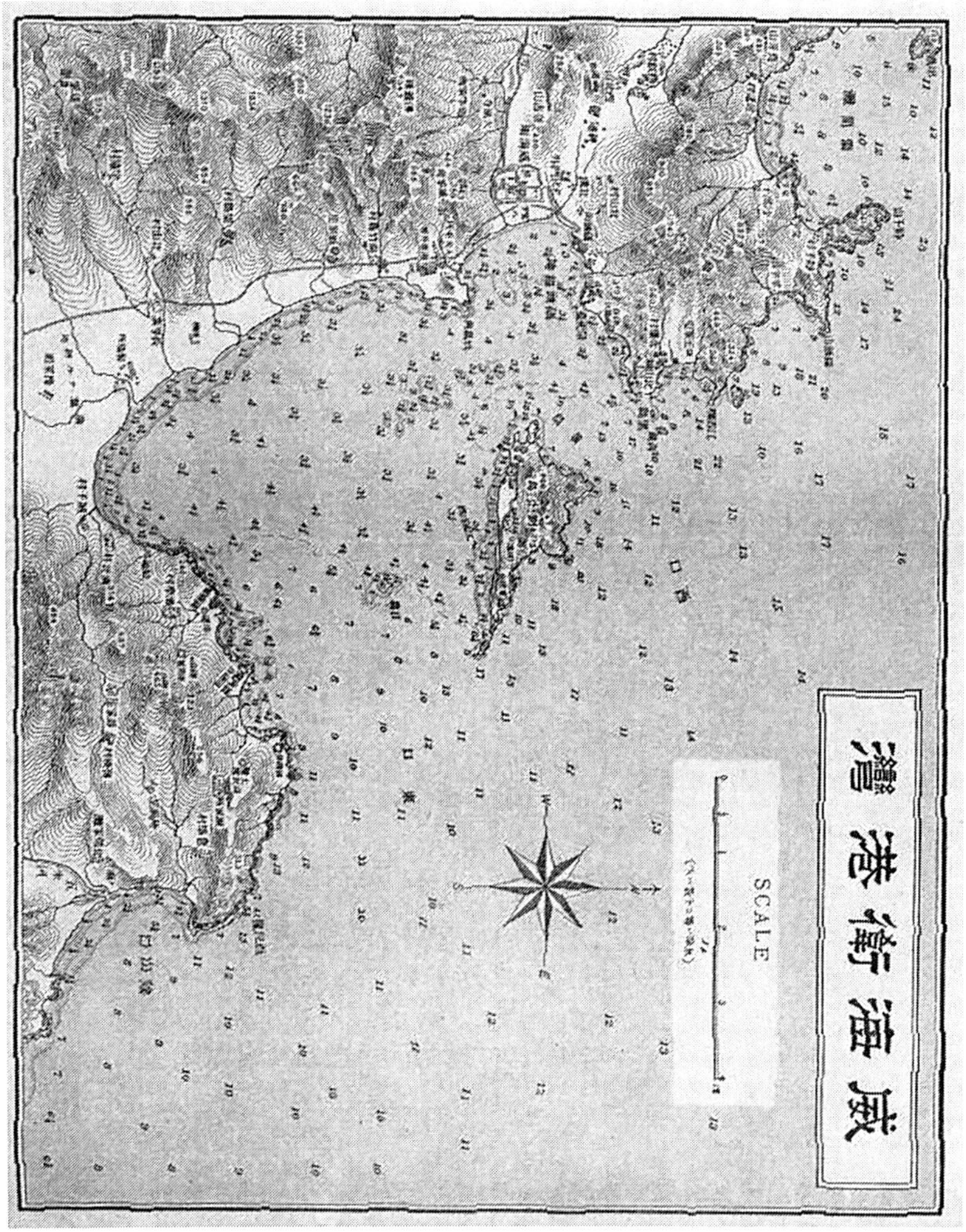
威海衛港灣
SCALE

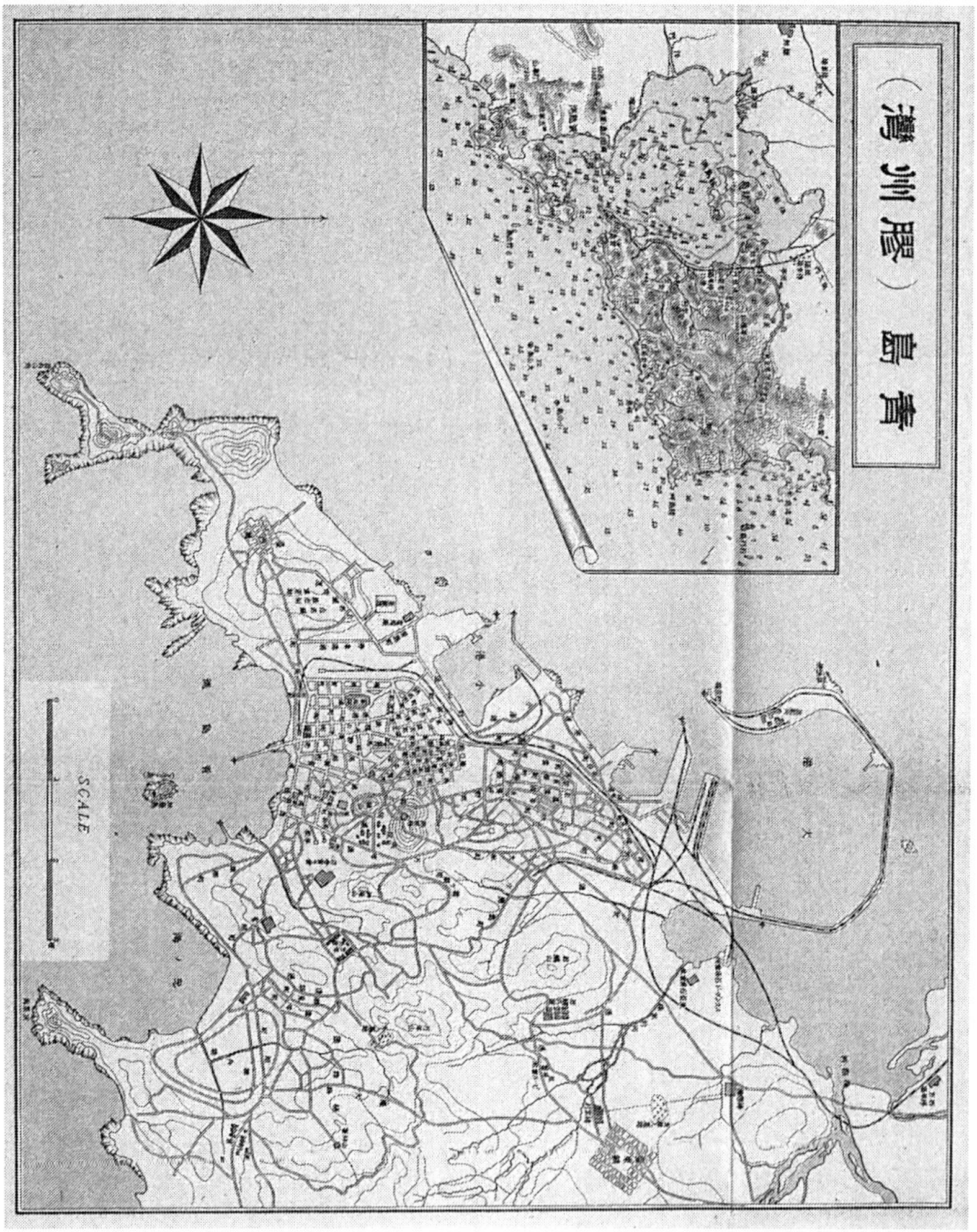

P4 ～ 8 は、
1917 ～ 20 年に出版された
『支那省別全誌 第四巻 山東省』
に掲載された図版。

中国省別全誌

東亜同文会

Japan met China in 20th Century

第四巻

山東省

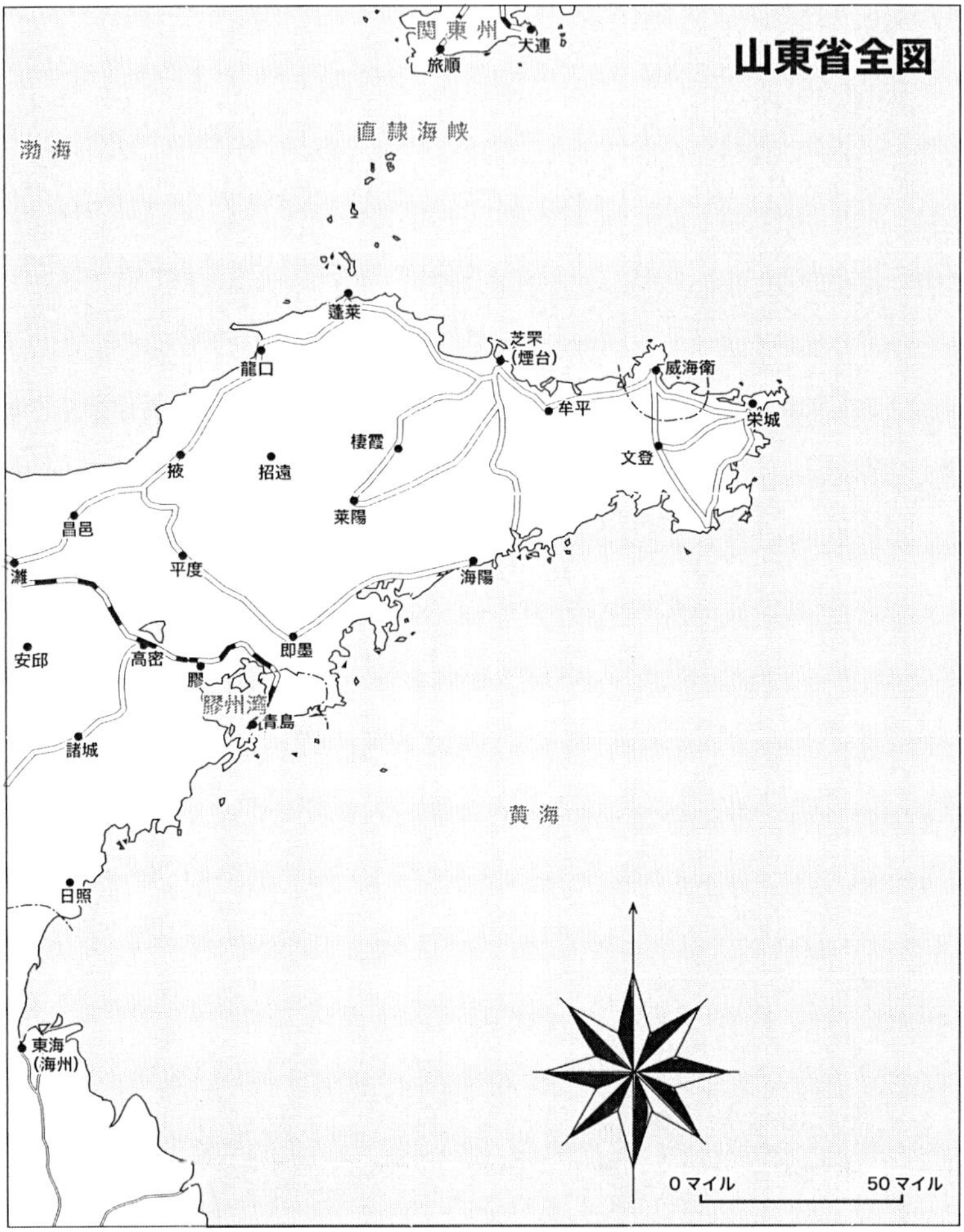
山東省全図
関東州
旅順
大連
直隷海峡
渤海
蓬萊
龍口
芝罘
(煙台)
威海衛
牟平
栄城
棲霞
招遠
掖
文登
昌邑
萊陽
平度
濰
海陽
即墨
安邱
高密
膠
膠州湾
青島
諸城
黄海
日照
東海
(海州)
0 マイル
50 マイル

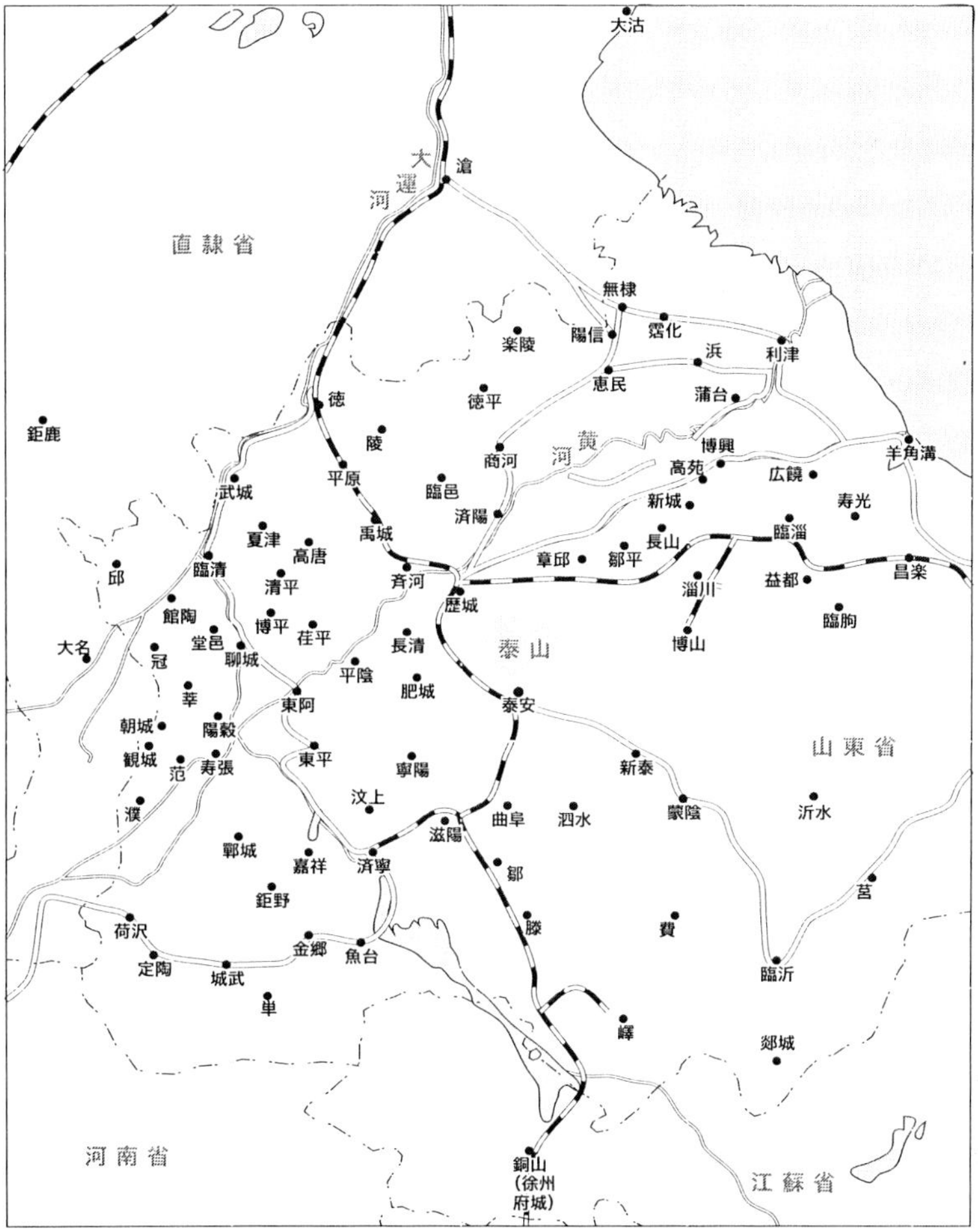
大沽
大運河
滄
直隷省
無棣
霑化
陽信
楽陵
利津
浜
恵民
蒲台
徳
徳平
鉅鹿
陵
黄河
博興
羊角溝
商河
高苑
広饒
平原
臨邑
武城
新城
寿光
済陽
禹城
夏津
高唐
長山
臨淄
章邱
鄒平
邱
臨清
斉河
清平
淄川
益都
昌楽
歴城
館陶
博平
茌平
臨朐
大名
堂邑
長清
泰山
博山
冠
聊城
平陰
莘
肥城
泰安
東阿
朝城
陽穀
観城
范
寿張
東平
新泰
山東省
寧陽
汶上
濮
曲阜
泗水
蒙陰
沂水
滋陽
鄆城
嘉祥
済寧
鄒
莒
鉅野
荷沢
滕
費
金郷
魚台
定陶
城武
臨沂
単
嶧
郯城
河南省
銅山
(徐州
府城)
江蘇省

序その一

中国省別全誌

大なるかなアジア。面積千七百万方マイル、生民の数十億を算す。しこうしてその多くは制を欧州に受け、独立国の実を存する者、ただ日中両国あるのみ。あに慨嘆《がいたん》に堪ゆべけんや。しかりといえども、盛衰の運は循環してきわまることなし。日中両国、提携、発憤し、もって文化発達に努力せば、アジアの興隆を復活すること、必ずしも望なきにあらず。両国の責任、また軽からずというべし。

思うに日中両国は、数千年来親交の歴史を有し、その国家は唇歯輔車《しんしほしゃ》の関係あり。その人民は同文にして同種たり。相より相たすけてともに、ともに文明富強の域に進まざるべからざるや、もとより論なし。我が東亜同文会の起こるや、その目的、実に東亜の大勢に鑑み、両国交誼《こうぎ》を厚くし、相互の福利を増進し、もって東亜の隆運を促進し、もって世界文明の進歩に資せんとするにあり。しこうしてその創立以来、両国縉紳《しんしん》の交際、子弟の教育、貿易の奨励、政治経済の調査等に全力を傾注す。上海東亜同文書院の設立もまた実にその事業の一に居る。

上海東亜同文書院の創立は、明治三十三年にあり。今にいたるまで年を閲《けみ》すること十有八載。その間、我が国各府県より俊秀を選抜して上海に送り、薫陶《くんとう》教育したる者、すでに一千になんなんとす。しこうして毎歳夏秋の候学生のまさに卒業せんとする者を中国全土に派遣して、その形勢を調査考察せしめ、山川、城邑、人情、風俗より物資の豊凶、交通の便否にいたるまで、細大漏らすところなく、北は黄河をこえて陰山を渡り、西は秦蜀峨眉の峯を攀《よ》じ、南は滇粤苗瑶の野を踏み、勇往邁進《ゆうおうまいしん》、櫛風沐雨《しっぷうもくう》、足跡ほとんど全省にあまねく報告の稿本《こうほん》積んで、二十万頁の多きに達す。本書は、実にこの稿の要を提し、新しきを加え、修訂《しゅうてい》したるところにかかる。

　そもそも中国は、古来、地理書において備われる国なり。上代に禹貢あり、漢に水経あり、歴代の史書また地理志を載す。くだりて太平寰宇記、大明、大清の一統志等、浩瀚《こうかん》なる書籍挙げて数うべからず。しかれども近世にいたりては完全の著述なく、ことに現在の形勢を記録するの書にとぼし。これ実に内外、人士のひとしく遺憾とするところなり。

　本会の本書を編するこの欠漏《けつろう》を補い、いささか中国研究の便をはかり、もって方今《ほうこん》の急務に応ぜんとするにほかならず。もしそれその大成にいたりては、まさにこれを他日に期せんと欲す。

　思うに政治経済、その他百般の経世的施設は、そのもとづくところ、一に国土人民の形勢をつまびらかにするにあり。地理書の必要、実にここに存す。この書、もし幸いに日中両国の親善に資し、東亜文運の進歩に益するあらば、吾人の欣幸《きんこう》これに如《し》くはなし。

大正六年三月　東亜同文会幹事長　小川平吉

序その二

中国省別全誌

禹貢九州の域、九塞九沢、八風六水、会稽の竹箭、梁山の犀象、華山の金石、霍山の珠玉、幽都の節角、斥山の文皮よりもって岱岳の五穀、桑麻魚塩におよび正徳、利用、厚生はすなわち政治の三大綱にして、三礼九経もってこれを実施す。往古より人文開明、百物豊饒、黄帝以来、五千年民物の盛磁盛を加う清朝の統宇にいたり、八殯をあわせ八紘を呑む夏、満、蒙、蔵、地の広き四百万方マイル、人の多き四億万、長江の水域八十万方マイル、すなわちこれが大動脈たり。天下の宝蔵、いずれかよくこれに比駢《ひへん》するものあらんや。しかも地表農産力は進んで、その倍額の収穫に達し得るの余裕を存し、地中五金の博厚無限なる今なお、おいて顧みざるの状にあり。異日、鉄路縦横、千里咫尺《しせき》の時機にいたらば、その富源の発暢《はっちょう》、実に世界を驚かすものあり。しこうして列強、経済経営の聯驃、角逐場たるべきは、今より足を翹《あ》げてまつべきなり。

我が国の中国におけるその政治経済上、特種重要緊密の関係ある、更に喋々《ちょうちょう》を待たず。いわんや欧戦終息後、中国の世界問題の中心たるべき暁に想到するにおいてをや、我が国人たるもの、すべからく早きにおよんで中国の国情民物を熟了し、深謀遠慮《しんぼうえんりょ》、事々その善後を未然に策するの用意なくして可ならんや。語にいわく、凡事《ぼんじ》不予測不成と。またいわく、未雨綢繆牖戸《ちゅうびゅうゆうこ》と。しこうして事物の経理運用は、まず彼を知り己を知るを本《もと》とす。敵を見て矢を矧《は》ぎ、盗を捕えて、縄を綯《な》うは、もとより智者のことにあらず。しからば、すなわち今日、中国の国情民物を講明《こうめい》する、これあに我が国人の一大急務にあらずや。ひとり憾《うら》むらくは、とくに国情の複雑民物の繁錯なる中国に対し、これが研鑽《けんさん》に資すべき良書のとぼしきを、これ一葦帯水《いちいたいすい》の比隣に位置しおるにかかわらず、我が国人士の中国の情偽に精通徹底せる者、はなはだ少なきゆえんなり。

弊院、つとにここに慨するあり。あえて自らはからず中国の地理、気候、人情、風俗、物産より、もって政治、経済、教育、軍事にいたり、細大これを討究闡明《せんめい》し、もって世人の対中国研究に資するあらんと企図し、明治四十年より起こり、ここに十星霜、毎歳、卒業期に達せる約百名の学生を十数班にわかち、四月有余の日子を費やし、如上《じょじょう》、各項の問題をもたらして深く二十二省、および内蒙の境域を跋渉《ばっしょう》し、実地子細に研究せしむ。その間、櫛風沐雨《しっぷうもくう》、苦心惨憺《さんたん》あるいは数日、自炊露宿し、あるいは幾天さらに飲料を得ざる。あるいは革命の戦間を彷徨《ほうこう》するあり。あるいは氾濫淹溺《えんでき》にあうあり。あるいは土匪《どひ》郷棍の包囲するところとなり。あるいは瑶苗瘴癘《しょうれい》の境に陥るがごとき、その危険辛艱《しんかん》、到底、世人想像し能わざるところ。しこうして貲《し》を投ずること約二十万金、人をもちゆること一千人、その調査報告書、今や積もりて無慮《むりょ》、二十余万頁の多きに達するを得たり。ここに我が同文会において、これにつき、一大編纂を籌画し、その粋《すい》をとり、要を抜き、もって中国省別全誌と名づけ、梓《し》にのぼせて、これを世に公にせんとし、大村学士その編纂主任たり。そもそも学士は、かつて我が書院教授の職にあること十年該、調査研究の課業を担当主管せるの人、学問該博《がいはく》、判断正確ことに漢籍の造詣深く、もっとも中国の政治、民物、地理に精通す。その著、中国政治地理誌のごとき現に世評の嘖々《さくさく》たるを見る。今、学士にしてその心血を注いでことに本書の監修にしたがうむべなるかな。その編纂のよろしきを得て、綱挙《こうきょ》の目張り、条理整然、周到鮮明、小大、要をつくせるや。思うに、この書ひとたび出ず、その世の対中研究者における必ず霧海《むかい》の南針夜途の北斗たるべきを疑わざるなり。

大正六年三月　東亜同文書院長　根津一撰

目次　中国省別全誌 第四巻 山東省

凡例

一、本書はその資料を主として、上海東亜同文書院各期生の実地調査報告書にとる。その調査施行班は左のごとし。

明治四十年　第五期生　芝罘駐在班、山東班
明治四十一年　第六期生　津浦班
明治四十三年　第八期生　山東班
明治四十四年　第九期生　天津循環班、江蘇山東班
大正元年　第十期生　青島秦皇島班、通州済南班、南京天津班
大正二年　第十一期生　津浦京漢班、京漢津浦班
大正三年　第十二期生　山東班、安徽河南班
大正四年　第十三期生　山東盛京班、山東直隷班

一、本書の編纂には、木村欣一氏、主としてこれにあたり、山崎長吉氏、開市場、都会、交通および運輸、郵電の四編をもっぱら編成し、地図作成は今野留次氏これにしたがいしも、大村氏は事情やむを得ざるに会し、ついに職を辞し、今野氏また病により退きしをもって、山崎氏その後を継ぎ、編集および校正の任にあたれり。ここに付記してその責任を明らかにす。

一、本書における郵電の編は、紙数の関係上、従来のごとく詳記《しょうき》する能わざるをもって本省特種のものを挙ぐるにとどめたり。

一、開市場として挙げたるは、外国貿易のため開放し、外人の居住営業を許す地方とし、その他、特別輸出入港汽船寄港地などはこれを都会に編入せり。

一、本書にもちいたる中国貨幣は、金銀の相場その他種々の事情により、我が国貨幣と比価を定めがたし。今、その大体の比較を次に示す。

一元（または一弗という）	我が一円内外
半元（または五毫五毛五角という）	我が五十銭内外
双毫（双毛また二毛二角という）	我が二十銭内外
半毫（半毛という）	我が十銭内外
仙または分（当十銅元一箇また十文という）	我が一銭内外
文（制銭一個または銅元につきいう）	我が一厘内外

海関両の一年平均比価を示せば次のごとし。

一九一〇年	二志八片十六分の十五	我が一円三四
一九一一年	二志八片四分の一	我が一円三二
一九一二年	二志〇片五分の八	我が一円四九
一九一三年	二志〇片四分の一	我が一円四七
一九一四年	二志八片四分の三	我が一円三三
一九一五年	二志七片八分の一	我が一円二五

一、本書にもちいたる支里は、各地中国人のいうところにしたがえるものとす。ゆえにその標準各地にて異なり、多少の長短あり。すなわち大概の比較を示せば、次のごとし。

一支里＝一、八〇〇中国尺	我が六町内外
民国所定の一支里	我が五町二八
海関所定の一支里	我が五町九〇九

一、本書にもちいたるマイルは次のごとし。

一マイル＝五、二八〇フィート	我が十四町七五二三二
一海里＝六、〇八二フィート	我が十六町九九三一

また、中国にて一マイルを五、二八〇中国尺とし、これより一マイル＝二・九と一／三支里となすものもあり。

その他、度量衡は本書中に記載せるをもって略す。

一、本書第六編郵便電信にもちいたる英文にして、両者一致せざるものあるは、現今、電信にもちゆるものは、必ずしも郵便にもちゆるものと同一ならざるをもってなり。

一、最近の我が国、中国、西暦、対照年表を挙ぐ。

明治　元年	同治　七年	一八六八年
明治　二年	同治　八年	一八六九年
明治　三年	同治　九年	一八七〇年
明治　四年	同治一〇年	一八七一年
明治　五年	同治一一年	一八七二年
明治　六年	同治一二年	一八七三年
明治　七年	同治一三年	一八七四年
明治　八年	光緒　元年	一八七五年
明治　九年	光緒　二年	一八七六年

明治一〇年	光緒三年	一八七七年
明治一一年	光緒四年	一八七八年
明治一二年	光緒五年	一八七九年
明治一三年	光緒六年	一八八〇年
明治一四年	光緒七年	一八八一年
明治一五年	光緒八年	一八八二年
明治一六年	光緒九年	一八八三年
明治一七年	光緒一〇年	一八八四年
明治一八年	光緒一一年	一八八五年
明治一九年	光緒一二年	一八八六年
明治二〇年	光緒一三年	一八八七年
明治二一年	光緒一四年	一八八八年
明治二二年	光緒一五年	一八八九年
明治二三年	光緒一六年	一八九〇年
明治二四年	光緒一七年	一八九一年
明治二五年	光緒一八年	一八九二年
明治二六年	光緒一九年	一八九三年
明治二七年	光緒二〇年	一八九四年
明治二八年	光緒二一年	一八九五年
明治二九年	光緒二二年	一八九六年
明治三〇年	光緒二三年	一八九七年
明治三一年	光緒二四年	一八九八年
明治三二年	光緒二五年	一八九九年

明治三三年	光緒二六年	一九〇〇年
明治三四年	光緒二七年	一九〇一年
明治三五年	光緒二八年	一九〇二年
明治三六年	光緒二九年	一九〇三年
明治三七年	光緒三〇年	一九〇四年
明治三八年	光緒三一年	一九〇五年
明治三九年	光緒三二年	一九〇六年
明治四〇年	光緒三三年	一九〇七年
明治四一年	光緒三四年	一九〇八年
明治四二年	宣統　元年	一九〇九年
明治四三年	宣統　二年	一九一〇年
明治四四年	宣統　三年	一九一一年
大正元年	中華民国元年	一九一二年
大正二年	中華民国二年	一九一三年
大正三年	中華民国三年	一九一四年
大正四年	中華民国四年	一九一五年
大正五年	中華民国五年	一九一六年
大正六年	中華民国六年	一九一七年

山東省は泰山山東に位するよりその名出ず。上代、陝西、河南、山西、直隷各省とともに漢民族のつとにこれを開拓ししところ、禹貢には、済河はこれ兗州、海岱はこれ青州、海岱より淮にいたるこれ徐州という。

第一編

山東省総説

Japan met Shandong in 20th Century

第一編　山東省総説　23

第一章

沿革略

山東省は泰山山東に位するよりその名出ず。上代《じょうだい》、陝西、河南、山西、直隷各省とともに漢民族のつとにこれを開拓ししところ、禹貢には、済河はこれ兗州、海岱《かいたい》はこれ青州、海岱より淮にいたるこれ徐州という。これによれば、岱山以東、海にいたる間を青州とし、泰山以西、済河（今の黄河河道）流域を兗州とし、泰山以南、江蘇の淮水にいたる間を徐州といいしものなり。

また今の済寧州以西の曹州府一帯は、これを豫州の一部とし、豫州は今の河南大部、湖北一部をあわせて称せるなり。

周代には、青州、兗州、徐州の三州とし、春秋には斉、魯、および衛、宋、曹、滕、薛、郳、莒、杞等の諸国、この間に割拠し、戦国にはほとんど全省斉の領するところとす。秦の天下を併するや、斉郡、琅琊郡、薛郡、東郡の四郡をおく。漢の元封五年、十三州刺史部をおきしとき、山東の間に兗州、青州、徐州の三州刺史部を設く。後漢には青、徐、兗、豫の四州とす。ただし上代より今の山東と直隷、河南、江蘇の境界は今のごとく定まれるにあらず。ゆえにその兗、青、豫、徐等各州はときとして、直隷の南部河南の東部、江蘇の北部にまたがりしこともあり。

唐代の十道においては今の河南、安徽一部、直隷一部を山東と合し、黄河以南、淮水以北、函谷関以東を河南道と称し、今の山東には曹、済、斉、淄、兗、沂、青、莱、棣、密等の各州をおく。このとき、黄河以北の一小部は河北道に属す。宋の十五路においては河南の開封府を中心として唐の河南道を二分し、その東部を京東路とし、その西を京西路と名づく。

金が南下して北中国に根拠するや、宋の京東、京西二路の大部をおさめ、京西路を山東路とあらたむ。こ

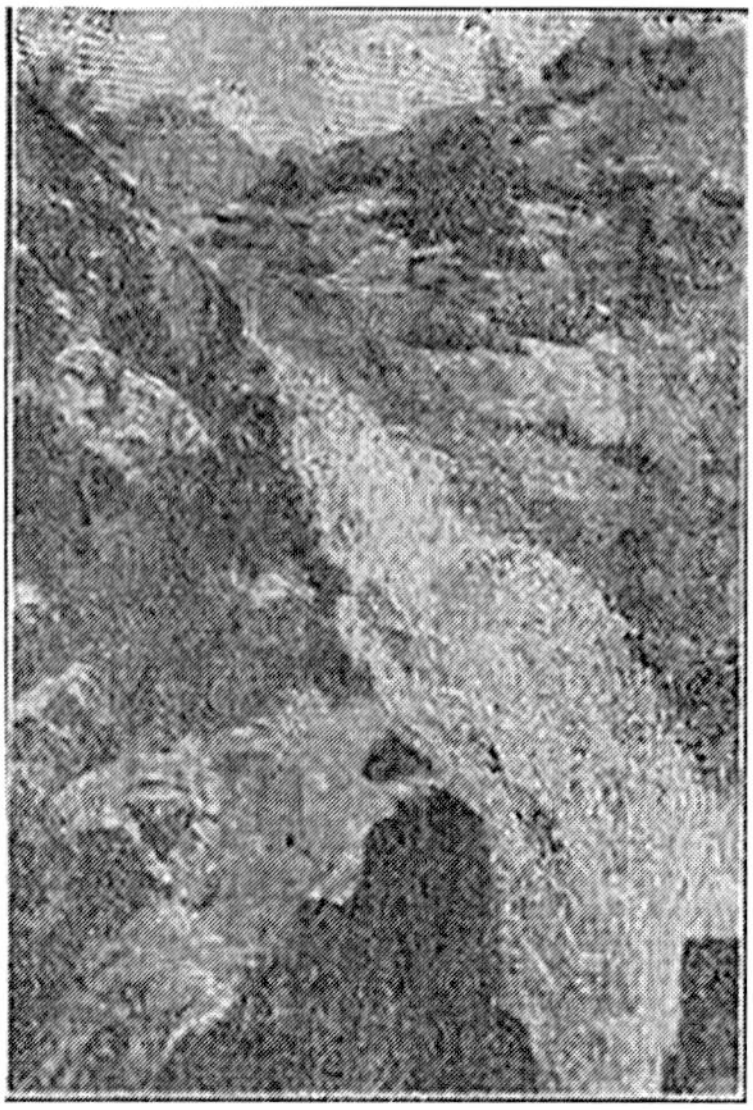

▶泰山の瀑布

れより山東の名、起こる。

元は従来、河南あるいは陝西の間にありし都を北京に遷し、今の直隷、山西、山東、河南一部を合して、これを腹裏《ふくり》といい、中央政府の直轄地とし、中書省の下に属せしむ。後年、北京に都する明、清は、元の腹裏の地を数省に分かつといえども、中央威令《いれい》のもっともよく行なわるる範囲となり、内乱に際し、揚子江各省あるいは陝、甘各省の動くことありとも、この腹裏の地域は容易に中央政府管下を脱するなきを見る。最近の革命以後、しばしば南方の離反するあれども、直隷、山東、山西、河南は依然として北京政府節制に帰し、各省ほとんど中央に税賦《ぜいふ》を送らざるときにあたっても、この間のみ常に送銀を欠くなく、北方政府の根基は実にこの腹裏の地にありと称すべきなり。

明は山東承宣布政使司を済南府城におき、山東省を管理せしめ、清はこれにより山東巡撫をおきて山東一省を管理せしめたり。清が山東に巡撫のみをおき、総督を設けざりしは京畿に近く、中央節制およびやすしとせしによるなり。

第二章 清代および現時の行政区画

清代には山東省に四道、十府、三直隷州をおき、この下に州、県を設くる百六県。今は府、直隷州および州を廃し、すべて県とあらためたり。現時の行政区画は次のごとし。

済南道　領県二十七

歴城　章邱　鄒平　淄川　長山　桓台　斉河　斉東
済陽　長清　泰安　新泰　莱蕪　肥城　恵民　陽信
無棣　浜　利津　楽陵　霑化　蒲台　商河　青城
博興　高范　博山

済寧道　領県二十五

滋陽　曲阜　寧陽　鄒　滕　泗水　汶上　嶧
済寧　金郷　嘉祥　魚台　臨沂　郯城　費　蒙陰
莒　沂水　荷沢　曹　単　城武　定陶　鉅野
鄆城

東臨道　領県二十八

聊城　堂邑　博平　茌平　清平　莘　冠　館陶
高唐　観城　臨清　武城　夏津　邱　徳　徳平
平原　陵　臨邑　禹城　東平　東阿　平陰　陽穀
寿張　濮　朝城　范

膠東道　領県二十六

福山　蓬莱　黄　棲霞　招遠　莱陽　牟平　文登
栄城　海陽　掖　平度　濰　昌邑　膠　高密
即墨　益都　臨淄　広饒　寿光　昌楽　臨朐　安邱
諸城　日照

新旧対照府県名表

旧府直隷州庁名 旧県州庁名	新県名	中国郵便にもちゆる名称
済南府		
歴城県	歴城県	Tsinan（府城所在地）
章邱県	章邱県	Changkiu
鄒平県	鄒平県	Tsowping
淄川県	淄川県	Tzechwan
長山県	長山県	Changshan Sung
新城県	桓台県	Sincheng Sung
斉河県	斉河県	Tsiho
斉東県	斉東県	Tsitung
済陽県	済陽県	Tsiyang
徳州	徳県	Tehchow
徳平県	徳平県	Tehping
禹城県	禹城県	Yücheng Sung
臨邑県	臨邑県	Linyi
平原県	平原県	Ping yüan hsien
陵県	陵県	Linghsien
長清県	長清県	Chang tsing
泰安府		
泰安県	泰安県	Taianfu（府城所在地）
東平州	東平県	Tung ping
東阿県	東阿県	Tunga
平陰県	平陰県	Pingyin
新泰県	新泰県	Sintaihsien
莱蕪県	莱蕪県	Laiwuhsien
肥城県	肥城県	Feicheng
武定府		
恵民県	恵民県	Wuting（府城所在地）
陽信県	陽信県	Yangsin
海豊県	無棣県	Haifeng
楽陵県	楽陵県	Loling
浜州	浜県	Pinchow Sung
利津県	利津県	Litsinghsien
霑化県	霑化県	Chanhwa
蒲台県	蒲台県	Putai
青城県	青城県	Tsingcheng
商河県	商河県	Shangho
兗州府		
滋陽県	滋陽県	Yenchowfu（府城所在地）

曲阜県　曲阜県　Küfow
寧陽県　寧陽県　Ning yang
鄒県　鄒県　Tsowhsien
泗水県　泗水県　Szeshui Sung
滕県　滕県　Tenghsien
嶧県　嶧県　Yihsien
陽穀県　陽穀県　Yangkuhsien
寿張県　寿張県　Showchang Sung
汶上県　汶上県　Wenshang

済寧直隷州

直轄地　済寧県　Tsining
金郷県　金郷県　Kinsianghsien
嘉祥県　嘉祥県　Kiasiang
魚台県　魚台県　Yütai

沂州府

蘭山県　臨沂県　Ichowfu（府城所在地）
郯城県　郯城県　Tancheng
費県　費県　Feihsien
莒州　莒県　Chüchow Sung
沂水県　沂水県　Ishui
蒙陰県　蒙陰県　Meng yin

日照県　日照県　Jihechaohsien

曹州府

荷沢県　荷沢県　Tsaochowfu（府城所在地）
曹県　曹県　Tsaohsien
濮州　濮県　Puchow
范県　范県　Fanhsien
観城県　観城県　Kwanhsien Sung
朝城県　朝城県　Chaocheng Sung
鄆城県　鄆城県　Yünchenghsien
単県　単県　Shanhsien
城武県　城武県　Chengwu
定陶県　定陶県　Tingtao
鉅野県　鉅野県　Küyehsien

東昌府

聊城県　聊城県　Tungchangfu（府城所在地）
堂邑県　堂邑県　Tangyi
博平県　博平県　Poping
茌平県　茌平県　Chihping
清平県　清平県　Tsing ping
莘県　莘県　Sinhsien Sung
冠県　冠県　Kwanhsien Sung

館陶県	館陶県	Kwantaohsien
高唐州	高唐県	Kaotangchow

臨清直隷州

直轄地	臨清県	Lingtsing chow
武城県	武城県	Wuchenghsien
夏津県	夏津県	Siatsing
邱県	邱県	Kiuhsien Sung

青州府

益都県	益都県	Tsing chowfu
博山県	博山県	Poshan
臨淄県	臨淄県	Lintze
博興県	博興県	Pohsing
高苑県	高苑県	Kaoyüan
楽安県	広饒県	Loan hsien
寿光県	寿光県	Showkwang
昌楽県	昌楽県	Changlo
臨朐県	臨朐県	Linchü
安邱県	安邱県	Ankiu
諸城県	諸城県	Chucheng

登州府

蓬萊県	蓬萊県	Tengchowfu
黄県	黄県	Hwang hsien
福山県	福山県	Fushanhsien
棲霞県	棲霞県	Tsisia
招遠県	招遠県	Chacyüan
萊陽県	萊陽県	Laiyang
寧海州	牟平県	Ninghaichow
文登県	文登県	Wenteng
栄城県	栄城県	Jung cheng Sung
海陽県	海陽県	Haiyang hsien

萊州府

掖県	掖県	Laichow
平度州	平度県	Pingtu
濰県	濰県	Weihsien
昌邑県	昌邑県	Changi

膠州直隷州

直轄地	膠県	Kiaochow City
高密県	高密県	Kaomi
即墨県	即墨県	Tsimo

第三章

面積および人口

山東省の面積は、大約《たいやく》五五、九七〇方マイルとし、我が北海道と九州を合したるものよりもやや大なり。人口は一九一一年の民政部統計によれば、

戸数　五、三八〇、二七七戸
人口　二五、八一〇、〇〇〇人

という。今、その二千五百八十一万人をもって実に近しとすれば、一方マイルに平均四百六十人の密度となり、人口の稠密《ちゅうみつ》なる江蘇省と相比すべく、中国において人口、密度、最大なる省とす。従来、山東の人口は三千八百万人、一方マイルに対し、六百八十人なりとせるものあれど、これやや過大の数なるがごとし。

山東の人口は、その戸数の五百余万戸を実とすれば、一戸平均五人としても二千五百余万人とはかるべく、しこうしてその密度は四百六十人としても、我が国の密度三百数十に比すれば、大なること明に、これにより本省は生産力に比し、人口過剰なりといわるるなり。

山東の労働者が、年々、満州方面に出稼ぎに出ずる十数万を数え、また満州以外、ロシア領シベリアにも出て、ときあって雲南鉄道、江蘇鉄道に集まれるがごとく、中国各省の土木興るにしたがい、これに向かい、またかつてはアフリカのトランスバー金鉱に赴きしがごとく、海外に有利なる事業にもちいられ、また南洋、オーストラリア、南米各地にも出ず。

山東は苦力《クーリー》の名をもって世に知られ、芝罘、龍口二港をその出入地とし、各方面に向かう労働者は山東人を主とすることもちろんなれども、山東に連接せる地方すなわち江南、安徽、江蘇、直隷の一部より来たり、山東をへて出稼ぎする者も少なしとせず。

実に古来、陝西、山西、河南等、比較的に生産少な

く生計低き地方より、山東方面の気候も良好に、交通も便に、各種生産業もやや多きところに年々、移住し来たれる者多きは、これを証すべく、これ山東の人口密度、他省に比し、いちじるしく大となれるゆえんなり。

　ひとり山東省にとどまらず、全中国において、その内地高原あるいは高原に連なる地方より、人民が年に月に東進するはいずれの方面にもこれを認むべく、海岸各省が外国と交通自由にして、各種の企業この間に興り、内地にて想像するだに能わざる経済状況は、ますます人民をして、東向せしむといいつべきなり。

第四章　地勢　河流

形勢、東は海により、南は徐邳《じょひ》にへだたり、西は宋衛に接し、北は燕趙に連なる。その名山には泰山、嶅山、琅琊あり。その大川には黄河、運河あり。畿輔《きほ》の南を限り、南北交通転輪の要道を扼《やく》すと称すべく、その往時の南北唯一運道たる運河は、今や津浦の大鉄道に変し、山東横断鉄道は一路、直に青島の良港に連なる。

　山東省は一大半島をなし、中国において海岸線延長のもっとも長き省なり。半島の骨格は、泰山およびその支脈にして、黄河下流の大沖積地において特種の構成をなし、その地質は遼東半島と同一系に属す。けだし山東は独立せる一大島なりしもの、黄河沖積地の生成せるため、大陸に連絡せるなりと考うべし。半島の間において最高の山岳は、泰山の海抜五千五百フィートとし、その他いたるところに丘山連亘《れんこう》するも、山勢、高峻《こうしゅん》ならず。その中央を横断する山東鉄道二百五十五マイルをもってして、一つの隧道《すいどう》をつくるを要せざるに見ても、その地勢の一班を想見すべく、また泰山以

▲　泰山の望遠

西の沖積地は、一望坦々《たんたん》として直隷、河南、安徽の平野に連なり、その間を縦断する津浦鉄道はまた一の隧道を見るなし。

　泰山は泰安府城の北五支里にあり。東岳と名づけられ五岳の一となす。また岱宗と称す。舜典に歳二月、東巡して岱宗にいたるを載せ、詩経には泰山巌々、魯邦のまばるところと詠じ、泰山の北に斉国あり、南に魯国ありしなり。泰漢以後、封禅をいう者、必ず泰山をもってし、泰始皇は泰山にのぼり、石を立てて徳を頌《しょう》し、漢の武帝はしばしばこの山に行幸し、封禅を修め、これより天は高きをもって尊しとなす。地は厚きをもって徳となす。封とはその高さを増すなり、禅とはその厚さを広うするなりといい、王者、命を受け、天下に君臨するにあたりては、必ず泰山を祭り、天に報するなりといわれ、歴世の王者、皆この山を尊崇せり。

　泰山のとくに名山として古来称せらるるは、一はその地理により、一はその山の構成による。いわく、河南以東、渺茫《びょうぼう》たる沃野《よくや》、その間に高山重阻なく、ひと

▶泰山の中腹

り泰山兀焉《こつえん》として特起し、博厚崇隆、南北を拱衛《きょうえい》し、これより群山翼帯《よくたい》し、直に海浜にいたり、神皐形勢、直に関中と並峙す。五岳は群山の尊、しこうして泰山は五岳の長たりと。これその地理上、この山のひとり秀づるによるをいうなり。しこうして北中国の山岳は、西は甘粛、陝西より蒙古、山西、河南、直隷の間にわたり、ことごとく黄土の堆積により、山骨深く沙土におおわれ、危巌聳立《しょうりつ》、連峰屹立《きつりつ》の風貌なし。この間にあり、西においては太華山一帯の山岳、東においては泰山の諸峰ひとり黄土をこうむるなく、巌々たる山骨を露出するものとす。これ太華を西岳とし、泰山を東岳とするゆえんなり。

　泰山のほか、古来、中国人によく称せらるる山は、琅琊、沂山の二なり。これらは高きをもって名あるにあらず。その歴史に見ゆるがためなり。琅琊山は諸城県、東南にあり。山の三面海にのぞむと伝うるにより、今の膠州湾口西部に位する一山とすべく、管子に斉の桓公東遊し、南琅琊にいたらんとすという。孟子に斉の景公、問う。晏子、琅琊に放せんとすと記し、泰の始皇、南琅琊に登り、大にこれを楽しみ、とどまること三月、すなわち黔首《けんしゅ》三万戸を琅琊台下に遷し、その後、琅琊台をつくり、石を立て、秦徳を頌《しょう》するの文を刻むと伝えられ、漢武帝もこれを巡りしあり。これにより後世、人に知らるること多し。

　沂山は東泰山という。臨朐県南にあり。沂水の源をなす。沂水はこれより南流して、沂州府をへて運河に入る。周礼に青州その山鎮を沂山というと記し、隋のとき、これを東鎮となすという。しかれども山ひくく、漸をもってのぼり、その顚《てん》にいたるついに峻極《しゅんきょく》を失うと称せられ、漢武帝のとき、封禅せんと請いし者ありしも、これにしたがわずと伝う。

黄河　大川は黄河なり。黄河の河南を流れ、沖積平野を形成するや、北は渤海を埋め、南は安徽、江蘇の北部にいたる。ゆえに河南東部より東北流し、山東、直隷二省の間にある幾多の河道、および安徽、江蘇北部を東南流する水道は、ことごとく黄河本支流のつくりしものとす。実に黄河は、その下流域において河底に泥土を堆積したために、水底の傾斜を減ずるや、洪水にあたり、必ず氾濫して他の方面に別流、幾多を形成す。史によりて考うれば上代には河南より東北流し、渤海に入れる河道のうち、大なるものおよそ九道ありしといい、今この間に見る障河、衛河、および南運河、徒駭河、老黄河、小清河など、皆、黄河の支流たりしものとし、これと同時に、別流は東南に向かい、安徽北方に数流をなせり。しかるに耕地、したがって聞かるるにいたり、水道は漸次《ぜんじ》にせばめられ、尋ねて数流はこれを一流に帰せしめんとし、ために堤防の築造いたるところに行なわれ、これにおいてか黄河は一流または二流となれり。

黄河の治水は、禹の時代以来、苦心せる一にして足らず。漢代より今にいたるまで、歴世《れきせい》、その治水に努む。実に黄河をして数派に分流せしむれば、もっとも可なるは明らかなれども、各流の沿岸ことごとく大堤防を築造せざるを得ず。また平時は水ほとんど涸るるも、なおかつ大河道を存置して、この間に耕地を広むるを得ず。ためにその河水を一流にそそぎ、他の諸流を本流と絶たしめ、漢以来はほとんど一道として海に注がしむ。ただ宋代、氾濫のため二流となり、これを二股河と名づけしことありしのみ。

秦漢より宋にいたる間は、黄河を河南東部より東北流せしめ、渤海に導くを治水の根本政策となししに、宋末に大氾濫あり（光宗、紹熙五年、一一九四年）。黄河は東北流を転じ、東南流し、江蘇の北部に向かい、淮水と合し、淮安府より海にそそぐの大変をなせり。けだし宋代、二股河のうち、その一を廃せんとつとめ、

▲　黄河堤防の修理

ついに一流となししも、その河身は比較的にせまく、ために大水は堤を決し、江蘇に向かう水道を自ら作成したるもののごとし。

宋末より清の咸豊にいたる約六百六十年、黄河は江蘇に流れしが、これにいたり、再び転じて山東に向かい、今の水道を作成す。実に咸豊三年前後にわたる数回の洪水のためにかかる変遷を来たせるなり。

今の山東にある黄河河道は、上代に済水と名づけられし水道にして、宋以前にはこれを通じたること長かりしが、江蘇に転じてよりはほとんど水かれおりしものとす。江蘇の水道は、今や水流絶ゆる六十余年、大部は耕地となる。現時、山東における黄河堤防は大部分二重に築造し、第一提防と第二堤防との間に氾濫せる水を収容するの方法をとる。第一、第二堤防はその間、我が数町ないし一里の間隔を有す。しこうしてその第一堤防と対岸との間は、平均一マイルとす。水量は減水期において、河道の三分の一内外に水を流すのみなれども、春夏の雨期に際し、一時に洪水を起こす。近年、堤防の修築やや完全に行なわれ、水患まれなれども、河底の隆起はもっとも憂うべきものあり。

運河　山東の運河は、元代に河工をはじめ、明にいたり、竣功したるものとす。運河とは、運輸河の義にして、自然水道を利用し、多少の工をほどこし、舟揖《しゅうしゅう》を通ぜしめ得るをいう。元が都を北京に定むるや、従来、河南、安徽、江蘇間にありし運河により、南方の米を洛陽または開封の都に送りしに代え、江蘇、山東、北京の運河を開く必要を生ぜり。これにおいて、山東の分水点において南北に流るる二流あるを利用し、これを連結し運道となすの策を立つ。これを今に残れる運河のもととす。

山東運河は、泰山の東南に出ずる大汶水《だいぶんすい》の北流せると、泗水県より出て兗州府城をへて来たり、南流する泗水《しすい》とを済寧州付近にて連絡し、その北部にては、汶水およびこれにそそぐ諸流の水量により舟を浮かべ、臨清州にいたり衛河に合し、直に天津にいたる。その南部にては泗水およびこれにそそぐ幾多河流の水により江蘇にくだり、微山湖より黄河に入り清江浦にいたり、これより古来の運河にて揚州府、鎮江にいたる。

この運河のうち、水量少なくして、水勢のやや急なるを山東の分水点付近より江蘇にいたる間とし、この間にあるいは閘を築き、あるいは堤防を修めなどして舟を通ぜり。しかれども元一世の間にはいまだ完成せず。明にいたりてもしばしば舟を通ぜざることあり。明および清ともに種々力をこの間にもちゆ。

また元代、微山湖より直に黄河に浮かびしも黄河の水勢やや急にして、舟行大いに阻みしかば、明はさらに夏鎮付近より駱馬湖にいたる間の河流を利用し、駱馬湖より黄河に入り、清江浦にいたるものとし、清はさらに駱馬湖より、黄河とわかれてはじめて黄河を横ぎり、直に南下するの法をとれり。

元、明以来、約五百余年、この運河は年々、揚子江各省の漕米を北京に送り、南北交通の要路たりしが、清の咸豊年間に黄河、流れを転じ、東河県にて運河を断じ、臨清州以南、黄河間の水道舟を通ぜざるにいたれり。これにおいて再びこれが改修を策せんとせしも、すでに沿海に汽船の往来する時期となり、漕米は鎮江、上海各地より汽船にて海路天津にいたるを得るにいたりしかば、招商局を設立し、汽船を購入し、漕米運送にしたがわしめ、これよりまた運河のことを顧みず。

元代、漕米運送に海路をもちいしこと少なからず。海路を近からしめんとして膠州湾に入る姑河と、膠莱とを膠州城の東にて連ね、海路より膠州湾に入り、この河にて山東を縦断し、渤海にいたるの策を立てたることあり。これを膠莱運河と名づく。しかれども、その連絡工事は、至難にしてかつ姑河および膠莱運河ともに水量少なく、舟を容るるに適せざれば、工をなさずして已む。

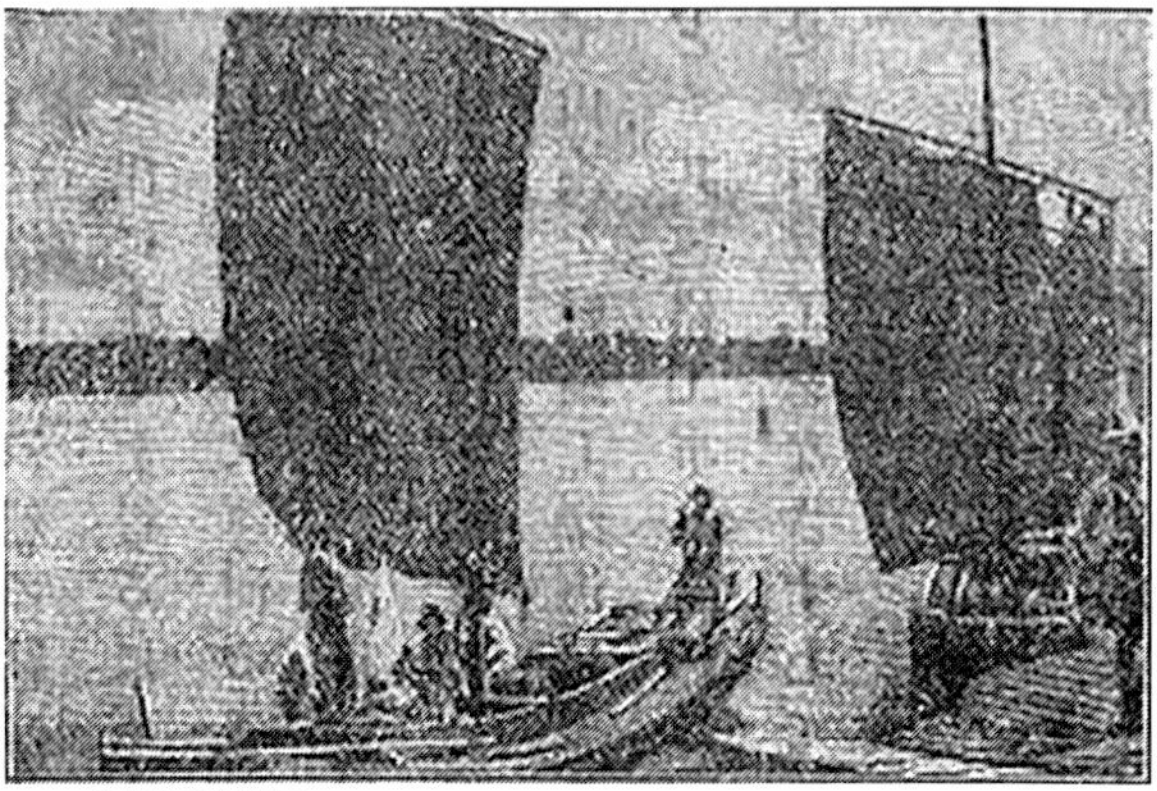
▲　小清河鎮付近

第五章　交通

山東の交通は、今や津浦、山東二鉄道あり。青島、芝罘の二港を有し、さらに北に天津、南に浦口、南京を控ゆれば、面目一新せり。昔時は、前章に述べし運河をもって、唯一の交通路とし、これに黄河、小清河などの水流をもってし、わずかにこれに資ししのみ。とくに半島東部は、海路交通はあれど、陸路は不利はなはだしかりき。今、本省と外省との間の交通要路を挙ぐれば次のごとし。

一、済南より鉄道により、天津に出ず。
二、済南より鉄道により、青島にいたる。
三、済南より鉄道により、江蘇の浦口、南京にいたる。

四、済南より小清河により、羊角溝に出で、渤海の海運に連絡す。
五、濼口より黄河により、河南の蘭儀県にいたる。
六、済寧州より運河により、黄河にいたる（増水期に限る）。
七、江蘇との運河は、夏季増水期において、比較的に長き距離の間、舟を通ず。
八、臨清州より衛河により、武城、徳州をへて直隷に入り、天津にいたる（南運河なり）。

半島部において、海路の交通は羊角溝、虎頭厓、龍口、芝罘、威海衛、石島口、裡島、青島など数港より、各方面に向かうべきも、芝罘、青島をのぞきては海洋の大船を容れず。渤海湾内諸港はもっぱら小蒸汽船をもってす。

芝罘と山東鉄道の濰県とを連絡すべき、いわゆる煙濰鉄道は芝罘港の生命とすべきものなれども、ドイツが青島によれる間は、芝罘の繁栄を望まず。これが敷設権を有し、ために他にこれが敷設を許さざりしものとす。今、山東鉄道は我が国が管理すれば、煙濰鉄道は日中合弁または我が国の資本により、敷設するを要するにいたれり。

ドイツは、その山東鉄道敷設権を収めしとともに、山東南線すなわち青島より沂州府にいたり、莱蕪県をへて、済南にいたる鉄道の敷設権を有したるも、その後これが敷設を急なりとせず。また済南府より河南界上にいたる線路の敷設権を有ししも、またなすところなく、一九一三年、さらに中国政府に次の二線敷設権を求め、これを得たり。

一、高密より沂州府を経、臨城にいたり、津浦鉄道に連絡するもの。
二、済南より直隷の順徳、あるいはその他にて京漢鉄道に連絡するもの。

この二線は、前に有したる権利をやや変更したるものにして、近くこれにつき設計するところあらんとしたるも、青島を失うにいたれり。

津浦鉄道の支線として、兗州より清寧にいたるもの、および臨城より嶧県内の棗荘にいたるものあり。前者は済寧、黄河間の水運に連絡するため、後者は嶧県の炭坑にいたるため、設けしなり。また嶧県の中国設立の炭鉱会社に、運河の台児荘まで軽便鉄道を敷設し、これにより運炭する法をとる。

江蘇の北部、清江浦より安徽の洪沢湖一帯は、年々、淮水および山東各地より来たる河流の水により水患絶えず。その最大原因は淮水が昔時、黄河とともに海にそそぎしも、黄河転流以来、この海に入る水道を失いしにあり。ここにおいて、この間の排水工事をなさんがため、アメリカ赤十字会は一千万米ドルを中国に借さんとの契約を立てしことあり（一九一四年）。しかるにアメリカは測量をなせしにとどまり、ほとんど貸資を廃せしがごとく、たずねてこの排水工事に山東、江蘇の運河改修を加え、昨一九一六年末に借款契約を議せり。この提案によれば、江蘇の運河改修、淮水治水には三百万米ドルを貸し、山東の運河改修には二百五十万米ドルを貸すにありき。たずねて今年、この借款は日米二国の出資となり、我が国五百万円、アメリカは六百万円を出すの議あれども、いまだ契約、成立せず。

この借款の目的は、一は咸豊以来、放棄する運河を改修し、交通に資し、一は河工により氾濫を防ぎ、現時、水に堙没《いんぼつ》する幾多の地を開墾せんとするにあり。しかれども、その果たして一千有余万円を費やして、実際の利、これに伴うや否やは問題たらずんばあらざるなり。

第六章

気候

本省は半島をなし海をめぐらすをもって、中国一般気候の大陸的なるに比し、やや海洋的の性質を帯ぶ。ことにその南岸は、北に山丘を負うをもって北岸に比すれば、さらに気候温和なり。実に満州、直隷のごとく、寒暑ともに強からず、江蘇、浙江に比し、暑気《しょき》ながからず。これをもって気候の良好なる中国第一と称せらる。しかれども、その海岸と内地とは自ら差あり、海岸をへだたるにしたがい、大陸的傾向を帯ぶるはもちろんにして、また北海岸は冬季、北風満蒙を渡りてくるもの強く、海岸に結氷を見る。

今、その芝罘、青島二地の気象をその他地方に比して示せば次のごとし。

	一月	二月	三月	四月	五月	六月	七月	八月	九月	十月	十一月	十二月	全年平均
芝罘（六年間）	(一)〇・八	(一)一・八	三・二	一〇・六	一六・九	二一・四	二四・〇	二四・七	二一・一	一五・八	七・六	一・五	一二・一
青島	(一)〇・四	〇・〇	四・四	九・九	一五・四	一九・九	二三・四	二四・八	二一・四	一五・八	八・三	二・三	一二・三
天津（六年間）	(一)三・八	(一)二・八	三・九	一三・五	一九・六	二四・二	二六・四	二五・六	二〇・七	一四・〇	四・三	(一)一・七	一一・九
大連（六年間）	(一)四・三	(一)四・六	一・六	九・〇	五・〇	二〇・二	二三・二	二四・五	二〇・二	一四・〇	五・〇	(一)一・三	一〇・二
上海（三十四年間）	三・〇	三・八	七・八	一三・三	一七・八	二三・七	二六・四	二六・三	二三・三	一七・三	一一・一	五・三	一四・八
東京（二十五年間）	三・〇	三・五	六・八	一二・六	一六・五	二〇・四	二三・八	二五・四	二一・八	一五・八	一〇・三	五・三	一三・八

最高極および最低極温度

芝罘	最高極	三九・五	最低極	(一)一二・六
青島	最高極	三五・六	最低極	(一)一二・八
天津	最高極	四一・六	最低極	(一)一七・一
大連	最高極	三三・一	最低極	(一)一七・五
上海	最高極	三六・七七	最低極	(一)六・四五
東京	最高極	三六・六	最低極	(一)八・一

降水量は、北中国一帯と同じく、はなはだ少なく、雨期は七月初旬より八月中旬にいたるも、その他はおおむね乾燥期とす。雪は北海岸において、十一月初旬よりこれを見る。ただし、その量きわめて少なし。

各月平均降水量（単位ミリメートル）

	一月	二月	三月	四月	五月	六月	七月	八月	九月	十月	十一月	十二月	全年平均
芝罘	一五・八	五・三	一五・四	三三・七	四二・八	六三・三	一六七・七	一二九・七	三八・八	三〇・一	三九・一	二二・〇	五八一・六
青島	一〇・〇	六・一	三三・六	三一・五	四七・六	六八・六	一六八・六	一三〇・一	六三・二	四五・二	一〇・一	一七・九	六二〇・五
天津	四・三	二・八	一〇・六	一一・三	二五・一	六一・一	一五〇・七	一四八・六	四八・〇	二四・九	六・四	二・八	四九六・六
大連	一〇・六	七・六	八・二	一六・六	五六・五	四一・四	一六六・四	一〇七・四	六九・〇	三〇・〇	一九・〇	八・六	五四一・三
上海	五四・六	五八・一	八一・五	九〇・六	九一・四	一六九・一	一二九・五	一五〇・八	一二九・八	八四・〇	四六・九	二九・九	一、一〇六・三
東京	五七・一	五八・〇	一〇九・二	一三三・八	一五六・九	一五三・八	一四三・三	一四五・二	二一〇・六	一八〇・一	一〇〇・三	五四・一	一、五〇〇・四

第七章

山東省の外国関係

山東省と直接なる関係を有するは、イギリス・ドイツ・日本の三国とし、イギリスは威海衛を租借してこれにより、ドイツは膠州湾を租借してこれを占め、山東鉄道を敷設し、また中国と合同して津浦鉄道北段を築造管理し、今、日独戦争のため、ドイツの有しし権利の大部は日本に帰す。

日清戦役の終わるや、ロシア、ドイツ、フランスの三国、同盟して我が国に対し、遼東半島を中国に還付せしめしが、三国は直にこれが報酬として中国に求むるところあらんとし、機に乗じ、ドイツは膠州湾を、ロシアは大連、旅順を、フランスは広州湾を租借するにいたる。一八九七年十一月、山東の曹州府においてドイツの二宣教師が暴民の害にあうや、これが膺懲《ようちょう》を名とし、その東洋にありし軍艦をして膠州湾を占領せしめ、新たに軍艦を欧州より派遣し、皇弟ハインリヒ親王を東洋艦隊司令長官に任じ、新占領地にいたらしむ。これより先、ドイツの駐中公使は、もっぱら宣教師の遭難に対する賠償を要求ししが、ここにいたり、まったくこれを放棄し、膠州湾租借および山東鉄道敷

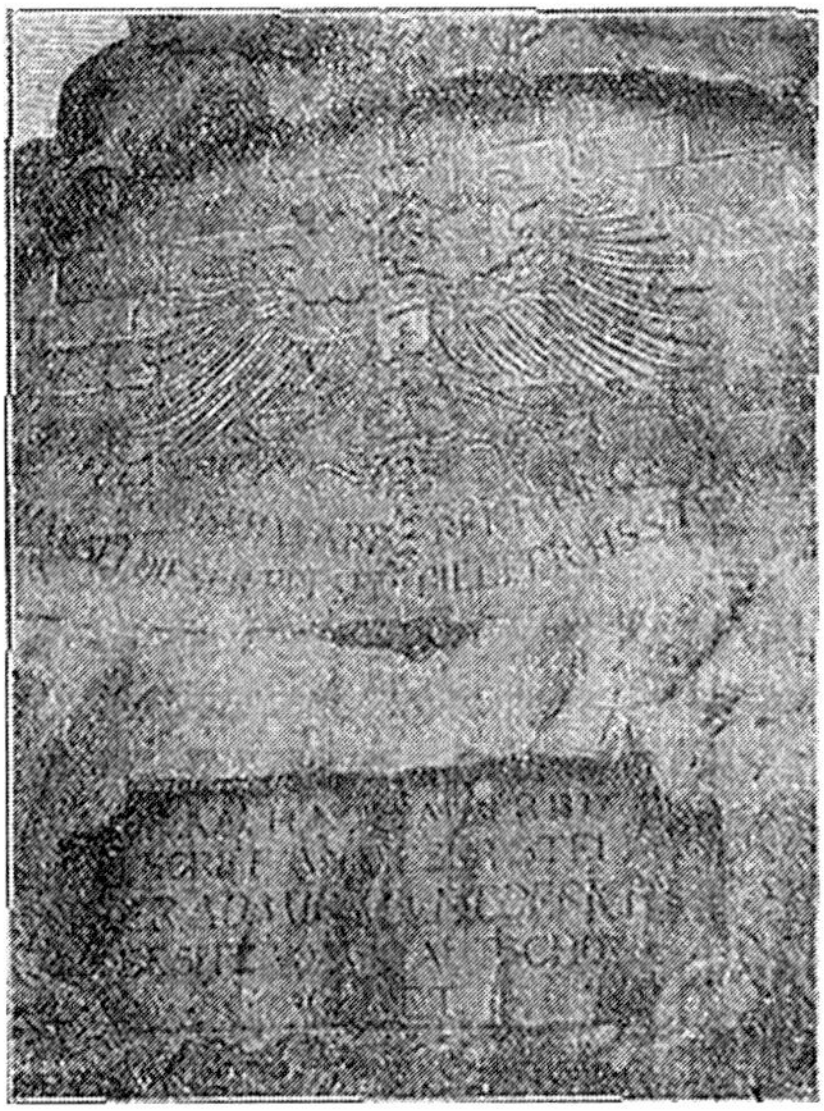

◀日独役青島占領記念巌

設などの権利を求め、ついにドイツが遼東半島につき、中国につくせし友誼《ゆうぎ》に報い、謝意を表するものとして、大要、次のごとき条約を締結せしむ。

一、膠州湾両岸の地域を、九十九年ドイツに租借せしむ。
二、将来、ドイツが租借期限前において、膠州湾を中国に返還するときには、中国はドイツがこの経営に費やしたる諸費を償還すべく、かつドイツのため、さらにこの湾よりも適当なる地域を割与すべし。
三、ドイツは将来いかなるときにおいても、中国より租借せるこの地域を他国に再び貸与せざることを約す。
四、膠州湾の租借区域に対する主権の執行権利を挙げて、ドイツにあたう。
五、中国は、ドイツに膠州湾より起こり、濰県、青州、博山、淄川をへて済南に達し、さらに山東省の疆界にいたる鉄道および膠州湾より沂州府、莱蕪県をへて、済南に達する鉄道の敷設権をあたう。
六、この二鉄道の左右三十支里以内にある石炭、その他の鉱山は、ドイツ人の自由に採掘するを許す。

この条約の調印は、一八九八年三月六日なり。けだ

し日清戦後、ロシア、ドイツは直に中国において良港を求むるの意あり。ロシアははじめ、この膠州湾に意を寄せしも、旅順、大連に転じ、ドイツはロシアに代わり、この湾を占領するにいたれるなり。

ドイツの膠州湾租借と前後して、ロシアは旅順、大連の租借条約を定む。ここにおいてイギリスはロシア、ドイツの中間にあり、二国を牽制するに足る威海衛の租借を要求し、同年六月一日、大要次のごとき約を定む。

一、イギリスはロシアが旅順を租借する期間、威海衛および付近水面を租借す。
二、該地域内にありて、イギリスは管理権を独有す。ただし威海衛市はイギリスの兵備をさまたげざる範囲において、中国官吏これを管轄し、中国の軍艦は租借域内の水面を使用するを得。

これより後、ドイツ国は膠州湾租借地内に青島市街を建設し、港湾を修築し、大防波堤をつくり、要塞を築き、軍備、通商、行政各般の設備をなし、山東鉄道および鉱山を経営し、極東唯一の根拠地としてこれによる十有七年、たまたま日独戦役起こり、我が軍、青島をおかす。実に大正三年八月二十三日に宣戦の大詔《たいしょう》くだり、十一月七日、青島全要塞陥り、ドイツ軍、降伏す。

越えて大正四年一月、山東省の善後処分およびその他事項のため、我が国は中国政府と交渉を開始し、五月に諸問題の解決を終わり、同月二十五日に条約調印なる。そのうち山東省に関する条項を挙ぐれば次のごとし。

一、中国政府はドイツ国が山東省に関し、条約その他により、中国に対し有する一切の権利利益譲与等の処分につき、日本国政府がドイツ国政府と協定する一切の事項を承認すべきことを約す。
二、中国政府、自ら芝罘または龍口より膠済鉄道に接続する鉄道を敷設せんとする場合において、ドイツ国が煙濰鉄道借款権を放棄したるときは、中国政府は日本国資本家に対し、借款を商議すべきことを約す。
三、中国政府は、なるべくすみやかに外国人の居住貿易のため、自ら進みて山東省における適当なる諸都市を開放すべきことを約す。
四、本条件は、調印の日より効力を生ず。

本条約に付属し、山東の不割譲、都市の開放、膠州湾還付に関する公文書、次のごときあり。

▲　青島ドイツ街の一部

山東省不割譲に関するもの

為照会事、本総長以中国政府名義、対貴国政府声明、将山東省内、或其沿海一帯之地、或島嶼、無論以何項名目、概不租与、或譲与外国、相応照会、即希。査照、須至照会者
右照会

日本国特命全権公使　日置益

中華民国外交総長　陸徴祥（署名）印

中華民国四年五月二十五日

以書翰致啓上候陳者、本日付貴翰をもって、中国政府は山東省内もしくはその沿岸一帯の地、または島嶼をなんらの名義をもってするにかかわらず、外国に租与または譲与することなかるべき旨、貴国政府の名において、帝国政府に対し、声明相成領承致候、右回答得貴意候敬具。

大正四年五月二十五日

日本帝国特命全権公使　日置益（署名）印

中華民国外交総長　陸徴祥殿

都市開放に関するもの

為照会事、本日画押之関於山東省条約内第三条所規定
応行自開商埠之地点及章程、由中国政府自行擬定、与
日本国公使協商後、決定之、相応照会、即希
査照、須至照会者。
右照会

日本国特命全権公使　日置益

中華民国外交総長　陸徴祥（署名）印

中華民国四年五月二十五日

以書翰致啓上候陳者、本日付貴翰をもって、本日調印の山東省に関する条約第三条に規定せる開放すべき諸都市および商埠章程は、中国政府自らこれを擬定し、あらかじめ日本国公使に協議のうえ、決定可致旨御照会相成領承致候。

右回答得貴意候敬具

大正四年五月二十五日

日本帝国特命全権公使　日置益（署名）印

中華民国外交総長　陸徴祥殿

膠州湾還付に関するもの

以書翰致啓上候陳者本使は、帝国政府の名においてここに左のごとく、貴国政府に対し声明するの光栄を有し候。

日本国政府は、現下の戦役終結後、膠州湾租借地にして、全然、日本国の自由処分にまかせらるる場合においては、左記条件の下に該租借地を中国に還付すべし。

一　膠州湾全部を商港として開放すること。

二　日本国政府において指定する地区に日本専管居留地を設置すること。

三　列国にして希望するにおいては、別に共同居留地を設置すること。

四　右のほかドイツの営造物および財産の処分ならび、その他の条件手続き等については、還付実行に先だち、日本国政府と中国政府との間に協定を遂ぐべきこと。

右照会得貴意候敬具

大正四年五月二十五日

日本帝国特命全権公使　日置益（署名）印

▲　破壊せるビスマルク砲台の一部

中華民国外交総長　陸徵祥殿
為照覆事、准本日照会、
貴公使以貴国政府名義、対本国政府声明、日本国政府
於現下之戦役終結後、膠州湾租借地全然帰日本国自由
処分之時、於左開条件之下、将該租借地交還中国等語、
業已閲悉。
一　以膠州湾全部開放商港。
二　在日本国政府指定之地区、設置日本専管租界。
三　如列国希望、共同租界可另行設置。
四　此外関於独国之営造物及財産処分並其地之条件手
続等、於実行交還之先、日本国政府与中国政府応行協
定。
相応照覆、即希
査照、須至照覆者。
右照会
日本国特命全権公使　日置益
中華民国外交総長　陸徵祥（署名）印
中華民国四年五月二十五日

第八章

山東省の孔孟遺跡

孔子は魯に生まれ、はじめ魯の小吏となり、ついで周にゆき禅を老子に問い、弟子を集めて教ゆ。年三十五のとき、魯乱れしにより斉に往き、もちいられんとせしこともあり。魯に返る。魯においては季氏、強僭《きょうせん》し、その臣陽、荒乱をなせしかば、孔子仕えず、退きて詩書礼楽を修む。弟子いよいよ多し。ついで魯の定公、孔子をもって中都の宰となし、進んで司空、大司寇となり、定公の宰相となり、その後、やめ、年五十六のとき、再び相となり、少正卯を誅《ちゅう》し、国政を聞く三月、魯国大に治まる。これより去って、衛、陳、宋、蔡、葉等諸国をめぐり、ときあって仕えんとせしも、もちゆるの名君なく、年六十八にして魯に帰る。魯もついに孔子をもちゆる能わず。孔子もまた仕を求めず。すなわち書伝礼記を叙し、詩を刪《さん》し、楽を正し、易象、繋象、説卦、文言を序す。弟子三千人、身六芸に通ずる者、七十二人と伝う。

孔子の弟子に山東の人もっとも多く、顔回、曾参、孔子の道を伝え、孔子の孫に子思あり、中庸をつくる。

孟子は鄒の人なり。業を子思の門人に受け、斉の宣王に游事せしも、宣王もちゆる能わず。梁に征く。梁の恵王、言うところを果たさず。孟子をもって迂遠《うえん》にして事情に闊《かつ》なりとなす。このとき戦国にあたり、秦に商鞅あり、楚に呉起あり、斉に孫子田忌あり。天下方に合従連衡につとめ、攻伐をもって賢となす。しかるに孟子は、唐虞三代の徳を述べ、王政を言いしかば、いたるところに合わず。すなわち退きて萬章の徒と詩書を序し、孔子の意を述べ、孟子七編をつくる。

今、山東曲阜府、鄒県、嘉祥県等に存する孔孟およびその弟子の廟墓につき記すべし。

▲　曲阜孔子廟大成殿

第一節　至聖先師廟

曲阜県、南門内にあり。伝えていわく。闕里の故宅なりと。孔子家語に、孔子はじめて学を闕里に教ゆといえるものなり。孔子は魯の襄公二十二年十月（紀元前五五一年）、魯の昌平郷陬邑に生まれ、哀公十六年四月（紀元前四七九年）に卒す。年七十三、哀公、これを誄《るい》し、称して尼父という。漢の元始元年、追謚《ついし》して褒成宣尼公といい、後魏太和十六年にあらためて文聖尼父と謚《おくりな》し、後周の大象二年に鄒国公に封ず。

唐にいたり、貞観二年尊んで先聖となし、同十一年宣父となし、乾封元年太師を追贈《ついぞう》し、開元二十七年、小文宣王を贈る。宋の大中群符五年にあらためて至聖文宣王と謚し、元の大徳十一年、大成至聖文宣王と加号し、明の嘉靖九年にあらためて至聖先師孔子と称し、清はこれによれり。これをもって漢以来、孔子を尊崇するの状を明にすべし。

史記孔子世家にいわく、孔子の故所居堂は後世これ

▲ 孔子子孫衍聖公の邸

を廟とし、孔子の衣冠琴車書を蔵し、漢にいたる二百余年なり。

漢の高祖、魯を過《よ》ぎりしとき、太牢をもってこれをまつると、これより孔子の故宅を後世、廟となし、今にいたりしを知るべし。今の曲阜県城内、至聖先師廟は、漢代の廟と位置同じきや否や知るべからざれども、その歴史にしたがい建立したるものなる明なり。

孔子の廟につき伝うところを見れば、廟屋三間、夫子は西面にあり、東向し、顔母中間にあり、南向し、夫人は東一間をへだてて東向すといい、魏の黄初二年に文帝孔子の旧廟を修めしむ。廟に夫子の像あり。二弟子巻をとり立侍し、穆々《ぼくぼく》として詢仰の容ありと伝う。

聖廟は漢以来、しばしば修理、修飾し、宋の崇寧元年に詔して大成殿と名づけ、金の皇統大定年間に大に規制を備え、元をへて明にいたり改築し、規模宏壮となり、宏治十二年、火にあいついで再建し、清にいたり、雍正二年（一七二四年）またまた火あり。同十年、再建なる現今の廟殿は、啓聖祠および孔子の像をのぞくほかこのときになれるものなり。

清の廟制によれば、大成殿九楹、殿中に至聖先師の像をおき、南向し、左右に四配十二哲先賢の像を列し、前に法琅供器を陳すと定む。

殿前を杏壇となし、壇前に宋の真宗御賛の石十二壇あり。左右を両廡とし、各五十楹、両廡中間に翼門を開き、東は崇聖祠に通じ、西は啓聖祠に通ず。大成殿の後を寝殿とし、七楹、左右掖に各門あり。左は神座および后土祠に達し、右は神厨および瘞所に達す。寝殿の後は聖蹟殿なり。

大成殿、南に大成門あり。左右に掖門を開く。東を金声門といい、西を玉振門という。金声門にしたがい、東すれば承聖門あり。うちに詩礼堂をおく。常の東を礼器庫とし、その北を崇聖祠とす。門内に孔氏世系碑あり。また玉振門にしたがうて西すれば啓聖門とし、門内に金線堂および楽器庫あり。その北は啓聖祠なり。

大成門を出ずれば、列碑十二あり。唐の乾封の初太師を贈るの碑（崔行功撰）、儀鳳二年の詔書二通を刻するの碑、開元七年の修廟碑（李邕撰）、同二十八年の修廟碑（張之宏撰）、咸通年中の修廟碑（賈防撰）、宋の太平興国中の修廟碑（呂蒙正撰）、景祐年中の講学堂碑（成昂撰）、五賢堂の碑（孔道輔撰）、金の大定年中の鄆国夫人廟、明昌中修廟碑（二者党懐英撰）、元の大徳年中の加封碑、元統年中孔廟に田宅を賜うの碑（欧陽元撰）、これなり。各碑亭をもって覆う。

碑亭の左を居仁門、毓粋門とし、右を由義門、観徳門とす。その前に奎文閣あり。閣の後に碑、十有三あり。康熙帝の御製孔子廟および御製重修孔子廟碑、雍正帝の御製重修孔子廟碑、および御製孔子廟碑の四碑のほかに、唐宋金元の諸碑四、および清代官をつかわし孔子を祭るを告ぐる文の碑五、これなり。

奎文閣前を同文門とし、左右に漢以来の諸碑あり。またその前を大中門とす。門前に石橋三あり。璧水にまたがる。石橋の左側を快睹門とし、右側を仰高門とし、橋前を聖時門となす。門前に二坊あり。東を徳侔天地といい、西を道冠古今という。

坊前を櫺星門とす。門前に金声玉振坊あり。防前に金水橋あり。これより南すれば、曲阜県城南門に出ず。

清代にては康熙二十三年に聖祖南巡し、十一月に曲阜に幸《こう》し、大成殿に詣り、祭をいたし、詩礼堂にて書を講し、万世師表の額を大成殿に懸け、雍正元年に世宗は生民未有の額を書し、乾隆二年に高宗は与天地参於闕里の額を書し、ともに大成殿に懸く。乾隆十三年には帝、曲阜に幸し、祭をいたす。

孔子の子孫は、歴代封爵を授けられ、宋の崇寧年中に衍聖公に封じてより元、明、清これによる。今の衍聖公は、孔子百七代の裔といい、聖廟の隣に家す。

杏壇は、孔子が子弟を教授せる遺址《いし》に建つと伝え、はじめ一殿をつくりありしが、宋の天聖年間に孔道輔聖廟を監修せるとき、甃《しきがわら》をもって壇とし、闌囲に杏を植え、金のとき、党懐英、杏壇二字を碑に書せりという。

金糸堂は孔子の故宅なりといい、宋のとき、これを建つ。いわゆる魯壁の遺址これなり。しかるに明の宏治年間に金糸堂を詩礼堂の後より移し、大成殿の西に建つ。漢書に魯の恭王はじめ宮室を治むるを好み、孔子の故宅を壊《こぼ》ち、もってその宮を広くせんとせしが、鐘声《しょうせい》琴瑟《きんしつ》の声を聞き、ついにまた壊《こぼ》たず。その壁中において古文経伝を得たりと伝う。

詩礼堂もまた孔子の旧宅に建てしものにして、康熙帝、南巡し、祭をいたすのとき、この堂にて孔子の裔孔尚鉉および孔尚任に命じ、書を講ぜしむ。

奎文閣は、金の明昌五年に章宗の命名せるところ、聖蹟殿は明の万暦年間に建て、聖蹟の図を石に刻し、これを蔵す。

崇聖祠はもと啓聖祠といい、孔子の父叔梁公をまつる。しかるに雍正帝は孔子以上五代を追封し、これを合祀し、崇聖祠を建つ。よってもとの啓聖祠と並立するにいたれるなり。

大成門の左に古檜あり。孔子、手《て》ずから檜三株を植うとの伝説により、後世枯るるにしたがい、しばしばこれを植え、今にいたれるものとす。明の宏治年間に聖廟火にあいしとき、古檜また災し、その後、百余年枝葉なく、直幹となり、残りしが、康熙二十三年に帝幸して樹前にいたり、これを撫《ぶ》し観ること良々久しくして神異ありと称し、古檜詩賦をつくれりと伝え、雍正十年、聖廟再建なるのとき、古檜より新枝出ずという。

▶曲阜孔林の墓

第二節　孔林

曲阜県の北二支里にあり。史記の孔子世家にいわく、孔子、魯城の北泗水上に葬る。弟子、皆、服する三年。三年心喪おわれり、相訣《わか》れて去り、あるいはとどまる。ただ子貢、冢上に盧するおよそ六年、しこうして後去る。弟子および魯人往いて冢にしたがい、家する者、百有余室、よって命じて孔里とのたまうと。今、孔林と称するは、この冢のあるところなり。

孔林は泗水を背にし、洙水に面し、めぐらすに周垣をもってす。孔子の墓はその中央にあり。前に碑あり。いわく、大成至聖文宣王の墓と。墓の東十歩ばかりにして伯魚の墓あり。墓南十歩ばかりにして子思の墓あり。雍正十年、勅により墓の左右に廂各三間をつくり、孔氏子孫、春秋会祀のところとす。

孔林の門外を洙水とし、水に橋あり。林門の外に坊あり。その前、大石坊あり。上に万古長春四字を鐫《せん》す。明の万暦年間二十二年、建つるところとす。その南に文津橋あり。

康熙帝、南巡のとき孔林に詣り、墓前に拝せり。このとき、林地、十八頃ありしが、衍聖公孔毓圻増拡せんことを請いしかば、詔《しょう》して、地十一頃余を給い、一切の賦役を免除す。雍正八年、詔して孔林享殿の瓦をふく。乾隆帝また墓に詣る。

▲　曲阜城外文津橋

第三節　啓聖王林

曲阜県城の東二十八支里にあり。防山の北にあたる。林門三楹、享殿三楹、その制崇聖祠の制にしたがう。孔子の父、叔梁大夫と母顔氏と合葬のところなり。南に防山を負い、北は泗水にのぞむ。

第四節　尼山の聖廟

曲阜県、東南六十支里にあり。五代の周顕徳年間にはじめてこの地に、廟を建て、もって孔子をまつる。宋の慶歴年中にいたり、交宣公孔宗愿、大に廟宇を建つ。元の至順元年、衍聖公孔思誨、重建せんことを請い、勅により尼山書院の額を賜わり、尚舎《しょうしゃ》を立て祭田をおく。

第五節　復聖顔子の廟

曲阜県城中、孔廟の東北三百余歩にあり。すなわち顔回陋巷《ろうこう》の故宅なりと伝う。宋の熙寧年間に太守孔宗、翰顔楽亭をこの地につくりしが、元の元貞年間にいたり、はじめて廟を建てしなり。至元九年に欧陽元碑を撰し、廟中に立つ。明の成化正徳年中に勅して重修し、その制を増廓す。廟の南に坊榜あり。陋巷とのたまう。

顔回の墓は、県城の東二十支里、防山の南にあり。碑に先師兗国公の墓と刻す。その西北に顔子の父杞国公の墓あり。

第六節　宗聖曾子の廟

喜祥県城の南四十五支里にあり。武山下にあたるその墓のあるところなり。廟は何時に創建せられしや明らかならず。明の正徳年中に修工し、その制を大にし、門人の陽膚沈なお以下を従祀す。正徳年間に山東の僉事銭宏訪曾子の後裔を嘉祥深山のなかに得たりといい、朝に奏請せんとし、果たさず。嘉靖十二年、吏部

▲　曲阜顔回廟前

の侍郎顧鼎臣、その裔を求めんことを奏請《そうせい》し、江西永豊県より一人を得、これを遷居《せんきょ》せしめ、世々奉祀《ほうし》せしむ。

第七節　述聖子思子の廟

曲阜県城中、孔廟の西北隅にあり。明の宏治十六年に衍聖公の次子をして世々奉祀せしむることとす。また鄒県の南に子思書院あり。

第八節　亜聖孟子の廟

鄒県城の南にあり。宋の景祐四年、孔道輔、兗州に知となり。孟子の墓を訪《おとな》い鄒県の東三十支里、四基山に得、墓によって廟を建てしといい、政和四年、詔により重修す。後城をへだたる遠きにより移して東門の外に建て、宣和四年また南門外にうつす。金、元、明、清、あいつぎ重修す。

　孟母の墓は、鄒県城北二十支里、馬鞍山下にあり。墓前に祠あり。また孔道輔のはじめて建てしところなり。また鄒県の南、子思書院の右に孟母祠あり。

　鄒県南門外、曝書台の側に断機台なるものあり。孟子の故宅なりと伝う。台は、元の元貞年間はじめて建てしところにかかる。

済南は山東省城にして、泰安府城の北方四十五マイル余、天津の南方およそ二百十八マイルの地点に位し、有名なる黄河はその北方四マイルのところを東北流す

第二編

開市場

Japan met Shandong in 20th Century

第二編　開市場　57

第一章 済南府城（歴城県）

第十一期生調査

第一節　位置

済南《さいなん》は山東省城にして、泰安府城の北方四十五マイル余、天津の南方およそ二百十八マイルの地点に位し、有名なる黄河はその北方四マイル余のところを東北流す。山東、津浦、両鉄道はこの地において相会《かい》す。

本地は城内と商埠《しょうふ》との二部よりなり、商埠はすなわち外国人居留地にして面積八十六万四千坪を有し、一九〇五年、中国政府、自ら万国互市場として開放したるところなり。しこうしてこの目的のため城外においてもっとも鉄路に接近せる部分に大なる地域を画し、六十年間、外国人の借地居住および営業を許せるものにして、該居留地の行政は中国人の管轄にあり。

省城は商埠の東部にあり。内城、外城の二層よりなる。停車場は商埠にあり、城内にいたるまでおよそ六町とす。

第二節　地勢および気候

済南の地たるや南に泰山山脈、西に歴山山脈蜿蜒《えんえん》として連なり、東にはいわゆるリヒトホーフェン氏の華山をのぞむ。華山はすい状形をなし、満山峨々《がが》たる岩石を露《あら》わす。けだし長白山脈の太古期に噴出せる岩石なるべし。華山の東に低き臥牛山あり。北方は一望、際涯《さいがい》なき平野にして沼湖多く、この平原は遠く直隷省に連なる。ゆえに湿気を帯びたる南風は、泰山山脈にさえぎられ、常に北風のみ多し。しこうして直隷、その他、蒙古地方は海をへだたること遠きをもって大陸

▶済南趵突泉

性の気候となり、夏季はいちじるしく熱せられ、冬季においてはきわめて寒冷なり。ゆえに北風は夏季において熱く、冬季において寒し。春秋の交にはいわゆる蒙古風なるものあり。捲土覆天《けんどふくてん》、濠濠《ごうごう》として咫尺《しせき》を弁《べん》せず。済南は海を去ること遠きをもって四季、常に気候の調和を保つことなし。

　されば冬は零度以下十五度なることあり。夏は百二十五度、ないし百三十八度にのぼることあり。雪は一般に少なく、一年の降雪四、五回にして、多くも一尺を越ゆることなし。雨量は泰山山脈により湿気をふくめる南風をさえぎるがゆえにその量少なし。

第三節　戸数および人口

　この地の人口は、開放以来、日とともに増加しきたり。ことに日独戦役後、邦人の増加は実にいちじるしきものあり。けだし人口の増加は、土地の発達を証するものにして、我が国と特種関係を有する山東省城におけるこの現象は、吾人のもっとも喜びに堪えざるところなり。

　しこうして中国人人口は、中国官憲の調査によれば、大正三年一月には戸数六万二千余戸、二十四万六千人なりしも、同四年三月には六万八千余戸、二十五万八千五百人に増加し、さらに大正六年、帝国領事館の調査によれば、六万九千余戸、

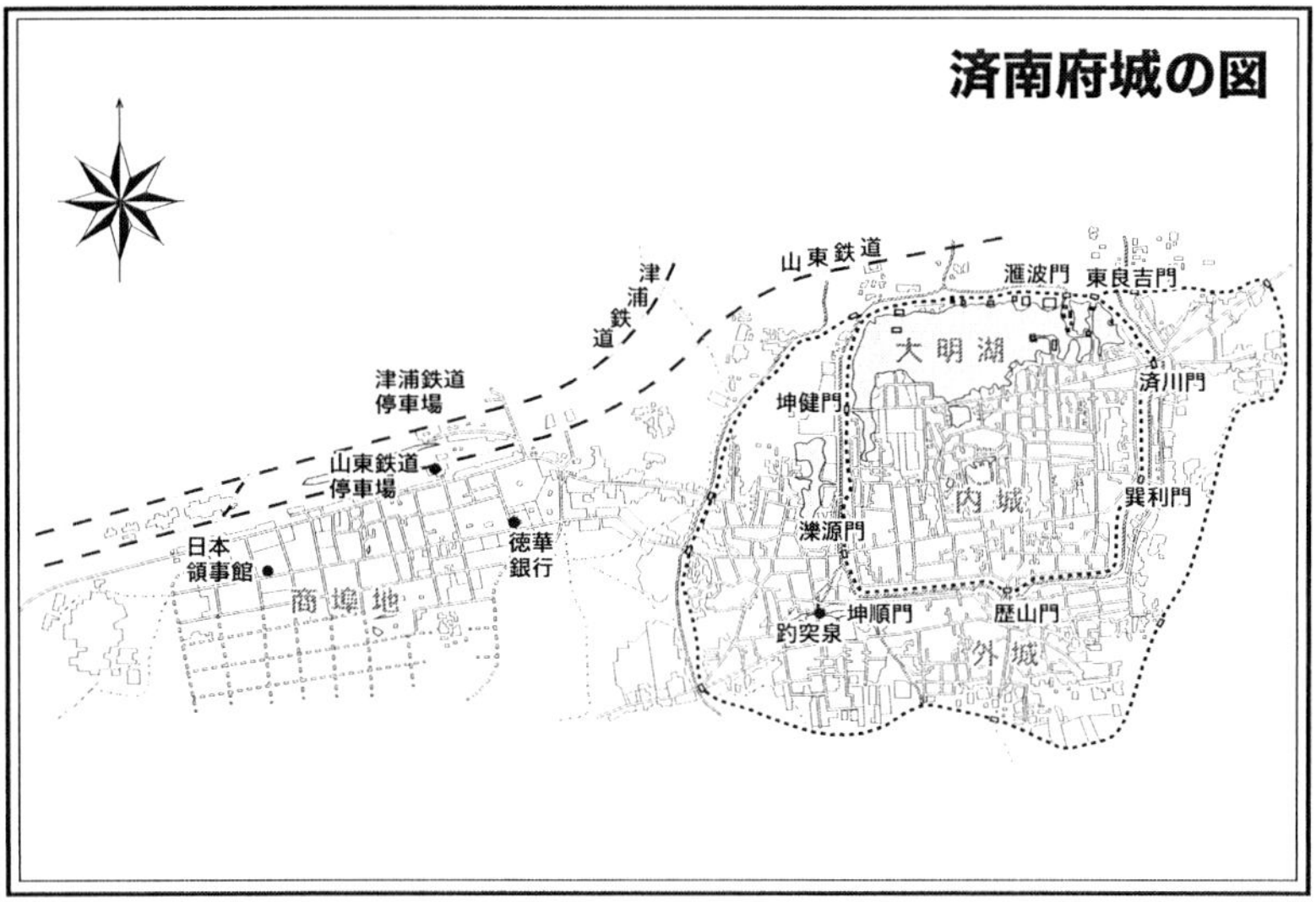
済南府城の図
山東鉄道
津浦鉄道
津浦鉄道停車場
山東鉄道停車場
日本領事館
徳華銀行
商埠地
滙波門
東良吉門
大明湖
坤健門
済川門
内城
巽利門
濼源門
坤順門
趵突泉
歴山門
外城

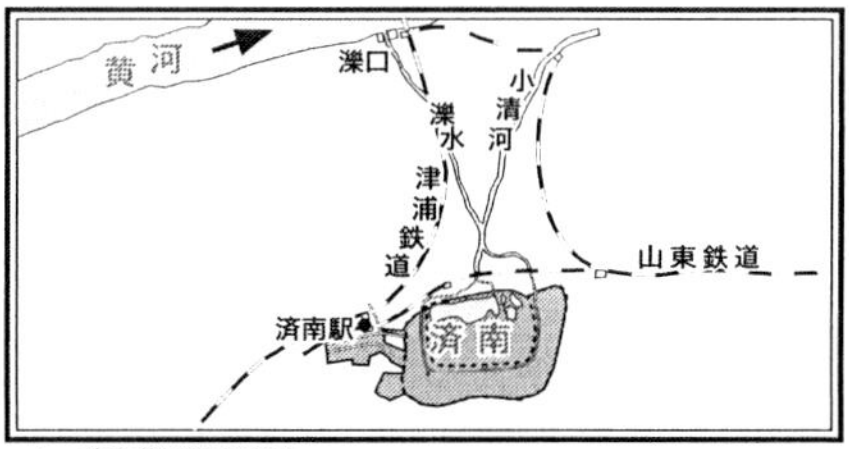
黄河
濼口
濼水
小清河
津浦鉄道
山東鉄道
済南駅
済南

▲ 済南黄河間の略図

▲　済南日本領事館

二十七万五千三百余人を算せり。なかんずく商埠地の人口の増加はもっともいちじるしきものにして、けだしやや富裕なる者は、革命動乱後、騒擾《そうじょう》常なき中国街に居住せんよりは、むしろ商埠の安全なるにしかざるを思い、続々、移住するものありしによる。

今、左に中国人、邦人および欧米人につき、その統計を挙げん。

一、中国人戸数および人口（民国三年一月調）

	正戸	付戸	戸数合計	男	女	合計
城内一区	二、二一一	一、九三九	四、一五〇	一四、二八七	五、九四四	二〇、二三一
城内二区	二、三〇五	二、七〇七	五、〇一二	一二、五二二	八、一六七	二〇、六八九
城内三区	一、八一八	二、〇一〇	三、八一八	一〇、四〇六	五、二四八	一五、六五四
城外一区	三、〇二七	五、四四四	八、四七一	一八、六八七	一四、三〇七	三二、九九四
城外二区	三、〇三八	三、二八六	六、三二四	一六、三二七	八、九七七	二五、三〇四
城外三区	一、一二二	一、八七九	三、〇一一	六、六五〇	五、二二六	一一、八七六
東北郷区	一二、七五五	四、二三三	一六、九八八	三八、一〇五	三一、六七九	六九、七八四
西南郷区	七、八五二	三、九八四	一一、八三六	二一、一五六	一七、一三一	三八、二八七
商埠分区	一、六九九	八五五	二、五五四	八、〇六六	三、〇九三	一一、一五九
合計	三五、八三七	二六、三三七	六二、一七四	一四六、二〇六	九九、七七二	二四五、九七八

二、在留邦人（済南同文公所報告）

大正四年四、五月より急激の増加を示したる、済南居留民の人口は、十月にいたり二千六十六人を算し、これに各出張員および旅行滞在者を加うれば、優に二千二、三百人をくだらざるべし。その大部分を占むるものは、制銭売買に従事するもの、およびこれが関係者にして、古銅購入業として統計にのぼりたる四百九十人のほか、貿易商の名目にて届出をなせるもの、および被雇人、制銭熔解工場経営者を合算すれば、千七、八百人の多きにのぼるべし。欧州戦乱に起因する世界銅価の昂騰《こうとう》は、やがて山東制銭熱を喚起し、はじめ山東鉄道沿線、張店、坊子、その他の各地に根拠を有して、制銭購入の業に従事するもの、ようやく多きを加え、一時、三千人と称せられしも、四年五月、山東革命変乱に遭遇し、地方の秩序はまったく乱れたると、制銭取引の中心地点、東漸《とうぜん》してついに済南に移れるより、最近においてかく急激の増加を見たるなり。しかるに制銭購入業者が深く中国内地に入りて、土民に接するの機会多く、ただ優越国民なりとの不徹底なる観念の下層労働者階級の日本人が、国旗を乱用して地方土民と難を構えたる交渉事件続出し、領事館も深く這般《しゃはん》の事情に顧み、無頼の徒の地方旅行に対し、護照下付《ごしょうかふ》は厳にこれをとり締まるにいたり。一方、地方において制銭収買につき、さらに困難なる事情を生じたるにより、ここ数か月を出でずして制銭熱の冷却とともに、多少、人口の移動は生ずべきものと察せらる。なお近来、居留民の一般はようやく永住的傾向を滞び、固定資本の投下をなすものもまた少なからざるにいたり、あるいは借家の建設倉庫業の経営、ならびに小規模ながら落花生加工ないし搾油の計画等を見るにいたれり。

第四節　市街

省城の城壁は、明代はじめて瓦石をもって築けるものなりという。その周囲約二十余支里、四門あり。東門を済川といい、南を歴山、西を濼源、北を滙波という。清末にいたり、また便門四を設く。すなわち東門の南を巽利門、南門の西なるを坤順門、西門の北なるを坤健門、北門の東なるを東良吉という。その外城は、清の咸豊年間に築けるところにして、西南東の三面城壁をめぐらし、北面を欠く。

滙波門は、城内出水総口たり。池としては南門に近く、黒虎白水あり。その水二つにわかれ、東は珍珠泉に会し、西は趵突泉《ほうとつせん》に会す。濼水は相合して、護城河となる。城の西北隅に大明湖あり。あまたの泉ここに会す。湖中に蓮花および芦多し。

普利門より濼源門までは九百歩（実測歩数以下同じ）。西門大街を進みて山東銀行を経、行政公署前にいたる。千二百二十八歩あり。これより東北、斉川門にいたる千七歩とす。

著名の市街としては、普利門より濼源門をへて東に向かう西関大街、および西門大街にして、なお新西門より東斉川門にいたるもの、南歴山門、岱安門にいたる間を繁華とす。もっとも殷賑《いんしん》なる地点としては、南関、呂祖廟内にある趵突泉の源出するところとす。しこうして西門より一直線に東門にいたる西門大街、院西大街、本牌坊街は、その延長およそ二十町におよび、西門大街は美麗なる中国商店、櫛比《しっぴ》し、道路、幅員《ふくいん》三間内外、全部、石を敷き、はなはだ熱鬧《ねっとう》をきわむ。西門大街に連なる院西大街は、西門大街が商業繁盛地として有名なるに引き換え、各衙門をもって著名なるものにして、都督府衙門、道台衙門、郵政局、商会公所、師範学堂等は、皆この街路にあり。道幅二間半、全面小砂利を敷き詰め、清潔なり。

芙蓉街も商店、密集繁盛の街路となす。院西大街の都市門口より起こり、これと直角に北に通ずるものにして、その長さ六町にわたり、西門大街に次ぐ熱鬧地となす。

外城内より内城にいたる街路は、道路幅員きわめてせまく、もっとも広き場所にして三間を出でず。石を敷きあるも平坦ならず。一凹一凸あるがゆえに、人力車の便ありといえども、その動揺ははなはだしく、かえって徒歩の軽快なるにしかず。

内城の街路は、一般に整頓し、ことに西門大街のごときは、砥《といし》のごとく広さ二尺ないし三尺の長方形の石を全面に敷きあるをもって、車馬、往来、便にして、人力車、往来、識るがごとし。しかれども道路は、両側の商家地面よりやや低くして、なんら排水の設備なければ、一度豪雨に遭遇せんか、街路は河となるがごとき奇観を呈するにいたるべし。これ中国市街、道路に常に見るところにして、中国道路、改修の急務を感ずるや切なり。

▲　山東省議会議事堂

第五節　商埠地（居留地）

一、概況

当地商埠は一九〇五年、中国政府の自ら開放せるところにして、普利門を出でて大槐樹にいたる間を商埠という。以前の五里溝にして、数千年来の古墳、荒原、変じて大商埠となれるもの、東南より西北に高く、やや高原をなす。縦横ともに十余支里あり。東西を経とし、南北を緯として馬路をつくる。もっとも繁盛なるは一馬路、二馬路、および緯三、緯四、緯五の諸道路とす。なかんずく二馬路は、もっとも著名なるものにして、その長さおよそ我が国の一里になんなんとす。

いまだ全部の市街設備を終わらざるも、すでに工を終われる部分は、二十町におよび、皆、各種の営業者をもってみたされたり。これ、すなわち商埠より城門に通ずるところにして、道路、幅員《ふくいん》十間以上におよび、すべて新式の馬路にして砂利を敷き詰め、きわめて平坦なり。加うるに両側には、処々に樹木を植え込み、

洋館の大商店、銀行等、その間に存し、通行者きわめて多し。今、この街路における主なる建案物を挙ぐれば、

徳華銀行、礼和洋行、仁記洋行、義孚洋行、捷成洋行等にして、我が三井、湯浅、大文洋行等の出張所等、皆、この街上にあり。

かくのごとく本街路は、外国人の大商店を建設する者、日に多きを加うるのみならず、本城はしばしば兵士の暴動起こり、商家の掠奪せらるることあり。市民はこれを恐れて、大資本を有する者はむしろ商埠に住居するを安全とし、近来、中国人にして二馬路に店舗を移し、外国人を相手として取引をなすもの少なからず。さればこの街路は、将来、商埠中心地として広大なる街区を形成すべし。

二、商埠の経営

済南府商埠は約三千六百畝の面積を有し、地勢はおおむね平坦にして、むしろ高燥《こうそう》なり。経営の方針は、まず商埠地の北端より着手し、該地区内において街路の築造地所の埋立等をなし、住民の漸次《ぜんじ》増加するにしたがって、経営を中央より南部におよぼし、必要にしたがって土地を買収し、人の移住をまちて、街路を築造する方針なりしという。家屋の建築については、目下、公利公司ありて、請負をなしつつあるのみ。商埠経営当局者のもっとも苦心せしところは、これらの墓地の移転にして、普通、一墓につき、その移転料として銀五両を給し、一墳墓に一個以上の棺を埋存するものは、一個ごとに二両ずつを増給し、もし相当の理由ありて、移転する能わざるものは、租建章程内に規定するごとく、これに相当の区画をなして移転を強制せざれども、埠内の墳墓は幸いに移転しがたきもの、その数はなはだ少なきをもって、経営の進捗を妨害せざりしなり。

もっとも早く経営せる街路は、鉄道線路に沿いたる北第一街にして、商埠局の手にて約二万円を要したりという。

これより第二街路にいたる間の土地は、地価五万余両の買収費を要したりという。

▲　済南商埠大馬路

商埠内において、土地を租借せんと欲する者は、租建章程に定むるところにしたがい、先商埠内工程処にいたりて、何字何号何段の地何畝（ただし章程内に規定するごとく、二畝以上、十畝以下）を租借とする旨、願い出で、工程処備付けの帳簿に登記し、租借料を略定《りゃくてい》し、また手付金として、一年間の租借略定額の一割に相当する額を納付し、租地掛号単（租借登記証）の交付を受けざるべからず。ただし租借人にして外国人なるときは、その管轄、領事より監督に宛てたる照会状によりて願い出でざるべからず。

第六節　著名建築物および官衙その他

本地は山東省城たるのみならず、開市場となれるをもって、各官衙学校等多く、漸次《ぜんじ》、著名建築物の設立せらるるもの多し。

一、　著名建築物

津浦鉄道停車場　商埠北西隅にあり。その構造ははなはだ宏大なり。

山東鉄道停車場　商埠北西隅、津浦鉄道停車場の東部にあり。

徳華銀行　二馬路にあり。ドイツ人の経営にかかる。

商埠局　商埠にあり。居留地の事務をつかさどり、総弁をおき、候補道台をもって、これに充つ。

津浦鉄道局　商埠五里溝にあり。

徳華医院　商埠にあり。ドイツ人の経営せる病院とす。

商品陳列所　商埠にあり。中国各地、とくに山東省の産出商品を陳列販売するところにして、人民をして商工業の研究に資せしめんがため、設けられたるもの、参考品として、広く諸外国の特産をも陳列しおれり。規模、大にして整頓せり。

以上はいずれも商埠にありて、もっとも目立ちたるもののみにして、このほか外国人または中国人の経営せる商店の大なるレンガづくりの高楼聳立《しょうりつ》するもの多し。

城内には著名なる建築物なく、ただ都督府、官立図書館、カトリック教会あるのみ。

二、官衙

山東督軍公署　これ清朝時代における巡撫衙門なり。

歴城県衙門　県前街にあり。目下の知事を李蔭蕃とす。

山東高等検察庁　商埠より西門に通ずる街上にあり。内に審判庁、済南地方審判庁あり。

国税庁籌備処　旧布政使衙門および済南府衙門の跡に設立せらる。

山東塩運使衙門　按察使街にあり。

済南警察庁　東西菜園子街にあり。

岱北道道台公署　これ旧制の提学使公署なり。

山東司法籌備処　旧制の按察使公署なり。

済南電灯公司　東流水にあり。総理を荘鈺という。前清光緒三十一年冬期の設立にかかり、原院後にあり、後、東流水に移れり。定価十燭光燈毎月一元、十六燭光一元六角、二十五燭光二元五角、五十燭光五元とす。なお装置の費用は、五元を要す。現に電灯数、約五千を安置せり。工人四十余名をもちう。

ドイツ領事館　商埠にあり。

イギリス領事館　外城内にあり。

日本領事館　商埠にあり。

三、教会

済南は北部山東における僧正の所在地にして、その教会堂は多くドイツのフランシスコ派に属し、城内のみにて二十八名の僧侶あり。

▲ 済南千仏山仏像

もっとも有力盛大なるは、ドイツ教会の南山東にあるものにして、あたかも一村落を挙げてすべてキリスト教徒なり。ゆえに七十人以上のドイツ宣教師あり。僧正は兗州府城に住し、信徒、合計九万人におよぶという。もってその勢力のいかに大なるかを知るに足るべし。

このほかイギリスのアングリカン派およびアメリカの長老派は、共同に博物館と施療院、および病院を有する薬学校を有す。

目下、当地には教会堂の数、多けれども、もっとも大なるものは内城内、将軍廟街なるカトリック教会、および外城の東辺にあるプロテスタント教会の二所とす。

四、学校

当地は省城なるをもって、諸種の教育機関ほとんど備わり、学堂の設立せらるるもの多し。今、これを列挙すれば大略《たいりやく》左のごとし。

官立高等学校　修業年限三か年にして中学を卒業せる者を入学せしめ、政府の補助金年額五万四千六百六十四両。現校長は劉氏にしてアメリカ留学の人なり。学生数三百名。

官立高等師範学校　修業年限予科四年、本科四年、合計八年にして、学生数、総計二百八十名、政府の補助金年額七万五千両、現校長を徐氏となし、日本高等師範学校の卒業生なり。目下、我が国の教習五人あり。

官立農業専門学校　我が国、高等農林学校に相当するものにして、修業年限三か年、学生二百三十人、政府の補助金年額四万三千五百十両にして、現校長を周氏となし、日本農科大学実科卒業なり。日本教習二名あり。

官立第一法政学校　大学程度にして修業年限三か年なり。学生数三百五十人、政府の補助年額三万四千四百八十五両にして、日本教習一人あり。

官立第二法政学校　同上異校にして、学生二百五十人、政府の補助年額四千二百六十両なり。

官立商業専門学校　我が国の高等商業学校に相当し、修業年限は三か年、中学卒業生を入学せしめ、学生二百名、政府の補助年額一万二百六十一両、現校長を劉氏とす。

官立工業専門学校　高等工業学校に相当し、修業年限三か年、学生二百四十人、政府の補助年額三万四千三十六両にして、現校長を徐氏となし、日本高等工業学校卒業なり。

官立娯母養成所　これ我が国の女子高等師範学校に相当し、女子中等教員を養成す。最近の設立にして省下各県より一人を選抜派遣す。現在、学生百五十人あり。政府の補助年額八千三百九十六両にして、現校長を叢氏とし、日本某学校出身なりという。

官立単級教員養成所　我が国の一か年講習科のごときものにして、小学校教員養成所なり。政府はこれに年額四千二百六十七両の補助あり。

官立女子師範学校　我が国の尋常女子師範学校にして、修業年限三か年、政府はこれに年額一万千五百七十三両の補助をあたう。

このほか官立学校にして、政府の補助をあたえるものを挙ぐれば左のごとし。

学校名	政府補助年額
工芸伝習所	四〇〇両
済南中学校	二、六三二両
省城小学校　二十か所	八、六二三両三九六
歴城高等小学校	九四〇両
徽垣学校	一、三七二両四
東運学校	四、五一二両
山左公立中学校	二、二五六両
義務学校	七五二両
公立女子小学校	五六四両
芸徒学校	一三、二五四両
体育舎	二、四〇〇両
公励学校	三、二六八両

以上は、中国官立または私立にして、次に外国人経営にかかるものを示せば次のごとし。

徳文学校　ドイツ人の経営にかかり、小学より大学にいたる程度にして、修業年限明らかならず。現在、学生総数二百人ありという。

共合医科大学　これイギリス、アメリカ、ドイツ、三か国の宣教師の共同設立になり。学生七十名ありという。

医学専門学校　日本人の経営にかかり、校長は陸軍看護長たりし人なりという。学生八十人あり。

第七節　市況および商工業

本地の住民は、商業を生業とするもの大多数を占め、とくにこの地を万国の互市場として開放せし以来、当地は外国人の来住する者多く、たちまちにして北中国における天津とともに商業上の重鎮となるにいたれり。

当地は、第一次革命の事変の影響をこうむること少なかりしも、その翌年六月十五日にいたり、巡防隊の大掠奪にあい、城内の中心地において掠奪せられたる商家三百余戸、焼失の災厄に遭《そう》たるもの三十余戸におよべり。爾来《じらい》、市民は掠奪を恐れ、むしろ商埠付近においては外国人の住居するもの多ければ、これらの災害なからんことを思い、近来、いちじるしく商埠付近に居を移す者、増加するの傾向あり。

すでに停車場より西門にいたる通路には一市街を形成し、外国商と取引する問屋は多くこの方面に住せり。したがって内城は、小売商店もっとも多数を占む。

商埠は驚くべき勢力をもって発展しつつあり。三年前までは徳華銀行、ドイツ領事館、徳華医院および津浦鉄道局をのぞくのほか、大なる建築物を見ず。埠内および城内にいたるまでの通路には、広漠たる空地を存せしも、現下はほとんどその跡を見るべからず。将来の発展また想うべきなり。

しこうして従来の建築にかかる商埠内の家屋は、皆各種の営業人をもって填塞《てんそく》せられ、公園あり、商品陳列所あり、ホテルあり、雑貨店あり。加うるに新城門に通ずる道路上の敷地には、洋館軒《のき》をならべ、礼和、仁記、美孚、捷成洋行等、ここにその店舗を構えて各種の営業に従事しつつあり。さらに膠済鉄道および津浦鉄道の済南停車場にいたり、その規模の大なるを見れば、ドイツがいかに精力をこの地に傾注しつつありしかを想見するに足る。

今、済南貿易の趨勢《すうせい》を察するに、輸入品は漸次《ぜんじ》、減少するの傾向ありといえども、輸出品は年々、増加の勢いあり。輸入減退の理由は、津浦鉄道全通の結果、かつて全然、済南の商業範囲たりし徳州、泰安、兗州、済寧等の各地商人が、鉄道の便を利用し、青島より直接貨物を輸入するの習慣を生じたるがためなり。しかれども青島、済南間には両地の銀両を標準とする手形の売買、盛に行なわれ、金融の関係もっとも便なるに反し、上記各地方と青島間には為替の利便欠如せるをもって、勢い済南において決算を行なわざるべからざるにより、済南市場の活気は、毫《ごう》もこれがために影響を受くることなし。輸出伸張の原因は、津浦鉄道開通以来、交通の便益備わり、四通八達の要衝となり、土貨買いつけの目的をもって、当地に根拠を構うるもの次第に増加したるがためなりとす。今、当地の主なる輸出入品を挙ぐれば左のごとし。

輸出品

綿花　大豆　豆粕　豆油　落花生

落花生油　牛皮　羊毛　羊皮　牛脂

麦稈真田　麻　家畜

輸入品

綿糸（イギリス、インド、日本、上海品）

金巾（赤、白）

粗布（アメリカ、イギリス、インド、日本、上海品）

綾木綿（アメリカ、イギリス、日本品）

細綾（アメリカ、イギリス品）　天竺木綿（日本品）

砂糖（白、赤、黒）（香港、日本品）　マッチ（日本品）

右のうち、多くの輸出入品は、皆、青島を通じて行なわるるものなり。

ひるがえって工業状態を見るに、いまだ盛なりというを得ざれども、近来、民智、大に開け、新式の工業を経営するもの少なからざるにいたり、なかんずく絹、綿等の織物、製紙およびマッチ製造工業、多し。今、当地における主な工場名を挙ぐれば左のごとし。

華商電灯公司　既述のごとし。

工芸局　官設にして、織物および各種工業工芸品を試験的に製出す。

濼利公司　織物工場なり。

山東濼涼造紙印刷公司

振業大柴有限公司　マッチ工場なり。

山東製紙株式会社

人和公司　製粉工場なり。

その他のものは、多くは手工業にして、麦稈真田《ばっかんさなだ》、柞蚕糸《さくさんし》の製出、豆粕製造等なれども、これらもまたあなどるべからざるものあり。しかれども農業地としては重要ならず。

第八節　外国商店

哈唎洋行（独商）　商埠緯四路にあり。諸機械、雑貨を販売す。

瑞記洋行（独商）　商埠大馬路にあり。同じく各種機械、器具、その他雑貨の販売をなす。

仁得洋行（英商）　普利門外　自転車および人力車販売業。

礼和洋行（独商）　商埠二馬路　保険業および雑貨商。

捷成洋行（独商）　商埠二馬路　貿易商。

義利洋行（独商）　商埠緯一路　日用雑貨小売業。

華豊洋行（独商）　普利門外　日用雑貨小売業。

禅臣洋行（独商）　商埠緯七路　貿易商。

万順洋行（独商）　商埠緯七路　貿易商。

美孚煤油洋行（米商）　商埠二馬路　石油商。

亜細亜（米商）　商埠地二馬路　石油商。

開治洋行（露商）　商埠地三馬路　貿易商。

永昌洋行（露商）　商埠地二馬路　貿易商。

華昌洋行（仏商）　商埠地二馬路　貿易商。

和記（英商）　商埠地二馬路　貿易商。

第九節　地勢および交通

当地は付近一帯平坦なれども、ただ城南の千仏山はその高さ約三百尺に達し、南門より遠からず。山上には寺あり、旗亭《きてい》あり。盛夏の候、納涼に適するをもって游客少なからず。

黄河は、城北四マイル余のところを流れ、小清河の一支流たる繍紅河はその上流源を当地に発するをもって、水利、比較的開け、付近地方より当地にいたらす土産の集散に便利をあたうること多く、鉄道開通前はことにその水利と当地とは重大の関係を有せり。すなわち濼口より黄河上流との交通を有し、済南より外国輸入雑貨を上流、河南方面まで送荷し、河南の雑穀、牛皮、牛油等の土産を当地に送致し、芝罘に輸出せり。小清河は山東鉄道の開通前においては、芝罘もしくは山東の沿岸地方、さらに遼東地方と山東内地との出入貨物の主要通路にして、河口の羊角溝ならびに済南付近の黄台橋は、民船の寄港地として栄えたりしも、鉄道の開通とともに衰退の傾向ありといえども、なお塩船の往来盛なるものあり。黄台橋より濼口までの約一マイルの間に軽便レールを敷設し、塩の輸送をなしつつあり。道路については鉄道開通後、当地が付近貨物の集散地となりし関係上、次第に必要となり、長城、南留、張夏等にいたる道路は、比較的交通便なり。

しかれども本地ともっとも重大の関係あるものは鉄道にして、本地が内地の一大市場として、今日の勢をいたせるはまったく鉄道の開通によるものというべし。ゆえに今、これにつき、すこしく述ぶるところあるべし。

一、津浦鉄道の影響

本地は山東省城なれども、従来は単に一の消費地として付近土産の僅少《きんしょう》なる集散を見るのみなりしが、本鉄道開通以来、南は遠く安徽省をへて、江蘇省南京にいたるを得、北はただちに天津に出ずるを得るにいたり、当地付近の産物はすべて集まり来たり、ただちに軽快なる汽車の便により、天津にいたり、海外に輸出するを得るにいたりしをもって、本地はにわかに山東省における内地市場の中心地となり、多くの大商人はこの地に来住するにいたれり。

二、山東鉄道（膠済鉄道）の影響

山東鉄道は、ドイツが北中国の地に雄飛するの発端として敷設せられたるものにして、膠州湾（青島）より当省城にいたる鉄道なり。本鉄道開通以前は当地方における外国輸入品は、多く芝罘より小清河によりて輸送せられしが、この鉄道ひとたび開通してより、ドイツは当地に多数の商人を集致し、従来、小清河によりて芝罘に流出せる土貨を青島に吸収せしめ、かつ済南およびその付近に消費せらるる外国貨物を供給するに成功し、もって芝罘の貿易に一大打撃をあたえたるとともに、本地はますます繁盛をきわむるにいたれり。ことに津浦鉄道全通後はこれら両鉄道の間に競争起こり、その関係はまた本地と密接の関係をもたらせり。

済南は古来、天津との貿易盛に行なわれしも、山東鉄道が青島を起点として敷設せらるるや、青島、済南間の関係がぜん密接を加え、当地、最近の繁栄は該鉄道の恩恵によるの事実なりしに、黄河鉄橋の完成により津浦鉄道の全通を告ぐるや、天津、済南間は青島、済南間に比し、約四十マイル短縮せらるることとなれるをもって、さきに青島が天津より奪いたる済南府は、再びまた天津によりて奪取せられんとするの形勢を示し、これを自然のままに放任せんか。多年、ドイツが莫大の資本と労力を注入したる青島の施設経営が全然、画餅《がべい》に帰せざるまでも、なお多大の打撃を受くべき事態に遭遇せり。

　これにおいて、山東鉄道の経営者たるドイツ側にては、まずこれが対抗策として津浦鉄道、当時ただちに済南、青島間の運賃に特別低減《ていげん》を行ない、あくまで津浦鉄道に対抗して、永久に済南を青島商圏下におかんと努力したり。一方、津浦鉄道側においても、またこれに拮抗するの策をたて、大正二年（一九一三年）六月一日、重要輸出入品の運賃等級を改正し、もって天津、済南間の関係を回復せんとせり。ここにおいて両鉄道の競争ようやく激甚《げきじん》を加えんとするにいたれり。

　しこうして如上《じょじょう》の鉄道競争は、果たしてどこまで持続せらるべきや。まさにこれが勝敗いかんはもとより今日、逆睹《ぎゃくと》し得ざるも、一は中国政府の手によりて支配せられ、他はドイツ帝国後援のもとに、その積極的方針をかえざるものとすれば、到底、前者は後者の敵にあらざるべく、現に山東鉄道側は済南、青島直通貨物に対し、その途中駅よりの貨物よりもはるかに低率なる運賃にて満足しつつあり。

　実際についてこれを見るに、済南の輸出入貿易は山東鉄道により青島を経由するを便とす。すなわち内地税の免除、ならびに鉄道運賃の低廉なるは、主たる便宜の点なれども、さらに商家のいうところによれば、山東鉄道と津浦鉄道との現時の貨車の容積の異同もまた一因なりという。山東鉄道の三十トン貨車は、容積の大なる綿花のごときも三十トンを積むことを得れども、津浦鉄道にてはかくのごとき便宜を得ること能わずという。これらの事実を総合して考うるときは、将来の勝敗は自ら明らかなるもののごとし。

三、済順鉄道（予定線）と済南との関係

本鉄道は、ドイツの経営する津浦鉄道北段と京漢鉄道とを連絡せしめんとするものにして、当地を起点とし直隷省に入りて、順徳府城に達すものなり。もし将来、本鉄路、敷設せらるるにいたらば、済南は山東、直隷、江蘇、北部河南、東部山西、各省の貨物の青島に出ずる中心地として、いよいよ貿易上、一大発展を来たすべきは火を見るよりも明らかなる事実なるべし。

第十節　飲料水および物価

当地は古来、中国における飲料水の清浄なるをもって、名を得たるところにして、玲瓏《れいろう》たる清水は城内いたるところに湧出し、その泉の数、実に七十余の多きにおよぶという。されば城内の住民は多くこの泉水を飲用し、その泉に遠き地に住居するものは、水汲みをもって業とするものあり。車によりて、これを配達しおるを見る。したがって、城内には穿井《せんせい》を見ず。

商埠には泉水なく、また外国人居留地にして多数の住民あるも、いまだ水道の設備ならず。皆、穿井を有す。深さ二丈くらい、井水はきわめて清澄なり。

次に物価の一般を示せば左のごとし。

小米	一斤	六個銅板
大米	一斤	八個銅板—一毛銭
猪肉	一斤	二十四個銅板
牛肉	一斤	十八個銅板
白糖	一斤	二百八十文（斤売）
白糖	一斤	三百二十文（小売）
白塩	一斤	八個銅板—十個銅板

第十一節　新聞紙

報名	経営者	系統	発行部数
山東新聞（邦字紙）	長井実		約二百
山東日報	馬官敬	半官報	約千二百
大東日報	王景暁	旧進歩党	約八百
山東公言報	陳藻	不偏不党	約五百
新山東日報	王宋延	進歩党	約四百
山東商務日報	郭珠泉	商務総会	約三百
斉魯新聞	李汝枚	国民党	約三百
民徳報	未詳	黄県同郷会	約三百
民志報	李鴻鈞	学界	約二百
簡報	王某	商界	約一千
斉美報	未詳	社会機関	約三百
東魯日報	王石朋	国民党	約三百

設立年限においてもっとも古きものは、商界に多くの読者を有する簡報にして、十一、二年の歴史を有し、発行部数一千有余なり。ただ依然旧態をあらためず、石版刷なり。各界に勢力を有するものに山東日報あり。民国元年の設立にかかり、前者は周自斉が山東民政長官たりし時代より、官辺に連絡を有し、靳将軍当時は毎月約千元の補助を得おりしが、その没落とともに、一時、悲境におちいり、停版せしが、再び省財政庁より毎月三百四元の補助を受けて、かたわら山東政府の官報たる山東公報出版をなせり。比較的基礎も強固なり。その他の各報は皆、袁政府淹没《えんぼつ》以後、山東の政治に関与し、あるいはなんらか権勢に近接せんとし、陸続きとして開設せられたるものにして、不偏不党《ふへんふとう》を宣言せる公言報は、原法政学校長陳藻の経営にかかり、編集も整然として一頭地を抜き、その将来に富むものの一なり。

省議会副議長王秉延の主宰せる新山東日報は、創刊そうそう司法警察権の委曲を誹謗し、侃々《かんかん》の論をなせり。

周村民軍の機関として、議員李汝枚の主宰せるものに斉魯新聞あり。

山東軍務会弁曲豊、来東し、その所懐《しょかい》を行なわんがために二千金をなげうち、王石朋をして東魯日報を興さしめたりしも、曲豊去りて以来、さらにふるわず。わずかに国民党によりて、紙数三百の命脈をとどめたり。

晩近《ばんきん》、また三、四新聞創刊の計画ありといえども、いまだなんら根抵のなれるを聞かず。一部野心家の泡沫《ほうまつ》的企画と見るのあたれるなきか。

要するに山東の言論界において、一定の見識をもって、その本然の使用を果たさんとしつつあるを認むべきもの、一としてこれなきを惜しむ。

第二章　周村鎮

第五期生
第十期生
調査

第一節　位置地勢および気候

青州より山東鉄路によりて西すること百十四支里にして、一大貿易市場に達す。これすなわち周村《しゅうそん》なり。鎮は長山県下に属し、長山県城をへだたること南方十八支里にして、孝夫河の左岸にあり。この地方は、一般に平原にして、西南わずかに長山山脈の高さ一千メートルあるを見るのみ。

気候は山東中もっとも寒暑の差多き地にして、炎熱ことにはなはだしく、日中は百四十度を超えることあり。しかも急雨にわかに篠《しの》をつくことしばしばあり。

もって幾分かしのぎやすからしむ。この地方も濰県、青州と同じく、冬季すなわち乾季にはほとんど雨を見ず。ときとしては雪を見るのみなるも、夏季すなわち雨季にいたれば、霖雲、連日天を覆い、あたかも日本の梅雨に異ならず。

この付近の山には、まったく草木の生茂するものなきをもって、夏季の風はその熱せる土地のためにさらに蒸炎を加え、冬季の風はその冷却せる土地のためにさらに寒威《かんい》を増す。しこうして兀《こつ》たる禿山のみなるがゆえに、夏季は常に河水の氾濫を来たし、住民に害をこうむらしむること多し。されば住民をして、もし植林の方法を実行せしめば、あるいはその気候の幾分かをやわらぐるを得ん。

第二節　人口および住民

この地の住民は、ほとんどことごとく城内に居を定め、その数二万五千を超ゆ。住民の多くは商業を営み、その繁盛《はんじょう》なること、山東内地第一なりとす。商民は土着のもの少なく、直隷、山西より来たれるものもっとも多し。商人に次ぎもっとも多きは、各種手工業なりとす。すなわち絹織、染物業、鏡製造、草編製造はその主なるものなり。人情一般に質樸《しつぼく》にして、濰県のごときと同日の論にあらず。大商人および富豪の住するもの多きと、この郷下より絹を産する多きとにより、人民の絹物を使用するもの比較的に多く、生活の程度も青州等に比し高きがごとし。

第三節　市街および市況

周村城は、山東鉄路の周村停車場より北西約四丁にあり。この地より長山県城までなお十八支里とす。

本市の道路はすこぶる錯雑《さくざつ》し、城門十五を有し、屈曲をきわめ、かつところどころ高低ありて、坂路によらざるべからず。車行はなはだ困難なり。かつ街路において所々に門を設け、夜間これを閉《と》ずるがゆえに交通不便をきわむ。道幅は大概二間を有し、広きところは二間半、せまきところといえども、なお一間半を保ち、藍布市大街、興隆街、後街等、市内の三分は、切り石を敷き、やや整頓すれども、他は中国普通のものにして、晴天の日は塵埃《じんあい》深く、雨天は泥濘《でいねい》はなはだし。東門より停車場にいたる道路は幅五間を有し、すこぶる整頓したれども、またこの弊をまぬがれず。交通機関としては二様の小車あり。一は形、大にしてかつもっぱら乗客用に供せられ、平均二人ないし四人を乗せ得べく、上には幌《ほろ》を設けて停車場より城内にいたる客を運び、市内またこれを見ること少なからず。一は普通の小車にして、もっぱら荷物の運搬にもちい、その数すこぶる多し。

この地は純粋の問屋町にして、建築物も新造のもの多数をしめ、寺院廟等も大なるものなく、寺院等の多くは巡警局、自治の公所以下、各種の公用にもちいられおるを見る。停車場には悦来公司以下、数店の倉庫あれども、その他、運送問屋の倉庫および客桟はすべて城内にあり。貨物は小車によりて運搬せらる。

本地は純粋の商業地にして、その商業はすこぶる大に、濰県とともに山東省の中部に位し、商業の額にいたりては濰県をしのぐという。

第四節　周村商埠地

周村予定商埠として撰定《せんてい》せられたる地区は、山東鉄道周村停車場と周村城東門との間にあり。南は鉄道線路をもって界とし、西は周村城壁に接し、比較的南北に長く、東西は短く、面積約二千畝あり。該地区は全部平坦なる畑地にして、停車場付近に悦来公司の倉庫、その他、四、五の石炭商の倉庫あるほか、他は人家なり。処々に小樹林あり。水質は概して佳良にして、墳墓は約三千ありという。道路は目下停車場より城の東門に通ずるもの、およびそれより分かれて東南門に通ずるものとの二条あり。

該地区は商埠としてもっとも適当なるべく、かつ周村地方の人民は比較的温和にして、該地が互市場として開かれ、将来、商業の旺盛《おうせい》を見るべしとて、一般に開市を喜びおる有様なれば、墓地の移転その他の事につき、商埠の経営上なんらの故障を見ざるならんか。

第五節　物産および集散貨物

周村付近は、山東第一の絹織業の盛なる地にして、緞子、縮緬、紋縮緬、繻子、綾子、その他、各種の絹織物、ことに絹綢はその産額他地方に優る。欄杆（真田紐）、土布、草編、柞蚕糸を産し、原料は鄒県および河南、山西地方より黄河によりて、この地にいたるものにして、本省および北中国地方の需用に充つ。また生糸として外国に向かうもの少なからず。この地の絹質は、南方産に比するを得ざれども、価廉なるをもって、大に需用あり。

絹に次ぐ産物は、鉄器、玻璃器《はりき》、水膠、弓絃《ゆみづる》、皮瞼《ひれん》、皮細工品、銅器、錫器。毛織物としては毛氈《もうせん》、帽子、毛織、靴等あり。皮細工品としては靴底、革鞄、たばこ入、その他の貨物をつくり、銅器には煙管、ボタン、食器、金具等にして鉄器には農具、厨房、用具および日用品をつくる。一般にこの付近より生ずる物産は、質粗悪なるを常とするも、その産品は皆、日用品なるをもって、かえってその価の廉なるため需用広く、山東内地はもちろん、農具のごときは河南、山西地方に供給せらるるもの、はなはだ多し。

周村付近より雲母《うんも》を産すること少なからず。これ徳華鉱務貿易公司の手によりて採掘せられたるものなり。

外国品のこの地に輸入せらるるものは、マッチ、綿糸、綿布、石油、金巾、海珍、または雑貨なり。そのうちマッチは皆、日本物をもちい、金巾《かなきん》は英米産にかかる。綿糸は輸入の大部分は日本製に属す。これに次ぐは印刷物なり。小雑貨にいたりては、本邦製または広東より来たるものなり。その総額、あわせて三十万両内外なり。

周村は濰県に比すれば、地の利はおよばざれども、工芸の勃興を来たしたる結果、住民および来往旅客、漸次《ぜんじ》、増加し来たり。ついに山東内地における一重鎮となれり。今や鉄路の開通とともに互市場となり、山東随一の貨物集散場たるにいたれり。

第六節　交通

周村は、長山より周村、淄川、博山を通過して、泰安および兗州にいたり。さらに金郷、城武をへて、曹州に通ずる道路の膠済鉄路と交叉する点にあたり、北は十八支里にして長山にいたり。濰県あるいは済南に通ずる大道、および北、新城にいたる道路に合するを得べく、南は四十支里にして淄川にいたり、なお三十八支里にして博山県にいたり。なお進みて曹州にいたるを得。また周村より三十支里にして索鎮にいたり、小清河をくだる二百支里にして、羊角溝にいたり、これより芝罘におもむくを得る道路あり。

もし、それ膠済鉄路の側を借りて、済南にいたらんとせば三時間、濰県に六時間、青島に九時間を要するのみ。しこうしてこの鉄路は、従来の山東内地交通に一大変化をおよぼしたるものにして、鉄路開通前にありては、山東内地の貨物は、多く芝罘より羊角構まで、汽船または民船にて運搬せられ、それより小平船に積み替え、索鎮にいたり、さらに獣背、または小車にて周村に運ばれしが、この道は海路の危険あるのみならず、山東の北海岸は水浅く、ことに羊角溝のごとき汽船陸に近づく能わず。荷物の揚卸不便にして、かつ時日《じじつ》を費すこと多きをもって、現今はやや頽廃の傾あり。貨物は多く鉄路によりて内地に入るにいたれり。南方、淄川、博山に通ずる道路のごときもまた博山支線の完成以来、大に衰微の徴を表わし来たれり。

第七節　商工業

周村は、山東内地における商工業のもっとも繁盛なる地にして、市街は大商舗軒《のき》を連ね、なかんずくもっとも殷賑《いんしん》なるは大街、糸市街、鳳凰街等にして、商家のおもなるものは綿糸店、綢緞行、氈毛、銅器、水膠、雑貨商、綿花店等なり。なかんずく、もっとも名あるものは綢緞行にして、大資本を有するもの八店あり。これに次ぐものは布店にして、七十余家あり。当地にてつくる銅器は茶壺、瞼盆、酒瓶等の日用品にして、原料は青島、芝罘より輸入せらる。当地市場にある雑貨の主なるものは、時計、シャボン等にして日本製にかかるものもっとも多し。

周村の市は四、九の日に開かれ、濰県、博山の市と大に異なり、市日にいたれば全市街挙げて市場と化し、その雑踏、名状すべからず。市の露店は各商家の軒下に二箇の板凳《ばんとう》をならべて、その上に板を布き、商品を配列す。そのもっとも盛なるは黄糸の売買にして、各糸店および銀行の門口等の空地において田舎より来たれる売り手と、周村市の買い手と、互いに往来して、売買の掛け引きをなす。しこうして大商の集合するは大街銀市街にして、后街糸市街、これに次ぎ、鳳凰街またこれに次ぐ。またパイプ以下の玻璃細工《はりざいく》、中国人向け雑貨、糸、毛糸、皮瞼《ひれん》、水膠、紋紙《もんがみ》、化粧品、欄杆《らんかん》、土布、綿糸、金物、錫器《すずき》、麻布、麻糸、野菜、果物等の出品多く、欄杆の取引はもっとも盛大なるものにして、人目を引くものあり。

外国輸入品は前述のごとく、マッチ、綿糸、綿布、石油、金巾《かなきん》、海産物類にして、なかんずく綿布、綿糸もっとも多く、一年平均二百万両ありという。

しこうして輸出品の主なるものは、絹織物および絹糸を第一とし、帽子、草編、羊皮、玻璃器、金物等を多しとす。

しこうして周村は鉄路の全通とともに、日々、その商況に活気を加え来たり。住民は皆、その互市場として開かれたるを喜ぶ有様にて、将来、大に有望なる地というべし。

周村は商業地なるも、いまだもって工業地となしがたし。周村における工業は大規模のものなく、多くは手工業に属す。手工業者の主なるものは、綢子を織るものにして、これ全市を通じてことごとく従事するごとし。彼らは一家に二、三台の機器を備え、田舎より持参せる黄糸を糸市において買い、もって織綢の原料となす。その製造品は、これをその他の綢緞行に売り渡し、綢緞行にてはこれをさらに上海、北京、広東等に輸出す。その他、花毯製織、少なからず。花毯とは太き木綿をもって縦となし、これに羊毛を織り込み、各種の模様を織り出すものなり。これ靴拭、馬腹掛、地毯等にもちいらる。原料は市内の水膠廠、または皮臉行にて求む。その製作品は上海、青島、煙台等に輸出せらる。

　織物の盛なるにしたがって染色等もまた発達し、普通の染坊は八箇または十箇の甕《かめ》を有し、職工十数名を使用せり。市内に二十余軒の製鏡所あり。普通七、八人の職工を使用す。原料は多く青島より来たるものにして、ガラスは博山より来たるもの少なからず。製品は多く済南地方に発送す。皮細工盛んにして皮臉、水膠、および弓絃《ゆみづる》の製送また多し。これらはいずれも皮より製するがゆえに、一家にてこれをあわせつくるもの多し。麦稈真田《ばっかんさなだ》は当地にて取引するも、周村にて製造するもの少なく、多く寧陽、新城、新台等より買い来たり、再輸出するなり。

第八節　公私の施設物

分県衙門　周村は、長山県城をへだたる十八支里にあり。しかも商業殷盛《いんせい》にして、人口また県城をしのぐをもって、とくに分県衙門を設け、官吏を派遣せり、衙門は鎮の南門に近き南小河の河岸にあり。

巡警分局　長山県巡警局の分局にて、十五名の巡警をして、市内を警察せしむ。

高等小学堂　生徒わずかに二十二名、教師二名に過ぎず。もっていかに教育の普及せざるかを知るに足る。

商会公所　これ周村商事を弁ずる組合にして、本公所に属する周村商会学堂あり。商家の子弟を教育するをもって目的となす。

武官学堂　軍人たらんとするものを養成するところなり。

第三章　濰県城

第一節　位置地勢および気候

濰県《いけん》は中央山東の平原にあり。青島より汽車にて五時間、膠州より三時間、済南より七時間にて達するを得。しこうして芝罘、済南間の大道と青島、済南間の大道とは、この地において相会《かい》するがゆえに交通の要衝を占む。

地勢は一般に担々《たんたん》として、北方のごとき眼界開濶《かいかつ》その際涯《さいがい》を知らず。南方わずかに方山、大狐山の諸山を遥望《ようぼう》するのみ。

濰河は源を沂州府下の沂山に発し、東して諸城県に

▶ 濰県城

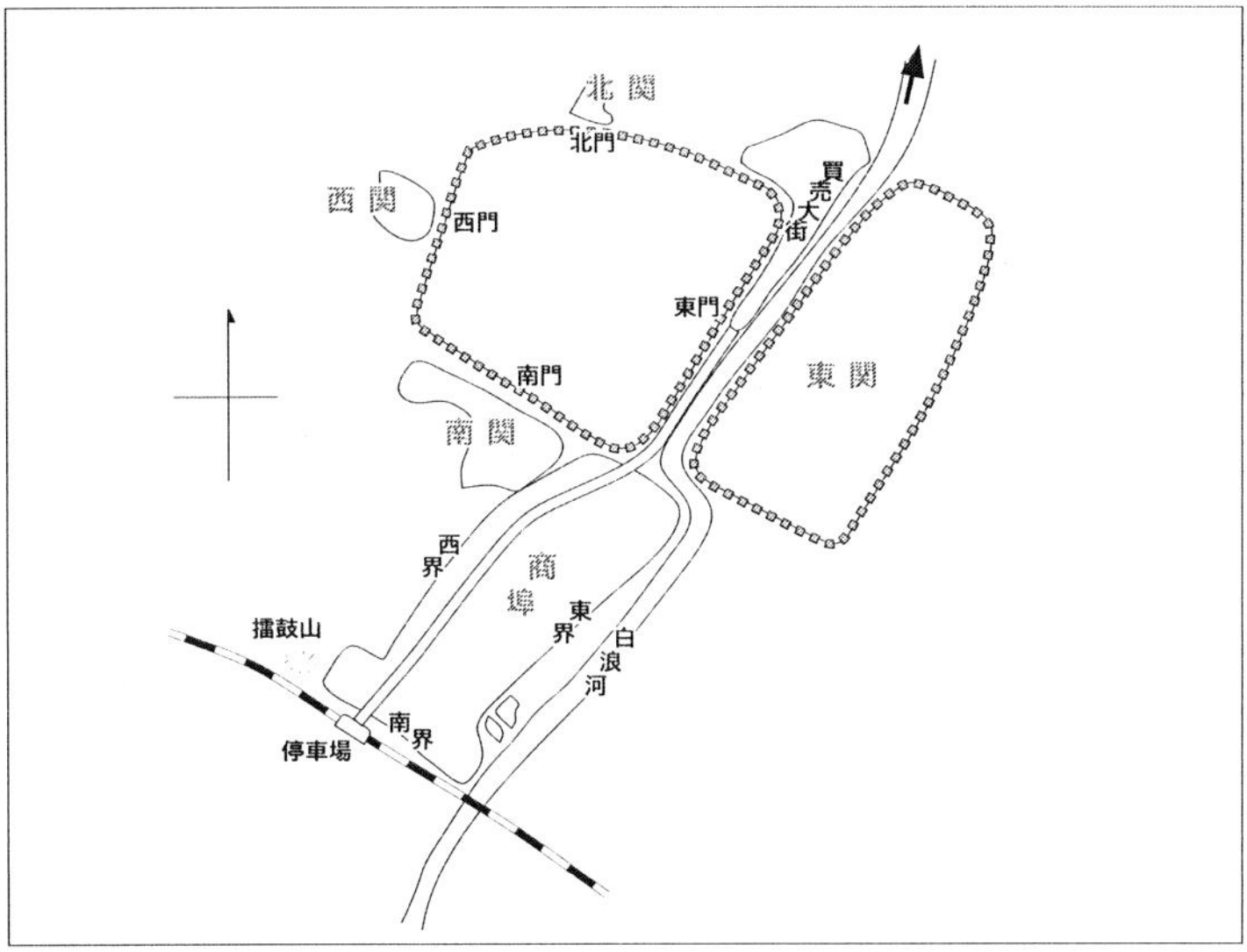

いたり、北折して安邱県の東方において汶河をあわせ、さらに北流し、昌邑をめぐり海にそそぐ。白浪河は源を大孤山に発し、東北流して濰県城東に来たり、県城とその東廓なる東関とをわかつ。

気候は海岸を去る遠きをもって寒暑の差ははなはだしく、夏期は炎熱燬《や》くがごとく、そのもっともはなはだしきは陰暦五月末より六、七月のころにして、百二、三十度に昇ること少なからず。雨季は六月中旬頃より約一か月、あたかも日本の梅雨のごとくなるも、しかも梅雨のごとく連日青天を見ざるがごときことなく、濰県付近にては大概、平日は晴天にして、その雨季にあるや否やを疑わしむ。しこうして三、四日に一回、多くとも五、六日に一回は、必ず日を定めて豪雨沛然《はいぜん》として来たり。人をして心胸をとろかせしむ。しかれども雨季のほかにありては、年中ほとんど雨を見ることなし。

秋はもっとも人身に清適なる候にして、天高く、気爽《きそう》に五穀よく実る。もっとも寒冷なるは、毎年十二月より翌年一月にいたる間にして、雪の積むこと少なく、普通四、五寸に過ぎざるも、ときとしては一尺におよぶことあり。ただ空気はなはだ乾燥し、しかも山林まったくなきをもって、空気中に塵埃《じんあい》を混じ、咽喉《いんこう》を害することあり。冬季は青島付近よりも一層の寒気を覚ゆという。

第二節　市街および市況

市街の形勢は、本城、東関、西関、南関、北関の五区に分かれ、白浪河は南より来たりて本城の東側をよぎる。東関は、本城の東方わずかに白浪河をへだてて相対し、南関、西関、北関は、各本城の南西北に皆、城門外に部落す。

本城は東西約十町あり。人家二、三千あり。うち七百戸は商家にして、他はことごとく官紳の住宅たり。城壁は苔むしたれども、その高きこと四、五丈におよび、はなはだ宏壮《こうそう》にその周囲およそ五支里あり。市街は一般に清潔にして、街路狭からず、敷石あり。東門より西門に通ずる大街は、本城内もっとも繁栄なる区域にして、城内には商人の数多からざるに比し、官吏富豪の居を構うるもの少なからざるをもって、中国式家屋の宏壮なるものはなはだ多し。知県衙門はじめ諸衙門および商会公所、その他、師範学堂、小中学堂、皆、本城内にあり。

東関は、本城の東白浪河の対岸にあり。別に城壁をめぐらし、その延長かえって本城をしのぐ。この地、住民、皆、商業を営み、商肆櫛比《しょうししっぴ》し、街衢《がいく》また見るべきものあり。戸数は本城に勝り、おおよそ七、八千戸あり。しこうしてこれらの家屋は、本城内の家屋と異なり、多く舗房にして、はなはだ壮大なる大厦《たいか》軒をつらね、また倉庫のごとき、はなはだ大なるものあり。東関の東南にあたりて、宏壮なるレンガづくりを望見す。これアメリカ宣教師の教会堂にして、付属の小学校あり。生徒を寄宿せしめて、中国語のほか、英語、算術、歴史、天文、地理、物理を教習す。

南関、西関、北関は皆、本城に接して城門外に街をなすといえども、ほとんど内地の小村邑と等しく、家屋道路ともに見るべきものなく、不潔なり。

白浪河は南より来たり、本城と東関との間を貫流し、冬季はほとんど水を見ることなく、人馬これを徒渉するを得るも、夏期、降雨にあえば河水みなぎり、仮橋を架するも流失することしばしばなり。本城東門外、白浪河畔に石造師子あり。洪水来たるときには必ず怒吼《どこう》すと伝う。

東関より本城に通ずる一石橋あり。人馬の往来に便にす。このほか数か所に渡し場あり。河幅二町半にして、増水季は河水岸にあふるるも、平時はようやく数間に過ぎず。かつ水深、膝にみたざるをもって、丸木にて筏をつくり、もって人車を運搬し、牛馬および重荷を載せたる車は、これを徒渉するものとす。その河岸は広き空地を有するをもって、三、八の濰県の市は常にこの河原において開かる。

本城の東門外より起こりて、本城壁と白浪河との中間に一街あり。これを俗に買売大街という。あまた小商の舗をつらね、小売商の繁盛なる濰県第一なり。街は城壁と白浪河との間にあるただ一条にして、街路せまきも、店舗は整然として清潔なり。

濰県は、濰県停車場をへだたること三支里にあり。停車場より広き大道を通じ、石を敷き詰められたり。この両側はすなわち予定居留地なり。

第三節　居留地

居留地は明治三十八年、済南、周村とともに決定せるものなれども、地域の撰定《せんてい》については土民および紳商の反対あり。当局者、大に困難を感じたるも、商埠局は断然これをもって政府に願い出でたり。しこうしてその区域は、山東鉄道停車場より本県城東南隅にいたる三支里間の地にして、南界は鉄道線路をもってし、東界は白浪河にいたり、西界は擂鼓山《らいこさん》の東より南関に通ずる大道をもって限りとす。南北約十四、五町、東西四、五町にみたず。面積千二百畝を有す。目下、地域を存するのみにして、なんら商埠《しょうふ》の経営に着手せず。コーリャンもしくは豆の畑地にして、その間、小屋の点在するものあり。近時、邦人の一時的居留するもの多しという。

地一般に平坦なるも、多少の丘陵なきにあらず。西界、擂鼓山のごとき一小丘にして、停車場に接近し、はなはだ風景良好なる地あるも、土人風水の説を信ずるものあり。これを予定居留地となすを肯《がえ》んぜず。特別の壁をめぐらして予定居留地外とせり。

本地、墳墓約五千ありという。商埠内には道路二線あり。一は停車場より南関をへて濰県城東南端にいたるもの、一は停車場より城の東門および東関に達するものなり。後者は敷石道にして、坦々《たんたん》たる大馬路なり。普通の地より一層高くつくられたるものにして、他の道路との連絡および両側に店舗を設くるにおいて、非常の不便を感ずるにより、経営のあかつきには改造の目的なりという。目下、停車場に近く、運送業者悦来公司の倉庫および巡警住房あり。

要するに予定地区は、商埠としてきわめて適当なる地なれども、墳墓とり除けば経営上大なる困難を見るべく、濰県人民は商埠の設宗を好まず。種々の異議をはさみ、予定せられたる地区に対しても、墳墓の多きを口実として、予定商埠の移転をのぞみ、予定地の西南にある擂鼓山のごとき小高き丘陵に過ぎざるに、土民は風水の説を主張して、商埠内に入るるを肯んぜざるがため、とくに該丘陵のみは、予定計画よりとりのぞきたるほどなり。加うるに濰県は、官吏出身者ははなはだ多くして、京官および京外官等のなかにも大官少なからず。したがって住民、自然この気風に染み、議論を好むにより将来、商埠として経営するについても論難百出し、商埠局官吏等の苦心少なからざるものあらん。

第四節　人口および生業

県城内に住居するものは、既述のごとく、官吏、富豪または手工業者多くして、商家はただ東門大街に軒をならぶるのみなるをもって、人口も二万五千内外なれども、東関（東門外）および買売大街は商業のもっとも殷盛《いんせい》なるのゆえに、人口三万、西、北、南関およびその他を合して約二万五、六千あり。要するに濰県城内外、人口は八万内外に達すべく、今後、商埠の経営よろしきを得ば、その繁栄予想外ならん。

住民中もっとも多きは手工業者にして、苦力《クーリー》これに次ぎ、商賈《しょうこ》および官吏これに次ぐ。農業を営むものまた多からず。しかれども市外の住民は、農牧その他の手工業に従事するもの多し。

手工業者中、もっとも多数なるは鉄工業者なり。いたるところ鍛冶工を見ざるなきも、とくに彼らの集合せるは、買売大街の北部北関および買売大街と白浪河との中間および白浪河畔なりとす。

製造する鉄器の種類は、日常用なる鍋、釘、剪子、剃刀、農具等にして、その原料は軍艦商船、またはその他の鉄器類の廃鉄を利用するものにして、上海、青島、芝罘等よりこれを送り来たるものなり。彼らは、普通一戸三、四人の職工を有す。吹炉的、元打、先打等、おのおのその任を分掌《ぶんしょう》す。

これに次ぐは錫工にして、各処に散在し、その業を営む。製造品のおもなるものは、茶壺、コップ、水煙袋、腕輪、その他、婦人の装飾品、燭台等にして、価はなはだ廉にして質またよろし。

その他、刺繍業者はなはだ多く、普通、婦人の内職として絹地または繻子《しゅす》地、もしくは木綿地に花鳥草木、その他の模様を各色の絹糸をもって縫いとるものにして、その精巧なる実に驚くべきものあり。製造品は卓子掛、女子の衣裳、手拭、窓掛等に供す。しこうして普通の卓子《たくし》掛に相当の花鳥草木を刺繍せしもの、代価おおよそ二弗にして、その製造高ははなはだ大なるものなりという。これらの問屋として、民家より蒐集《しゅうしゅう》に従事しつつあるもの現に五十戸を超ゆ。

濰県に居住する苦力《クーリー》の数は、他の山東各地に比してもっとも多く、体格強大にして、激労に堪《た》う。苦力のもっとも多きは停車場付近にして、小車を推すもの、および停車場内に雇われたる人夫等なり。

彼らは汽車の発着ごとに停車場にありて、その貨物の揚卸および倉庫の出入に従事す。濰県にては、早朝および夜中は汽車の往来、杜絶《とぜつ》するをもって、これらの苦力《クーリー》は日中のほかほとんど労働せず。

第五節　在留外人

濰坊は商工業上、有望なる地たるにかかわらず、外国人の居宅を構うるもの少なきは異とすべし。ゆえにその居を構うるものは、布教にしたがう宣教師もしくは駅長、郵便局長にして、工業、商業に従事するもの、ほとんどこれなし。今、その在留外人を見るに左のごとし。

アメリカ宣教師　前述、東関の東南六支里なる地にある教会堂に居を構うるもの数名あり。

フランス宣教師　一人あり。城の東南部に教会堂を設け、布教に従事す。

ドイツ人　停車場に駅長一人。城内の郵便局に一人あり。

日本人　東関、済和煙捲有限公司に雇われたるもの二人あり。近頃、そのなか一人は任満ちて帰国せり。

第六節　交通

濰県は、山東内地商工業の中心地たるとともに、また交通の要枢《ようすう》なり。東は昌邑県をへて、平度、莱陽より芝罘に通ずるもの、この道は昌邑にて二派に分かれて、山東の海岸を走り、莱州、黄県より芝罘にいたる。また他の一線は、安邱、高密、膠州をへて青島にいたる。西は昌楽、青州、長山、鄒平をへて、省城に達することを得。

この三線は、古来より交通盛なりしが、第二、第三線は山東鉄道の全通とともに多少衰えたるも、第一線は少しも衰えず。あるいは馬背《ばはい》により、あるいは牛によりて、貨物を運搬するもの少なからず。

このほか濰県より安邱にいたり、前記、青島線とわかれて莒州に通ずる道路と、北方寿光より蒲台、武定、羊角溝に通ずるものとあり。

第七節　物産および集散貨物

既述のごとく、女子内職になれる刺繍、編物等は年百万両にのぼり、多く広東、直隷地方に輸出せらるという。その他、象嵌《ぞうがん》せる漆器も本地の特産にして、主として粗製品に精巧なる加工をなすものなり。実用品にあらずして、装飾品としてもちいらるるに過ぎざるをもって、その産額大ならず。ただこれらは当地、古来よりの工芸品として天下に名を得たるのみ。

欄杆《らんかん》（真田紐のごときものにて各色あり。婦人の衣服の縁飾にもちいらる）は、この地の特産にあらざれども、その産額すこぶる巨額にのぼるという。その他、錫器、鉄器等の各種工業品多く、絹布、豆油、たばこのごとき、また少なからず。

農産品としてはコーリャン、キビ、豆、粟、麦等の土産、巨額にのぼる。麦は粉として饅頭《まんとう》をつくり、粟、コーリャン、キビは粥または飯となして食料に供し、豆は多く豆油を製す。

本地に輸入せらるる貨物のおもなるものは英米産にして、日本産の綿布、綿糸、日本製マッチ、花布等、勢力あり。西洋および東洋雑貨もまた大に入り込みおれり。

しこうしてこれらの輸入品は、数年前は皆、芝罘より馬背または小車、牛車等によりて輸送されたりしが、近年、青島の開港と山東鉄道の開通とにより、その過半は青島より汽車にて輸入す。

当地輸出品としては、前記、欄杆、刺繍のほか、豆油および羊毛もまた近年大に増加し来たれりという。

第八節　商工業

商業　濰県は周村とともに山東中部商業の中心市場にして、交通の中心にあたり、百貨輻輳《ふくそう》するをもって、商業殷盛《いんせい》なり。かく一方にては、濰県は山東内地の中心市場たるとともに、他方にありてはまたその手工業をもって天下に著わる。

東関は卸商多く、大商人は皆この廓内に店舗を構え、各自桟房を設け、貨物を蔵置す。彼らのとりあつかう貨物のおもなるものは、洋布、漆、穀類、豆油、綿糸、雑貨等なり。しこうして東関にて行なわるる商取引は、大抵、大取引にして、小取引は盛んなりというを得ず。小売商のもっとも盛んなるは、前述の買売大街なり。本城内の東門大街はこれに次ぎ、知県衙門（県署）より南門に通ずる南門大街、これに次ぐ。綿布、絹布等の織物およびその他、雑貨をおもなるものとす。本城外にありては、南関やや活気あり。

市　開市は旧暦の三、八の日をもって、東関と本城との中間、すなわち白浪河の河原において開かれ、鶏鳴《けいめい》に起こりて日没に終わる。この日は遠く二、三十支里より五、六十支里間の各地方より、各自、その生産物を馬背《ばはい》または小車、牛車等によりて運搬し来たり。白浪河の河原に天幕を張り、市内の各商店もまたともに露店を同所に設けて取引す。

この市において取引せらるる貨物は、田舎より来たるものは五穀、乾物、土布、野菜、果物、麻および陶器、席子等にして、市内の商舗の持ち来たり販売するものは、農具、日用品、鉄器、錫器、舶来化粧品、その他、小間物、線香、鏡、度器《どき》、帳簿等なり。これら無数の露店の間には、点々として臨時茶館、麺館、および換銭舗等の散在を見るなり。

この取引にもちうる貨幣は、大取引にありては馬蹄銀をもちうれども、小取引にありては大銭、銅元等にして、相場は京銭建とし、現金取引なり（一個銅元は、約七個大銭にあたる）。これらは普通の市なるが、年市は毎年旧暦十二月末二十四、五日の頃よりはじまり、数日間連続して開市するものにて、このときは遠く百余支里の地より牛馬車を駆り来たり、交易して帰るを常とす。

工業　濰県には工場、工業として見るべきものなく、ただ邱欣氏の済和煙捲有限公司が百名の職工を使用し、東関に工場を設け、日本技師を聘《へい》して日本式捲煙製造に従事するものと、合豊草編公司の昨年（明治三十九年）五月、はじめて南関に設立せられ、職工六十名を使用して麦稈真田《ばっかんさなだ》を編むのほか、囚徒《しゅうと》工事場二か所ありて、脚帯子および席子等を製作せるものあるのみ。しかれども屋内工業、すなわち北関の鍛冶工、漆工、刻字工、欄杆工、その他もっとも有名なる刺繍および錫工のごとき大に発達し、その製作品にしてはなはだ見るべきものあり。

第九節　飲料水および用水

市内の飲料水は、皆、白浪河より汲みとるものなるをもって、これが汲み水に従事するものはなはだ多し。しこうして彼らの賃金は、普通一日十五銭より二十銭なるを常とし、その生活費は一日一人平均五銭より八、九銭、多くとも十一、二銭の食料を要するものなるがゆえ、苦力《クーリー》にして一戸を構え、妻子を有し、多少貯蓄をなし、普通の生活を営みおるものまれならず。しこうして冬季減水期においては、この河原に井を穿《うが》ち、もって水を求む。

用水もまた白浪河の水によるものにして、洗濯し、あるいは汚物を棄捨するもの少なからざるをもって、濰県上流の鉄橋下の水と、濰県下流の水とを比すれば、まったく別河の流れかと疑わる。

第四章　芝罘

第十期生調査

第一節　位置および湾港

芝罘《しふ》は一八六三年の開港にかかり、一名煙台《えんたい》と称し、渤海湾に突出する山東角の尖端に位し、北中国における交通の要衝にあたり、金州半島と相対し、渤海湾の関鍵《かんけん》たり。背後には丘陵をめぐらし、東方海上五マイルのところには、崆峒島《こうどうとう》をひかえ、北は水面三マイル余をへだてて芝罘島と相対し、西は十数町をへだてて小脈南より連なり、海にのぞみ、海浜は一帯砂地にして北に延び、地峡《ちきょう》をなすこと約一マイル半、芝罘島の中部に接続し、大なる海湾を形成す。湾内の水深五尋《ひろ》より七尋におよび、海底は砂礫《されき》相混じ、港内いたるところ、大小船舶の投錨《とうびょう》に適せざるところなし。

港頭には煙台山と称する小丘、前より湾内に突き出し、芝罘島の東端と相向かい、その西方は砂地と相向かいて自然の入江をなし、小形の汽船は大抵ここに碇泊し、やや大なるものは、煙台山下の西北方に投錨するを常とす。

灯台は、芝罘の東に起伏する小丘の突角と、煙台山頂とにあり。前者は白色、後者は紅白の廻転灯なり。また崆峒島に白色廻転の灯台を設く。芝罘山上には要塞を設けたり。

当港は天津、牛荘等のごとく冬期結氷のところなきをもって、四時、船舶の往来絶ゆることなく、港内は小埠頭の設ありて荷客の揚げ御しに便にす。しかれども当地方は、例年十一月より翌年三月まではしばしば強烈なる北風吹きすさみ、数日にわたること珍しからず。加うるに湾口広きに過ぐるがため、海より来襲する波濤《はとう》を防遮《ぼうしゃ》する能わざるをもって、北風の強烈なる際は、湾内波浪高く、船体の動揺はなはだしきがため、

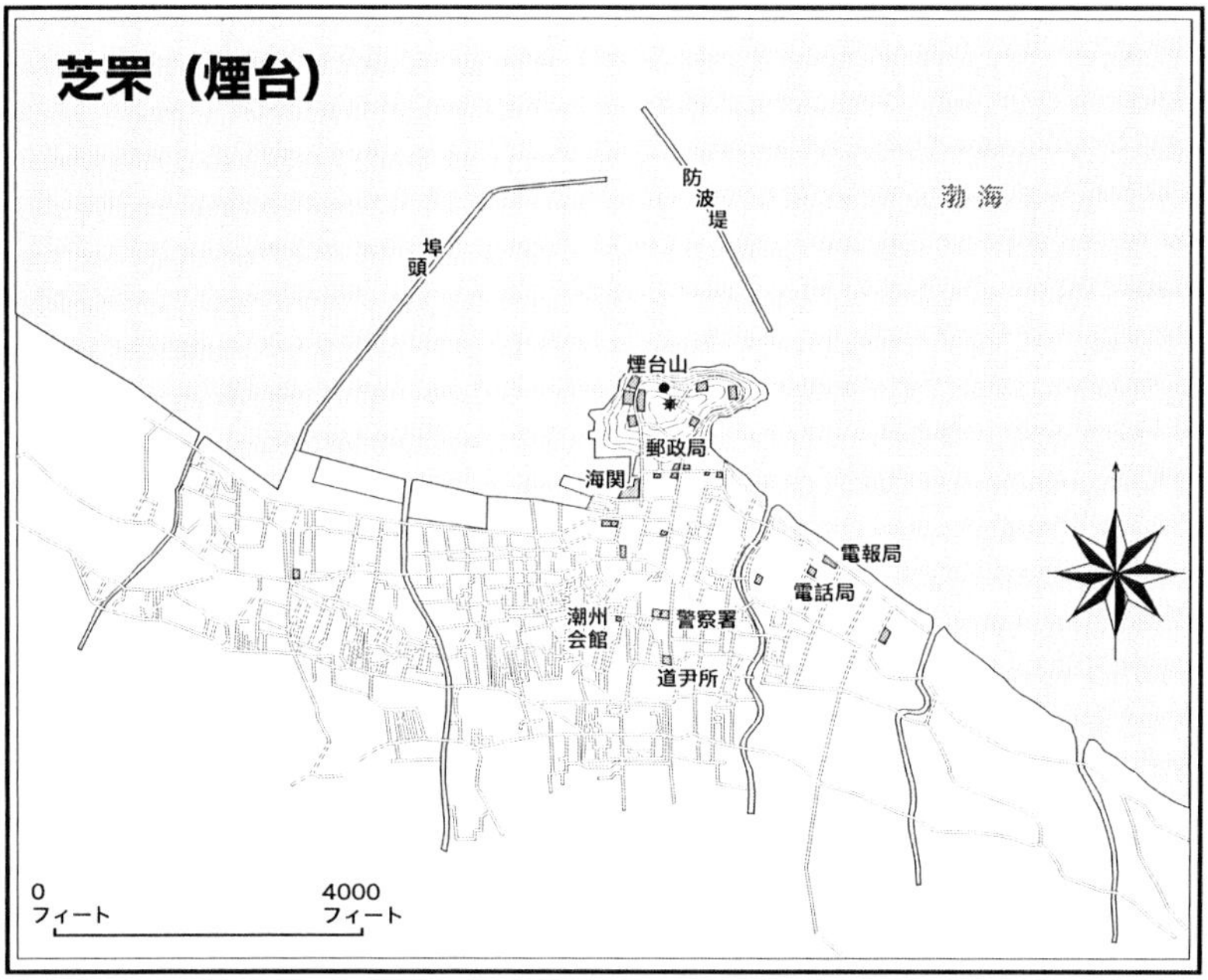
芝罘（煙台）
防波堤
渤海
埠頭
煙台山
郵政局
海関
電報局
電話局
潮州会館
警察署
道尹所
0 フィート
4000 フィート

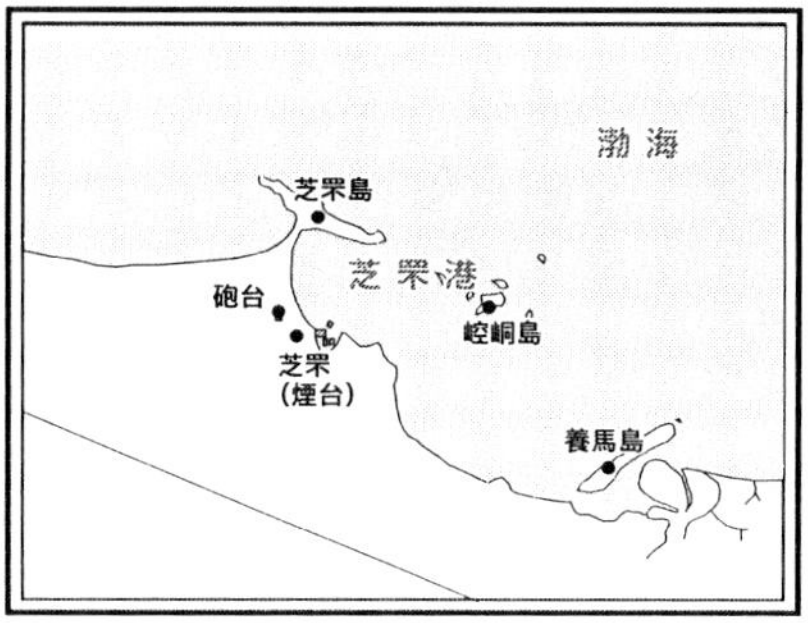
渤海
芝罘島
芝罘港
砲台
崆峒島
芝罘（煙台）
養馬島

煙台山下に係留《けいりゅう》せる船舶は、芝罘島の蔭に避難することしばしばなり。これがため冬期にいたれば、一か月中荷役をなし得るは、十数日に過ぎず。これ実に当港の大欠点とするところなり。

第二節　築港問題

当港は北中国諸港のごとく冬季、結氷の患なしといえども、既述のごとく湾口東北に開けるをもって、北風および東北風を防遮《ぼうしゃ》すること能わず。かつ近年、大連、青島の発達とともに、その繁栄はかの奪うところとなり、貿易衰微に傾くをもって、多年の宿題たりし芝罘防波堤の築造、および煙濰鉄道の敷設ますますその必要を見るにいたれり。その防波堤に関しては、明治四十三年一月六日、芝罘海関において、各代表者の会議開かれ、その資金調達につき、具体的案を決議したり。今、その案の大略《たいりゃく》を述べん。

一、現状のままにては不便なる点あり

港の西南は山岳連なり、南風、東南風および西南風をさえぎり、北は砂州をへだてて外海に隣し、煙台山の小丘を東部の一角となし、東北に展開せるをもって、北風、東北風および西北の烈風に際し、これを防遮することを得ず。船舶は港の対岸なる芝罘島に避難せざるべからず。ゆえに、これがため荷役の不可能なること、および難破船、実におびただしく、一九〇九年における荷役《にやく》不能日数は三十九日、難破船総数二十七隻あり。その結果、商業上の損害、人命の亡夫多大なるものあり。よって港湾の設備の安全を要す。

二、港湾設備計画

以上の不便を防がんために、築港は年来の宿題となれり。その要点は港内に埠頭を設け、防波堤を築くにあり。すなわち煙台山の西北端、日本領事館敷地付近岬角より北に向け、高さ十九フィート、幅四十フィート、長さ千八百フィートに達する突堤を築造し、堤上には貨物の積込積卸に便するため、二条の軌道を敷

設し、またこの突堤の北端より西にあたり、船舶の通路として約三百フィートをへだてて、東西長さ約七万千百フィートの粗雑なる防波堤を築きて、その内部を浚渫《しゅんせつ》す。しこうして埠頭、すなわち突堤の内側には約六千トンの汽船、五隻同時にもたれることを得しめ、港内、所々に浮標《ふひょう》を備えて、一般船舶の係留《けいりゅう》に便ならしむ。なお従来の埠頭より新埠頭にいたる海岸を埋め立て、その付近における在来の家屋をとり払い、道路の修築を行ない、これに軌道を敷設し、税関埠頭および貨物検査所と連絡し、輸出入貨物の運搬に便し、かつ突堤《とってい》の起点の東部一帯の海浜を埋め立て、倉庫を建設し、一般運送業者に貸付けせんとするにあり。

▲　芝罘東海岸

三、経費の支出方法

この計画を実行するに要する費用は、一月六日会合の決議によりて定めたり。おおよそ、次のごとし。

埠頭税（条約締結の日より徴収す）

新海関　輸入輸出および沿岸貿易税（下記貨物をのぞく）の五分（必要に際しては七分五厘まで増加することを得）。

沿岸貿易税を免除せられたる繭は、沿岸貿易税の五分。免税証のもとに輸入せられたる貨物は、支払いたる輸入税の五分。

旧関　輸出入および再輸出品に課せられたる総税金の五分。

港湾税（防波堤落成後徴収す）

入港西洋形船舶	一トンにつき	〇・〇二〇両
入港後四日目ごとに	一トンにつき	〇・〇二〇両
入港民船	一担につき	〇・〇〇五両
入港荷船	一年一隻	六・〇〇〇両
入港小蒸汽	一年一隻	二四・〇〇〇両

以上の課税によりて、一年平均十二万両を収むることを得べし。かくのごとく決定したるをもって、まず道台より巡撫に上申して北京政府に通知し、一方、海関委員より芝罘商業会議所をへて領事団に通牒《つうちょう》し、北京外交団の承諾を求めんとせしが、芝罘首席領事アメリカ領事は、その絶対的必要を認めずと主張し、いまだ外交団の協定を見ずして、現今におよびたり。しこうしてそのアメリカ領事の反対せる原因を探究するに、元来、この芝罘におけるアメリカの商権小に、かつ力ある美孚洋行の大油槽《ゆそう》は、芝罘島によりてよく北風を避け、築港の問題に関して利するところ少なきをもってなり。

▲　冬の芝罘

芝罘は北清交通貿易の中継港なれば、ここに寄港する船舶のもっとも多きは我が国にして、中国、イギリス、これに次ぎ、ドイツはその次くらいにあり。沿岸貿易船もまた我が国をもって最多となす。

この大事業にして決行せられたらんには、芝罘の面目を一新すべきものならんも、この計画の実行に着手するは、果たしていずれの日にあるべきか。当時（大正元年）、本問題は大に社会の耳目《じもく》を引きたるが、事業の大体に関し、上海日報の記事を参考のため掲げん。

「芝罘港がその衰運を挽回《ばんかい》する唯一の手段として、二百万両の予算をもって防波堤を新築する計画は、久しき以前よりの宿志《しゅくし》にして、その財源は輸出入各税の五・五分、とん税の二分をもって、向こう二十年間に満額のことに決定せしが、いよいよ技術上の設計とともに、さきに領事団のほぼ議定するところとなり、公使団の承認を経んとしたるとき、アメリカ領事は自国公使の内意を受けたるためか、突如、負担に異議を唱え、その理由として該設計が同国の最大関係者たるスタンダード石油船係留地《けいりゅうち》が設計堤外の港口にありて、同一の負担を甘諾《かんだく》すること能わざるを説きたるより、折角の議決は効力を弱めたると同時に、工事請負人が各国側より現われ、互いにその手に収めんと欲し、諸般の事情は直に露骨なる要求の呈出《ていしゅつ》をなしがたきものあるより、体よく設計上に異議を唱え出し、中国側までその問題に没頭し、いずれも自国官憲の保護のもとに一種の運動を開始し、今や表面は単に熟議と称しおるも、その実、工事争奪の暗闘ようやく盛なる形勢あり。帰着するところはかりがたく、ひるがえって同工事本来の目的を見るに、同港は一九〇五年、海岸の一部に若干の埋め立てを行ない、陸上本位の新岸壁を築きたるより、たちまち潮流の反動を生じ、港内の波浪を高めたるため、碇泊《ていはく》の不便日に増加し、一年中四十五日は荷役をなし能わざるにいたりたるをもって、先この害を避け、あわせてジャンクの集中をはかるにあるも、芝罘の輸出入貨物は、果たして今日の程度以上に修港の必要あるや。一方、陸上煙濰鉄道の新設を予期して、芝罘港の未来を楽観するもの多きも、これまたドイツまたはその他の国際関係上、なお一個の理想たるにとどまり、あるいは一空想となり、終わらんとするおそれあり。すなわち工事暗闘事情のほか、冷やかに必要の有無を洞察するときは、同港の防波堤問題は結局一の問題として、口筆のうえにとどまるに過ぎざる運命を有するものなるべし。」

第三節　戸数および人口

芝罘の人口は統計のよるべきものなく、正確なる数を知る能わずといえども、今、当地税関の報告によれば、一九〇八年には十万人を算し、一九〇九年には五千人を減じて九万五千人となれり。しこうして、一九一〇年、中国官憲にて調査したるところによれば、

戸数	正戸	七、九二四戸	計九、一四〇戸
	付戸	一、二一六戸	
人口	男	四二、八二〇人	計六四、四五五人
	女	二一、六三五人	

にして、税関数よりなお僅少《きんしょう》なる数を示せり。

しこうして、大正五年十二月十九日、芝罘領事館につきて調査せしところによれば、

一、中国人（**最近警察庁の調査による**）

戸数　三万二千戸

人口　八万五、六千人

二、日本人

大正五年二月調査によれば、三百六十九人にして、同年十月の調査の結果、左のごとし。

人口　三百七十五人（うち、男一五九人、女二一六人）

三、その他の外国人

各国領事館調査によれば、大正五年二月の現在、左のごとし。

国別	人口	国別	人口
フランス	三四	**ベルギー**	二四
アメリカ	二三六	**デンマーク**	一二
イギリス	五〇四（学生三〇〇）	**オランダ**	九
ドイツ	三六	**オーストリア**	四
イタリア	一	**ノルウェー**	九
スウェーデン	一六	**タイ**	四六
		合計	九三一

かくのごとく調査まちまちにして、いずれを真とすべきかに苦しむ。今、中国官憲の調査を基礎とし、これに実地の市況により観察せるところを加味して、その結果を求むるに、優に十一、二万を数うべきを信ず。

▲　芝罘租界大街

けだし中国官憲の調査たるや、戸数においてはいちいち番号を付したる門牌《もんぱい》を釘づけしたるをもって、大なる遺漏《いろう》なしといえども、人口においては、各門頭に立ちて家人と一通りの応答をなし、人名と年齢とを記すのみにして、深く調査をなさず。住民もまた多くこの調査を冷淡視し、真実を告ぐるもの少なきをもって、これを正確なる数と信ずること能わざるはもちろん、税関報告また過少なるの疑なくんばあらず。

今、芝罘市各方面より見るに、三十余（四十近く）の製糸場あり。そのうちには一万五千の職工および店員あり（大なるものは八百人、小なるものにして三百余人、平均一軒に五百人を有す）。かつ芝罘は純然たる貿易地にして、開港以来、一漁村より発達し来たりたるをもって、戸数の約八割は商店なり。中国はいずれの地方における商店にしても、店員多く、当地にては小なる商店といえども、六、七人をくだらず。普通の商店にては、十余人より二十余人にいたり、大商店にありては、四、五十人をも使役しおるをもって、一戸少なくも十五人と見倣すを得べく、あるいは四、五の家族同居するをもって、これまた十人余と見て可ならん。ゆえに正戸一戸につき十三人と見れば、十万を超ゆべく、これに製糸場の職工等を加算せば十一万以上となる。もし正戸一戸十三人との勘定は大に過ぐるとするも、なお芝罘には一万余の苦力《クーリー》あり。三千余の船夫あるをもって、十二万内外の観察は、あえて過多にあらずと信ず。

しかれども革命の起こりしより以後、四十五年七月十四日、断髪団なるもの当地に起こり、強制して剪髪《せんぱつ》せしかば、これを恐れて地方に逃走するもの、一時、三万余におよべりという。

芝罘との往来もっとも多き地方は、大連、安東県、浦港、営口、天津等なり。その他、主なる地方は旅順、威海衛、上海、朝鮮とす。

芝罘市は通伸、西南河、芝罘、奇山所、東荘の集まりたるものにして、西南は小海陽、中海陽、大海陽よりなる。通伸の戸数は約千五百、西南河の戸数千、奇山所および東荘の戸数合計千五百なり。

▲ 芝罘日本領事館

第四節　市街および著名建築物

街路は一般にせまく、広きも二間、多くは一間ないし一間半なり。しかれども大抵、石をもってしきつめり。

一、大街　大街は、芝罘市を東西に貫通する街道にして、約六支里の長さあり。

二、中央部　三井洋行付近にして、小売商店および日用品店、問屋等多し。

三、市の西端　小売商人多く、もっとも殷盛《いんせい》なるところなり。

四、東端　来往の人馬、割合に少なく、他に比して閑静なり。

しこうして、著名建築物としては左のごときものあり。

道尹公所　道署街にあり。

海関　碼頭にあり。

旧海関　新海関を南西にへだたる五、六町にあり。

港務局　新海関の西入口にあり。

巡警局　広仁堂街にあり。

厘金局　道署街にあり。

海防営　西門内にあり。

中国電報局　港頭を東南にへだたる六、七丁の電報局街にあり。

中国郵便局　海関内にあり。

信号台　海関に属し、同所備付《そなえつけ》の各種の信号旗、および球を掲揚して、出入船舶の国籍とりあつかい店および出入港方向を示し、ならびに時々、天候を予報せり。

各国領事館　アメリカ領事館、日本、イギリス、ドイツ、フランスの各領事館は、いずれも港頭に、突出せる煙台山上に散在し、ロシア副領事館は東海岸にあり。

外国郵便局　芝罘における外国郵便局は、日本、ドイツ、フランス、ロシアの各局にして、いずれも煙台山の南側、外国人居留地域内にあり。大北大東電信局は碼頭にあり。

水師学堂　東砲台の付近にあり。

広仁堂　半官半民の養育院にして、市の中央広仁堂街にあり。

聖アンドリュー教会　東海岸にあり。

聖ルイス教会　煙台山の付近にあり。

ユニオン教会　煙台山上の東南にあり。

フランスカトリック病院　煙台山を東南にへだつる二、三町の外国居留地区域内にあり。

芝罘衛生会　当地、日本人の設立せるものにして太平街にあり。

芝罘倶楽部　煙台山の東方海岸にあり。

芝罘同志会　東海岸にあり。在留日本人の設立せる倶楽部なり。

第五節　商業

芝罘は一九五八年、天津条約の結果により、一八六二年に開港せらる。その当時においては寥々《りょうりょう》たる一個の漁村に過ぎざりしも、外国貿易を開始してより年をへるとともに盛況を加えたり。原来、貿易上、当港の地位は輸入港なるをもって、輸入は例年輸出に超過するを常とし、輸入外国品の大部分は、上海を経、一部分は香港より輸入す。上海経由輸入品の巨額にのぼるゆえんは、当港と欧米諸国と連絡すべき直通の航路なきがゆえに、これらの貨物はすべて一旦、上海に輸入し、さらに当港に輸送せらるるによる。本邦よりの輸入品は、おもに大阪、神戸より直接輸入し、上海を経由するものははなはだ少なし。しこうして当港の主なる得意地は山東内地、および遼東半島の両地とす（大連が日本の有となりてより遼東半島はその得意地たらざるにいたれり）。今、当港と山東内地間における取引関係ならびにその将来につき、いささか記するところあらんとす。

山東内地はいたるところ丘陵起伏し、道路きわめて険悪なるのみならず、小清河をのぞくのほか、大抵の河川は涸渇《こかつ》して、水運の便あるもの少なく、西方には黄河ありといえども、同河は下流にいたり、水勢にわかに急なるがため、舟揖《しゅうしゅう》の便にとぼしきをもって、当地より山東内地に貨物を輸送するには、ぜひとも荷車または馬背《ばはい》によるのほかなく、交通はなはだ不便にして、その貨物を深く内地に輸送すること困難なるがゆえに、済南以西は天津より貨物の供給を仰ぎ、当省の西南部は鎮江、青島、東南部は上海、青島の貨物これを占領し、芝罘はいかに沿岸航路、小清河を利用するも、なおその貨物集散の区域を山東全省におよぼす能わざるなり。しかりといえども、当省の北部、登州、莱州、青州、一帯の沃野は全然当港の貿易範囲に属し、これらの地方は地味、比較的豊饒《ほうじょう》にして、いたるところ物産に富み、当省の特産物たる麦稈《ばっかん》、黄蚕、落花生、家畜等は、皆この地方より産出し、豆素麺、柞蚕糸《さくさんし》、黄糸、絹紬《けんちゅう》、木綿等の製造業の盛なるもこの地方にして、かつこの地方の住民は比較的購買力に富み、少なくとも当港貿易の半はほとんどこれらの地方によりて支持せらるるものなるがゆえに、該地方における農作物の豊凶その他は、直接、当港貿易の消長に関すること少なからず。

しかるに山東におけるドイツの経営着々として歩を進め、青島は漸次《ぜんじ》、当港の山東内地貿易に対し、至大《しだい》の影響をおよぼすにいたれり。ドイツの経営にかかる青島港湾の設備、山東鉄道、津浦鉄道の完成は、青島における商工業機関の設備とあいまって、同地の繁栄を誘致し、あわせて貿易の増進をうながせり。かくのごとく青島の貿易が進歩を呈《てい》せるは、もとよりその幾分は、鎮江貿易範囲に属する当省の南部、ならびに上海の貨物供給区域に属する本省の東南部、および江蘇省の東北部、河南等における各市場を蚕食《さんしょく》せると同時に、青島固有の貿易圏を開拓せるに相違なきも、けだしその主なる原因は、山東鉄道、津浦鉄道により山東内地に対する芝罘の貿易区域を侵蝕せるによらずんばあるべからず。かくのごとくなるをもって、青島の浸蝕を防ぎ、あわ

せて当港の繁栄を永久に維持すべき方策としては、

一、小清河の浚渫《しゅんせつ》
二、煙潍鉄道の敷設
三、芝罘における港湾の設備

等の問題にあり。また芝罘は、大連が日本の有に帰して以来、対岸盛京省の輸出入港たる地位を失いしをもって、芝罘の衰退を称《とな》うるもの多し。しかれども以上の三大工事もし成就せば、発展する能わずとするも、現在、状態を維持し得べし。

第六節　工業

芝罘における工業のもっとも主なるものは、豆餅、紙巻たばこ、絹紬《けんちゅう》、柞蚕糸製造、ぶどう酒醸造等なり。

豆餅　目下、当地にある油房の総数は約六十にして、総計約百五十台の碾豆機を有す。製造せられたる豆餅の主なる輸出先は、南中国諸港、ことに汕頭《スワトウ》、厦門《アモイ》等にして、他の一部分は我が国へ向け輸出せらるるものとす。

紙巻たばこ　本品の需要、近年、北中国ならびに満州地方において増進し、下等社会においても、一般に不便なる煙管《きせる》を捨てて、紙巻たばこを吸用するにいたりたれば、当地中国商店においても、つとに本品の製造をもって、有利の事業と認め、明治三十八年末より今日までに四会社、設立せらるるにいたれり。

元来、芝罘は北中国にありて、気候、比較的温和にして、空気の湿度、本品の製造に適せるのみならず、その製品、得意先たる満州地方との交通もまたはなはだ便なるをもって、勢いこの地にかくのごとく数個の製造所の設置を見るにいたりしなり。

絹紬《けんちゅう》　古来、山東省著名の物産として人口に膾炙《かいしゃ》するところなるが、芝罘において、本品の製織に従事するものは華順号の一店あるのみ。

柞蚕糸《さくさんし》　製造場は、当地に約三十五か所ありて、原料繭は主として満州より輸入し来たる。その額、十余万斤より二十万斤にのぼるという。しこうして山東繭の使用高は、ほとんどその一部分に過ぎず。当地における各製糸場においては百名内外より五、六百内外の職工を夏季三伏《さんぷく》の候《こう》、約一か月くらいの休業をなすのほか、四季使用してその業を営み、一か年間の製糸総額、約百万斤内外なりという。

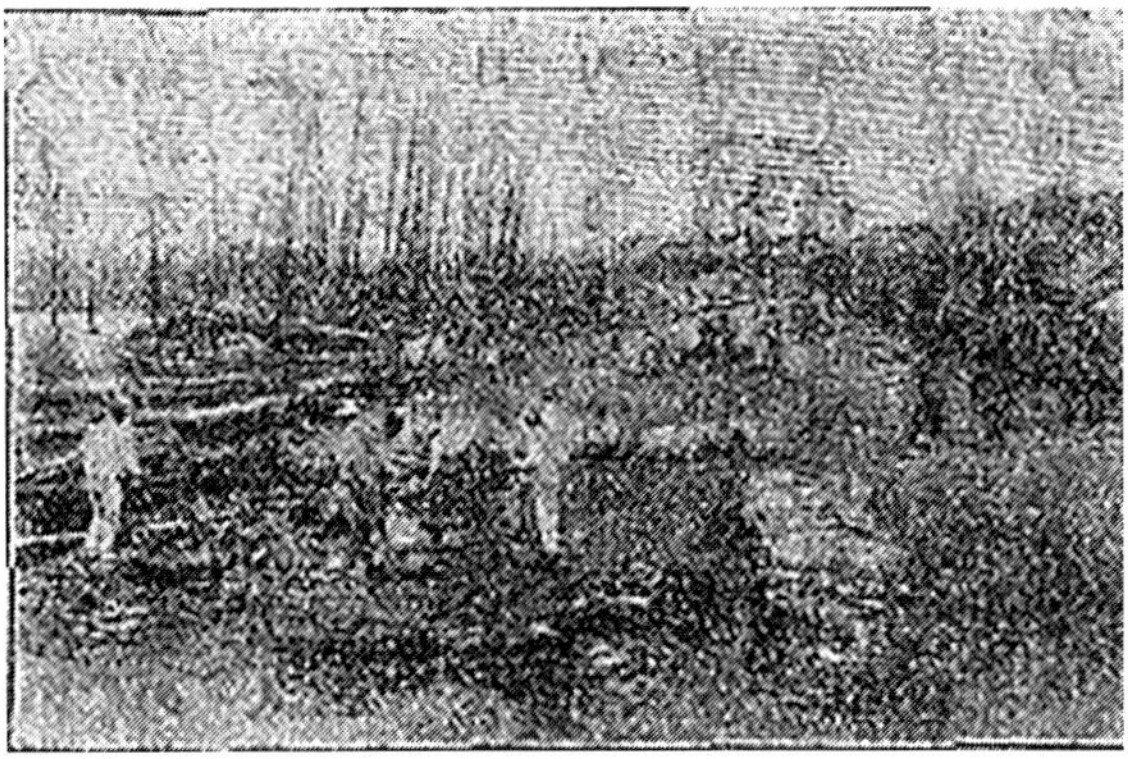

▲　芝罘西海岸の魚市

ぶどう酒醸造　ぶどう酒醸造に従事せるものは、一公司あるのみなれども、その材料として近来、中国産のぶどうをもちうるという。

要するに芝罘における工業は、商業地としての芝罘が衰退しつつあるにもかかわらず、さしたる影響もなく、ますます発展の見込みあり。

第七節　市況および飲料水

市内交通機関の種類は、人力車、小車、大車、轎子《きょうし》等なりとす。もっとも交通多き大街において、午後一時三十分より四十分までの間、往来せし人数は百九十六人、人力車十三台、小車三台、大車五台なり。

飲料水は、海岸に近きところは塩分をふくむ。しかれども衛生上、さしたる害なからん。普通、井のなきところは、苦力《クーリー》を使用して汲みとるものとす。水質、普通なり。

第五章　龍口港

第十期生調査

第一節　位置および港湾

龍口《りゅうこう》は黄県に属し、渤海湾に面する一港にして、満州の営口と相対し、璣姆半島は湾の東北を限り、西北は渤海湾に展開す。璣姆半島端の前面に、同名の島嶼横たわる。璣姆島はあたかも芝罘における芝罘島のごとく、半島突端より海底さらに遠く、一マイルの外に突出して砂洲をつくる。この砂洲に近く、璣姆島をへだたる約一マイル弱のところは、すなわち龍口港に入る最深水路にして、十三フィートないし十五フィートの水深あり。璣姆島は湾の直北に横たわり、半島とともに北風、および東北風の襲来をさえぎるをもって、ただ憂うるところのものは西北風にあり。港内進路は一の水道あるのみにして、同港在住の外商によりて設置せられたる不完全の浮標《ふひょう》により、その進路を表示せり。港内は内港および外港の二つに分かれ、内港に、吃水《きっすい》十三フィート半以上の汽船は出入すること能わず。九フィートまでは陸地より約四分の一マイルより、三分の二マイル内外まで、進航せしむることを得べし。ゆえに汽船は、多く外港に投錨《とうびょう》す。内港の陸地に近きところは、水深五フィート半あれども、岸は浅きことはなはだしく、また内港の南北両側は海底浅く、三フィートに足らず。港内水深きは、東南方にして、干潮時において十八フィートをくだらずという。潮汐干満の差は約四フィートにして、高潮の際、南風これにともなえば、潮高く、冬期の高潮は他の三季に比して低し。かつ一、二月の交、約一か月間、陸地より五丁以内のところ、薄氷《はくひょう》の結ぶを見るべし。この港には一桟橋の設なく、一帯、砂地の岸にして、荷客は皆、小船によりて揚卸せらる。璣姆島における丘陵の半腹

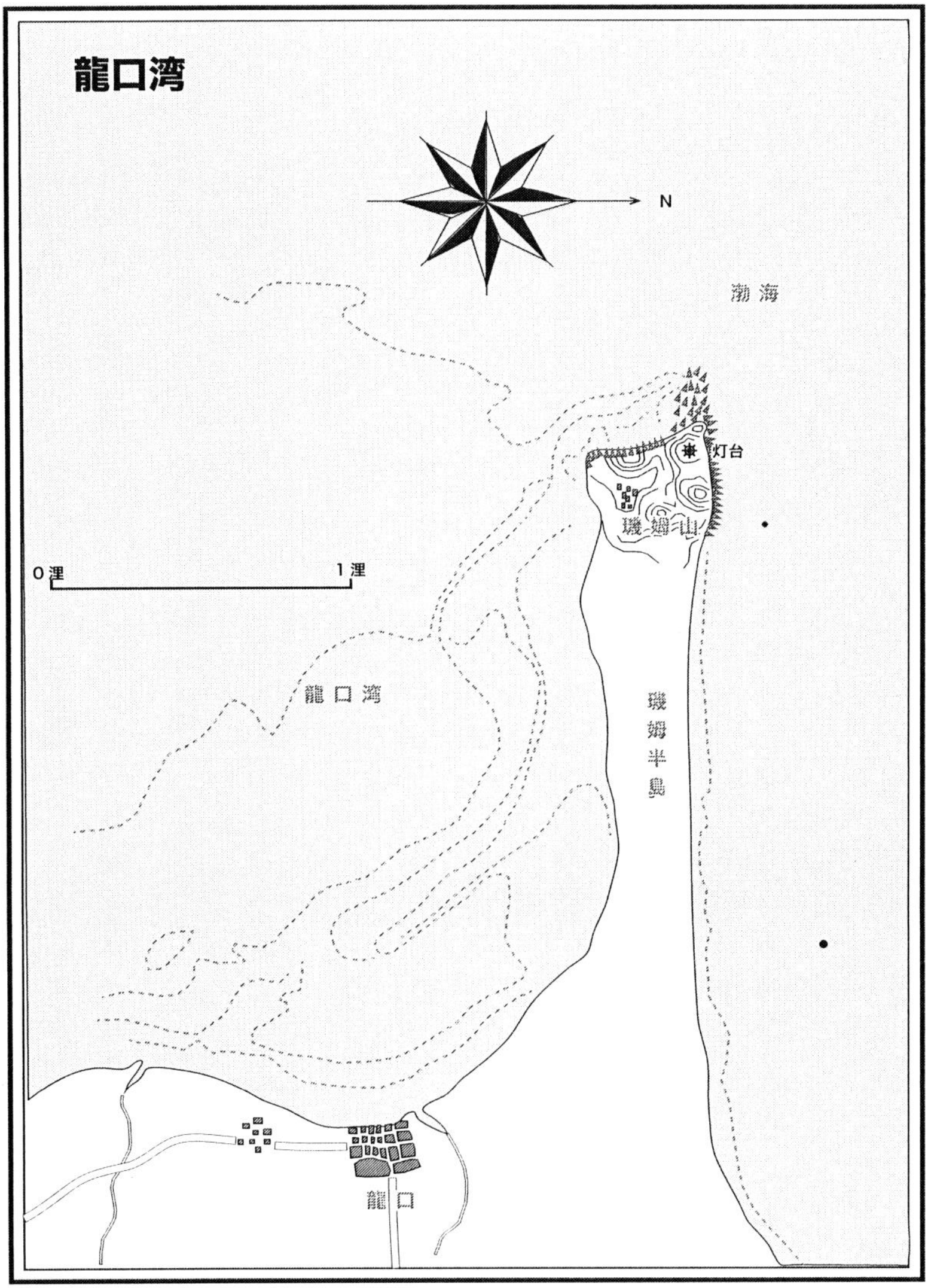
龍口湾
N
渤海
灯台
璣姆山
0浬
1浬
龍口湾
璣姆半島
龍口

には、中国式の白色灯台ありて、船舶の出入に便す。

第二節　市況および人口

この地は一九一四年一月、中国自ら開放せる互市場にして、龍口独立海関は一九一五年十一月一日、創設せられたり。元来、一漁村に過ぎざりしが、満州出稼ぎ苦力《クーリー》の往来のために、年々その繁栄をいたし、ひいて各地との交通、また頻繁《ひんぱん》となり。土産も、天津および満州方面に輸出せらるるにいたれり。ここにおいて人口も年々増加し、今や戸数千二、三百、人口七千五百を算す。

市街は東西に長く、南北にせまく、巡警局、郵便局、電信局ならびに漁業公司等の公署あり。この地に来往する商民は、黄県および莱州地方の者にして、中国商民の職業別は、雑貨一〇〇、石炭商一五、船問屋およ び汽船とりあつかい店二、ジャンクとりあつかい店二、その他、木材客桟《きゃくさん》等、少なからず。当港の繁栄は主として、満州方面に出稼ぎする苦力の来往に負うところ多く、一年十五万人の苦力、ここよりあそこにおもむくという。

第三節　貿易および交通

本港は、その位置の関係上、従来より他地方との取引ありしこと既述のごとくなるがゆえに、外商の住せる者、開放以前においてすでに瑞記、徳旗およびジャーディン・マセソン（支店）等あり。貿易品としては、輸出に野菜、豆素麺等、輸入に石炭、豆粕、雑穀あり。石炭の輸入は、年額日本炭一万トン、開平炭三千トン、膠州炭二千トン、撫順炭三千トン（撫順炭輸入は、明治四十三年六月以降）、合計一万八千トン前後にして、主としてレンガおよび石炭の製造用に供せらる。豆粕は毎年約二千万枚に達す。しこうして本港の欠点とするところは、港内の遠浅なると、近傍《きんぼう》平野にして防風の用となるべき山岳なきことなれども、近来、我が国人間にこの港の浚渫《しゅんせつ》、築港の計画を唱うるものあり。将来、この実行を見るにいたるべきは、明なるところなり。

龍口は、黄県、莱州、招遠県の各郷邑《きょうゆう》を控うるをもって、古来、海陸の往来頻繁に、近年、汽船の交通開くるにおよび、ますますその繁栄を来たせり。この地は由来、山東出稼ぎ苦力の集散地として重要視せられ、その他、商品の輸入としては西方各地より雑穀をもたらし来たるあり。その帰り荷として、マッチ、砂糖等、少量の雑貨をあたえたりしが、近年、豆粕、石炭の輸入、日とともに増加し、今後、大連との交通頻繁となるにいたりては、綿布、綿糸、その他雑貨は、輸入、充分の見込みあり。今その関係、地方との貿易状態につき述べん。

一、芝罘との関係

海路九十マイル、芝罘を起点として虎頭崖、羊角溝に航行する小蒸気船、一週約二回ありて、龍口に寄港す。芝罘との商業関係は、在来苦力の来往を主とし、その他少量の雑貨輸出入を見るのみなり。龍口は、近く四十支里の地に黄県の一大消費地をひかえ、また西部地方との民船貿易、見るべきものあるにかかわらず、輸出輸入ともふるわざるは何故なるか。これ中国税関の税金および小蒸汽船運賃の不廉なるとにより、陸路荷馬車にて運送せらるるもの、かえって廉《れん》に、かつ自身、芝罘に来たりて買い付くること多きによる。かくのごとく芝罘との商業関係にいたりては、従来きわめて薄く、今後もほとんど発展の見込みなきもののごとく、到底、営口の十分の一にもおよばず。

二、営口との関係

従来、龍口の渤海交通に重きをなす所以のものは、営口との関係、密接なるによる。山東より満州にいたる出稼ぎ苦力は、ほとんどこの両地間の航行汽船によるものというべく、龍口より営口にいたる苦力は、毎年十万人、その帰来するものは八万を算す。その他、豆粕、ロバの輸入、莫大の数量にのぼり、豆粕輸入高三、四十万枚のうち、九分通り営口産なりという。ロバの輸入もまた二千頭にのぼり、その他、コーリャン、雑貨等の輸入ありたり。かくのごとく両地間の関係密接なるをもって、この航路に汽船を通ずることは、各国ともに皆、嘱目《しょくもく》するところなり。これをもって太沽洋行、怡和洋行、旗昌洋行、肇興公司は、おのおの一千トン内外の浅吃水船五隻、すなわち温州、牛荘（以上太沽）、怡生（怡和）、肇興（肇興）、芝罘（旗昌）を航行せしめ、各会社運賃率を協定し、相当利益を挙げつつありしが、営口東和公司（満鉄）は満州の需要する苦力《クーリー》供給につき、特別の関係を結び、第二永田丸をもって猛然この航路に侵入し来たり。また商業輪船公司（中国商人）も汽船「立裕」をもって、この航海に従事し、各社混戦競争の状態となり。太沽、怡和はその渦中にあるの不利なることをさとり、航路を他に転じ、輪船公司もまた立裕を安東県、上海間の航路に向け、目下、東和公司、肇興公司、旗昌洋行の三隻、この航路に従事せり。しこうしてこの三会社も運賃率を協定し、五日ごとに一航海をなすこととせり。

三、旅順および大連との関係

原来、対岸貿易は山東唯一の生命たるのみならず、今後といえども山東の盛衰これによらずんばあらず。満州にても、その経営を完全ならしめんとせば、山東との関係を密接ならしめざるべからず。往古より、満州にての成功者は、大半、山東より渡来したるもの多く、現時、満州においても大規模の事業を起こさんとせば、常に山東出稼ぎ人の偉大なる労働力にまたざるべからず。例えば、明治四十四年、ペストの流行当時のごとき、山東出稼ぎ苦力の渡満を禁止したるため、満州における各事業は、ほとんど中止せざるべからざるの悲運におちいりしを見ても、明らかなるところとす。これをもって山東との関係を密接ならしむるの必要は、官商一般の脳裡《のうり》に深刻せられ、山東研究のいるかせにすべからざるの議起こり、あるいは山東観光団の挙となり、あるいは視察員の渡来となり、対岸の火災視することなきにいたれり。しこうして、我が満州経営が根拠を大連におく以上は、大連と山東沿岸諸港との航海を開始し、一方に航海権を獲得すると同時に、他方、貿易の拡張をはからざるべからず。まずその第一歩として、明治四十三年より天城丸この航海に従事しおりしに四十四年五月二十六日、関東都督府の公議により、北清輪船公司の名称のもとに、六月一日より北清沿岸諸港間の貨客運輸、ならびにこれに付帯する業務を営むをもって、目的とせる汽船会社開始せらるるにいたれり。すなわちその航行線を分かちて二となす。

（イ）大連龍口線　毎月四回、旅順、登州府をへて龍口にいたり、逆航して大連に帰航するもの。

（ロ）大連天津線　大連より芝罘、安東県にいたり、これより大連を経、天津にいたり、天津より大連に直航するを一航海となす。ただし冬季は、大連、芝罘、仁川間の定期航海をなすもの。

　これら航路は、都督府の命令航海なり。関東都督府は本公司の航業を保護するため、大連、龍口線、年額一万七千六百円、大連、天津線、年額一万六千円を補助せり。

　以上のごとくなるをもって、普通の営利会社と異なり、運賃も比較的低廉にかつ大連より北清各港に輸出する日本商品に対しては、規定運賃の二割引をなす等、鋭意《えいい》、対岸地方の開拓に従事しおれり。しこうしてその開始以来、日なお浅く成績見るべきものなしといえども、日に月に隆盛を見、撫順炭の龍口向け輸出の同航路によるはもちろん、豆粕、雑貨等、大連より輸入せらるるもの日に多きを加うるにいたれり。しこうして今日までの成績につきて見るに、まったく好結果を収めつつありというを得ざれども、その各地より当地にいたる運賃を見るに、はなはだしく廉にして、貨物を黄県に送致すに、なお芝罘より陸運にて黄県に来たるものと対抗し得べき見込充分なれば、今後、貨物の輸入路を大連、龍口、黄県の通路にとるもの多きを加うるにいたるべし。

　天津との来往も、由来、関係浅からず。この間の来往は主として出稼ぎ苦力《クーリー》にして、商品の出入少なし。

目下、白河、華安の二小汽船（百トン未満）往来せり。

四、渤海湾西部地方との関係

渤海湾西部地方のうち、石虎嘴、虎頭崖、羊角溝との間には、芝罘を起点とせる小汽船の往復ありて、毎週ほとんど二回の来往あり。しこうして、これによるものは苦力《クーリー》のみに限るも、民船の来往によるものは、西部地方産出の雑穀多く、これを龍口に運送し来たり、その帰り荷として雑貨類を積み帰る。この貿易は現今、龍口商人の生命ともすべき主要取引にして、今後ますます発展の見込みあり。

西部地方における民船来往の盛んなる地は、羊角溝、利津、降済、西錦州にして、帆船《はんせん》の大なるものは西錦州より来たるものにして、五百石より千石に達し、他の地方よりするものにいたりては、普通、小船八十石より三百石にいたるものあり。

五、その他地方との関係

以上の関係地方のほか、安東県、大孤山、皮小窩等との関係もまた少なからず。安東県との貿易は、材木の輸入にして、年々、多額の数量に達す。なお最近、該地、龍口間に登州をへるところの航海開けたれば、苦力の輸送盛となれり。大孤山、皮小窩等よりは満州穀物の輸入を見れども、最近数年、満州穀物、騰貴《とうき》し、西部地方、羊角溝、利津、大山、降河等の輸入穀類と拮抗《きっこう》する能わず。したがって民船の来往、減退せり。

第六章

威海衛

第一節　位置および港湾

威海衛は、山東半島の北岸にある海港にして、芝罘をへだたる百八十支里、旅順をへだたる九十海里ばかりにして、ともに直隷湾の咽喉《いんこう》たり。港の形勢は北東に開け、港口の中央に劉公島ありて、よく風波をさえぎり、島蔭、自ら錨地《びょうち》に適す。港内、水深くして、大船巨舶を入るるに足る。しこうして劉公島と大陸との間、東西港口ふたつに分かれ、東は港口を二分し、島の東端と趙北嘴との間を東口と称し、北端と青島との間を西口という。西口は北に面し、その広さ九鏈《れん》にして、東口は東方に面し、その広さ二海里八鏈なり。その中央に日島と呼ぶ小嶼あり。港内は南北五海里、東西四海里あり。地勢西南および東北に山を負い、東部のみ海に面す。

当港の海岸線は、延長七十二支里におよび、山脈は西南北に連なり、峻岩多く高きものは千五百尺あり。しかれども渓谷と河岸とをのぞくのほかは、山腹まで耕作せられたるを見る。地質は多く、石英、片麻岩、鼎形岩、石灰岩の変質層をなし、火山岩および花崗岩の層、これを横切る。また良質の石材および乾燥せる石炭を産出す。

第二節　イギリス租借地および沿革

威海衛は既述のごとく天然の良港をなし、旅順とともに渤海の門戸を扼《やく》し、日清の役においては、北洋艦隊この地により、大になすあらんとせしも、提督丁汝

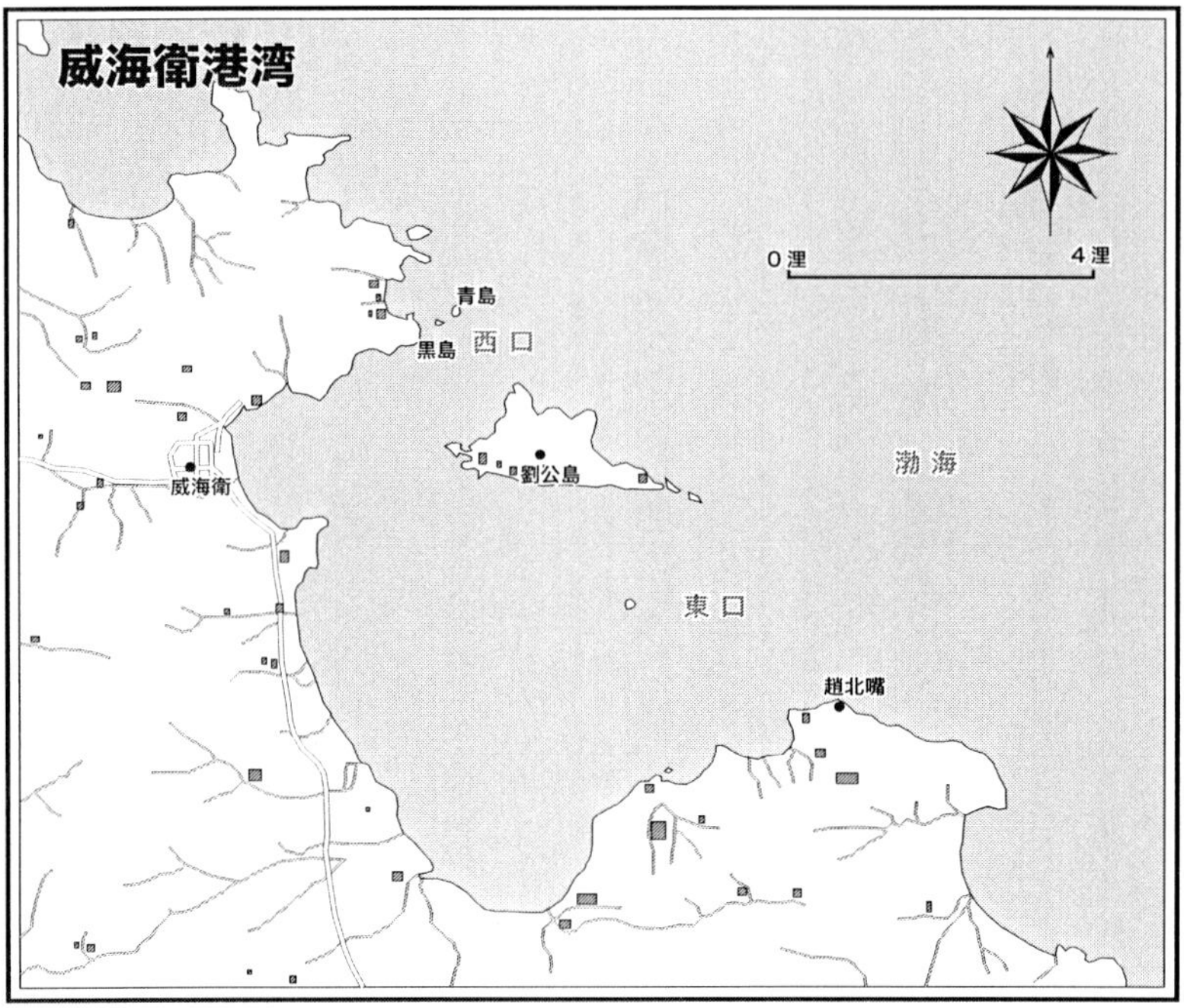

▲ 威海衛灯台

昌の自殺となり、ついに我が軍の占領に帰し、平和克復後、なお償金の担保として一時、占領を継続せり。

しかるに一八九七年（明治三十年）、ドイツの膠州湾を租借するにおよび、ロシアまた勢力の均衡を名とし、軍艦を旅順に入るるにいたり。従来、揚子江沿岸、および南清の経営に意をそそぎたりしイギリスも、在来の位置確保のため、黙過《もっか》すること能わざるのみならず、国内の議論はきわめて高潮に達し、タイムスのごときは、舟山列島および揚子江口の小島を占有するの必要あり、と論じ、あるいはまた「ロシア軍艦の旅順占領は、北京政府にその効果を及ぼし、かつ海上権力の平均を攪乱《かくらん》するものにして、我が国の商業上の地位を動揺せしむるおそれあるがゆえに、イギリスは決して袖手《しゅうしゅ》傍観する能わず」と主張せり。しこうして在北京のイギリス公使は、いまだドイツの膠州湾租借条約ならざるにさきだち、清国政府に対して「清国、もしドイツの要求を容るれば、イギリスまた相当の要求をなすのやむなきにいたるべし」と通告し、後日の地歩をつくらんとせり。しかるに清廷は、ついにドイツの要求を容れんとし、ロシアまた大連湾を租借せんとするの状あるや、イギリス公使はまず中国公債に応募するの代償として、大連、南寧、湘潭の開港および揚子江岸に他国を近づかしめざること等を要求せり。ときに一八九八年一月十五日なり。

しかるにロシアは、その自ら租借せんとせる大連の開放を要求せるを見て、ただちに強硬なる抗議を中国政府に提出し、「清国もしイギリスの要求を容るるあらば、ロシアは従来の幇助《ほうじょ》を撤《てっ》し、友誼《ゆうぎ》を断ち、兵力をもって報償を獲取すべし」と威嚇せり。

かくロシアの反対、強硬なりしため、イギリスもついに「向後《きょうこう》、ロシアが得る港湾はすべて世界の貿易に向かって開放すべし」とのロシアの質言に満足して、大連開放の要求を撤回せり。しかれどもロシアの志は、ただに大連のみにあらずして、あわせて旅順口を軍港として租借せんとするの意、明白なるにいたるや、イギリスの世論は再び沸騰《ふっとう》し、すなわちロシアが大連湾にあわせて旅順を租借せんとするの要求を清廷にいたすや、ときの北京駐箚《ちゅうさつ》イギリス公使は本国の訓令《くんれい》を受けて、左の抗議を提出せり。

ロシアの大連、旅順の租借たるその関係もっとも重大にして、軽忽《けいこつ》に許可すべからず。清国、もしロシアの要求に応ずるあらば、東方の均衡はまったくその平衡を失うにいたるべく、ことこれにいたらばイギリスもまた相当の処置に出でざるべからず云々。

しかるに清国は、ロシアの要求を容れんとするの状ありしをもって、イギリス公使は再び抗議を提出して、清廷の考慮をうながしたり。いわく。

本国政府の訓令により再告す。もしロシアの要求にして許諾《きょだく》さるるあらば、東洋における各国平均の勢を傾倒するにいたるべく、イギリスは座りながらにして、その弊を受くる能わずと。

当時、駐清イギリス公使マクドナルドは本国政府に対し、イギリスがすみやかに威海衛を占領してロシアに対抗するの必要なるを提議せり。しかれどもイギリス政府のいまだこの挙に出でざるに先だち、清廷はついにロシアの要求を許諾して、一八九八年三月二十七日をもって旅順、大連の租借をロシアに許せり。ここにおいてイギリスは、その翌二十八日をもって「威海衛を租借し、イギリス海軍の北方貯炭所となさん」との要求を提出し、同時に疾風迅雷《しっぷうじんらい》の勢をもって、十数隻の軍艦を芝罘に集め、一方、イギリス公使は清国もしすみやかにその要求に応ぜずんば、イギリスはただちに旅順を占領すべく、そのロシアに貸与《たいよ》せられたると否とは、イギリスの関するところにあらずとまで極言せり。

しかれども当時、威海衛は既述のごとく、我が日本軍の占領中にかかりたるをもって、イギリスは日本に対し、「償金皆済《しょうきんかいさい》の期にいたらば、果たして威海衛より撤兵すべきや、もし日本にして撤兵せば、イギリスにおいて、これを租借せんとす。果たして異議なきや」と照会し来たり。日本はこれに対し、償金皆済《かいさい》後は、当然、撤兵すべく、撤兵の後にいたり、「清国の独立助力に意ある貴国のこれを租借するは日本の反対するところにあらず」と回答せり。

次にイギリスは、威海衛がドイツの膠州湾と相対抗するやの観あるがために、ドイツより抗議の来たらんことを慮《おもんぱか》りて、あらかじめドイツに交渉せしめ、多少の曲折ありしも、結局ドイツはイギリスより、

イギリスは、威海衛に根拠地を占むるも、山東省におけるドイツの利益を害し、もしくはこれを争わず。あるいは該省において葛藤《かっとう》を惹起《じゃっき》せざるべきことを正式に宣言す。ことにイギリスは、威海衛およびそれとともに租借したる地方より、該省の内部に鉄道の交通を開始せざることを妥協す。

との宣言を入れしめ、これを承諾せり。

かくのごとくして、第三国の異議なきこと明らかとなりしより、イギリスの中国に対する態度はますます強硬となり、しばしば最後の決心を断行せんとするの色を示したるより、清廷ついに屈して一八九八年四月三日をもって、これを応諾《おうだく》するの内意を示し、ついにその七月一日をもって、正式に租借条約の調印を見るにいたれり。

威海衛租借に関する英清条約

（光緒二十四年五月十三日すなわち一八九八年七月一日、北京において議定）

今般、イギリスが北清において海軍に適当なる土地を得有し、ならびにイギリスが北清における商業を保護するために、清国政府は山東省威海衛および付近の海面をもって、イギリス政府に租与することを議定す。その租借期は、ロシアが旅順を駐守するの期限と同様なるべく、租借地は劉公島および威海衛湾にいたる群島、ならびに威海衛全湾の沿岸三十英里以内と定め、以上の土地はもっぱらイギリスの管轄に帰す。その他、グリニッジ東経百二十一度四十分の東沿岸および付近の沿岸において、地をえらんで砲台を建築し、兵士を駐屯し、あるいは別に必要の防備を設くることを得。また該区域内において公平なる代償をもって、地面を収用し、井をうがち、泉を開き、道路を修築し、病院を建設し、使用することを得。以上の区域内において、

清国がこの地を管轄治理することは、イギリスにおいて関与せざれども、清英両国兵士のほか、他国の兵士をして擅《せん》に入ることを許さざるべし。また現に威海衛城内に駐在せる清国官吏は、引き続き城内においておのおのその事務をつかさどるを得べきも、租借地を保衛《ほえい》する武備を妨害することを得ざること、および清国の軍艦は局内または局外にあるを問わず、イギリスに租与せしところの水面を、依然、使用し得ることを議定し、また前記地域内の居民を強制移転せしめ、その不動産を没収することを得ず。もし官衙の建築砲台の築造等に必要の地面は、皆、公平に代価を支払うべきことを議定す。本約定は署名の日より実施し、その批准書《ひじゅんしょ》はロンドンにおいてすみやかに交換すべし（下略）。

第三節　市街および人口

イギリスの租界全面積は、二百八十八方マイルにして、東西の延長二十六マイル、南北十八マイル、村落三百三十個、人口十二万三千七百五十人ありといえども、市街として特筆すべき部分は城内（中国官吏これを管す）、および碼頭街、劉公島の三区とす。

一、威海衛城

威海衛城は中国市街にして、奈古山の麓にあり、海に面す。明朝洪武三年一月（西暦一三九八年）、衛を建て、永楽元年（西暦一四〇三年）、城壁を築く。その高さ三丈、厚さ二丈、周囲六支里余、高麗磚《せん》をもって築造す。城内は東西南北の四街に分かち、四城門を設く。イギリス租界域中にありて、イギリスの支配を享けず、文登県の管下に属し、分司をおき、巡検一員を派し、政務をつかさどらしむ。城内、戸数千余戸、人口五、六千あり。

近郷物産の集散地にして、一週二回市場を開く。各種商品を店頭にならべ、売買盛なり。中国電報局および郵便局の設けありて、市街整然、はなはだ清潔なり。これすなわち、イギリス租界の良風に感染するの結果ならむ。

二、碼頭街

市況　碼頭街は租借後、イギリスの経営せるところにして、商船桟橋を設け、出入の荷客はすべてこれより上下するものとす。民政庁、華務局、中国連隊、病院、ホテル、電信局、郵便局、学校、寺院等はこの地にあり。中国連隊はイギリス式をもって訓練せられたる中国雇兵をもって組織せるものなりしが、今は巡邏《じゅんら》をもって警備に任ず。当港は自由港として開放せられ、なんらの関税を賦課《ふか》せられざるがゆえに、四方の民船は常に輻輳《ふくそう》舳艫《じくろ》相銜《あいふく》むの状あり。

行政　一九〇一年七月二十四日、威海衛条例によりて定められ、総務大守は管内行政上、法規発布権を付与せられ、高等法院ありて、民事刑事等すべて司法事務をつかさどる。また地方裁判所を設けらる。香港高等法院はこれらの上告すべき、上級法院とす。諸村落の行政は、すべて中国の旧法および旧習にしたがって、これを諸村の村長に一任せる状態なり。

道路　租借地内を通じ道幅広く、路傍は柳樹を植付け、はなはだ清潔なり。

三、劉公島

劉公島は威海衛城をへだたる東方三マイルにあり。東西二海里、南北一海里、周囲五海里あり。伝説を聞くに、明の初、魏国公徐輝の祖これにおり。嘉靖年間、海賊王憲武来たり、房五十三座をつくり、ここに住す。ときの御史藍王守備兵を督《とく》してこれを追い、その地を耕す。明の万暦末年、知府陶明先また民を招き、開墾、納税せしめ、かねて墩台《とんだい》を中嶺の頂に設け、官兵をしてこれを守らしめ、劉公の母をまつる。清の光緒十四年、軍港となり、北洋艦隊停泊場にあてしより以来、数座の隠見砲台を築き、北洋海軍公所、水師学堂、兵営、機器廠、魚雷局、炭庫、病院、提督、外国教師の官舎等、建築せられたり。その公所のごときは、現にイギリス海軍倶楽部として残存す。その旧砲台は、黄島、東洪哨、東尖角、日島等にあり。対岸には、鹿角嘴の西と謝家屯、揚峯嶺にあり。市街は東西にならび、電信局、郵便局、銀行、会堂、船舶代理店、各種雑貨店等あり。日用に不便を感ぜず。本島における官衙としては海軍船廠、蒸留水廠等あり。

埠頭は大小三あり。大碼頭は鉄製にして、海軍の専用に属し、中埠頭は石造にして、公衆の用に供し、前面、商船の碇泊所として市の西端にあり。小埠頭はその中央にあり。中国舳板《へいた》の係留所《けいりゅうしょ》あり。

道路ははなはだ清潔にして、とくに散策に供せんがため山腹を削り、海岸を埋め、水色嵐光のなか、同島を一週するを得。また山嶺に達するを得べし。山頂、信号台ありて船舶の出入を報ず。その高さ五百十尺、外海に頻せる方面は山勢きわめて峻険なり。眺望絶佳《ちょうぼうぜっか》にして、遠く東方漂渺《ひょうびょう》のうちに山東岬角をのぞみ、西はるかに煙台を見る。前面はすなわち渺々《びょうびょう》たる黄海なり。東口中央に小嶼あり。日島という。旧砲台のありしところ、春夏の候、島上に蜃気楼現わるという。土人、呼んで海市と称え、威海八景の一とす。その東南、趙北角には白光可動の灯台あり。東口、出入船舶の示針たり。

本島と碼頭街とは、小蒸汽船、毎日六、七回の往復あり。交通ははなはだ便なり。毎年、夏季にいたれば、イギリス東洋艦隊の艦船ここに集まり、避暑をなす。その碇泊所は、大桟橋と黄島との前面なり。その西南海をへだてて、竹島角には白光可動の灯台ありて、西口出入船舶の示針を示す。日軍駐屯の際、司令部のありしところなり。民俗気風は狡猾軽薄《こうかつけいはく》のことなく、すこぶる淳朴《じゅんぼく》にして家業に勤勉なり。

第四節　生業

生業は商、農、漁等を主とし、商民は碼頭街および城内に住し、農民は付近の山間村落にあり。漁民は沿岸の海辺に住す。

農産は麦、キビ、黄豆、菜豆を生《おお》し、窪地には黒豆、芝麻子、稲、小豆、紅豆、蕎麦を産し、その他、蔬菜としては白菜もっとも良し。漁獲物には、アオウオ、タナゴ、マグロ、コウタイ、キグチ、タナウナギ、コイチ、シロエイ、馬鰽、フグ、労班、禿頭星、ハマグリ、シジミ、アサリ、オットセイ、エビ等あり。

日常食料品中、米、麺粉のごときは芝罘、上海よりこれを仰ぐも、その他は当地産の物にて足る。牛肉、鶏肉、卵、魚類、野菜、果物のごときは豊富にして、かつ廉価なり。諸種の雑貨は、芝罘、上海より輸入するがゆえにも毫《ごう》も不自由を感ぜず。

第五節　交通

夏季は上海より当地をへて、芝罘、天津にいたるもの、太古洋行汽船（一、四〇〇トンないし二、〇〇〇のもの）、一週二回、怡和洋行一、二回あり。天津より当港をへて上海にいたるものあり。これ前者の復航なり。これらは皆、郵便船なるがゆえに発着時にいささかの遅速なし。冬季は、一週一回なり。日本よりは、日本郵船会社および大阪商船会社汽船の芝罘までの定期航路あり。同港よりはまた毎日、小蒸汽の往復あり。五時間にて達すべし。大連、旅順よりは毎夕、芝罘行の日本小汽船あるをもって、芝罘において接続するものとす。芝罘より陸路にて来たらんとするものは、中国輿子によりて一日半の行程なり。市内の交通機関は、馬類、小車等とす。

第六節　飲料水および温泉場

飲料水は多く井の水をもちい、鉄管をもって水を汲みあぐる装置をなせるもの多し。水質、良好なり。

温泉所はポート・エドワードをへだたる一マイル、衛城の東門をへだたる数十歩にして、海浜にのぞめる小丘上にあり。本邦人の経営にかかり、まったく日本風の温泉場たり。該温泉の鉱水は、十一ガロンすなわち七万グレインのうち、含有する成分は次表のごとし。

硫化ソジウム	二・六
亜硫酸リジューム	二・九
硫酸ソジウム	二三・一
塩化カリウム	一一・九
コロールソジウム	八三三・六
塩化マグネシウム	一七・一
塩化カルシウム	三一四・〇
炭酸カルシウム	一四・〇
アルミニウムおよび亜酸化鉄	〇・四
ケイ酸	九・五
合計固形成分	一二二九・一

第七章

青島（膠州湾）

第一節　位置

膠州湾《こうしゅうわん》は、山東半島の南岸黄海に瀕し、東経百二十度、北緯三十六度、北はシベリアのネルチンスク、南はフィリピン群島ルソンとほぼその経度を同じうし、東は我が東京、アメリカ、サンフランシスコ、西は地中海のマルタ島、ジブラルタルとほぼその緯度を同じうす。湾水は東北より出でたる青島《チンタオ》半島によりて抱容せられ、直経十三マイルないし十五マイル、きんちゃく形をなし、水面面積百八方マイルあり。湾水の外海と相接するところ、さらに一小半島、東北および南西より突出して湾口を扼《やく》す。東北よりする半島の尖端を青島岬、南西よりする半島の極点を威林岬（ドイツ名エスケ岬）といい、この両岬間の距離二マイルあり。この湾口両岸の地は、湾内外の諸島、湾水面の全部、および湾周一帯の岸地とともに、ドイツ保護領地とす。

租借条約文によれば、その区域は、ポテート島（陰島）の東北角より嶗山港《ろうざんこう》にいたる一線にしたがうて、東北にいたる湾口、北方の半島湾の西南岸極端より、笛羅山島の方向における斉伯山島の西南にいたるまでの湾口、南方の半島最高潮における膠州湾の全部、斉伯山島、および陰島その他、膠州湾外の海上諸島、笛羅山島、炸連島等とあり。

第二節　ドイツ租借前の青島

ドイツの東洋策源地《さくげんち》として広壮なる市街を建築し、これにともなう諸般の設備一として備わらざるなく、一見、ただちに欧米の都市を想見せしめ、かつ港湾の大設計は天然の形勝とあいまちて、青島は実にドイツの東洋における軍事上および貿易上の中枢たる名に背かず。

しかれども、租借以前の青島の地は、真に一漁村に過ぎずして、わずかに約四十家の半農半漁の民、点々として茅屋《ぼうおく》を連ねたるに過ぎざりき。しかれどもその地形、比較的優勝なりしゆえんをもって、つとに中国当局者間には相当の注意を払われたりき。すなわち以下、該地に関する二、三の歴史を紹介すべし。

乾隆皇帝のとき（西暦一七三六年より一七九六年にいたる）、この地に関税分局を設け、西暦一八九一年にいたり、中国政府はこの地に築城し、四個の兵営を建て、衙門および荷揚場《にあげば》（今日なお存す。衙門橋すなわちヤーメンブリッジと称せらる）をも造営したり。

その後、かのドイツの地質および理学者として有名なるリヒトホーフェン氏は西暦一八六九年の三、四、五の三か月を費して、山東各地を旅行踏査し、親しく膠州湾には足を入れざりしといえども、なおよくすでに

青島（膠州湾）
四方
停車場
大港
中国人
墓地
ビール
会社
台東鎮
若鶴山
小港
測候所
万年山
屠殺場
憲兵隊
軍司令部
外国人
墓地
植物園
山林署
万年
兵営
台西鎮
徳華
銀行
練兵場
旭兵営
青島湾
忠海
加藤島
0マイル
3マイル

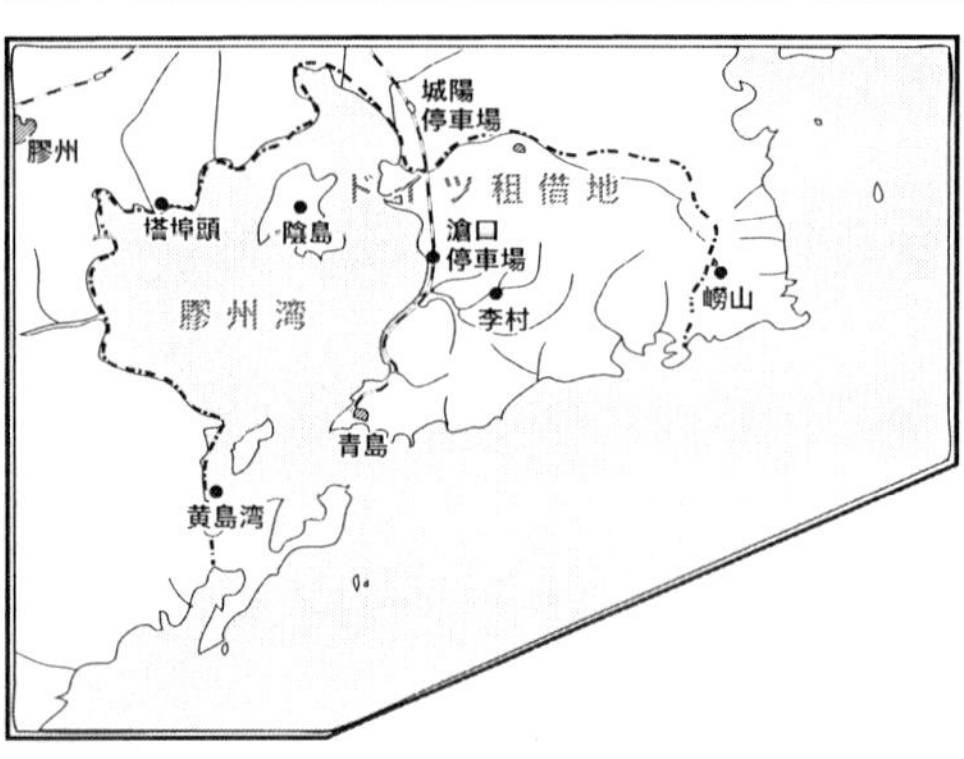

城陽
停車場
膠州
ドイツ租借地
塔埠頭
陰島
滄口
停車場
李村
嶗山
膠州湾
青島
黄島湾

膠州湾の主要なる地区なることを認識したり。氏はその著「チャイナ」の第二巻二百六十六頁にその見聞および意見を発表して、左のごとくいえり。すなわち、

「山東の豊多なる石炭野は、膠州湾の開放により、これらの石炭産地との連絡を得て、将来きわめて有望なりと信ず。例え中国が実質上、心理上且は工業上に大なる発展をなし、欧州諸国の利益に反抗するとするも、なお明らかに多くのとるべきものあり。かつ外国の勢力は、能う限り大なる利益を収むるよう余儀なくせらるるならん」云々と。

　この頃よりドイツは、大に膠州湾に向かって注意するにいたりたり。しかもその価値についてはまちまちとして専門家間になんらの定説なかりしが、当時、ドイツ艦隊司令官テルピテー少将 Tirpity は、自ら親しく廻航し来たりて膠州湾を実地精査し、直に当局者に対し、築港の設計をせまりしがゆえに、まちまちたりし諸説もひとしく一致したり。これをもって、ときの当局者は一八九七年の正月、Geheime marine-Baurat Georg Frangius 氏を送りて、再び同地を精査せしめたり。しこうして彼の報告は、きわめて築港計画を定むるうえに有利なるものなりしをもって、ついにドイツはますますこの湾を得んと欲し、中国政府に対し、その交渉談判を開始したりしが、ついに不調に終わりたるも、ドイツの欲望はその失敗とともにますますその度をたかめ、爪牙《そうが》を磨きてその機会のいたるをまてり。しこうして、この問題を解決せしめたるは、既述の兗州府事件なりとす。

　かくのごとく、ドイツの租借築港等に対して狂《きょう》せんとせし、膠州湾はもとより荒涼たる沮洳《しょじょ》の地にして、山に木なく、その中腹までは麦畑なりしなり。土地の平坦なる部分は、省の内部地方に異ならず、コーリャン、粟等の植物を培植《ばいしょく》す。住民は皆、農業に従事し、人智開けざる愚昧《ぐまい》の民にして、副業として沿岸漁業をなせしものも、また少なからざりしといえども、なお当時、江蘇省海州付近において比較的漁業の進歩したりしに比し、はなはだ幼稚にしてまったく部落の需用に応ずるにとどまりしのみ。

第三節　ドイツ施政の方針

　ドイツ帝国が一朝《いっちょう》好機に際会《さいかい》し、多年の宿望を満足せしめて青島を獲得したるうえ、果たしていかなる施政の方針をとり来たれるかは、今後の経営者にとりて等閑視《とうかんし》する能わざるところなり。しこうして、彼が施政の方針を大観すれば、実に軍事的および商業的根拠地としての施設を全《まっ》たからしめんとするにあることを知る。

一、ドイツの東洋艦隊の碇泊所として、ここに軍艦をおき、兵を駐屯せしめ、自国民を保護するとともに、他に外交上の必要をみたさんとするにあり。その予算に見るも、年々、経営軍事費として数百万マルクを計上しつつありしなり。またほかに臨時費において、要塞建築等の費目をもって、その碇船地の安固《あんこ》をもはかれり。

二、この地をして、ドイツの東亜における商業的一大根拠地とせんとするにあり。しこうして一面には背部地方の開発をなし、他面には中継貿易港として青島を北中国の中枢となさんとするにあり。

▲　青島全景

　これを要するに、ドイツが商業港として青島に期するところは、青島をして北満の上海、または香港たらしめんとするにあり。この地をして中継貿易場として活動せしめんとするにあり。しかもその後、貿易額は数年間に三千万弗以上に達し、芝罘を圧倒して山東の中心市場となるとともに、上海、香港とその盛を競わんとするのときにいたり、端《はし》なくも欧州の平和を撹乱《かくらん》し、その余波、ついに東洋におよび、全世界を修羅場と化し終わらんとするドイツの暴挙に対し、東洋の覇者たる帝国は、奮然《ふんぜん》、起こってこの禍根《かこん》をのぞき、今や東洋におけるドイツの勢力を根本的に覆し、中国保全の意義において、ますます山東地方の開発に努力しつつあり。

▲ 青島桜が岡

第四節　港湾および河川

膠州湾は、二半島深くこれを擁し、青波浩蕩《こうとう》として大湖のごとしといえども、その湾内にそそぐ河川は内地の土砂を持ち来たり、湾内を埋むるをもって、四周土砂の露出するを見、はなはだ遠浅なり。その湾口の東より、突出せるものを青島半島となす。半島の地勢たる長く湾内に突出し、後に山を負い、前には黄海を

▲ 海上より青島を望む

ひかえ、膠州湾を深く蔵し、湾の咽喉《いんこう》を扼《やく》し、すこぶる要害の地域を占め、地形上もっとも港湾の経営に適す。ドイツは早くもこれに眼をそそぎ、その租借後、着々諸般の経営につとめ、その築港また東洋に冠たり。

青島半島はその尖端のみ平地にして、しかもきわめて狭小にして、人口七、八万を容れ得るのみ。その後部は山を負い、イルチス、ビスマルク、モルトケの諸山蟠居《ばんきょ》し、その最高の浮山といえども一、二六〇フィートにして、イルチス山の最高処四二三フィート、モルトケ山は二七二フィートなるのみ。浮山は西北にいたりて低く膠州湾に没し、湾に近く平地連なるといえども、これらの山脈は北走して、龍山、高山の二山脈に連なりて、なお北走す。一方、南に走りて南海に落ち、大、小公島、福島等の島嶼となりてあらわる。半島は岩身にして薄く、赤土これを覆い、山は岩石、露出するもの多く、山脊《さんせき》、鋸歯《きょし》状をなすもの多し。この地方の岩石は、多く花岡岩なり。

そもそも膠州湾の地たる、ときに濃霧の襲来なきにあらざるも、気候、全年を通じておおむね温和にして大陸的の激変なく、中国沿岸における景勝かつ健康地たり。冬期といえども氷結することなきをもって、ドイツは早くもこれに着眼し、租借後はこれが、経営に怠りなく、とくに港を営むことには心をもちいたりき。そのはじめ外面に位置する今の青島なる湾をもって、港にあてむとせしも、その地質、岩石に富み、開削には莫大の労力と費用とを要すべく、到底、開港の価値なきを察知し、転じて内海において今の大港を経営することとせり。これが経営に関し、政庁は年々三七〇万マルクの支出をなし、二、四〇〇万マルクを投じて防波堤、繋船場の築造を完成せり。

桟橋は一八九九年に起工し、最初、港内における岩礁等をその脚としてこの上に防波堤を築造し、港湾はほとんどまったく防波堤をもって囲繞《いじょう》せられ、しかる後に、堤内および航路の浚渫《しゅんせつ》を行なえり。しこうして築港の入口において、陸地に接して桟橋を設けたり。このほかジャンク、その他、小船舶の碇繋《ていけい》に便ならしめんがために、湾口に近く、小港を付設せり。以下、項をあらためて各港設備の情況を述べん。

一、大港（Grosser Hafer）

概要　大港は膠州湾内に造営せる築港にして、汽船および軍艦の碇泊場となし、幅五メートルの石造防波堤をもって囲繞《いじょう》せられ、その長さ二、六九〇メートルあり。冬は北風、夏は西北風多く、一年を通し北西風なるをもって、これを避くるに適すべく、その形を計造せり。その突端には石炭貯蔵所あり。その後部、すなわち一般に青島埠頭と称せらるるところに政庁工芸

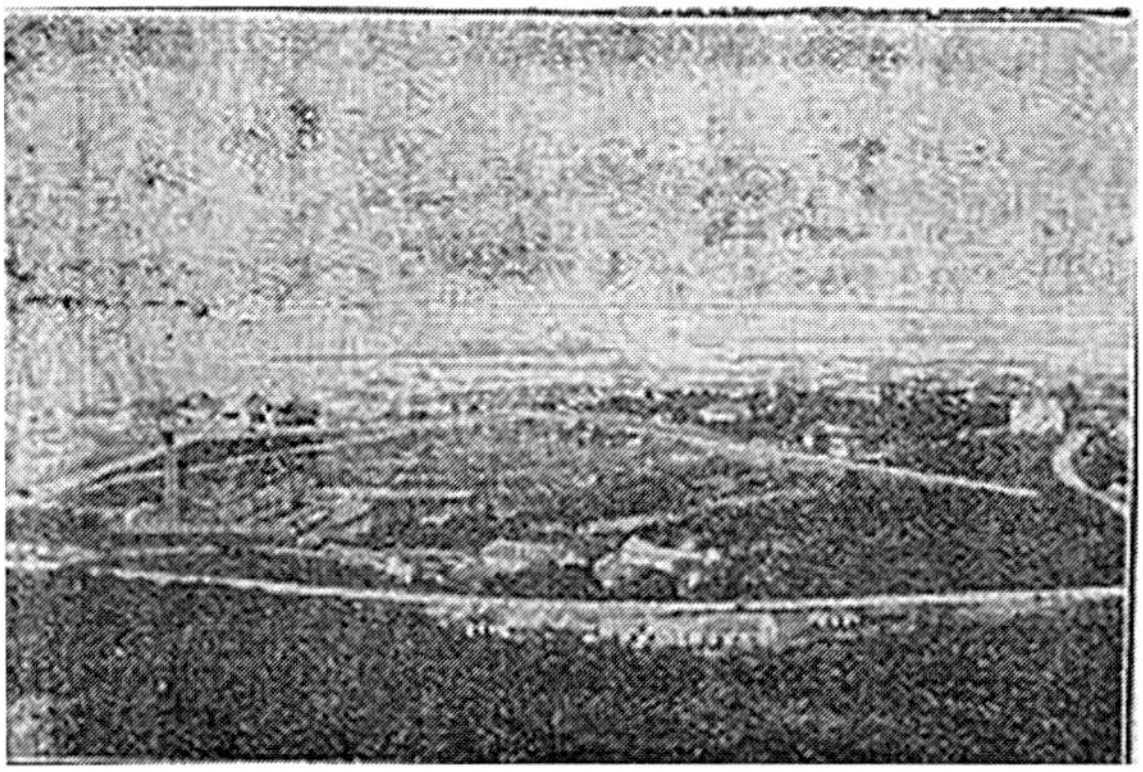

▲　はるかに青島埠頭を望む

▲ 青島大港

所あり。これに接して、長さ百二十五メートル、幅三十九メートルの容積一万六千トンの浮船渠《ふせんきょ》を設備せり。その防波堤上には、尖端まで鉄道を敷設せり。

桟橋　桟橋は第一、第二および別に石油陸揚桟橋の三に分かれ、第一のものは長さ七百二十メートル、幅百メートルあり。第二桟橋長さ四百メートル、幅は前者に等し。二橋の間隔、百五十メートルにして互いに相並行す。橋上には幾多の起重機および倉庫の設備あり。また繋船より、直に鉄道によりて停車場にいたることを得しめ、その設計ほとんど理想的にして、もっとも学理を究めたり。

普通、商船は第一桟橋に係留《けいりゅう》し、第二桟橋はほとんど海軍の専用に属す。しこうしてこれらの桟橋は、同時に六千トン内外の船舶十七隻をつなぎ得るという。石油桟橋は、第二桟橋より遠く離れて港内にあり。該桟橋も延長して、商船係留用に供せんとの計画ありしという。

広袤《こうぼう》および水深潮汐　港口第一桟橋の尖端と、防波堤の尖端との間、三百メートルくらいあり。湾内の面積、約四十万立方メートルにして、水底はすべて泥土なり。水深、満潮時十二メートル、干潮時九メートル半にして、その差三メートル半におよぶ。次にその干満の時期を挙げん。

七月四日	午前一時二十九分	最高
	午後一時四十四分	最高
	午前八時九分	最低
	午後八時四十五分	最低
七月二十一日	午前十時四十分	最高
	午後十二時四十九分	最高
	午前五時九分	最低
	午後五時五十四分	最低

二、小港

小港は、民船および小蒸気繋船場にして、大港の南西、内海にあり。防波堤は幅二間余あるも、とくに精緻《せいち》なる工事をほどこさず、岩石を堆積せるのみ。小蒸気の係留すべき桟橋は、防波堤に近く、相対して二あり。その東にあるものを大とし、長さ百五十メートル、幅六メートルあり。ほとんど木板を列してつくり、その陸地の延びたるもの五間に過ぎず。桟橋上には鉄道尖端まで達し、貨物の積卸に便せり。民船の係留所には、とくに設備をほどこさず。その後部の浅瀬に輻輳《ふくそう》せり。水深、明らかならざれども、桟橋には三、四百トンの汽船をつなぎ得べし。水底は岩石多く、礫石に富み、その上に砂土を覆えるのみ。その広さ六〇、〇〇〇立方間あり。

潮汐《ちょうせき》の関係、大港のそれに同じ。七月四日滞在中、当時、民船碇泊隻数五十あり。小蒸気数隻あり。浚渫機《しゅんせつき》の浚渫に従事しつつあるを見たり。

▲ 青島大埠頭

▲　青島の海水浴

三、旧港

旅順の露治時代において、港内氷結するときは、青島をもって貯炭所《ちょたんじょ》にあて、該港をもってその積卸場とせり。ドイツ政庁港湾の経営をはじむるや、この地に築港せんとくわだてたるも、該港は外海に面し、風波荒きのみならず、水底岩石多く、到底、その浚渫《しゅんせつ》に堪えず、これを捨てたり。しかれどもロシアの経営せし桟橋を延長して三百メートルとし、一九〇五年までは大小船舶ここに集合せしものなり。その後、大港の築造完成するにおよび、旧港の遠浅にして大汽船はるか沖合に碇泊し、貨物はランチに積みかえて陸揚せざるべからざる不便を避けんがため、入港の船舶はすべて大港に内進するにいたり。まったくその勢力を奪われ、現今はここに碇泊するものなし。干潮時には小船といえども、桟橋に係留《けいりゅう》することを得ずという。埠頭まで鉄道通ぜり。湾形箕《み》の形をなし、港根岩石多く露出し、湾口に青島（島名）あり。盆石《ぼんせき》のごとし。

第五節　市街

市街は、もと寂寞《せきばく》たる一漁村に過ぎざりしも、一度、ドイツがこの地を占有するにおよび、年々、巨万の資をなげうちて、その経営に従事し、半島の南方青島湾に面せる地（すなわち今のいわゆる青島の地なり）を外国人の居住区域となし、その北方すなわち膠州湾に向かえる地（従来より太包島と称せる地にして、今日も依然この名を襲用《しゅうよう》す）を中国人の居住および営業区域と定め、その全面積四千方マイルにわたる。しこうして占領当時、上記の区域内に居住せる中国漁民を市の北方に移して、下等の階級に属する中国人は、すべてこの青島および太包島の地より駆逐することにつとめ、別に市外三マイルの地に一小市街を建設してこれにあて、地名を台東鎮と称し、ドイツは一巡警衙門を分設して民事のことにあたらしむ。

台東鎮の経営については、大に研究を要する必要あるものなれば、別に項をあらためてこれを詳述すべし。

しこうして市街とこの台東鎮との間には、山腹を開削し、渓谷を埋め平闊《へいかつ》なる道路をつくり、これを人道および車道の二種に区別し、路の両辺には並樹《なみき》を植つけ、経営、実にいささかの間然《かんぜん》するところなし。市街の経営は、最初、太包島および青島の二市区を縦貫する幹線市街（今日、山東街と称す。中国人間には通常、大街と称せらる）を建設し、爾来《じらい》、着々工事を進捗《しんちょく》して、この幹線より分岐する各岐路を建作し、工事終了を告げて、完全に市街の形式を整えたるは、一九〇三年より一九〇四年の間にあり。この大幹線、連貫するまでは太包島および青島の二市区は全然孤立せり。

市街建設は占領当時、行政をはじむるとともに、これに着手したり。しかもあらかじめ繁閑《はんかん》の度を想像せし地区は、ほとんどすべて意表に出て、もっとも盛華の地点たるにいたるべし、と想像せられたる山東鉄道停車場付近は、今日、多く空地を存し、行人またきわめてまれなるに反し、発展の見込みなしと思惟《しい》せし太包島一帯の地は、今日におよびはなはだしき熱閙《ねっとう》の観を呈したるがごとき、そのもっとも顕著《けんちょ》なる例なり。このため土地予約売買を行ないたる際、買収の当時、地区高騰《こうとう》なりしものは、今日ほとんど価値なく、比較的、低廉の価にて購求《こうきゅう》したるものが、今日、意外の高価を呈するにいたり、不測の損益を商人間に来たし、

▲ 青島小港

ときにはために倒産するのやむなきにいたりしものも少なからざりしという。

市区の形式やや整頓するや、ドイツは本国においてしきりにこの地に殖民を奨励《しょうれい》し、経営後、わずかに数年にして人口、実に数倍におよびぬ。

市は区分上、青島および太包島の二となることは前述せるがごとし。しこうして青島は、その建設の当初より一にその形式を欧州市街にならい、多く各官庁をはじめ、兵営官吏の住宅、欧州商人の居住等となし、太包島には欧州、その他、各国人種雑住することを得。中国人においても清潔にて愚昧《ぐまい》ならず。欧人の生活にならいて、これをなすことを得るものに限り、住居または営業せしむることとせり。

市街は、路の両側に樹木（おもにアカシヤ樹）を植つけ、水道および地下下水管を敷設し、電信、電話、電灯を設け、宏壮なる官衙《かんが》、寺院、兵営、ホテル、病院、商舗、住宅等は道に沿い、軒をつらねて建築せられ、遠くこれを望めば、宛然《えんぜん》、欧州の港湾市街を見るがごとく、その経営の盛にして大規模なる。かつよく整頓せるはただただ驚嘆のほかなし。しこうしてドイツがこの空前の大経営を処理し、かつ維持し能うゆえんは、一九〇六年におけるドイツ政府の青島市街建設の目的、すなわち市街および付近、山林の造林事業、下水、軍事、行政の諸経営および港湾の設計等に力をいたせる結果にして、その経営費として支出せし額は、実に千三百万マルクにおよべりという。政府の支出は、もとより国庫の補助を仰ぐこと大なるには相違なきも、またそのうち租借地内における各種の収入よりなるもの、またはなはだ多し。政府は明治三十一年、同地租借以来、七か年間ごと年々額七百万マルクの補助金を支出し、同国議会においては、その負担に堪えざるのゆえをもって、続々、経営を中止すべしとの議論すら生ずるにいたりたり。これ今日においても、なお世界においてドイツの青島放棄論のごとき盲論を称する者あるゆえんなり。

しかれども、青島におけるドイツ官民の鋭意励精《えいいれいせい》なる経営の結果は、漸次《ぜんじ》、数字的にその成功の跡を明らかにし、現時にありては日独戦争前には約百万マルクの収入を計上するにいたれるなり。

▲ 青島四方町市場付近

第六節　台東鎮の建設

台東鎮　一八九九年、新たに建てられたる村落にして、青島の北方二マイルにあり。政庁は青島、大包島、小包島より立ち退《の》かせたる中国土民、青島の労働者をして、皆、ここに住居せしめ、労働者は朝夕、青島との間に往来す。村は正方形をなし、道は縦横に正しく画され、清潔なることほとんど中国人村落に見る能わず。かつ村の中央に空地を設け、これを市場とし、他の食品売買者、古着屋、古道具屋等の小売中国商人これに集まる。人口三千、台東鎮はまた大東鎮とも称す。元来、青島との間には嶗山《ろうざん》山脈の一支脈これを遮《さえ》ぎりしが、ドイツ、一度、青島の地を卜《ぼく》してその経営を遂行せんとするにあたり、青島付近に住する下層の階級に属する中国人（小商人または半農半漁の民）が、その居住および生活の状態きわめて不潔にして、いささかの衛生思想なきを忌避《きひ》し、ついに大東鎮の地を撰《えら》みて、これを排移せしむるにおよび、障害たるべき山脈を開削し、大道を修造したり。しこうして行路は、これを車道および人道の二に分かち、完成するにおよびて、大東鎮の地に中国式小市街を建設せり。

市区はさすがにドイツ政府の指揮のもとに、その国人により建設せられたるをもって、整然としてあたかも碁盤のごとし。家はすべて平家にして、木造草葺《くさぶき》なりといえども、行政権、警察権ともに普及するがため、一見、中国人の居住たることを疑わしむるほどなり。

市区の正中部に、二層楼レンガづくりにして、西洋式の建築物あり。これドイツ政府に属する巡警衙門にして、長官はドイツ人なり。長官の下には十数名の中国人巡査を使用し、直接、警察事務にあたらしむ。

当初、ドイツ政府が中国に対し、この立ち退きを命じたるとき、中国人はにわかにこれにしたがうの色なく、はなはだ困難を感じたりしも商量、数回ようやく左の三か条の条件を允許《いんきょ》し、かろうじて遂行することを得たり。

（イ）墓は、毎一墓につき六弗を支出して、移さしむべし。

（ロ）家屋は、毎一家につき八弗をもって、買いあぐること。

（ハ）墓の引越費を受けとり、または青島におけるその家屋を売り渡したるものは、必ず台東鎮に退去せざるべからず。ただし従来、家の主人たりしものは台東鎮においても一家の主人たることを允許す。

これをもって見るも、ドイツ政府が青島を経営するにあたりては、いかなる程度まで熱心に、かつ注意深き施設を行ないしかを察し得べし。しかりこの挙を断行したるため、今や青島の市街は、衛生上、実に理想的に清潔を保つを得たるなり。現に大包島の地に居住して商業を営む中国人は、いずれも比較的新知識を有し、しかのみならずドイツ政府の厳重なる監督のもとに、その家屋建築において、その用水において、その下水の処分において、一々、関渉《かんしょう》を受けつつありしをもって、青島および大包島においては、毫《ごう》も中国人市街のごとき悪感《あっかん》を催《もよお》さしむることなきなり。

第七節　付近における小村落

炮島　青島の北にあたり、地続きに膠州湾に西面せる村あり。元は炮島といい、王および于の二族この地に住し、漁業および農業に従事せしが、一九〇〇年、青島政庁は全村の家屋および地面を買い上げ、続いて家屋をこぼち、中国人にして欧風生活を好む者をして、ここに住居を許せしかば、現今は整然たるレンガ建築物軒をならべて建てり。一般に青島というときは炮島をもふくむ。

小包島　大包島の東北に位し、旧時は五百有余の土着住民ありしが、一九〇一年に政庁の買いあぐるところとなり、旧家はことごとくとり払わる。

曾全　青島の東南、一小丘を越えたるところにあり。前面、海にのぞみ、後方は峨々《がが》たるイルチス山を負う。今や中国家屋、全部とり払われ、海辺は海水浴場および競馬場となり。山に近く、ドイツ海兵の営舎、山林区署、その他官舎等、散在せり。

楊家村　青島の北方山を越えて三マイルの地にあり。人口五百人。

掃帚灘　青島の東北方二マイルにあり。住民四百人。

海泊唐家荘および仲家窩　青島の東三マイルにあり。仲家窩はその西南にあり。

斬山および小斬山　斬山は曾全の東にあり。人口七百余、後者は前者の北に位す。

小村荘および西房　前者は青島の北方三マイル、後者は鉄道線に近く位置す。人口ともに五、六百を有す。

台西鎮　東より突出して湾口を扼《やく》する小半島上にある村落にして、労働者また多くここに住む。人口三百余あり。

第八節　道路、水道および下水、排渫

　道路もまた、ドイツ当局者の苦心によりなるところにして、しばしば見る新開市街道路の泥濘《でいねい》なるのとは自らその撰《せん》を異にし、その完美、市区の整然たるものに対比して、一層の光彩を放つ。街路は大体において、これを人道および車道に分かち、人道は道路の両側すなわち家屋に接するところにあたりて、各一条コンクリートをもって築き、車道との境界にはアカシヤ樹または楊樹をもって並木となし、車道は広闊《こうかつ》にして、しかもはなはだ堅牢かつ清潔なり。

　元来、この地における経営中、ドイツのもっとも意をもちうるところは、衛生なりとす。しこうしてその効、空《むな》しからず。市区の整頓、清潔および上水、下水の処分等は、これをもって世界に誇らんとするもののごとし。ゆえに下水の浚渫《しゅんせつ》、上水の使用等にいたりては、皆、厳重なる制度のもとにおいて、これを処理しつつあり。

　上水は一八九九年の起工にかかり、市内を通じて二十八か所の共同給水栓を有し、各戸別に吸水管を敷設し、霊要に充つ。水源貯水池は市の東北、海泊街の郊外にあり。青島の濾水池《ろすいち》をへだたる、六ないし七キロメートルのところに位す。厳重なる監督のもとに整理せられ、後来《こうらい》、人口ますます増加し、工場その他の増設により、水の需用のしたがって増加するにおいては、さらに遠く李村河を選びて、他の水源地を設くる計画ありしと聞けり。

　下水もまた上水に伴うて、その設備は完全す。

▲　青島軍政署

第九節　市内交通機関

元来、青島および大包島の地は、市区の構造一様に平坦なる地上に建築せられたるものにあらざれば、あるいは高くあるいは低く、遠く湾上よりこれを望めば、あたかも我が長崎等におけるがごとく、市街ははしご形の勾配を有す。したがって、市街における電車事業のごときは、大体において困難なる工事に属するをもって、いまだ今日までこれが敷設を見ざりしなり。市区内における交通機関としては、小数の馬車および人力車等とす。ただし小車のごときものは、上海に比してその形やや異なれるも、構造非常に堅牢にして、よく重量の貨物を運搬するものなれども、これはここに説かず。

小数なる馬車は、高級の官吏、または将校専用のものにあらざれば、旅館に備え付けあるもののみ。多く一般公衆の需用に応ずるために、これを業とするものはきわめてまれなり。ゆえに市内唯一の乗りものは、人力車なりとす。

ドイツがこの地において諸般の設備を整順するや、その周到なる注意と綿密なる関渉《かんしょう》とはいたるところに着々として、整然一の欠くるところを見出す能わず。しこうしてかの人力車に関する関渉もまたはなはだ綿密にして、かつ周到をきわめたり。まず車を分かちて頭等車および二等車との二種に区別し、頭等車にありては、その轍輪を染むるに黄色をもってし、一見、その頭等車なることを知らしめ、しかも頭等車にありては、必ず車夫二人にして、これを拉《ひ》かざるべからざることを厳規し、一人は梶棒《かじぼう》を握り、他の者は後部にありて後押をなす。賃金はすべて時間制を採用し、頭等車においては一時間二十五仙と定め、十五分を増すごとに八仙ずつを付加すべしとなす。二等車にありてはその轍輪を黒色に染めしめ、車夫一人によりて拉《ひ》くをさまたげず。その車賃にいたりてはこれを頭等車に比すれば低廉なり。両種の車を通じて、雨天および夜間はさらに一時間につき五仙ずつを増加す。ゆえに、突然この地に来たりて車をやとい、車夫より無謀の賃金を請求せられて当惑するがごときことなく、上海においてしばしば見聞する不便不決は、断じてこれなきなり。

市区を通じて現有する人力車の数は、頭等および二等車をあわせ、大約《たいやく》千四、五百両にして各車一日の収入は平均一弗(メキシコ銀)くらいなりという。なお官庁は各車につき、毎日、厳重なる車体検査を執行し、きわめて微細の損傷をも発見するときは、その修理を厳命し、決してそのまま使用することを許さず。

第十節　電灯

青島および大包島の市街は、今やいたるところ電灯の点ぜざるところなく、夜間煌々《こうこう》、不夜城の壮観を呈す。電灯は、租借の当時すでにその計画を立てたるが、諸般の経営多く複雑したりしをもって、しばらく等閑《とうかん》に付せられたる間において、民間すでにこの計画を実行し、欧米人一部の需要のためには何の不便をも感ぜざりしが、後一九〇四年一月一日より政庁、直接経営することとなり、電灯部を設けて、これが管理および発電、架線、万般の実施事業にあたらしめたるをもって、その需用は従来に倍加するにいたれり。同年末における調査報告によれば、政庁、その他の官署において使用のため架線するもの十一か所、その他、一般公衆に対してその使用を允許《いんきょ》せるもの実に百十八戸にいたれり。しかも爾来《じらい》、ますます増加の趨勢《すうせい》を示し、今やいたるところこれを見ざるなきにいたれり。電気発動所は、大包島の西部、小港の西北隅にあり。市区を通じて、ことごとく同所よりの供給を仰ぎつつあり。

第十一節　郵便、電信および電話

郵便　郵便制度はドイツが占領の当時より、自国郵便局を設置して事務にあたり、その後、来往者の増加と各種交通機関の進歩とにしたがい、各地との郵便事務はますます繁雑《はんざつ》を加え、旧来の建築にては大に狭隘《きょうあい》を告ぐるにいたりしをもって、一九〇一年、郵便局を新設せり。

元来、郵便および電信事務は、一八九八年一月二十六日、郵便事務所の開設にはじまり、爾来、非常の発展をなしたり。

海外または中国内地の開港場に通ずる郵便は、ハンブルグ、アメリカンラインおよびインドシナ汽船航業会社の定期船により輸送せらる。普通、定期船は前者に属するものにして、芝罘、天津にいたるものは四日ないし六日に一回、後者によるものは上海に向かい、一週間に一回以上の発着あり。また本港に出入するドイツ軍艦もまた郵便を搭載するを例とせり。

鉄道の延長および汽車運送の進歩にしたがい、内地との交通頻繁《ひんぱん》となり。保護領以外にも、その郵便局を設置せざるべからざる必要を生じ、いわゆる五十キロメートル地帯においても、膠州および高密にこれを設定せり。また鉄道沿線重要の地点たる済南、濰県および周村にもその分局をおきたり。汽車便によるものは少なくとも、一日一回の引受差立を行なえり。

電信　電信はドイツの手により、一は芝罘にいたる。他は上海にいたる二海底電信の設計を立て、一九〇〇年、これに着手したるものにして、その後、完成を告げ、在青島ドイツ電信局の管理に属せり。また陸上電信にいたりては、比較的に拡張せる中国電線に接続するの便あるをもって、いずれの地に対しても相互に交信することを得。山東省内各地に二十余の電信局を設け、各地ともに中国線を利用して通信すること自由なり。

電話　電話は郵便電信事務と同じく官営事業に属し、ひとしく政庁通信部の管轄するところにかかり、青島においてこれを架設開通せるは、実に一八五九年なり。けだし山東省内における電話の嚆矢《こうし》なりとす。その後、ドイツは一九〇一年七月中、芝罘においてもこれが計画を起こし、発電所をドイツ郵便局内におき、同年八月より事務を開始したり。同じく山東省において、同事業を同一国によりて経営せられたるは奇というべし。

　ドイツ時代の使用料は一か月二百マルクと定められ、同地にある同国諸官衙門、兵営または官営工場等に使用せらるるの剰余をもって、私人に使用を允許《いんきょ》せり。

　我が軍、青島を占領するとともに、電信に関する事項は軍司令部通信部の管轄に属し、郵便および電話には野戦郵便局および電話所等を設けたり。

第十二節　人口および生業

　膠州湾の占領以来、ドイツ政府は鋭意《えいい》その経営に努力し、青島市街の建築とともに、諸般の設備を完全ならしめたるをもって、青島は商工業、ことに貿易において、長足の進歩をなし、しかのみならず山東鉄道の敷設はいちじるしく世人の注目を引き、山東省の将来、有望なるを想わしめぬ。ゆえに今や膠州湾に嘱目《しょくもく》するものすこぶる多く、諸国人の来たりてここに住し、貿易商工業に従事する者、日を追うて増大しつつありしなり。左に日独戦争前、および日本軍占領より今日にいたる人口を示さん。

占領後の人口

日本人（大正五年十二月一日調）	
青島	六、八七六
台頭鎮	四二四
李村	一一七
滄口	二四
沙子口	一〇
四方	二六〇
合計	七、七一一

占領前の人口

外国人

	ドイツ	スウェーデン	オーストリアハンガリー	イギリス	デンマーク	ノルウェー	オランダ	フランス	ロシア	イタリア	トルコ	アメリカ	日本人	インド	中国人市街地	中国人船住者	中国人市街外
一九〇二	六八八												七八	—	一四、九〇五	—	—
一九〇三	九六二												一〇八	—	二八、一四四	—	—
一九〇四	一、〇五七												一五二	七	二七、六二三	—	—
一九〇五	一、二二五												二〇七	九	二八、四七七	—	—
一九〇六	一、四二三	七	一四	九	二	一	七	三	四	二	一	三	二七六	九	三一、五〇九	—	—
—	—	—	—	—	—	—	—	—	—	—	—	—	—	—	—	—	—
—	—	—	—	—	—	—	—	—	—	—	—	—	—	—	—	—	—
—	—	—	—	—	—	—	—	—	—	—	—	—	—	—	—	—	—
一九一〇（三月）	一、五三二	一	一五	三	一	—	—	四	一六	—	—	一九	一六七	二	三四、一八〇	二、〇〇〇	三六、九六〇
—	—	—	—	—	—	—	—	—	—	—	—	—	—	—	—	—	—
一九一二	一、五三二	—	一五	三	—	—	—	—	一六	—	—	一九	—	二	—	—	—
一九一三（八月）	一、八五五	三	三	五一	二	一	一	一五	六一	一	三	四〇	三一三	三	五八、三三二	二、三六〇	三一、五〇〇

▲　青島軍司令部

青島市街区域外は純然たる中国風の田舎にして、住民はすべて農業に従事し、孟家、大東鎮、浮山村、大西鎮、楊家村、掃帚灘、海泊、康家荘、仲家窩、斬山、小斬山、女姑、滄口、李村等、三百ないし八百の人口を有する村落の散在するありといえども、人口、常に移動するをもって精査しがたし。しかれども大約《たいやく》七万余と算して大差なからんか、すなわち膠州湾保護領の総中国人人口、大略《たいりゃく》二十万と算するを得べし。

　しこうして以前、青島に居住せるドイツ人は、その大部分は商人、官吏およびその家族なりとす。その他の欧州人は貿易あるいは小商業に従事し、インド人は雑貨商を営めり。本邦人の在留するもの三百余人、その数決して少なしとせず。しかれども大なる営業に従事するものなく、ただ三井物産会社上海支店のこれに出張所を設けて、店員二人をして綿糸の輸入に従事せしむるありしのみ。

　しかるに我が軍の青島を占領してより、わずかに三年ならずして、実に千五百になんなんとす。今、その詳細を示せば左のごとし。

地方	戸数	人口男	人口女	人口合計
青島	三、三一二	六、七二四	五、八五三	一二、五七七
台東鎮	二七八	四三二	四三〇	八六二
李村	六四	一二三	九四	二一七

滄口	一〇	二五	一五	四〇
沙子口	六	二三	一二	三五
四方	一五三	二六〇	一八七	四四七
合計	三、八二三	七、五九七	六、五九一	一四、一八八

第十三節　市場

市場の状況を述べんとすれば、まず地方産業の大体を知らざるべからず。青島市街区以外の租借地は、純然たる中国風の田舎にして、いまだ人智開けず。したがって欧米の新文明に接触することなければ、その産業のごときも数うるに足らず。その人口のごときすら中国領との間に常に移転しつつあるをもって、精確なる数を知ること能わざれども、概数五、六万人と見て可ならんか。

領内一般に大なる地主もなく、したがって貧富の差はなはだしからず。平均一人の耕作する反別《たんべつ》は、約五百五十三平方メートルなりという。かくのごとく財力とぼしければ、到底、大なる産業に従事し、または子弟を教育すること能わず。最近ドイツが、青島において各種工業に向かって、中国人徒弟を養成しつつありしは、注意すべき現象ともいうべく、彼はますます領内中国人の産業的原力を養成せんとせしものなり。

もとより普通の田舎にして、一般農に従事するもの多く、商業の行なわるるところきわめて少なし。ただ李村は該地方におけるもっとも盛なる商業地にして、その市場のごとき集合し来たるもの、ときに一万五千人におよぶと称せらる。ことに旧暦歳暮の市場、もっとも盛にして、各種の商品売買せらる。その主なるものは燃料、魚類、ほしいも、菜菓《さいか》、各種農産物等とす。

領内における商業地としては、青島市街区にして、ドイツ時代においてこの地は、自由港制および営業自由主義のもとに立ちたるをもって、当然の結果として営業は、全然、自由の主義をとり、したがって知事は営業上の専売権を特許することなく、また営業上の企画に対して特許を請《う》くることを要する免許の義務を負わしむることなし。ただ一般に警察上の法規にしたがうべきはもちろんにして、建築衛生の警察事項に対し、服従すべき義務あり。

はじめ青島においては、野菜その他の日需品につき、市内にいたるところにおいて、三々五々《さんさんごご》、地方の土民および商人の間に売買の市を立てたるをもって、取締上、非常の困難を感じ、ついに大包島市街区と青島市街区との接する山東街に大なる市場を開放したり。従来、各所において行なわれたる市街取引は、皆この所において行なうこととなり、大に面目をあらためたり。なお、ここにおいて小なる銭業者の換銭舗を開くもの多く、簡単なる店舗を張りて需用に応じつつありしを見る。

第十四節　著名建築物

さすがドイツ人の経営にかかるところとて、建築物の宏壮美麗なるもの、指を屈するにいとまあらざるほどなり。今、著名なるものの概略を挙ぐれば、

総督衙門（総督府庁）　建築費約八十八万マルク。膠州湾租借地の統治をつかさどるところにしてガバメント・ヒルの南麓にあり。建物宏大にして、高地を占め、湾内および市街を瞰下《かんか》し、眺望すこぶる佳なり。

総督官舎　建築費約五十余マルク。青島外港の Bund すなわち Kaisel Wilhelm Strasse にあり。今後、十年間の流行を見越して建てしものにして、馬廠《ばしょう》の下水管にも銅を使用しあり。これがためにドイツ帝国議会において、痛く攻撃を受けしほどにして、その付属公園と合計し、三百五十万マルクを要せりという。

営林局　青島の東北部、イルチス山の南麓に設けられたる同局所属の植物園内にあり。租借地内における植林事務を管掌《かんしょう》し、各国より種々の苗木を輸入して、これを園内に栽培し、または付近の丘岡に栽植す。

警察署　西方ストランドラーゲルにあり。青島区裁判所もこのなかにあり。

港務局　大港の東南ハンザー街にありて、港務に関する一切の事務を処理す。

気象観測所　ウエストパス街にあり。

郵便電信局　プリンスヘンリ街にあり。

海軍病院　ビスマルク街を北にのぼりたるところにあり。海軍軍人に限らず、他官庁へ奉職の官吏、および一般市民にも入院受療を許す。

信号台および無線電信 Signal Station　ビスマルク街の北部デエデリヒ山の頂上にあり。

海関　青島桟橋の付近にあり。

アメリカ領事館　プリンツハインリッヒ街にあり。

イルチス兵営　イルチス山の南麓にあり。

ビスマルク兵営　ビスマルク山の南麓にあり。

モルトケバラック　モルトケ山の北麓に建築せらる。

麦酒醸造会社　青島の北部、台東鎮にあり。

徳華鉄路公司　セリンアルベルト街にあり。

ハンブルグアメリカ汽船会社支店　フリドリッヒ街にあり。

徳華繅糸公司　青島北、滄口停車場付近にあり。

徳華銀行支店　ウィルヘルム街にあり。

徳華鉱務貿易公司　イレネ市街の東方にあり。

Central Hotel　ウィルヘルム街にあり。

山東鉱山会社　ウィルヘルム街にあり。

鉄工所　政庁の東南海岸にあり。官立にして艦船用諸機械の修理は、すべてここにおいて行なわる。

電灯所　大包島の西部、小港の西北隅にあり。また官立なり。

屠牛場　官立にして、台西鎮の南方海岸にあり。

知事エスケの紀念碑　ウィルヘルム海岸通りにあり。エスケはドイツの命ぜる第二の知事なり。

青島図書館　政庁内にあり。

青島大学　台西鎮にあり。

カトリック伝道会　ホーヘンローヘ街とアルベルト街の隅にあり。教会内に女学校および寄宿舎をも設置し、学生は天津、上海、日本等より渡来せるもの少なからず。

政庁付属寺院および小学校　相ならんでビスマルク街にあり。

第十五節　鉄道との関係

ドイツは膠州湾鉄道の敷設とともに、済南にその分店を出し、古来、小清河によりて芝罘に流出せる土貨を吸収し、したがって済南およびその付近に消費せらるる外国貨物を供給するに成功し、もって芝罘貿易に一大打撃をあたえたり。

近年、津浦鉄道の敷設せらるるや、ドイツは自他ともにこれを利用して、青島貿易の拡張に資すること大なるを予想したり。

しかり津浦鉄道により、ドイツが南北に手を伸ばしたるをもって、青島に対する吸収力を増加せずとはいわず。しかれども今日のところ、鉄道敷設が果たしてドイツの予期せしごとく、完全に実現し得たるか否や。

それ貨物のある地点に向かって流出すると否とは、甲乙両所間の距離と、これに要する輸送費の多少とによりて決せらるるものにして、いかにドイツがその資金を投じて津浦鉄道の北段を経営したればとて、済南より青島にいたる距離にして、前者より天津にいたる距離より長く、したがって輸送費を要すること大なる以上、なんらか人為的工夫をほどこすにあらずんば、山東の中心における貨物をことごとく青島に吸収すること能わざるは、数のまぬがれざるところなるべし。

▲　青島測候所

左に青島、済南間および天津、済南間の距離とその貨物の運賃を、数字的に比較して参考に供すべし。

距離	自天津、至済南	二一七マイル七八
	自青島、至済南	二五六マイル
運賃	自天津、至済南　一マイル	三仙四厘
	自青島、至済南　一マイル	三仙六厘

すなわち知る青島は天津に比し、済南にいたるまでの距離において四十マイル長く、運賃において約四割方高価なることを。

それかくのごとし。これをもって利にさとき中国商人は、その貨物を青島に送らずして、比較的、運賃の廉なる天津に向かって輸送するものなり。したがって所用の外国貨物も、青島に求めずして、天津に求むるにいたるべきは見易きの理なりとす。

しかのみならず、目下のところ青島にとりて貿易上不利なる点少なからず。第一、同所は新開の地なるをもって、外国商人の業を営むもの、天津のごとく多数ならず。したがって輸出入品とも、その品目数量に限りあり。これを例《れい》せば、中国雑貨商人にして青島に赴かんか。所要の物品をことごとくとり揃えて帰済することは、今日のところにおいては、けだし不可能ならん。しかるに天津において試みんか。一日余にしてその用を達し、さらに輸出または輸入を試みるにあたりても、青島における金融機関は、徳華銀行（当時）の占有的状況なるに反し、天津においては所有大銀行その支店を有し、金融上、多大の便宜を得べく、かつまた船舶の発着において、天津ははるかに青島を凌駕するの便宜を有す。ただ天津の港湾が不良なると冬期結氷のため、輸出入の杜絶《とぜつ》することあるは、実に大なる不利なりといえども、目下の津浦鉄道は確かに青島よりも、天津に向かって大なる便宜をあたえつつあるものなることを断言してはばからざるなり。

しかれども如上《じょじょう》の説をなせばとて、津浦鉄道敷設のため、済南が天津の貿易範囲内に引き入れられ、永久その状態にとどまるべしとは明言するを欲せざるものなり。

なんとなれば、青島は優良なる港湾にして、所有設

▲　青島小学校

備完全し、山東の貿易をそのところに吸収せんとせば、あえて不可能にあらざればなり。すでに前述のごとく、青島は天津よりも済南をへだたること遠し。したがって運賃も青島、済南間よりも天津、済南間の方、廉なり。しこうして、もししばらくあれを東洋におらしむとせば、果たして如何。人為的に無価値なる膠州湾を、今日の良好なる海港に一変せしめたるドイツは、また人為的に貿易の趨勢《すうせい》を転覆せんとつとめたること疑をいれず。

　聞くならく、ドイツが自国商品の販路を開拓するに努力するの一事は、実に意想《いそう》外にして、官憲、自ら率先してその衝《しょう》にあたり、所期の効果を収めざれば、やまざるの概ありしという。

　済南居住の邦商は語りていわく。ドイツの天長説のごとき祝日にあたりては、その領事館の廓下はほとんどドイツの製造にかかる商品をもって充満せられ、都統はじめ中国の大官連、もしくは知名の士が来館するものあれば、領事は一々案内し、説明の労をとり、その細をつくさざればやまず。ときにその媒介となりて、都統もしくは大官が物品を買いあげたりとせんか。翌日の所有新報は「今般ドイツより輸入せられたる何々の品、その効力すこぶる大なること某大人の認むるところとなり。ドイツ領事に向かい、その供給方を依頼せらるるにいたりたり云々」との記事を掲載するをもって、上の好むところ、下またこれにならい、該品の何物なるかを知らざるに先立ち、早くその品名を喧伝するをもって、甲乙、相伝えて相購買し、驚くべき速力をもって、その販路を拡張するにいたると。このごとく官民、相一致して自国商品の販売に従事する国民が、自家の根拠地を隆盛ならしめんがために敷設せる鉄道を他地の便宜に利用せられ、指を口にして傍観すべき理由は、毫《ごう》もこれあるべきにあらず。早晩、捲土重来《けんどちょうらい》の勢をもって目下の不利益を変じて、自己の利益に資することをはかるべきは明瞭なることなりとす。

山東鉄道は、政治上において青島占領とともに大なる成功を意味す。しかれどもこの一端において、最新式の設備を有する青島をひかえ、百万トンの貨物を呑吐《どんと》すべき力あるにかかわらず、目下のところ、その他端《たたん》は、わずかに済南にとどまりて、深く中国の中腹をつくにいたらず。その勢力のおよぶところ、わずかに芝罘を圧倒して、その貿易を青島に吸収するにいたりたるにとどまり、しかも津浦線は予定のごとく、本線にあたうるところ多からざるは、惜しむべきものなりといえ、沿道の炭坑はリヒトホーフェン男が称するごとく、しかく良好にかつ無尽蔵ならずとするも、経済上、決して失敗というべからず。すでに一九一〇年において三百七十万三百四十二元の収入に対し、九十九万九千七百二十三元を支出し、二百七十万六百十九元の純益を挙げ、年六分五厘の配当をなし得たり。

第十六節　造林事業

中国全国を通じて山林濫伐《らんばつ》の跡あるは、明なるところなるが、ことに山東省において、もっともはなはだしきを見る。元来、山東省ことに曹州府のごときは、古来、強盗の有名なる産地にして、山東官憲は政策として、これが鎮圧のため、山林の伐採を強制せしほどなれば、いたるところ禿山畳々《じょうじょう》たるを見る。しかれども山東官辺においても、その害のさらに盗賊の横行より大なるを見て、あるいは巡撫のごときは盛に植林のことを奨励し、みだりに山林を伐採するものは重刑に課し、植林に熱心なるものに対しては賞与をなすの規を設けたることあれども、なお、なんらの成功を見ざりき。

ドイツのこの地に保護領を得るや、直にその害の軽少ならざるを看取し、植林に対し、大は系統的経営をなすの必要を認めたり。けだし膠州湾におけるその保護地は、多く長石をふくめる花岡岩よりなり、樹木濫伐の結果、土砂の流出ことにはなはだしく、これに対する防備は、そのもっとも必迫せるものなりき。ここにおいて政庁は左の三項に対し、ぜひとも造林の計画をなさざるべからずと認めたるなり。

一、土地の降雨（ことに、初夏の候における雨期をもってしかりとす）のために洗浄せられて、港湾および道路に砂礫《されき》を流出するを防止せんがため。
二、青島付近の風景を優美ならしめ、もって衛生その他に関し、効力あらしめんがため。
三、青島市の水利を良好ならしめんがため。

ドイツ人はこの地の占領以来、直にこの事業に着手し、年々、数百歩の植林をなし、これがためにもちうるところの金額は、年々十万マルクをくだらざりしなり。また別に苗圃《びょうほ》を設けてしきりに苗木をつくり、中国土人をして私有地に造林を計画するものには、無代にて苗木を給付するがごとき経営大に努めたり。ゆえに今日にいたりては、数年努力の結果、その効大に表われ、全山、赤赭《せきしゃ》のごとかりし山東の一角は、日本松、杉、ケヤキ、柏、アメリカ松等の各種の樹木の幼樹をもって、全山を覆うにいたれり。また一方、植林の実際的経営とともに、これが教育制度をも設けたり。すなわちイルチス丘上に一林業学校を設け、簡易なる林学を授け、これに付属せしむるに試植をもってす。かくして中国人間は、林業思想の発達をはかれり。

イルチス半島にはおよそ百七ヘクタールの土地を卜《ぼく》し、樹木の培植《ばいしょく》をなすとともに、他方に獣類の繁殖をはかりつつあり。なかんずく、うさぎの繁殖もっともいちじるしく発達せり。

山東省の外国貿易港には、芝罘、青島、龍口の三地あり。内地において開放する都市には、済南、周村鎮、濰県あり。貿易路は鉄道において山東鉄道および津浦鉄道あれば、山東の貿易は天津と大なる関係あり。

第三編

山東省の貿易

Japan met Shandong in 20th Century

第三編　山東省の貿易　159

第一章

概説

山東省の外国貿易港には、芝罘《しふ》、青島《チンタオ》、龍口《りゅうこう》の三地あり。内地において開放する都市には、済南《さいなん》、周村鎮《しゅうそんちん》、濰県《いけん》あり。貿易路は鉄道において山東鉄道および津浦鉄道あれば、山東の貿易は天津と大なる関係あり。また南にては浦口、南京、上海と関係す。水路においては、運河の夏季、舟揖《しゅうしゅう》を通ずるあり。これにより、山東西南部と江蘇北部、清江浦および鎮江と関係す。津浦、山東の両鉄道開通以前には、この鎮江、清江浦をへて山東より輸出入するもの、比較的に多かりしなり。また濼口より黄河により河南にいたる水路は河南輸出入に、臨清、徳州をへて天津に出ずる運河は、直隷貿易に関係あり。黄台橋より小清河にて、洋角溝に出ずる水路もまた直隷、山東沿海各地間の貿易路をなす。

　山東物産の輸出および外国品の輸入は、天津その他各地よりするもの少なしとせず。ゆえに芝罘、青島二港の輸出入のみをもって、その貿易を言い能わざれども、天津貿易中、山東に関するものを区別しがたし。龍口は一九一五年十一月に海関を設けしも、今、同年十一月十二月の二か月間の統計を得べきのみ。ゆえに芝罘、青島二港をもってその大要を考察すべし。

　現時、山東の重要輸出品として見るべきは、柞蚕糸《さくさんし》、繭綢《けんちゅう》、麦稈真田《ばっかんさなだ》、牛皮、落花生、落花生油、石炭等となすべく、今、一九一二年―一九一四年の三年間に輸出（外国輸出を多とし、すこしく沿岸貿易をふくむ）したる平均を同年間、全国輸出（同前）平均に比し、これを示せば次のごとし。一九一五年は日独戦争のため、膠州海関永く閉鎖せるため、同年間の統計を得がたきをもってこれを加えず（単位海関両）。

第一節　柞蚕糸の輸出（座繰糸）

	三年間平均		全国の輸出三年間平均	
	担	海関両	担	海関両
芝罘より	一〇、九二三	二、六七四、一九〇		
青島より	二	三〇〇		
合計	一〇、九二五	二、六七四、四九〇	三三、八四八	七、一七六、〇七〇

第二節　柞蚕糸（機械糸）

	三年間平均		全国の輸出三年間平均	
	担	海関両	担	海関両
芝罘より	五二五	一四〇、九八一		
青島より	—	—		
合計	五二五	一四〇、九八一	五八五	一五四、六三七

第三節　黄糸（座繰糸）

	二年間平均（一九一二年—一九一三年）		全国輸出二年間平均（一九一二年—一九一三年）	
	担	海関両	担	海関両
芝罘より	二二一	七〇、三一三		
青島より	五、三二五	二、三四七、六一二		
合計	五、五四六	二、四一七、九二五	二二、九四九	七、〇四〇、〇四九

第四節　繭綢

	二年間平均（一九一二年—一九一三年）		全国輸出二年間平均（一九一二年—一九一三年）	
	担	海関両	担	海関両
芝罘より	六、八〇六	二、八一六、九二三		
青島より	五、四二一	二、一九一、五〇二		
合計	一二、二二七	五、〇〇八、四二四	一五、六三〇	六、一八四、〇〇二

第五節　麦稈真田

	三年間平均		全国輸出三年間平均	
	担	海関両	担	海関両
芝罘より	一六六	二四、三七五		
青島より	七六、五八二	四、二二九、七七二		
合計	七六、七四八	四、二五四、一四七	九二、五一七	五、三三六、〇〇四

▲ 青島海関

第六節　落花生（穀付のもの）

	三年間平均 担	三年間平均 海関両	全国輸出三年間平均 担	全国輸出三年間平均 海関両
芝罘より	四六、一八六	一七五、七五〇		
青島より	六九三、一六四	三、二二四、〇六二		
合計	七三九、三五〇	三、三九九、八一二	一、五四四、一〇六	六、三六九、四五四

第七節　落花生（穀なきもの）

	三年間平均 担	三年間平均 海関両	全国輸出三年間平均 担	全国輸出三年間平均 海関両
芝罘より	一五〇、九五九	七五六、八九六		
青島より	二四六、六九六	一、二四八、六七三		
合計	三九七、六五五	二、〇〇五、五六九	六三七、八五五	三、二六四、八八一

第八節　落花生油

	三年間平均 担	三年間平均 海関両	全国輸出三年間平均 担	全国輸出三年間平均 海関両
芝罘より	二七二	三、八四一		
青島より	一五一、二二七	一、九〇六、三二六		

合計	一五一、四九九	一、九一〇、一六七	三八三、三一八	四、一三六、九五一

第九節　石炭

	三年間平均		全国輸出三年間平均	
	担	海関両	担	海関両
芝罘より	三〇〇	二、一〇六		
青島より	一五〇、二〇九	七八二、一一五		
合計	一五、五〇九	七八四、二二一	二、六四二、八〇九	三、八〇六、八二七

石炭、その他、綿花、大豆、大豆油、牛皮、豚毛等、各種農産、鉱産はこれを将来に発達を期すべく、山東の産業は南満に比し、優るべき性質を備うれども、その進歩は一に経済産業上の経営いかんにまつべしというべし。

第二章　青島の貿易

膠州湾の貿易港として、ドイツこれを開き、一八九九年七月一日に海関を開く。本港、輸出入の課税規則は、設関のときに規定せしを一九〇五年に改訂す。はじめドイツ政庁は、その租借地内に出入する貨物はすべて無税とし（ただしアヘンをのぞく）、租借地を通過して中国領内に入るもの、および中国領内より租借地を通過して輸出するものに対し、中国海関の規定率をもって課税するを定めしが、これを実行するにあたりては、租界の境界に多くの検査所を設け、海上の警戒もまたはなはだ厳にせざるを得ず。管理ははなはだ困難なりしかば、一九〇五年にいたり、租借地の無税地帯を廃し、汽船、民船の全輸出入にあたり、すべてその他の中国開市場と同一の税を課し、境界の検査所を撤し、次の要領の規定を設く。

一、租借地と中国領との間には、なんら税関を設けず。すべて自由に輸出入するを得しむ。
二、租借地の生産品、製造品の輸出にはすべて輸出税を免ず。
三、中国産の原料を租借地内に輸入し、加工して外国に輸出するときには、荷主の希望に従い、その原料または製品のいずれかに対し、輸出税を課す。またこの製品を中国各地に輸入するときには、輸入地にて沿岸貿易税を課す。
四、外国の原料を輸入して製造し、これを外国に輸出するときには、輸入税を払い戻す。ただしこれを中国に輸入するときには、到着地にて輸入税を課す。
五、無税品としては
　一　ドイツ軍隊の武器および陸海軍必要品
　一　公共団体または官府の工事にもちゆる建築材料、および公共事業にもちゆる農工業機械
　一　旅客の行李、輸入小包郵便の税金一元以下のもの
六、海関収入のうち毎年二割をドイツ政庁に交付す（これ無税地を廃止し、すべて有税となしたるにより、その収入の二割は、租借地内輸出入税にあたるべしと推定したるなり）。

済南あるいは周村鎮、濰県など、内地開市場の輸出入は青島を経由するときに課税し、その他に税せず。もって貨物運輸の利便をはかり、もっぱら青島貿易の発展を計画せり。また一九〇九年にいたり、山東鉄道の貨物に釐金《りきん》税を課せんと、中国政府主張せしかば、ドイツは釐金の害あるを切論し、ただ青島海関を経由する鉄道貨物に対してのみ、海関輸出入税率の二分の一を課し、一度これを納めたる貨物は、山東省内いずれにいたるとも免税するとし、その収入を釐金に代え、中国政府に納め、収入の二割はこれを租借地内の収税と推定し、ドイツ政庁に交付せしむるの規定を設けたり。ゆえに輸出入業者は、条約による子口半税を納入し、中国内地いずれにいたるとも再び課税せらるるなき規定にしたがわんとする者は、別にこの釐金に換ゆる納税をなすを要せず。畢竟《ひっきょう》、子口半税を納めたる貨

▲　膠州湾外

物は、鉄道において課税なきはもちろん、従来、子口半税を納めずして鉄道により課税せられざりしものに対してのみ、この釐金に換ゆる二分の一税を課することとせるものなり。

ドイツが、膠州湾租借地に対してなせる通商貿易に関する百般の施設は、山東鉄道沿線の経営とともに、山東の貿易を一変し、青島の輸出入は芝罘を凌駕《りょうが》せり。今、その連年の貿易統計を見れば次のごとし（単位は海関両）。

	外国より総輸入	中国各港より総輸入	外国へ直輸出	中国各港へ輸出
一八九九年	—	一、三三九、九二九	—	八八二、五七七
一九〇〇年	一五八、五九八	二、七〇五、〇一一	三三二、二八二	一、〇七二、二九二
一九〇一年	二、五二七、六〇九	三、四六六、九〇三	一八、三七〇	二、七四三、五〇〇
一九〇二年	三、六七八、六九〇	四、四二八、一四三	一〇二、九四九	二、一六六、四四三
一九〇三年	五、一三四、三三九	六、一四五、二七六	二三四、二一六	三、〇九七、八二八
一九〇四年	三、四三七、八九七	九、一九九、二三〇	八四五、三〇二	五、四〇三、七六九
一九〇五年	四、三七二、九三七	一〇、七五三、五八九	二、四三〇、三五〇	四、七九四、九〇八
一九〇六年	七、〇一九、二六三	一五、二三三、六七四	三、五二六、〇九三	四、九四四、八二一
一九〇七年	七、二九七、九四四	一三、一二二、三五一	八八三、五五〇	七、五九四、七七五
一九〇八年	八、三六七、五四六	一一、六八八、八四二	二、六八七、〇二八	九、三四六、二七九
一九〇九年	一一、〇七〇、五五〇	一四、四四三、七五〇	四、五〇〇、八六九	一〇、二三五、七六〇
一九一〇年	一二、〇三二、二〇五	一四、五四六、七九	七、五五七、九〇九	九、六一三、五〇六
一九一一年	一三、三七一、四七二	一三、五九五、五〇五	一〇、一七七、一七四	九、六七六、四九五
一九一二年	一四、七〇六、七五六	一六、六二四、一〇五	九、一五一、八九六	一五、八四七、四六四
一九一三年	一五、四六六、七八五	一九、二八九、六九二	一二、〇三八、九〇八	一三、六五三、四六五
一九一四年	一二、一五一、〇三三	一〇、一九三、四五九	一〇、〇八四、〇二一	六、五一三、九六九
一九一五年	四、二八一、四四二	一、九四七、一三六	三、二四五、八九九	三、〇七二、七四三

（一九〇六年以前の統計は、汽船民船二者の合計にして、一九〇七年以後は海関に出入する汽船および外国帆船の貿易のみを統計せるなり。一九一五年は九月一日より年末にいたる四か月間の統計なり）

膠州湾が陥落《かんらく》せる後、すなわち一九一四年十二月一日より、青島海関は日本軍政署の管理に帰ししが、翌年、駐中日本公使と総税務司との交渉終わり、青島海関はもとのごとく中国の管理するものとし、ことごとくドイツ租借当時の法規にしたがうこととなり、同年九月一日、再び関を開く。

膠州湾租借地の我が軍の占領に帰しし後、形勢一変し、山東の輸入、輸出および航業ともに、我が国人のために勢を転ぜり。けだしドイツ人の経営せるときに比し、さらに一歩を進め、南満と相ならびて北中国における経営事業をますます開発する近きにあらん。

最近貿易統計表（海関両）

	一九一三年	一九一四年	一九一五年（四か月間）
外国品輸入			
外国より	一五、四六六、七八五	一二、一五一、〇三三	四、二八一、四四二
中国各港より	一一、〇〇〇、五六八	六、二八三、三〇九	一、九四七、一三六
外国へ再輸出	三六、七一八	一八、六九九	九一、六四〇
中国へ再輸出	二二二、七二〇	二一一、六二五	一三四、二六七
純外国品輸入	二六、二〇七、九一五	一八、二〇四、〇一八	六、〇〇二、六七一
中国品輸入			
中国各港より	八、二八九、一二四	三、九一〇、一五〇	八九九、三四四
外国へ再輸出	九二一、一八八	八六一、七三四	一八、九五八
中国へ再輸出	九九、三四四	四二、六七六	五、四五二
純中国品輸入	七、二六八、五九二	三、〇〇五、七四〇	八七四、九三四
中国品輸出			
外国へ直輸出	一二、〇三八、九〇八	一〇、〇八四、〇二一	三、二四五、八九九
中国各港へ輸出	一三、六五三、四六五	六、五一三、九六九	三、〇七二、七四三
全中国品輸出	二五、六九二、三七三	一六、五九七、九九〇	六、三一八、六四二
輸出入合計	五九、一六八、八八〇	三七、八〇七、七四八	一三、一九六、二四七

金銀出入（単位海関両）

	輸入	輸出
一九〇六年	七六、四六一	一、五七一、三二二
一九〇七年	二六、〇一六	四、六一八、八九一
一九〇八年	一九一、五四四	三、二七〇、一〇八
一九〇九年	一六八、五六一	一、六五七、七三八
一九一〇年	四四三、五〇一	二、六六四、六八五
一九一一年	一、四三二、二一三	一、二七五、六七四
一九一二年	二、五六七、五六八	五、六二九、九一四
一九一三年	一、八五六、二五九	二、八七三、四四六
一九一四年	六一四、四九六	一、一五一、四八一
一九一五年（四か月）	六四、四一七	二、四六七

出入船舶（海関一般規定にしたがう汽船帆船）

	入港		出港	
	隻	トン	隻	トン
一九〇六年	四三九	四九九、六〇四	四四〇	五〇一、九七九
一九〇七年	四九二	五五〇、四五六	四九〇	五五二、四五七
一九〇八年	四四八	五五七、六七八	四四九	五六〇、九七九
一九〇九年	五一七	六九六、九一二	五一七	六九六、九一二
一九一〇年	五五五	八三二、二四五	五五四	八三〇、二三六
一九一一年	六一四	一、〇七〇、八六五	六一五	一、〇七二、八七四
一九一二年	七七九	一、二〇一、三八八	七七四	一、一九八、三六三
一九一三年	八六七	一、三四二、四三九	八七〇	一、三四四、一六〇
一九一四年（半年間）	四七二	八三〇、九七八	四七〇	八二六、九六八

一九一五年（四か月）	二四	二九、一九八	二三	二九、一四九

内河航行規定による小蒸気

	入港		出港	
	隻	トン	隻	トン
一九〇七年	—	—	—	—
一九〇八年	二五	二九、九二四	二五	二九、九二四
一九〇九年	一〇	九、一〇五	一〇	九、一〇五
一九一〇年	三	一、二四八	三	一、二四八
一九一一年	四	三、九八九	四	三、九八九
一九一二年	一五	九、六四七	一四	九、五九一
一九一三年	八四	九、二〇四	八四	九、二〇四
一九一四年	四三	三、九五二	四三	三、九五二
一九一五年（四か月）	一九	一、六八五	一九	一、六八五

民船貿易（中国各地より民船によるもの）

	輸入	輸出
一九一三年	四、三三三、八二〇	一、六三八、〇七四
一九一四年	二、三〇四、三〇七	九五一、三二二
一九一五年（四か月）	五三九、六二二	六一三、九五〇

出入民船

	一九一三年		一九一四年		一九一五年（四か月）	
	隻	トン	隻	トン	隻	トン
入港	五、三五〇	一〇一、三三三	二、三三三	五二、二二五	二、三一〇	三六、九五六
出港	四、六八〇	九三、三六九	二、一五六	四八、八〇七	二、二二〇	三二、四四六

一九一五年の出入民船地方別

満州	大連より	五隻	大連へ	一一隻
	その他より	一三隻	その他へ	一三隻
山東	芝罘より	一隻	芝罘へ	一隻
	石島より	一四四隻	石島へ	一五二隻
	乳山より	一八八隻	乳山へ	二〇七隻
	金家より	二八一隻	金家へ	二四九隻
	膠州海口より	一七二隻	膠州海口へ	一〇一隻
	陳家官荘より	二四二隻	陳家官荘へ	二六六隻
	濤雒口より	二六六隻	濤雒口へ	二二二隻
江蘇	海州より	七一一隻	海州へ	六六五隻
	上海より	三三隻	上海へ	一〇五隻
	その他より	二三三隻	その他へ	二一九隻
浙江	寧波より	一四隻	寧波へ	一三隻
福建	福州より	七隻	福州へ	六隻
	合計	二、三一〇隻	合計	二、二二〇隻

第三章 芝罘の貿易

芝罘は、一八五八年の天津条約により開港場と定め、一八六二年より海関を開き、天津、営口とともに、北中国における貿易を永く支配ししも、近年、満州に大連、安東、開かるるあり。また南に膠州湾の鉄道にて、内地に連絡するあり。ために芝罘の貿易範囲、やや縮小し、今やもっぱら山東一部と膠州および日本、朝鮮との貿易地となる。

芝罘の貿易、最盛期は、北清事変の後、すなわち一九〇一年より一九〇六年頃にいたる間にして、これより山東鉄道開通のため、青島は山東の主要都市および主要生産地と相連り、芝罘貿易はいちじるしく衰えり。山東重要物産中、黄糸、麦稈《ばっかん》真田《さなだ》、落花生、落花生油、牛皮、豚毛、石炭、大豆、綿花等は、ことごとく山東鉄道沿線に産地あるをもって、芝罘にほとんど関係を絶ち、ただ柞蚕糸のみ、芝罘付近を主産地とすれば、今に本港の唯一輸出品となるべし。

繭綢《けんちゅう》は、その産地芝罘付近および鉄道沿線相半《なか》ばす。山東の豆素麺は芝罘の一商品として、中国各地に供給する多きも、今、龍口の開かるるあり。龍口に近き産出は、皆これを経由せんとするを見る。

芝罘の港湾は東方北方の一部のほか、四辺に山の連なるなく、西北風をややさえぎるを得れども、良港とすべからず。これをもって、その防波堤築造は多年の問題となる。一九〇五年、芝罘商業団体は貨物に埠頭税を課し、船舶に港税を徴し、この収入をもって防波堤を築造せんとの策を立てしも行なわれず。一九〇九年に再び議起こり、ほとんどこと定まらんとせしも革命乱のためにやみ、一九一五年にいたり、はじめてその工を起こすを得たり。工事は和蘭築港会社 Netherland Harbour Works の受け負いするところ、全工事費二百八十五万四千海関両、四か年にて完成の予定なり。

工事は、防波堤および防波堤と汽船係留《けいりゅう》とを兼ぬる埠頭の築造にして、防波堤は北山 Tower Hill の北方八百三十フィートを起点とし、北に向かい長さ三千八百フィート、幅三十フィート、高さは芝罘水面、零点上十八フィートとし、護檣《ごしょう》の高さは二十一フィート半なり。湾内の潮の平均高さは六フィートにして、東北風吹くにあたりては八フィートなり。

埠頭は海関の西方約三千五百フィートの地点より、北北東に向かい、四千六百七十フィート突出し、その先端にてさらに東向すること千百九十フィート、その幅は三十一フィート、将来、鉄道敷設せらるるにいたらば、この埠頭にこれを延長せしむべし。埠頭の尖端と防波堤の間は七百五十五フィートを隔て、船の出入口とし、湾内の水深は一部三十五フィートまでその他は三十フィートまで浚渫《しゅんせつ》し、大船を入るるに適せしむ。

経費は、海関出入貨物の納税額にその百分の七・半を付加し、他に船舶に少額の税を徴しこれにあて、中国政府は一年に最少額一万庫平両を補助し、また借款を起こすにあたり、これが保証をなす。現時、露亜銀行経費を貸与《たいよ》す。

本港の輸出入額を見れば、次のごとく、その総額は一九一〇年より青島に比しくだるにいたれるを見る（海関両）。

	外国より総輸入	中国より総輸入	外国へ輸出	中国へ輸出
一八九六年	三、一一九、八二六	一〇、五八五、七四四	一、一五二、七二〇	五、一五二、二六〇
一八九七年	三、六八五、〇五〇	一一、四五四、八一四	一、三四七、七五三	六、三六九、六六〇
一八九八年	六、二八三、七七六	一三、三八〇、四七八	一、六七四、九五七	五、九八七、六七五
一八九九年	六、五三九、七七一	一二、八六一、三二〇	一、九九六、〇二八	八、二九九、七〇〇
一九〇〇年	四、七三七、九五四	一二、八六六、三一八	一、九五四、七八一	八、四四七、九二六
一九〇一年	九、六〇四、八〇一	一八、四六五、一三一	二、三八三、七二六	九、四八七、二七五
一九〇二年	九、五七二、一七五	一七、四〇〇、九〇六	三、〇八四、六六〇	八、四三一、二二〇
一九〇三年	九、六五一、七九三	一八、七八六、七六一	三、一四九、三四七	一〇、三六六、〇五〇
一九〇四年	八、二九三、三五四	一九、六六五、一三五	三、七一四、二一四	八、九七一、九四〇
一九〇五年	九、六〇七、五六一	二二、七九二、八九九	四、〇五二、一九二	七、八九九、九三三
一九〇六年	七、九〇六、八三九	二〇、五八九、四一七	四、二〇二、六〇三	七、七六〇、七九六
一九〇七年	六、六二〇、二一五	一五、八六九、二一〇	二、七五七、一四二	七、九六一、九三〇
一九〇八年	六、一八二、六四〇	一七、五三二、七〇〇	二、八八〇、二八九	八、二五六、一一四
一九〇九年	六、二三三、五一三	一九、八四三、二四〇	三、一二〇、一六五	一五、一二三、九〇六
一九一〇年	五、二八二、九六三	一六、三一四、三四六	三、五〇四、一〇七	一一、二二七、五一七
一九一一年	五、一一六、七五四	一七、〇四二、四八五	四、一五五、三〇七	九、七六一、二二一
一九一二年	四、四〇五、八六五	一七、一三〇、九八七	三、五八一、五〇八	九、二八二、二二三
一九一三年	五、二一一、八九七	一五、五五四、四五三	三、六五二、六三一	一〇、五三一、七二一
一九一四年	五、五五九、六六七	一一、三三六、四三三	三、三六三、五七七	八、一〇三、九六四
一九一五年	五、八〇七、八二四	一五、三一三、五一八	四、七九五、五六三	一七、八一七、九九七

金銀出入

	輸入	輸出
一九〇六年	四、二〇五、二〇七	四、〇〇九、九一〇
一九〇七年	四、三八八、四二七	七、九三三、八二〇
一九〇八年	四、四七六、六八七	六、七六九、七〇四
一九〇九年	四、七〇五、四七三	四、〇〇六、一八四
一九一〇年	二、八八〇、四三四	二、八八六、三九五
一九一一年	三、六四〇、〇九七	二、七七〇、七四〇
一九一二年	四、二三九、六七九	四、五二二、八一九
一九一三年	二、五二八、七九二	三、九九六、〇三〇
一九一四年	二、四九九、三〇三	二、四八一、九五七
一九一五年	九五二、五三二	一、五四六、七三七

出入船舶（海関一般規定にしたがう汽船および帆船）

	入港		出港	
	隻	トン	隻	トン
一九〇六年	二、七九七	二、一五二、九二一	二、七八五	二、一四九、七二一
一九〇七年	二、六五〇	一、九六五、六六九	二、六四七	一、九六三、三一三
一九〇八年	二、五五二	一、九二〇、五七三	二、五五四	一、九二三、九三六
一九〇九年	二、三九一	一、九五四、三三九	二、三六八	一、九五六、七七九
一九一〇年	二、二七〇	一、八四二、五六八	二、二六三	一、八四四、一四三
一九一一年	一、九六一	一、五九九、二五三	一、九五五	一、五九七、四二九
一九一二年	一、九九二	一、五六五、二一〇	一、九九二	一、五六七、一六〇
一九一三年	二、一七六	一、七二六、九四三	二、一七〇	一、七二四、六五〇
一九一四年	一、八五一	一、六八八、五一八	一、八五〇	一、六八九、五九四
一九一五年	一、六九五	一、四三四、五八一	一、六九一	一、四三五、五九一

内河航行規定による小蒸気

	入港		出港	
	隻	トン	隻	トン
一九〇六年	四五八	一五三、三五二	四五四	一五一、五九三
一九〇七年	三二一	一〇八、四八九	三二二	一〇九、〇七〇
一九〇八年	三二三	一三四、九一九	三二五	一三六、〇九五
一九〇九年	三四六	一六〇、二〇五	三四五	一六〇、一八九
一九一〇年	四五六	一八一、〇二一	四五四	一八〇、九四三
一九一一年	五三三	一九二、九〇八	五三〇	一九二、三四七
一九一二年	四九七	一四四、〇〇三	四九八	一四四、五二六
一九一三年	五二二	一五五、六二七	五二〇	一五四、一八三
一九一四年	四一五	一二四、九二六	四一八	一二五、七九一
一九一五年	五〇四	一三一、四六八	五〇四	一三二、〇四七

芝罘常関の貿易

		一九一三年	一九一四年	一九一五年
輸入	外国より	四、三二六	六〇八	二、五八九
	中国より	四、八四八、六二五	四、八三四、〇六八	五、一六三、九五二
輸出	外国へ	八〇	一二六	四五五
	中国へ	七三六、〇二五	六一三、〇五〇	六五九、七九〇

一九一五年出入民船

満州より	一、七三四隻	満州へ	一、五五一隻
直隷より	四〇二隻	直隷へ	三八九隻
山東より	六、〇〇五隻	山東へ	六、四〇〇隻
江蘇より	一八二隻	江蘇へ	七九隻
浙江より	二五隻	浙江へ	一一隻
福建より	七二隻	福建へ	二九隻
朝鮮より	一〇隻	朝鮮へ	六隻
合計	八、四三〇隻	合計	八、四六三隻

第四章 龍口の貿易

龍口は一九一五年十一月、開市場となり、芝罘海関の分関を設く。中国政府はつとに本港を開放するの意あり。かつ青島戦役の後、我が国より山東において、開市場を増加すべきの交渉もありしかば、これを開きしなり。黄県の治下にあり、北緯三十七度四十分、東経百二十度二十分に位す。市の人口三千八百人、市街は南北の一路を中央とし、その両側に並列す。

本港と内地との通路はいまだかつて修められしなく、地質は沙または泥なれば、車両の交通もまた困難なり。従来、満州各地との間に内河航行の小蒸汽往来し、民船の出入も多く、山東の出稼ぎ人、出入をもってその名あらわる。この出稼ぎ人は、もっとも多くロシア領シベリアにいたり、労働に従事し、財を貯え、帰来する者とし、本港一帯にはロシア語を知る民、少なしとせず。

港は内外二港に分かつべく、外港は最低潮に水深十三ないし十六フィートあり。内港は、南北の沙洲により外港と画界し、その水深はもっとも浅きところ、八フィートなり。内港は南北長さ二マイル、東西一マイル三分の一とし、港底は一帯に沙土よりなる。外港は外洋航行の大船を寄るべきも、内港は沿岸航路の小船を泊せしむるにとどまる。ゆえに良港と称すべからず。将来、港湾の修築を必要となすにいたるべきはもちろんなり。

龍口市と内地との交通は、すべて陸路により、莱州、濰県等にいたるには貨車一両に馬三、四匹をもちゆるを要し、その不便はなはだしく、濰県は本港をへだたる四百支里、十一担を載する車は、五日にあらざれば達しがたし。付近交通にはロバ、ラバをもちゆ。ゆえに濰県、龍口の鉄道の敷設を待つにあらざれば、交通の利を得べからざるなり。

位置また人口、市況　濼口は済南を去る北方十五支里、黄河の南岸に位し、黄河河口をさかのぼる四百六十支里、黄河上航下航の船舶、輻輳するところなり。三方城壁をめぐらし、一方は黄河堤防によりておおわる。

第四編

都会

Japan met Shandong in 20th Century

第四編　都会　175

第一章

濼口鎮

第五期生調査

位置また人口、市況　濼口は済南を去る北方十五支里、黄河の南岸に位し、黄河河口をさかのぼる四百六十支里、黄河上航下航の船舶、輻輳《ふくそう》するところなり。三方城壁をめぐらし、一方は黄河堤防によりておおわる。その広袤《こうぼう》、南北一支里、東西三支里、市街広からざれども、戸数約二千、人口一万五千あり。一半は商業に従事し、一半は運送業に従事するものなり。

その商舗の主なるものは、鉄器舗、雑穀店、薬材舗、焼酒製造所、西洋雑貨舗等にして、外国よりの輸入品はマッチ、雑貨、金巾等を主とす。しこうして、これらは、黄河の水運により運搬せらるるものと、鉄道便によるものとあり。

民船業　黄河は有名なる大河なれども、水勢急にして、氾濫常なきをもって、上航船は利津、蒲台より濼口にいたる塩船、および南方地方より来たる紙、茶、たばこ船のみにて、従来、大型船舶の濼口を越えて上航せるを聞かず。夏時、増水期を利用すれば、通常、湾港にて使用せる小蒸汽船のごときは、濼口まで上航するを得べしといえども、現時これらの計画なし。

上流より来たるものは、河南の桐油《とうゆ》、薬材、水煙、漆、その他西部貨物にして、濼口にて卸され、済南に向かうものと、黄河をくだりて利津方面に向かうものとあり。

黄河の氾濫期は秋にして、この期にいたれば航行不能なれども、冬より夏にかけては、常に船舶を上下せしめ得べく、ことに五、六月頃はもっとも盛にして、一日に少なきも四、五十隻、多きときは百五十隻より二百余隻におよぶことあり。

黄河航行の民船は、一種特別のものにして、その形状、扁平《へんぺい》をなして、普通三千斤を積載し得。普通、船夫の自作にかかり、その粗製なること驚くばかりなり。

これ山東地方は樹木なきに反し、西部中国地方は樹木豊富にして、木材の価廉なるをもって、船夫はこの廉価なる材料をもちいて、平扁なるいかだ様の民船をつくり、これに貨物を搭載して、黄河の潮流を利用して

▲ 黄河の濼口

下航す。しこうして濼口その他の地に船卸をなすや、その船材はただちに燃料に欠乏せる山東に売却し、陸行して帰郷す。これまったく黄河の水勢、急にして、南中国の諸川および運河等にもちゆる船舶を、黄河に浮かべ得ざるため、かくのごとき特殊の船舶を生ずるにいたりしものなるべし。

黄河鉄橋は、市街の東端にあり。橋長四千百八十フィート、工費千三百万マルクを要せりという。

本地、道路には敷石なし。郵政分局一あり。

第二章　斉河県城

第十期生調査

位置および人口　斉河県城は済南府城を去る北西四十支里、黄河の北岸に位し、四囲はいわゆる大清河の平原にして、山岳ほとんどあることなく、わずかに東西に長嶺の盤《ばん》、馳《は》して長清県との界をなすあるのみ。城池の周囲五支里、めぐらすに城壁をもってし、その高さ一丈三尺、幅二丈二尺、城楼を設け、城門四を有す。その南にあるを瞻岱門、東なるを臨済門、西なるを康成門といい、北なるを拱極門という。

市街および市況　市街は人口二千を有す。各城門に通ずる一条の大路を有すといえども、その店舗のごとき、わずかに二、三の薬種商およびマッチ商、その他、城内および、その付近の需用を満たすべき日用品の販売店のあるに過ぎず。これけだし、この地は省城たりし済南に近きをもって、多少高価の物品、あるいは多量に要する物貨は、皆、省城にいたり、これを購うによるなるべし。かくのごとく商業上なんら見るべきものなきがゆえに、住民は多く、農業および漁業舟夫等に従事す。したがって生活の程度もまた低く、濼口のそれに比して、なお劣れるあるを見る。

行政機関として、県知事公署あり。水巡警局商会等、名のみ存在せり。通信機関は郵政支局あるも電報局なし。

もと津浦鉄道は、この地において黄河を横断するの設計なりしも、黄河河床、架橋に適せざるのゆえをもって、これを濼口に移し、線路を本県の北方二十五支里なる晏城に連絡せしめしかば、ついに鉄道の恩恵に浴すること能わざるのみならず、爾後《じご》、ますます市況ふるわず、かえって晏城にその地位を奪わるるにいたれり。なお黄河の水運を見るに、本城は前に黄河の流れをひかえ、水運の便なきにあらざれども、黄河の水流、急にして、舟揖《しゅうしゅう》、自由ならざるがゆえに、その船舶の利用、きわめて少なきをもって、黄河による交通はその利大ならざるの観あり。水陸両路ついに好位置にあるといえども、利用すること能わざるは、これ大に市の繁栄をそこなうものというべし。

▲ 黄河濼口付近

第三章 小清河沿岸の都会

第一 黄台橋

済南普利門を北に去る十二支里、小清河《しょうせいが》民船水運の終点にして、戸数二、三百を有す。しこうして津浦鉄道の一支線は、ただちに河上に来たり。小清河により遡航《そこう》し来たる塩、その他の荷物の運送に便せり。民船の集まるもの、常に約二、三百隻、したがって中国土桟はなはだ多し。西岸には鉄道倉庫の多きこと、および河内帆檣《はんしょう》林立の状、見るべし。済南との間には、坦々《たんたん》たる道路通ずるありて、交通ははなはだ盛なり。しこうして小清河の民船は、当地付近においては吃水《きっすい》わずかに二フィート余にして、羊角溝にいたる下航平時において三日余、増水期には二日をもって達すべし。

上航は、一週間より十日を要す。三、四、五月は減水期にして、六、七月は増水期とす。増水期にて、風あるときは曳《ひ》くを要せず。食塩は一俵、多くは四百十五斤にして、増水期には普通の対着船にて七十包を積むを得（すなわち二九〇五〇斤）。減水期には三十五包（すなわち一四五二五斤）を積むを得。黄台橋にある民船は多くは対着船にして、その他は普通、小民船を手漕ぎにて、乗客用を便ずるものなり。碇泊船、約三百五十隻あり。

河深、約三尺。河底は泥土にして、河幅は十一間ないし十二間とす。

第二　沙洄

この地方、樹木多きを見る。両岸の柳樹、鬱蒼《うっそう》たるなかに土人の部落点在す。戸数二、三十戸に過ぎず。

第三　淡頭（塘頭）

第四　巴子街

両者ともに大なる鎮店にして、百五十ないし、二百戸を有し、舟夫の食物を販売する店多く、河岸に沿える地に、この地方特有の井戸を見る。市街はともに河の北岸にあり。

第五　程家荘

第三、第四のものと同じく、戸数、人口等また前者に彷彿《ほうふつ》たり。

第六　潘家碼頭

この地は河の東岸に位し、大なる道路は、東より小清河を横ぎる。

第七　鴨旺口

河の南北岸にまたがり、黄台橋を去る五十支里。これより黄河にいたるわずかに二十支里なりという。人口一万ありと称するも、一見、きわめて寥々《りょうりょう》たり。飯店、雑貨店等あり。小清河水上警察分署ありて、交通やや盛なり。

第八　張家林

市街は、河岸を東に去る二支里にあり。人口三千を有す。城壁なく、楼のごときものを存す。市況は盛ならず。二、三の麺店あるほか、三、四の漢薬店あるを見るのみ。この地、鴨旺口を去る四十支里にして、章邱県城にいたる東三十支里とす。この地にもまた水上警察分署あり。河上、常に大型警備船を浮かべて防備に勤しむ。

第九　来牛荘

この地は材木の集合地にして、常にその河岸に堆積す。

第十　李家坟

河岸上、三、四の飯店あるにすぎず。

第十一　範家荘（範字一にまた漢とも書く）

小清河の、くの字形をなせるその腰部《ようぶ》に位し、黄河岸の済東へもっとも近く、はるかに鄒平その他の各県との交通要路にあたる。

第十二　安荘閘

岸上、三、四の土屋あるのみ。なんら特記すべきものなし。

第十三　高苑碼頭

張家林より百五十支里に位し、高苑県城の北方八支里とす。民船の来泊するもの常に七、八十隻。釐金局《りきん》あり。街は河に沿える一筋町にして、食料店多し。土人の言によれば、この地より黄河へ五十支里なりという。

第十四　石村

この地は羊角溝を去る百二十支里、高苑の東百支里にあり。市街やや見るべきものあり。この地また釐金局の設けあり。

第十五　上家道口（商家道口）

江湖の地図には河岸に沿える地、上家道口の名称を明記しありといえども、実地、小清河を通過せる途中、

▲　山東内地風俗

該地点付近においては村落のごときものを見ず。思うに道口は小清河岸を去る地方に市街の存するにはあらざるか。まさに地名を存して村落なきか後日の調査にまたん。

第十六　層寨

小清河は、この地において河幅やや広く、河岸は比較的やや高くして、戸数七、八十を有す。しかれども市況は不振にして、店舗、飯店等も河岸近くにこれを見ず。

第十七　塩溝子

第十八　八面河

ともに河の北岸にあり。前者は小清河より小運河により、すこしく北に向かいたるところにして、街上、塩問屋多し。

第十九　羊角溝（角口とも書す）

羊角溝に関しては、章をあらためて詳述すべし。

第四章

斉東県城

第十二期生調査

黄河の右岸に位し、荒廃せる県城なり。もとは旧斉東《さいとう》なる黄河沿岸の地にありたれども、二十年前の洪水のため、これを避けて、今の斉東に移れるなり。城壁は土堤をめぐらし、黄河に面せる方面には柳を植え、もって水を防ぐ。済南府にいたる百八十支里あり。道路は東西南北の四あるのみ。

飲料水は井水をもちう。宿泊料、一人一泊二十文（食物を給せず）。もって市況の大体を察するに足るべし。

▲　斉東県黒利店

労銀

挑夫	一日	一吊文	大車	一日二匹馬	四吊文
牲口および馬夫	一日	一吊五百文	小車	一日一人	一吊二百銭
種地的（農夫）		五百文（繁時）	小車	一日二人	三吊文
種地的（農夫）		七百文―八百文（閑時）			

物価

大米	一斤	五百―六百銭	豆	一斤	三吊三百文
小米	一斤	百二十三文	麺粉	一斤	百六十文
コーリャン	一斗	二吊六百文	猪肉	一斤	六百銭
塩	一斤	七十文	牛肉	一斤	四百銭
白糖	一斤	二百六十文			

斉東は戸数二、三百、人口約千五百。城内の家屋、密ならざるため、斜道、横道、縦横に通ず。城の西方に小河流れ、輸入物品はすべてこれより来たるものとす。

▲　斉東の北門

第五章

済陽県城

第十二期生調査

黄河北岸に位し、済南へ約百支里一日にして達すべし。城壁は土を積みて堤となすのみ。市況、盛ならず。東西街および南門より、これに会するものを主なるものとす。人口三千、戸数六百を出でず。

済南との交通には、民船をもちう。道路はすべて黄土よりなるをもって、一度、雨降らば、泥濘《でいねい》ははなはだしく、小車を通ずること能わず。県城付近にては馬車の多くもちいらるを見る。

飲料水は黄河の濁水を汲み来たり、黄土を沈殿せしめてもちう。

賃金

木匠子（大工）	一日	一六〇文	種地的（農夫）	一日	一二〇文（閑散時）
小車子	一日	一二〇文	挑夫《ちょうふ》	一日	一二〇文
種地的（農夫）	一日	三〇〇―七〇〇文（農繁時）			

物価

小米	百斤	一吊六	麺粉	一斤	二〇〇文
大米	一斤	二〇〇銭	猪肉	一斤	三六〇―四〇〇文
コーリャン	一斤	九〇文	牛肉	一斤	二四〇文
白塩	一斤	一二〇文	黄豆	一斤	一〇〇文
白糖	一斤	三二〇文			

第六章

徳州城（徳県）

第十一期生　調査

第一節　位置および人口

徳州《とくしゅう》は、平原県城の北西約二十マイル半余、済南府をへだたる北西七十二マイル余、天津の南方百四十五マイル半の地点にあり。かの有名なる大運河は、城西四支里（我が国のおよそ二十余町）のところを南北に流る。

もと当地は直隷州城なりしが、民国政変とともに、州府の制度廃せられ、今は徳県と称す。城壁の周囲、およそ九支里におよび、五城門を設く。

停車場は城西に位し、最近の西門より八町、しこうしてもっとも繁華なる南門より十町をへだつ。

本地の人口は土人（勧学公所官吏）の言によれば、戸数五千余、人口三万ばかりなりという。実際の観測により、これを察するに、右の数とほぼ大差なきがごとし。

第二節　市街および市況

当地においてもっとも繁華にして、著名なる市街は、南門内の南門大街、およびこれに連なる南門外の街路にして、その延長、三町におよび、道路幅員《ふくいん》三間ないし四間あり。両側には二階建て家屋なしといえども、瀟洒たる洋貨店、日用雑貨店、飲食店等、櫛比《しっぴ》し、往来人きわめて多く、また門外の通路上には露店を張るもの少なからず。もっとも交通繁《しげ》き南門にて（午前十一時における十分間）、往来人員六十四、小車三台、二頭曳二輪馬車四台、轎二台、ロバ五頭等なりき。

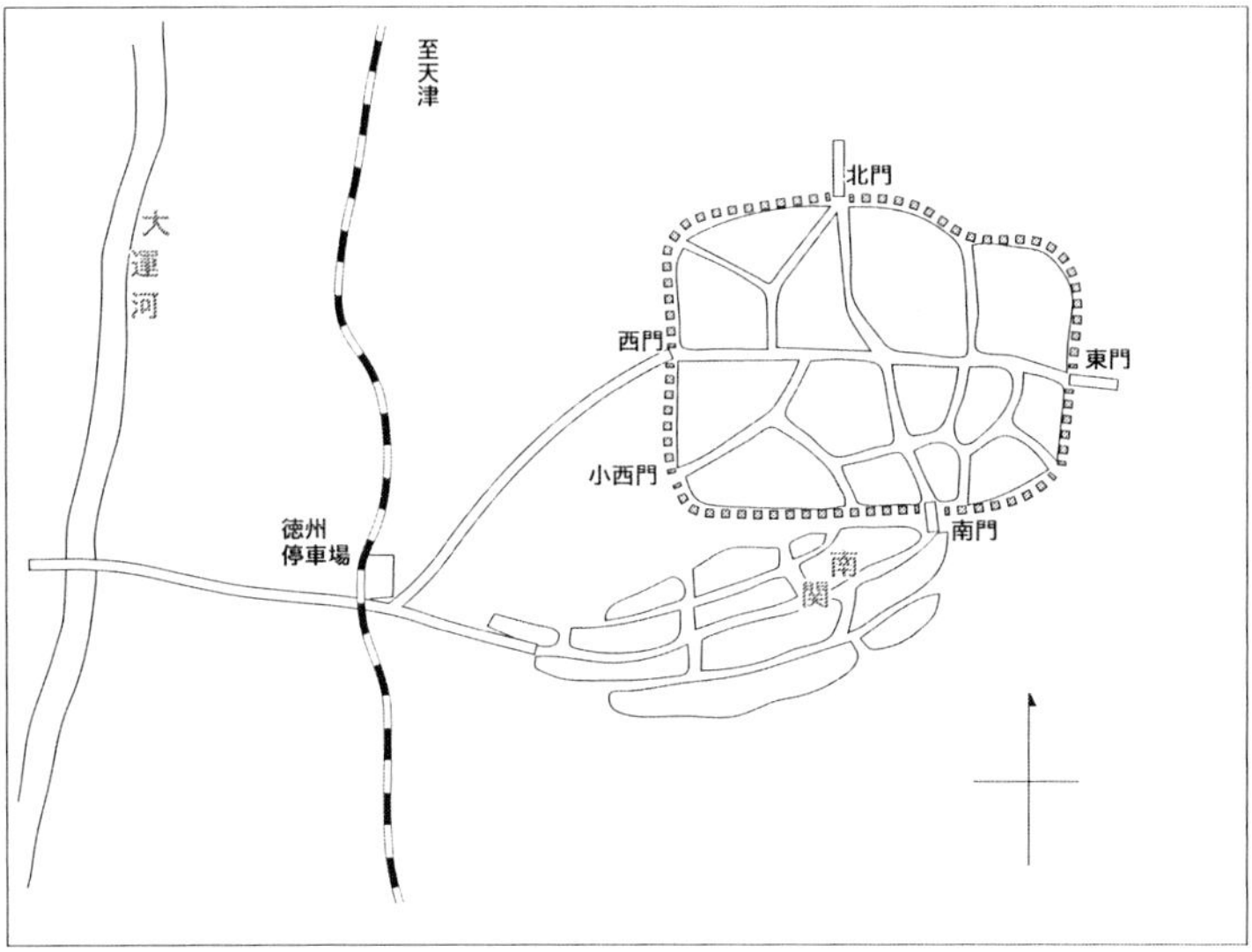

◀ 徳州州城

本城の道路は、いずれも石を敷きたるものなしといえども、比較的平坦なり。道幅は広きもの三間、せまきもの一間に足らざるところあり。土質灰土なるがゆえに、旱天《かんてん》には砂塵《さじん》深く、雨天の泥濘《でいねい》推して知るべし。その他、排水設備のよろしからざるは、一般中国市街となんらえらぶところなし。

市街における交通機関としては、人力車を見ず。これ元来、州城として、はたかくのごとき人口を有する当地として、吾人の意外に感じたるところなり。多くの貨客は、馬車（三頭挽《ひ》きの二輪車）、または小車、ロバ等による。

第三節　著名建築物および官衙その他

一、**津浦鉄道停車場**　市況の不活発なるに似ず、その規模ははなはだ宏大なるものあり。けだしドイツは津浦鉄道の敷設をもって、その能事《のうじ》、終われりとなすものにあらず。徳州のごとき、はじめよりこれを積極的有利に使用せんと欲し、大規模の停車場を設立したるなりという。そは目下、正徳鉄道の敷設を計画しつつあることによりて、これを証明することを得べし。

二、北洋機器局　城西三支里余、運河の東岸にあり。もっぱら軍器を製造す。ときあたかも南方において、第二次革命乱、爆発したる際なれば、吾人はその参観を得ること能わず。ただその高く中空を摩《ま》す大煙筒の、盛に黒煙《こくえん》を吐くを遠望せるのみ。

三、徳県公署　州制廃止とともに、州衙門は、県衙門とあらためられたり。

四、警察事務所　東門内にあり。当地方の警察事務をつかさどるものとす。

五、徳州勧学公所　県下の教育を管理監督する機関にして、県視学をおく。

六、寺観　寺観の見るべきものなし。ただ文廟、城隍廟等の大なものあり。

七、教会　二か所あり。一はカトリック教会といい、西門裏にあり。ドイツ人の経営になれり。他はプロテスタント教会堂と称し、南関にあり。アメリカ人の伝道所となす。

八、農業学校　南関にあり。我が国の乙種農業学校に相当し、修学年限三年にして目下、生徒二十余人に過ぎず。

その他、両等小学堂（倉楼にあり、生徒四十人）、高等小学堂（呂家街にあり、生徒七十人）および初等小学堂、二十一か所あり。

第四節　産業

当地の住民は、商をもって生業となす者、大多数を占む。しかれども当地の商業は、むしろ日に月に退歩の趨勢《すうせい》を示しつつあり。そは津浦鉄道開通以来、従前《じゅうぜん》、運河または陸路により、当地に集散せし貨物は、同鉄道の開通後、済南に集まるにいたりしためなりという。されどその付近故城、棗強等との間には、なお多少の取引往来ありて、南門付近には南宮、故城等の商取引（主として穀類、綿花）に従事する問屋の大なるものあり。

城内の商業はまったく自足的にして、なんら他地方の商家と大取引をなすものなく、ただ青島より済南をへて、輸入せらるる外国雑貨のやや見るべきものあるのみ。

農業は近来、商業の不振なるに反し、やや盛なるにいたれりという。今、農産物の主なるものを挙ぐれば次のごとし。

豆類　綿花　羊毛　牛皮
棗子　落花生　梨子　山香花

等にして、ことに大豆、綿花は当地産物の大宗《たいそう》にして、従前は主として天津に輸送せられつつありしが、近頃、津浦鉄道の開通するありて、これらの農産物は済南をへて、青島に輸出せらるるにいたれり。

工業は、看過すべからざるものあり。かの有名なる北洋機器局を第一とし、新式の機械を有し、もっぱら蒸気力によりて軍器（主として小銃）等を製出す。その使用人員は、数百人におよび、人民に生業をあたうること大なり。その他、近来、綿糸工場を設立せんと計画せるものありといえども、いまだその実現を見るにいたらず。しこうして、綿布織場は、数か所これを見受けたり。ことに本地には家内手工業として、藤にてつくる編みものの産出あり。輸出額、少なからずという。該品は帽子製造の材料となる。土人はこれを花藤月翁片、花藤草帽覆と称しおれり。

第五節　地勢および交通

本地は一望眼界、山を見ず。その間、田んぼよく開け、諸種の農産物多し。道路は、古来、本地が地方の市場たりしゆえをもって、北は景州をへて河間府、西は棗強、故城等に、東は陵県をへて徳平県にいたる。通路のごとき設備、ほとんど完全なるものにして、交通はなはだ便に、もって当地の繁栄を維持せしなり。

徳州には車行あり。これにつき、雇い入るれば、一日の運賃、大概左のごとし。

種類		積重量	一日行程	運賃
大車	三頭引	二五〇〇斤	九〇支里	京銭十吊文
	二頭引	二〇〇〇斤	九〇支里	京銭七吊文
小車		三〇〇斤	六〇支里	京銭二吊文
馬一頭			九〇支里	京銭二吊四百文
小轎子・三人挑夫			八〇支里	京銭三吊六百文

この運賃は京銭をもって定むるものにて、一制銭は京銭二文にあたる。大概、制銭七文は一個銅元にあたるものとす。

しこうして本地ともっとも関係大なるは、運河および鉄道にして、本地、盛衰の根源はこれらと重大密接なる関係を有するものなれば、今これらにつき、すこしく述ぶるところあるべし。

一、大運河と徳州との関係

大運河は天津より起こり、山東をつらぬき、江蘇に入り、揚子江を過《よ》ぎり、さらに南下して、浙江省城、杭州にいたるものにして、実に人工の水運機関として世界に誇るべき大工事なると同時に、その交通上の便益、果たしていかなりしやを知るべからず。ことにいまだ鉄道の敷設せられざりし以前は、この大運河は大陸における南北唯一の交通機関として、欠くべからざるものなりしなり。

徳州は、この大運河に沿える北部交通の要衝にあたるをもって、従来、貨物の集散、盛にして、したがって一大市場として名をなすにいたり。天津との輸出入、頻繁《ひんぱん》なりき。たとえ津浦鉄道開通後、その市場を済南に奪われたりとはいえ、本地、今日のごとき隆盛の基礎をつくりしものは、誠にこの大運河の恩恵たらずんばあらず。

二、鉄道と徳州との関係

津浦鉄道　当地商家の言によれば、当地は近年、商業不振にして、店頭の販売品は、多くは皆、市住民の需用をみたすにとどまり、市況、日一日に沈滞の傾向を呈しつつありと。けだし津浦鉄道の敷設により、もっとも大なる打撃をこうむりたるものは徳州なるべし。往昔《おうせき》、天津に往来する貨物は南運河によるか、もしくは陸路によるか、そのいずれかによりて運搬せられたりし時代にありては、当地は船車の発着地点として、通過貿易の余沢《よたく》を受け、市場としての価値を有ししも、一度、同鉄道の開通するにいたるや、付近になんら特産物を輸出すべき地方をひかえざる当地は、たちまち変じて一の地方駅站となり、往時に有しし若干の繁栄は、まったく一日行程にある済南に奪われ、また昔日のおもかげをとどめず。

正徳鉄道（ドイツの予定計画線）　ドイツは単に津浦鉄道の敷設を終わり、天津、芝罘の貿易を青島に奪いたるをもって、こと終われりとなすものにあらず。徳州のごときは、はじめよりすでにこれを中部中国をつく鉄道の起点として利用せんとし、土地不相応なる大規模の停車場を設立したるものにして、正徳鉄道の敷設、すなわちこれなり。本鉄道は正定府城の南方にして、正太鉄道の起点たる石家荘より起こり、徳州城にいたるおよそ百十マイルの鉄道なり。これに紙上の計画にとどまらずして、すでに各種の準備を終わり、さる大正三年四月より工事を開始せんとし、材料、機関車等を石家荘に集中しつつありといえば、決して空言に終わらざるべきなり。

かくのごとくんば、正太鉄道の資本主たるフランスとドイツとの発展は、石家荘において相衝突すべく、ここにまた面白き現象を呈するにいたるべし。とにかくこの線路にして完成せんか。ドイツはこれによりて、青島より自国の貨物をただちに山西および漢口以北における河南、直隷の内部に供給するとを得べきなり。したがって当地は、これら貨客交通の重要なる位置を占め、その接続地点として繁盛を来たすべきは、火を見るよりも明らかなるところ、当地の貿易は、今日に倍蓰するものあるにいたらん。実に徳州の将来、また思うべきものあらん。

第六節　飲料水

当地には、市内に水道の設なく、また河水の流るるものなきをもって、住民は一般に井水を飲用しおれり。しかれども、その穿井《せんせい》はその数多からざるもののごとく、城内にては、水汲みを業とするものあり。小車に桶を載せ、これに水を入れて、各戸に配達するを見受けたり。井戸は深さ一丈くらいなれども、水は比較的、清澄なり。城外には井戸多し。

第七章

禹城県城

第十一期生調査

位置および人口　禹城《うじょう》県城は、省城済南の西北三十一マイル半ばかり、徳州の南方四十マイル半の地点に位し、有名なる黄河は、その南方二十五マイル半のところを東流す。

城内は停車場の東北、およそ我が国の一里余の平野中にあり。城壁はその周囲七支里におよぶといえども、はなはだ粗末にして、なかば廃頽《はいたい》に帰しおれり。

土人の言によれば、人口三千余、戸数五百八十と称すれども、実際に観測するところをもってすれば、戸数二百五十、人口千二百内外なるべし。

現に警察事務所内に禹邑調査戸数所なるものを設置し、当区における人口、戸数を精査しつつあるも、い

▶ 禹城県

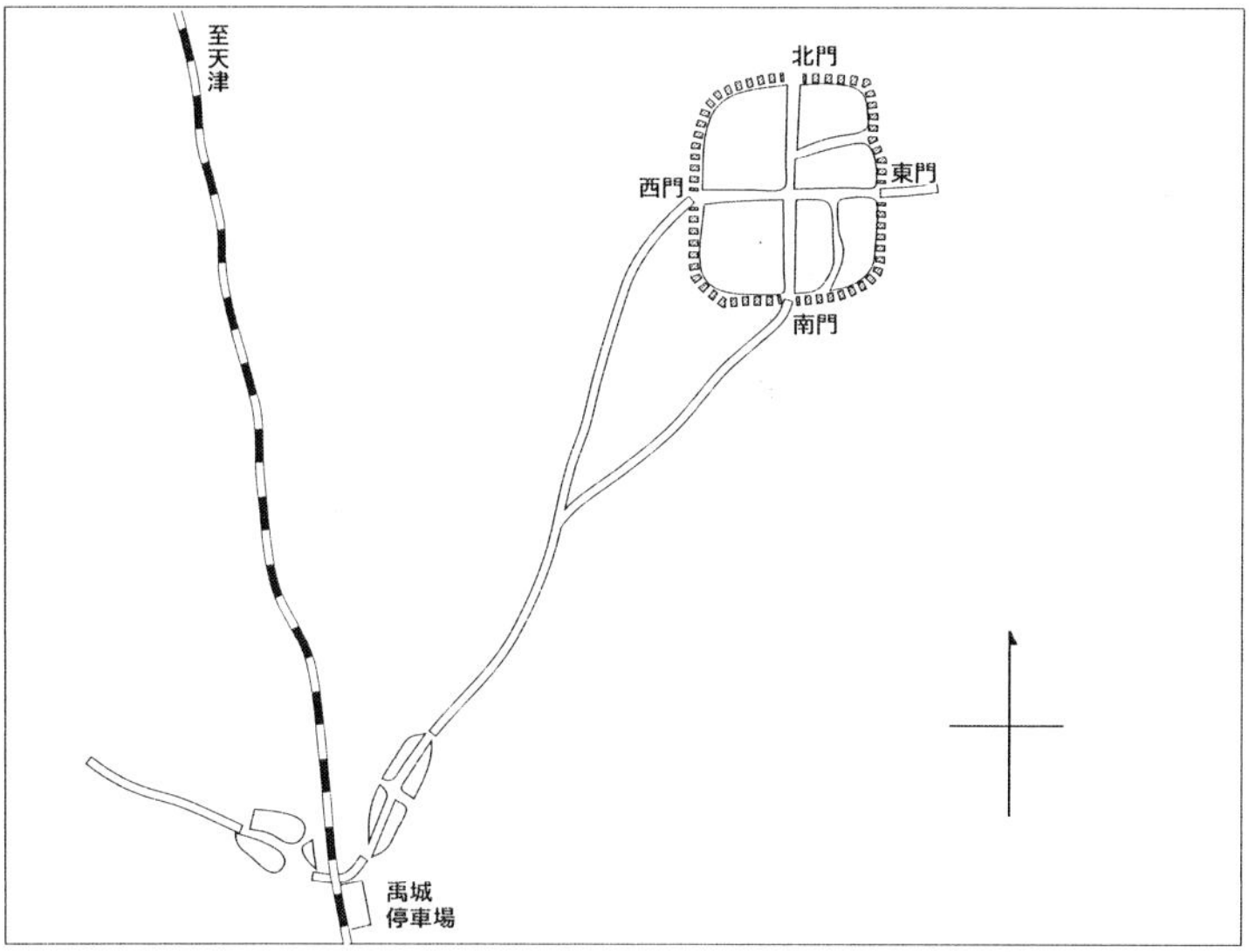

まだ完了せざるをもって、その正確なる数を得ること能わず。

市街および市況　当地は県城なれども、実に荒涼たる一農村に過ぎざれば、街名を有せず。ただ東、西、南、北の四城門によりて、東門街、西門街、南門街、北門街なる名称をもちいおれり。なかんずく、南門街は比較的、往来、頻繁のところなれども、ただ数家の小雑貨店と飲食店等、農家の間に見ゆるのみ。その長さおよそ四町余におよび、道路の幅二間ないし三間両側に大樹のそびゆるあり。なかに壁落ち、軒傾ける住家の、今は住む人もなき茅屋《ぼうおく》多し。

交通　道路は一般に修理をほどこしたる跡なく、その幅員《ふくいん》、二間より二間半くらいなるところもあれども、石を敷かず。ことに本地方の土壌は、疎鬆《そそう》なる黄土の一種類よりなり、旱天《かんてん》にはあたかも灰のなかを歩行するがごとく、沿道の草木、人家等ために色を失う。これに反し、一旦、降雨あれば、泥濘《でいねい》深く、交通困難なるにいたる。交通機関は人力車等の文明のものなく、貨客ともに小車または馬背《ばはい》による。本地にてもっとも交通繁《しげ》き南門にて、午後一時における十分間の往来を見るに、人員三十四、小車四台、両輪荷馬車二台、ロバ六頭なりとす。しこうして津浦鉄道停車場は、県城を去る十六支里にあるをもって、その利便に浴すること少なし。

産業　本地の住民は、まったく農業を営むもの大多数を占む。しかれども、地味灰土にして、肥沃ならず。されば当地は穀類よりも、むしろ果物に適するもののごとし。今、その主なる農産物を見るに、緑豆、黄豆、コーリャン、すいか、梨子、棗子等にして、雑穀類は多くは、当地にて消費せられ、一部は青島（済南をへて）に出ずるというも、その額、ほとんど数うるに足らず。大正元年のごときは、旱天《かんてん》打ち続きたるため、一般穀類は、平年作の半にして、当地方の需要をさえみたすに足らざりしという。

　商業は、ただ日常雑貨の輸入あるのみ。しかれども停車場付近は、漸次《ぜんじ》、商家の来住するものあり。大なる問屋等の設けらるもの少なからず。工業の見るべきものなし。

飲料水　住民は、池水または井戸を飲用す。穿井《せんせい》は本城内いたるところに設けあり。深さおよそ二丈ないし三丈におよべり。されど、その水は、多量の沙泥《さでい》を混ず。これ本地土壌の性質上、しからしむるところなり。池水は井水よりやや清澄なるも、悪臭あるをまぬがれず。

第八章

崮山

第十一期生調査

位置および人口　本地は済南の南方十七マイル余、泰安府城の西北二十八マイルばかり、張夏駅の北方四マイル余に位し、丘陵起伏せる間に介在する一小農村に過ぎず。津浦鉄道の沿線にして、黄河の一支流たる大汶河（南沙河）は、鎮南数町の地を流れ、停車場より村落にいたるおよそ五町とす。

土人の言によれば、戸数三百、人口三千と称すれども、実見するところをもってすれば、戸数二百、人口千を出でざるべし。

市街および住民　人家はあそこ、ここに散在して、純然たる小農村なれば、街路を形成せず。客桟の設備等、一もなく、道路は坂路多し。交通機関には小車あるのみ。建築物は停車場をのぞきては、官衙《かんが》寺院等あるなく、初級小学堂一あり。生徒二十余人、教師一人にて、一室に集めて授業しおれり。

住民は皆、農を生業とし、商店を有するものあるも、これ農業のかたわら日用の雑貨を商うのみ。大豆、コーリャン、綿花、ごま等の農産あり。

地勢および交通　本地は丘陵起伏中に介在するをもって、泰安等に比すれば、あたかも別世界たるやの感あり。また沙河その西隅に横たわるといえども、平時は水まったく涸れ、降雨にあえば、濁流こんこんたる有様なれば、なんら舟揖《しゅうしゅう》の便あることなし。

かくのごとき地勢によれる本地なれば、今日のごとく一寒村として発達せざること、ゆえなきにあらず。おそらくは将来といえども、発展することなかるべし。

津浦鉄道の開通は、当地住民の交通に資するところ大に、各種新式日用品の来着は、その生活程度を高めたるのみ。

飲料水　村内数か所の井戸あり。住民はすべてこれを飲用す。深さ二丈余りにおよぶも、清澄ならず。細沙

▶崮山鎮

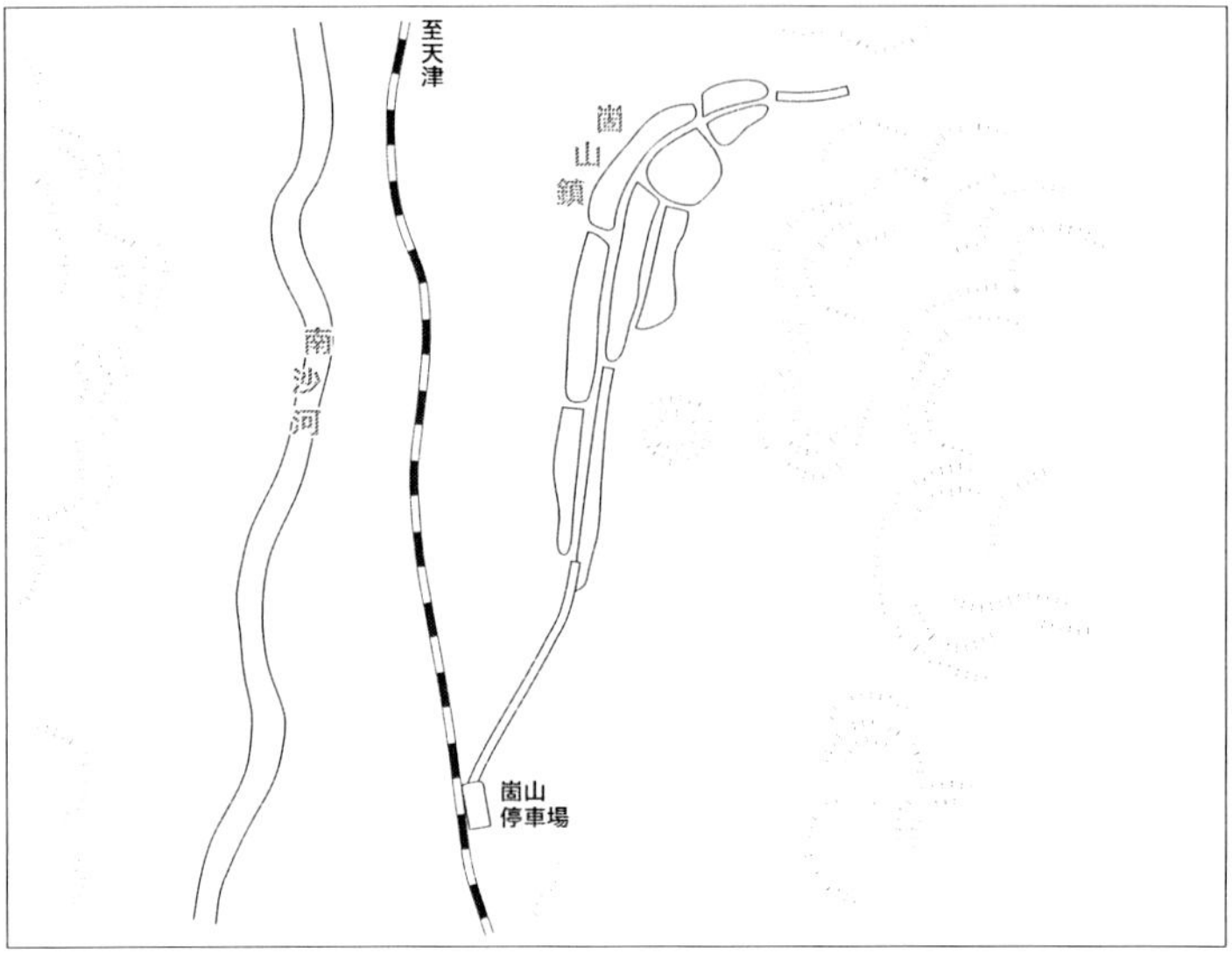

を混ずるを見る。

第九章 平原県城

第十一期生調査

位置および人口　平原《へいげん》県城は、禹城の西北約二〇マイル、徳州の南方約二〇マイル半、天津より百六十六マイルの地点に位し、津浦鉄道に沿い、停車場よりその最近、東門にいたるまで、我が国の約二町あり。城壁の周囲五支里余、東、西、南、北の四門を設く。

土人の言によれば、人口千五百、戸数四百余と称す。しかれども実際の観測によれば、城外、なかんずく東関、および西関付近に人家密集せるをもって、これらを合して戸数三百五十、人口千八百内外なるべし。

市街および市況　当県城は禹城に比較するときは、やや活気ありといえども、大同小異なり。城内は農家多くして、いずれも土壁、茅葺きにしてきわめて寂寞《せきばく》たり。ただ比較的繁華なるは東門外（東関）にして、その街路、約一町に足らずといえども、商家のやや見るべきものあり。道路、幅員《ふくいん》二間より三間におよび、家屋は皆、石垣を積み、道路より高きこと三尺の地に建築す。概して平家にして、二階建ての住家なし。路上の往来は禹城より盛にして、もっとも交通繁《しげ》き東門において、十分間（午後六時）の往来、人員四十一人、二輪荷馬車三台、ロバ七頭、小車二台、轎子《きょうし》一なりき。

土質もまた禹城付近と同じく、まったく灰土よりなり、城内の道幅一間ないし二間半におよぶといえども、石を敷きたるところを見ず。旱天《かんてん》には灰土深く、風あれば沙塵、天を覆い、濛々《もうもう》咫尺《しせき》を弁《べん》ぜざるにいたる。雨天における泥濘《でいねい》また察するに難からず。ことに、前述のごとく、本地の住家は多く道路より三、四尺の高所に建築せらるるをもって、道路ははなはだ低く、したがって雨天には、道路変じて小流となる。中国普通の奇観を呈すべし。

市内、交通機関は人力車なく、貨客ともに一頭、または二、三頭ひきの二輪馬車によるもの多く、小車はいたって少なし。

著名建築物および官衙その他

一、著名建築物　ただ小なる停車場あるのみ。特筆すべきものなし。

二、官衙　平原県公署は東門街にあり。警察事務所は、西門内にあり。当区管内の警察事務をつかさどる。

三、寺観　城内には寺と称すべきものなし。ただ城隍廟、文廟、安禄公祀等の大なるものあるのみ。

四、教会　東門外（東関）に一か所あり。プロテスタント教会と称す。アメリカ人の経営なりというも大ならず。普通の住家にて、伝道しつつあり。

五、学校　農業学校は、西関にあり。我が国の乙種農業学校に相当するものして、修業年限三か年、生徒数四十六人あり。平原高等小学堂は、城の南東隅にあり。生徒数七十人を有す。このほか、単級教員養成所一か所、初等小学堂三か所あり。平原官医伝習所ありしも、今は閉校して自治公所となりおれり。

産業　本地もまた農業をもって、生命となすことなお禹城におけるがごとし。今、農産物の主なるものを挙ぐれば、次のごとし。

豆類、落花生、粟、牛皮（小額）、コーリャン、柞蚕繭、棗子、桃

等の果物多し。これらの輸出額、少なからずという。

工業は多く家内工業にして、柞蚕糸《さくさんし》の手繰工業に従事する者あり。近来、綿布織物を起こす者あり。現にその工場、本城内に三か所あり。

商業は当地における消費貨物の売買のみならず、豆類、落花生、果物等の輸出あり。したがって、これらの問屋を営むものあり。ゆえに済南方面より、これら貨物の買い出しに来たる者あるをもって、当地はその集散地として、やや世人に知らるるにいたり。停車場付近にもその問屋少なからず。

地勢および交通　本城付近には山なく、河なく、ただ一面茫々《ぼうぼう》たる平原にして、畑地よく開け、諸種の農産に富むも、付近に灌漑の利なきをもって、土地磽确《ぎょうかく》にして、耕地としてなお不十分なるものなり。されば当

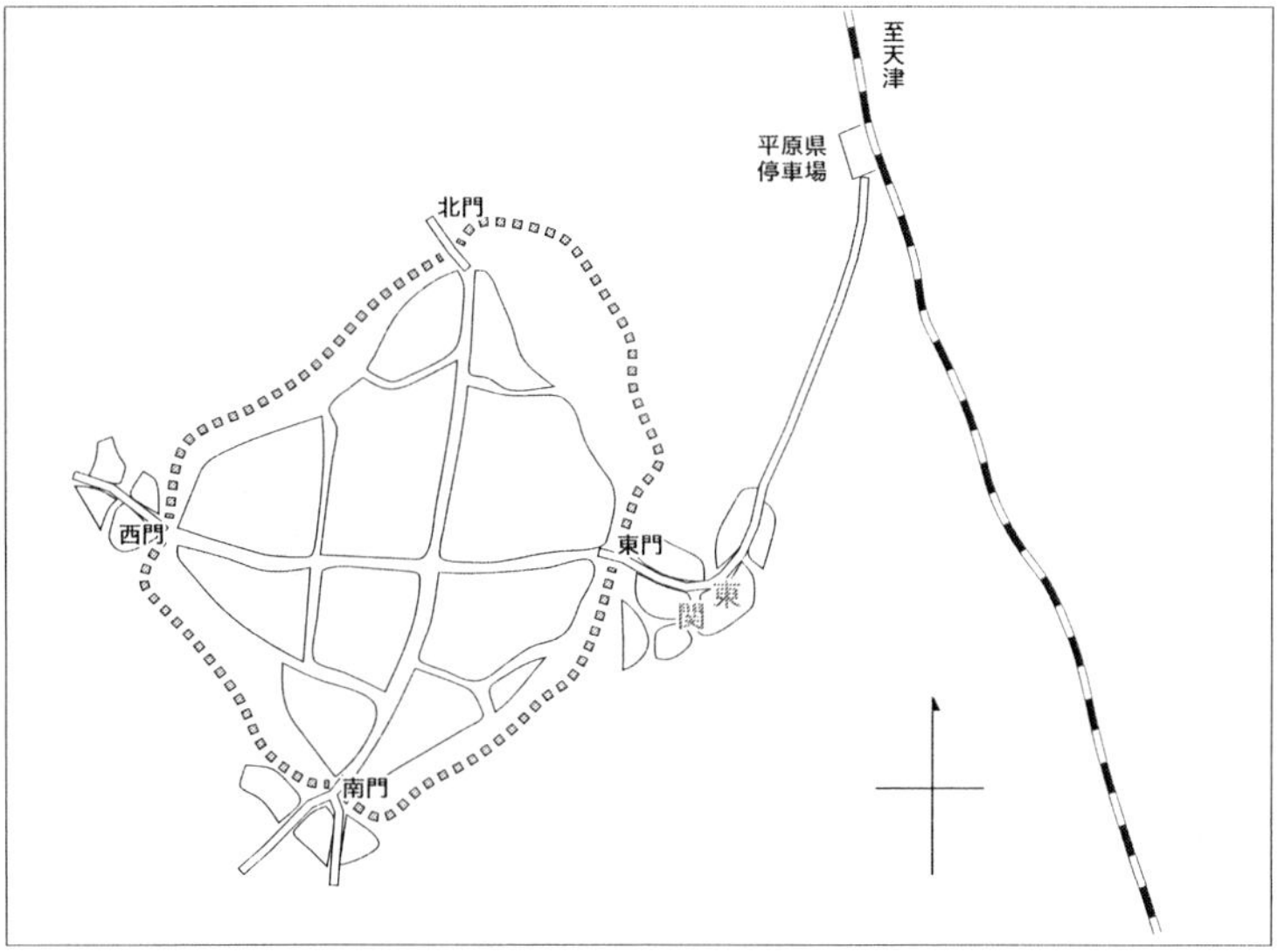

◀平原県城

地方における農産物は、その耕地の整理、肥料の増加等により、ある限度までは収穫を増進することを得べきも、土質かくのごとくなるをもって、その多くをのぞむべからず。したがって、これら農産物の市場として、大なる発展を遂ぐること能わざるべしと察せらる。

本地の道路について見るに、いまだ不完全にして、農産物の搬出および旅客の往来に便ならず。さらに停車場より、城内にいたる道路は、道幅広けれども、土質きわめて堅からざるをもって、荷車は自由ならず。軽快なる運送をなすこと能わず。されば一度、この道路上に石を敷くか、あるいは適当の修理を加えたらんには、貨客の往来上、少なからざる便益をあたうるとともに、当地の繁栄をはかる第一階段ともなるべし。

終わりに津浦鉄道の開通は、当地の発達に資すること大なりしは、今更、蝶々《ちょうちょう》するの要なからんも、済南との交通往来に対する距離を時間的に短縮せしめたるのみならず、その間の貨客の運搬は、従来の労費を省くこと大にして、本地は右農産物の地方集散地として、漸次《ぜんじ》重きをなすにいたれり。

▲　平原県の宿舎

飲料水　当地には河水なく、住民は全部井水をもちいおれり。井戸は、大抵の民家には一座を有し、その深さ一丈より二丈におよぶものあれども、皆にごりおれり。ゆえに汲みおきて、数時間を経、沙泥《さでい》を沈殿せしむるにあらざれば、飲用に供することを得ず。

第十章

長清県城

第六期生調査

位置および人口　長清《ちょうせい》県城は、歴城の西七十支里にあり。黄河の右岸に位し、東南一帯は山岳遠く連なれども、西北は黄河の平原を控う。城池は、周囲四支里にみたざれども、人口比較的多く、その数一万と称す。

市街および市況　この地は歴城、泰安、滋陽等をひかえ、交通の要路にあたり、また黄河により河南と歴城を連絡する咽喉《いんこう》を扼《やく》するものなるをもって、交通頻繁にして、商業も大に発達し、城内はほとんど挙げて商家の観あり。そのもっとも繁栄なる市街を辛街、孝堂街および青龍鎮街の三所として、辛街は知事公署の東を通ずる大街にして、各城門との十字街にあたる。

本城内における商家の主なるものは、布匹雑貨商にして、この地も他県と同じく大取引は多く、市日をもってし、市は五の日、十の日に開かれ、各地の商人および農家等集まり、その雑踏はなはだし。しこうしてそのおもなる商品は、布類、野菜、果物、家具、什器、牲口等にして、一切の必要品はこのときにおいて売買せらるるものとす。

住民　住民の風俗は、民心淳厚《じゅんこう》にしておごらず、男は愿愨《げんかく》の行を持し、女は豔冶《えんち》の飾りをなさず、よく困苦《こんく》と欠乏にたえ、いやしくも驕泰《きょうたい》の者あれば、衆《しゅう》、皆《みな》、これをいやしみて排斥す。県の東部は山林多きをもって、採木を業とするもの多く、南部は、園圃《えんぽ》多く菜茹《さいじょ》を種蒔《しゅじ》す。西部は木綿多きをもって、紡織に勤しむ。

交通　長清県の地たるや、黄河の流域に属し、その土地は黄土よりなり肥沃にして、穀物豊穣、これを単に地理上より見んか。東北、省城にいたる七十支里、西北、京師にいたる九百三十支里、東、湯馬荘（歴城県界）にいたる四十支里、南、五道嶺（肥城県界）にいたる七十支里、西、社郎口（荘平県界）にいたる七十支里北、大清河（斉河県界）にいたる四十支里、西北、莒鎮堡をへて、禹城県界にいたる六十支里、東南、界首舗（泰安府境）にいたる五十支里、いずれも官道の設けあり。そのなか斉河県、禹城県および肥城県にいたるものは、古来、有名なる南北連貫の大官道にして、南中国より北京政府に銀糧を運搬するの要路なり。平陰、茌平にいたるもの、これ省城との終点路とす。しかれども、長清県は商業地にあらず。単にこれら貨物旅客の要路にあたるのみ。

　長清県および省城間の通路、織るがごとしといえども、道路の状況および交通機関、不備にして、客人は小轎子《しょうきょうし》ないし大轎子により、貨物は小車、二把車、大把車等による。これもっとも道路に適合せるものにして、なかんずく二把車をもって、もっとも多しとす。その構造より見るときは、小轎子、小車、大轎は、他地方のものと同一の構造なれども、二把車は普通なお小車と称して一人前にありて両轅《りょうながえ》をとり、一人、後より両轅を握りて押すものとす。ロバはこれをもちいず、もっぱら人力による。長清県、省城間は一日行程に足らざる距離にして、二把車が駱駅《らくえき》として相連なるは、吾人の実見せるところなり。

その運送貨物を見るに、省城より長清県に運びいたるものは、主としてマッチ、綿糸、その他の西洋雑貨にして、省城にいたるものは、獣皮、穀物等の土産なり。さればこの交通は、主に省城より来たるもの多く、省城にいたるものはまれなりとす。

その運賃を見るに、肥城県と同じく、小車は五百斤を積み、済南まで七十支里、京銭二吊二、三百文、二把車は五、六百斤を積みて、京銭三吊文ばかりなり。その運賃は京銭をもって建て、制銭にていうときは、その半額となることもちろんなり。

第十一章

泰安府城（泰安県）

第一節　位置および人口

泰安《たいあん》は旧府城にして、済南の南方四十五マイル余、兗州府域の東北五十三マイル半余の地点に位す。津浦鉄道に沿える有名なる都会にして、黄河の一支流たる汶河は、城南二十支里の地において、さらにその支流泮河と合す。

停車場より府城にいたるまで、およそ我が十町余、本城は二里の外壁をめぐらし、東西南北の四門を設く。北門外はただちに有名なる泰山の麓にして、山頂にいたる、我が七里余なり。

当地は旧府城なれども、規模大ならず。土人の言によれば、人口六万または八万と称すれども、実際の観測によれば、多くも戸数四千、人口二万を出でざること明らかなり。ほかに外国人八名（うち一名日本人）あり。

第二節　市街および市況

本城は津浦鉄道沿線中、比較的整頓せる都市にして、市況活発ならずといえども、瀟洒《しょうしゃ》たる商家多し。もっとも著名なる街路は、西関大街、昇平街、東天街となす。なかんずく昇平街はもっとも有名にして、西門より東門に通じ、長さおよそ三町にわたり、街幅、一間半くらいなれども、はなはだ清潔なり。西側に中国特有の雑貨店、飲食店、洋貨店、玩具店、銭舗等ならび、店頭の装飾もよく、規矩《きく》整然たるものなり。しかれども商店の二階建て、一軒もなきは奇というべし。

街路一般に発達し、全面ことごとく石を甃《たた》みたるあり。その幅員《ふくいん》広きは二間、せまきも一間くらいなりといえども、あまねく砂土なるをもってし、雨天にもはなはだしく、泥濘《でいねい》を見ず。街上の交通機関は人力車なく、貨客ともに小車（一輪車）をもちう。とくに泰山に登るには、簡単なる轎子《きょうし》をもちうるの便あり。

停車場より城内に通ずる道路は、幅三間くらい、平坦にして砂土よりなり、交通便なり。

もっとも交通繁《しげ》き城内、あるいは街上における十分間の往来人数、車馬の数を見るに、西門にて、午後三時の往来人数は七十八人、小車五台、轎子二、ロバ六、荷馬車一台あり。

第三節　山河、道路および鉄道

本地は城西、五支里に泮河流れ、城南二十支里にいたりて汶河に合す。泮河は舟揖《しゅうしゅう》の利あるも、当地に大なる影響をおよぼさず。

有名なる泰山は城北にそびえ、古来五岳の長として伝えられ、高さ二千五百二十尺と称せらる。山頂に碧霞元《へきかげん》をまつる廟あり。その間、盤路蜿蜒《えんえん》として登り、山間渓流あり。樹林あり。風光まことに筆紙のつくすところにあらず。加うるに、その通路はいくどか修理を加えられて険悪ならず。あさ轎子《きょうし》の通ずるあり。きわめて便利なるをもって、外人の来遊するものすこぶる多し。これがため、当地は単に農産物の市場たるのみならず、つとに外国人の知るところとなり、今日の繁盛を見るにいたれるなり。ことに津浦鉄道開通後、ドイツは泰山麓の石材を利用して、広大なる石造の停車場をつくり、もっぱら自国の勢力を示すとともに、遊客の観光を誘致するに力めたるをもって、外国人は夏期の苦熱をここに避くるもの、ますます多きを加うるとともに、鉄道の開通は付近の農産物を吸収すること大なるにいたり、従来、単に自足経済の一寒村に過ぎざりしが、とみに当地方における一大市場となるの勢を示し、したがって内外人の注目するところとなれり。実に本地の盛衰は、泰山と津浦鉄道とにかかるところ多しというべし。

第四節　著名の建築物学校等

一、津浦鉄道停車場

本地の停車場は、実に宏壮《こうそう》なるものにして、吾人はなぜにかくのごとき土地に、かかる大なる停車場を建設せしやを疑う。しかれども熟々《つらつら》考うるに、泰山付近に産する石材はきわめて豊富なり。ドイツがこれを発掘して、もって自己の勢力と、その能力を中国に示さんとの目的に出でたるものなるべく、たまたま旅客が見て贅沢品となし、豪壮なりとする建築物も、ドイツ宮憲の目より見れば、あるいは、はなはだ粗末なるものなりしやも知るべからず。いわんや夏季、炎暑の候、泰山の緑陰に、勝を探る外人の数少なからずというにおいて、その停車場を美にしたることは、他より見れ

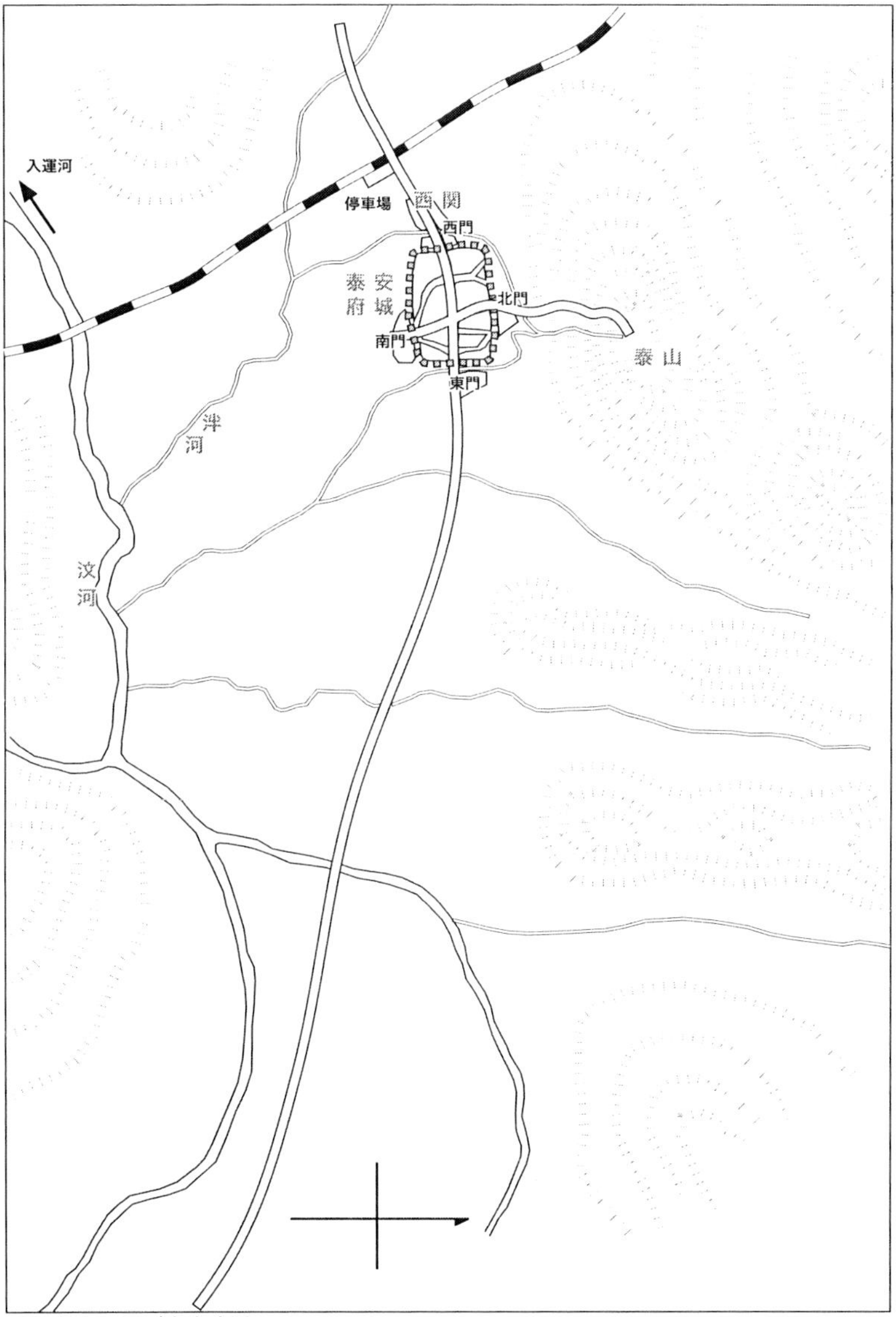

▲　泰山および泰安府城

▲　泰安府より泰山を望む

ば、彼ら旅客を吸収する広告に供せんためなりしなり。

二、　官衙

第一次革命以来、府州の廃止とともに、当地の府衙門は目下、巡警総局となり、東門大街にあり。

県衙門は東天街にあり。現知事は李汝謙にして、日本語をよくす。

三、　寺観

古廟の大なるもの多く、とくに他とその趣を異にせり。すなわち岱廟、万寿宮、関帝廟、玉皇閣、五賢祠、文廟、五哥廟、王母廟等あり。その他、普照寺と称する古寺あるも、僧侶一人もなし。

四、　教会

イギリス人の設立にかかるもの　一。
アメリカ人の設立にかかるもの　一。
フランス人の設立にかかるもの　一。

以上の三教会中、前二者は、はなはだ大ならずといえども、フランス人の経営になるものは、目下、教会堂改築中にて、その規模きわめて大なり。

五、　学校

本地は教育、比較的発達せるところにして、左の数校あり。
泰安府中学校　城内、紫仏寺街北にあり。修業年限四か年。生徒八十名。現在の校長を張道鏞氏とす。
初級師範学校　城内、東関にあり。我が国の尋常師範学校に相当す。生徒五十名。現校長を孫王書とす。
高等小学堂　西関にあり。生徒数二百十一人。校長を王徳亮となす。両等小学堂二所。一は南関にあり。生徒百余。現校長を張景華とす。他は将軍廟街にあり。生徒七、八十名。現校長を李彫雲となす。
楊氏私立両等小学堂　北門外にあり。生徒五十余。現校長を楊茂周となす。

▲　泰山山麓

第五節　農工商業一般状況

城内の住民は、商業を営むもの多けれども、大商店の見るべきものなく、いずれも日常雑貨店にして、東西両洋より輸入せられたる綿布類、および小間物を店頭に陳列せるものにかかる。今、当地の輸入品を見るに、

綿布、石油、紙類、砂糖、巻煙、燐、麦粉、染料等にして、その額は統計のよるべきなく、これを知るに

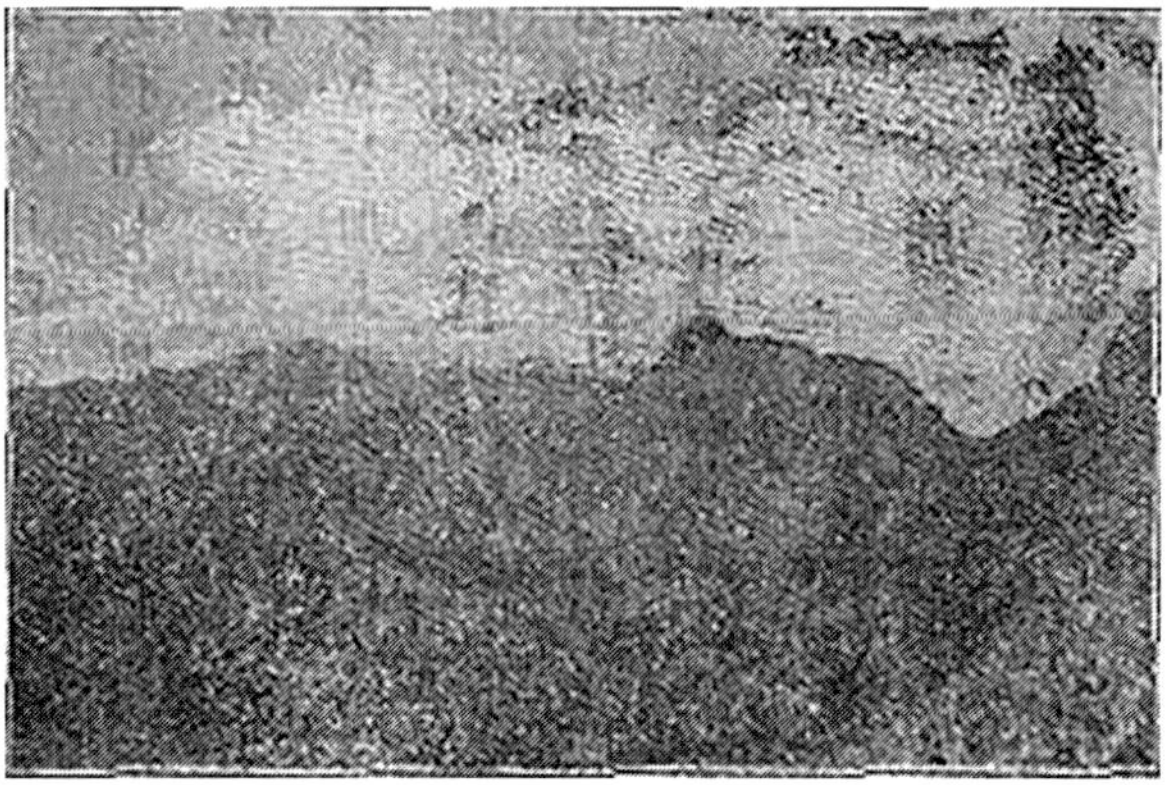

▲　泰山の連岳

由なきも、その額の少なからざるは事実なり。

次に当地の輸出品は、

落花生、麻類、ごま油、牛皮、牛油、綿花等、その主要なるものにして、輸入輸出ともに津浦線によりて、済南をへて一半は青島に、一半は天津よりするものなりという。したがって停車場付近には、大なる客商の住する者多し。

農業もまた盛にして、農家は多く城門外に住居し、西関、東関、南関はその集合地なり。当地農産の大宗《たいそう》は落花生、ごま類、たばこ、コーリャン、粟、大豆、藍（小量）等とす。

工業として見るべきは、ごま油搾製《さくせい》に従事するものあれども、その数多からず。

第六節　地方市場としての奉安

当地付近は、農産物はなはだ豊穣なるをもって、当地は農産物市場としてやや重きをなすにいたりたり。今、その農産物の当地に集散する状況を聞くに、落花生は当地付近にはなはだ多量の産あり。およそ山東省全産額の半を出すという。麻類は莱蕪県、済寧州、および汶上県下に産し、本地に集まるもの、年額およそ三百万斤なりという。

ごまは当地付近、および南留付近に多く栽培せられ、当地に来たり、一部は搾油《さくゆ》の用に供せられ、一部は輸出せらる。その輸出先を見るに、多くは済南をへて青島に出で、あるいはただちに天津に向かうものあり。いずれも買出人の手をへて行なわるるもの多く、青島、済南あたりの大商店は当地に買出員を派遣し、これら産物を買い出し、輸送または調査をなさしめつつあり。現に我が国の湯浅洋行のごとき、青島より当地に出張所を設置しおれり。彼らは多く、停車場付近に住す。このごとくなるがゆえに、当地は消費地としては重要ならず。

▲ 泰山の山色

第七節　飲料水

城内、いたるところに井戸あり。きわめて浅く、一間半におよばざるも、清水の湧出、盛なり。市民はこれを飲用する者多きも、城の東西側には城壁に沿うて、幅一尺ばかりの石造の溝ありて、泰山中腹より流下する水を通じおり、流水また井水におとらず。清澄なるをもって、付近の住民は皆、これをもちいおれり。

第八節　賃金および物価

賃金

轎子	一日	二元
挑夫	一日	七五銅銭
種地的	繁忙時	六〇銅銭
種地的	閑散時	五五銅銭

物価

小米	一斤	九八小銭
コーリャン	一斗	七六五小銭
豆	一斤	一一六小銭
緑豆	一斤	一一二小銭
大米	一斤	一〇八小銭
麺粉	一斤	一三〇小銭
白糖	一斤	三〇六小銭
白塩	一斤	一〇〇小銭
猪肉	一斤	四〇〇（あるいは三六〇）小銭
牛肉	一斤	二六〇小銭

第十二章　臨城

第十一期生調査

第一節　位置および人口

臨城《りんじょう》は山東の南隅に位し、滕県の管下に属する一鎮店にして、かの津浦鉄道南段、北段の分岐点たる利国駅をへだたる二十一マイルばかりの北方にあり。省城済南の南方百五十六マイル半、津浦鉄道に沿い、さらに支線によりて、その東南二十マイル棗荘にいたり、有名なる嶧県の炭山に連絡す。人家密集の地は、停車場付近にあらずして、その北方六町余の樹林のなかにあり。

人口は土人の言によれば、戸数二千、人口一万余、あるいは戸数千余、人口六千と称すれども、実際観測するに、戸数千五百、人口七千くらいなるがごとし。

第二節　市街および市況

一農村たるに過ぎざれば、一定の街名を有せず。加うるに人家点々として、高き闊葉樹《かつようじゅ》の間に不規則に散在し、まったく市街たるの形式を備えず。しかれども路上の往来は、固鎮よりもはるかに多く、朝は野菜類の市を出し、はなはだにぎわう。

停車場より鎮店にいたる道路は、幅約二間半、比較的平坦なれども、全部粘土よりなり、石を敷かず。旱天《かんてん》には土塵を起こし、雨天には泥濘《でいねい》深く、交通ははなはだ不便なるをまぬがれず。

村落内の道路は、高低はなはだしく、幅二間にいたるものありといえども、当地の人家は、皆、道路より石垣を積みて、一段高きところにあるをもって、通路は人家の地面より低きこと四、五尺、くわうるに排水よろしからざるをもって、汚水、道路上に流出停滞し、不潔なること、たとうるにものなし。

交通機関は人力車なく、小車、ロバおよび両輪馬車等をもちいおれり。もっとも交通繁《しげ》き街上における十分時間の往来人数、および車馬数を見るに、停事場付近の街上において、人数三十九人、小車九、荷馬車二台なり。

第三節　官衙著名建築物

一、停車場、および付属建物　当地における停車場は、津浦線南段各駅において見たるものと大にその構造を異にし、まったくドイツ式の建築をもちいおれば、一見して当時におけるドイツの勢力をうかがうに足る。その他、車庫の大なるもの二棟、付属の工場一棟あり。

二、官衙　滕県の分県あり。当地の行政、警察、一切

▶臨城鎮

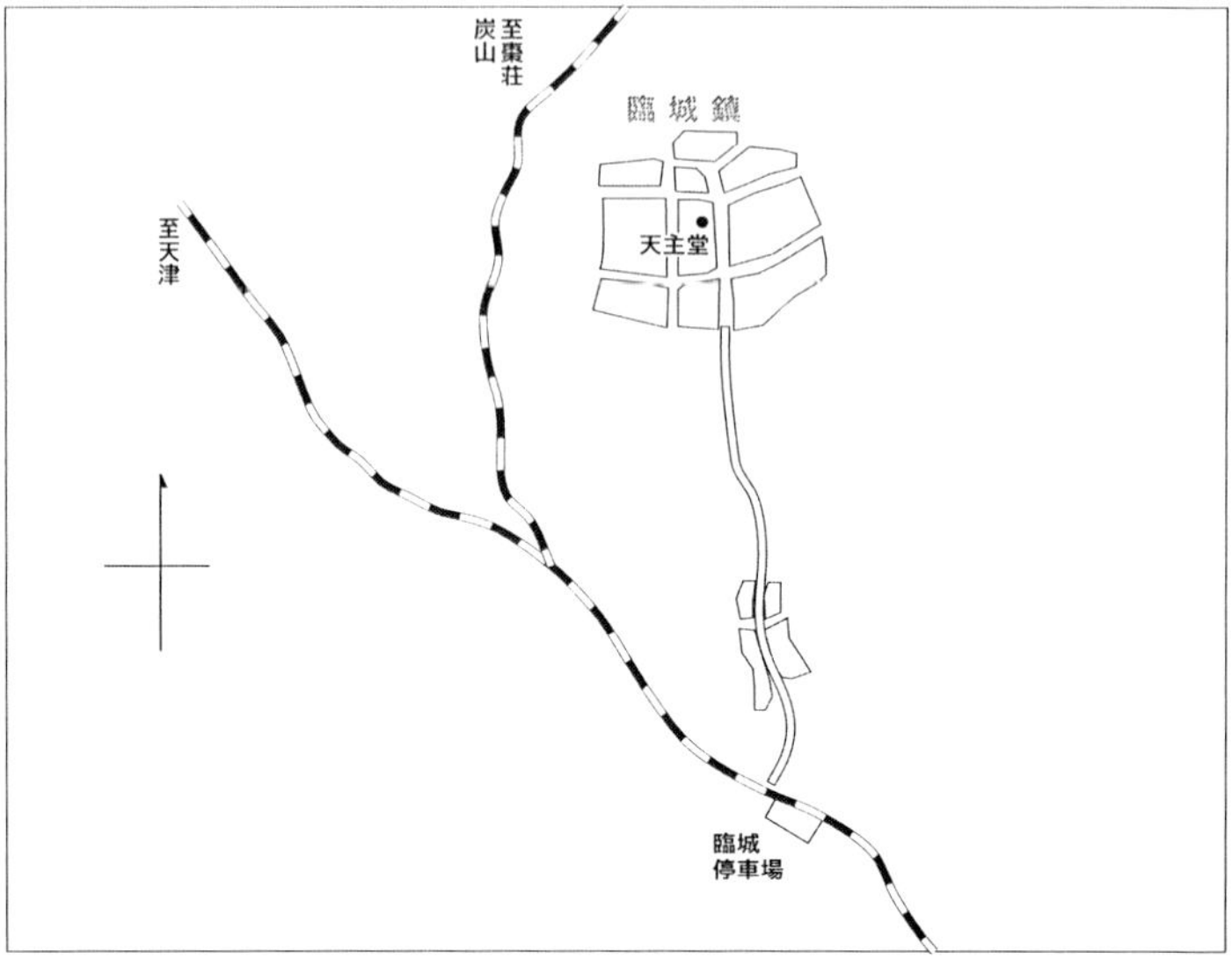

を管理す。別に警察署のごときものなし。

三、教会　農家の稠密《ちゅうみつ》せる中央に位し、レンガづくりの大高楼にして、その規模宏大、付近家屋の群をぬき、遠く停車場付近より、その実塔のそびゆるを望見す。ドイツ人の経営なり。

　吾人はかくのごとき内地の僻村《へきそん》にいたるまで、彼ら宗教家が入り込み、いくたの困難と労苦とをいとわず、布教に従事しつつあるに一驚《いっきょう》を喫したり。しかれども、これつとに欧米人がもちいたる政策に過ぎず。すなわち彼ら宣教師は、内地いたるところに進入し、土着民と固き連絡をとり、もって国力の発展に資せんとするものにして、宣教師は一定の学識を有するのみならず、とくに科学の素養を有するをもって、尋常商人と異なり、一塊の石、一封の土もなお、その価値いかんを判別するの力を有し、常に内地において種々なる鉱物を発見し、その見本を輸送するものありという。しこうして年一回くらい、各地に宗教家大会を開き、家教上の連絡を名とし、政治上、経済上の意見を交換し、実に外交官以上の活動をなしつつありという。

四、学校　両等小学堂一あり。生徒初等科四〇人、高等科一六人に過ぎず。

第四節　産業

本地住民の主なる生業は、もちろん農業にして、付近一帯、沃野《よくや》連なる。主なる農産物は、麦、コーリャン、豆類、ごま、粟、葉たばこ等とす。

商業は、単に日常雑貨を輸入し、右の穀物を輸出するのみにて、地方の市場たる勢力を有せず。

工業の見るべきものなきも、付近には有名なる炭山多く、士人のうち、その工夫にあたるもの少なからず。

第五節　地勢および交通

付近一帯、茫々《ぼうぼう》たる沃野にして、山岳なく農耕に適し、自然本地の農産を豊穣ならしむ。

道路の不備は、停車場、鎮店間、貨客の往来に、はなはだしき不便をあたえ、本地の発達を阻害する一原因たるべし。

津浦鉄道の開通は、本地の開発に資すること大にして、従来、見なれざる洋貨の輸入は、農民の好奇心に投じ、したがって住民の生活程度を高むること多く、穀物の輸出を便にするにいたれり。

とくに津浦鉄道の支線たる棗荘線の開通は、嶧県炭坑の石炭搬出を便にし、近来、次第にその採掘量を増加しつつありといえば、将来、この地は石炭市場として名をなすにいたるべし。

第六節　飲料水

当地の住民は、皆、井水を飲用しおれり。井戸はいずれもきわめて深く、二丈くらいが普通なり。井水は比較的清澄なり。

第十三章

新泰県城

蒙陰県城西北六十支里の地点に位し、北、莱蕪、西南、泗水、西北、泰安府にいたる交通の要路にあたるといえども、人口は少なく、蒙陰と大差なし。

市の荒廃はなはだしく、市街東西街および南門より衙門にいたる道を主要とす。

今、午前五時（十分間）において通行状況を見るに人員四十三、小車二両なり。

飲料水は井水をもってこれに当つ。

賃金

木匠	（管飯）	二百四	小車子一日	（不管飯）	一吊
木匠	（不管飯）	五百銭	種地的	（管飯）	二百銭―三百銭
小車子一日	（管飯）	三百銭	種地的	（不管飯）	一吊

物価

大米	一升	一吊四	猪肉	一斤	百六
大米	一斤	八箇銅板	牛肉	一斤	二百四
小米	一斤	六箇銅板	コーリャン	一升	八百銭
白塩	一斤	八箇銅板（すべて泰安より来たる）	煤炭	二斤	一箇銅板
白糖	一斤	三百二	煤炭	百斤	四十箇銅板
麺粉	一斤	十二箇銅板			

第十四章

肥城県城

第六期生調査

人口および市況　肥城《ひじょう》県城は周囲七支里ありといえども、人口約七千内外にして、県城としてはきわめて小規模なるものなり。ゆえに商工業のごとき綿布、その他の手工業あれども幼稚なり。その内部、農家および田んぼないし荒地の存在するものありて、すこぶる市の体面を損す。

住民はきわめて朴訥《ぼくとつ》にして、狡猾《こうかつ》の性なく、その気性、陰鬱《いんうつ》なるもののごとし。すなわちその外人に対するに侮蔑、高慢、滋陽県のごとくならず。温厚、親切、泰安県のごとくならずといえども、ただいたずらに外人を避けて、自ずから安全の地歩を占むるがごとき傾向あり。

　しこうして、その人民は、元旦、冬至、迎春等の節日には、一家一族ないし、一郷相団らんして宴をはり、福寿をなす。また読法といいて、各郷に安置するところの講台に香を搽し、知県および在城文武官、ならびに縉紳《しんしん》、これに詣で香をたき、案に前行し、三跪九叩《さんききゅうこう》もって聖諭を体講するの儀式あり。その聖諭とは古往聖諭ありて、肥城県中、明郷の敦風の化事を表彰せし紀念日を祝し、一は報恩の謝をなし、一つは風教《ふうきょう》の一助をはかりたるものならん。このほか、饗飲酒礼のごときあり。これは毎年、正望日および十月初日、県において知県主となりて、大賓《だいひん》には各郷より高齢および有徳の人士をえらび、官野の名士相集まり、その頌《しょう》をなし、宴を設けて寿福を祝するの礼あり。この大賓に選定せらるるは、実に一世の光栄として、万人ののぞむところなりという。

交通およびその機関　肥城県は僻偏《へきへん》の地に位し、その交通としては陸運のみにて、水運は一もこれを見ず。ゆえに交通上よりはこれを論ずべき価値少なきものとす。しこうして、近県への交通機関は、小車および二把車にして、肥城、済南間および肥城、長清間においては、まったくこれら二つのみとす。これ道路の状況のしからしむるところにして、この地にありてはまったく馬車を雇うことを得ず。ただ一軒の車行ありて、小車、二把車の苦力《クーリー》を雇い入るることを得。

　この地はまったく済南の貿易範囲に属し、済南との交通を主とし、長清県との往来は、官署の往来にほかならざれば、その交通まれなり。ゆえに運賃のごときも、済南にいたる百六十支里のものを基礎とし、他はこれに準ぜしむ。その積載量および済南までの運賃を見るに、小車は一輪五、六百斤を積み、旅客なるときは両人を乗せ、一人押しにて、済南まで京銭五吊文、二日を要し、二把車はこの地にては、なほ小車と称し、両人にて引き、多く貨物のみを運搬し、積載五、六百斤、なんら小車と異なるを見ず。これ快速なるを要するため、もちゆるものにして、済南まで一日半を要し、京銭六吊文なり。大把車は二把車の大なるものにて、壱千斤を積み、七、八吊文なり。運賃は、肥城県も山東の他地と同じく、京銭にて定むるにて、制銭一文は京銭二文にあたるなり。

第十五章

武定府城（恵民県）

第十期生調査

位置および人口　武定《ぶてい》は済南の東北、直隷、慶雲の南九十支里にあり。城池は、宋の崇寧元年はじめて工部に詔し、修築せるものにして、周囲十二支里、高さ二丈二尺、幅丈余あり。門四、三重門とす。濠水三丈、幅五丈、飛橋二あり。また護城堤をつくる。されどこの堅固なる城壁も雨に打たれ、風にさらされたる結果は、当年における豪壮の面影なしといえども、なおその構造規模の大なりしを想見すべし。

　城壁の長きにしたがい、戸数も比較的多し。城壁の長さは前諸県城に比し、優に二倍あり。城内の空地また広しといえども、市街の広さも前諸県城の約四倍あり。今、その人口を概算するに、戸数七、八千戸、人口一万七千五百くらいと見て、大差なかるべし。土人は人口二万と号すれども、やや誇大の言なるがごとし。

気候　当地もまた大陸的気候の通性《つうせい》をまぬがれずといえども、東方一面は海に接し、かつ南洋より来たる熱帯暴風を受くること少なきがゆえに、気候、比較的、直隷南部などに比してよろしく、武定府は夏期摂氏三十五度を最高とし、厳寒は氷点以下十七度をくだることほとんどなしという。空気、常に乾燥す。しかれども、夏期七月初旬より雨期に入れば、降雨は芝罘付近よりことに多きとあり。春と秋は南風および南西風おもむろに来たりて、肌に佳なれども、冬期は北風強く、終日絶えざるとあり。降雪は十一月初旬より、これを見れども、三、四寸ないし一尺にいたるを普通とす。しこうして、この地は健康に適し、風土病のごときまれなり。

市街および市況　土地僻遠《へきえん》なるをもって、商業盛ならず。いわゆる地方貨物の集散地にして、消費売買の行なわるるに過ぎず。

　東西大街および南北大街をもって繁華となすも、他

▲　武定府城

の諸街は寂寥《せきりょう》たるものなり。広大なる城内に畑地、あるいは湖水のたまれるもの多きを見ても、その農業地にして商業地にあらざるを知るべし。大街においても大舗は少なく、多くは、雑貨および穀物をとりあつかうものとす。商務総会の設あれども、強制的につくられしものなれば、なんら見るべき施設なし。

　この地の貨物は多く、芝罘より来たり、周村鎮および済南より来たるものあれども多からず。輸入貨物のおもなるものは、マッチ、石油、洋布、海産物、ろうそく、針金等にして、この地より産出するものは、綿花、羊毛、麦、土布、牛皮等をおもなるものとなす。

　道路の幅員《ふくいん》は一間半なり。市場としては、毎五日に一回、大寺において、青菜等を商う。なお一挙に三、四回、大市を開く。一は薬玉廟においてし、他は城隍廟、北行宮においてす。前者は陰暦の四月二十八日、中者は九月七日、後者は初八においてす。

　この地は農業の中心なれば、農産物多く、コーリャン、粟、とうもろこし、麦、小麦、豆類等をはじめとし、桑、綿花、牛皮を出す。恵民農業会を設け、施設ややつとむるところあるがごとし。なお一望、際涯《さいがい》なき平原にして、すべてこれ畑地なり。一畝の価十五吊文（すなわち糸銭約三十吊）、二、三十文（京銭約六十吊）くらいにおよぶ。

物価　土産のものは廉なれども、雑貨および他地方より移入せしものは、なお不廉なるをまぬがれざるは自然の理なり。この地方には芝罘より来たる物品多く、なかには青島より来たるものあり。日本売薬のごときも、この地方店舗においてこれを見る。

羊毛	一斤	六百京銭（三百文）	一年三千斤を出す
綿花	百斤	二十五吊	一年五千斤を出す

交通　利津より百五十支里西方にあたり、商業上の勢力より、いわば天津、周村の中間にあたる。天津に出ずるには、まず徳州に出で、しこうして天津にいたるの路をとるを最近なるものとす。済南より来たる新聞は、陸路を来たり、天津の新聞は滄州より入り、六日にして達すべし。

　周村にいたるには何人もことごとく清河鎮を出で、青城をへて、これより周村に達する道をとるものとす。洋布、洋火、煤炭《ばいたん》等、すべて周村より来たる。洋胡口および商河にいたるには東門よりし、陽信および流坡塢にいたるには北門よりす。

飲料水　すべて井水をもちう。宿泊料は食事をとれば、別に房銭を要することなし。食事をとらざるときは、随時、百銭または五十文の房銭を要す。洗面水、茶にもちうる水等、皆、食費のうちに包含《ほうがん》せしむ。

　当地における主なる賃金を示せば、

木匠子	一日	五百銭
木匠子	一日	二百銭―三百銭（食付）
農夫	一日	一吊（繁時）
農夫	一日	五百銭―六百銭（繁時）（食付）
農夫	一日	三百銭―四百銭（閑時）
農夫	一日	二百銭―三百銭（閑時）（食付）
挑夫	一日	五百銭
挑夫	一日	三百銭（食付）

大車	一日	四吊（ただし帰りをも加う。すなわち一日にて達するところは二日分を要求す）
小車	一日	二吊（ただし帰りをも加う。すなわち一日にて達するところは二日分を要求す）
轎車（二所曳き一馬夫）	一日	三吊六百ｰ四吊（ただし帰りをも加う。すなわち一日にて達するところは二日分を要求す）
轎子	一日	客専門のものはなし。そは嫁入りのときにもちうるもののみ。それにて一日に六吊くらい麦播種の時節には、一日管飯一吊、不管飯二吊くらいのときあり。

物価

大米	一斤	百五十一京銭—二百銭
小米	一斤	三十五大銭
白塩	一斤	三十五大銭
白糖	一斤	三百多銭
コーリャン	一斗（十三斤）	七百二十京銭
黒豆	一斗（十三斤）	一吊三銭
黄豆	一斗（十三斤）	一吊百
麺粉子	一斤	
乾麺	一斤	百二十京銭
猪肉	一斤	五百銭
牛肉	無	
饃々	一斤	百十京銭

浜県より武定への途中、媒炭《ばいたん》の価を問いたるに、周村より来たるものにして、一斤二銭なりといえり。なお小桑落墅の市場において見たる布等は、皆、周村より来たるものなりという。武定の商品は、なお周村の勢力範囲内にあるものなるを知るべし。

第十六章

海豊県城（無棣県）

第十期生調査

位置および人口　海豊《かいほう》県城は、武定府正北六十支里、直隷の慶雲県にいたる四十支里、霑化県の西三十五支里、塩山県へ百二十支里、直隷の境をへだたる十七支里とす。

人口約千二百、戸数二百七十にして、人家は半瓦葺、なかば泥塗《でいと》なり。泥塗とはコーリャン幹をもって屋根地とし、その上に黄土を塗る。黄土は日光のために乾き、その粘質さらに硬度を増し、風雨をしのぐに足る。

城壁は長方形にして東西に長く、約二町南北の長さ約一町なり。高さ約二丈五尺、厚さ三尺、レンガをもって築き、東西南北に各一門を有す。破壊せる部分多し。南門を迎薫門といい、北門を承恩門という。

建築およびその他　主なる建築物は、衙門、文廟、郵政支局、城隍廟（以上城内）、白衣寺、高等小学堂、海豊塔（元十三階ありしといえども、今は七階を存す）。（以上城外）。

飲料水　飲料水は井水をもちい、冷水をそのまま飲みおるを見る。井は城内に約十個あり。この辺一帯に棗樹多く、景色佳なり。交通機関は牲口および小車にして、大車はまれなり。街頭、旅人宿業者多きを見ても、塩窩、霑化のごとく農業のみの市場にあらず。やや駅站としての面目あり。

第十七章 利津県城

第十二期生調査

黄河の左岸に位し、黄河口まで四十三マイル、濼口より三百五十支里の地点にして、航行し得べき最下流というべし。すなわち、これより下流には浅瀬多く、舟行ほとんど不可能なり。利津《りしん》より周村にいたる二百十支里にして、鉄道沿線の地に達する、最近のところとす。この地より北京にいたるに、もっとも迅速を要するものはまず周村にいたり、これより二日にして北京に達すべし。その他、西、慶雲、塩山をへて滄州に出ずること得。出入の貨物は周村より濰県にいたる。済南にいたるものも、また周村をへるを常とす。利津の塩は、下流の塩窩より来たるもの多し。

当地の人家はすべて千戸くらいとす。黄河沿岸においては繁栄なる都会にして、道路は南北および東西の街を主とす。市場は五日目ごとに開く。売品は、菜種、猪肉、鶏、塩、鮭、エビ、薬品、綿布類なり。

賃金

挑夫	一日	三百銭（食料雇い主もち）
挑夫	一日	七百銭（自弁）
轎車	一日	二匹ラバ三吊
轎車	一日	二人四吊
小車	一日	一人一吊
小車	一日	二人一吊八百文—二吊
木匠子	一日管飯	三百銭—七百銭
木匠子	一日管飯	七百銭
種地的（農夫）	一日管飯	
種地的（農夫）	一日管飯	五百銭—六百銭（繁忙時）
種地的（農夫）	一日管飯	百五十銭—二百銭（閑散時）
轎子	無	

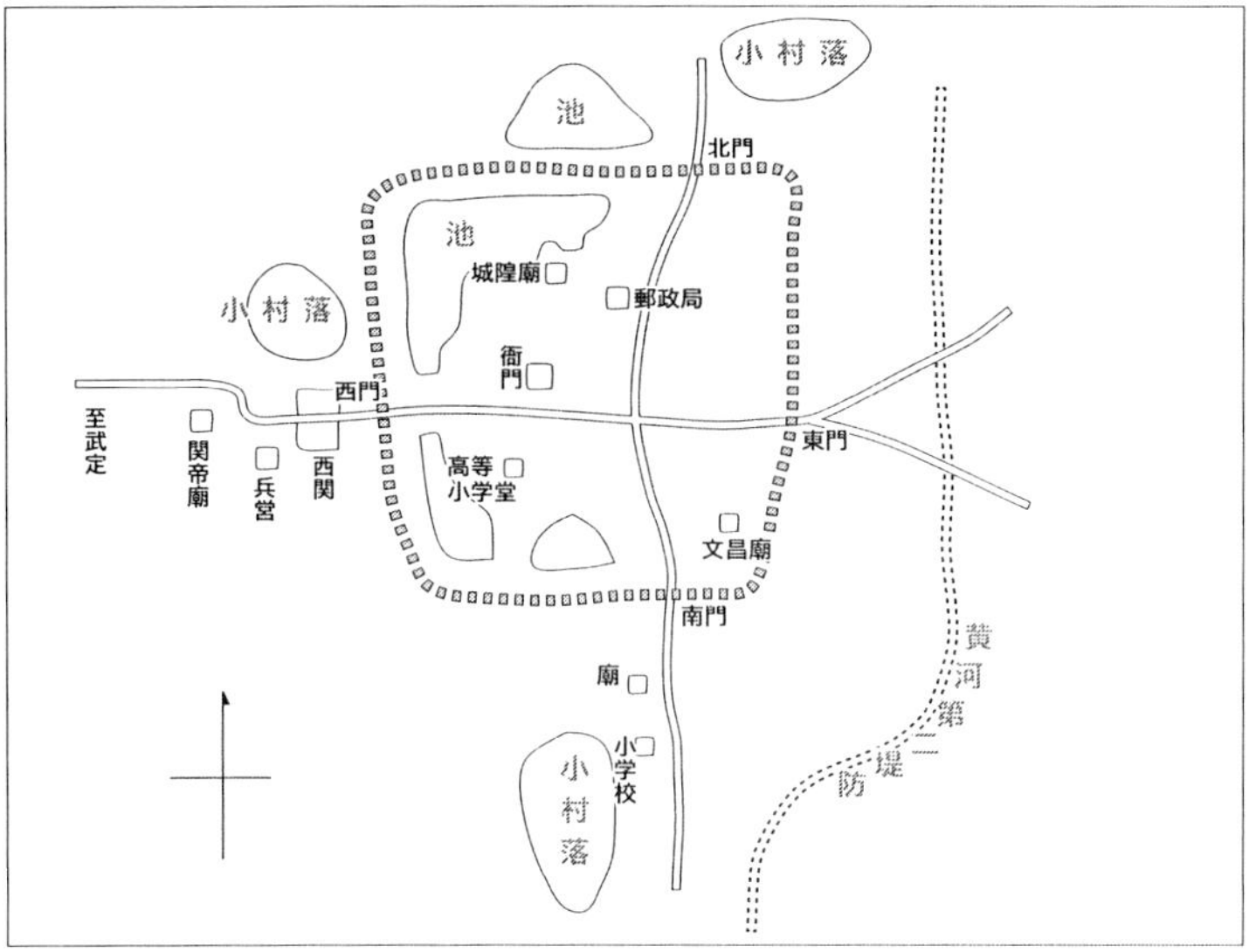

◀利津県城

物価

小米	一斗	二吊六百文
大米	一斗	四吊－五吊
コーリャン（黄）	一斗	一吊六百文
コーリャン（白）	一斗	一吊八百文
白塩	一斤	百五十箇銭
白糖	一斤	三百二十箇銭
猪肉	一斤	六百銭－八百銭
牛肉	無	
黄豆	一斗	二吊百文－二吊
黒豆	一斗	二吊
麺粉子	一斤	二百二－二百銭

飲料水は、河水および井水をもちゆ。

黄河の汎濫は、四月よりはじまり九月に終わる。増水期には堤防の上部を破壊し、減水期には下部を破壊し、年々、下流百支里の地方に、黄土をもって多大の土地を新たに生じ、十年前まではこれを放置せられしも、人民の移住を奨励したるをもって、今や一村をなし、その土壌は大豆に適すという。

当地は産物として、綿花、大豆、コーリャンおよび麻を出す。線花は実のまま、芝罘および済南にいたる。豆粕および豆は、皆、上海に向かう。

芝罘にいたるには道路困難なれども、三日をもって達す。くだりはやや容易なりといえども、のぼりは普通八、九日を要すべし。浜県にいたる六十支里、これより武定まで九十支里と称す。利津は一九一一年の調査によれば左のごとし。

戸数	一、九九九戸
人口	五、二七六人

今、この地住民の生活状態を見るに、この地の一畝は、八百六十歩なりと（南方は二百四十歩）。しこうして一畝の価二十円ないし四十円とし、百戸中、土地を所有せざるものは四、五に過ぎずといえども、富豪少なく、ただ二、三を数うるに過ぎず。当地の富家は、一人にして土地五、六万畝を有するもの、あるいは二、三百万円を有する者ありという。しかれども食事は同じく、コーリャンを食い、陋屋《ろうおく》に住し、一般の生活程度きわめて低し。南方において財産を有するものは、必ずその家を美にし、食に贅をつくすといえども、当地においてはかくのごときもの、一人もあることなし。

中学校においては、皆、英語科を設け、小学校において英語を教授するは、繁華の地のみ。従来ことごとくドイツ語なりしも、のち英語にあらためたるものなりという。

五日ごとに市場を開き、なおほかに年々二、三回の大市あり。旅館において、客は自ら水をあがない来たらざるべからず。

第十八章

十六戸および塩窩

第十期生調査

第一節　十六戸

十六戸は利津県下の一小部落なれど、この地は寧海のごとく、農業のみを生業とせるところにあらず。商家多くして、ジャンクの碇泊するもの少なからず。利津県の北三十支里、黄河口をへだたる約百支里、人口約千三百、戸数三百くらいなれども、対岸の塩窩に比し、市況、盛なるがごとし。これ塩窩の岸には、ジャンクあまりに碇泊せざるためならんか。

街路は一条にして、他は街路というべからず。この唯一の道路は、幅員《ふくいん》二間半、平坦にしてややよし。市内には斗捐局あるのみ。他に見るべきものなく、交通機関は小車、ロバ、ラバ等とす。

飲料水もまた寧海と同じく、河水なるをもって、衛生上、有害ならん。当市は、旧暦の二日、十日、十二日、十七日、二十二日、二十七日の六日に市場開かれ、近郷より農産品をもち来たり、マッチ、その他、雑貨をもち帰る。十六戸より寧海までは、約十支里の路程なるが、この間、道路は堤防をかぬるをもって、平坦にして交通便なり。この両側に十支里の間まばらながら、ほとんど人家立ちならびおれり。ゆえに増水のときは、北側の人家は立ちのかざるべからず。吾人のこの地にいたりし、ときあたかも増水のときにして、移転しおりしもの多かりき。この地の産物は、綿花、花葦蓆、芝麻等にして、魚、えび、塩は海浜よりもち来たる。住民は、農夫、漁夫、商人、織工等とす。

▶ 寧海および十六戸

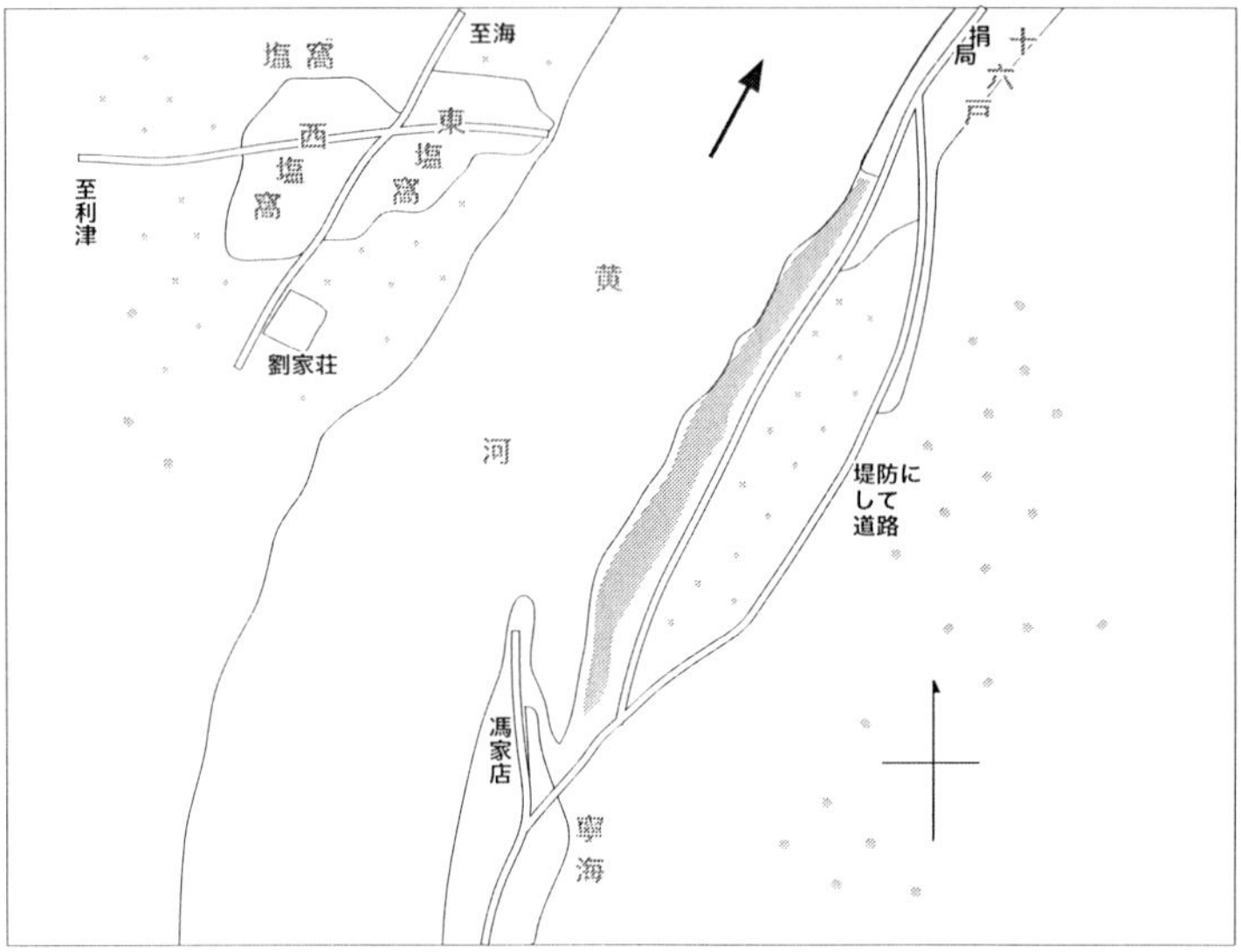

第十期生調査

第二節　塩窩

塩窩は、黄河河幅約三支里をへだてて、十六戸に対し、河口にいたる百支里、利津県城へ約三十支里、霑化県へ百十支里とす。

人口約二千五百、戸数六百にして、旧堤防の両側に集まる東塩窩、西塩窩の二部に分かる。黄河の近きほうを東塩窩とす。

道路は前述のごとく、旧堤防の道となれるもの多きをもって、道路のみ高く、人家はかえって低きところにあるものあり。しかれども、人家も堤防上に建てられたるところあり。平坦にして、道幅一般に広し。

飲料水は十六戸等と同じく河水をもちう。交通機関はロバ、ラバ、小車等にして、大車はまれなり。当市の生命たるは農業にして、この付近一帯より直隷にいたる間、通貨は銅銭を主とす。

第十九章

霑化県城

第十期生調査

霑化《せんか》県城は、武定府の東北七十支里、海豊県の東南三十五支里、塩山の西方百十支里、山東、直隷の境をへだたる約五十五支里、黄河をへだたる約百支里とす。人口約五百、戸数八十、人家は瓦葺き三分の一くらいにして、白壁のもの多し。

城壁は円形にして、東西南北の四門を有し、高さ一間半、厚さ三尺、周囲約十町なれど、大部分崩壊せり。道路は、南北両大街は幅員《ふくいん》約三間半にして石を敷き、他は大抵一間内外にして、交通機関は大車、馬、牛等とす。

主なる建築物は、衙門、両等小学堂、関廟、文廟、文塔、城隍廟、督捕庁等にして、もっとも宏大なるは北大街、

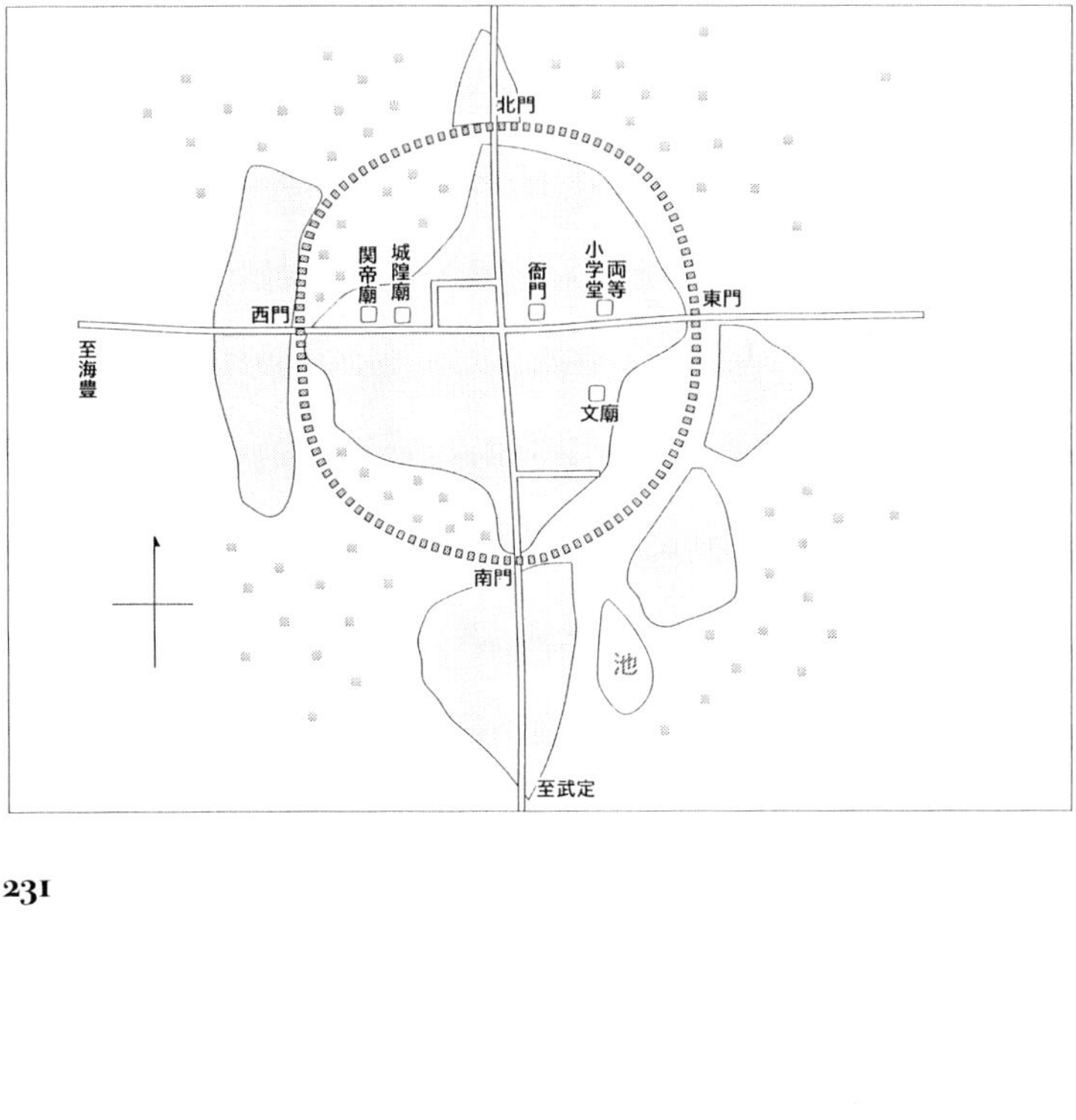

◀霑化県城

西大街に面せる当舗子なりとす。何がゆえに、かかる大なる質店が、この小邑に存立するかを疑わしむ。思うに農作物を担保として融通をなすがゆえに、この大なる設備を要するなるべし。

飲料水は井水をもちい、やや良好なり。井の数、城内に約十個あり。当市は一村落なりとはいえ、教育はやや盛にして、初等小学校（真武廟内）、単級教員養成所、初等農業学校等あり。

第二十章 蒲台県城

第十二期生
調査

黄河の左岸に位し、河岸より五支里の北にあり。戸数約五百、人口二千内外にして、見るべき市街としては、ただ南北門をつらぬける一路あるのみ。東門より西門にいたるごとき、ほとんど街をなさず。ことに西門は壁つぶれて門をとざし、その空隙《くうげき》より市人の通行するを見る。なお城壁はいたるところ破壊して、人これを出入するの状態なり。北門外には百五、六十戸の家屋あり。北鎮と称し、やや繁華なる市街をなす。これに反して、南門外には十数戸あるのみ。

利津へは水路にて六十支里、麻湾鎮へは四十支里あるいは四十五支里と称す。北門よりせば北鎮をへて、武定にいたるべし。清河鎮にいたる八十支里と称す。

飲料水は、すべて井水をもちゆ。別に池あり。水、清澄なれども、洗濯用に供するのみにして、飲料にはもちいず。

一人一泊宿料、五十箇京銭。麺をつくらせ、食するときは別に房銭としては徴することなく、ほかに若干の水銭を要求せらる。麺は二百四十文とす。

▲ 蒲台県の客桟

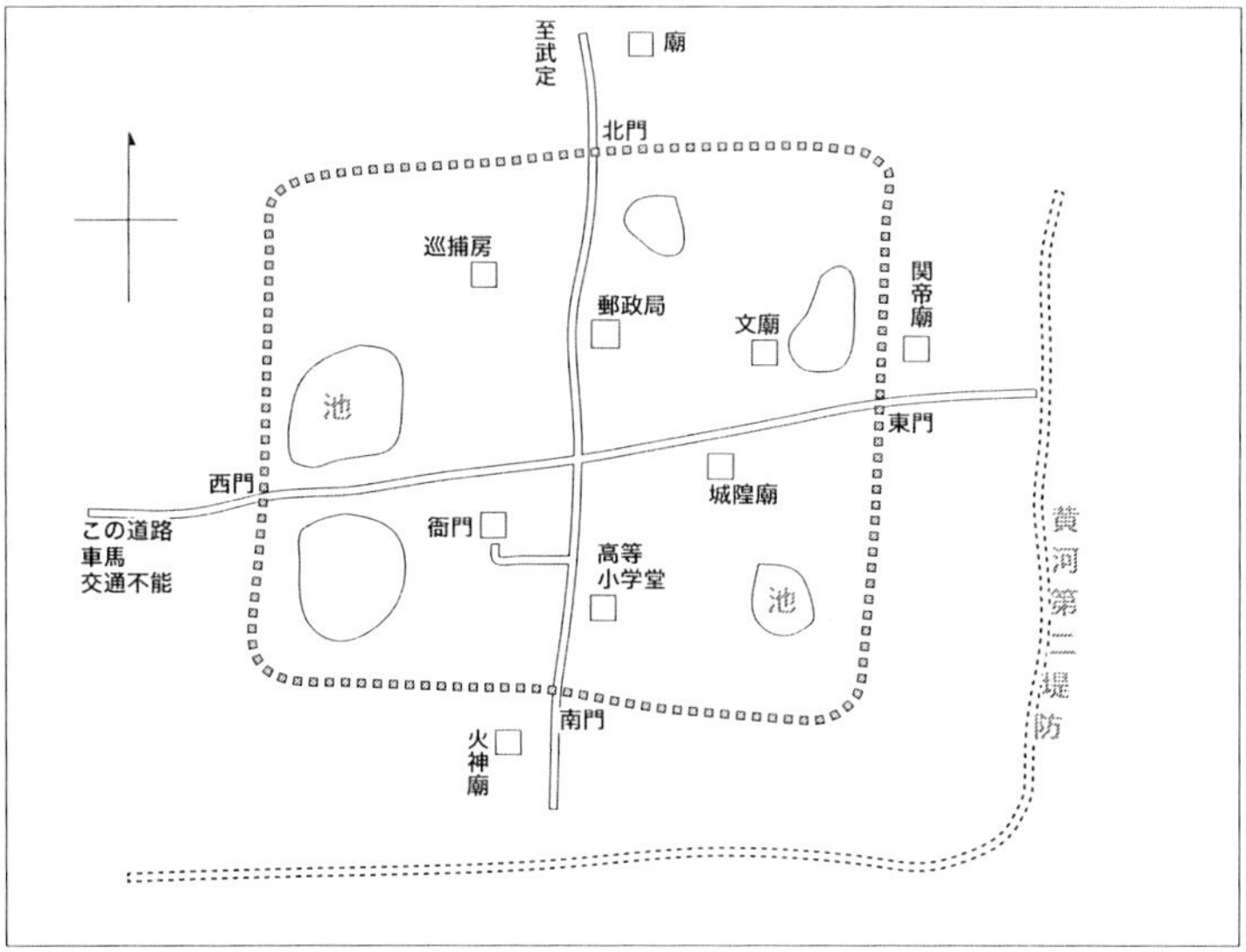

◀ 蒲台県城

賃金

挑夫	一日	二百銭
挑夫	一日	三百五十銭
種地的（農夫）	一日	二百銭—四百銭（農閑時）
種地的（農夫）	一日	三百八十銭—五百五十銭
大車	一日一匹馬	一吊六
大車	一日二匹馬	三吊二　二人つき
木匠子	一日	二百銭—三百銭
轎子	無	
小車	一日一人	六百銭
小車	一日二人	一吊二
牲口	一日騾子馬夫一人つき	八百銭

物価

大米	一斤	二百二十箇銭—二百三十箇銭
小米	一斤	百二十箇銭—百三十箇銭
コーリャン	一斗	一吊八百
黒豆	一斗	一吊八百五十
黄豆	一斗	一吊九百
白塩	一斤	八十四箇銭
白糖	一斤	三百五十箇銭
猪肉	一斤	五百五十箇銭
牛肉	無	
麺粉子	一斤	百十四箇銭

第二十一章

青城　城 県城

第十二期生調査

武定にいたる途中、黄河畔に大、小清河鎮あり。青城《せいじょう》、後者間は十八支里、前者にいたる二十五支里と称す。青城は、斉東の東四十支里にあり。戸数七、八百、人口約四千、市況済陽に比し、殷賑《いんしん》にして、また斉東よりは、もちろん繁華なり。街路の幅員《ふくいん》一間半なれども、すこしく降雨にあえば、ただちに泥濘《でいねい》となるをもって小車を通じがたく、一般に大車をもちゆ。石炭運搬車のごときは、馬を一頭中央につけ、前方にさらに牛三頭をつなげるものあるを見たり。

本県城内市街と見るべきは、東西、南北を通ずる十字路を最とし、北小門に通ずるものこれに次ぐ。しかれども建築物として、見るべきものなし。

▶青城県城

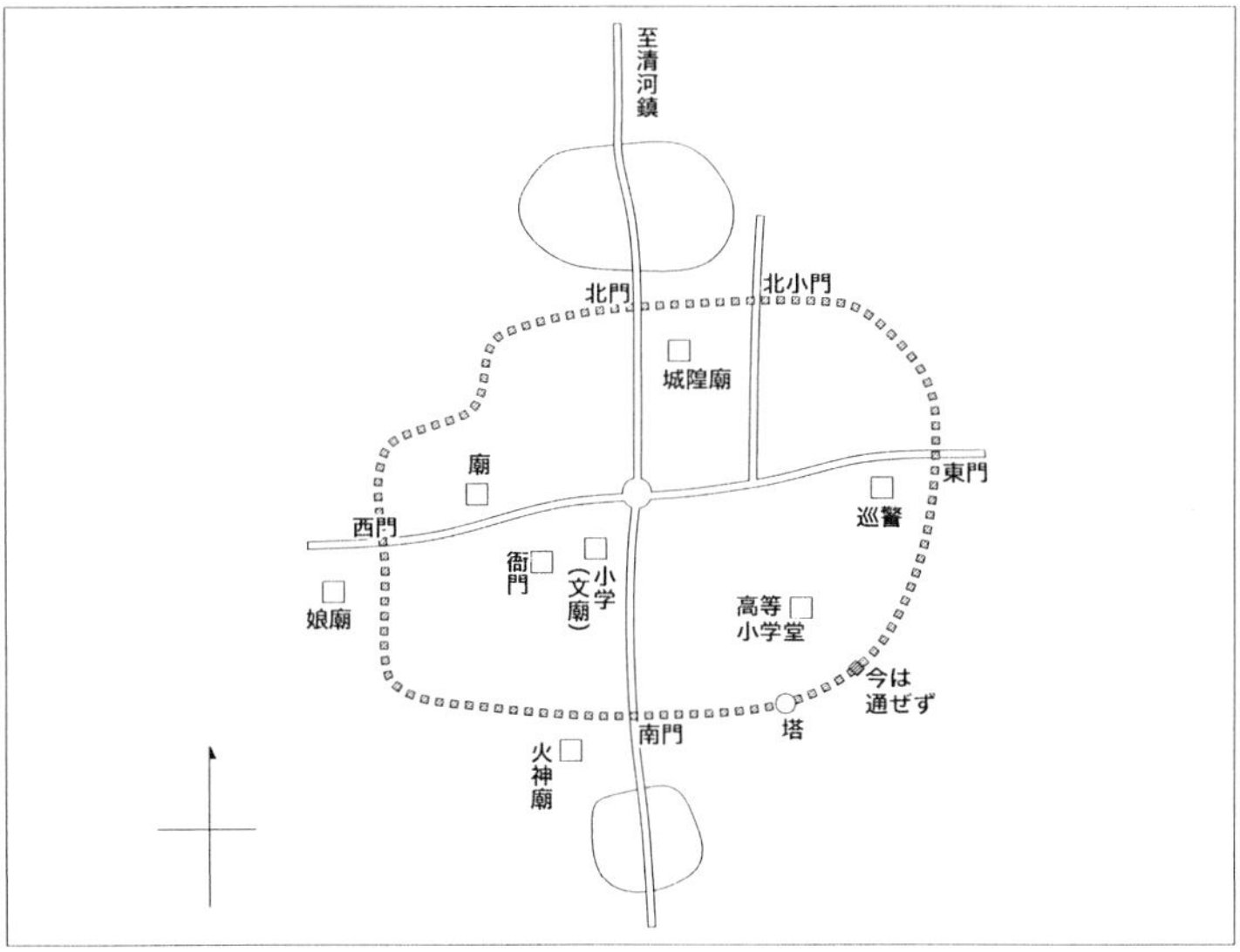

南門より斉東をへて、さらに済南に通じ、北門より黄河をへて武定に通ず。青城は単に一地方の中心たるに過ぎず。輸出入品は小清河を利用して上下す。

飲料水は、井水をもちう。宿泊料は前記諸県城のごとく、吃菜《チーツァイ》の代価だけを徴し、別に房銭を要せず。今、当地、諸賃金を示せば、

木匠子	一日	二百五十銭	食料雇い主もち
農夫	一日	二百多銭	食料雇い主もち
挑夫			
大車	一日	一匹	一吊
大車	一日	二匹	二吊二
轎子	（四人にてかつぐもの）		一人分五百銭

物価

大米	一斤	百八十京銭
小米	一斤	八十八銭ー九十六銭
コーリャン	一斗	一吊四百
白塩	一斤	八十八銭
白糖	一斤	十六箇銅板
緑豆	一斤	九十六銭
猪肉	一斤	四百八十銭
牛肉	無	
麺粉子	一斤	三百四十銭ー四百銭
黄豆	一斗（二十三斤）	二吊ー二吊八

第二十二章

兗州府城（滋陽県）

位置および人口　兗州《えんしゅう》府城は、曲阜県城の西南三十支里、津浦鉄道済寧支線の分岐点に位し、利国駅と済南との中間、泗水の北岸にあり。府城は、高さ五間、幅四間、周囲十四支里、曲阜城に比し、四支里大なりといえども、城内その三分の一は旱田《かんでん》にして、市街は年を追うて衰退するの傾向あり。人口二万と称す。

滋陽県は、前清時代、兗州府の首県たりしが、革命後、府治を廃するとともに、滋陽県以下、曲阜、寧陽、鄒県、滕県、泗水、汶上、嶧県、陽穀、寿張等の各県、各独立行政区をなし、陽穀、寿張の済南道に属せるをのぞきては、皆、済寧道管下に属するにいたれり。

市街および市況　市の街路は、東門より西門に通ずるもの、および北門より南門に通ずるもの、やや大にして、西門大街をもって主要街とし、往来の雑踏、商家の大なるもの、またここに存す。街幅は三間半、せまきところは一間内外にして、鋪石《はせき》なく、ために雨天に

▲　兗州府城を望む

は泥濘《でいねい》深く、晴天なれば塵埃《じんあい》飛んで眼口を開くに由なし。

城内建築物の宏壮なるものなく、ただドイツプロテスタント教会、およびカトリック教会の、巍然《ぎぜん》として

▲ 兗州府衙門の門前

城下を俯瞰《ふかん》するものあるほか、城内わずかに県知事公署、および警察署等二、三の公署あるのみ。学校は中等程度のものとして、師範学校、中学堂および農桑学堂の設備あり。小学校また二、三を有す。郵便局および電報取扱局あり。

　要するに、本地は通商の埠にあらず。むしろ農業本位と見るを妥当とす。土産としては、たばこ、薬材の市場に出ずるほか、別に名あるものなく、その他、麦、コーリャン、豆子等を産すといえども、これ彼らの食料にあてるものにして、他に輸出するにいたらず。

交通　停車場は城外東北隅に位置し、東門を去る数町、その間一条の官道を設け、交通機関としては、小車、馬車およびラバ等をもちい、他になんらの設備なし。

　この地、運河の恩恵をこうむることなく、南方泗水の通貫するものありといえども、夏冬ともに水浅く、舟揖《しゅうしゅう》の便を得る能わず。しかるに夏季、降雨ごとに河水氾濫し、田畑ために害をこうむること少なからず。されば商業交通は一律に汽車便によらざるべからず。近時、当地より西南、河南、開封にいたるの鉄道計画

せられつつあれば、将来の発達上、大に影響するものあらん。

対内外政治関係　この地は山東の曹州府と相ならび、人情、最獰猛《どうもう》にして、彼は梁山泊《りょうざんぱく》をもって知られ、ここはドイツ宣教師殺害事件をもって、その名を得たり。

　市中を往来するものは、ほとんどいたるところにその争闘を見ざることまれにして、商人のごとき者においてすら、すでにしかり。いわんやその他の階級に属する者においてをや。

　かのドイツ宣教師ヒックスおよびジークレスの殺害は、従来、中国に起こりたる外人殺害事件のごとき簡単なるものにあらずして、東洋になんら根拠を有せざりしドイツをして、最近、欧州戦争にいたるまで対東洋経営の根拠地なる青島を占領せしめたり。ドイツはさらに他方においては、この地に一大宗教学校を起こし、この地の中国子弟を収容し、しこうして、それらの費用は一切、滋陽県の負担たらしめ、毎年、銀四千両の補助を出さしむ。宣教師三十余名をここに派して、大にその政策の成功に力めつつありといえども、事実はその効はなはだ少なきものあり。これまったく、この地、中流以上の子弟はあえて入学するものなく、まったく下流子弟の集合にして、彼らははじめより、よくドイツ文明とその宗教を信じて入るものにあらずして、むしろ自己生活の窮状《きゅうじょう》より打算したるものたるに過ぎず。すでにその宗教政策のはなはだ成功せざるがごとく、その教育政策もはなはだ成功にとぼしきものあるがごとし。これけだし、彼がいたずらに暴威、圧制をもって、万事を処置せるによらずんばあらず。

　さらに本府城は、近くは復辟《ふくへき》を孤号して失敗せし、当時の長江巡閲使張勲の根拠地として知られしが、遠く唐虞《とうぐ》の世にありても、すでに名ありしところなり。かの魯王宮趾、鐘楼等は当時の遺跡にして、今なお南門外に存す。

第二十三章

曲阜県城

第十一期生調査

位置および人口　曲阜《きょくふ》停車場は、兗州府城の北十マイル半、鄒県の西北二十三マイル、済南の南方八十七マイル余の地点に位し、県城は津浦線の停車場より十八支里（約三邦里）の東方にあり。中間に泗水《しすい》の流れをはさむ。城壁は外城、内城の二にわかれ、外城は古城にして、内城は目下の県城とす。

　本地は、単に孔子の生地として有名なるのみにして、城内ははなはだ荒涼、県城なれども、今はわずかに一農村に過ぎず。土人の言によれば、当地は戸数千五百、人口七千と称すれども、実際の観測によれば、戸数八百、人口四千くらいを出でざるべし。

市街および市況　県城なれども、一の農村に過ぎざれば、街名等を存せず。縦横数条の通路あるも、皆、一様なる形式なり。なかんずく城の西門より東門にいたる街路は、比較的往来多く、その長さ八町におよび、県衙門はその中間に位し、その他は小雑貨店、農家、および不潔なる飲食店等あるのみ。

　停車場より県城にいたる平野は、国道とも称すべき道路通じおり、馬車あり（両輪なれど動揺はなはだし）、小車あれば、貨客の運搬、比較的便利なり。

　城内の道路は比較的整い、中間に幅二尺くらいの石を敷きたるところあり。もって小車の往来に便ぜり。

　交通機関は人力車なく、二輪馬車、小車および馬背《ばはい》とす。もっとも交通繁《しげ》き西門にて、午後六時における十分間の往来人員十八人、小車二、ロバ一頭なり。

著名建築物

一、孔子廟　孔子廟は、天下有名なるものにして、西門内にあり。その構造きわめて宏大、高き黄瓦の層楼数棟よりなり、あたかも一の城郭を構成しおり。遠く城外より望見するを得べく、さすがは世界三聖の一と

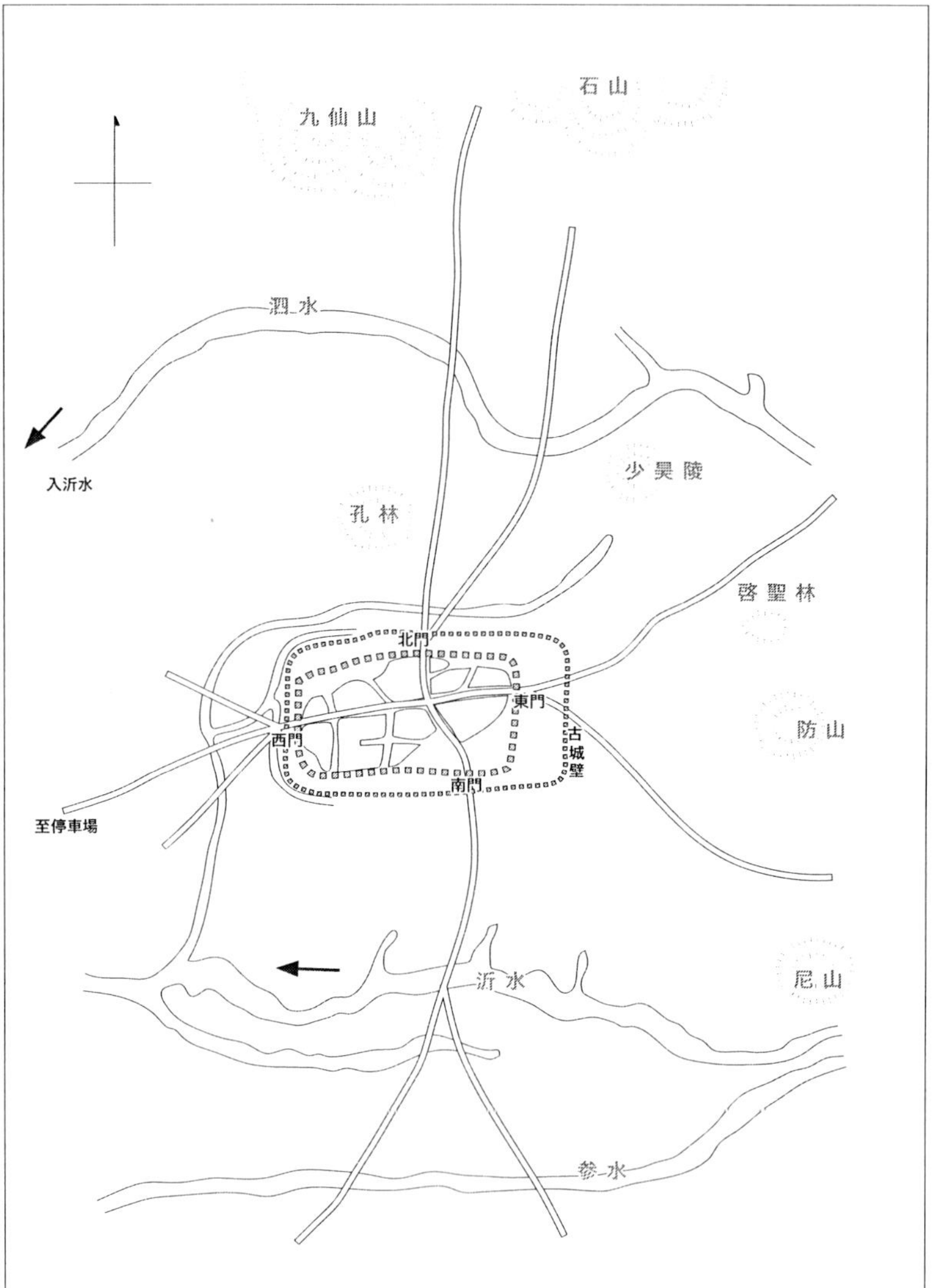

▲　曲阜県城

称せられるる孔子の廟なりと首肯《しゅこう》せらる。しかれども、吾人、外国人が参詣せんとすれば、かの貪欲あくなき門番の高き酒銭を請求するものあるにいたりては、夫子また地下に嘆《たん》ずるなきか。

二、官衙　曲阜県県衙門は、西門より東門に通ずる街路の中間にあり。きわめて荒廃したる衙門にして、現在の県知事を賈延琛となす。

曲阜区警察局は西門内にあり。当県下における警察事務を管理する本局とす。

▲曲阜孔子の墳墓

三、寺院　有名なるものなし。

四、教会　一もこれなし。

五、学校　当地は古聖の生地たるをもって、市街の荒廃せるにもかかわらず、教育は比較的発達し、一般に下等社会の労働者といえども、文字を識《し》る者多し。学校の主なるもの次のごとし。

一、曲阜県中学校は城東にあり。修業年限四か年にして、現在、学生七十名あり。

一、農業学校は東門外にあり。修業年限三か年、現在、生徒数八十名あり。

このほか高等小学堂二所、初級小学堂数所あり。

産業　付近一帯は田野よく開け、地味農桑に適す。したがって住民は大部分農業を営む。しこうしてその主要農産物は、豆類、落花生、小麦、香椿《チャンチン》、陸稲、コーリャン等なり。

工業としては家内手工業にして、コーリャンの茎をもって編みたる蓆《むしろ》を産す。

商業に従事する者は、住民の約四分の一に過ぎず。いずれも日常雑貨店、飲食店等を営む。要するに、当

▶曲阜大成殿の石階

地はまったく地方市場たるの価値なし。

地勢および交通　本城の東南八支里に尼山あり。これ孔子の生まれたるところと伝えらる。津浦鉄道の開通は、ただに旅客の来訪を便ならしめたるのみならず、当地に入り来たる洋貨日用品の増加を来たし、人民生活の程度を高むるにいたれり。しかれども、ことにその停車場は本城を去る十八支里の西方にあり。中間には泗水の流れあり。いまだ架橋の設備なきをもって、ここを通過する貨客は、一々渡船の煩《はん》を見ざるべからざる等の不便あるは、交通上の遺憾なりといえども、また聖地の価値はかえってその裏にあるものあらむ。

飲料水　いたるところ堀井あり。その水はきわめて清澄なり。住民、皆これを飲用す。

第二十四章

鄒県城

第十一期生調査

位置および人口　鄒県《すうけん》は滕県の北方約二十五マイル、兗州府城の東南十二マイル半の地点に位し、津浦鉄道の東辺にそえる県城にして、停車場より城内にいたるまでおよそ我が十八町（三支里）あり。城壁の周囲五支里と称し、城内、古木蒼然《そうぜん》として旧都のおもかげあり。

本地は県城なれども、その城内は人家ははなはだ粗にして、家屋の破壊せるもの多く、外観の大なるに比し、人煙ははなはだ寂寞《せきばく》たり。土人の言によれば、当地の人口は五万、戸数約一万五千と称すれども、実際においては戸数五千、人口三万とせば、大差なからむ。

市街および市況　当地の通路は比較的、整頓せるもの

▶鄒県城

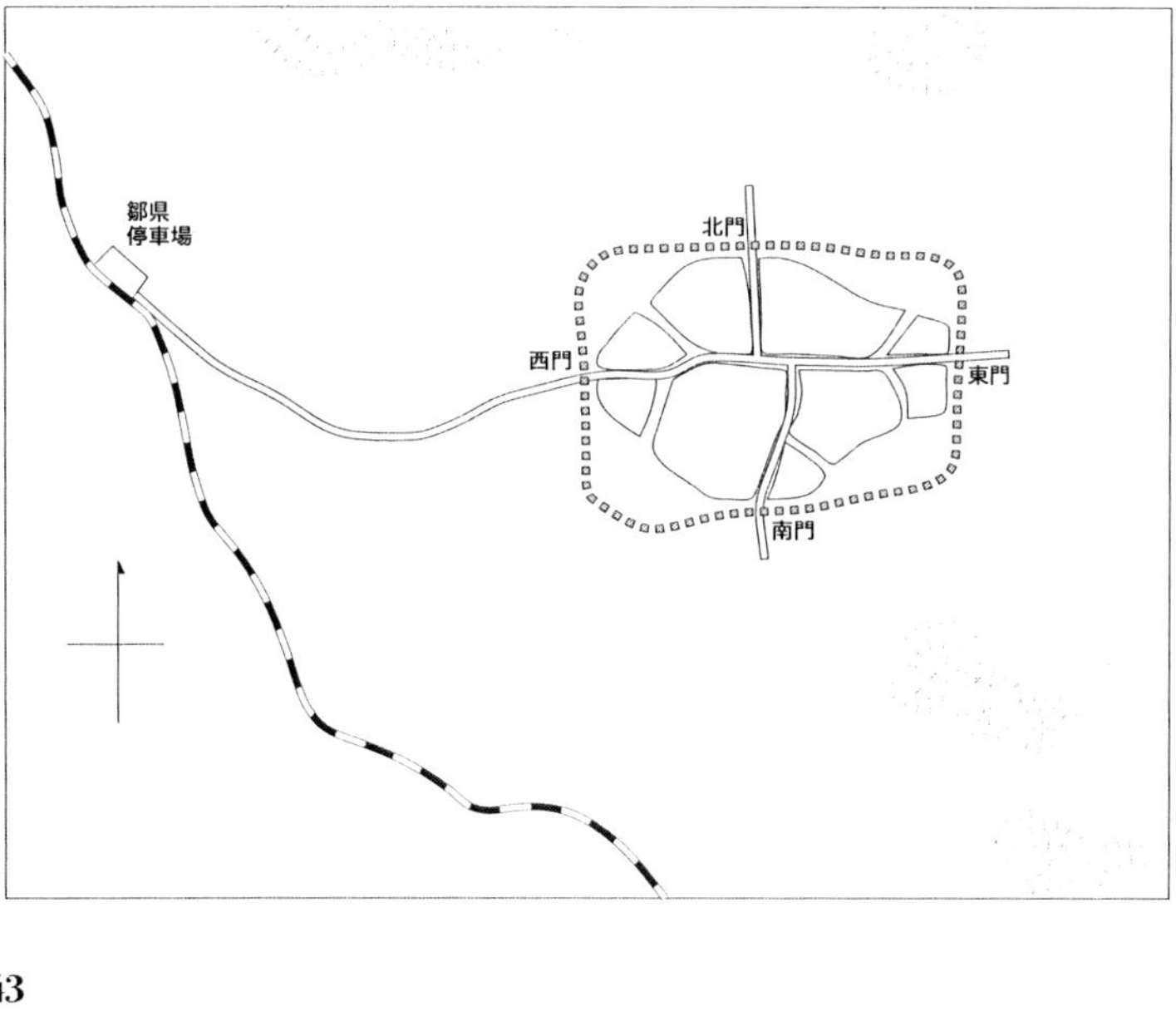

にして、停車場より城内にいたる通路は、幅員《ふくいん》二間より三間におよび、石を敷かざるも平坦にして、砂土混合なるがゆえに、雨天に際しても、はなはだしくすべるがごときことなし。

城内の街路は、幅員約二間半、せまきは一間くらいにして、主なる通路には石を敷き、凹凸はなはだしからず。しかれども排水の設備まったくなきため、一度、豪雨にあわば、街路はたちまち水と化し、はなはだしきは家屋内に浸入するにいたること、めずらしからずという。

交通機関は、小車、轎子《きょうし》をもちうるもの多し。城中、縦横に数条の街路あるも、別に街名の存せざるは奇観ともいうべく、そのうち著名なるは西門より東門に通ずる街路にして、長さ約五町に達し、路傍には古木、鬱蒼《うっそう》としてそびえ、その間に商家のやや大なるものあり。しかれども市面《しめん》、活気なく、往来人員またきわめて少なし。今、試みに停車場にもっとも近くして、人馬の往来繁《しげ》き西門における（午前九時より十分間）往来を見るに、人員五十一、小車六、轎一、大車三を算せり。

著名建築物および官衙その他

一、著名建築物　本地にはなんら著名なる建築物なく、ただ小なる停車場あるのみ。

二、官衙　鄒県県衙門は、鼓楼内にあり。現在の知事を鄭某となす。巡警区管理所は、県衙門の後方にあり。警察事務をつかさどるところとす。このほか、局所として見るべきものには、

上級議事会　我が国の郡会会議所のごときに相当す。

城区議事会　我が国の町会会議所に相当す。

商務局のごときものあれども、ただ名の存するあるのみ。

三、寺観　県下には四十の寺院あれども、本城内におけるものは、ただ西関外に娘々廟寺あるのみ。僧侶、数人あり。

四、教会　本城内には二か所あり。一はカトリック教会にして、イギリス人の経営にかかり。一はプロテスタント教会と称し、アメリカ人の伝道所にして、メソジスト派に属するものなりと。後者は前者に比し、信者多しという。

五、学校　第一高等小学校は、城の西隅にあり。生徒六十名あり。単級教員養成所付属模範小学校は、鼓楼にあり。甲乙両班に分かれ、単級五十名、小学三十名の生徒あり。このほか初級小学堂、二か所あるも、児童多からず。

産業　当地の住民は農業を営むもの多く、彼らの大部は東西南北の四城門の関外付近に住居す。農産物として名あるはコーリャン、落花生、柞蚕繭《さくさん》、麦、粟、薬材、豆類、麻、ごま、綿花等なり。しこうして当地方は、米の産少なく、住民は皆、粟、麦粉、コーリャン等を常食とし、県知事といえども、米飯を食せず。

工業はこれに従事するもの多からずといえども、当地は柞繭の産出少なからざるをもって、その製糸業を営むものあり。しかれども単に家内手工業、または農家の副業として行なうものにして、一も新式器械をもちうるものなしといえども、近来、豆粕工場の新設せらるるありて、精巧なる搾油機をもちいおれり。

商業は、市内および付近の日用品供給に過ぎずして、地方市場として有名ならざるも、豆粕、落花生油、薬材、柞蚕糸《さくさん》の輸出あり。いずれも済南または浦口方面に向かうものにして、柞蚕糸はいったん兗州府城に送られ、同地にて絹織物となし、または糸のまま済南に廻送《かいそう》せらるるものありという。しこうして綿布、たばこ、砂糖等を輸入して、これを付近に分配するものあるのみ。しかも石油を点灯にもちうる家は、本城内にて数うるばかりにして、多くは旧式の植物性油をもちいおれり。

地勢および交通　津浦鉄道の北段に入りて、当地付近よりやや丘陵の起伏するを見る。しこうして北門外、四支里のところに、綱山と称する岩山あり。鉄をふくむと称す。

付近の道路は比較的、整頓し、交通上さほど不便を感ぜずといえども、人力車なく、多くは小車、轎子《きょうし》をもちい、停車場と本城との間は、荷馬車の往来あり。かくのごとく本地の道路、比較的完全するにもかかわらず、城内の状況を実見するに、日に衰退の色あるは、実に一の疑問とするところなり。けだし当地は、旧県城として相当の繁華を保ちたるも、今はただその名残りを留《とど》むるのみ。これをもって見れば、津浦鉄道の開通も、当地には大なる影響をおよぼさざるもののごとし。これ一は、停車場と本城との距離遠きによるものならんか。

飲料水　住民は、大抵、井水を飲用とす。間々《まま》、市中を通ずる名もなき小流の汚水をもちうるものあり。井水は、きわめて清澄なり。

第二十五章

滕県城

第十期生調査

本地は利国駅を去る四二・二マイル、独山湖は西方四十支里にあり。北沙河、その東を流る。土地、平坦にして、高地としては龍山の北東に突起するあるのみ。県城は古滕江の故地にして、旧城は今の県城の北門外、一支里余にありという。戸数二千、人口一万余と称せらる。その城壁は堅牢のものにして、高さ七間、幅四間、周囲四支里にあまる。

停車場は城の西方、西門外近くにあり。本地は町並み正しく、家屋の美麗にして、大なる徐州、鳳陽の遠くおよぶところにあらず。大商軒をならべ、一見、一大商業地のごとく感ぜらる。東西南北、各一里、東門の生意街をもっとも繁盛の街路とし、常に市場のごと

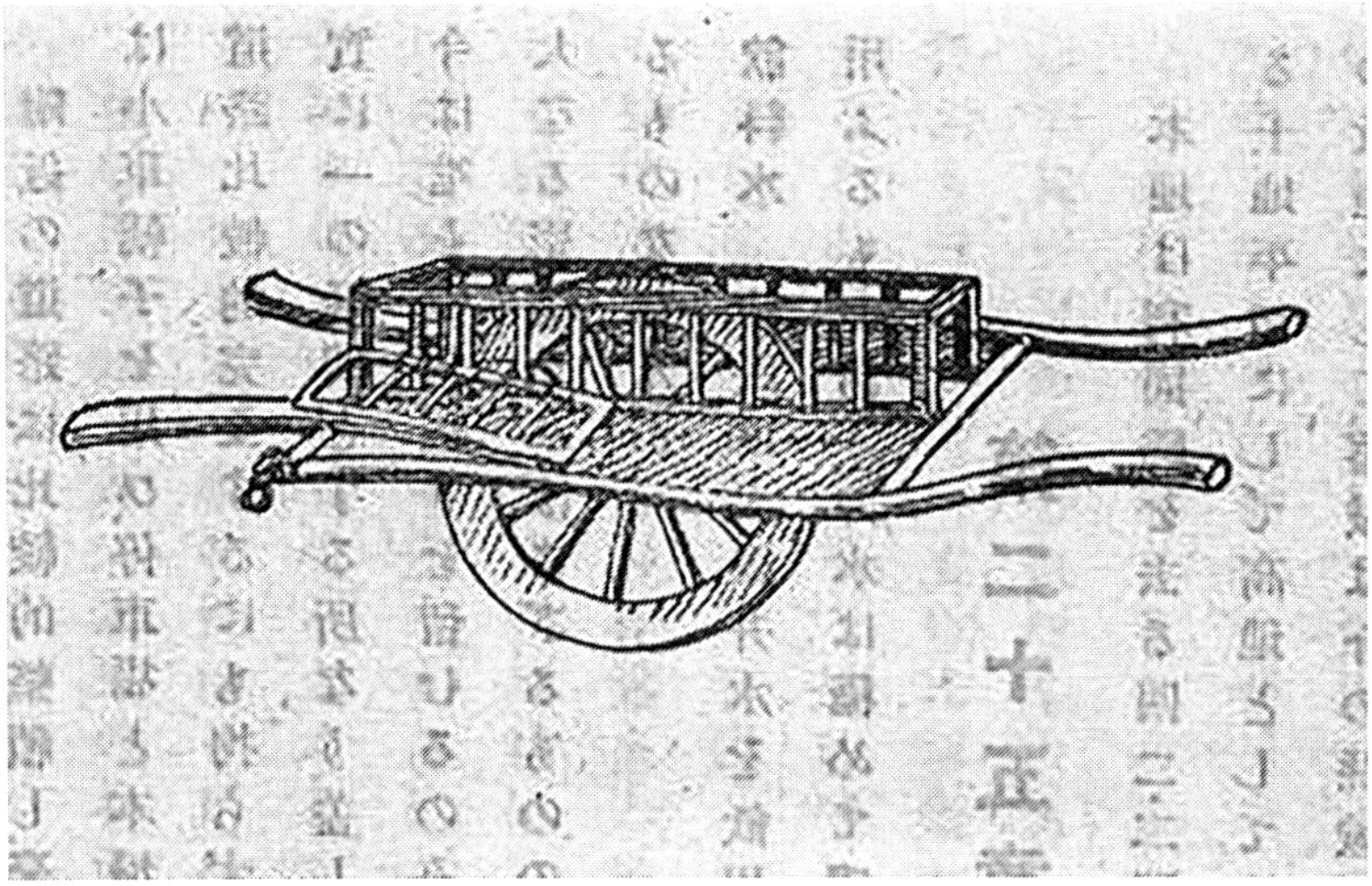

▲　滕県の二把車

く雑貨店、骨董店ことに多し。町幅約三間、敷石なければども地盤固く、多少の降雨あるも、他の市と異なり、交通をさまたげらるることなし。

本地は、郵政支局二あり。一は南門内に、一は東門内にあり。交通機関には、牛車および三、四頭の騾車《らしゃ》あり。貨物六、七百斤を積載し得という。運賃は百斤につき一支里二分半、ないし三分、山間峻険の地は四分半におよぶ。付近は落花生の産多く、土民の生業はもっぱら農とし、一般に富裕なるもののごとし。プロテスタント教会、カトリック教会（ドイツ）の設けあり。ともに堂内に小学堂を設け、子弟を教育す。

第二十六章

済寧州城（済寧県）

第九期生
調査

第一節　位置、地勢および気候

済寧《さいねい》州は、山東省西南部における重鎮たり。南は運河をもって、遠く江蘇省鎮江に達し得べく、北は運河により、黄河に出で、済南にあるいは天津にいたるべく、陸路、兗州、曹州の中間にあり。四通八達の要衝にあたる。

通志にいわく。この地は魚郊を翼とし、宋野をひかえ、汶水をめぐらし、泗流を帯とし、舟車四通の衢《ちまた》にのぞみ、商賈五都の市に集まると。方輿紀要にいわく。任城（済寧の旧名）は東琅琊をめぐらし、西鉅野をひかえ、北厥国に走り、南五郷に馳《は》す。南は江淮に通じ、北河済に通ぜり。邳徐の津をひかえ、宋衛の咽喉《いんこう》を扼《やく》す。戦国のときにありては、蘇秦亢父《こうほ》の険をいいしところなり。元にいたり人文開け、河会に通じ、形勢ま

▲　済寧州城九楼の一

すます重し。実に水陸あつまるところの要区たりと。

済寧州は諸水の集まるところ、山東の低地にして、東滋陽県にいたらざれば、山なく、西は曹州府帯の平野に、南北また平原をもって囲まる。南北および東方、やや山阜《さんぷ》なりといえども、一、二の丘陵たるに過ぎず。この地区、蘆溝泉、浣筆泉、龍泉等、泉水多し。これ低地なるをもって、水集まりて、みずたまりをなせるものなり。河水また多く、この地に集まる管河道のごとくに駐紮《ちゅうさつ》するところ、運河はこの南門外を過《よ》ぎり、南北に通ず。運河に入る諸水を挙ぐれば、汶河は泰安県宮山の下に出で、泰安県の仙台嶺に出ずるもの、および、莱蕪県の陽に出ずるものとを合し、寧陽県の北に入り、汶上県より運河にそそぐ。

泗水《しすい》は、州東四十支里、滋陽県より来たり、南灌集にいたりて州境に入り、南流四十支里、姫家荘にて北折して西流し、新泗河を経、張家扗を過ぎ、仙官荘にいたりて南流し、魯橋、沙州等を過ぎ、運河に入る。

府河は滋陽県より来たり、州の東北蒜園において州境に入り、西流して西貞家荘にいたり、南流して楊家橋に達し、また西流して宮村北を過ぎ、城の東北より来たる洸水と合し、城西、夏家橋にて馬埠湖に入る。

洸河も滋陽県より来たり、州の東北二十支里において州境に入り、西南流して、夏家里にいたり、南流黄垞を経、城の東北謝家営の東南にて府河と合し、馬場河に入る。長澹河は、嘉拝の澹台河なり。州の西四十支里にて州境に入り、東南流し、王家口にて、牛頭河に入る。雨多ければ河水みつるも、ひでればすなわち水なし。

馬場湖は、城西にあり。池周六十支里。その南方は運河を抱き、府洸二河の河水をたくわう。南旺湖は済寧運河の上源にして、州北にあり。汶水の瀦《ちょ》するところ、その東湖を独山湖という。周六十五支里。百二十歩ありて、地千八百九十余頃《けい》にあたるという。このほか南には、独山湖、南陽湖あり。いずれも大湖にして、運河に接す。南陽湖は、魚台県の東北にあり。周囲四十支里。独山湖は運河をへだてて、南陽湖と相対し、兗州《えんしゅう》府にまたがる周囲百九十支里。馬泗諸水滙《かい》し、運河に入る。

済寧は低地なれば、諸水ことごとく集まり、運河水の滙《かい》するところ、したがって付近にこれら湖沢多し。夏日、雨量多きときは湖ますます広く、一望百里すべてこれ水の観あり。済寧より運河の南北数十の閘をつくれり。

この地は山東省内において、南方に位置するをもって、他の地方に比すれば、気候温和なり。しかれども、なお大陸的気候の常態として、夏期きわめて暑く、華氏百度にのぼり、冬は三十度にくだる。積雪一尺を超えること、ほとんどまれなれども、なお結氷し、ときに寒気厳しきものあり。

四季、ともに空気乾燥す。夏期は雨量多けれども、霽後《せいご》は、なお空気のはなはだしく乾燥せるを見る。直隷南部地方に比すれば、気候よろしく、したがって健康に適し、風土病のごときはきわめて少なし。

第二節　市街および人口

城壁は、元、土をもって築き、明の洪武三年あらためて磚《せん》をもってす。高さ三丈八尺、厚さ二丈周囲九支里三十歩、外部磚にして内部土とす。

人口、済寧州城内と南関とを合して、六万七千あり。こは最近の調査による。近く設けられたる自治局の調査したるところによれば、州四郷の人口三十二万三千ありという。

第三節　教育および宗教

教育は官の奨励と同時に、人民もまたその必要なるを認め、大に発達せり。ことにこの地は商業地にして、交通利便なれば、教育のごときも着々進歩し、他地方に比し、大に文明の域に進みつつあり。

現在、州城内に設立せられたる学堂を挙ぐれば左のごとし。

学校名	位置	生徒数	監督と教習
中学堂	城内	六八	五
初級師範	西関	四三	三
農業学堂	南関	五〇	三
両等学堂	城内	三〇	三
高等小学堂	城内	二〇余	三
初等小学堂	城内四所	一所約二〇	毎所一名ないし二名

この地、文盲の徒少なし。中学堂は現在、三班に分かたる。

儒教を奉ずるもの多く、人口の十分の五を占む。道教二、三百人。仏教信者また少なからず。カトリック、プロテスタントは教堂あれども、信徒少なし。しかれどもドイツ人は、以前より巍然《ぎぜん》たる会堂を城内に設け、布教とともに勢力扶植《ふしょく》に汲々《きゅうきゅう》たりしなり。この地、住民には回教徒すこぶる多く、南関に清真寺の大なるもの二、小なるもの四、五所あり。南門外一帯、ほとんど該教徒のみにして、一街を形成す。信者の数、四千人にのぼるという。

第四節　商業

済寧州は南運河に沿える枢要《すうよう》の地にして、山東西南部商業の中心たり。優に、兗州《えんしゅう》府をしのぐ。運河の漕運に関する設備、また少なからず。運河は南門外を過ぎ、北、黄河流域に通じ、南は江蘇省に達す。この地の南門外はその船舶の碇泊地なるがゆえに、城市の繁栄は、南門の内外をもって第一とす。

山東省西南部一帯の需要供給は、本市場のつかさどるところにして、商店としては、東城に麺行、南城に雑貨行多し。城内、孫玉堂なる醤園は、実に付近まれに見る大商賈《しょうこ》なり。

この地、天津、上海の中間に位し、むしろ天津に近き地位にあり。しかれども運河によるものは、北方、水道不良なるをもって、その輸入の多くは上海より鎮江をへて来たる。洋布、沙紗、洋綢の雑貨より、陶器、綿布、綿糸、米等を多く輸入す。青島、芝罘等より済南をへて、この地に来たる貨物、また少なからず。済南との通商は古くより開け、濼口より民船にて来たるものと、陸路、泰安府をへて来たるものとあり。その主なるものは、砂糖、マッチ、綿布、綿糸等とす。津浦鉄道の建設せられて以来、天津方面よりの輸入多し。

近来、運河浚渫《しゅんせつ》の計画のもとに、アメリカ借款を起こすあり。将来、本県の発達に資する大なるものあらむ。

この地より輸出するものは、牛皮、牛油、落花生油、小麦、焼酒等なり。南門大街および南門外は、実に商業盛にして、この地、商務総会は光緒三十四年七月に設けられ、よく整頓せり。

第五節　交通運輸

済寧州城は、めぐらすに泗水および南運河をもってし、汶河の龍王廟より南するものは済寧城にいたり、東より来たる泗水の支流なる府水を合し、水勢大に増し、独山湖に入り、さらに南陽湖にいたり、江蘇省に達すべく、北は黄河流域にいたるべし。済寧州は、諸水集滙《しゅうかい》の区、山東省における低窪《ていわ》の地なり。南門外はその船舶の碇泊地にして、碇泊数百、南来北去、帆を連ね、舳《へさき》をならべ、相輻湊《ふくそう》す。実に水運の便をきわめ、交通の要衝たり。南は鎮江に達すべく、数百の民船、常にこの間を往来す。北は済南に出で、青島に達すべし。この地が山東西南部における大商業地たるは、一にこの水運の盛なるによるなり。

陸運は、大車小車をもって西、嘉祥をへて、曹州府に、南、魚台、金郷に、東、兗州府にいたるべし。陸運また盛ならずとせず。ことに近来、津浦鉄道なりて、済南より兗州をへて南、浦口に達せるあり。なかんずく、兗州府よりこの地をへて開封に達する支線敷設の計画ありといい、すでにこの地の測量を経、東城内にその事務所を見る。もしこの鉄道にして完成せんか、将来、水陸の交通ますます盛なるを見るべく、南運河の浚渫《しゅんせつ》にして実行せらるるにいたらば、民船また容易に天津にいたるを得べし。

第六節　農工業および物産

済寧には楊柳、楡槐等を産し、これを器具の材料とし、その需要、盛んなり。砕料は焼柴となす。現に工会を設けんとし、いまだ成立せず。農務総会は、この地に設けられて農業の設備研究に努めつつあり。農産物としては、コーリャン、小麦、紅棗、豆類等を出す。この地、銅器、鉄器、竹器等の細工販売をなすものあり。その他、牛皮、牛油、落花生油、繭綢《けんちゅう》、酒、粉條、粉皮、皮貨等あり。

この地は既述のごとく、元来、商業の中心地にして、農業地にあらず。地価は普通の地一畝、最上五十吊、最下等十吊にして、宅地は城内、および南関にて一畝地、二百元内外とす。

第七節　物価および生活程度

この地、交通の便あるをもって、物質の集散多く、土産のもの、および外来のものとともに、廉価なり。住民は、午前九時頃と、午後四時頃（または五時頃）との二食にして、米あるいは饃々（饅頭に似たるもの）、もしくは麺をもって常食となす。商業、盛なるがためか、生活程度ごとき、また華他地方に比して高きを見る。普通、下級人民は、一日十銭くらいをもって生活す。巡警の給料、一日十二銭ないし十五銭なりという。家屋また整頓し、衣服のごときまた華美なりというべし。武定曹州府に比すれば、文明の程度、大に進めり。

物価の主なるものを挙ぐれば左のごとし。

米	一斤	百文	大豆（黄豆）	一斤	五十文
小麦	一斤	五十五文	大豆（黒豆）	一斤	七十文
白麪	一斤	七十文	葱	一斤	十二文
牛肉	一斤	百二十文	青菜	一斤	四文
豚肉	一斤	二百文	コーリャン	一斤	三十文
鶏肉	一斤	九十文	小米	一斤	四十五文
白菜	一斤	六文			

第八節　名所故地

この地、古跡としては、唐の李太白の酒楼あり。楼は南門の東にありて、李白この州城に客たるとき、飲中八仙の一人たる賀知章県令たり。李白を迎え、ここにさかずきを挙げたりと伝う。爾来《じらい》、この楼を存して、歴代重修をなし、大碑石の存するもの少なからず。李白の自筆にかかる壮観の二大字刻石は、楼下の正面にかかげらる。楼上には李白および賀知章の像をまつり、ともに眼辺に紅を潮せる酔顔を表わせり。

寺観としては、鉄塔寺、普照寺あり。ともに唐代の古刹なるが、鉄塔寺は清真の僧親王をまつれるがため、爾来、修理よく整い、遊観の客多く、僧徒も十数人住せるを見る。同治年間、英公使ペルシこの地に遊びて当寺の僧を賛するに、天下第一和尚なる英字を留めあたえしとて、今に扁額として残さる。普照寺にいたりては、その荒廃はなはだしく、廟頭守るに僧なく、前後の両楼むなしく、大仏像をとどむるのみ。唐代の面影は屢次《るじ》の兵燹《へいせん》にて、まったく認むること能わず。この地、杜甫の遺蹟として、南池、観蓮亭、玉露林、普済庵、浣単泉等あり。

第二十七章

沂州府城（臨沂県）

第十二期生調査

位置、人口および市街　高密をへだたる西南四百八十支里、濰県の東北約二百支里に位し、商品は道路の関係上、多くは濰県より来たる。馬車は濰県街道に通ずることを得るも、嶧県、その他の通路は小車を通ずるのみ。

人口は四万と号し、山東南方もっとも盛なる地にして、商業もまた大いに発達せるを見る。著名なる街路は、東門にいたるもの、南門より東西大街にいたるもの、および南門より関帝廟にいたるもの等とす。

南門外、油房巷には、湯浅洋行あり。落花生の買い入れに従事し、付近の各地に出張所を設く。日本人の在留を許さざるため、護照《ごしょう》を有し、旅行の途中としてとどまるもの二名あり。

この地は、山東南部の中心地たるにとどまり、特別の生産業なく、ただ近傍の炭坑は、その面積広大なる由、鉄道開通して炭山業発展せば、さらに繁盛を加うべし。

▲　沂州府城内

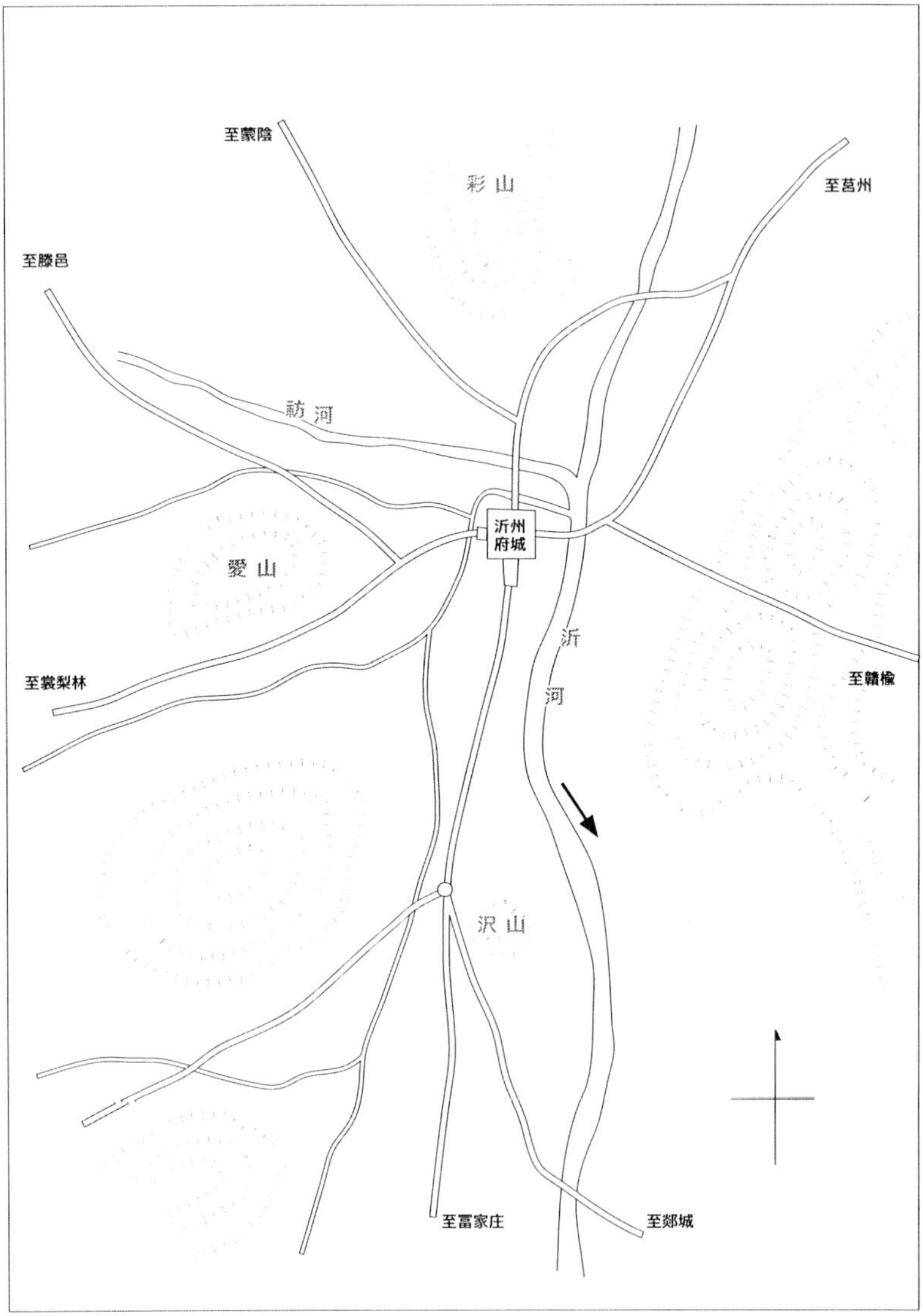

▲　沂州府城

官衙　この地は、旧沂州《ぎしゅう》府衙門の所在地にして、蘭山県衙門は南北大街にあり。

官立沂州府中学堂　校舎は考棚のあとに建てられ、規模やや大なり。生徒数百人、教習七人、うち日本留学生二人あり。

プロテスタント教会　南関にありて、アメリカ人の設立にかかる。教堂は一九〇九年、すなわち宣統元年の創設にして、信徒六百名を有す。教会堂は男女の席を区別せり。日曜学校の設備あり。また付属病院あり。男女に区別せられ、規模甚大《じんだい》なり。

交通　沂河は、城北三支里を流る。幅七町におよべども、水はその三分の一に過ぎず。河深は五尺くらいにして、渡船は幅四尺、長さ四間くらいの扁平《へんぺい》なる船にして、小車等をそのまま積載す。河中所々、河洲あるをもって、渡河に二時間以上を要す。

陸路交通には、馬車および小車あり。

生活状態　沂州府は山東極南の都会として、対江蘇交通の衝《しょう》にあたり、山間一の熱閙《ねっとう》をなす。その他、山河襟帯《きんたい》、自ら我が京都を連想せしむ。地誌に風気頸急と記せども、いまだまったく首肯《しゅこう》しがたし。観るところをもって言えば、富の程度、高密、膠州、莒州諸城に比し、はるかに高く、人民、自ら生活に余裕あり。民風優美にして巧慧《こうけい》なり、と称すべきか。八年の久しき年月をこの地に駐在し、この地、人民の気風を熟知せるアメリカ人宣教師アームストロング氏は「沂州人は正直にして従順、体力強健にして、よく労働に堪う。称して模範的中国人というも不可なからん」といえり。

飲料水は井水をもちう。

宿泊料としては、他地方と特別に異なりたる点なく、苦力《クーリー》は一日食料付にて、二百ないし三百文。挑夫《ちょうふ》は本来なきも雇うときは五、六百文を要す。沂州より石臼所にいたるには四日行程にして、百斤二吊文の運賃とす。

物価

白塩	一斤	二百文	**コーリャン**	一斗	四吊六七
白糖	百斤	二十三吊	**猪肉**	一斤	二百六文
大米	一升	一吊	**牛肉**	一斤	百八文
小米	一升	一吊二百			

第二十八章

莒州

城（莒県）

第八期生調査

莒州《きょしゅう》は、沂州府の東北百八十支里、日照県の西百六十支里に位し、北すれば安邱をへて濰県にいたるべく、東北は諸城より膠州に通ずべく、沂州府下へは三日にして達すべく、東南の大道は、江蘇海州に入る。東、海渚に連なり、南、泗沂の二水をひかえ、淮北の要衝を扼《やく》し、自ら青斉の屏障《へいしょう》たり。

莒州の地たる東に、屋楼、嶠山、梁文、観山、盧山の連山あり。城東二十支里の地に起こりて蜿蜒《えんえん》し、南に焦原、馬鬐、岑梅の諸山そびえ、西北は雪山を盟主とせる絡山、檀特山一帯のつらなれるありて、沂水県との境をなし、北は尭埠七宝、起山、高拓、壺山、雪孔の山々そばだち、東北、霊山、穀山、雹山に接す。

沭水は北方の山々より流れ出ずる諸水をあわせ、城東三支里を過ぎ、城西より来たる黄華水と会して南す。莒州は青山四周、百流合湊の山谷に建てる城市にして、人口約一万を有す。

城内の面積せまく、しかも空地あり。南門外および東門外に人家多し。道路ははなはだせまく、一間ないし一間半とす。

著名の市街とも称すべきは、東門より東西に連なる道路の東部、およびこの街より南門に通ずるものとす。南門外はやや殷賑《いんしん》の状を呈し、東門外、これに次ぐ。

建物としては衙門のほか、ドイツ人の経営にかかる礼拝堂およびプロテスタント教会等あり。

物価

大米	一升	一吊四	**白糖**	一斤	四百文
小米	一升	一吊	**麺粉**	一斤	百四文
白塩	一斤	十六文	**猪肉**	一斤	三百―二百六
コーリャン	一斗	八百	**牛肉**	無	

労銀

小車子	一日	三百二十文	挑夫	一日	二吊
木匠子	一日	四吊銭	農夫	一日	八百銭

第二十九章　蒙陰県城

第八期生調査

位置および人口　蒙陰《もういん》県城は、沂州府城の西北二百二十支里の地にあり。西北、新泰県城にいたる六十支里、東は沂水県に、西は泗水県に通ず。

泰山脈は東南に走りて、梁甫山となり。蒙陰県北を過ぎ、県の東南尭山に終わる。西北、石門山に崛起《くっき》する一脈は、県西五台集の一村より、東南に折れこうむって山となり、標高四、五〇〇尺におよぶ。両脈、相対してなかに沂河の一水をはさむ。沂河は県城をめぐりて南流す。

人口は、憑拠《ひょうきょ》するにたるべき調査を得ずといえども、寥々《りょうりょう》たる寒県、その数五千を出でざるべし。

市況　市況のなんら見るべきものなく、市内には県公

▲　蒙陰県東門

署および高等小学堂（光緒二十九年の開堂にかかり、学生十二名、教習二名を有す）、カトリック教会（ドイツ人の設立にかかるもの東門内にあり）等あり。

交通運輸　西は泗水、曲阜をへて、兗州府にいたる大道あり。西北、新泰に、東南、沂州府にいたるものは、いわゆる進京大路とす。東北、臨駒、穆陵関、沂水県に出るの三路あり。穆陵関に出ずるものは、もって青州府城に達すべし。交通機関は小車にして、普通、上海地方において見るもののほか、ロバをもって曳《ひ》くものあり。また一人曳き、一人押して進むものあり。

第十二期生調査

労銀および物価　生活程度は新泰とともに、はなはだ低きがごとく、その労銀および物価次のごとし。

労銀

挑夫	一人	七〇銭（京銭）	**木匠子**	一人	五百文
小車子	一人	一吊	**種地的（農夫）**	一人	四百文

物価

小米	一斤	百二十八文	白糖	一斤	四百銭
小米	一升	一吊三百文	猪肉	一斤	二百六十文（京銭）
大米	一斤	二百六十文	牛肉	無	
大米	一升	三吊百文	麺粉	一斤	百六十銭
コーリャン	一斗	八百五十文	大塩	（泰安より来たる）	十銅板
卵	十箇	七箇銅板	小塩	（東方より来たる）	八銅板
塩		八銭―九銭			

第三十章 曹州府城（荷沢県）

第九期生調査

第一節　位置および地勢気候

曹州《そうしゅう》府城は、西山東平原のなかにあり。一面の平原にして、山岳なし。大沢《だいたく》高陵の跡多けれども、水かれてその多くは湖沢をなさず。かの有名なる梁山泊は、府城の東北鄆城県の西北にあり。今は梁山集の名を存するのみ。

清邱は、城の西南三十支里の地にあり。一の丘陵なり。

黄河は、県の北境を東流す。昔時、河南の考城県より、曹州の南端を経、徐州に出しものなるが、現今にては濮州において黄河にわかれ、東流して東平州に入りて、また合して済南にいたる。

荷沢(湖名)は、城の東北三十支里の地にあり。済水、東流して荷沢に入り、また東北流して、その南に出るものを荷水とす。魚台をへて、南運河に入る。趙王河(渠水)の城東方と、錮店より葭密を経、東し、鉅野県を経、安興集を過ぎて鄆城県に入り、南東して済寧州にいたり、南陽湖に入る。鄆城県のあたりにては、小沢少なからず。

南清河は荷澤双河口より出で、東流して清河となる。南、定陶の諸水を併呑《へいどん》して東北流し、清浪州を経、許家楼にいたり、鉅野県界に入り、閻家河となる。嘉祥にいたり、澮台河となり、済寧に出でて、趙王河(牛頭河)に合す。灉水は小河なり。県界を過ぎ、鉅野にいたり、牛頭河に合す。濾台河の南を流るる小河、すなわちこれなり。

万福河は定陶県に発し、平野を東流し、小渠の水を集めて新開河と合し、魚台にて南陽湖に入る。新開河は、源を城武県の北に発し、単県の南より来たる桑家河と合して東北流し、万福河と合す。分山河、淤河、後薪河等の小河は、城の東西にあり。いずれも趙王河に入る。

渠溝《きょこう》なお三、四あれども、いずれも小にして、水、涸る。夏季、雨量多きときに、水あるのみにて挙ぐるに足らず。雷沢は、城の東北六十支里のところにあり。灉水の入りて、泊《とまり》をなすもの、すなわちこれなり。

地勢かくのごとく僻遠《へきえん》にして、荷沢多く、地よろしからざるをもって、古来、産物少なく、したがって土民、気荒く、剽悍《ひょうかん》にして、無頼の徒、多きなり。

気候、大陸性を帯ぶれども、おおむね温暖なり。夏期、もっとも暑きときにして、華氏百度なりという。十二月、一月、寒気酷烈《こくれつ》、北風すさまじきものあれども、直隷省南部のごとく、終日、暗雲漠々《ばくばく》として、朔風《さくふう》、絶えざるがごときことなし。降雪は、一尺くらいを普通とす。

第二節　市街および人口

府城は明の正統十一年の建造にして、周囲十二里、高さ二丈五尺、厚さ三丈、地渠《ちきょ》広さ四丈、深さ一丈あり。その豪壮なる西方重鎮たるの観あり。外城は乾隆三十二年、土城となし、城の外を囲む。長さ千八百七十二丈、その壮大なる人をして梁山泊の故地、人情、剽悍《ひょうかん》なるを偲ばしむるものあり。

自治公所の調査によれば、人口は城内に六万ありと称するも、五万を出でざるべし。

この地、商人はなはだ少数なり。多く農業者なれば、生活程度したがって低く、普通、住民は一日百文くらいにて生活をなせるがごとし、常に粟、コーリャン、饃々等の粗食をなし、粗服をまとうて平然たり。

第三節　軍事

元来、この地は古梁山泊のありしところ。人民剽悍《ひょうかん》にして武を好み、また土匪《どひ》起こること多く、盗賊徘徊するをもって、武備は古より深く、意をもちいたり。

城内西門裡に曹州鎮ありて、総兵駐在す。古来、曹州は枢要《すうよう》地にして、闊達《かったつ》なれば、兗州鎮に属する曹州営なりしをあらためて総鎮を府城におき、県境軍政、すべてこれに属せしむるにいたれり。およそ十二協営ありて、東は鉅野営、南は単県営、西は直隷、東、明県界、北は総州営にいたるまで、総兵これを統ぶ。中営遊撃はその属をひきい、操演、弁兵ならび軍砦、器械、兵馬、糧餉《りょうしょう》の事務をつかさどり、右営都司またこれに同じ。その所属各州県の営は、大小官百九十八員馬、歩戦守兵、合計五千四百四十四名なりしなり。しかるに光緒三十年、緑営《りょくえい》裁汰の命くだり、新軍の組織を発布し、これを漸次《ぜんじ》改革せんとするにおよび、現今においては巡防隊となせり。されどこの緑営の兵士は、世々その地にあり。その禄により、生計を立つるものなるがゆえに、これを一時に廃止する能わず。漸次《ぜんじ》、改革して新軍に移らんとするなり。さればその軍制も新旧相混合をまぬがれず。元来、山東省には登州鎮、兗州鎮、曹州鎮の三あり。各十四営を普通とし、一営、約三百人、計四千二百余の兵士あり。この地を山東右路とし、兗州を山東前路とし、登州を山東左路と称す。兗州府は十五営あり。曹州には目下、十四営ありて、九営城内にとどまり、他は管下各地方に分派して地方を守備し、臨津地方にまでおよべり。宣統元年四月より巡防隊設けられて、巡緝営、防軍営、撫標新軍、巡防営等の名をもちい、事実は目下、千二百名あるに過ぎず。城内に三百の巡防兵と新兵六十あり。おおむね歩隊にして、馬隊きわめて少なし。県衙門には護勇馬隊、府衙門には歩隊をわかちおく。その数多からず。旧官制による中営守備署、右営守備署等あれども、ここには兵士駐在せず。

　沙土集、その他、重要地には巡検司あり。巡防兵、多く駐在す。

第四節　教育および宗教

教育は、この寒地《かんち》に似合わず発達せり。由来、山東の地、古より孔孟《こうもう》をはじめ学者多く出でたるをもって、教育は他地方に比し、ことに発達せるがごとし。

この地、普通中学堂には、邦人藤田狐寒氏ながく教鞭をとられしことあり。この地にある学堂を示せば左のごとし。

公立普通中学堂		一二〇人	監督一人	教習六人
官立中学堂		九〇人	監督一人	教習六人
初級師範学堂		一〇〇人	監督一人	教習四人
高等小学堂		一一〇人	監督一人	教習三人
師範付属高等小学堂		四〇人	監督二人	
初等小学堂	七処	各約二〇人	監督一二人	
農業学堂		五七人	監督二人	
官立女学堂	二処	八〇人	監督三人	管理一人

儒教を信ずるもの多し。回回教徒、また数百あり。プロテスタント二十人、カトリック約百人の信徒あり。

第五節　商業

曹州府は農業地の中心にして、商業地にあらず。東昌府との取引あれども、この地、商業は東、済寧州との関係密にして、その七分を占む。ゆえにこの地にもちいらるる輸入貨物は、青島および上海のもの多し。西、考城県を通じ、開封府とも商業関係あり。その三分を占む。輸入貨物は済寧におけるものと大差なく、この地、土産として輸出するものは、牛皮、綿花（定陶県を多しとす）、ごま、羊毛等なり。このほか麦、豆類多し。なかんずく薬材および定陶布は有名なるものとす。

第六節　交通運輸

曹州府は商業地にあらざること、すでに述べたるがごとし。したがってその交通発達せず、運輸また盛ならず。北方十里舗にいたりて、黄河に出で、民船により済南にくだり、開封に向かうことを得れども、多くは陸路貿易なり。この地は済南、開封の中心にあるをもって、済寧をへて済南に通じ、西、老城をへて、開封府に出ずべし。僻遠《へきえん》の地にあれども、陸路の要衝を占め、電線を通じ、道路またよく開通す。天津よりする貨物は、道口鎮に来たり、道口鎮よりこの地に移入す。されば交通運輸機関は、大車および小車にして、小車ことに多く、馬およびロバもまた使用せらる。

第七節　農工業物産および地価

一望広漠たる平野にして、農業、盛に行なわる。しかれども水田少なく、ほとんどすべて畑地なり。小麦、豆類、綿花、コーリャン、柿子、ことに牡丹《ぼたん》は有名なるものなり。花奇にして大、他処に産するものとその趣を異にす。その他、物産としては、綿綢、平絹、粉皮、粉条、薏苡仁《よくいにん》、薬材、水菓等名あり。

光緒三十年六月、工芸局を設け、織布、紡紗、織毯、染色等を主とし、細布毛布を製造す。荷沢伝習草弁所は、光緒三十一年九月に設く。草帽弁草、扇、草鞋、草蓆をつくる。宣統元年、教養廠を設けたるもふるわず。地価は、一畝上九十元より下十元にいたる。市内宅地は、大街と小街とにより異なれども、大街は四百元を普通とす。

第三十一章 青州府城（益都県）

位置および地勢　益都県城（旧青州《せいしゅう》府城）は、山東鉄道の青島をへだたる二四〇・二キロメートル、歴城県をへだたる一七一・八キロメートルの地にあり。山東鉄道は県城の北五支里の地を通じ、付近一帯は漠々《ばくばく》たる平原にして、黄土をもっておおわれ、西方六、七支里にあたり、高さ三百メートルの連丘をのぞくほか、山岳を見ず。河流は北門と北関とのあいだを流通する南陽水あり。これ県城の西南より来たりて県の北界を過ぎ、東流して瀰河に入る。また洋水あり。満州城の北を東流して後、北折し、渤海にそそぐ。

城地および市街　益都県は前清時代の青州府治にして、首県の地位にあり。府衙門もまた本県城内にあり

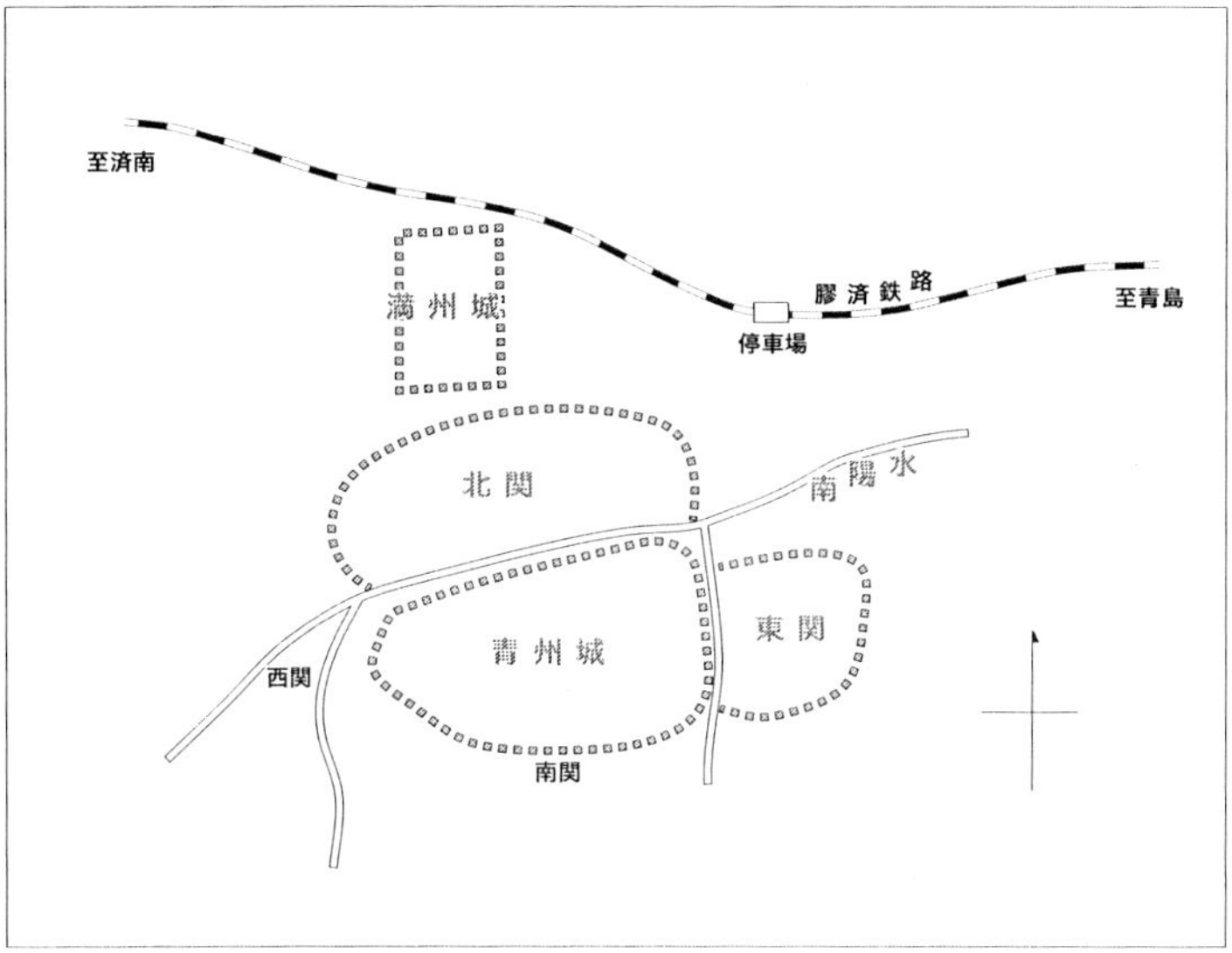

◀青州府城

しなり。しかるに改革後、府を廃したる結果、これを益都県と称するにいたれり。ゆえにその城池も普通の県城と異なり、規模大にして、周囲十キロメートルを有す。しこうして本県城内外を分かって、本城東関、西関、南関、北関および満州城の六区となすことを得。本城および北関のあいだ、南陽水流、通じ、同水に沿うて一墻を築く。これ、すなわちその城内を二分して、本城と北関とを形成するものなり。東関は全然、別箇の城壁を有するものにして、その本城との間には溝水あり。西関、南関とは西門外および南門外の地を称するものにして、満州城とは北関の北方五支里に一城をめぐらし、とくに満州八旗の居城と定めたるところなり。この地、十七世紀の中葉には満州人これを占領し、東部山東省を統治したることあるがゆえに、由来、山東における重鎮たりしなり。

　市街は城の中央にあり。西方は畑地多きも、中央部および東関、北関ははなはだ繁盛をきわむ。ことに東関は昌楽、濰県をへて、旧膠州城あるいは芝罘に通じ、北関は満州城を控え、旧済南府城に通ずるをもって、東北両関とも商業初より発達し来たれるところなるに、山東鉄道の停車場を、県城外東北に近く建設せられしかば、該両地の商業はますます殷盛《いんせい》となれり。

この地は既述のごとく、前清の府城をおきたるところを県とあらためたるにより、従来、存在せし府衙門はもちろん撤去せられ、目下、県知事公署をもって、行政の長官となす。これに付属せる警察署、県志局等の存在するあり。その他、益都商会、公所、小学校、中学校、師範学校、および商業学校等あり。

満州城　益都県は山東省中、旧済南に次ぐの大都にして、満朝入関以来、山東の重鎮をもって目せられ、満州八旗を駐屯せしめ、とくに普通の漢族と別天地を画して、満州城を建設せり。城は長方形にして、周囲二支里半、人口五千余を有し、道路井然《せいぜん》、家屋壮大、実に目を驚かすばかりなりき。しこうしてその住民たるや、もちろん八旗兵のみにして、彼らは当時において、比較的、新式なる軍器と新式訓練法とにより、中国軍人の精鋭を集めたるものと称せられき。しかるに一朝、武漢に革命の旗ひるがえるや、さしもの精鋭も時勢に抗する能わず。ついに革命軍のために蹂躙《じゅうりん》せられ、丹壁、彩甍、燦然《さんぜん》として、眼を眩《くら》ませしめし、大廈《たいか》高楼も、熱狂せる革命軍のために破壊せられ、ついに狐窟《こくつ》と変じ、昔日《せきじつ》、車馬喧騒の門前、今はまったく雀羅《じゃくら》を張るの寂寥《せきりょう》と化しおわんぬ。

住民および風俗　益都県城は、歴城県城に次ぐ大城なるがゆえに、その人口もまた少なからず。戸数一万、人口六、七万と称す。しかれども満州城の衰微は、実に本城としては大打撃にして、人口においても五千余を有せるもの、今はわずかにその一部をとどむるのみ。大部は満州方面に移転せるをもって、従前《じゅうぜん》より減少せるをまぬがれず。

人情一般に質朴《しつぼく》にして、外国人はただ宣教師の在住するのみ。その生活の程度等のごときも一般に低く、かの下層人民のごとき、朝に露を踏んで出で、夕に星をいただきて帰るも、その工銭はようやく七、八百京銭にして、その飯代は三回にて、二百四十六大銭をもってたれりとす。彼らの妻子は、刺繍を内職とするもの多し。

工業状態　当地は古より養蚕盛にして、黄糸製造に従事するものはなはだ多く、工場を設立して、これが製造に従事するものあり。すなわち憲奉創弁東益綢布工芸局これなり。同局は資本金五万両にして、徒弟百七十余人、緇糸職工六十人を有し、教師は遠く杭州より聘《へい》し、織機すべて二十二台を有し、盛に製織に従事せり。しこうして、これら織物の販路は、歴城、濰県、周村鎮、関東州の地方にして、一定の特約店を有し、これに売りさぐるを常とするも、原料の騰貴《とうき》せると販路の思わしからざるとにより、収支相償わずという。要するに当地は、手工業発達し、工銭の廉なるがため、かえってこれによるの利なるがためなり。

既述のごとく、本地における商業区は、東関、北関にして、年々、発達し、付近の産物を輸出するもの多し。その主なるものは、黄糸および絹物のほか、豆油、豆餅、牛、羊皮等あり。黄糸の輸出高は、多大なるものにして、青島、上海、芝罘に出荷す。

第三十二章

博山県城

第五期生調査

位置地勢および気候　博山《はくさん》は青州府城の西南に位し、孝婦河の左岸にながむ。山東鉄路の本線は、青州より西約三十マイルなる張店より、支線を分かつ。この支線により、南すること三十七支里（約十三マイル）にして、淄川《しせん》に達し、さらに西折三十八支里にして、博山に達すべし。

この地、四周、山をめぐらし、樹木も他地方に比して多く、水また清く、風光明媚なり。孝婦河は、市街の南方より来たり、市街の中央をつらぬきて、東北に流れ去る。

気候は山間に位し、樹木多きと孝婦河の貫流するとによりて、夏季も周村、青州等のごとく、暑きことな

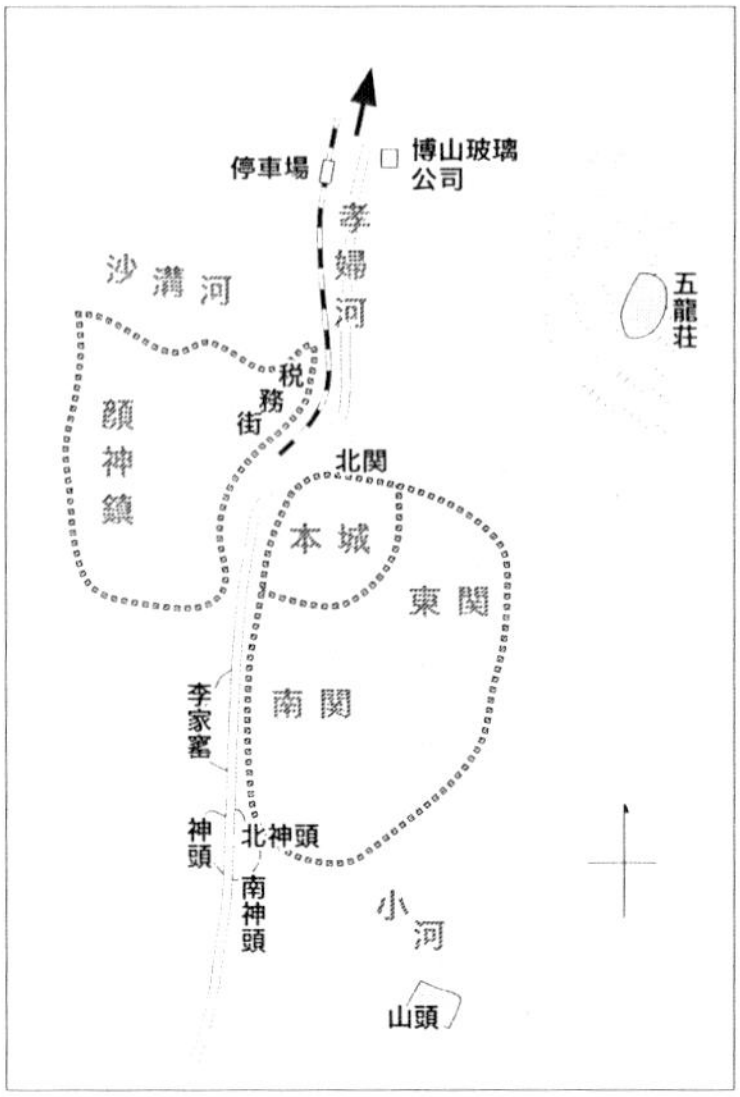

◀博山県城

し。雨は比較的、多きがごとし。

市街および市況　博山市街は、本城および東南西北関と、顔神鎮との二大部に分かたれ、東西南北関は本城と相接して、一大城壁をもって囲まれ、本城はまたさらに一画をなして、その城壁中にあり。顔神鎮は本城の西北に位し、孝婦河南より来たりて、本城との間を分かつ。

　市街中、もっとも盛んなるは顔神鎮にして、リヒトホーフェン氏のごときは、これをもって博山の本城なりと誤解せり。しこうして、そのなかにても税務街は、本城内の買売街、東関大街等とともに、もっとも繁盛なり。博山は山間の都会なるをもって、その城壁のごときも山にまたがり、谷をわたりて、あたかも万里の長城を見るがごとし。

　山東鉄路の停車場は、顔神鎮の北方、沙溝河の彼岸にあり。一条の大道は、停車場より顔神鎮に通じ、税務街に連なる顔神鎮と本城とは、わずかに一条の孝婦河をへだつるのみなれども、夏時、河水氾濫しばしばなるため、橋梁を架するを得ず。平時はきわめて簡単なる木橋を架し、もって人馬の往来に便にす。

　西関の対岸には、李家窰あり。その上流には紅門廟あり。山夫河（小夫河といい、孝夫河といい、孝福河といい、孝婦河という。皆、一同なり）と小河の合流点にある神頭は、南神頭、北神頭とともに、鼎足の勢をなす。また小河の上流に、山頭なる小邑あり。本城の東北山上には、五龍庄とて、一村民ことごとく、製陶に従事する小邑あり。

人口および住民　博山の人口は、本城東西南北関を通じ、一万余、顔神鎮に一万五千余、合計二万五千余を有す。住民の大部は手工業を営み、陶器製造、ガラス製造、あるいは石炭採掘に従事す。この地、山間に僻在《へきざい》して、他と交通すること少なかりしをもって、一般に人情純朴にして、いまだ文明の風に染むことなく、多くは無智にして、教育のあるもの少なかりしが、膠済鉄道の支線敷設せらるるにおよび、外人のこの地に出入するもの、ようやく多きを加え、欧式工場のごときも設置せらるるにいたり、漸次《ぜんじ》、外国人の感化を受けて開明に向かえり。しかれども博山城には、いまだ学校として特記すべきほどのものなく、宗教もプロテスタントが近年来、すこしく入り込み来たりたるも、いまだほとんどいうに足るものなし。

交通　本県城は工業は盛んなるも、商業の見るべきものなく、したがって商業上、価値ある道路を見ず。ただ西南方百十支里にして、莱蕪にいたり、さらに百二十支里にして泰安府に通ずる道、および北方三十八支里にして、淄川にいたり、なお四十支里にして周村にいたり、長山にいたる二道路あるのみ。しこうしてこの道路はすでに荒廃に帰し、わずかに獣背、轎子《きょうし》をもって旅客を運搬するに過ぎず。

河には孝婦河あれども、これもとより山間の渓流に過ぎずして、いまだもって、舟を通ずるに由なし。

しかれども、膠済鉄路の開くるにいたり、その支線のこの地に通ずるにおよび、従来、不便なりしこの地の交通は、たちまちにしてその面目を一新せり。しこうして、ここに来たる支線は、張店において本線と分かれ、張店および博山の両地より一日二回ずつの発車あり。

産業および物産　博山は山東第一の工業地にして、住民は皆、陶器製造、ガラス器製造、石炭採掘等の事に従事す。まず陶器につきて述べんに、その製品は皆はなはだ粗末なるものにして、一見、商品としての価値なきがごとくなるも、そのつくるところは、茶碗、便器、とっくり、鳥の餌皿、きゅうす等のごとき日用品にして、その製造品ははなはだ多く、かつ価廉なるをもって、その販路広し。市内、おもなる焼窯場《しょうようじょう》は、北嶺街、窑貨市にして、ほかに市街の東方にあたりて、五支里のところに五龍庄なる一村あり。この村の住民は、ことごとく陶器製造に従事す。市内の陶器舗は、皆、市内に自己の店舗を構え、商品を貯蔵し、自らその売捌《うりさば》き(ことに卸売)に従事す。これとともに、自家にもまた幾人かの職工を使用し、製陶に従事す。焼窰場には別に、本店より専任の掌櫃《じゃんぐい》的を派して、これを総管せしむ。

五龍庄における焼窰は、市内のものに比して、はなはだ幼稚なるものなり。みなこれ村民の職業とするものにして、一村に数か所の焼窰場を有し、村民の焼窰せんとするものは、自己の家族をひきいて場にいたり、自ら土器をねりて焼く。しこうして、できあがれる製品は、焼ける村民と焼窰場の持ち主との間に平分せらる。しこうして、この製品は博山市にはこび来たりて、陶器商に売り渡すなり。

一般に、当地の陶器の材料は、当地に産する土にして、黄灰白と灰白と淡紅色なるとあり。黄灰白のものは、不純物多く、水瓶等をつくるにもちい、灰白なるは小器具をつくり、質もっともよし。燃料には石炭をもちう。

これらの製造品は、当地における需要を満たしてなおあまりあるをもって、各地に輸出せらる。その主なる銷場《しょうじょう》は、沂州、濰県および済南府等なり。

博山のガラス器製造は、昔よりその名高く、欧米各国にても好評嘖々《さくさく》たるものあり。博山においては、昔においてすでに玻璃七宝製造に大発達をとげたるが、その製法はただ博山市中の、ある数個の家族のこれを知れるのみにて、久しく公にせざれば、広く世に伝わらず。ほとんど独占の有様なりき。中国においては、明時代において、ガラス製造盛んに行なわれしが、ついに博山に産するがごとき、七宝の製法を知るものなかりき。その後、ガラス業は一般におとろえたりしが、乾隆帝のときにいたり、復興せられ、ついに博山の製造家をして、これを製作せしむるにいたれり。しかも、その製造法はついに世に知られざりき。かくて非常なる製造法の発達を見るにいたり、欧米にも大に、その意匠の巧妙なる、色沢の純良なるを称賛せらるるにいたりしが、その後またおとろえたり。最近にいたり、外国人の嗜好に適するため、盛んにこれが製造に従事するも、なお昔日のごとく、精巧なるものは得てのぞむべからず。その製品は山東全省に供給し、芝罘、青島、上海、北京に輸出す。火車站の孝婦河の対面に広大なる工場あり。これすなわち博山玻璃公司なり。本公司は当地産の原料、石材をもちいて、ガラスを製造するものにして、光緒三十一年の設立にかかり、三百人の職工と六名のドイツ技師をやとい、機器はすべてドイツより輸入し、製造方法も、皆ドイツ式にのっとる。しこうして、その製品ははじめ板ガラスを製し、漸次《ぜんじ》、この事業を拡張して、器皿、鏡子等の製造をなすの目的をもって、開始せられ、北京および上海に分公司をおきて、製品の売捌《うりさば》きをつかさどらしめたるも、数年にして、業を廃せり。その他、石炭は有名なるものにて、淄川よりこの地にいたる一帯は、まったく広大なる炭床《たんしょう》をなし、博山と淄川とはその南北の二端にあり。この炭床は山東省中、最大なるものにて、南北の長さ十三、四マイル、東西七マイルあり。その中央に石炭岩の帯ありて、炭床を縦断し、南北に二分せり。

博山の炭坑は、総数約百七十個あり。多くは、市の東北方に散在す。ことごとく中国人の経営にかかる。主なる坑の所在地は、左家疤、高家疤、棗檮地等なり。採炭は中国固有の方法をもちい、はなはだ幼稚なるものにして、皆、立坑のみ。いまだ横坑をうがちて採掘せるを聴かず。これらの石炭は多く、済南、青州、濰県、周村鎮、青島に運輸せらる。

博山の南方の低地にある黒山より、無煙炭を出す。これ多くコークスとなして、青島、周村、済南に輸出す。

第三十三章　羊角溝

第十三期生
第十期生
調査

第一節　位置および地勢、気候

小清河の渤海にそそぐところ、河口より十二支里、済南城をへだたる四百八十支里の地にあり。山東省渤海沿岸の要地となす。その各地への距離左のごとし。

後鎮（南口）	七〇支里	**濰県**	一四〇支里
官台場	九〇支里	**黄台橋**	四八〇支里
寿光県	九〇支里		

この地方は平坦にして、一望山を見ず。市は砂原中にあるの観あり。思うに黄河の年々、流し来たる黄土が渤海沿岸の山東省および直隷省一部の海岸を構成せしものなるべし。しこうして、この地方一帯は塩の大産地にして、塩運河は小清河を本線として、付近に網状をなして、交通ははなはだ便なるものあり。

地勢、かくのごとく海に近きをもって、気候もしたがって温和にして、夏時といえども、周村あるいは済南のごとく酷熱となることなく、ただ冬季においては北風をさえぎるもの、まったくなきをもって寒冷にして、毎年十二月より翌年二月にいたる百日間は、小清河の水、ことごとく氷結し、舟揖《しゅうしゅう》の便なし。風は一般に北風多く、雨雪は比較的少なきがごとし。

第二節　港湾および民船

羊角溝は、渤海湾の西部における山東省の一港にして、青州府に属す。この地における小清河は、割合に水深きにかかわらず、外海よりの水道狭隘《きょうあい》に、かつ

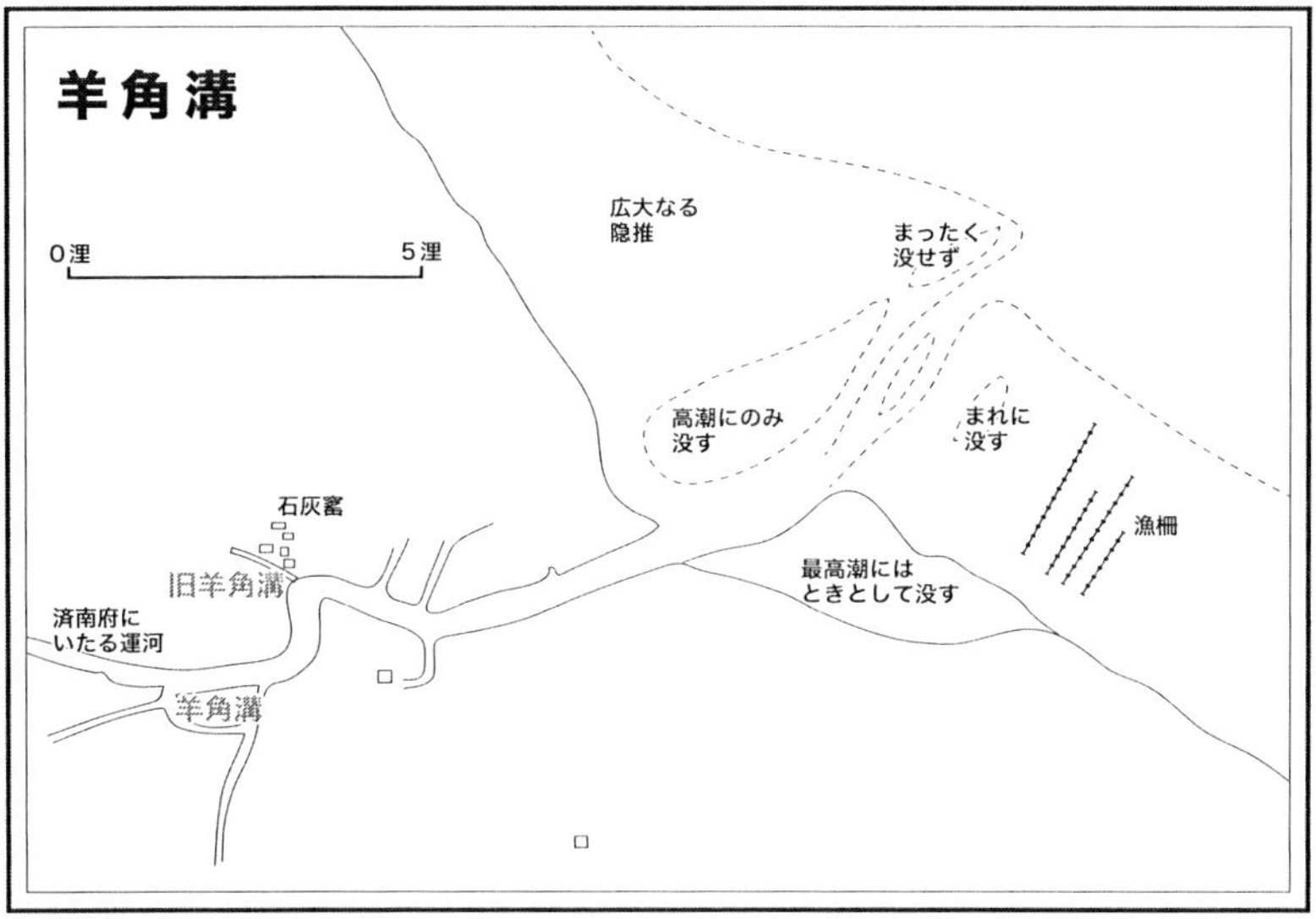
羊角溝
広大なる
隠推
まったく
没せず
0浬
5浬
高潮にのみ
没す
まれに
没す
石灰窰
漁柵
旧羊角溝
最高潮には
ときとして没す
済南府に
いたる運河
羊角溝

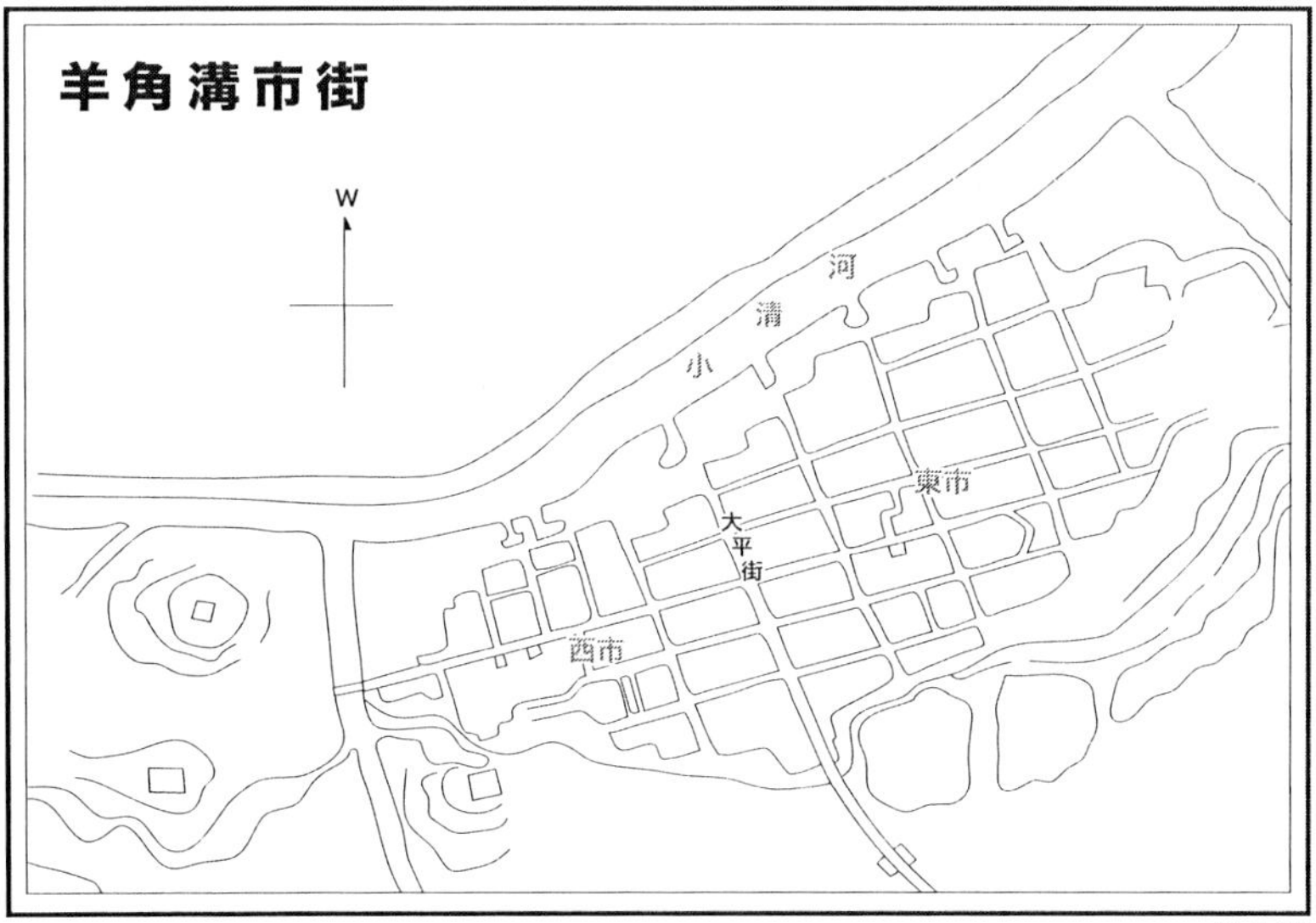
羊角溝市街
W
河
清
小
東市
大
平
街
西市

▲ 羊角溝

時々水路を変更するをもって、吃水《きっすい》八フィート以下ならでは出入、困難なりとす。羊角溝付近における河幅は十町、民船は港の下流においては、河岸より約一町ないし二町のところに碇泊す。港の上流、すなわち西端には土を積み、板をもってこれを囲める碼頭をつくり、上流より来たる船舶は多く、このところに係留《けいりゅう》す。潮汐《ちょうせき》干満の差約五尺あり。

　この地は龍口、天津の中央にあり。由来、民船の出入多く、天津、営口、大連、芝罘、龍口、虎頭崖等、渤海湾の各港と相往来し、また遠く安東県にいたるものあり。その一年における出入隻数、約三千におよぶという。

　民船の小なるものは、約百五十マイルの上流、済南府までさかのぼることを得。近来、小清河の開削および航業計画を企つるものありという。

第三節　戸数および人口

　この地は既述のごとく、冬期、小清河の結氷を見るがゆえに、結氷期間は人口はなはだしく減少し、春夏秋の三季間、やや繁盛なるものあり。その住民は土着の山東省民および移住の直隷省人、満州人をもって最多とし、これらは多く解氷期に来たり、結氷期にさきだち店舗を閉じ、各地に解散するものとす。ゆえに土着のものは、数うるに足らず。さればその居住せる家屋のごときも、はなはだ粗雑にして、永久的経営にかかるもの少なく、ただ小資本を有して営業する雑貨商のごときもののみ、この地にとどまる。冬季の羊角溝は人口にわかに減少し、実に寂寞《せきばく》をきわむ。しこうして、この地に出張舗をおきて営業する大商人は、多くは芝罘、龍口、営口、済南等のものなり。

　本地の人口を見るに、盛夏の候には二万人と称するも、その実、五、六千を越えざるべく、これを陸上および船上の二方面に区別すれば、前者は約四、五千にして、後者は時季により差あるも、民船は常に二百、ないし二百五十隻の出入あり。ゆえにこれに居住せる者、一千人内外と見れば、大過なからむ。

　この地に住する外国人は、ただイギリス人二名あるのみ。いずれも塩運局監督官たり。

第四節　市街および官衙

　羊角溝は今より三十年前、はじめて開かれたる港にして、小清河開浚以前にありては、現今の地点をくだること数支里なる左岸にありしが、小清河開浚せられ、小蒸汽船および民船の上下するもの、ようやく多きを加うるにいたり、現今の地点に移れり。

　現今の市街は、小清河の右岸に位し、遠くこれをのぞむときは浮かべるごとく、大潮時には一、二の道路をのぞき、四面水をもって囲繞《いじょう》せらる。市街の広さ東西十町、南北五町ないし六町あり。城壁その他、見るべきものなし。ただ塩運局は、堂々たる一城郭をなせり。付近平原はすなわち山東平原に連なり、一樹のさえぎるものなく、一望千里をきわめ得べし。

　かくのごとく市街ははなはだ小規模なるも、官衙等はやや完全し、二等郵便局、電報局、塩務局、海関（東関に属す）、釐金《りきん》局、山東省水上警察分署および警察分署等あり。また小清河にはその河道をとりしまるため、とくに清河水上警察なるものありて、沿河各地にその分駐所を設く。

第五節　市況および商業

　大街を大平街という。これを二分して、西を西市、東を東市と称す。大平街の幅一間半ないし二間に過ぎず。大平街を中心として、南北各これに並行する三路あり。その北半、小清河に沿える部分は、陶器商および大なる材木商軒をならべ、市況やや見るべきものあるも、その南にあるものは商業見るべきものなし。

道路は一般にはなはだ不完全にして、市外に向かっては、東濰県の道路あるのみ。

この市もと山東内地に輸入する雑貨、その他の輸入港として、山東鉄道開通以前にありては、市況はなはだ活発なるものありしが、その後、青島の発達にともない、その繁栄を奪われたり。されどなお塩運業あるのほか、営口、沙河子方面より材木の来たるものはなはだ多く、これをとりあつかう商人は、現今なお昔時《せきじ》の状態を維持せり。

土質砂地なるをもって、付近に野菜および果物を産せず。ゆえに各種の貨物は日々、大平街の中央において市場を設け、売買せらる。良好なる鶏卵はこの地南方七十支里なる候鎮に産し、その形の大なる、その皮殻の堅牢なる、他にその比を見ず。他日、交通開くるにいたらば、一大財源たるべきや明なり。

その他、海岸においては魚類豊富にして、かつ塩価割合に低きがゆえに塩乾魚として、内地に運ばるるもののまたはなはだ多し。その取引場は、市の東北端なる河岸にして、魚類はヒラメ、キス、ハゼ、その他にして、価はなはだ低廉なり。

外国より輸入せらるるものは、マッチ、石油、綿布、紡績糸、古鉄類、日用小雑貨等にして、多く芝罘より来たる。中国産としては、紙、木材、砂糖、豆餅、薬材等を主とす。これらは、まったく羊角溝にて使用せらるるにあらず。ただ羊角溝を通過するにとどまる。しこうして、外国への輸出品として見るべきものほとんどなく、ただ山東内地の市場たる周村、済南より来たれる黄糸、屑糸《くずいと》、麦稈真田《ばっかんさなだ》あるのみ。

第六節　産業および物産

この地の生業の、とくに見るべきものありとせば、すなわち製塩業およびこれに付随する運塩業なりとす。この地方はすなわち山東塩の産地にして、さらに楽安、寿光、官台等の塩産地は、各七〇ないし一〇〇支里の地にあり。付近塩産地として、清水泊に近く、鄭荘あり。丁家荘、鄭垣、北単、南単、肖担等、いずれも多量の塩を産す。その製法は天日法《てんぴほう》によるものにして、この地方に行なわるるものは風車によりて、溝より海水を汲みあげるものと、井戸を掘りて人力により、水斗子（柳行李のごとき器）にて、汲みあぐるものとあり。いずれの方法によるものも、その含塩量はなはだ多く、なお将来発達すべき余地充分に存す。しこうして海岸を去ることやや遠きものも、その塩水はよく溝によりて導かれ、各地に通ずるを見る。現今、羊角溝にある大塩運局十六に達し、これらは多くの民船を有し、済南に運出し、さらに汽車によりて各地にいたるものとす。

羊角溝産として世に伝わる粗雑なる陶器、土布、棗核のごときは、その実、羊角溝に産するものにあらずして、まったくその近傍の各地より産するものなり。現に陶器等は、博山の産にかかるものなり。

第七節　地勢および交通

この地方一帯、含沙黄土層にあること、すでに述べたり。しこうして小清河上流地方において、やや粘性《ねんせい》あるも、この地方にいたりてはまったく粘性を有せず。これ小清河の水流きわめて緩慢なると、その水の清澄なるため、泥土を運び来たること少なきがゆえなり。この地方、一樹の立てるを見ざるゆえんのものは、すなわち土壌がきわめて脆弱《ぜいじゃく》多孔性にして、低く、加うるに地下に塩水の浸透せるをもって、植物はその根を腐敗せられ、わずかに塩水に強き尺にみたざる葦、および針葉の雑草あるのみ。

この地、交通路としては小清河水路および濰県にいたる街道あるほか、一週ないし十日に一回をもって期とせる華人経営の汽船会社は、不定期にこの地に寄港す。その航路は塘沽、営口、龍口、羊角溝等をへるものにして、なお数百隻の民船は、大型、小型ともに自由に市の北部に泊することを得。かつ付近平坦にして、運河よく発達せるをもって、山東各地との交通はなはだ便なり。

小清河により黄台橋にいたるには、遡江に一週間を要し、下航には二日半ないし三日をもって足る。かつて小蒸汽船を航行せしめんとの計画ありしも、沿岸および小清河を上下する運送業者の反対あり、中止するにいたれりといえども、当時、築造せる閘門《こうもん》は、現今なおそのまま残れるを見る。小清河は、その支流の利用すべきもの、はなはだ少なしといえども、孝婦河をさかのぼりて、新城、長山等の諸県にいたるを得べく、繡河によりて丘邱にいたるを得べし。しこうしてその本流は、小民船直に済南城下にのぼることを得べきも、やや大型のものは、済南より十二支里の北方黄台橋にいたるのみ。津浦鉄道は、支線をこの地に出し、その貨車はただちに河に沿える岸上にのぞむことを得て、水陸の連絡きわめてよろし。

なお下流にありては、南北ともに綱状に発達せる運河を有し、楽安、寿光、その他との交通きわめて便なり。

交通機関は、各種民船を最多とす。この地と黄台橋間を往来するものは、他地方に見るところとややその形を異にし、船体は二部よりなり、前後は鉄のかぎをもって連絡し、船体はなはだ長し。

陸上には、塩、その他の運搬用に、多くのらくだを使用せるを見る。その他、大車、小車、轎子《きょうし》等あるも、その数はなはだ少なく、大車のごときも、わずかに維県道にこれを見るのみ。これすなわち四方沙地にして、一定の道路なく、通行するところは広さ十町に近き幅を有し、その間、含砂黄土なるをもって、車軸の土中に入ること深く、車行はきわめて困難なるがゆえなり。もっぱら塩運にあたるものを塩運局という。

第八節　飲料水および生活程度

飲料水は、いずれも清河の淡水を汲み、これをもちゆ。井水は鹹味《かんみ》を有するをもって、もちうること能わず。

この市の住民は、大部分は時季によりて移転するがゆえに、その富の程度、また一般に低きをまぬがれず。材木商および塩運局等、宏大なる家屋を有する者は、冬期この地にとどまるも、一般住民はその生活程度ははなはだ低く、旅館等のごときははなはだ不完全にして、その数、三、四に過ぎず。人情いたって凶悪にして、近海近郊、草賊海賊の出没、絶ゆるときなしという。今、左にこの地、一般物価表を示さん。

米	一斗	一元両毛	**麺**	一碗	二仙—一毛
塩	一斤	五箇子	**宿泊料**	一人	一毛—二毛
豚肉	一斤	二毛三仙			

労銀

塩場労働者	一日	約二毛	**民船 客船**	一日	二元—五元
馬車	一頭立一日	六吊	**民船 荷船**	一日	不同

第三十四章 諸城 県城

第八期生調査

位置および地勢人口　諸城《しょじょう》は高密西南百二十支里、沂州府城にいたる百八十支里にあり。

濰水《いすい》は莒州より流れて県境に入り、県城北、五支里を流れて高密県に向かう。その支流たる一水は、県城を抱擁す。県城の南東八十支里に五弩山あり。百尺水、この西麓に出で、北流して密水となり、高密県界に入る。このほか県の東南に盧山、琅琊山あり。西南に九仙山、馬耳山、常山あり。最高を馬耳山の三千二百八十尺とし、これに次ぐを盧山の千九百十尺とす。諸山南に層出し、一水、桃林山より流れて北濰水に入るところ、やや平坦の地勢をなし、ひいて北濰水流域の平野となる。諸城はその平野の口を扼《やく》す。

▶諸城県超然台

東門外にすこしく人家あり。西門外にもっとも多く、城内の南坊には、空地存す。人口一万六千三百八十五、戸数三千百九十二あり。

市況　道路は約二間の幅員《ふくいん》にして、凸凹多し。しかのみならず、道路低く、降雨あれば泥濘《でいねい》となる。城内には店舗少なく、夜中、街上に灯火《ともしび》を見ず。西門は最賑の箇所にして、東門、西門の東西の街と、衙門より南門にいたるものと、東南門より西南門までの東西街あり。

市内交通機関としては、人力車なく、小車、馬車等あるのみ。

交通　道路は濰県に通ずるもの、もっとも大にして、貨物は同地より来たるを第一とし、高密これに次ぐ。莒州にいたる間はわずかに通行すべき底のものなり。その他、東南の方、大青府にいたるものあるも、道路としての価値なく、かつ山間の経路なりとす。

飲料水　飲料水は、井水をもちう。深くして、清澄なり。

官衙および学校その他　諸城県衙門あり。当時の県丞は、県東南瀕海の地に位する信陽鎮に駐在す。

両等小学堂　城の南東隅儒学内にあり。高等初等に分かれ、生徒数合して四十四名とす。

草弁学堂　山左華東武草弁公司付属の麦稈真田《ばっかんさなだ》伝習所なり。

カトリック教会　城の東南隅、儒学前大成坊にあり。フランス人の経営にかかる。

プロテスタント教会　北関にあり。アメリカ人の設立なり。

生活状態および物価　人気悪しく、賭博《とばく》盛んに行なわるは県衙門、老君廟等、居然《きょぜん》として、莠民《ゆうみん》の盤踞《ばんきょ》するところとなれり。しかれども、これを高密に比すれば、風気の開通やや見るに足るものあり。富の程度またすこしく高きがごとし。

物価

大米	一升	五六〇	**麺**	一斤	八箇銅板
小米	一斤	一〇〇京銭	**糯米**	一升	六〇〇
白糖	一斤	三二〇			

第三十五章 養馬島

第十期生調査

位置および港湾　養馬島《ようまとう》は寧海州下の一海島にして、北、渤海にのぞみ、西北の海上、芝罘港外に崆峒島《こうどうとう》（灯台の設備あり）を遠望し、正南一葦《いちい》の水をへだてて、戯山と相対す。寧海州城はすなわちこの山麓にあり、相へだたるわずかに十支里のみ。

該島は大陸に沿いてひょうたん形をなし、西南より東北に延び、東西に長く、南北せまくして、山また高からず。最高といえども、海抜二百フィート内外なり。東西十二支里、南北二支里あり。しこうして大陸との間、二、三マイルをへだつるのみ。西端のごときは非常に接近して、干潮の際はわずかに数町に過ぎず。しこうして水道は、海潮の高低するにしたがい、潮流を異にし、上潮のときは東に、落潮のときは西に、約四マイルの速度をもって流れ、海底また浅く、平均五尺余、ただ中央の水路のみ、三尋《ひろ》余の水深あり。干満の差、また五尺を越えず。

　該島は、昔より南北海漕《かいそう》（南清揚子江より天津にいたる）の要路にあたり、西北の風は避くるを得べく、西端、揚家庄はすなわちジャンク碇泊地にして、五、六十隻を容るるを得べし。

面積および住民　全島の面積二十余頃《けい》（一頃は百畝、一畝は我が約六畝）十三か村よりなり、すべて南岸に散在し、北岸には一の村落なし。ただ貧民の家族の住するあるのみ。村落は十三か村なりというも、その実は数村にして、一部落を形成するあり。連絡して一村のごときあり。ゆえに外観、八か所に分かれ、総戸数約千五百あり。住民は半農半漁にして、その富裕なるものはジャンクを所有し、貿易および運送を営みおるもの多し。これすなわち該島の有名なるゆえんにして、ジャンク乗組員たるもの少なからず。村内の家屋は、一般に堅牢かつ宏大にして、もってその富裕なるを示せり。これ皆、昔時よりジャンク業によりて得たる賜《たまもの》にほかならざるなり。

第三十六章

寧海州城（牟平県）

第十期生調査

人口および市況　寧海《ねいかい》は芝罘の東六十支里、威海衛の西百二十支里、海岸戯山口をへだたる十支里にあり。

戸数は約三千、人口約一万五千を有する一都会なり。

城壁は、高さ三丈二尺、厚さ四丈、周囲約九支里にして、東西南北の四城門を有し、磚《せん》石にて築き、その規模宏大なり。

もっとも繁盛なる区域は、東西両大街にして、その長さ約十三町、幅員《ふくいん》約八間、石を敷き、車馬の往来に便なり。その他の道路は、幅広きは四間、せまきは二間なるも、多くは石を敷き平坦なり。

著名建築物としてやや見るべきは、城の東南なる宝塔、西大街にある郵便局、衙門および東大街なる小学校なりとす。その他、二、三の廟祠あり。城内の建築物は、一般に構造堅固かつ宏大なり。

交通　この地、交通機関はロバ、ラバ、小車、馬車なること他所と異なるなく、道路は威海衛および芝罘に通ずるものとともに良好なるをもって、交通頻繁、かつ北方十支里に戯山口を介して、ジャンク業の本場たる養馬島に対し、海上の交通をも助く。農業市とのみ見る能わず。芝罘、威海衛方

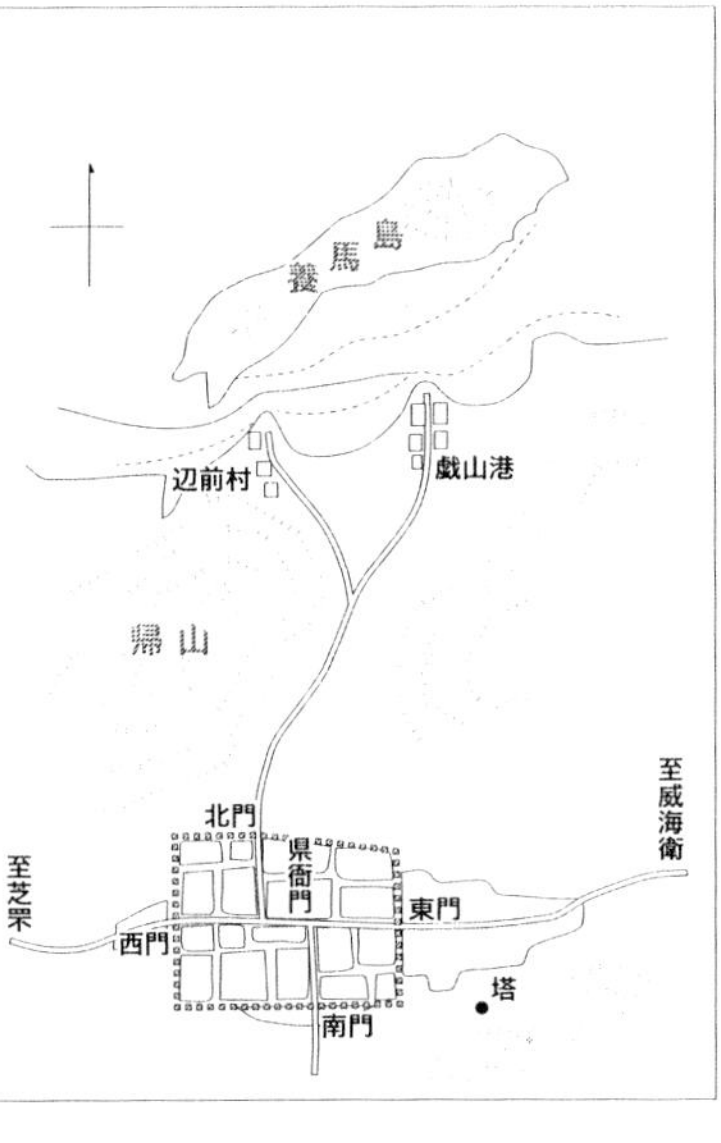

▲寧海州

面より、雑貨類を仕入れ来たり、地方より集まり来たれる農産品を出す。

飲料水　飲料水は井水にして、その質、佳良なり。

第三十七章　文登県城

第十期生調査

文登《ぶんとう》県は、山東角端栄城の西南百支里、威海衛の正南約百支里にあり。人口約千五百、戸数約三百の一小県城なり。もちろん当時、旅行隊のおもむきしは、明治四十五年七月二十日頃にして、同月一日頃、革命党反対の土匪《どひ》、栄城県下の崑崙山付近に蜂起し、騒乱をきわめ、威海衛方面に避難せし者、多かりしため、市場はなはだ蕭条《しょうじょう》たりしはいうまでもなし。

城壁は高さ二丈五尺、厚さ一丈、周囲約七支里にして、東西南の三方に城門を有す（石、レンガを交えて建築す）。もっとも繁栄なる区域は、東西両大街にして、その長さ約十二町あり。

五日ごとに開市し、近郷より農産品を持ち来たり、

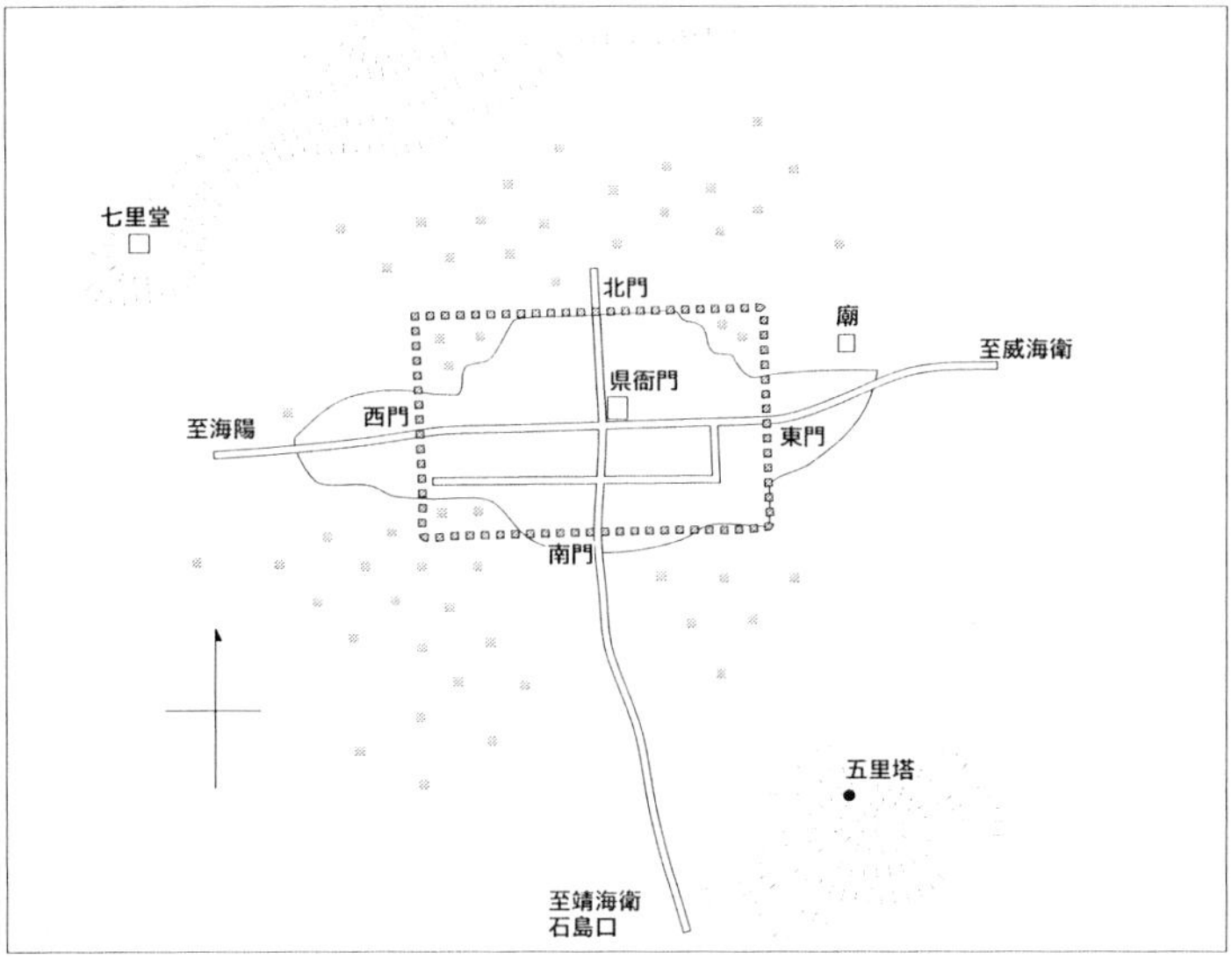

▶文登県城

洋火、綿糸等の雑貨と交換す。明治四十五年七月二十日は偶然、市日にあたりしをもって、往来の人馬繁《しげ》く、東門において、午後三時二十分より三十分まで十分間の往来人員は百二十三、ロバ、ラバ八頭なりき。交通機関は、市内および、近郷との交通に供するため、馬匹類および少数の小車あるのみ。

道路は、城内の広きところ幅員《ふくいん》二間、せまきところ一間くらいにて、多く石を敷く。地方に通ずる道路は、周囲山なるをもって峻坂《しゅんぱん》多く、凹凸《おうとつ》ありて交通不便なり。ただ威海衛より来たる道路は、文登県城をへだたる二十支里まで平坦にして、幅員二間ばかりあり。これイギリス人の経営にかかり、大砲をも運び得るさま準備しあるものならむ。

市内著名建築物は、知県衙門（土匪《どひ》蜂起の際、放火のため焼失せり）、その他二、三の廟と、仮衙門の所在たる学校とす。東南五支里のところに五里塔あり。西方七支里のところに七里堂と称する温泉場あり。

文登県は農業地にして、自足経済の時代にあり。ただ少許《しょうきょ》の皮類を威海衛方面に出し、雑貨類を仕入れ来たる。牛の飼養割合に盛なるがごとし。
飲料水は、井水にして良好なり。

第三十八章

栄城県城

第十期生調査

栄城《えいじょう》県は、山東角瑞成山の西十五支里、威海衛の東百支里にあり。南北両面はともに海岸を去る約一支里半にして、人口約三千、戸数五百を有す。

城壁は、高さ一丈八尺、厚さ二丈、周囲六支里、東西南北の各方に一門を設く。石をもって建築す。もっとも繁栄なる区域は南門大街にして、その長さ約五町、旅店、雑貨店等、軒を連ね、道路幅員《ふくいん》七間あり。

通路は平坦にして、おおむね良好なり。幅員三間、せまきも二間をくだることなし。地方に連絡する道路、また悪しからず。

交通機関は、轎子《きょうし》、ロバ、ラバ、小車等とし、県下の石島、裡島には民船の便あり。

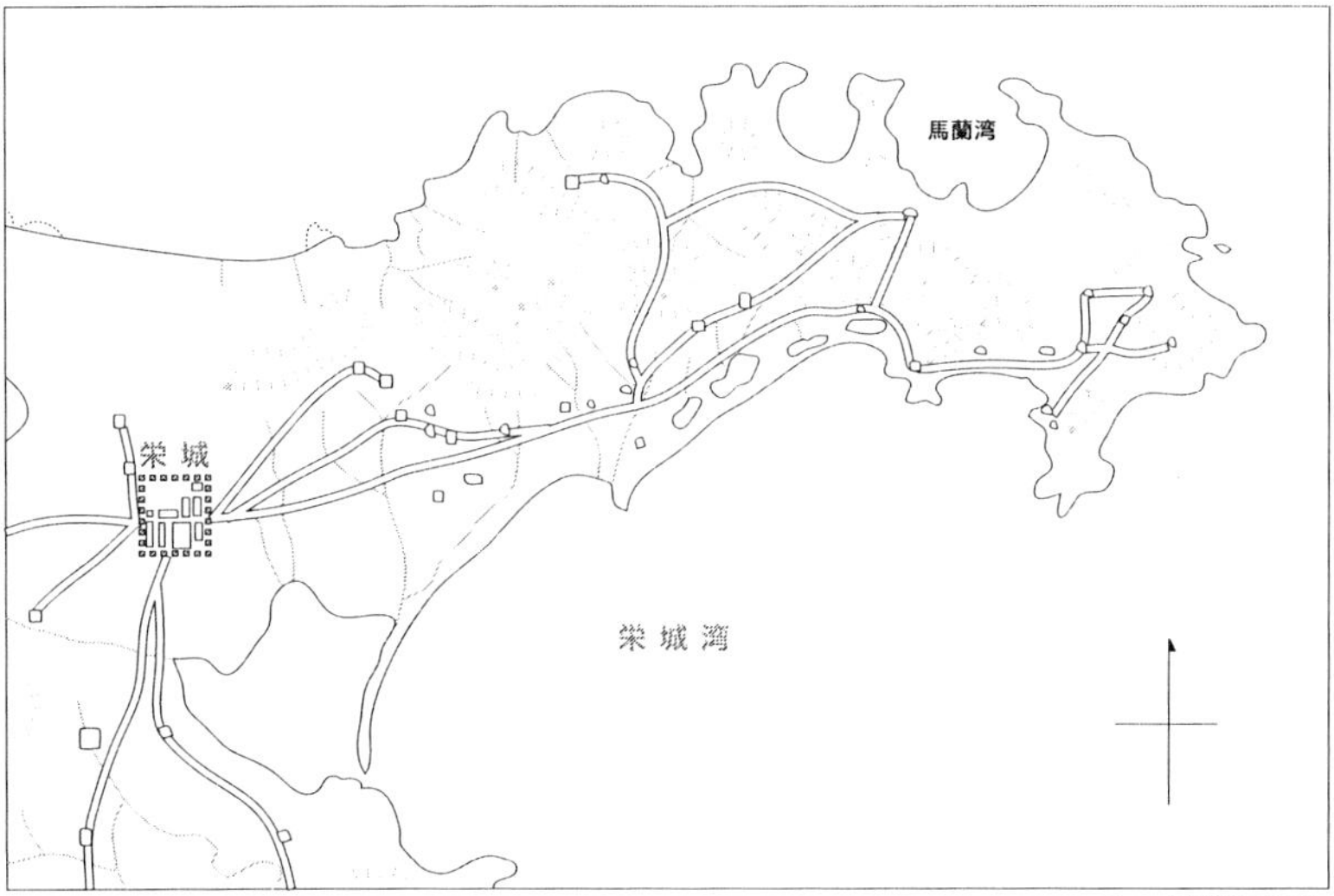

▲　栄城県付近

著名建築物は、旧衙門《がもん》および新衙門、その他、一、二の廟等あり。明治四十五年七月二十二日、午後四時四十分より五十分まで十分間、南門を往来せる人員二十二人、馬匹二頭あり。

県下には石島のごとき商業地を有すれども、栄城は農業ならびにこれに関連せる林業のやや見るべきものあるのみ。付近一帯には、塩の産出多けれども、その他の物産なし。

第三十九章

石島口および裡島

第十期生調査

第一節　石島口

石島口《せきとうこう》は山東省州府栄城県に属し、石島湾は山東半島の東南角にありて南口開く。東には鏌鋣島、横たわりて風波を防ぐ。湾口は約四マイル、湾内広きところ約五、六マイルなれども、水、深からず。陸岸に近づくにしたがい、ことに浅く、多く砂州にして、深さ一尋《ひろ》より二尋に達せず。湾の中央部、および西南岸すなわち石島口付近はやや深くして、三尋ないし四尋におよぶ。湾口は五尋ないし七尋あり。潮汐《ちょうせき》干満の差二メートル半におよぶという。鏌鋣島の南東岬に灯台あり。これロバート・ハルバート時代の遺物にして、ノルウェー人およびドイツ人、灯台守の任にあたれり。

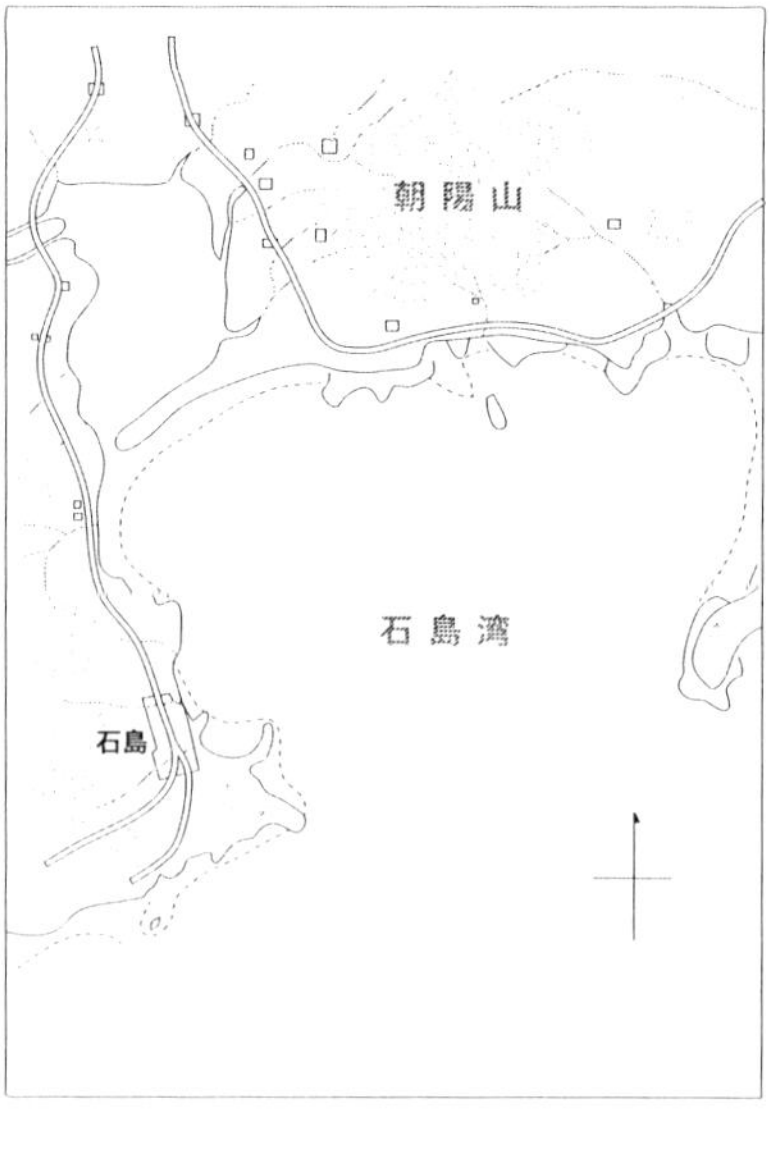

▶石島付近

石島口は、湾口に近き西岸にあり。南風強きときは、港内、浪高し。背面には石島山（ことごとく岩石よりなる）近くせまり、町は海岸に沿えるせまき部分に形成さる。西部はほとんど山岳重畳《ちょうじょう》し、交通不便なり。湾の北岸には朝陽山（標高八八〇フィート）そびえ、北風をはばむ。いわゆる石島の港湾なるものは、石島湾の西岸口にありて、東口開け、南北一マイル弱あり。中部に突出せる岩石により、南北の二港に分かたる。北港は内部にあるをもって、風波の憂少なく、南港は外部に位するをもって、東風および南風を防ぐこと能わず。ゆえに船舶は多く、北部の港に集合す。しこうして北港は、風波の憂少なけれども、南港より水浅く、約二尋あり。岸に近づくにしたがいて浅し、約三町の沖合には、二千トンの軍艦を碇泊せしむることを得べし。海岸は石にて畳み、二個の桟橋を築く。桟橋は、ただ石を積み重ねたるに過ぎず。おのおの長さ二十間、幅二間あり。南港は水やや深く、三尋に達す。しかれども一小流の流入するものあるをもって、自然遠浅たるをまぬがれず。波静かなるときは、民船は皆ここに集まる。日々、百余隻の集合を見れども、革命以来、とみに減退せりという。多く福建、寧波、仁川、青島、煙台、威海衛と交通せり（一九一二年七月二十一日、集合隻数三十二）。

　石島は人口約九百、戸数約二百余あり。外国人のこの地に住めるものは、日本人夫妻二名（売薬商、兼医業）、イギリス人二名（宣教師）あり。ほかに南東岬灯台にノルウェー、ドイツ人各一名住居するあり。南方の山丘を越ゆれば、人口、この地と伯仲せる一村あり。これを石島南端という。石島の住民は、多く漁業をもって生業となす。商業の主なるものは漁行にして、漁船五百余隻あり。タラ、サバ、シラウオ、エビ、タチウオ、キグチ等もっとも多く、年額約百二、三十万元以上にのぼる。三、四月の交《こう》、漁猟《ぎょりょう》もっとも盛んにして、日本漁船の来たるものまた多しという。この地、近傍また石材を産す。

　石島より各地にいたる里程を示せば左のごとし。

栄城県	百四十支里	（我が二十三里十二丁）
文登県	百十支里	（我が十八里十二丁）
威海衛	九十支里	（我が十五里）
靖海衛	四十五支里	（我が七里十八丁）

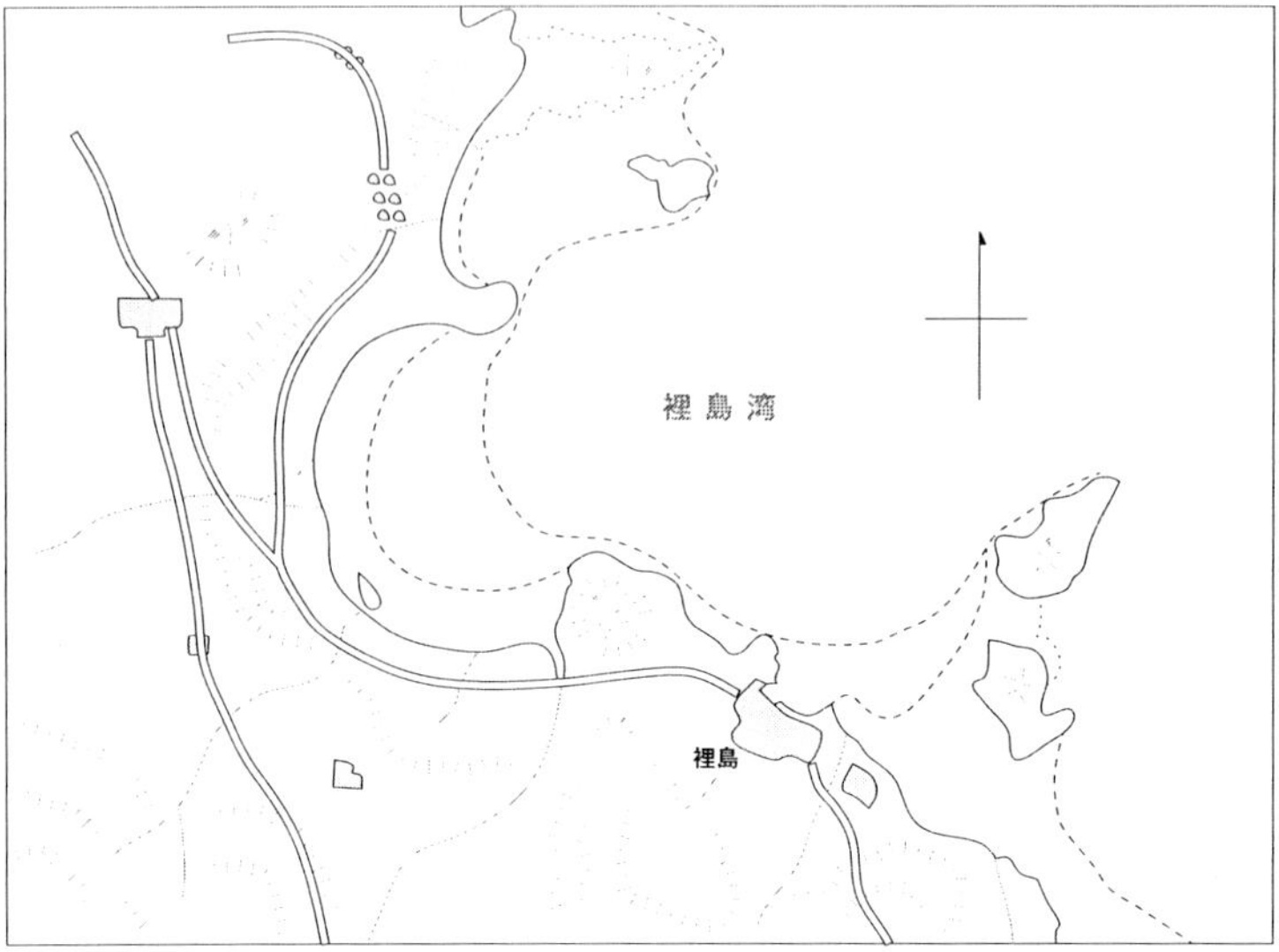

◀裡島付近

第二節　裡島

裡島《りとう》もまた栄城県に属す。栄城県城より三十支里、威海衛より百十支里、石島口より百十支里の地点にあり。

裡島湾は栄城湾の南に続き、湾内岩礁多く、干潮の際、露出す。港は湾の南西部にあり、遠浅にして、干潮の際、岸より約半町くらい海底をあらわす。ただ港の北部に周囲五、六町の入江をつくり、岸を石にて畳み、別に石を積み、長さ数間、幅二間の桟橋をつくる。海関はこの桟橋の起点にあり、港内は湾口の岩礁および、小島をもって風浪をさえぎらるるをもって、平静なり。水深は二尋《ひろ》半、湾口三尋ありて、潮汐《ちょうせき》干満の差五、六尺なり。湾の北に一小湾あれども、水浅く、船舶の碇泊に不便なり。

裡島は人口約六百、石島口に次ぐ良港にして、塩の輸出盛んなるところなり。近傍、海崖地方（裡島の南方三十支里の地）、よく塩を産す。また石島の近傍、海門港の塩は、一旦、石島に出され、復石島より裡島に再輸出せらるるもの多く、裡島においてはこれらの塩を集めて、威海衛、仁川等に出すものとす。海門港には塩税関の設あり。年産額巨額にのぼるという。裡島の付近は山岳多く、皆岩石よりなり、わずかに市街付近の低地をなすあるのみ。

第十期生
調査

第四十章 海陽県城

位置および人口 海陽《かいよう》県は青島の東北に位し、金家口の東、海上約百四十支里、陸上百十支里、青島を去る約二百五十支里、芝罘の南約二百支里のところにあり。人口約三千、戸数約四百五十戸にして、稠密《ちゅうみつ》ならず。城内の半分は田んぼにして、城郭の広さに比し、人口少なく、簫条《しょうじょう》として活気なし。

市街および市況 城壁は高さ一丈九尺、厚さ一丈五尺、周囲八支里にして、方形なり。磚《せん》石と自然石とを混用し、城門は東西南北の四方にあり。東西南北の両大街の交叉《こうさ》する中央部、もっとも熱閙《ねっとう》にして、毎日、小市場を存す。商店には食料品雑貨等を主とし、日本品の割合に多きを見る。

◀海陽県城

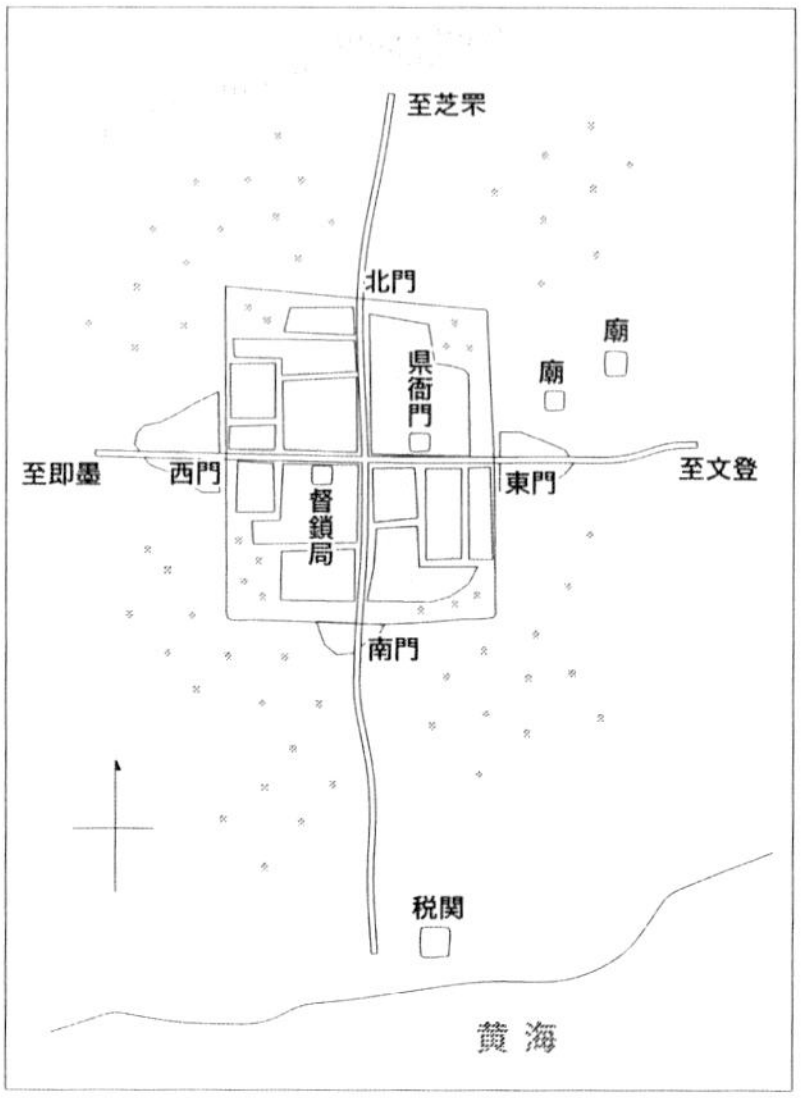

街路は岩石自然のままに横たわり、行路困難なり。大道は幅員《ふくいん》約四間半、小路一間ないし二間なり。市内の交通機関として、ロバ、ラバ、小車にして、馬車は他所との交通にも、ほとんどもちいざるがごとし。ロバ、ラバは、一日借賃《かりちん》一元内外とす。

民船碇泊所　県城は海岸を去ること、三町の地にあり。北は山岳連なりそびゆ。海岸は単調にして、一の湾曲するなく、淼々《びょうびょう》たる大海に面す。しこうして岩石累々《るいるい》として横たわり、かつ海上、三、四町は浅水にして、小民船をも泊すべからず。港湾として認むるの価値なし。

かくのごとく、この地は港湾をなさざるをもって、船舶は東方七十支里なる乳山口（海陽所）に集まる。乳山口は乳山口湾にのぞみ、水、浅けれども、石島口と金家口との間に位し、これらの諸港および青島との往来、盛んなりという。

産業　他市に通ずる道路は、幅員狭隘《ふくいんきょうあい》かつ坂路なるをもって、貨物の輸出入少なく、商業地としての価値なし。むしろふるわざる農業部落なり。なんとなれば地質、岩石多く、肥沃ならざるのみならず、耕作に不便にして、少量のたばこを産するのみ。漁業の見るべきものなく、市の繁栄を助くるものとては、ほとんど絶無の有様なり。ただ人民の生活程度、低きがために、わずかに生活しうるにとどまる。

著名建築物　知事公署、郵政局等、東西大街にあり。その他、二、三の廟祠あるのみ。

第四十一章

平度州城（平度県）および沙河

平度県城は、高密県の東北百二十支里、莱州府の南方八十支里の地にあり。前清時代における平度州の地にして、民国二年二月、平度県とあらためたり。

人口約五千を有すといえども、商業地にあらず。一般に農業を主とす。しかれども富豪多く、軒をならぶ。西門付近はこの地における主要街にして、膠州沙河地方の物資集散地たり。平度州は半島部の要路なるも、いまだ教育その他、新制度の施設すこしもなく、住民は孜孜《しし》として農業に従事し、副業として麦稈真田《ばっかんさなだ》の製造に従事するあり。

この地方は満州出稼ぎ人多く、かの芝罘地方にしばしば見る出稼ぎ人の即墨帮、平度帮はこの地方より出ずるものにして、彼ら農夫中に日本語の通ずるをもって知らるべし。

平度付近は鉱物に富み、ことに東北三十支里の金鉱は、人の知るところなり。

沙河は平度の西北八十支里、山東東部諸県より北京への大道にあたるのみならず、山東半島南部と北部との中継地にして、莱州府を去る西五十五支里、濰県を去る東百五十支里にあり。

人口二千を有す。この地は商業上の関係大なるものにして、市内広からずといえども、大なる問屋業者、櫛比《しっぴ》す。なかんずく麦稈真田の仲買《なかがい》を最とす。

この地の牛馬市は盛大なるものにして、付近一帯より集まるもの、幾千頭なるを知らず。市街の東門を出ずれば、すなわち沙河の流れあり。その幅二十間余、これすなわち虎頭崖に通じ、さらに龍口にいたる舟運のあるところなり。

第四十二章

膠州城（膠県）および塔埠頭

第五期生
調査

第一節　位置地勢および気候

位置および地勢　膠州《こうしゅう》城は、膠州湾をへだたる北西三支里にあり。青島まで七十四キロメートルなるをもって、汽車によれば二時間にして達するを得。この地は一面坦々《たんたん》たる平原にして、只州の西北に、膠山以下の諸山の起伏するのみ。膠水これより出でて、北通し、百脈湖に入る。膠莱河は、山東を東西に両断する運河にして、長さ三百余支里あり。元の十七年、莱州人、姚演献これを開き、もって兵糧を運搬せしものなり。泰山支脈により分水せられ、南北に分流す。南河は平度の西方より発し、百脈湖の水をあわせ東流し、さらに葯石河、白沙河および大小湖河をあわせ、一転して南に向かい、膠州の東南三十支里、麻湾河口にそそぐ。北河は平度の西北をめぐりて、掖県海滄口にいたりて海に入る。

　これら諸川、名は河なれどもその実、平時はほとんど水を見るなく、徒渉するに便なるも、一旦、増水期にあえば、濁水岸を決して、その損害、驚くべきものあり。されば、これらの諸川に水運の利あることなし。

気候　膠州湾を去ること遠からざるをもって、さほど寒暑の差ははなはだしというにあらざるも、しかも夏季、この地に来たれば、青島を発してわずか二時間なるにいちじるしき暑さを感ず。これ青島のごとく海風、常に吹き、涼気を送るなきをもってなり。冬季は青島付近とほとんど異なるところなしという。

　雨は多からず。冬季のごときは、ほとんどこれを見ることなし。しかれども夏季にありては、驟雨篠《しゅううしの》を突くことしばしばあり。

第二節　市街および公共建築物

停車場より、コーリャンの畑道をたどり行くこと約二支里にして、北門に達す。市の城壁は、半破壊して蔦葛《つたかずら》の覆うにまかす。城内はせまきにあらざるも、大半は畑と変じ、人家少なく、住民は鍛冶、農業を営むもの多く、商業に従事するものまれに、一見、荒涼衰微の状態にあり。街路は中国市街としてせまきにあらざるも、土深く、しかのみならず、敷石の所々不規則に突出せるなど、晴天白昼においてすら歩行不便なり。

市街は、中国市街として不潔なりというを得ず。これ人口の少なきゆえならんか。しかも家屋は茅葺《かやぶ》き瓦葺きにして、壁は普通、土を積みたるもの多し。二階屋はほとんど見るを得ず。しかもきわめて質素なるものにして、ただ停車場およびその付近に旅館、巡警局、停車場、倉庫以下数棟のレンガづくりを見るのみ。その他の城門外の家屋のごときは、ほとんど我が国の乞食小屋に等しきもののみなり。

停車場は、山東鉄道の二等停車場に属し、設備ややそなわれり。ドイツ郵便局は、市街の東方にあたり、ドイツ人これが局長となり、若干の中国人を使役してその業をとれり。

停車場の北方にあたり、やや広大なる建物あり。これ兵営にして、若干の守備兵を駐屯せしむ。その他、公共建築物としては、知州衙門および巡警総局あり。

第三節　住民と生活程度

人口は統計のよるべきものなく、土人の言によれば、あるいは五万といい二万といい、はなはだしきは六万というものあり。しかれども実地について見るに、戸数千、人口七千、と見れば大過《たいか》なかるべく、住民は商業に従事するものははなはだ少なく、たまたまこれあるも、その規模の大なるものなし。市内いたるところ、鍛冶の槌音《つちおと》を聞くのみ。

この地は青島を去る二十支里を越えざるに、外人の居住するもの少なく、外人の来往、またまれなるをもって、外人の市街を運行するときは、門口に立つもの多し。かつ人情朴訥《ぼくとつ》にして、外来の客に接するはなはだ丁寧なるもののごとし。

民俗一般に先聖の教を重んずるは、他の中国各地と異なることなし。青島の開港以来、宣教師のこの地に来たるもの、ようやくその数を増すとともに、ローマ・カトリックを信ずるもの出で来たれり。

住民は普通、質素を旨とするをもって、衣服のごとき絹物をもちうるもの少なく、多くは麻または木綿織をもちい、靴のごときも、はなはだ廉価なるものを使用しおれり。家屋は、城外のものはまったくいわゆる九尺二間的の茅屋《ぼうおく》のみにて、床は土そのままを踏み固めたるに過ぎず。

彼らの常食とするところは、麺または饃々（麦粉にてつくり、あたかも麵包のごとく、また日本の焼餅あるいは饅頭《まんとう》のごとく、大なるは直径一尺余あり。重さ十斤にのぼり、その価五十銭内外、一人一日二斤を食う。小なるものは、大きさ日本の饅頭大にして、二個二銭六厘、一回、普通三個および麺一碗（三銭くらい）を食するがごとし。

これらは中等以下の住民なるが、中等なるものにいたりては、朝は普通、粟あるいは米粟混合、または米の粥をつくりて、これに醤豆腐あるいは醤菜のごとき、単純なる副食物をもちい、これをすすり、昼飯、夕飯には粟飯混合、豚羊の煮付等なり。しかも鶏卵一個七、八厘に過ぎざれば、これをもちうることははなはだ多し。しこうして一日中、三度とも米食するがごときは、官吏または富豪等にあらずんば能わず。

第四節　交通

かの青島より発し、城陽、藍村、膠州、高密、南流、濰県、昌楽、青州、長山をへて、済南府にいたる大道と、芝罘より山東半島の北部をまわり、莱州、沙河をへて、平度に出で、膠州より青島にいたる公道とは、この地において合し、青島より済南にいたる道路は、鉄道敷設以来、衰色あるも、第二路、すなわち芝罘にいたるの道路はなお盛なり。

膠州より南方にいたるに三路あり。すなわち塔埠頭にいたるもの(十八支里)、王台雷山をへて、王哥庄に達するもの(百三十支里)、および舗上諸城、莒州をへて蒙陰に達するものこれなり。

このうち塔埠頭にいたる大道は、膠州の動脈にして、膠州の盛衰は、なかば掛かりてこれにありというも、あえて過言にあらざるなり。しかも土地低く、砂石を敷くことなければ、常に沮洳《しょじょ》として、歩行もとより困難なり。もし一度霖雨の期に会せんか、泥濘《でいねい》車軸を理め、馬脚を没して、ほとんど交通杜絶《とぜつ》のやむなきにいたる。運搬にもちうるものは、小車、馬車、驢車、牛車等にして、小車には一人推し少なく、多くは二人にてこれを推し、もしくは牛馬をして、これを曳《ひ》かしむ。その他、馬車といい、牛車といい、これを一匹にて曳かしむるあり。二匹にてするあり。三匹なるあり。四匹なるあり。あるいは牛と馬とを連結せるあり。馬とロバとを結べるあり。はなはだしきにいたりては、人とロバとこれを曳き、一人または二人にてこれを推し、あるいは牛一頭、馬一頭、ロバ一頭を一車に連結せる等あり。

その他、牛馬ロバ背にて、運搬するものあり。旅客を運搬するには、馬車、牛車をもちうるものあるも、普通、ロバ背なり。膠州より塔埠頭まで三邦里の間、往復四十銭内外なり。

海路にありては塔埠頭より、民船にて青島その他の諸港に出ずるを得。しかも、その埠頭までの道路の険悪なる、前述のごときものなれば、海運の便利なるにしかず。河運にありては、一に膠莱運河によるのほかなきも、この運河たるや、冬期まったく舟をやるの便なし。ただ山東鉄道のみは、東は北清にて、屈指の貿易地たる青島に通ずべく、西は山東内地商業の中心たる濰県、青州、周村以下の諸名邑をへて、済南府に達することを得。

第五節　生業

膠州は塔埠頭を介して、民船の便あるをもって、山東鉄道の開通せざりし以前にありては、山東東部の中心市場をなし、商業繁盛《はんじょう》なりしも、鉄道開通とともに、青島にその勢力を奪われ、今やまったく昔日《せきじつ》の盛を見ること能わず。しかれども、なお運賃の関係上、民船により塔埠頭をへて、移出入するものなきにあらず。

市は二、七の日にこれを城内に開く。会するもの遠く、高密、舗山、蘭底、その他の諸地方におよび、やや盛大なりとす。

内地より来たるものは、穀物、野菜、果物、土布等を主とし、市内の商舗の陶器、雑貨、鉄器等と交換して帰る。膠州は商工業の見るべきものなしといえども、農業ははなはだ盛なるをもって、この土の物産としては、まず穀物を首位におくべきものとす。米は水田なければ、これを南方に仰ぐものとす。産出する穀物は、すなわち麦、粟、コーリャン、大豆、キビ等なり。しこうして果物は山東の名物にして、いたるところ、これを産す。梨、水密、みかん、柿、りんご、すいか、沙果、桃李、ぶどう等、ほとんど産せざるものなし。梨、りんごは味美なりとはいいがたけれども、ぶどう、すいかはその味、もっとも美なり。

塔埠頭は膠州城を去る南東十八支里、大沽河の膠州湾にそそぐ河口よりさかのぼること三支里の西岸にありて、青島と相対す。土地、坦々《たんたん》たるがうえに、毎年の増水期に、大沽河のもたらす土砂は、膠州湾をして、ますます浅からしめ、塔埠頭近辺の地は、一面の浅瀬にして、潮の干満により、陸地と海面との差ははなはだしきものあり。さればここに集まる民船のごときは、わずかに大沽河の水路をさかのぼることを得るのみ。

この地、人口約二、三千内外にして、船付場のゆえにや人気悪し。市街のごとき、もとより見るべきものなく、人民の多くは輸出入貨物の運搬、その他に従事す。夏期にありては、彼らは裸体の者多く、船頭のごときはまったく身に一片の布片さえ覆わざるものあり。

この地は元膠州との関係において、民船貿易のために設けられたる一個の碼頭と見るべきものにして、したがって膠州商人の有する倉庫少なからず。随時、その出入貨物の倉入をなすに便にす。しかれども青島の開港せられ、その小港が民船の輻輳《ふくそう》地となるにおよび、大に衰微におもむきたるとともに、膠州に直接南部および中部中国地方より来たりて、山東の内地に入れる貨物は、青島にいたり、これより直に鉄道によりて中国山東内地に輸入せられ、また昔時《せきじ》、山東内地の貨物の膠州をへて、民船により、遠く南清地方に向かいたる貨物の青島より輸出せらるるにおよび、膠州はその商業区域の大半を失い、大に衰退の色あるも、なお塔埠頭には常に民船輻輳《ふくそう》するをもって、これより出入する貨物少なしとせず。すなわちその輸入品のおもなるものは、紙、金巾、材木、雑貨等にして、膠州より塔埠頭をへて輸出するものは、麦粉、豆、コーリャン、土布および果物等なり。汽車により青島より来たるもののあるも、民船よりするほう、運賃安きをもって、多少の不便を感ずるも、なお塔埠頭を経由して来膠するものあり。

ここは膠州海関分関の設置あり。その輸出入貨物を検査す。この辺一帯、低地にして、沼地多く、土質ははなはだ柔軟なり。車馬の往来、貨物の運搬不便にして、一朝、降雨あるや、すべての交通は杜絶《とぜつ》せざるべからざるにいたる。

膠州とこの地との交通は、小車、馬車、牛車および馬、ロバ等による。ロバにてこの間を往復するに三百大銭(六百京銭にして、銅元三十四、五にあたる)内外にして、牛車、馬車は一吊(京銭)以上なり。道路の険悪ならざるときにおいては、普通、往復五時間を要せば可なり。

第四十三章

高密県城

第八期生調査

位置および人口　膠州にいたる二十六キロメートル、濰県にいたる八十九キロメートルの地点に位し、県城は車站南三支里にあり。城は周囲十町余にして、大門四、小門四を有す。

人口については、統計の信憑《しんぴょう》するに足るものなく、土人の言によれば、城関内外合して約一万なりというも、五、六千を出でざるべし。

第十二期生調査

市街および市況　道路は両側の家屋より低くつくられ、一度、降雨にあえば、泥濘《でいねい》ほとんど歩行すべからず。幅員《ふくいん》約二間にして、市街のやや大なるは、東西街（東門より西門にいたる）および南関街にして、南関街は商家もっとも多し。

建築物　東西街の県衙門、警察署、城外、東門外の郵便局、西門外の山東工業学堂等を数うべし。なお停車場にいたる途中に実業学堂あり。

飲料水　井水をもちう。井戸は直径四、五尺はなはだ深くして清澄なり。

物価および労銀　当地は苦力《クーリー》を満州地方へ送りたるた

▶高密県城

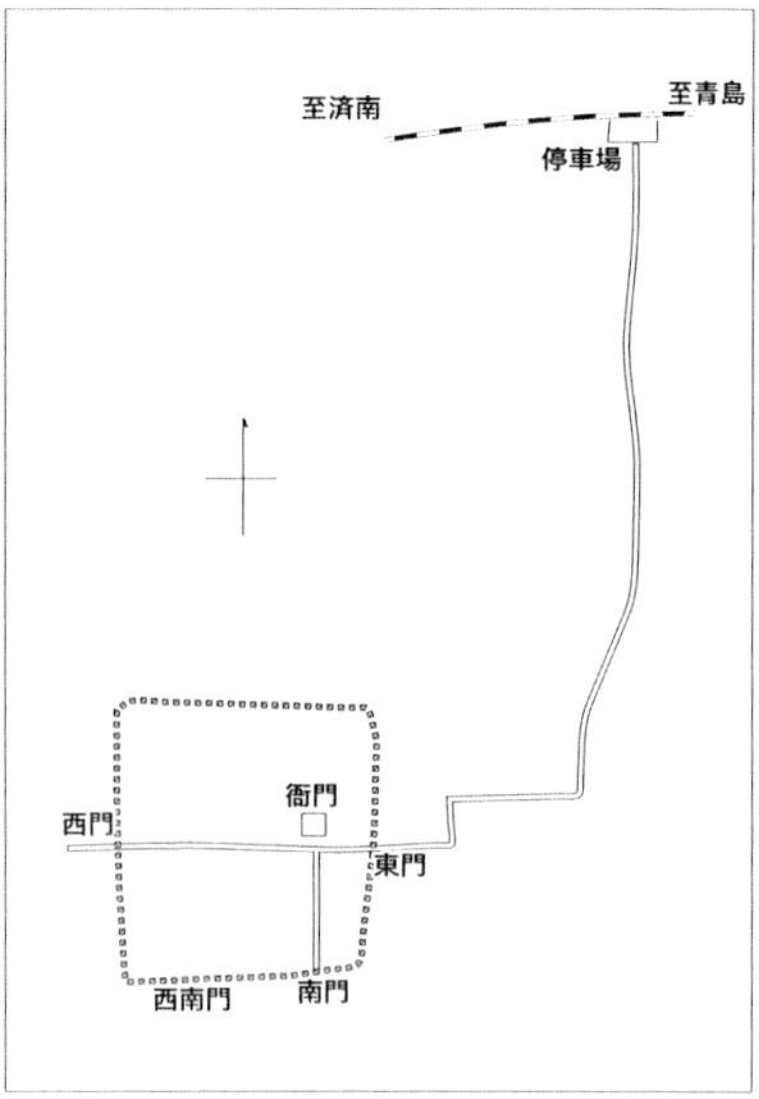

め、人夫少なくして賃銭やや高し。生活程度も青島に比し、低きはもちろんなれども、他に比較するときはやや高し。例えば麦粉のごときも、もっぱら舶来品を好み、土産のものを避くるの傾向あり。

物価

大米	一斤	九箇銅板（または八箇銅板）	**小米**	一斤	七箇銅板
猪肉	一斤	十六箇銅板	**麺粉**	一斤	六箇銅板―八箇銅板
コーリャン	一斗	二吊四百			

砂糖のごときも安く、食物は麦麺を主なるものとす。

宿泊料は五箇銅板をもって、単に房子を貸与するのみ。食事は客自ら、他にこれを求めざるべからず。

賃銭は、大工等は十五仙、農の雇い人は農繁時にありては、二十五ないし三十仙（食事つき）とし、豆粕廠内の工賃のごときは十仙なりという。

諸城へは百二十支里をへだて、交通ほとんどなく、車を雇うときは二日分の賃金を要求せらる。

交通運輸　交通運輸の機関として数うべきは、東洋車および馬車の二なり。東洋車はもとより不完全にして、かつ車両数も少なし。停車場と県城との往復にもちいらるるのみ。馬車は小形にして積載量五十貫を出でざるべし。

第四十四章

即墨県城および金家口

第十期生調査

第一節　即墨県城

位置および人口　即墨《そくぼく》は、青島の東北約七十五支里、金家口をへだたること八十支里、山東鉄道の城陽停車場をへだたること三十支里、芝罘との往復、頻繁なりしが、近来は鉄道の便あるため、青島の勢力範囲内に入れり。

城内の人口約四千五百、戸数約千戸、城外の人口約千五百、戸数約三百、すなわち合計人口約六千、戸数約千三百戸あり。城外の人家は多く、西北方すなわち青島街道の方面に軒をならぶ。

市街および市況　城壁は高さ約二丈、厚さ約一丈二尺、東西両辺長さ各約八町、南北両辺長さ約十町あり。磚石をもって畳《たた》まれたれども、破壊せる部分多し。城門は東西南の三方にあり。しこうして本県主要市街は東西大街にして、その長さ約十町にわたる。街路は東西大街のごときは、凹凸あれども、石を敷き、幅員《ふくいん》広きは三間、せまきは二間内外なり。

著名の建築物として民政署、すなわち従来の知県衙門を第一として、その他、三、四の社寺廟祠あるのみなり。城郭の内外一般に樹木多し。

交通およびその機関　市内交通機関は小車もっとも多く、市外との連絡には、小車、杣子、ラバ、轎車、ロバ一頭曳《ひ》きの馬車等とす。青島、海陽等に通ずる道路は幅員約一間半にして、車馬を通じ得。しかれども雨天には泥濘《でいねい》深く、夏季には塵埃《じんあい》はなはだしく、ともに歩行困難なり。芝罘に通ずる路はせまくして、かつ平坦ならず。しかのみならず、分水嶺を越えざるべからず。莱陽城に近づけば、平地多く、かつ道路も幅員一間ないし一間半内外ありという。芝罘との往来は、満

▲　高密県城

州方面に出稼ぎする苦力《クーリー》の出稼ぎ期、帰郷期にもっとも多し。近来、青島より満州に向かうもの多きにいたりたりとはいえ、従来は本道路によりしものにして、一日五、六十名往来せりという。これらは商人少なく、炭坑夫をもっとも多しとす。

飲料水　南方の城郭下に、幅約三十間の河あり。市民は多くこの水を飲料に供す。しかれども数日間、晴天続かば、涸渇《こかつ》するという。井はきわめて少なく、河水と異なるところなし。河水も、井水も、ともに飲料水として良好なりという能わざれど、中部中国地方、例えば揚子江岸の人民が江水を飲料とせるに比すれば、同日の論にはあらざるなり。

生業　住民は多く農業を営み、東西大街のごときところには、商戸軒を連ぬといえども、大なるものなく、日用品を付近の農民に商うに過ぎず。綿糸、綿布、マッチ等の雑貨類は、数年前、すなわち青島の未開時期には芝罘より輸入せられしが、今はことごとく青島にあおぐ。物産は農作品のみにして、鶏卵、鴨等を芝罘、青島方面に出す。

その他　繁栄に重大なる関係あるは、苦力すなわち出稼ぎ人なりとす。従来はことごとく芝罘より満州、ウラジオ方面に向かいしものなるが、近来は青島よりするもの、また少なからず。しこうして芝罘には、豊順桟、福州水、復和銭、同興銭、復興銭等、即墨人専門の旅店あるを見ても、いかにその多きかを知るを得べし。

第二節　金家口

第十期生
調査

金家口《きんかこう》は即墨県下にして、即墨県城の東北約八十支里、青島をへだたる約百五十支里、海陽県城をへだたる百十支里、丁字嘴口に面する一小商業地にして、人口約千五百、戸数百八十を有す。数町にして海に出ずべく、陸路のほか、民船をもって海陽県、石島口に往来す。丁字嘴口は、黄河より湾入すること四十支里くらいにして、風波なけれども、遠浅のため不便なり。

萊陽県との交通盛にして、紙、豆、油、マッチ、江南綿花、関東綿花等を輸入して、落花生、その他の農産品を出す。著名なる建築物としては、龍王廟、后天宮、東海関等にして、一般に宏大なり。

要するに即墨県の港として、重要なる位置にあり。

山東省の地たるや、中央には、泰山山脈ありて東北に走り、西南部には昌平山、青蓮山、牛山、蒼山等の諸嶺蜿蜒として、江蘇省の境、大運河流域にのび、石門山、九女山、蓮山は小汶河および東汶河の南西に起こり、省の西々南より東々北に走り、

第五編

交通および運輸機関

Japan met Shandong in 20th Century

第五編　交通および運輸機関　307

第六章　各地間陸運および水運　422

第一章　陸路

第一節　概説

山東省の地たるや、中央には、泰山山脈ありて東北に走り、西南部には昌平山、青蓮山、牛山、若山等の諸嶺蜿蜒《えんえん》として、江蘇省の境、大運河流域にのび、石門山、九女山、連山は小汶河および東汶河の南西に起こり、省の西々南より東々北に走り、標高二千ないし三千尺の山嶺を連ね、沂山、連山、鰲山、神山等、いずれも海抜二、三千尺の峻峰にして、膠州湾方面に向かう。かくのごとく山東の中部および東南部は、山地帯を形成するをもって、ここに通ずる交通路もまた峻険なるや想像に難《かた》からず。

しこうして、北部黄河沿岸地方および直隷南部を見るにいわゆる沖積層にして、一望、際涯《さいがい》なき荒原なるをもって、したがってこれに通ずる道路は平坦なりといえども、日乾《かん》すれば黄塵千丈、歩行にたえず。一度、降雨いたれば、泥濘《でいねい》脚を没し、加うるに低地多く、水たまり処々にありて、貨物の運搬に困難を感ずること至大《しだい》なり。

中国人の偸安《とうあん》なる、道路工事に多く力をもちいず、ときに官命によりて修繕することあれども、そは十年あるいは十数年に一、二回に過ぎず。他は自然の破壊に委《い》するのみならず、道路をもって塵捨場《ちりすてば》または汚水流しのごとく、心得おるがゆえに、到底、完全を期することを能わず。ことに山東西部および東南一帯は、既述のごとき山脈ありて、道路は常に畑地より低く、雨水は皆これに集まり、加うるに土質の関係上、晴天には黄塵万丈、旅行者を苦しめ、雨天には泥濘脚を没して進む能わず。かの無風三尺土、有雨三尺泥とは、山東の道路を評し得たるものというべし。かくのごとき、状態なるをもって、車両の通過せる跡は、常に依然として存し、再びその道による能わざるがゆえに、さらに左右両側に地をもとめて通行し、漸次《ぜんじ》かくのごとくして、一定の道路なきにいたり、道幅一定せず。ことに山地を通ずる道路は、重要都市間、古来、有名の交通路といえども、あるいは数間の幅員《ふくいん》を有し、あるいは数尺に満たざる個所あり。その凹凸のはなはだしく、また橋梁の設備不完全なること日本内地にありては、

◀泰山南天門を望む

山間僻陬《へきすう》の道路といえども、かかるものを見ず。

今、左に陸路の主なるものを挙げて参考に資せん。

一、芝罘より黄県、萊州等をへて、濰県にいたるもの。
二、芝罘より福山、招遠をへて、萊州にて前線に合するもの。
三、芝罘より南、萊陽をへて、平度を過ぎ、昌邑にいたるもの。
四、栄城より海岸に従い、西南走して海陽を経、即墨より分岐するもの。
五、沙河より平度を経、膠州へ達するもの。
六、膠州より海岸に近く、南走して日照を経、江蘇省へ入るもの。
七、濰県より安邱をへて、沂州にいたるもの。
八、濰県より寿光、楽安をへて、小清河に出ずるもの。
九、済南より周村、青州をへて、濰県にいたり、第一に接するもの。
一〇、済南より徳州をへて、天津に向かうもの。
一一、済南より泰安、蒙陰、沂州等をへて、江蘇省へ入るもの。
一二、泰安より滕県、臨城をへて、江蘇省に入るもの。
一三、徳州より高唐、東阿、汶山、滋陽、鄒、滕等を

▲　泰山山道

へて、江蘇に入るもの。
一四、青州より沂水、曲阜、済寧等をへて、曹より河南に入るもの。

これら線路のうち、重要にして、現時なお貨客の来往盛んなるものは、第一、第二、第五、第十、第十一、第十二等とす。

第二節　運輸機関

陸運にもちいらるる交通機関の種類は、その土地交通の発達にともないて差あるものにして、その人智の開否、およびその道路の善悪等により、もっとも適当なる機関を選ぶべきものなり。山東における道路は、前述のごとくその修理せざること年久しく、廃頽極点に達せるものなれば、したがってこれにもちいらるる交通機関も、これに適せるものなるべきはいうをまたず。今、その種類を見るに旅客用としては、轎車《きょうしゃ》、騾駄轎《らだきょう》、輌子等あり。貨物運搬用としては、大車、小車、窩車、牛車、馬、ラバ、ロバの類あり。

▲　山東直隷交界棗園橋

一、轎車

邦人の中国馬車と称するものにして、ひとり山東に限らず、北中国および満州地方において、距離の遠近を問わず、ほとんど旅客用に供せらるるものとす。車体は主として、楡《にれ》または板をもってつくり、構造すこぶる堅固なり。その形状、前方に長さ約四尺五寸の轅木《えんぼく》二本を差出し、車台の上に幅三尺、長さ四尺の穹形のほろを設け、綿布またはアンペラをもって、これを覆い、ほろのなかに一人ないし二人を座せしむべく、ほろの前にも旅客一人、赶車《かんしゃ》的（御者）一人、座すことを得。またほろの後部は、二尺の一空席あり。旅客携帯品等、百斤内外を搭載することを得。騾子一頭をもって曳《ひ》かしむるも、雨後、または遠距離には、二頭をもって曳かしむ。一時間の速度、平均約十支里にして、一日行程九十支里内外なり。

しこうして車両は、一般に弾機（ばね）をもちいず。ために道路の凹凸ははなはだしきところにありては、左傾右倒、動揺ははなはだしく、旅客の苦痛想像の外にあり。脚銀は多くは某地間いくばくと定め、日をもって論せず。しかれども一日九十支里、一弗半ないし二弗なり。旅客もし轎車を雇わんとすれば、旅店を通ずるか、自身、車店にいたりて、運賃その他の条件を定むべく、その契約は口外地方と異なり、ほとんど口頭をもってし、運賃は双方の協議により、吊文または銭、両をもって定め、その支払いは多くは半額先払いにして、半額到着払いとす。また往々、全部先払いの場合あり。

二、騾駄轎

騾駄轎《らだきょう》は、幅約三尺五寸、長さ五尺二寸、高さ三尺五寸の轎子《きょうし》に長丈余の二本の棒を底部に通じ、これを前後二頭の騾子をして荷わしめたるものにして、すなわち人肩に代わるに騾子をもってせるものと見て可なり。しこうして、騾駄轎はもっぱら旅客運送にもちい、手荷物は少許《しょうきょ》のほか戴することを得ず。内部は寛《ひろ》くして一人なれば、中にて横臥《おうが》することを得べし。一日の行程、約百支里、賃金三、四吊文にして、官吏また上流の客のもちうるところたり。乗り心地好きは、轎車の比にあらず。

三、輌子

輌子は山東地方にて、騾駄轎よりも多く行なわる。その形状は、騾駄轎にほとんど異ならず。ただ二頭の騾子をして、荷わしむる轎子の底部に備うる二本の堅固なる横木に、無数の縄を縦横に掛け渡し、縄製寝台の底部に似たるものをもってし、これを芦蓆をもって、馬蹄形状におおいたるものにして、外見、可ならず。旅客は網の上に手荷物をおき、その上に旅用寝具を敷きて座すものにして、一輌子乗客一人なれば横臥《おうが》し得べし。山東地方にありては、騾駄轎をもちうるは、多くは近距離間にして、長距離には輌子をもちうること多し。一日の行程は、約八、九十支里にして、貸金三、四吊文とす。しかれども季節により一定せず。

四、大車

大車は、構造我が国の荷馬車に似て、やや大なるものなり。楡《にれ》、槐《えんじゅ》等をもってつくり、騾馬をしてひかしめ、その数多きは七、八頭におよぶ。普通は三、四頭、ないし五、六頭にして、その積載量は、牲口の数に応じて差異あるはもちろんなれども、普通は千三、四百斤内外とし、ときには二千斤におよぶことあり。普通、一日行程七、八十支里、その賃金千文内外とす。

▲　灞河の渡河

五、　窩車

大車なるも積載したる貨物を、一枚の湾曲せしめたるアンペラをもっておおうがゆえに名づけられ、旅客そのなかに乗る。貨客兼用の運輸機関なれども、窩車に乗るは、普通一般の旅客にあらず。多くは積載貨物の荷主たる客商なり。

六、　小車および牛車

以上のほかに、小車および牛車あり。小車は全国いたるところに使用せられ、貨客兼用にして、南中国および中部中国に盛んに発達するも、北中国地方にはあまり使用せず。わずかに芝罘、青島にて、碼頭より貨物を運ぶにもちうるものを見しのみ。また山東は牛の産地なるをもって、牛を使用して車を曳《ひ》かしめ、貨客を運搬するを見る。しかれども、その数窩車に比して、はるかに少なし。

七、 牲口

陸運にもちうる牲口は種々あるも、山東地方にては、馬、ラバ、ロバの三種にして、ロバ、ラバもっとも多く、馬はわずかに乗用に供するのみなり。ラバは温順にして力量を富み、車両を曳《ひ》くに適す。積載量は、普通二百四十斤なり。その一日賃金は、三百文ないし一吊文とす。ロバは近距離における貨客用に適す。駄載《ださい》量も百二、三十斤に過ぎざれども、運賃わずかに二、三百文なれば、多くもちいられ、数十群をなして運送に従事す。

八、 運送業者および運送契約

山東における運送業者は、芝罘、その他の大都邑においては、脚行および桟房の区別あれども、普通は馬店と称して前二者の合併せしもののごときあり。客商を止宿《ししゅく》せしめ、その貨物を保管し、かたわら運送契約の仲立、または自ら運送をなすものなり。脚行のごときは店内に、赶車《かんしゃ》的また馬夫を雇いおき、旅客との交渉は、掌櫃《じゃんぐい》的これにあたる。これらの使用人は多くは幼少のときより奉公し、十七、八歳より職に従事することを許さるるなり。その給料はおよそ一吊半にして、食料等は日々百五十文くらいずつ給与さるるなり。しかれども、多くは旅客より酒銭として、一日五十文平均にあたえらるれば、比較的安楽に暮らし得るという。

運送契約をなすにあたりては、まずその運賃の日数計算によるか、距離計算によるかを定めざるべからず。日数計算によるとき、馬夫赶車的は期日を遷延《せんえん》することあり。距離計算によるときは、何日を要するも、運賃増加せらるることなきをもって、自然に進捗するなり。次に運賃として授受せらるべき、貨幣の種類を定むべし。次に運賃以外に馬夫等の食料を支払うや否や、すなわち管飯は外国人にとりて不便にして、実際においても不管飯多し。その他、運賃の支払い時期を定むる必要あり。定めざるときは、途上、赶車的馬夫に強請《きょうせい》に会うことあり。多くは上交一半、下支一半とて、契約地にて半額、到着地にて半額を支払うを常とす。その遠距離の地にては、契約には憑単《ひょうたん》を要するも、山東地方にはこの風なし。また山東ことに莱州府付近には、昔、我が国の駅伝馬のごときものにて、十支里くらいに馬を替うる習慣あるなり。ゆえにこの契約周到ならざらば、賃金その他、酒銭と称して格外《かくがい》の強請に会うことあるなり。

▲ 泗水の渡頭

九、人力車

山東省において人力車の設けあるは、すなわち芝罘、青島、済南の三都にして、他にはこれを見ることを得ず。これら東洋車は、日本より輸入せらるるもの少なからざるも、本地方にてつくらるるもの多し。

青島（ドイツ時代）の東洋車は、これを分かちて、頭等、二等の二となす。上等は車両黄色にして、二等は黒く、上等はその構造美にして、座をおおうに白布をもってし、両側に肘掛あり。二等は粗にして、肘掛なく、飾りもなし。これらの東洋車は、青島の何町にいたるも差しつかえなきも、市内三十余所の擱車《かくしゃ》場定められ、これらのほか車をおくことを許さず。しこうしてその運賃は、区域によりて定むるにあらずして、時間によりて定められ、また一、二等によりて差あり。

済南に現存する東洋車は、その数を知るを得ざるも、千以上にして、日本より来たれるものあり。また同地にてつくられるものあり。この地には工芸局のほか、二か所の製造所ありという。その一両の価（工芸局にて）、下等二十五弗ばかりにして、上等のものは四、五十弗なりという。

　済南にては衙門《がもん》はこれを闊歩《かっぽ》することなく、随意に営業し得るがごとし。その番号鑑札等のなきをもっても、これを知るに足る。したがって車賃一定せるものなきも、割合に安き方にて、我が一里ばかりを行くにわずかに十銭ないし十五銭くらいなり。

　これら拉車を業とするものは、各々、自己が車を有するにあらずして、東洋車を貸与するを業とするものあり。これより、借りて拉《ひ》くものなり。その一日の貸賃、一両五銭くらいなりという。

第三節　宿泊

第五期生調査

　中国内地における旅行者は、車両または牲口等によること、前述のごとくなるが、これら旅行者が夜にいたりて宿するには、いかにするやというに、各省各地において趣を異にすといえども、山東においては、およそ半日の行程において、必ず一の鎮店あり。旅客はこれらの鎮店において食物をとり、または宿泊するものなるが、これら鎮店には必ずしも旅店あるにあらず。一般に、一日行程すなわち大鎮店二か所ごとに宿泊所あるを例とす。その間の鎮店においては、ただ小なる飯館子ありて、旅客に中食を供するのみ。されば日なお高ければとて、その旅宿ある鎮店を過ぐるときは、次の鎮店において、宿屋を見出すこと能わず。非常に困難することあるべし。これらは車夫または馬夫の知るところなれば、これにしたがうをよしとす。しかりといえども、行通《ゆきかよ》い便なる地方、例えば鉄道沿路のごときはかかる不便なきものとす。

　中国宿は一般に二食にして、その朝飯を欠くこと山東省においても同一なれども、こは一般に交通便利の地にして、深く内地に入るときは、宿屋はその客に対して食物を用意することなく、旅客は宿泊料、約五、六銭にして、その食物はこれを飲食店につきてとるものとす。山東における主なる食物は、稀飯、花焼、饃々、麺等の種類にして、安きは四銭ばかりより、高きは十銭内外にて、一回の食事をなし得べし。しかれども交通便利の地にありては、客の注文により食物を供することあるべく、山東にては一日の宿食料とも五十銭にして、客より他に宿泊料、食費の約一割を、酒銭として給するものとす。しかれどもこれらは事情によりて、大小あること言をまたず。旅宿はまた一般に、旅客の苦力《クーリー》賃を立替支払うものなるも、これによるときは旅客にとりてははなはだ不利益なり。

宿屋の設備としては、中国いずれの地も等しければ、別に論ずるの要なきも、鉄道沿路のほかははなはだ不完全にして、一府内第一の宿屋といえども、往々にして寝台不足することあり。室《へや》は一般に土間にして、天井壁等はコーリャンをもってつくり、これに紙をはれるもの多く、寝台は二個の長き腰掛の上に板二、三枚をならべ、その上にコーリャンを編みて渡し、その上に麦わらを撒《さっ》するもあり。

第二章　鉄道

第五期生調査

第一節　山東鉄道（すなわち膠済鉄道）

一、利権の獲得

ドイツが二宣教師殺害の代償として、租借し得たる膠州湾一帯の地は、湾内、広闊《こうかつ》にして水深く、四時、風波の憂少なく、しかも直隷、河南の大市場を控え、さらに石炭、鉄、その他の諸鉱山に富むこと、リヒトホーフェン氏によりて伝えられたるをもって、ドイツは青島を根拠として、この地を経営し、ひいて他省にその勢力を普及せんとくわだてたり。膠州湾は、ロシア東洋艦隊が一八九六年より七年にわたり、冬ごもりをなせしところにして、ロシアがこれをドイツにゆずるの意なきや明らかなり。しかも、ロシアは満州経営に急にして、旅順、大連の二港を占領するに切なれば、膠州湾を惜しみて再びドイツの怨《えん》を招かんことの不得策なるを察し、ドイツと密約を訂《てい》し、ロシアは旅順、大連の二港を租借し、ドイツは膠州湾をとることとなし、ひそかにその機のいたらんことを待ちいたるときにおいて、かの宣教師事件の突発せるは、ドイツにとりて天与《てんよ》のチャンスとも称すべきものなり。ドイツはこの事件を利用して、中国政府と左の条約を締結し、もって青島の租借以外、さらに山東内地鉄道の敷設権を獲得せり。その鉄道に関するものを見るに、

一、中国政府はドイツに許すに、山東省内に二箇の鉄道線路敷設権をもってす。その甲線は膠州に起こり、濰県、青州、博山、淄川、鄒平をへて、済南府にいたり。乙線は同じく膠州に起こり、沂州に出で進んで、萊蕪をへて、済南に合す。

二、この二線の鉄道敷設のため、独清共同会社を起こし、その株主として両国人民の入社を許し、その会社は中国政府より優等なる待遇を受け、中国帝国内に存在する外国人と中国人の共同商会、もしくは外国商館にあたえられたる一切の特許特権を受くべく、その他のドイツ商およびドイツ職工もまた、その特典にあずかるべし。

三、鉄道線路の左右十マイル以内にある地方、例えば甲線にては濰県、博山のごとき、乙線にては沂州、萊蕪のごとき地方においては、ドイツ人民は石炭、その他の諸鉱山を自由に採掘することを得べし。その他、山東省内、本鉄道付近における工事工業は、中国およびドイツの共同資本をもって、経営し得べきものとす。

二、山東鉄道会社

帝国が、山東に関するドイツの権利を継承せるもののうち、もっとも重要なるものは鉄道と鉱山なり。従前《じゅうぜん》、この二者は資本家をひとしうする別個の会社において経営せられたりしが、一九一三年一月一日より、山東鉄道会社により兼営せらるることとなれり。

しこうして、ドイツが一八九九年三月六日の独清条

約により、山東省における鉄道敷設と鉱山採掘の特権を得るや、これを一八九〇年に設立せられたるアジア方面投資銀行団に賦与《ふよ》し、山東鉄道および鉱山の両会社を設立すべきことを内命し、諸般の準備に着手せしめ、一八九九年六月一日におよび、ドイツ大宰相ホーヘンローへ公の名をもって、該銀行団に鉄道鉱山に関する特許状を交付し、同月十四日、ベルリンにおいて山東鉄道会社を設立し、ついで十月十日、山東鉱山会社を設立せしめ、二者相より、山東経営に従事せしめたり。

▲ 青島停車場

今、ドイツ宰相より、会社に対する命令の主なる事項を挙ぐれば、

一、会社は、前記の全線を五か年間に、うち青島、濰県間の線を三か年間に建設し、直に営業を開始するの義務を負う。
二、軌道は、普通の広軌すなわち一メートル四三五とし、当初のうち単線とす。ただ将来、時機を見て復線となさしむ。
三、会社は、政庁において負担する港湾の設備費、および一般の行政費を負担すべきの義務あるをもって、企業より生ずる利益分配の額、資本額に対し、五分を超過する場合においては、政庁に対し、納金をなすものとす。
四、ドイツ帝国は六十年を経過したる後は、評価委員の評価したる価格をもって、鉄道全部を買収するの権利を留保す。
五、鉄道の建設および営業に関する必要なる監督は、政庁に存し、政庁は会社に対し、その企業の遂行に関して、必要なる命令を発し、また処分をなすことを得。

幹線は青島より済南にいたる延長四百十二キロメートル、博山支線の延長四十三キロメートル、合計四百五十五キロメートルに達する線路にして、一八九九年九月、起工し、一九〇四年六月、竣工せり。その建設費用、総計五千二百九十万千百二十六マルク、すなわち一マイルにつき約九千九百ポンドを要したりと称せらる。軌道幅は、所命の通り、四フィート八インチ半にして、枕木には鋼鉄をもちい、目下、単線なるも、将来発展の場合、これを複線となし得るよう線床を構築せるものとす。

そのはじめ、青島、濰県線路の建設を急ぎしは、すみやかに石炭を青島に出して、各種の工業および船舶に使用する日本炭の額を駆逐せんとするに出でたるものなり。

主たる営業所は、ベルリンに存するがゆえに、建築および営業に関する事務所は、これを青島に設けて、一八九九年以来、事業に着手し、団匪《だんぴ》事件のため多少の障害を受けしも、着々、命令通りに成功し、一九〇一年のはじめにいたりて営業を開始し、一九〇四年六月一日、すなわち特許命令下付《かふ》後、五年をもって、全線の開通を見、爾来《じらい》、青島の貿易を助長し、青島の貿易およびドイツの経営全部に対し、有力なる大動脈の作用をなせり。しこうして既述のごとく、会社は政庁に対し、納金をなすの義務を負う。けだしドイツ政府の計画は、保護領行政費の一部は会社の納金によりて支弁《しべん》するを穏当《おんとう》と認めたるもののごとし。今、鉄道会社（鉱山会社も同様）の納金に関する細目を示せば次のごとし。

山東鉄道会社は、その営業を開始したる後は、次に掲ぐる標準により、納付金をなすことを要す。

該会社の株主に配当すべき純益が、その企業のために払い込まれ、しこうしてこれに使用せられたる資本金の額に対し、年百分の五以上の配当をなし得る場合においては、会社は左記の割合により、その純益中より膠州湾領政庁の金庫に納付をなすべし。

一、百分の五以上、百分の七までにあたる場合には、その超過額の二十分の一。
二、百分の七以上、百分の八までにあたる場合には、その超過額の十分の一。
三、百分の八以上、百分の十までにあたる場合には、その超過額の五分の一。
四、百分の十以上、百分の十二までにあたる場合には、その超過額の三分の一。
五、百分の十二以上にあたる場合には、二分の一。

政庁の方針は、この納金と他の諸収入とにより、政庁所属の諸経費を支弁し、ついには国家の補助を辞し、もって経費自弁の自治をなさんとするにあり。建設後、四年間は万事創業の際にありしをもって、収入も充分ならざりしが、一九〇九年以後はその収入次第に増加し、政庁に対して相当の納金をなし来たり。一九一一年度においても、五万千七百九十マルクの納金をなせるを見る。

本線は、青島の経営とともに大なる成功を意味す。しかれども、山東鉄道建設の一大主眼たりし石炭以下の鉱物は、リヒトホーフェン氏のいえるがごとき、しかく豊富なるものにはあらずして、坊子炭坑のごとき、今後数年にして、その命脈を断たんとす。青島における諸工場、船舶等より鉄道にもちいらるる全部の石炭を供給して、日本炭を駆逐したる山東炭も、今や莞爾《かんじ》として再現せる日本炭に向かって、また昔日《せきじつ》の腕をふるう能わず。

三、資本金と鉄鉱両社の合併

山東鉄道会社の資本総額は、すなわち五千四百万マルク（五万四千株）にして、創立の当時、払い込まれたる額は千三百五十万マルクにして、そのあまりは一九〇四年一月までに全部払い込まれたり。しこうしてその株式は、全部ドイツ会社銀行によりて引き受けられたり。その銀行会社、および引受株数、次のごとし。

独亜銀行	四、九九九株
北ドイツ銀行	四、七〇〇株
エル・ワルシウエル商会	四、七〇〇株
ヨット・エス・ハー・ステルン	四、七〇〇株
ポルン・ウント・ブッセ	四、七〇〇株
ドイツ国立銀行	四、七〇〇株
ドレスドナー銀行	四、七〇〇株
ベルリン商業銀行	四、七〇〇株
ドイツ銀行	四、七〇〇株
割引銀行	四、七〇〇株
エス・ブライヒレーダー	三、三九四株
ダルムステータル銀行	一、九二二株
シャーフハウゼン銀行組合	八六六株
ベーレンス・ウント・セーネ	五一九株

その後、一九一三年八月にいたりて、従来、山東鉄道公司とともに設立せられ、山東において鉱山採掘に任じつつありし鉱山会社は、その資本千二百万マルクにして、その特権にもとづき坊子、黌山の両炭坑を採掘ししも、坊子炭坑の設計に失敗し、毎年、損失あい続き、一九一二年三月三十一日まで百二十三万七千マルクの欠陥を来たし、到底、独力をもって経営すべからざることを発見したりしかば、両会社合併の議起こり、幸いに株主をひとしゅうせると、合併上の便宜もまた少なからざりしかば、一九一三年一月一日、鉱山会社を鉄道会社に合併し、鉱山会社の資本を五百四十万マルクに切り下げ、これに相当する鉄道会社の株券を増発し、別に六十万マルクの増資を試み、資本金を六千万マルクとなしたりしが、いくばくならず。金嶺鎮の鉄鉱をとり、滄口に製鉄所を興こすべしとの議起こり、一九一四年六月、さらに千万マルクを増資し、七千万マルクの大会社となしたり。これをもって同月十四日、定款《ていかん》を改正し、会社の業務を拡張し、単に山東鉄道の経営にとどまらず、中国における他の鉄道を建築営業し、東亜において敷設せられたる鉄道の管理を請け負い、貨物保管のため必要なる倉庫を設け、これに保管せしめたる貨物に対し、倉庫証券を発行し、山東鉱山会社に許可せられたる地域以外において、土地の生産物および鉱物の採掘および、これがため必要なるすべての施設ならびに、会社の利益を増進すべき事業を経営し得べしと規定したり。したがって山東鉄道会社の業務は広大となり、ほぼ我が南満州鉄

道に似たり。しこうして会社は業務を鉄道、鉱山、製鉄三部に分かち、百三十二名のドイツ人をもちい、その下に多数の中国人を属せしめたり。大正三年、ドイツ政府は新たに中国より高密、徐州および済南、道口鎮の二大有益鉄道の敷設権を得たるが、たとえ直接ならずとするも、少なくとも本会社の監督の下に、敷設経営せしむべきはずなりしにより、本会社の前途洋々、春海のごとくなりしが、にわかに日独戦争起こり、また幸にして、今次の日中交渉にもとづき、かえって帝国が本会社一切の権利を継承することとなりたり。

四、鉄道工事

鉄道は青島駅に起こり、山東の平野を西走して済南にいたる四百十二キロメートルおよび、張店より博山にいたる支線四十三キロメートル間、要々の地に、停車場をおくと六十、駅間距離わずかに平均六、七キロメートルなり。ドイツがいかに山東経営に意をもちいしかを知るに足る。

その駅は土地の状況により、大小の別あること我が国と同じ。その大なるもの青島、四方、南泉、膠州、高密、岞山、坊子、濰県、昌楽、青州、張店、淄川、大崑崙、周村、普集、龍山、済南等にして、これらは皆、貨物集散の要地にあり。乗客もまた多きがゆえに、その停車時間も他の小駅は二、三分より五分を越えざるのみならず、直行は停車することまれなるに反し、これらの諸站は七、八分より、長きは二十分間を停車することあり。

山東鉄道哩程表

	青島より（キロメートル）	青島より（マイル）	駅間距離（マイル）
青島	—	—	—
大埠頭	三	一・八六	一・八六
四方	八	四・九六	三・一〇
滄口	一八	一一・一七	六・二一
趙村	二八	一七・三八	六・二一
城陽	三三	二〇・四九	三・一一
南泉	四七	二九・一八	八・六九
欒村	五七	三五・三九	六・二一
李哥荘	六二	三八・五〇	三・一一
大荒	七三	四五・三三	六・八三
膠州	八一	五〇・三〇	四・九七
大行	八八	五四・六四	四・三四
芝蘭荘	九三	五七・七五	三・一一
姚哥荘	九九	六一・四七	三・七二
高密	一〇七	六六・四四	四・九七
蔡家荘	一二二	七五・七六	九・三二
塔耳埠	一二九	八〇・一〇	四・三四
丈嶺	一三九	八六・三一	六・二一
太保荘	一四二	八八・一八	一・八七
岞山	一四八	九一・九〇	三・七二
望箕埠	一五七	九七・四九	五・五九
南流	一六三	一〇一・二二	三・七三

蝦蟆屯	一七三	一〇七・四三	六・二一
坊子	一八三	一一三・六四	六・二一
廿里舗	一九一	一一八・六一	四・九七
濰県	一九六	一二一・七一	三・一〇
大圩河	二〇五	一二七・三〇	五・五九
朱瀏店	二一一	一三一・〇三	三・七三
昌楽県	二二〇	一三六・六二	五・五九
姚溝	二二七	一四〇・九六	四・三四
譚家坊	二三五	一四五・九三	四・九七
楊家荘	二四三	一五〇・九〇	四・九七
青州府	二五五	一五八・三五	七・四五
浦通	二六三	一六三・三三	四・九七
淄河店	二七〇	一六七・六七	四・三五
新店	二八〇	一七三・八八	六・二一
金嶺鎮	二九〇	一八〇・〇九	六・二一
湖田	二九六	一八三・八一	三・七二
張店	三〇二	一八七・五四	三・七三
馬尚	三〇八	一九〇・〇二	二・四八
牙荘	三一四	一九四・九九	四・九七
周村鎮	三二〇	一九八・七二	三・七三
大林池	三三五	二〇八・〇三	九・三一
王村	三四三	二一三・〇〇	四・九七
普集	三四九	二一六・七二	三・七二
明水	三六一	二二四・一八	七・四六
趙荘	三六七	二二七・九〇	三・七二

龍田	三七八	二三四・七三	六・八三
十里堡	三八四	二三八・四六	三・七三
郭店	三八九	二四一・五六	三・一〇
王舎人荘	三九七	二四六・五三	四・九七
八澗舗	四〇一	二四九・〇二	二・四九
済南東站	四〇六	二五二・一二	三・一〇
済南西北站	四〇九	二五三・九八	一・八六
済南西站	四一二	二五五・八五	一・八七

博山支線

	張店より（キロメートル）	張店より（マイル）	駅間距離（マイル）
張店	—	—	—
南定	一一	六・八三	六・八三
淄川県	二二	一三・〇四	六・二一
大崑崙	三三	一九・八七	六・八三
博山	四三	二六・七〇	六・八三

坊子炭坑支線

	坊子より（キロメートル）	坊子より（マイル）	駅間距離（マイル）
坊子	—	—	—
坊子炭	四	二・九八	二・九八

江山炭坑支線

	淄川県より（キロメートル）	淄川県より（マイル）	駅間距離（マイル）
淄川県	—	—	
江山炭坑	六・五	四・〇三	

青島、済南間、実際距離は、三九五キロメートル三七三なり。駅間距離をはかるにあたり、一キロメートル以下を一キロメートルに数うをもって、四一二キロメートルとなるなり。

工事は予定のごとく着手せられ、一九〇一年四月八日、青島より膠州にいたる八十一キロメートルの敷設を終わり、九月には膠州より高密にいたる二十六キロメートルの敷設を終わり、爾後《じご》、鋭意《えいい》敷設に従事し、一九〇四年三月十五日までに青島、済南間、四百十二キロメートルの敷設を終われり。

青島より済南東站にいたる二百五十二マイルの地は、いわゆる山東の平野にして、青島付近に嶗山あり。高密以北に分水嶺あるのみ。青島より濰県までは、太古河畔のほか山岳やや起伏すれども、これより済南府までは遠く山を見るのみにして、沿路平坦ただ南北走する河流のあまたと、岩石の露出するあるのみ。かつこれら河流は、また大工事をほどこすべきものあるにあらざれば、その工事は概して容易なりき。

技師は皆ドイツの熟練せるものを選び、人夫は有名なる山東の苦力《クーリー》をもちいしものなれば、その工事は割合にすみやかに成就せり。しこうして材料は、皆遠くドイツ本国より送り来たりしものにして、一として鉄ならざるはなく、レールはもちろんそのスリーパー、橋台およびその上の通行板まで皆、鉄にして、青島市街にありては、その電柱をも鉄をもってせり。もって永久的植民地の計をなせること知るべし。

今、土工の状態を見るに、まず両側の田地を掘り、土を盛りたる上に礫石《れきせき》ある付近にてはこれをもちい、これなき地方にては微細なる岩石の破片をもってこれを敷き、その上に枕鉄をならべ、これにレールを敷けるものにして、その軌道は四フィート八インチの広軌をもってし、一本のレールに十二本ずつの枕鉄を配す。鉄道の通過地においては、幾多の河水あるをもって、架橋の数また多しといえども、工事をほどこすに足るものなければ、工事は予定よりもすみやかに成就したるものなり。

該線路中、主なる鉄橋を示せば左のごとし。

霊山河鉄橋	（滄口駅東方三百メートル）	約三〇〇メートル
パンヤ河	（趙河駅）	約四〇〇メートル
無名河	（城陽駅西方約五百メートル）	約二〇〇メートル
大沽河	（膠州駅東方）	約二〇〇メートル
名無河	（姚哥荘駅西方一キロメートル）	約二〇〇メートル
沙河	（岞山駅西方）	約一五〇メートル
濰河	（南流駅東方約二キロメートル）	約二五〇メートル
淄河	（青州府西）	約四七〇メートル
無名河	（馬尚駅西南一キロメートル）	約一五〇メートル

鉄橋全数は一、〇五〇にして、溝渠《こうきょ》をも加うるときは一、三〇〇の多きにのぼる。鉄橋の全延長七七〇〇メートル、そのうち最大なるものは、淄河に架するものとし、その他五十メートル以上のもの二十六あり。その延長、他の鉄路に比し、はなはだ多く、橋梁費は約一四、五六〇、〇〇〇マルクなりといい、全設費の二七・五％を占む。

五、鉄道沿路の状況

　山東鉄道は、山東省の中枢たる山東平野を東西に走るものにして、その沿道一体はリヒトホーフェン氏のいわゆる黄土よりなり、農業盛に、また坊子のごとき、あるいは山岳やや起伏せる地方には、種々の鉱物に富み、鉄道の両側五十キロメートルの間は、ドイツの採掘権を得たるものにして、これらのほかにいまだ発見せられざるものはなはだ多し。その他、濰県、周村、博山、済南等の地方は工芸品に富み、西部はまた養蚕業盛大なり。

▲　山東苦力

　これよりすこしく、これらにつきて述べんとす。しかれども詳細は、物産の部においてし、ここにてはその大略《たいりやく》にとどめん。

農業　山東は東部ははなはだ肥沃にして、西部に進むにしたがい、やや痩せ、岩石また多し。気候、夏暑く、冬寒きも海岸にありては、夏なお清涼にして好住地たり。

　土地は残るくまなく耕され、山岳の地といえども、耕し得べきは必ず耕し、気候良好なれば、二毛作をなすことを得るも、水利便なりというを得ざれば、したがってその生ずべき穀物も、おもにこれに適するもののみとす。今、その主なる産物を見るに、

夏期収穫物　コーリャン、粟、大豆、黍、緑豆、陸稲、紅豆、落花生、その他
冬期収穫物　小麦、大麦

等にして、その植付歩合を見るに、年によりて差あるも、夏季収穫物においては、コーリャンもっとも多く、全部の五割弱を占め、粟これに次ぎ、二割ばかりを有し、キビ、大豆、緑豆、紅豆またこれに次ぐ。陸稲のごときは、はなはだまれなり。しこうして、これらのうち、コーリャンもっとも適し、豊年にはその高さ二丈より三丈におよび、粟、キビ、これに次ぎ、粟は大なるものはその穂、優に一尺におよび、キビもまた一穂に五勺余の実を結ぶという。冬期のものには、小麦はなはだ多く、その産額一畝につき、七斗ないし一石五斗にいたるという。しこうしてその植付は、六、七分にして、他はおもに大麦なり。

耕作はやや大農式にして、耕耘《こううん》は牛馬をもちい、肥料五穀の運搬はすべて牲口により、または車両によるものにして、農村はその戸数、大概五、六十戸なり。しこうして村落の付近は、樹木を植え、交通便利にて耕作容易なり。各部落間の距離は、約二、三マイルにして、広闊《こうかつ》なる耕地なり。

養蚕業は、青州付近より、済南府にいたるあいだに多く行なわれ、所々に桑畑を見る。また天然蚕を産出す。いわゆる黄糸は、もっとも有名のものにして、周村はその集散地なり。毎四、九の日に市を開き、生糸商は皆、大なる院子のなかに集まりて取引をなす。

山東は、牛の産をもって名あり。牛は鉄道沿線にて、北部小清河に近き地方に飼養せらるるもののごとし。

鉱山　ドイツが山東に特権を得るや、山東鉄路公司とともに山東鉱山会社なるものを起こし、山東鉱山の名ようやく世に知らるるにいたれり。山東省産の鉱物は、金、銀、銅、鉄、錫、水銀、玉、石炭、ガラスの原料等にて、鉄道沿路は石炭をもって最となす。しこうしてその産地も坊子、淄川、嶧県、博山等とす。これらはリヒトホーフェン氏によりて紹介せられたるものなり。

工芸工業　沿道の各都市には、工芸はなはだ盛なり。

青島にはドイツ時代、麦酒会社あり。山東は、麦酒の原料に富めるをもって、その製造に便にして、したがって価も廉に、かつ味美なるがゆえに、会社はなお時《とき》利を見ざりしといえども、将来、大に有望なりと称せられたり。

北方沙河付近は、麦稈真田《ばっかんさなだ》の産地として有名なり。濰県においても、近来、草編公司なるもの成立し、これら地方より年々、青島または芝罘に出ずる額は、決して僅少にあらざるなり。

濰県は天然の工業地にして、今後、工業の見るべきものあるにいたるや疑なく、はなはだ有望の地なるも、現今はただ一個のたばこ公司のあるのみ。他には、会社組織の工場なし。

青州府付近にいたれば、桑樹やや多きを見、城内には織物会社あり。綢緞《ちょうたん》を製す。いまだ収支あい償《つぐな》わずといえども、その経営よろしきを得るにいたらば、利を見るにいたらん。この辺一体すべて絹織物の産大なり。

周村およびその付近は、生糸の産に富み、絹織物の産大にして、他省に出づるもの多く、また付近水膠の産大なりという。

済南もまた絹織物の産多く、模範工場として工芸局あり。鉄工場、木工場、織物工場、刺繍工場等、種々ありて、工芸の奨励に務むるものなり。

六、事業の概況

山東鉄道の全線が開通せしは、すなわち一九〇四年六月一日なりしが、この開通以来、済南の内地より青島をへて、南中国地方に輸送する貨物は、実に驚くべきものあり。しこうしてその運送貨物は、一九〇四年にありては一日平均約十万トン、乗客約五千人（五十キロメートルにつき）内外にして、その収入高は六千弗にあたりしが、現今にいたり、事業盛大となり、約十五万トンの貨物、および七千人の乗客を得るにいたれり。その収入高は、優に七千五百弗以上に達し、一九〇四年に比すれば二割五分の増加をなせり。

七、ドイツ時代最後二年間の営業成績

日独戦争により、ドイツが東洋よりその勢力を駆逐せられしは、一九一四年にして、一九一三年まで完全に山東経営をなし得たり。ゆえに一九一三年の営業成績、およびこれに一九一二年のそれを付記して参考に資せん。

一九一三年度における営業状態を見るに、同年前半期において山東鉱山会社と合併し、資本金五千四百万マルクを七千万マルクに増加したるにもかかわらず、七分五厘の配当をなし、なお利付株券一株に対し、十三マルク八九の配当をなせり。これを前年度一株に対し、十二マルク五〇なるに比すれば、実に一マルク三九を増加せり。

新拡張事業としては、租借領内に鉄工場を建設せり。これがため、次会総会において、新株百万マルクを募集せんことを建議し、しこうして工場落成し、営業開始まで、すなわち一九一六年末までに金額を払い込み、その払い込みを了するまでは払い込み額に対し、年五分の配当をなすこととせり。

一九一三年決算

収入の部（総高）　昨年度の九、二九六、九六六マルクに対し、九、七五七、八七八マルク。

内

鉄道の収入	八、三六二、二八八マルク	
利子	一二五、四三二マルク	（昨年度は鉄道収入および利子合計八、九八七、六七五マルク）
鉱山の純益	一、一四七、三六六マルク	
前期繰越金	一二二、七九二マルク	

支出の部

ベルリン本社の総営業費	一九七、三五四マルク	
鉄道営業費	二、二八五、一九〇マルク	（昨年度二、四六四、六二九マルク）
修繕費	五五五、八九一マルク	（昨年度四〇五、〇〇〇マルク）
公債売却損失	一二、八一八マルク	
鉱山税	四二七、六六八マルク	
合計	三、四七八、九二一マルク	

純利益金は、昨年度の五、五九六、二九六マルクに対

して、六、二七八、九五七マルクなり。

次に一九一三年度の明細表を示せば次のごとし。

利益金	六、二七八、九五五マルク
内	
鉄道基本金	三〇七、八〇八マルク
鉱山基本金	三〇七、八〇八マルク
配当（七分五厘）	四、五〇〇、〇〇〇マルク
利付配当金	七五〇、〇〇〇マルク
重役および社員配当	一二六、〇二八マルク
総督府への税	一五五、〇五五マルク
後期へ繰越	一三二、二五八マルク
合計	六、二七八、九五七マルク

賃借対照表によれば、

運搬設備および鉱山	鉄道諸設備	六〇、〇〇〇、〇〇〇マルク	五〇、〇〇〇、〇〇〇（昨年度はマルク）
土地および建物		四、九九〇、〇〇〇マルク	
鉱山の権利		一、三五〇、〇〇〇マルク	
鉱山の借地		一、四二四、二六四マルク	
鉄道倉庫の借地		一、一九五、〇三二マルク	一、一九五、〇三二（昨年度はマルク）

次に鉄道収支計算をなすに、交通ますます頻繁を加うるにかかわらず、実際には収入昨年より少なし。これすなわち津浦線の諸建築材料、運搬貨物運賃の引き下げ、および中国政府の財政困難に原因するものなり。

収入は洋銀四、一四〇、一六一にして、昨年の四、二三九、六六四に比して減少せり。その支出はベルリンを加えて、洋銀一、一九一、六九一（昨年度一、一七五、七五四）にして、差し引き、洋銀二、九三八、四七〇の残となる（昨年三、〇六三、九〇九）。

四方の主なる工場の拡張およびその他増築、または新築をなせり。同鉄道の植林は良成績を挙げ、養樹園にてはことごとく挿し枝をなせり。

汽車および汽関車に要する燃料は、やなぎおよび胡藤を伐り満たしむ。津浦線は列車連絡もなりたれば、青島、天津間直通の急行列車もとりあつかわるべし。済南東駅より約七キロメートルなる黄河畔、濼口間は、二、三の汽関車をもって全列車を交通せしめたり。運輸容易となり、運賃低廉となる。年度末においては、運転材料は、汽罐車《きかんしゃ》四十六台（昨年四十一台）、客車および小荷物車百六台（昨年百十台）、貨車および鉄道専用貨車一、一四八台（昨年一、〇五一台）なり。年度内の列車数一一、四七一列車にして、その走程一、五八八、〇二二（昨年一、四一〇、三五二）キロメートルなり。

　全収入洋銀四一三、〇一六、一七五の内訳を示せば、

二三・〇五％	洋銀	九五一、八四八、五〇	乗車賃
七五・六二％	洋銀	三、一二三、三二四、四九	貨物運賃
一・三三％	洋銀	五四、八九八、七六	その他
一〇〇・〇〇％	洋銀	四、一三〇、一六一、七五	

すなわち全延長の平均一キロメートルにつき、洋銀五〇六・八六の収入となる。

　一九一二年の同収入は、洋銀四、二三九、六六四・〇一。

　内

二二・八九％	洋銀	九七〇、二四六・五二	乗車賃
七六・一八％	洋銀	三、二二九、九六九・三七	貨物運賃
〇・九三％	洋銀	三九、四四八・一二	その他
一〇〇・〇〇％	洋銀	四、二三九、六六四・〇一	

すなわち全延長の平均一キロメートルにつき、洋銀八七五、八九二となるゆえに、全収入は昨年に比し、二・五八％の減少をなす。

　支出は洋銀一、一九一、六九一・四九にして、一キロメートルにつき二七四三・〇五（洋銀）にして、これを昨年の洋銀一、一七五、七五四・八八（一キロメートルにつき二、七〇六・三七）に比し、一・三六％の増加を見たり（前年は前々に比し、収入二〇・七五％を増加し、支出は六・八四％を増加せり）。収入は支出に対し、一〇〇に対する二八・八五の比となり、一九一二年はその前年に比し、一〇〇に対し、二七・七三なりき。

　青島および大築港、換言すれば埠頭場に運送されたる貨物を一九一三年と一九一二年とに比較したるものあり。主要品の数量を知るべし。

品名	一九一三年	一九一二年
落花生	三六、〇五五・五斤	二七、四六四・五斤
大豆	六六九・五斤	二八五・〇斤
落花生油	三、三〇二・〇斤	二、〇七五・五斤
豆油	三、七一〇・五斤	三、三九二・五斤

綿花	二二・五斤	一一〇・五斤
絹	四五七・〇斤	六四二・〇斤
麦稈真田	五、五七七・五斤	七、〇九二・五斤

八、日独戦争後の山東鉄道

（一）日本軍の鉄道押収顚末

開戦の当初、在青島ドイツ軍は、盛に山東鉄道を利用して、軍需品の輸送に努むると同時に、将来を顧慮《こりょ》して、山東鉄道および鉱山会社の財産はもちろん、青島にある官有財産中、軍事に必要なきものは、ことごとく済南方面に搬出し、孜孜《しし》として日本軍の押収占領をまぬがれんことを努めたり。爾後《じご》、日本軍の龍口に上陸し、著々《ちゃくちゃく》作戦を進め、漸次《ぜんじ》、山東鉄道利用の危険を感ずるにいたりしをもって、ドイツは大正三年九月六日より八日にわたり、滄口停車場より大沽河鉄橋にいたるまで、すべての停車場および諸設備を根本的に破壊し、日本軍の利用を妨害せんとせり。

加うるに、八月下旬以来、九月上旬にわたり、山東地方とくに濰県以東の地は、まれに見るの大洪水をこうむり、鉄道の損害すこぶる多く、なかんずく濰河の大鉄橋は、その二大橋脚と三大橋干を転覆するにいたれり。我が青島攻撃軍は、作戦の進捗に伴い、敵のこの鉄道利用を妨ぐる目的をもって、山東鉄道を押収するに決し、まず歩兵一中隊をもって、膠州および高密停車場を占領し、さらに歩兵一大隊をもって、濰県以東（坊子炭坑をふくむ）を占領し、ここに応急連絡運転および通信連絡の目的をもって、鉄道隊より山東鉄道偵察隊を派遣することとなり、中国軍およびその官民の反抗的行動に屈せず。ドイツ人幾多の妨害を排除し、九月二十八日その運転を開始する運びに到達せり。しかれども、単に濰県以東の鉄道押収のみをもってしては、山東鉄道の運用を完全ならしむる能わざるをもって、ここに濰県以西、済南にいたる山東鉄道全部を押収することとなり、十月三日より同六日にわたり、本鉄道押収の目的を達せり。

かくて山東鉄道全線は、日本の占有に帰し、この鉄道利用のため、さらに鉄道隊を増派し、桂河、濰河および大沽河以東の修理工事、ならびに鉄道鉱山（坊子、黌山炭坑および金嶺鎮鉄鉱）の経営に任ずることとなれり。

鉄道隊は、十月下旬、全部到着し、該隊はまずその一部をもって山東鉄道偵察隊に代わり、膠州、済南間の運転を回復せしめ、一日定期一列車の往復を開始し、一面他の部隊をもって、桂河、濰河、大沽河、南泉西河、南泉東河、城陽河および大沽河以東、各停車場の復旧工事に従事せしめたり。

十一月七日、青島開城と同時に、四方、青島間、山東鉄道の残余は、幸に大なる破壊なく、我が軍の手に帰し、鉄道隊においてさらにこの応急修理を完了し、今日の鉄道運転を見るにいたれり。当初、山東鉄道総弁シュレット氏は、日本鉄道隊がよくこの鉄道を運転し得るやを疑い、かつその修復工事の容易ならざるものあるを予言せるに、僅々《きんきん》、一か月にして応急修理を終われるは、彼らの予言をして顔色なからしめたり。

（二）日本軍の鉄道管理と運転開始

山東鉄道は、我が軍占領後、臨時鉄道連隊において管理したりしも、大正四年三月六日以後は山東鉄道管理部、これを経営するにいたれり。管理部職員は、全部満鉄職員をもってこれにあてたり。

その組織を見るに、管理部長の下に鉱山課、工務課、庶務課および工場等を設け、ほかに経理課（用度係、会計係）および、運輸課（運転係、営業係）をおく。

運転開始　我が青島攻囲軍の龍口に上陸するや、山東鉄道沿線は大恐慌を来たし、ドイツ人は遂次《ちくじ》、撤退し、八月下旬より本鉄道の交通不完全となり、日本軍が膠州、高密を占領してより以来は、交通まったく杜絶《とぜつ》し、山東省民は交通上、非常なる打撃を受け、山東鉄道運転開始は山東省民をして、旱天《かんてん》に雲霓《うんげい》をのぞむの感あらしめたり。この際において、我が鉄道隊は多大の困難を排し、鉄道の修築、機関車列車の修理を急ぎ、大正三年十月五日より、一般人民の便乗を許可するを得るの運びに到達せり。

当時、鉄道料金は膠州、済南間を三区に分かち、一区間軍票一円均一となせり。この制度採用は、短距離便乗者に苦痛をあたえたりし観ありしも、軍用鉄道が各駅賃金制をとるときは数千帳の切符を製作し、端数《はすう》の賃金を定めざるを得ず。かくのごときは単純軽便を主とするうえにおいて、到底不可能なりしより、これまったくやむを得ざるに出たるなり。しかれども、由来、中国人は近距離の交通に対しては、さしたる苦痛を感ぜず。遠距離の交通、杜絶に非常なる困難を感ぜし際なりしをもって、この一区均一制も非常なる乗客を見るの有様にして、運転開始後数日を出ず。毎日の収入平均千五百円に達するにいたれり。

青島開城後にいたっては、さらに全線を四区に分かち、資金を三階級とし、三等一区軍票一円、二等同二円、一等同四円とし、十一月二十七日よりこれを実行せり。

しこうして、十一月中旬以後は便乗旅客のため、一往復列車のほか軍用列車を運転したり。

しこうして、一方、鉄道橋梁の修理作業は、この間において著々《ちゃくちゃく》進行し、十一月下旬には濰県橋梁の修理も完成し、運転材料も整理せられ、十二月一日より青島、張店間、一日一回半の往復。張店、済南間および博山支線に二回往復列車を運転し、青島、済南間は昼間のみ運転し、二日にして到着するを得るにいたれり。

十二月十五日より、さらに貨物列車の運転を開始し、全線を八区にわかち、従来、停滞せる貨物運輸をとりあつかえるより、各種貨物、一時、決河の勢をもって、四方に流通せられ、当時は修理せる機関車、車両を挙げてその要求に応じたる状態なりしなり。この貨物輸送より得る収入、また大に増加し、十二月下旬より一月上旬にいたる間、一日平均六千余円に達し、一か月の平均収入十八万円をくだらず。もしその破壊せられたる部分に、根本的の修理を加え、機関車、貨車および鉄道工場、その他の設備を完成し、列車の運転回教を増加し、旅客および貨物の賃金制度に改正を加え、すこしくもドイツ人経営当時の状況に復せしめば、一か月平均三十万円以上の収入を挙ぐること、決して空望にあらざるべしと観測せられたり。

九、黄台橋支線および黄濼軽便鉄道

済南府東関車站より、小清河の最上流地たる黄台橋にいたる七支里にして、一九〇四年、山東農工商務局が山東鉄道会社に代わって敷設したるものなり。

他の一は黄台橋より、黄河右岸濼口にいたる約七マイルの鉄道なり。塩運司張都転の発起せるものにして、明治三十九年三月、その工をおえたり。元来、官塩は小清河によりて黄台橋にいたり、それより陸路車をもちいて濼口にいたりしものなるが、かくては不便少なからざるをもって、その代わりについに二地間鉄道を敷設せしものにして、その目的たるや、まったく塩運にあり。すなわち黄台橋より塩を濼口に送り、濼口よりは糧米を黄台橋に送り出せしもの。塩運は、今なお盛なるものとす。

黄台橋支線

	済南東站からキロメートル	済南東站からマイル
済南東站	—	—
黄台橋	六	三・七二

第二節　津浦鉄道

一、利権の獲得

津浦鉄道は、津鎮鉄道の変化せしものにして、そのはじめ一八九八年八月、ベルギーシンジゲートが、京漢鉄道の借款を引き受けたりとの説、伝わるや、ときの駐清イギリス公使マグドナルド氏は同シンジゲートをもって、将来、恐るべきものなりとなし、総理衙門に問うにロシアとの関係をもってしたるも、ときの中国政府はこれに答うるに、清国は全然、これに関係なきことをもってせり。しかるにその後、露清銀行との関係を規定せる条約の発表せらるるや、イギリス公使は大に異議を鳴らせしも、その回答、例のごとく、不得要領なりしかば、イギリス公使はこれにおいてか、京漢鉄道に拮抗《きっこう》すべき一線を案出し、最恵国条款によりてその権利取得を要求せり。これすなわち津鎮鉄道に関する要求なり。

津鎮鉄道の敷設権要求はかくのごとしといえども、

▲　津浦鉄道黄河鉄橋

該鉄道の敷設たるや、イギリス公使の発意によるものにあらずして、これより先、光緒二十三年、江蘇候補道容閎というもの永く、アメリカに遊び、ヨーロッパの事情に通じ、その天津より運河に沿いて、鎮江にいたるの鉄道を敷くの必要なることをさとり、自ら手をくだして、万般のことを計画し、当路者の間に遊説してその賛助を得。内外に資をつのりて、一千万両を得、なお五百五十万ポンドの不足ありしかば、アメリカ財団にたばかり、鉄道を抵当として、これを補足せんとし、便宜二十二条を開陳して、敷設の特許をこいしに、総理衙門の王大臣はこれに意見を付して上奏し、その裁可すべきことをもってせしかば、ついに裁可せられて特権は容氏にあたえられたり。これにおいて、容氏は直にアメリカの資本家を通じて起工せんとするや、反対は直にイギリス、ドイツの二公使と張之洞、盛宣懐の二方面より起これり。けだしイギリス公使の反対は、盧漢鉄道にして完成せんか。北方におけるイギリスの勢力は、これがため危険を感ずること少なからず。ゆえに津鎮鉄道によりて、ロシアと対抗せんとするに

▲ 泰安停車場

ほかならず。またドイツ公使の反対は、もしこの鉄道にして、他国の手中に落ちんには、山東における自国の経営上に多大なる打撃をこうむればなり。張、盛二氏の反対は、自己等が経営に参与せる盧漢鉄道の利益がこれによりて、大に殺減《さいげん》せらるるところあるを慮《おもんぱか》ればなり。

　これがため、当時、北京における外交上の紛乱は、名状すべからざるものありしが、またこれをいかんともする能わず。容氏はついに予約せるアメリカのブライス、シンジゲートより資金を引き出さんとせり。しかるに、ときあたかも、米西戦争終極の際にして、金融活発ならず。ためにアメリカは資金を供給することを得ず。容氏の事業は、一頓挫《とんざ》を来たせり。よってイギリス公使はこれを自国に引き受けんと称し、ドイツもまたこれを自国にて敷設せんと欲し、ここに劇烈なる衝突は、北京の両国公使の間に起これり。かくて両国協訂の後、ようやくおさまり、ドイツは天津より山東省南界まで、イギリスはこれより鎮江までの敷設をなすこととなし、一八九八年九月、すなわち光緒二十三年八月、イギリス公使はドイツ公使と協議し、京漢鉄道にあたえたると同一条件のもとに、敷設の許可を奏請し、英独シンジゲートはついにその裁可を経、本条約の訂結せらるるあり。ときに明治三十二年六月十八日なりき。今、その要旨を見るに、

一、清国政府は津鎮鉄道を敷設するため、英独シンジゲートに七百五十万ポンドの帝国政府公債を発行するの権利をあたう。公債利子五分、据置期限十か年、償還期限五十か年。

一、この公債は、永久に鉄道用車両および財産鉄道収入を第一抵当として、保証せらるべし。現公債が償還せらるるまでは、匯豊銀行および徳華銀行の承諾を得るにあらざれば、この担保物に対し、さらに公債をつのり、またはこれを抵当とすることを得ず。支払い当日において、この公債の元利を償還すること能わざるときは、抵当に入れおきたる鉄道線路および財産は、公債証書所持人の充分にして、かつ有効なる保護に必要にして、正当なるべき方法にとりあつかわるるため、シンジゲートに引き渡さざるべきものとす。

一、鉄道線路の北部は、徳華銀行これを清国政府のために建設し、その南部は英清会社、清国のために敷設し、公債の償還せらるるまで、徳華銀行と英清会社とは鉄道を管理することを得べし。

一、鉄道工事を監督するため、清国は理事部を設け、シンジゲートは委員部を設く。委員部は五名よりなり、その二名は清国人にして、理事部の指令にかかる。これを理事の代表者とす。その三名はヨーロッパ人にして、一名は関係銀行の代表者にして、他は管理者および技師長とす。ともに匯豊銀行、英清会社の指命にかかる。

一、鉄道敷設に必要なる外国品、または内国品は諸種の課税を免ぜらるべし。鉄道建設は、公債発行の日より五か年間に竣成《しゅんせい》せしむべし。

一、津鎮鉄道線に関連したる支線、または延長線にして、有利の見込みあるか、または必要なるときは、清国理事者シンジゲート間の問題として協商すべし。

一、清国政府を利益し、鉄道の利益力を増進せしむるがごとき、運転事業あるときは、徳華銀行、英清会社はこれを清国理事者に申し出で、これを経営するに必要なる権利を得るよう、これに請求すべし。

一、清国理事者とシンジゲートの間に起こる不和は、一方においては総理衙門、清国駐在のドイツ公使において審議し、公平主義をもって裁判すべし。

津浦鉄道哩程表

	駅間距離（キロメートル）	天津東站より（マイル）
天津総站	二・七一	二・七一
天津西站	三・四一	六・一二
楊柳青	九・一八	一五・三〇
良王荘	八・八二	二四・一二
独流	二・六二	二六・七四
静海県	五・五六	三二・三〇
陳官屯	七・五四	三九・八四
唐官屯	七・五七	四七・三三
馬廠	四・七〇	五二・〇三
青県	六・二六	五八・二九
興済	九・〇九	六七・三八
姚官屯	四・二三	七二・一一
滄州	五・八五	七七・九六
磚河	七・六九	八五・六五
馮家口	四・八九	九〇・五四
泊頭	一一・三四	一〇一・八八
南霞口	六・四一	一〇八・二九
東光県	六・〇二	一一四・三一
連鎮	六・七七	一二一・〇八
安陵	八・八四	一二九・九二
桑園	四・七九	一三四・七一
徳州	一三・四一	一四八・一二
黄河涯	七・四八	一五五・六〇
平原県	一三・一〇	一六八・七〇
張荘	一一・四〇	一八〇・一〇
禹城県	八・五八	一八八・六八
晏城	一〇・四五	二〇〇・一三
桑梓店	九・〇二	二〇九・一五
濼口	七・二二	二一六・三七
済南府	四・一二	二二〇・四九
党家荘	八・八八	二二九・三二
固山	八・三〇	二三七・六二
張夏	四・二九	二四一・九一
万徳	八・二八	二五〇・一九
界首	七・一二	二五七・三一
泰安府	八・二三	二六五・五四
東北堡	八・四三	二七三・九六
大汶口	九・六二	二八三・五八
南駅	七・〇五	二九〇・六三
呉村	一〇・八三	三〇一・四六
曲阜（姚村）	六・二九	三〇七・七五
兗州府	一〇・四三	三一八・一八
鄒県	一二・五〇	三三〇・六八
両下店	六・五〇	三三七・一八
界河	九・三二	三四六・五〇
滕県	九・一四	三五五・六四
南沙河	五・五三	三六一・一七
官橋	六・六二	三六七・七九
臨城	九・二三	三七七・〇二
沙溝	五・二一	三八二・二三
韓荘	一〇・二〇	三九二・四三
利国駅	五・四一	三九七・八四
柳泉	九・〇〇	四〇六・八四

▲　済南津浦線停車場

茅村	五・七五	四一二・五九
徐州府	七・五〇	四二〇・〇九
三舗	九・五〇	四二九・五九
曹村	九・五〇	四三九・〇九
夾構	八・五〇	四四七・五九
福履集	一〇・二五	四五七・八四
南宿州	九・〇〇	四六六・八四
西寺坡	九・七〇	四七六・五四
任橋	九・八〇	四八六・三四
固鎮	九・五〇	四九五・八四
新橋	九・〇〇	五〇四・八四
曹老集	八・七五	五一三・五九
蚌埠	九・〇〇	五二二・五九
門台子	九・二五	五三一・八四
臨淮関	五・七五	五三七・五九
板橋	六・五〇	五四四・〇九
小溪河	五・七五	五四九・八四
明光	一〇・五〇	五六〇・三四
管店	一〇・五〇	五七〇・八四
三界	七・二五	五七八・〇九
張八嶺	七・七五	五八五・八四
沙原集	六・二五	五九二・〇九
滁州	八・二五	六〇〇・三四
烏衣	一〇・五〇	六一〇・八四
東葛	五・七五	六一六・五九
花旗営	七・〇〇	六二三・五九
浦鎮	五・〇〇	六二八・五九
浦口	三・〇〇	六三一・〇九

軌幅および傾斜　軌幅は四フィート八インチ半にして、最急勾配は、百五十分の一なり。北段の天津、黄河間には傾斜なきも、済南以南は丘陵起伏し、諸処にこの勾配を有する箇所あり。また南段は浦口、淮河間九十三マイル中、実に三十九マイルはこの勾配なりとす。しこうして最小半径は、北段は五百フィートなるも、この曲線を有する箇所はまれにして、多くは千フィートないし三千フィートの間にあり。南段は千フィートと定む。

枕木　北段は樫《かたぎ》、その他の硬木にして、主として日本材なり。長さは約九フィートにして、約二フィート五インチごとに排列せらる。南段もまた、おもに日本材をもちい、その地、タスマニアおよびオーストラリア材あり。オレゴンパインはこれをもちいし箇所ありしも、その成績良好ならざりしにより、ほとんど全部これをとり換えたり。

軌条　八十五ポンドにして、南段は漢陽鉄廠製品のほか、イギリス製一万四千トン、ロシア製五千トンを使用せり。北段は主としてドイツ製品をもちい、漢陽鉄廠より購入せしものは、四千八百二十トンに過ぎず。津浦線は一路坦々《たんたん》たる平野を走るがゆえに、隧道《すいどう》なしといえども、橋梁は黄河、淮水等の大橋少なからず。しかれども京漢線に比して、あえて多しとせず。おもなる橋梁左のごとし。

黄河橋梁		一、二四四・四メートル
白河橋梁		一六〇・〇メートル
類黄河橋梁		二三五・〇メートル
チーハイ・ホー橋梁		一八〇・〇メートル
第一沙河橋梁		二八〇・〇メートル
第二沙河橋梁		二〇〇・〇メートル
盤河橋梁	（泰安、大汶口間にあり）	二三〇・〇メートル
大汶口橋梁	（大汶口、南駅間にあり）	三六〇・〇メートル
下汶口橋梁		一七〇・〇メートル
界河橋梁	（界河駅の北にあり）	二七〇・〇メートル
白河橋梁		二四〇・〇メートル

黄河の鉄橋は最大工事にして、材料はことごとくドイツ製をもちいたり。減水期においては、黄河水道は幅四百メートル、増水には北堤を越ゆ。幅一、二〇〇メートルにある両岸の土地は、一般に水面より低きこ

と二あるいは三メートル、増水期には五メートル内外となる。橋台の建設は水底の土地堅固ならざるため、もっともこれに適合すべきところを求め、地中に数十本の鉄柱を立て、柱間にコンクリートを入れ、その上にコンクリートにて橋台をつくり、もって沈下をふせぐ。南岸より第一橋台は、百七十六本の鉄柱をもちい、第二の橋台はこれをもちいず。第三は二百四十本、第四は百七十六本、その他の七個の橋台は、百六本より九十本をもちゆ。

◀鄒県の停車場

　橋台のうち、七個は陸上にあり。鉄柱は長さ十五メートル、水中にある橋台は常に波に対するものにて、水面より十七メートルの長さを有する橋台を沈め、鉄柱は長さ十七メートルくらいのものをもちいたり。陸上の橋台は増水期にありて、水中に入るも中流に比し、比較的、速力大ならざるため、橋台もやや安全なるを得。南岸より第二の橋台は、地下に堅固なる岩石ありしたため、鉄柱をもちいず。他のものは鉄柱を立つるも、その柱は岩石に到達するものにあらず。橋台泥中に浮かぶものなり。

　南段にありては、全区間における水道の総延長二万二千九百四十七フィートにして、実に一マイルにつき、九十七フィートの割合なり。橋梁（三百コルベルト）は五百を算す。おもなる橋梁は左のごとし。

▶津浦線黄河鉄橋

淮河橋梁	一・八七六フィート	二百フィートの径間九箇
淝河橋梁	二・一一九フィート	三十フィートの径間六十二箇
池河橋梁	一・二〇八フィート	二百フィートの径間五箇および三十フィートの径間十箇
徴河橋梁	九二五フィート	二百フィートの径間一箇、四十フィートの径間十箇および三十フィートの径間十箇

右のうちもっとも難工事なりしは、淮河橋梁にして、左に同橋梁竣工後、当路者より政府に報告したるものの要領を掲ぐ。

淮河河底は、各所とも砂地多く、架橋に適せず。ただ蚌埠付近は、その河底堅固なる岩石よりなるをもって、ここを架橋地点と定め、さる宣統元年十二月より起工し、なお在来中国ジャンクに便利をあたうるため、橋梁の上下に各一箇の船渠《せんきょ》を築造して、ジャンクの柱を引き揚ぐべく、とくに起重機の設備をなし、全工事は宣統三年六月十六日完成せり。

同橋梁の延長は、千八百七十六フィートにして、二百フィートの徑間《けいかん》九箇よりなり、橋柱は九フィート半幅のもの八箇ありて、高さは五十五フィートより百十フィートまでにして、構造は花崗石を橋台とし、コンクリートにて堅めたり。右、架橋経費は総計百十万余元にして、予算より約十万元の節減をなし得たり、云々と。

バラスト　北段の天津、黄河間は地勢一般に平坦にして、砂土または黄土よりなり、ほとんど丘陵、または岩石を見ず。したがってバラストはこれを得ること困難なりしをもって、ついに各区にレンガ窯、計二十一か処を築き、その製品たるレンガを適当の大きさに破砕して、これを代用するの方法を講じたり。その一立方メートルに要する費用は、線路渡し一弗五十仙にして、天然石のバラストと同一の生命を有すと信ぜらる。南段には浦口より、三十マイル付近の地点、および百七十マイル付近の地点より、これを採取せり。

三、資本および経費

一九〇八年八月、北段起工し、翌年一月、南段起工し、督弁大臣として、呂海寰任命せられしが、北段の総弁李徳順なる者、数十万両を私に利せしといい、紛議生じ、呂海寰退き、郵伝部尚書徐世昌これを兼任せしも、その後なおしばしば弊害の起これるを見る。一九一〇年、その工の一半を終わらんとするや、借款額不足となり、第二借款四百八十万ポンドを起こし、そのうち、三百万ポンドを受けとり、その他に小借款を加え、工を終えたり。第二借款は条件すべて第一のものに準ず。その要項は、

一、借款期限三十年、そのはじめ十年を据置とす。
二、全額四百八十万ポンドのうち、イギリスは百五十万ポンドを、ドイツは三百三十万ポンドを貸与《たいよ》す。
三、抵押《ていおう》は次の各税をもってす。

直隷釐金	一、〇〇〇、〇〇〇海関両
山東釐金	一、二〇〇、〇〇〇海関両
安徽釐金	七〇〇、〇〇〇海関両
南京釐金	六〇〇、〇〇〇海関両
淮安釐金	一〇〇、〇〇〇海関両
計	三、六〇〇、〇〇〇海関両

本借款中、中国に交付せしもの、イギリス百十一万ポンド、ドイツ百八十九万ポンド、合計三百万ポンドにして、その余は今に交付するなし。

北段、南段六百二十八マイル、一概にいえば、京漢線とひとしく、坦々《たんたん》たる沖積の大平野なり。ゆえに本線には隧道《すいどう》一もうがつなし。橋梁は黄河、淮河等少なからず。とくに黄河を難工とせしも、その他は比較的容易に、済南以南、安徽の一部にやや丘陵あるも、その間一の難工を見ざりき。

北段は天津より、江蘇、山東界嶧県内にある運河にのぞむ韓荘にいたる三百八十九マイルにして、起工より五年を経、一九一二年六月開通し、黄河鉄橋のみやや遅れしも、同年十一月告成し、南段は韓荘、浦口間、二百三十八マイルにして、北段と同時に開通せり。北段が開通までにもちいし、第一、第二借款および小借款の実収は次のごとく。また一九一二年十二月末、すなわち開通の年末における決算表、次のごとし。

第一第二借款の実収（年利五分）

	額面 ポンド		実収 ポンド	実収 庫平両
第一借款（一九〇八）				
第一回発行	一、八九〇、〇〇〇	九、三%	一、七五七、七〇〇〃	一三、六六七、〇五八・九四三
第二回発行	一、二六〇、〇〇〇	九四、五%	一、一九〇、七〇〇〃	九、三五〇、二八二・一六六
第二借款（一九一〇）				
第一回発行	一、八九〇、〇〇〇	九五、〇%	一、七九五、五〇〇〃	一三、一五七、八六二・六四一
第二回発行	一、四一〇、〇〇〇	（未発行）		
発行額計	五、〇四〇、〇〇〇	（未発行を除く）	四、七四三、九〇〇〃	三六、一七五、二〇三・七五〇

小借款実収

	ポンド	庫平両	
南段より借	二五〇、〇〇〇〃	一、八三二、〇九一・〇七五	（年利四%）
徳華より借	六六二、二七二・二四〃	四、八五三、二九一・八五八	（年利七%）
小借款計	九一二、二七二・二四〃	六、六八五、三八二・九三三	

負債の部（両は庫平両）

借款実収	三六、一七五、二〇三、七五〇両
小借款実収	六、六八五、三五二、九三三両
銀行預金利子収入	一、一一四、〇〇五、四四九両
為換勘定	六三、二三〇、一六五両
営業収入（営業費をのぞけるもの）	二、〇四八、九五九、五七四両
各種受入	七三四、八〇五、四〇七両
他の鉄道会社勘定	二九、四〇五、〇三一両
計	四六、八五〇、九六二、三〇九両

資産の部

借款利子支払	六、四九五、六八六、一〇三両
材木購入手数料	七六六、三四八、六六七両
銀公司への契約による報酬	一、〇〇五、一七四、六八二両
第一項建設費	三七、〇三八、四二七、八五一両
第二項経費	九三九、〇八四、二六二両
北京鉄路総局経費	四一六、三〇二、二七五両
雑支出	四一、一二四、一五四両
天津徳華銀行預金	六三、〇〇五、一一一両
ベルリン徳華銀行預金	二、〇八〇、三九五両

中国銭荘預金および現銀在高	八三、七二八、八〇九両
計	四六、八五〇、九六二、三〇九両

この決算表中、第一項建設費、第二項経費といえるは、本段の純建設費にして、借款の利子、手数料等をあわせざるもの、その内訳、次のごとし。

第一次建設費

土地購入費	一、八一三、七九五、五〇八両
土工費	一、七一三、三五九、二二七両
柵囲等	三、六九一、七九六両
踏切等	六二、六五五、七四七両
橋梁	七、七五九、八六三、六五二両
黄河鉄橋	四、五四五、六一一、四一八両
軌道およびその敷設費	九、三一一、九二四、七五八両
信号機、電信	五七六、二八二、八八九両
停車場建築その他建築	二、二八六、九五九、五四〇両
機械工場および倉庫	七一〇、七六四、〇六一両
特種工事費	一六六、七九三、三六二両
車両一切	四、〇二一、一六二、五二四両
俸給等	三、四一一、四一三、四七二両
鉄道警察	三二七、一〇〇、七九六両
雑費	三二七、〇四九、一〇一両
合計	三七、〇三八、四二七、八五一両

第二項経費

済南貯蔵材料	七五四、八九九、九三五両
総局貯蔵材料	七〇、九四六、六五〇両
各地貯蔵材料	四六、五四七、二一六両
電信材料	三〇、〇六七、〇六三両
燃料および油	九、八五九、五八五両
印刷文房具	九、〇六四、〇九六両
散在材料	四、五五九、九五八両
雑支払	一三、一四九、七五九両
合計	九三九、〇九四、二六二両

この第一項建設費により、敷設ししものは、天津、韓荘間三八九マイル、および済寧支線一九マイル、棗荘支線一九マイル、合計四二七マイルにして、これにより一マイルの平均建設費をはかれば、

全線四二七マイル	平均一マイル	八六、七四一両
黄河鉄橋をのぞけば	平均一マイル	七六、〇九五両

ただし建設中、借款の利子を本借款にて支払う習慣は、京漢、滬寧《こねい》線《せん》等と相同じければ、今、第一項経費に利子支払い額を加えてこれを見れば、

全線四二七マイル	平均一マイル	一〇一、九五三両

となる。設備はやや完全なりとすとも、平原の鉄道としては、その不廉はなはだしきを見る。

四、沿路の状況および運河

津浦鉄道の通過区域は、北直隷省より山東、江蘇、安徽の四省にまたがり、山東省その大部分を占む。しこうして各省における部分は、その巻において、これを詳説すべきをもって、以下、山東の部についてその大勢を述べん。

山東省における津浦鉄道に沿う主なる都邑は、徳州、平原、禹城、済南、泰安、曲阜、兗州、鄒、滕、嶧、韓荘等の諸県鎮にして、その付近、済寧、斉河等の都邑あり。徳州は山東省における水陸交通の要衝にあたり。天津より済南にいたるもの、済南より天津に輸送せらるる貨物の船積、船卸の地にして、南は大運河と衛河とによりて、山東省西部、直隷南境、河南北境にいたるべし。ゆえに天津の百貨は徳州をへて、平原、禹城、済河、済南、陵思、臨邑、高唐、徳平等に分布せらるるものなり。また徳州には徳州機器局なるもの設置せられ、工場広大にして、上海の江南機器局に次ぐ。軍器一切、軌条、鉄道用具等を製作す。

済南府は山東省の省城にして中央に位し、全省の各府州県に通ずる宮道の集合点なれば、交通便利にして青島に連絡し、人口三十万人余、大廈《たいか》高楼、櫛比《しっぴ》し、ドイツ人の経営する商店多く、外国貨物および内地貨物の集散地なり。外国貨物は、泰安、新泰、蒙陰、寧陽、兗州、済寧、鄒、滕、東平、平陰等に分配せられ、内地の貨物はこれらの地方より済南に聚集《しゅうしゅう》輸送せらる。

泰安府は泰山の南麓に位し、山東南部、江蘇北部と済南とを連絡する要路にあたり、付近一帯肥沃なる平野にして、気候温和、柞蚕糸《さくさんし》の産出甚大《じんだい》なり。

曲阜は孔子廟の所在地なり。商業地として見るべきものなきも、参廟の客多し。

兗州府は、済寧州、曹州、鄒県、滕県と済南との交通要路にあたり、重要なる地点を占む。付近、たばこ、兗州絹を産出し、城内商戸の過半は斯業《しぎょう》を営む。

嶧県は山東省の南端に位し、江蘇省、安徽省と山東省とを連絡する通路にして、鉄、玉、石炭等の鉱物に富み、なかんずく石炭の産額多し。

沿道の農業を見るに、二毛式、三毛式をもちい、よく発達し、平原はもちろん、山間丘陵といえども、よく開拓せられ、今やまったく開墾の余地なき有様なり。平原は大農式によりて、牛馬をもちいて耕耘《こううん》し、収穫物の運搬もまたこれをもちゆ。すなわち百畝（我が六町八段余にあたる）を牛馬五、六頭、大鋤（牛馬により使用するもの）にて耕作す。収穫高を見るにおおむね次のごとしという。

夏季収穫作物（一中国畝につき）

粟	一〇〇升
コーリャン	三〇〇升
陸稲	八〇－九〇升
青豆	五〇〇升
黄豆	五〇－六〇升
落花生	一〇〇担

秋季収穫物

小麦（毎畝につき）	一、五〇石
大麦（毎畝につき）	一、五〇石

その他、主なる農産物は、米、芝蔴、黒豆、緑豆、豌豆、綿花、白菜、大根等にして、果物は棗、梨、葡萄、柿、銀杏、石榴、りんご等なり。

かくのごとく、山東省は農業盛にして、産物の豊富なる河南省と比適し、他に多く見ざるところなるのみならず、養蚕業盛に行なわれ、蚕糸を出すこと大なり。その主なる産出地は、泰安府を第一とし、新泰、蒙陰、済南、臨清、平原、陽信、恩陵等にして、兗州、滕県、嶧県には黄蚕糸および白蚕糸の産、また多し。一か年の産額は、つまびらかにする能わざれども、土着商人の言によれば、兗州府は白蚕糸六千斤内外、黄蚕糸二万斤余にして、鄒県は大差なく、奉安は柞蚕糸五、六万斤を出す。したがって付近一帯、絹織業盛に行なわる。また徳州、徳平、陽信、恩陵、肥城、奏安、楽陵等の地方、また黄草帽弁を出し、外国に輸出すること大なり。その産額、数十万両なり。長清、肥城、東平等の地方は土布の織造多く、毎年六、七千疋《ひき》より一万疋にいたるという。

以上のごとく、山東省は物資豊富なれども、交通不便なるによりて、商工業隆盛の域に達する能わざりしも、津浦鉄道の開通により、農産物は四方に販出せらるるにいたり、かつ鉱産物は販路を拡張し、山東経済に大なる影響を来たすや必せり。

ひるがえって運河との関係を見るに、その敷設のはじめにおいては、京漢線と南運河衛河より漳河にいたる河流、その他、輪船をもってする競争のために、収支つぐなわざるにいたるべきを予想し、一時、敷設中止をなしたるほどにて、鎮江以北、淮水にいたる間、および徳州以北は、水運のため、幾分妨害さるるも、冬季は河流氷結するため、競争状態は夏間の数か月に過ぎず。かつ運河は、河底、年々沈塞して、浚渫《しゅんせつ》することなければ、かえって鉄道により民船運輸の衰頽を来たすや疑いなきところなり。

五、車両数

一九一四年の調査によれば、車両数および種類は左のごとし。

機関車			八二
客軍	特別車	花車	四
		公事車	四
		包車	
	一等車	坐車	六
		臥車	八
	二等車	坐車	二一
		臥車	一
	一、二等連合車	坐車	一二
		臥車	一〇
	三等車		一四
	飯車あるいは厨車		一一
	行李車		六
	合計		一八四
貨車	有蓋車		六四八
	無蓋車		
	牛馬車		
	平車		二〇
	石渣車		三三二
	煤車		一一〇
	水車および煤油車雑項車		
	郵便車		二
	合計		一、一一二
総合計			一、三七八

六、運賃および鉄道釐金

商業上より現時の状態において、津浦線を区分すれば、徐州以南は南京の勢力に属し、済南を中心とする一部は多く、青島の勢力に属し、しこうして徳州以北の地は天津の勢力に属す。

津浦線にては、貨物を三級に分かつ。

▲　徳州東駅

一級品　**金属類および金属製品、飲食物（二級品を除く）たばこ**、油類、器具、磁器、紙筆類、絹布、輸入綿布、毛織物、衣服化粧品、染料、皮革、毛類、植木、苗種、綿花、麦稈、薬材、ろうそく

二級品　**鉄釘鍋等の粗製鉄器**
陶器、瓦器、蔬菜、魚肉、土産綿布、綿糸、穀物

三級品
石材、石炭、石灰、肥料、獣骨、積戻空箱、空袋、その他

北段にては、天津より桑園までは第一区、桑園より灤口まで第二区、灤口より韓庄までを第三区とし、運賃率を異にせり。すなわち（一トン一マイルにつき）、

		一級品	二級品	三級品
第一区	天津〜桑園間	三仙	一仙六	一仙二
第二区	桑園〜灤口間	三仙半	二仙二五	一仙二五
第三区	灤口〜韓庄間	五仙	三仙	二仙五

危険物は各区ともに、七仙五を課す。天津、桑園間は水路との競争に対して、とくに運賃を低下せるものなり。南段は、一様なり。

民国二年秋、はじめて津浦沿線の釐局《りきょく》を撤廃せり。はじめ民国元年五月、江蘇都督程徳全、財政部に電していわく。津浦鉄道の全通近きにあるをもって、南段江蘇省の境界に地を選みて、釐税《りぜい》を徴せんと。財政部は、関係省より委員を派し、会を開き決定せんとす。程都督ならびに他の三省よりまず局を設けて徴税せずんば、議を開く能わずとなし、請願す。十一月、財政部は路政司長を派して、程都督と面談し、ついに漸次《ぜんじ》、各省都督もまた同意し、補欵《ほかん》の方法を講ずることとなし、二年秋月、各路の釐捐《りえん》を撤廃せり。

七、営業成績

一九一二年中の営業を見るに左のごとし。

（一）北段

月別	旅客収入（元）	貨物収入（元）	計（元）
一月	―	―	一九二、一四一・二八
二月	―	―	一四〇、五九三・九〇
三月	―	―	一八四、二九〇・九六
四月	一五七、六七一・二五	六二、〇一六・一一	二一九、六八七・三六
五月	一五二、六四二・三八	五四、〇〇五・五五	二〇六、六四七・九三
六月	一一六、九九三・七七	四〇、九五五・〇五	一五七、九四八・八二
七月	一二三、八七〇・四〇	五二、八七六・六四	一七六、七四七・〇四
八月	一三七、九九〇・八〇	七八、二三六・二六	二一六、二二七・〇六
九月	一四八、七九五・六八	一二八、一七三・一六	二七六、九六九・七四
十月	一七一、〇八九・〇五	一六七、七八八・二六	三三八、八七七・三一
十一月	一七九、八八五・八二	一五一、〇一〇・七二	三三〇、八九六・五四
十二月	一九七、四三八・七三	一九〇、九九三・六〇	三八八、四三二・三三
計			二、八二九、四六〇・二七

（二）南段

貨車収入

種類	数量（担）	運賃（元）
普通貨物	三、九九六、三九八	八五六、七三〇・〇九〇
石炭	六、二九八	四三三・三五〇

官用器	三一、三三七	一〇、八三三・七八〇
牛馬	一八二頭	三一二・八一〇
牛馬（荷用）	二八二頭	八八九・九〇〇
各種料金	—	五〇〇・〇〇〇
線羊山羊豚	六五頭	七三・一〇〇
雑収入		一〇、九二一・一三〇
計		八八〇、六九四、一六〇

客車収入

	員数（担）	乗車賃（元）
一、旅客（一等、二号、三号、寝台車合計）	六二五、七二四・〇五	五三五、三五四・六三〇
二、手荷物	一〇八、九三九・八九	一二、二四八・五一〇
三、官用品	二〇五、七四	五二二・五〇〇
四、小荷物	三五、五〇〇・四八	一〇、六一二・五六〇
五、馬車両丈	一、三〇六箇	二、七六四・〇一〇
六、馬車両丈（官用）	四八〇箇	七一九・一一〇
七、特別列車	二九五走行マイル	九七九・〇〇〇
八、雑収入	—	三五二・五六一
計		五六三、五五二・八八一

旅客貨物収入総計	一、四四四、二四七・〇四一

ほかに電料収入一〇、七九五元六七、ならびに食堂および食堂車使用料一三九元〇一あり。ただし電報収入は、うち二、九三七元九一は中国政府の電報局、二三九元四五は北段の収入に帰すべきものにして、結局、南段の純収入は七、六一八元三一なり。すなわち南北両段を合し、四百二十七万三千六百四十七元三十仙一厘なりとす。

貸借対照表

（一）北段　一九一二年十二月末日現在

資産の部

天津徳華銀行預金	六三、〇〇五・一一一庫平両
ベルリン徳華銀行預金	二、〇八〇・三九五庫平両
現金	八三、七二八・八〇九庫平両
借款利子	六、四九五、六八六・一〇三庫平両

購入手数料	七六六、三四八・六六七庫平両
借款シンジゲート（報酬および元利返還の際手数料）	一、〇〇五、一七四・六八二庫平両
津浦鉄道督弁大臣へ前渡金	四一六、三〇二・二七五庫平両
各種借方	四一、一二四・一五四庫平両
一九一二年の支出（興業費に属する購地または建築等）	三七、〇三八、四二七・八五一庫平両
仮勘定（興業費に属するもの）	九三九、〇八四・二六二庫平両
合計	四六、八五〇、九六二・三〇九庫平両

負債の部

借款	三六、一七五、二〇三・七五〇庫平両
南段より借入金	一、八三二、〇六一・〇七五庫平両
徳華銀行より借入金	四、八五三、二九一・八五八庫平両
預金利子	一、一一四、〇〇五・四四九庫平両
為替	六三、二三〇・一六五庫平両
運輸利益	二、〇四八、九五九・五七四庫平両
各種貸方	七三四、八〇五・四〇七庫平両
他鉄道会社より借	二九、四〇五・〇三一庫平両
合計	四六、八五〇、九六二・三〇九庫平両

（二）南段

資産の部

銀行へ報酬	七四、〇〇〇ポンド
北段へ貸金	二五〇、〇〇〇ポンド
現金および預金	一〇六、二七八ポンド
借款利子および元利返還の際銀行手数料	四七三、〇八四ポンド
興業費	二、一六五、七二二ポンド
合計	三、〇六九、〇八四ポンド

負債の部

借款	二、七八六、一〇〇ポンド
借款シンジゲートより借入金	一七三、〇〇〇ポンド
預金利子	一〇九、九八四ポンド
合計	三、〇六九、〇八四ポンド

八、　兗済および臨棗支線

津浦北段に二箇の支線あり。兗州、済寧および臨城、棗荘《そうそう》線これなり。兗州、済寧線は一九〇八年、津浦鉄道借款契約当時、ドイツが借款優先権を得たる兗州、開封線の一部にかかり、一九一二年十一月十日、津浦の支線として敷設せられたり。全長十九マイル七〇チェーン。

臨城、棗荘線は、一九一二年五月二十五日、同支線として敷設せられたるものにして、全長十九マイル一一チェーンあり。中興煤鉱公司の炭坑鉄道と、棗荘にて連絡せり。中興煤鉱公司は、ドイツ人ベッカーなるものの発企《ほっき》にてドイツ中国合弁会社にして、豊富なる嶧県の煤田を採掘するものなり。毎年の出炭額十五、六万トンに達し、その運搬に便せんがため、一九一〇年、棗荘より台児荘に達する三十マイルの鉄道を敷設したり。

九、津浦北段処分

我が国が兵を青島に加えたるは、山東におけるドイツ一切の勢力を駆逐し、彼をしてまた中原を覬覦《きゆ》すると能わざらしめよって、もって東亜の平和を維持せんとするにあり。日中の山東に関する新条約第一条の規定は、この趣旨に出ずるものたること疑いなし。されば第一条の規定により、ドイツの借款権を有する津浦鉄道の北段および同鉄道支線にして、ドイツと多少の関係ある兗州、済寧および棗荘、臨城の二鉄道より、ドイツの勢力を放逐《ほうちく》し、我が国これに代わり得るならんと思わるるも、外交通の説によるに津浦の北段と同支線の処分は、第一条の規定に含まれおらずという。もし果たして信ならんには、我が国が兵をもちいたる趣旨にそむくものにして、吾人はあくまでも、我が国政府が強硬なる態度に出で、山東よりドイツの勢力を一掃せんことを望まざるを得ず。

そもそも津浦鉄道は、一個の中国官線なるも、借款関係にもとづき、南北により差異あるをまぬがれず。北段は天津に起こり、黄河を渡り、泰山の西麓に沿い、韓荘の南にいたる全長三百九十一マイル四六チェーン、土地きわめて平坦にして、百五十分一の勾配を有するものただ数か所にとどまり、工事容易なりしも、白、黄両河をはじめ、巨流を横断すること少なからざるにより、架橋困難をきわめ、黄河鉄橋のごときは、その竣工に四年四か月と千二百万マルクを費やせり。南段は浦口に起こり、臨淮、蚌埠、固鎮をへて、山東南境にいたる全長二百三十六マイル七二チェーン、江蘇、安徽の境界、多少の丘陵ありしをのぞき、おおむね皆、平地なりしも淮水をはじめ、大小無数の河川東西に奔流《ほんりゅう》せるため、北段と同じく架橋工事に困難し、淮河鉄橋工事に約二か年と百十万円を費やせり。本鉄道は英独二国各区域を分かち、工事に着手ししをもって、互いに工事に心力をつくしたるが、ことにドイツ人は北段をもって世界における模範鉄道たらしめんと欲したると、中国に対しなるべく多くの借款権を握らんとくわだてたるとにより、大小六十余名の技師を派遣し、材料と機械を精撰し、工事の完璧を期し、経費の多寡を顧みざりしかば、ついに中国において有数なる鉄道を建設することを得たり。しかも敷設費を要することおびただしく、この段の収入二百二十二万元に対し、その借款利子六百四十九万両を数うという。

さらに兗州済寧線は、開封において海蘭鉄道と連絡すべき捷路《しょうろ》なれば、我が国として高密、徐州線を敷設し、徐州において海蘭鉄道と接続せしめんよりは、むしろ兗州、開封線を敷設すること、利益あるやも知るべからず。されば該線をして、他人の手に帰ししむべからず。また臨城、棗荘線は、嶧県より臨城にわたる中国有数の煤田を通過するものなれば、我が国にして山東鉱山採掘の意あらんか。これを我が手に収めざるべからず。幸いに二線ともに津浦北段の支線なれば、我が国がドイツに代わり津浦北段の権利を占むる際、二支線に対し、適宜《てきぎ》の権利を収むることを得べし。

津浦鉄道は中国南北の大幹線にして、北天津において京奉鉄道を連ね、南浦口において、滬寧《こねい》、濘湘《ねいしょう》両鉄道と結び、うち徐州において海蘭鉄道に接せり。これを旧時の大運河に比すれば、その南北交通に貢献する霄壌《しょうじょう》の差ありというべし。古来、山東省の重きを中国になしたるものはまったく、大運河の要衝にあたれるがためにほかならず。しかるに津浦鉄道にして、他国ことにドイツ権力のもとに属せんか、将来、山東において商工業を経営せんとする我が国の受くべき打撃劇甚《げきじん》なるべきは論ずるを要せざるべし。我が国がドイツと開戦ししは、山東よりドイツの勢力を一掃せんとの趣旨より出でたるものなれば、ドイツ片影の勢力たりとも、ここに残存せしむべきにあらず。いわんや津浦北段と有用なる両支線とに対し、依然その勢力を保持しむるをや、ドイツが山東をもって勢力範囲なりと号し、容閎《ようこう》の獲得したる津鎮鉄道敷設権を撃砕し、おのれ自ら借款権を獲得したるをもってやむを得ざるものなりとせば、我が国が津浦北段に対するドイツの借款権《しゃっかんけん》を継承すること当然なりといわざるべからず。我が国が津浦北段に対し、ドイツの借款権を継承せざるべからざる理由なお別に存するものあり。すなわち山東津浦両鉄道競争の杜絶《とぜつ》これなり。当初、ドイツは津浦北段は、山東鉄道と済南府において接続するにより、これを敷設するときは、その沿線貨物を青島に流入すべしと予期したりしに、竣工のあかつきにおよび、反対の事実出現せり。すなわち天津より済南にいたる二百十八マイルに対し、済南西停車場より青島にいたる二百五十六マイルあるのみならず。天津、済南間の運賃一マイル、一トン三仙四厘なるに対し、済南、青島間の運賃三仙六厘なるをもって、ドイツ勢力範囲内の貨物は、山東鉄道を去りて津浦鉄道につくにいたれり。これにおいてか、ドイツは大正二年一月一日、山東鉄道の運賃を二割ないし四割低減し、済南付近の貨物を青島に吸取せんことをはかりたるに、兗州、泰安、済南、東昌、臨清等の貨物、また青島に帰するにおよべり。さいわいにドイツは津浦鉄道に対し、権力を有するにより津浦鉄道において、なんら競争の手段を講ぜざりしをもって、山東鉄道と青島とはともに安穏なるを得たるも、我が国が山東鉄道と青島とに対し、確定的権利を得たる後、なおドイツをして、北段に権力を有せしめんか。陰険なるドイツはいかなる術策を講じ、山東鉄道と青島との利益を妨害せんとするや知るべからず。この点のみより見るも、我が国はドイツに代わり、津浦北段の権利を有せざるべからざるなり。

津浦鉄道は、イギリス、ドイツ二国の借款により、敷設せられたるものにして、イギリス人はその根拠たる上海より、天津をへて、奉天にいたる中国南北縦貫鉄道を管理せんことを欲するもの、その自ら津浦鉄道の北段をあらためんことをくわだつべく、到底、我が国のこれをもつことを肯《がえ》んぜざるべしとの説あり。在中国イギリス人中、あるいはかくのごとき僻見《へきけん》を抱くものなきを保せざるも、イギリス、ドイツ鉄道とりきめにより、イギリスは山東省内の鉄道に手を触れざることとなりおるのみならず、津浦北段を収むるときは、山東省の釐金《りきん》税百六十万両を担保とすることとなり、単に山東鉄道、および青島の利益を妨害するにとどまらざるべければ、自ら津浦北段を収むるがごとき無謀なる行動に出でざるべし。

第三節　豫定鉄道

一、煙濰鉄道

芝罘は旧山東省唯一の開市場にして、山東貿易を独占したりしも、ドイツが青島に築港し、山東鉄道を敷設するにおよび、山東の貿易、漸次《ぜんじ》、青島に帰し、芝罘はわずかに山東半島の一部、すなわち莱州、海陽線以北の貿易をつかさどるに過ぎざることとなりたり。これにおいてか、芝罘に利害関係を有するものは、芝罘の繁栄回復策として、芝罘より山東内地に通ずる鉄道を敷設すべしと唱えたるも、利権回収熱、勃興せる際とて、該案《がいあん》をもって、ドイツの山東における独占権を牽制《けんせい》すべしとなし、これに付和するもの多く、ついに芝罘に起こり、濰県をへて徳州に達する鉄道敷設を北京政府に出願したり。しかも政府は、濰県、徳州線の山東鉄道と並行するをもって、これが敷設を許す能わず。ただ芝罘、濰県の敷設のみを許したり。芝罘、濰県の距離六百十支里にして、鉄道哩程、百八十マイルをくだらざれば、一マイルの敷設費、七、八万円を要すべく、資本のとぼしき中国人の敷設し得べきものにあらず。加うるにドイツ人もまた、青島および山東鉄道の利益を侵害せられんことを恐れ、妨害運動をなしたるにより、長く実行を見ること能わざりき。革命乱後、ドイツは鉄道借款流行し、早晩、該鉄道もまた外国借款により敷設せらるべき運命にあることを見、自ら該鉄道に資金を貸付くべき運動を試み、ついに中国政府より承認の密約を得たり。たまたま日独戦争起こり、ついで日中交渉はじまり、帝国は、ついに中国政府よりドイツが借款権を有せざる場合には、芝罘または龍口と膠済鉄道《こうさいてつどう》とを連絡すべき鉄道借款権を得たり。したがって日本は、ドイツが煙濰鉄道《えんいてつどう》に対し、借款権を有せざるときはもちろん、これを有する場合も、日独講和の際、該借款権を継承し得べきこととなりたり。

今回、我が国が借款権を獲得したる鉄道は、起点と終点とを明示せざるにより、果たして煙濰鉄道と同一線路なるべきや否や、明らかならざるも、その起点が芝罘にあらざれば、龍口なるべく、終点もまた濰県にあらざれば、高密なるべきこと疑いなし。煙濰鉄道は芝罘より龍口をへて、濰県にいたる百八十マイル、これを濰県より青島にいたる百十マイルに比すれば、七十マイル遠く、鉄道運賃上すでにその敵にあらざるのみならず、芝罘と青島との港湾設備もまた霄壌《しょうじょう》の差あれば、煙濰鉄道を敷設するも、山東鉄道と青島とに対し、なんら観るべき影響をあたうることなく、芝罘もまたいちじるしき繁栄を来たすことなかるべし。加うるに龍口は、ほぼ芝罘と濰県の中央に介在し、大連の援助を得、煙濰鉄道により山東内地に輸送せらるる貨物を吐呑《とどん》し、また芝罘をわずらわすことなかるべきにより、芝罘、龍口間の鉄道はほとんど無用の長物に化すべし。したがって芝罘に特殊の関係なく、龍口に利害を有する帝国は、芝罘を起点とすることなく、龍口を起点とすべきや論なきなり。

また終点を高密にせんとするの説は、青島をして渤海に通ぜしめんとするか、あるいは高密、徐州鉄道竣成《しゅんせい》のあかつき、大連をして中原に通ぜしめんとするより出ずるものならんも、ともに迂遠《うえん》の計画たるをまぬがれざれば、中部山東に近き濰県を終点となすにしかざるべし。すなわち今後、帝国にして鉄道を敷設せんとするときは、龍口に起こり、濰県に終わらしむべきなり。

煙濰鉄道の起源は、芝罘を山東貿易に参加せしめ、青島をして壟断《ろうだん》せざらしむるにあり。帝国が龍口、濰県鉄道を敷設するは、大に事情を異にするも、なお幾分、当初の意義を有するをまぬがれず。帝国の一部論者中、大連を中心とし、山東貿易を経営せんとするものあり。もしその説をして成立せしめんには、龍口、濰県鉄道を敷設すること確かに必要なるに相違なし。帝国が山東を経営するにつき、大連を中心とすべきや、はたまた青島を中心とすべきやは、大に研究を要する問題にして、帝国が青島と山東鉄道をあわせ有する場合、なお煙濰鉄道敷設の趣旨にもとづき、龍口、濰県鉄道を敷設し、大連をして青島を牽制せしむるの必要ありや否や、疑問なりといわざるべからず。されど帝国が山東経営上、大連、青島いずれを中心とするも、該鉄道に対し、優先権を有せざるべからず。大連を中心とする場合には、自ら該鉄道を敷設せざるべからざるのみならず、青島を中心とする場合も、また該鉄道を敷設し、他国をして青島の繁栄を妨害せざらしむるの必要あればなり。

二、ドイツの鉄道権利

ドイツは膠州湾租借条約により、青島、済南鉄道のほか、済南より山東西境にいたるべきものと、膠州より沂州をへて、済南にいたるべき二鉄道の敷設権を有せり。しかも、ドイツが中原経営の目的を達せんには、山東省内に跼蹐《きょくせき》せるこれらの地方鉄道のみに依頼すべからざるをもって、さらに中国政府に向かい、山東省界徳州より京漢、正太両鉄道の接続点たる正定府にいたるものと、兗州より河南省城開封にいたるものの、二線の敷設権を要求したり。当時、中国政府は列強の利権獲得にこり、これを許可せざりしが、イギリス、ドイツ二国と津浦鉄道借款を契約するにおよび、膠州湾租借条約に記載せる鉄道線路中、未成のものは、これを津浦鉄道に包括せんことを提議したるに、ドイツは好機逸すべからずとなし、その代償として徳州、正定、兗州、開封の二線借款優先権を要求し、革命乱後、列強の利権競争、再発するや、ドイツは前記の二鉄道借款優先権と、山東鉄道沿線の鉱山探掘とを放棄し、新たに済南、順徳、高密、韓荘の二鉄道借款権を獲得したりしが後、高密、徐州、膠済、京漢連絡の有望なる二線と交換し、しかもきわめて有利にして、ほとんど敷設権とひとしき借款権に更改することを得たり。ドイツ外交の巧妙なる嘆賞《たんしょう》すべきなり。

ドイツが山東鉄道を、京漢鉄道に連絡せしむべき線路を選択するについては、非常の苦心をなしたり。当初、済南、順徳線をとりしが、ついで済南、彰徳にあらため、後、済南、道口鎮に代えたるも、なお契約文には線路を明記せず。選択権を留保しつつありという。京漢鉄道により、天津に出入すべき貨物を山東鉄道に吸収し、青島より出入せしめんとするには、天津をへだたること遠く、青島をへだたること近き、京漢の一駅を選び、これより済南に通ずる鉄道を敷設するにしくなし。この点より言えば、道口鎮をとらざるべからざるやもちろんなり。済南、道口鎮線は黄河の北岸済河に起こり、東昌、開州をへて道口鎮に達し、道清鉄道により、ついに京漢鉄道に結ぶものにして、延長百四十マイル線路の通過する地点は、黄河の北岸、山東、直隷の沃野に属し、山岳の前途をさえぎるものなく、河川の橋梁を架すべきもの少なく、敷設きわめて容易なり。沿路、綿花、土布、羊毛、皮革、麦稈真田《ばっかんさなだ》の産出多く、東昌における麦稈真田の貿易額百万両を算し、ことに道清鉄道付近は、有名なる炭田地にして、石炭の産出百万トンにのぼる。されば単に沿路の物産を運搬するも、鉄道営業として相当の利益あるべし。山東、京漢二大鉄道の連絡なり、さらに道清鉄道により、異日、帰化城《フフホト》、成都線に接続し、陝西、山西、直隷、山東の貨物、本鉄道により、青島より輸出せらるるにいたらんか。本鉄道の価値非常に増大せらるべきや、疑いを容《い》れず。

ドイツは膠州、沂州鉄道を敷設するの権利を有するも、本線付近に採掘するに足るべき鉱山を発見しがたきにより、一時、その権利を放棄したりしも、津浦鉄道敷設せられ、海蘭鉄道借款成立するにおよび、高密、韓荘鉄道を敷設し、津浦鉄道を利用し、北部江蘇、山東西南部の貨物を青島に吸収し、海蘭鉄道の青島侵害を防遏《ぼうあつ》せんと試みたり。いくばくならず、該線を西に延長し、徐州において、海蘭鉄道と連絡せしめ、海蘭鉄道をして青島によるにあらざれば、海州に通ずること能わざらしめたり。ドイツの計画、実に辛辣《しんらつ》なりというべし。もし海蘭鉄道、成就のあかつきにいたらんか、陝西、河南諸省の貨物は、青島より輸出せらるることとなるべく、千マイルの海蘭鉄道は二百五十マイルの高密、徐州鉄道にしかざるの奇観を呈することとなるべし。

日独開戦なからしめば、ドイツは前記二線により、山東鉄道を海蘭、京漢、道清、帰成の諸鉄道に連絡せしめ、青島をして、甘粛、陝西、山西、直隷、河南、江蘇、山東諸省の貨物の呑吐口《どんとこう》たらしめ、その勢力を黄河流域一帯に扶植《ふしょく》しうべき運命を有したり。不幸にして欧州戦争起こり、我が国は日英同盟の義により青島を攻陥《こうかん》し、これを中国に還付してドイツの利権を継承することとなり、この高密、徐州、膠済、京漢連絡の二線もまた我が帝国の手に帰し、中国はドイツのため、青島を根拠とし、中原を侵略せらるるの憂をまぬがれ、帝国もまた、この地に発展するの機会を得たり。日中両国の利益、決して尠少《せんしょう》にあらざるべし。

第三章 水系

第十二期生調査

第一節 総説

山東省は山脈中部に起こり、東西に連亘《れんこう》するをもって、河川多くは南北に流る。しこうしてその山岳は樹木なく、すべて石英質よりなり、河川の流域は黄土質なるをもって、雨期には河川漲溢《ちょういつ》し、付近の土砂を流し、河底を埋むることはなはだしく、これに反して、冬期には諸川まったく水涸れ、あるいは一線の細流を残すのみ。しかも河流変じて道路となる。

今、河川の状態を見るに、南部において沂河あり。嶅山山系に源を発し、沂州にいたりて幅一、二町におよび、雨期にはやや舟運の便ありといえども、通常幅せまく、水深浅く、水運なし。

北部には黄河、小清河あり。舟運、南中国の河川のごとく便ならずといえども、その沿岸各地との交通路をなし、ことに鉄道敷設以前においては、河南東部、山東西部、物資の輸出路たりしなり。

第二節　黄河

黄河は源を青海に発し、甘粛《かんしゅく》に入り、蒙古を過ぎ、陝西、山西両省の界上を南流し、汾河、洛河、渭水をあわせ、東流して河南に入り、直隷の南辺をよぎり、山東省に出で、東北流す。古の大済水はすなわちこれにして、山東に入りて、黄河は済南の北濼口を経、済陽、斉東の各県を過ぎ、武定府下に入り、蒲台、利津を経、大屈曲して東北に流れ、鉄門関より渤海に入る。河床の傾斜、大ならずといえども、その上流は山岳重畳《ちょうじょう》の間を流れ、河床の傾度、大にして水流また急なるをもって、その水勢は山東にいたるも、きわめて急速なり。しかのみならず、河道はすべて黄土なるをもって、流し来たる土砂は所々に堆積し、河道河幅の変遷常なく、水深また一様ならず。ゆえに水利大ならずして、所々わずかに民船を通ずるのみ。

一、濼口〜済陽間

濼口付近の黄河は、夏秋の増水期には二丈に達するも、春冬減水期には九尺に過ぎず。大正三年八月一日、調査当時は水深十二尺に過ぎず。なんら増水せず、減水期と異なることなし。土人の語るところによれば、増水期は常年におくれたれば、秋季においてこれを見るならんと。しこうして毎年十二、一、二の三か月は結氷すという。

付近の流速を見るに、蘭儀、濼口間下航は、普通三日、上航は一週間ないし十日を要し、その間、百五十支里なり。もって水勢の大体を察知《さっち》しうべし。河幅は銭橋上を歩みて、流水の幅を査するに、三百四十歩あり。一歩を二尺五寸とすれば、百四十間余なり。けだしこの河幅二町半と見て、大差なからむ。しこうして黄河鉄橋、濼口側の二橋台、水中にあるのみ。

堤防は濼口においては、済南の要地を控うるがゆえに、内外二種の堤防を設けたり。外堤防は河をへだたる一支里（約我が七町）のところにあり。高さ十五尺くらいにして、済南を去る六十支里、東新城にて、第一堤防（内堤防）に合す。

内堤防は、河水に接して設けたり。その高度は場所によりて差異あれども、河防局は大体、相同じきをもって、標準となせしものなるべく、ゆえに大同小異なり。

濼口より済陽にいたる七十支里と称す。約二十四マイルにあたる、上航には三日、下航には約五時間を要す。黄河を航するには直航せず。航路屈曲し、両岸をぬいつつくだるがゆえに、これをもって、ただちに水速を速断する能わざるも、艫《とも》をもって漕ぎくだるをもって、大体において、一時間五マイルをくだると見て、大差なかるべし。水流は濼口より東北に向かって走り、屈曲はなはだし。河幅、濼口より漸次《ぜんじ》、広まるといえども、済陽付近において、三町半くらいに過ぎず。水深、確実に査定する能わざりしも、十フィート内外ならん。濼口、済陽間下航中、三十隻の民船帆走《はんそう》し、また碇泊せるを見る。済陽付近にも三、四の防波堤の設けあり。この付近、堤防は頂上の幅二十尺あり。県城は堤防をへだたる二町の北にあり。

二、済陽～蒲台間

済陽、斉東間において、泰山より発する繍江河を合す。済陽、斉東間は八十支里といい、二十五マイルにあたる下航、五時間を要す。帆走民船、五十隻を見る。河道は済陽を過ぎて、東々北に向かう。河幅三百ヤードに達するところあり。

清河鎮付近においては、二重堤防をもちい、南岸の外堤は青城県城の北方を走る。高さ約十三尺。内堤は小清河鎮の北に接して設けられ、高さ約十五尺あり。しこうして、北岸の内堤は河道に接して設けられ、大清河はこの堤防に沿えり。高さ約十五尺とす。

清河鎮より蒲台にいたる間、八十支里と称す。下航四時間余を要す。清河鎮の上流一町ばかりのところより河道曲折し、ここまで東北流せるものこれよりほとんど東流し、蒲台に近き王家店よりまた東北流す。曲折多し。河幅二百ヤードより三百ヤード、この二碼頭の間において、百二十隻の民船帆走または碇泊せり。

三、蒲台〜利津間

蒲台は、黄河河岸をへだたる五支里の北岸にあり。その碼頭は十数の人家を有する一村落なり。碼頭としてとくに設備なきも、係留《けいりゅう》に安全なり。四十隻の帆船碇泊せり。蒲台県城に近く、南辺に堤防あり。付近における河幅やや広さを増したるがごときも、上流と大同小異なり。水深十五尺あり。蒲台より利津にいたる水路は、六十五支里という。しこうして、両県城ともに河畔に沿うをもって、水運によるを便とす。蒲台よりすこしく下流に瀬あり。荒波激しきをもって、船は北岸に沿いてくだる船夫のこれを恐るることはなはだし。この河幅約四町あり。

河道は蒲台より湾曲し、東北進すること二十支里にして、水道二派となる。各河幅約三町、南道も船を通ぜざるにはあらざれども、水浅く、かつ瀬多く、通航に不便なれば、北道を航するを普通とす。河の分流点において、大曲折し、水流は直接に北道北岸にあたるをもって、北堤防はしばしば破壊せし形成あり。現在の提防は新築せるもののごとく、工事いまだ落成せず。コーリャン殻は、陸上に堆積せり。築堤には、ことに力をもちゆるなり。この地方の堤防は、コーリャンを堆積してつくりたるものにして、その根を水面に面して畳《たた》み、土を交互に載せ、最上面を一尺ばかり土泥をもって覆えり。その高さ四尺くらいにして、その下層は土なり。下層の土も水面上に表われたるものあれば、前に台を設けずして、ただコーリャンを積み重ねたるのみならん。

水深十二尺より十五尺あり。三角洲に近き部分は浅く、岸に沿うて徒歩し、小民船を縄にてつなげるを見る。二水道は、蒲台より三十五支里下流の三岔口の東において相合し、南より流るるものは直北して来たり、北流に合す。南流するものは三角洲に沿える側浅く、

▲ 臨清州を出ず

東辺深し。合流点より五支里上流、すなわち蒲台より三十支里の地点において、水深十五尺、河幅約二町半あり。水速は濼口より清河鎮付近にいたる間に比すればやや緩慢なり。濼口付近において、一貫目の鉄丸をもってするも、流速のためにさまたげられ、水をはかるに苦しみしも、ここにいたりては水勢、さほど強からず。容易にこれを測り得たり。蒲台より利津にいたる四時間を要す。途中、帆走船六十七隻、帆なきもの十六隻あり。

利津にいたりて大曲折し、東北流す。利津はその曲折点の北岸にあり。しこうして、湯家庄は利津に入る碼頭にして、碇泊船三十隻あり。利津の地は非常に低く、堤防の麓には水たまり多し。利津付近の河水は浅く、ことに利津は湾曲の角にあたるをもって、激しき水勢を受けず。土砂を沈殿《ちんでん》すること多く、河床現われたり。ゆえに舟は、対岸に沿える細き水道を通ずるのみ。

付近における河幅は一定せざるも、湯家庄と対岸との間、二町余あり。水速やや緩慢なり。利津より下流は浅瀬、沙洲多く、船舶の航行に便ならず。一中国人いわく、なお河口まで四十マイルの間、民船通ずと。しかれども到底、上流のごとくならざるのみならず、普通は二十七マイル下流の鉄門関まで通ずるのみならん。

四、河水と堤防

黄河本支流通ずるところ、ことごとく黄土堆積の域にして、その水は年々、土泥をくだして、もって河南、直隷、山東間の大沖積地を形成せしかば、その水褐色の濃厚なる、到底、日本内地人の想像し能わざるところなり。

河水は多量の黄土を含み、しかも軽微なるに加え、水速、急なるがゆえに、全部、沈殿すること能わず。河水と混合して、海にそそぐものなり。実査するところによれば、その含土、一三％以上におよぶ。河水かくのごとくなるがゆえに、下流水道は数千年来、漸次《ぜんじ》に河底高まり、ついにその水面は付近一帯の平原より高きこと数フィートないし十数フィートにいたり、洪水の害を大ならしめつつあり。しこうしてその水害を防ぐに、わずかに歴世、河底の隆起と相ともなって、積みあげたる堤防によるのみ。しこうして、その河源より河口にいたる約二千七百マイル、海抜一万四千フィート以上の山間より、漸次、中原にくだる間、森林きわめて稀に、一朝、大雨あるに際しては、洪水の害さらにはなはだしきは言をまたず。北中国の雨量は僅少《きんしょう》なりといえども、その七、八月の雨期に際し、強雨あれば、ただちに大水、澎湃《ほうはい》として来たる。これをもって堤防決壊の患、史書その筆を絶たず。一決一塞、河道、常に変易し、堤防の位置を易うることしばしばなり。濼口より利津にいたる現在、内堤防間、十五町内外あり。その間に水道また曲折して流れ、両岸のやわらかき陸地を浸蝕し、流れの緩漫なるところは土砂を沈殿して灘をつくり、増水期ならずといえども、水道の時々刻々に変遷するを見る。いわんや増水期、大水滔々《とうとう》として流るるにおいては、両岸を破壊し、堤防を破壊する推して知るべきなり。されば古来、黄河堤防工事には少なからず力をもちい、堤防の築造に費したる国庫の支出また莫大なり。今、その構造につき大略《たいりゃく》を述べん。

一般の築堤法は大壊泥土を堆積し、堤防の基礎とし、その内面水流に接する側には、さらに防水設備をほどこす。この防水設備には種々あれども、そのもっとも多きはコーリャン殻、粟殻、柳枝、わら等を挿入し、

▲ 黄河の民船

これに泥土を加えたるものにして、この法はかの薪を負い、決河におくといい、薪芻《しんずう》備塞に便なりといえるがごとく、因襲久しきを知るべきなり。他には、石塊を傾斜面に積むあり。土堤上に石を載せ、その重力により、崩壊を少なからしむるあり。また完全なる石堤を築くあれども、きわめて小部分にして、濼口および済陽、利津等、県城鎮店に近き部分において見るのみ。そのもっとも多きは、コーリャン殻を挿入してわずかに泥土の流下せらるるを防ぐものにして、その腐朽《ふきゅう》すみやかなれば、連年、これを修むるを要す。しかれども偸安《とうあん》に慣れたる中国人は、その決壊を見るまで、これを修むるを怠るをもって、コーリャン殻の外面に歴々と表われたるもの少なし。その新たに修めたる形跡を残せるものを見るに、コーリャン殻の根を水面に向けて、土と交互堆積し、上面は泥をもってこれを覆い、水側に壊れざるよう、木材およびコーリャン殻を十字形に組み、縄をもって、堤身に引き、木杭をもってとめたり。上面を見れば、自然弓形をなして突出し、長く連続せるものあり。また十間ないし二十間を隔てて防波堤を設け、これを堅固にし、他はさほど意をもちいざるものあり。

　しこうして堤防上はすべて樹木を植付け、樹根をもって堤を堅固にする方法をとれり。

第十二期生調査

第三節　小清河

一、水源および流域

小清河は一名濼水といい、その源を済南城内、趵突泉に発す。泉は城の西南隅にあり、いわゆる済南七十二泉の一にして、その他を呂科廟と称す。けだし済南の地たる北は黄河流域に達し、南は直に泰山を中心とする山脈に接し、その地勢、南に高く、北に低し。城内湧出《ゆうしゅつ》する清水、名あるもの七十有余、趵突泉《ほうとつせん》はそのもっとも有名なるものなり。その状、宛然《えんぜん》、噴水のごとくして、往時はその高さ二尺におよびしという。今なお盛に地下より湧出する状は、けだし天下の奇観なり。

これら幾多の小泉相合し、城の西北隅より出で、さらに城内、大明湖より滙波門を出で来たる水と、艮吉門、通済水道、東北門等をもぐり出ずる水とを合して北す。水量はやや多く、城外すでに小型川舟の集まれるを見る。さらに北すること約二十支里、黄台橋にいたって、西より来たる濼水を会し、平野の中央に兀立《こつりつ》せる華山に近く、東折し、流れは漸次《ぜんじ》、大となる。これより小曲折はなはだ多く、やや東北に向かいつつ、黄台橋より五十支里、鴨旺口にいたる。この間は、小鎮店多く、地質やや良好なるもののごとし。

鴨旺口を出ずれば、河道概して曲折なく、東北進するも、苑家荘にいたって、河は東南に向かい曲折す。この地より黄河岸斉東へ三十支里あり。漢家荘をくだること六支里、河道、ようやく南東に向かう。しこうして安荘閘の下流において、新清河を入れ、さらに東走す。石村付近にいたり、地勢ようやく低く、あまたの水道来たり会するを見る。しこうして羊角溝にいたるにおよび、諸方より来たる塩運河を集めて海に入る。

	各地間	黄台橋より
鴨旺口	五〇支里	五〇支里
張家林	四〇支里	九〇支里
漢家荘	七〇支里	一六〇支里
高苑	八〇支里	二四〇支里
石村	一〇〇支里	三四〇支里
羊角溝	一四〇支里	四八〇支里

▲ 臨清州の碼頭

しこうしてその通過するところを見るに、章邱、鄒平、長山、新城、高苑、博興、楽安の諸県を経、淄河を会し、寿光県にいたって海に入る。かつて光緒年間、周楊両巡撫時代、この河上に小蒸汽船三隻を浮かべしも、河幅せまくして、浅瀬を生じ、航行不可能となり、中止せり。しこうして、その後、このくわだてをなすこと数回におよびしも、皆ならず。今はただ、当時の閘門四か所の残れるを見るのみ。航路は、河口より百支里間は自由に上下することを得べきも、その上流はやや困難なるものあり。潮汐の関係は、五十支里におよぶという。

二、河幅、水深および閘

元来、小清河は山東平原の黄土層を東に貫流するものなれば、両岸、すこぶる平坦にして、かつ河道の幅員《ふくいん》上下大差あることなく、その黄台橋において、十八間ないし二十間、深さ平時二尺ないし四尺なりとす。ややくだって幅十間くらいとなるところ、少なからざるも、一帯に十間ないし十三間、深さ四尺くらいにして、高苑付近よりやや広く、二十間くらいとなり、かくて石村下流、河幅約五十間となり、これよりさらにくだり、潮汐《ちょうせき》の影響を受くるあたりにいたれば、河幅、次第に拡大し、羊角溝に近づくにしたがい、一町半ないし三町におよぶところあり。

全河道を通じ、黄台橋以下、一の橋梁なきは、その特徴ならんか。すなわち土人はこれを渡るに一種の渡舟をもちい、常に河の一方につなぎおけるものに、車馬を道路よりただちにこれに移し、渡河す。その方法はなはだ簡便なり。舟の構造はただ板をもって、四角形の箱をつくりしに過ぎず。

▲　小清河畔

全河道中、この渡船場の数五十余あり。いずれも平原を横切りて、河の沿岸に達する途にあたり。ことに石村、苑家荘等のものは、塩運路として必ず通過すべきものに属す。

前述、閘門《こうもん》の存するもの、左の四か所とす。

一、鴨旺口と來牛荘の中間にあるもの
二、來牛荘と李家牧との間にあるもの
三、石村の上流にあるもの
四、石村と上家道口の間にあるもの

閘の構造は、河の床よりレンガを積み、両岸に台をつくり、その中間はわずかに一隻の小蒸気を通過し得るくらいの間隔を保ち、これに二枚の鉄板を備え、これを開閉するには起重機をもちう。その状、宛然《えんぜん》、普通敷居を有する雨戸の開閉をなすがごとし。

しかれども現今、小蒸汽の航行するなく、そのわずらいに堪えずして、閘門の反対の側に別に河道をつ

▲　小清河畔の夕暮れ

くり、河航の舟多く、ここより上下す。ゆえに河道は、閘あるところにては常に新旧二道あり。この河は昔時《せきじ》、芝罘、龍口等より来たる雑貨、および下流の無尽蔵なる天日《てんぴ》製食塩を、山東内地および河南に運送するの要路にあたり、その繁盛見るべきものありしも、山東鉄道開通以来、鉄道に輸送力を奪われ、今はただ塩および営口沙河子（安東）より来たる材木の通路たるにとどまり、輸出貨物にいたりてはさらにふるわず。

三、地勢および地質

小清河は、黄河をへだたる近きところは、十二支里ないし二十支里、平均五十支里に過ぎず。これによるも、黄河と同一地層なることは、想像するに難《かた》からず。すなわちこの地方を形成せる地質は、年々、黄河が上流黄土層を崩して運び来たりたるものなれば、その質きわめて粗脆《そぜい》にして、粘性にとぼしく、地味肥沃と称すべからず。しこうして水田のごときは、済南城北において、すこしくこれを見るを得べきも、米の産額等、もとより見るに足らず。ただ済南付近は古来、有名なる良種野菜類の産地にして、菜は塩醤を要せずとは、けだしこの地方のことを称ししものならんか。とくにゴボウ、ネギ、その他、野菜類を産するより見れば、地質は野菜類に適し、その他、穀類はコーリャン、粟等、やや良好なるものあり。

しこうして小清河南岸は、茫々《ぼうぼう》たる山東平原にして、コーリャンはその成長きわめて良好なり。されど下流にいたるにしたがい、漸次《ぜんじ》、地味不良にして、蘆《あし》、荻の類といえども、その長さ尺余を越えず。とくに羊角溝の四囲においてはなはだし。河口付近、茫漠たる砂漠となり、四顧一樹を見ず。加うるにあまたのらくだ、群をなし河を渡るなど、自ら一別天地をなす。かくのごときをもって、その物産等にいたりても、とくに記すべきものなく、高苑地方のコーリャン幹をもってつくれる籠類、杞柳《きりゅう》製容器、川辺に産する一種の水草により製せる団扇、敷物等あるに過ぎず。その他の必要品、あるいは果物等は、内地に仰ぐもの多し。地形は黄台橋下流における曲折の箇所に近く、西および北に小丘を見るのみ。他はすなわち黄河の平原に属するものとす。

この地方、両岸いちじるしく高く、一丈余となる。しこうして河より直に崖をなし、平野よりいちじるしく高きところを見れば、かつて光緒年間、河道修復をなしたる際、その河底の泥を両岸に積みあげしものならんか。これより下流はほぼ同様にして、笵家荘近傍《きんぼう》よりは両岸さらに広々たるを見る。

四、小清河の浚渫

山東内地と渤海沿岸各地との唯一、貿易路たりし小清河は、明治三十七年四月、山東鉄道の済南に通ずるや、予想外の打撃を受け、また昔日《せきじつ》の観なきにいたれり。ドイツはそのはじめ商業政策として、済南においてドイツ雑貨商、数軒を開かしめ、資本上の援助をあたうるのみならず、本国との貨物運賃割引を定め、山東鉄道においても、ドイツ人に対しては外国人との間に差を設け、とくに便宜をあたえ、外国品との競争をなさしめたるをもって、他国品はついに済南市場よりその影を減じ、ただドイツ品のみ利を占めんとせり。

しかるにドイツが、山東鉄道敷設権とともに得たる沿路五十キロメートルの鉱山採掘権に対し、少なからざる不平を懐《いだ》ける中国人は、大にドイツの跳梁《ちょうりょう》をいきどおり、ときの楊巡撫のごときは、ドイツが山東に跋扈《ばっこ》するを恐るるとともに、これをにくみ、かつ日本

▲　小清河河口

人の勧むるところありて、小清河によりて山東内地貿易を盛ならしめ、山東鉄道に対抗せんとし、ついに該河の浚渫《しゅんせつ》をくわだつるにいたれり。

そもそも楊氏の人物たるや、土工を好み、保定においては西太后の行幸ありと聞き、ただちに道路を修め、大に賞せられ、その後、済南に任ずるや、ただちに城壁道路を修め、衙門をあらためて、洋式となし、ために弾劾をこうむりしことさえありき。

ここにおいて中国人をして、小清河流の測量をなさしめたるも、その効を奏することを得ず。ついにイギリス人の手をかり、これが測量調査を終えたり。これすなわち明治三十八年のことに属す。その後、中国人のこれを浚渫《しゅんせつ》せんとせしこと数回、皆、良結果を得ること能わざりき。

中国人の該河浚渫工事を見るに、主として河口および上流、すなわち河口には羊角溝、上流には黄台橋あり。ともに上下の船行極点にして、羊角溝より下にいたるものは、すなわち小清河の上下船にあらずして、沿海船なり。中国人はもと本流の浚渫をなし得ば、羊角溝をもって開口場となさんとするにあり。ここにおいてか、済南府法政学堂教習、宅野氏を介し、ときの水野芝罘領事にはかるに、小清河浚渫のことをもってす。おりしも水野領事転任して、小幡領事これに代わり、そのくわだてを賛助し、着手せんとせしに、たまたま反対を唱うるものあり、ついに果たさず。その反対説を聞くに、今日、ロシアの戦役に際し、我が国においても船舶を要すること切なり。いずくんぞ自国の急務を捨てて、他国のことをはからんやと。浚渫船、皆、羊角溝に向かわずして日本に帰る。しかるに当時、三井洋行の浚渫船にして、不用のもの一隻あり。これを中国に売却して、その工にあたらしめんとせしも、中国人いわく、吾人いまだこの利器を応用するの法を知らず。かつその価大に過ぐとついに談ととのわず。

▲　李家坟の小清河

　その後、上海なる老順記洋行、これが浚渫のことを芝罘のイギリス領事よりはかられ、羊角溝にいたりて調査せしも、その波向の不適当なると、黄河の土砂が年々に小清河に加えられ、その堆積大なるがために、該浚渫の無効なることを認め、その工をやむ。これにおいてか、巡撫は大に困却《こんきゃく》し、中国固有の方法によりて、これを浚渫せり。しこうして、その当時の計画は、まったくドイツに対抗せんがためになせるものにして、他国の力によりて、ドイツが山東に勢力を拡張せんことを防がんとせるものにして、済南府城、居留地、すなわち西站より黄帯橋にいたるの間に大道を設け、小清河をさかのぼりて来たる貨物の済南に入るものに便宜をあたえ、もってドイツ商と対抗せしめんとし、これが費用として一万両を計上せり。かつ黄台橋においては、とくに日本、イギリス両国人のために倉庫を設け、ドイツ貨を入れしめず、種々の便宜をあたえてドイツ商を退却せしめんとせり。

　しかるにいまだそのくわだてならず。羊角溝の開放説、一時、その跡を絶つにいたり。済南なる日本人間にはこれが再起をはかり、羊角溝にありし日商とともに、該河浚渫《しゅんせつ》の利あるを見。廉価にしてかつ使用に便宜なる一の浚渫機を造出し、これを使用せんとせしが、なお不完全なりしかば、その目的を達せず。さらに三十九年には小幡領事該河をさかのぼりて、これが測量をなせり。しかるにその後、周慶恩洋人と測量し、五、六万元を費やして成功せんと期せしも今なおなんらの功果を見ず。

第四節　小清河支流

古小清河は濼水に源を発し、東方章邱県を過ぎ、白雲湖をへて、済河、漯河を会し、鄒平を過ぎ、滸山壩において岔河を会し、長山県を過ぎて老婦河を会し、新城を過《よ》ぎり、鳥河、漢湊河を過ぎ、博興、高苑、楽安県内より百余支里にして、海に入るといえり。

　しかれども、今、これと同一名の河あるを聞かず。ただ漯河の水は、小清河に入れるを見る。以下、その各支流につき、小清河に入れるものを順次、説明するところあらん。

一、　黄台橋のやや上流にて会するを濼水と称し、上は津浦鉄道濼口駅に達し、黄河水運と連絡あり。水量やや潤沢《じゅんたく》にして舟行あり。一説にはこの河をもって、小清河本流となすことすでに述べたり。

二、　沙洄の下流三支里、小流を入るるも舟行なし。

三、　沙洄上流、七支里、南より小流を入るるも水なし。

四、　來牛荘下流にて、泰山山系に出で、章邱県をへて来たる繡河を入る河水やや大にして、県城にはやや大型民船を通ず。
五、程家荘の下流にて、南より一支流を入る水量やや見るべきものあるも、大なる荷積船は入ること能わず。
六、高苑上流、安荘閘のやや下流にて、新清河を入る。思うにこれ古の清河ならん。土人の称呼にしたがわんのみ。水量、大にして、民船の集まるもの多し。鄒平県に達することを得べし。
七、高苑碼頭に近く、また一支流を入る。これすなわち孝婦河にして、上新城長山等の諸県城にいたる最重要なる支流とす。
八、石村下流にて、北より一流を入るるも平時、水なし。
九、上家道口にて、北より一支流を入るるも水量少なし。
十、層寨下流にて、南より淄河を会す。これ楽安、臨淄等の県をへて来たるものにして、その水量はなはだ多く、河幅もまた清河本流と大差なく、舟行の便あり。これより下流、すなわち羊角溝口をへだたる五十支里のところより、潮汐の影響するところとなり。付近の運河、またはなはだ多く網状をなして、清河本流に相会す。その北よりするもの六、七河川、幅二、三町あり。南より来たるもの三川、河幅はいずれも本流清河に異ならず。

第五節　大運河付衛河

大運河は古来、天津より蘇州、杭州に通ずる要路をなし、昔時《せきじ》、南中国よりの漕米《そうまい》および交通運輸は、本路によれるものなりしが、海運の発達とともに、その地位を失い、加うるに臨清より江北宿遷にいたる間はまったく修理せられず。今はほとんど水なきにいたり、大運河はついに南北に分かたれ、全線舟を通ずること能わざるにいたれり。北運河は河南省修武県より流れ、大名府を過ぎ、臨清にそそぐ衛河の水を受け、今なお舟揖《しゅうしゅう》の便あり。よって世人は、この運河と衛河とをあわせ御河と称す。水路の延長二、〇〇〇支里におよび、燕、魯、豫三省の沃野をつらぬく。

しこうして、御河は天津に起こり、北運河によりて臨清にいたり、衛河をさかのぼりて河南道口鎮にいたる水路にして、その通過するところ、天津府、河間府、冀州、広平、大名、済南、東昌、臨青、衛輝、彰徳の沃野とし、各都市の交通の便を助くること大なり。

天津～道口鎮間、重要碼頭および水程表

	各地間距離（支里）	天津より（支里）	津浦線天津より（支里）
天津			一〇
楊柳鎮			三七
良王荘			六二
独流			七〇
静海	一一六	一一六	八六
陳官屯			九八（桂頭より） 一〇二
唐官屯			一三〇
下馬廠			一四四
青県			一六二
興済鎮	一四〇	二五六	一八〇
滄州			二一九
磚河	七〇	三二六	二四二
馮家口			二五一
薛家高			二六七
泊頭鎮	七〇	三九六	二八九
王家堡			（南霞口）三〇八
東光県	五八	四五四	三二五
連荘	一二	四六六	（連鎮）三四五
安陵			三七一
桑園	六〇	五二六	三八四
徳州	七〇	五九六	四二四
四大寺	二五	六二一	（徳州隆路）一〇八
故城	五〇	六七一	
鄭家口	七〇	七四一	
甲馬営	四〇	七八一	
武城県	三〇	八一一	
油房	五〇	八六一	
臨清	五〇	九一一	
光荘	九〇	一、〇〇一	
館陶県	一〇〇	一、一〇一	
冠県	五〇	一、一五一	
小灘鎮	六〇	一、二一一	
龍王廟	七〇	一、二八一	
元村集	七〇	一、三五一	
潤荘	七〇	一、四二一	
五陵	一一〇	一、五三一	
道口鎮	一一〇	一、六四一	

毎年、旧正月末、開河し、旧十一月節期、すなわち十五日頃までとし、冬は氷結して舟行なく、衛河は上流わずかに水深一、二尺のところあり。毎年、開河後、三月にいたれば、水少なく、舟行困難なり。別に小舟を雇い、積荷をこれに移し、わずかに本船を通ずること多しと、毎年五月は増水して舟行に便なりという。

▲　百尺河畔（高密諸城間）

第四章　民船

第五期生調査

第一節　概説

山東の貿易たるや鉄道ありといえども、小部分たるに過ぎず。陸路ありといえども、険悪にして、山東貿易の重要機関なりというを得ず。しかり、山東の貿易は陸運によりてこれを行なうことを得ず。しかりといえども、その地たる三面海をめぐらし、海岸線の長きこと中国第一にして、北天津と南上海との間に介在し、渤海湾をへだてて、満州の営口、大連に対し、朝鮮をへて日本に達すべく、その海運の盛んなること、北中国第一なり。芝罘、青島のごとき、汽船業もまた完全なりといえども、その民船業たるやはなはだ盛んなるものあり。北岸、芝罘を起点として、登州、龍口、虎頭崖、羊角溝の間に往来するもの多く、小清河のごときはことに出入頻繁《ひんぱん》と称す。膠州湾の民船は、年々、衰うるの傾向ありといえども、なお見るべきものなきにあらず。山東北岸各港と天津、営口、秦皇島、旅順、大連等の民船業もまた隆運《りゅううん》というべし。

第二節　民船種別

一、山東船

船名	容積
燈油船	八〇〇石－二、〇〇〇石（一石は三百四十五斤）
瓜簍船	二〇石－三〇石－八〇〇石
技桑船	三〇石－五〇石－九〇〇石
膠鳪船	三〇石－二〇〇石－四〇〇石
舢板	二〇石－三〇〇石

一名雞子と称し、山東省の民船にして、海洋に航する福建、寧波船のごとく、船側に魚眼を描けり。その形、小にして大なるものといえども、三百担くらいにして、おもに南山東と江蘇の北門貿易に従事し、その積載貨物は沙船と同一なり。

二、直隷船

改毳船	二〇石－二、〇〇〇石
猪咀船	二〇石－五〇〇石
挿把子船	一〇〇石－二、五〇〇石
燕菟飛船	二〇石－三、〇〇〇石

三、福建船

紅頭子船	二〇〇石－二、〇〇〇石

四、上海船

沙船	二〇〇石－六〇〇石 －二、〇〇〇石

五、寧波船

黒甲児	二〇〇石－四〇〇石
牛層児	－二、〇〇〇石－三、〇〇〇石

六、その他

彫船	四〇〇石ー五〇〇石 ー二、〇〇〇石ー四、〇〇〇石
烏船	四〇〇石ー五〇〇石 ー二、〇〇〇石ー四、〇〇〇石
広船	二、〇〇〇石ー五、〇〇〇石

これら各種の船舶は、膠州、芝罘、登州、龍口、虎頭崖、羊角溝、威海衛、利津等の間および南清各港との間を連絡するものにして、営口、天津等の方面に向かうものもまた少なからず。

沙船とは、江蘇各港より来たる大、中、小の三形のジャンクなり。大なるものは上海より時々、入港することあり。その積量は二千六百担、乗組二十人内外、綿花を輸入し、返り荷なくして出帆《しゅっぱん》すること普通とす。中形の沙船は、積量千五百担、乗員十五、六名内外にして、塩城海州より来たる綿花、ごま等を輸入し、外国雑貨、マッチ、荳油を輸出す。小形のものは六百担余にして、乗員六名内外なり。青口、海州より、くるみ、ごま、穀類等を輸入し、秋季にいたりては果実類を輸出すれども、その他の季節は返り荷なし。沙船構造の特徴は船底平面なるにあり。

彫船《ほりぶね》はまた千船とも書し、福建省のジャンクにして、大なるものは三千担ないし六千担、小なるものは二千担内外の積量を有し、乗員も二十五、六人以上なりと。しこうして福建ジャンクは、山東の貿易を禁ぜられおるをもって、寧波府、象山県より船牌の下付《かふ》を受くるものすこぶる多し。おもに紙竹、陶器、花蓆、砂糖を輸入し、帰り荷物として、豆、落花生、油、くるみ、まくわうり、素麺、干し柿、薬材等を輸出す。福建ジャンクはいわゆる純粋の水客にして、船頭は荷主の代理者たるの地位にあり。積載貨物、買い出しに関し、全権を有するものなるがゆえに、往々、貨物積載のまま、市況の順境となるまで一、二か月間を碇泊することあるなり。

七、

汴梁船（河南）	
黄艕船（揚州）	
揚碼頭船（済寧）	

これらは黄河に上下する民船にして、おのおのその他方によりて差あり。別に方船なるものあり。ほとんど方形にして、渡船にもちうるのみ。

八、

丁酉船	
黄瓜子船	
対槽船	
湖船	

これ小清河に上下するものにして、黄瓜子は黄舿子と同じ。これらのうち、もっとも発達せりと思わるるは、すなわち対槽船なり。

第三節　運輸季節および運賃日程

季節　黄河は十二月上旬より三月上旬まで結氷し、濼口においては車馬の往来するを見る。これがため、舟運まったく絶ゆ。開河後、十、十一月の間をもって最盛なる舟運時とす。五、六、七月は夏季にて舟運少なし。

大運河の平水、増水、減水時期は左のごとし。

平水	清暦	九月	十月	十一月	十二月
増水	清暦	五月	六月	七月	八月
減水	清暦	一月	二月	三月	四月

これにより開河後、すなわち清暦三、四月は減水期なれども、四月下旬より舟運を見。その後七、八、九月は比較的頻繁ならざれども、十、十一月は盛んに雑穀の輸送を見る。冬期すなわち十二、一、二、三月はまったく舟行を見ず。

小清河は十二月より二月まで結氷し、輸送を絶つといえども、他の月には常に民船往復す。

運賃　黄河は舟を借り切るをもって、最廉の運賃により運送するを得べし。一品は混載《こんさい》よりも安し。蘭儀碼頭より濼口まで、五百担積のもの五十五弗を普通とするも、黄河の運賃は時期により非常の差あり。

大運河のものは、大なるは五、六万斤を積載し、済寧より灤口まで八十吊京銭、中なるは二、三万斤のものの四、五十吊、小なるは一万斤を積み、二、三十吊とす。

小清河は百斤一吊より一吊五百文をもって、黄台橋より羊角溝にいたる。しかれども荷づくりの良否と輸送の難易により異なる。

日程　黄河は、順風なれば四日にして蘭儀より済南まででいたるべく、遅くも一週間を出でざるべし。遡江の場合は、一か月を要することありという。

済寧より大運河に沿い、黄河に出で灤口にいたる間を八站に区分し、一日一站の割合にて進む。すなわち、

済寧—龍王廟	第一站
龍王廟—安山	第二站
安山—江家溝	第三站
黄河	第四站より第八站まで

すなわち済寧より灤口まで八日の予定なるがごとし。

小溝河は、黄台橋より羊角溝までのぼり七日、くだり三日の予定をもって往復す。

第四節　膠州湾の民船

第五期生調査

一、塔埠頭の民船

膠州湾に入りたる最初の民船は寧波船にして、しかも今なお、寧波民船の主なる碇泊地は塔埠頭《とうふとう》にして、現今の青島小港のごとき、むしろ一籌《いっちゅう》を輸《ゆ》したるものありというべし。しかるにドイツの青島を占領するや、大港とともに小港を修築して、民船業の発達をはかりしかば、現今、その地位転倒せるの状態なり。かくのごとき状態なるをもって、膠州湾の民船は、すなわち塔埠頭の民船とも称すべきものにして、山東内地の産物を上海、寧波等の南中国諸港に輸出し、これら地方よりは西洋雑貨その他を輸入せり。

塔埠頭は膠州湾の沖積地にありて、湾岸より入ること約一支里ばかりのところにあり。外省等より入り来たる大民船は、この地にいたることを得ず。約一支里半の下流に碇泊するも、小民船すなわち膠州湾内または山東沿岸を往来する民船は、この地と海との間を連

ぬる河流のなかに入り、碇泊するものにして、この近傍満潮のときは、一面の海となる。干潮のときは河道低く、四、五間の下にあり、塔埠頭は、すなわちその浅き海潟《かいがた》の沿岸にあり。一道ありて、小民船の碇泊地と連絡す。その長さ約一マイル余、その通路の泥濘《でいねい》にして、交通の不便なること言につくしがたし。塔埠頭はその戸数、約百、人口七、八百人にして、民船を生命とする一小市なり。しこうして、この地に集まる民船の数は明らかならずといえども、一か年、約四千隻ばかりならん。しこうして、その小河中に碇泊せる民船は、常に五、六十隻余に達す。その運搬重要貨物は福州より来たる紙にして、木材、竹林等これに次ぐ。麦粉はその次くらいにあり。綿衣、綿糸、マッチ等もまた少なしとせず。

しこうして、この地より出ずるものは、雑穀、木材、瓜類を主とす。南清諸港より来たりたるものにして、一旦、この地に陸揚げせられたる貨物が膠州に入り、再びこの地より湾内小民船によりて青島に転送せらることあるは、奇怪なる現象なりというべし。思うに塔埠頭は倉庫にとぼしく、これを蓄うることを得ざるがうえに、膠州駅との間はまた一マイルばかりにして、その間の苦力《クーリー》賃を要し、かつ膠州より青島までの汽車賃を加うれば、膠州市より陸路塔埠頭に送り、これより民船にて青島に直航するの安価なるにしかざるがためならん。

膠州と当地との間には不完全ながらも大道ありて、小車の往来、絡繹《らくえき》たり。両地間における客貨を運送しつつあり。

第九期生調査

二、青島小港の民船

既述のごとく、ドイツ政府が青島を経営するにおよび、遠洋汽船の碇泊のため、一大築港をなせしのみならず、民船貿易に対してはまた適当なる設備をほどこし、すなわち小港を経営し、もっぱら小輪船およびジャンクの碇泊に便せり。一九〇六年、小港の設備完成とともに、塔埠頭における民船貿易は、漸次《ぜんじ》、青島の奪うところとなり、従来、青島に来泊せしことなき、福州、寧波のジャンクも、漸次、青島小港に碇泊するにいたれりといえども、ドイツ人の予想せしごとく、青島が膠州湾民船貿易の半耳を握る能わず、依然として塔埠頭の下風に立たざるべからざるは、けだし地の利によるならんや。しこうしてその取引地は、北は満州より南は福建にいたる諸港より出入し、そのもっとも多きは山東東南部にある濤落口にして、その二割をしめ、江蘇省海州これに次ぐ。

今、貿易の統計を見るに、当港における一か年出入の民船数は、大約《たいやく》一万隻内外を算せり。しこうして、出入のもっとも頻繁《ひんぱん》なるは、陰暦十、十一、十二月すなわち雑穀、その他の農産物の出まわり期にして、二、三、四月に多し。小港内は常に二、三百隻の民船碇泊するを見る。七、八、九月は普通にして、一、二月および五、六月をもっとも少なしとす。この期は、一は冬季最寒にして、かつ新春に際会《さいかい》するをもってなり。これらの民船は主として、膠州湾内および山東、北中国、満州一帯沿岸各港より来たれるものにして、上海、寧波、塩城等、華中諸港より来たるもの少なからず。しこうして、その大なるものは、百二十トン内外（約二十万斤積）にして（主として上海、寧波船）、もっとも多数なるは四十トン内外（約五、六万斤積）の民船なり。

しこうして、当港と密接の関係ある、諸港および主なる積載貨物を挙ぐれば、

（一）山東沿岸の諸港

港名	当港への輸入品	当港より輸出品
芝罘	コーリャン、とうもろこし、豆素麺	洋雑貨
威海衛	塩魚	洋雑貨
裡島	塩魚	洋雑貨、マッチ、綿花
石島	塩乾魚、落花生、生油	洋雑貨、マッチ、綿花
海陽	落花生、牛皮、塩	洋雑貨
浮山	落花生、塩	洋雑貨
金家口	落花生、牛皮、生卵	洋雑貨

（二）塔埠頭および膠州湾内の各港

港名	当港への輸入品	当港より輸出品
塔埠頭	落花生、野菜、果物、くるみ、柿餅、生卵、鳥棗、塩豚、薪、麦稈真田、牛皮、綿花、豆油、豆粕、生油	洋雑貨

紅石崖	落花生、野菜、薪、生油	洋雑貨
霊山衛	小麦、落花生、生油	洋雑貨
濤雄鎮	塩豚、塩魚、落花生、豆粕	洋雑貨

（三）北中国および満州沿岸諸港

港名	当港への輸入品	当港より輸出品
大連	コーリャン、豆類、とうもろこし、豆粕	野菜、果物、棗、柿餅、くるみ
安東県	コーリャン、豆類、とうもろこし、木材	野菜、果物
皮口	コーリャン、豆類	野菜、果物、洋雑貨
天津	コーリャン、麦類、麦粉	野菜、果物、柿餅、棗、くるみ
営口	コーリャン、塩、乾魚、酒（コーリャン酒）、豆粕	野菜、果物、柿餅、棗、くるみ

（四）華中沿岸諸港

港名	当港への輸入品	当港より輸出品
海州および塩城	豆粕、麸麦類、綿花、ごま	洋雑貨、マッチ、ごま、豆油、生油、生卵、野菜、果実
上海および寧波	紙、砂糖、陶器、米、木材、竹細工、麦粉、薬材、竹筍、茶	なつめ、落花生油、落花生、豆粕、豆油、生油、柿餅、瓜子、ごま

秋冬の候において、山東、北中国、満州沿岸各港より、雑穀、野菜、乾果物、薪等を積載して来たる民船の荷主は、船夫自身にして、彼らは自己の荷物を積みて、当港に来たり売買をなすものにして、荷主兼船主なり。これに反して、春夏の候において華中の各港より、雑貨類を積載し来たるものは、荷主に雇われたる者にして、荷主は荷物監視のため同船するを普通とすれども、まったく船夫に委託することあり。しこうして当港に出入する民船約七分は前者に属し、三分は後者に属す。

中国人の説によれば、膠州湾内にある民船の数は、約三千なりという。しこうして、これらは青島小港、および塔埠頭のほか嶗山口《ろうざんこう》なる小湾に碇泊するものまたおびただし。塔埠頭と青島との間は、約百四十支里にして、この間の船賃男子一人約五百文にして、女子はその半額なりという。一日にして往復することを得べし。しかれども、膠州湾の潮の満干の差は約七フィートなれば、塔埠頭に入り得る時間の都合を考うることを要す。

民船の雇入法は、別に手続きあるにあらざるも、大貨物の運送をなすにあたり、包船となすことあり。包船とはすなわち一隻または数隻を借し切りとなすものにして、貨物主と船主との間に口頭にて約するか、または仲立人の手をへるものなり。その契約書等は、普通一般のものとなんら異なるところなし。

第五節　養馬島および芝罘の民船

養馬島のジャンク業は、北中国海岸において有名なるものにして、芝罘付近一帯のジャンクは本島に根拠を有するものなりと称するも、あえて過言にあらず。しこうして今を去る四、五十年前の全盛時代にあたりては、かの小島をもってして、数百のジャンクを有し、山東沿岸いたるところ、該島民船の帆影《ほかげ》を見ざるなく、はなはだ殷盛《いんせい》をきわめたりしも、時運の趨勢《すうせい》いかんともなす能わず。漸次《ぜんじ》、衰退の徴を呈し、十年前にいたりては、わずかに百五十隻を剰《あま》し、なお年とともに減退の度を加え、ついに今日の六十隻余となれり。

今、その衰退を来たしたる原因については、つまびらかにこれを知るに由なしといえども、要するに、

一、従前《じゅうぜん》、塩城、海州等より山東各地に輸入せられたる緑豆、豆、粟等の雑穀は、近来、揚子江方面に出ずるにいたり、その道を絶ちしこと。

二、渤海、黄海における近航汽船、とみに勃興し、満州の柞蚕《さくさん》繭はもちろん大豆のごときにいたるまで、その奪うところとなりしこと。

三、安東県、大連の開放と同時に、満州地方の貨物仲継港たりし芝罘よりの供給を減ぜしめたること。

四、彼らの運送範囲を減縮したること。

等、大なる原因ならん。したがって民船業の利益は大に減じ、将来発展の余地なきを思わしむ。ゆえに所有主は、沈没または破損をこうむりたる民船に対しては、新造または修理をなすもの少なく、かえって所有船を売却する者多かりし等、またその隻数の減少をいたせるゆえんなり。なお近地なる芝罘の貿易、年々繁

盛を加えつつあるは、その遠因をなせるものなりというべし。芝罘は盛宣懐が煙台道台たりしとき、繭の税捐を賦課《ふか》せるため、貿易ふるわざりしが、ついに盛氏は市民怨嗟《えんさ》の焦点となり、市民に弾劾せられし結果、この税捐廃止となり、一時に繁盛を来たしたるとともに、本島の貿易は凋落《ちょうらく》して、また昔日《せきじつ》の観なきにいたれり。

本島はかく民船を所有するといえども、もとより物資の集散地にあらざるをもって、民船問屋および貨物の揚卸《あげおろし》に要する一切の設備あるなく、また戯山港の西二支里の地に辺前口あり。養馬島の西端と相対し、該島に渡る要路にあたる。しこうして民船の集合するところは、この辺前口対岸すなわち揚家荘にして、貨物の積込積卸は戯山港においてせらるるという。戯山港には木造の桟橋あり。

かくのごとく形勝の地なるをもって、明治四十三年春より芝罘本島および対岸戯山港間の沿岸航路開け、二隻あるいは三隻の小汽船これに従事し、毎日、二回往復す。芝罘より一時間三十分にして達するを得べし。

左に現在、在籍の船名および積載石数を挙ぐれば、

村名	ジャンク名	積載石数	計
揚家床	揚大興	七〇〇石	三隻
	揚寿興	八〇〇石	
	揚義興	四〇〇石	
黄家庄	黄徳興	六〇〇石	六隻
	黄増興	五〇〇石	
	黄永興	四〇〇石	
	黄永祥	五〇〇石	
	黄永発	六〇〇石	
	黄永利	二〇〇石	
中原	祥裕	四〇〇石	四隻
	祥泰	五五〇石	
	祥生	六〇〇石	
	祥通	二〇〇石	
張家庄	張洪泰	五〇〇石	三隻
	張同泰	四〇〇石	
	張裕泰	四〇〇石	
横口	福豊	四〇〇石	二隻
	福海	七五〇石	
駄子	林普興	七〇〇石	一〇隻
	林来興	六〇〇石	
	林仁興	五〇〇石	
	林吉利	二〇〇石	

	林祐順	七〇〇石	
	林万順	六〇〇石	
	林文興	三〇〇石	
	源興順	四七〇石	
	謙泰順	六一〇石	
	林連順	六二〇石	
林家庄	林長風	六〇〇石	四隻
	林福来	五〇〇石	
	林長順	四〇〇石	
	林玉盛	二五〇石	
孫家庄	孫裕順	四〇〇石	十八隻
	孫聚順	二〇〇石	
	孫同順	五〇〇石	
	孫盛順	五六〇石	
	孫永泰	五〇〇石	
	孫春泰	五〇〇石	
	孫雲泰	六〇〇石	
	孫聚泰	五〇〇石	
	孫洪泰	四五〇石	
	孫興泰	五〇〇石	
	孫盛順	六八〇石	
	孫利	五五〇石	
	孫利春	五二〇石	
	孫祥順	五二〇石	
	孫祥増	五七〇石	

	孫福号	四六〇石	
	孫源興	五七〇石	
	孫長興	五八〇石	
馬埠庄	王永盛	七〇〇石	七隻
	王永興	五〇〇石	
	王永吉	三八〇石	
	王吉利	四〇〇石	
	王永和	六四〇石	
	王和興	六八〇石	
	王福興	七〇〇石	
総計			五十七隻

今、これらを石数によりて、わかてば下のごとし。

二〇〇石以上	六隻	**三〇〇石以上**	二隻
四〇〇石以上	一四隻	**五〇〇石以上**	一七隻
六〇〇石以上	一一隻	**七〇〇石以上**	六隻
八〇〇石以上	一隻		

これによりて見るに該島ジャンクは、五百石(一石は我が一石五斗八合、重量にて約三百三十斤)および五百石以上のものもっとも多く、四百石、六百石これに次ぎ、その他二、三百石より七、八百石のものにいた

る。八百石より大なるものなく、二百石以下のものもまたこれ有ることなし。すなわち知る該島のジャンクは比較的大にして、多く南清航路に従事し、大口の貨物の運搬に任じたること疑なく、今なおジャンク業界に覇王を称しつつあるゆえんなり。

しこうして、これら現存ジャンクはいかなる航路により、いかなる貨物の運送に従事しつつあるやというに、彼らはすべて芝罘をもってその基点として諸港に航行し、その主要なる航路地としては、安東県（大東溝をふくむ）を第一とし、上海、海州、大連、これに次ぐ。安東県よりは主に柞蚕繭、黄豆を積みて、上海、芝罘に輸送し、包米（とうもろこし）および木材は山東各港に運輸し、芝罘、大連よりは豆餅、豆油を上海および塩城方面に積み出する等、そのもっともいちじるしきものにして、その他は他のジャンクと同じく、雑品の輸送にしたがうといえども、満州雑穀の山東輸入は該島ジャンクのあずからざるところなり。これ多くは満州在籍の一、二百石より二、三百石くらいのジャンクによるをもってなり。

第六節　小清河の民船

第五期生調査

小清河はその河道狭小にして、かつ水浅しといえども、古くより黄河貿易にまさり、山東内地、済南府を通じて、河南より出ずる産物および芝罘より羊角溝を経、河南地方に入る貨物および、山東内地と芝罘間に往来する貨物は、皆、これによれり。さればその黄河畔なる濼口の釐金《りきん》税の収入は、小清河畔なる岔河石材等のそれよりも少額なりという。しこうして小清河における釐金は、年額三十万両をくだらずと。もってその貿易の大なるを知るに足るべし。小清河はかく重要の位置にありといえども、これまで外国品の入るものはおもに芝罘における日本品の売れ残りのみにして、その内地より出ずるものはコーリャン、米、麦等なり。しこうしてその下流より内地に入るものは塩とす。

小清河沿岸民船碇泊地の主なるものは、もっとも上流なるは黄台橋にして、最下流のものは羊角溝なり。その間、上流より順次、これを挙ぐれば、宦郷店、沙河荘、壩子、曲家荘、鴨児王口、岔河、石村、張家寨、その他十数か所の小村あり。

黄台橋　小清河の上流、舟行の終点地なるのみならず、また黄河畔なる濼口と連絡ありて、商業上および交通上はなはだ重要の地位にあり。しこうしてこの地と濼口との間、十二支里は鉄道を敷設し、人力をもって荷物車を推走し、両地間の貨物運搬をなし、もって小清河と黄河とを連絡す。黄台橋はまた山東鉄道と連絡あり。かつ済南西站にいたる大道の設ありて、貨客の往来便なり。黄台橋は人戸約百ばかりの小村たるに過ぎざるも、この地に碇泊せる民船の数は、常に三百隻にくだらず。対岸はその下流より積み来たれる塩をもって山を築き、別に倉庫あるにあらざれば、ただこれをおおうにアンペラをもってするのみ。その山の長さ約三、四十間、高さ二丈、その幅三間にあまるもの十数列をなす。もってその貨物集散の大なるを知るに足らん。

　黄台橋よりくだりて岔河にいたるまでには、十数箇の民船碇泊地あり。一か所に少なくも七、八隻より十

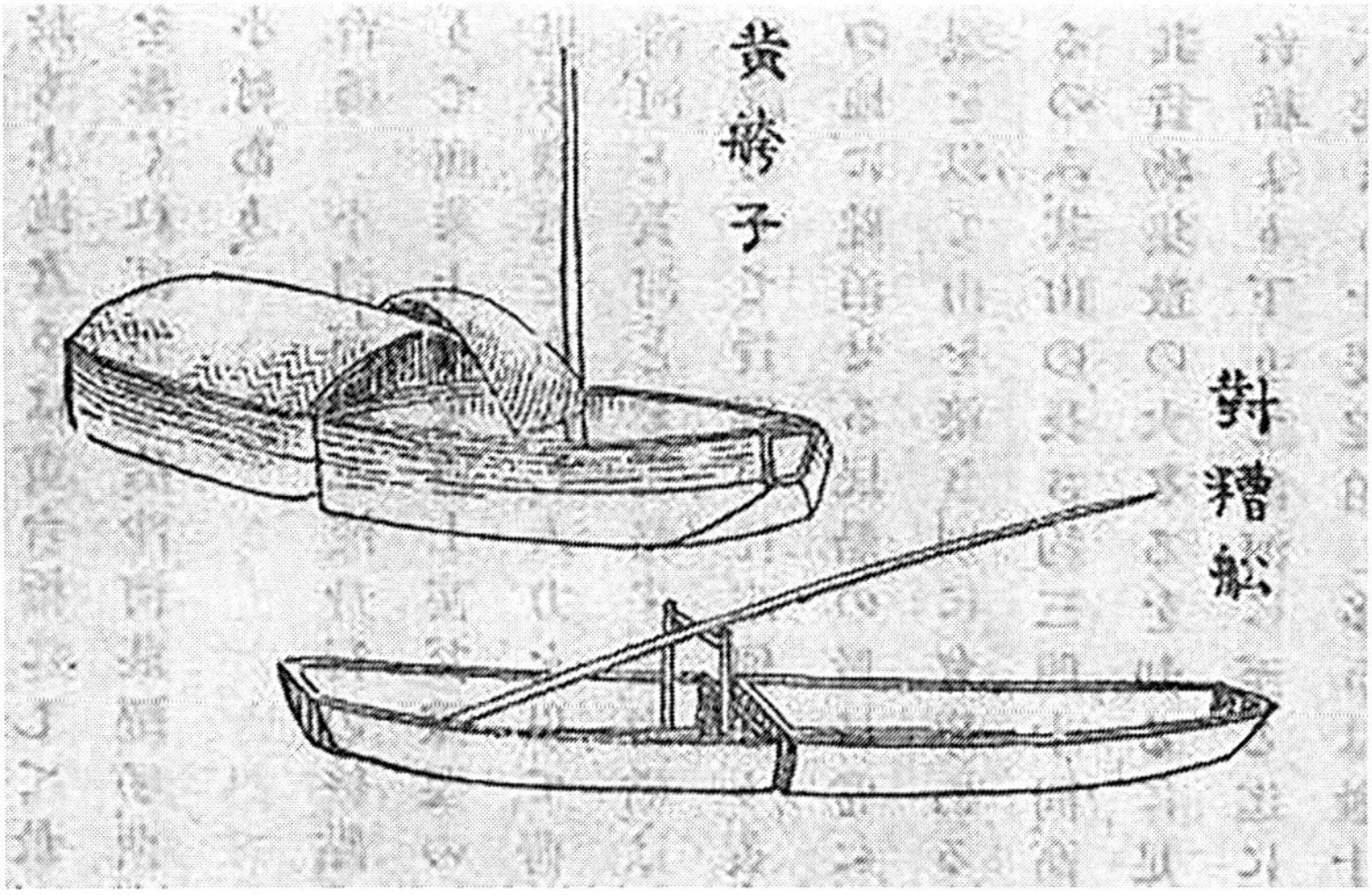

▲　小清河の民船

▶小清河の民船

隻碇泊し、多きは数十隻におよぶ。各地間およそ我が十間または十五間を去るごとに一隻の民船上下するを見る。付近の山上よりこれを眺望するときは、白帆相連なりて一奇観をなす。

岔河　小清河畔の重要なる貿易港の一にして、貨物の集散やや盛に、人戸七、八十。陸路周村と相通じ、周村より出ずる貨物は、この地にて船に積み、小清河をくだる。下流より周村に入らんとする貨物は、この地に陸揚げし、陸路内地に入る。この地より周村には、約一日行程にて足るという。

石村　岔河と羊角溝の間にありて、その要衝にあたるものは石村なり。この地は整然一の小村落をなし。めぐらすに土壁をもってす。その人口の多きこと黄台橋にまさり、小清河を通過する船貨に対して徴税するところあり。貨物の集散行なわれ、内地各村落への需要供給をつかさどる。

岔河、石村間は、小村落の散在するものあり。したがって船舶の碇泊するもの多し。この地より下流は河道ようやく平直にして、くだるにしたがい、河幅次第に広く、水深もまた五、六尺以上のところ多く、船舶の往来自ら減少す。

羊角溝　本地においては、その支流に碼頭を築きたる跡あり。これ小清河輪船《りんせん》公司の輪船碇泊地となせしところなり。しこうして、この地に出入する民船の数は、確たる統計を得る能わざるも、常に碇泊せるもの約五百隻あり。また本地を通過する貨物は、おもに材木、塩、紙、穀類、雑貨等にして、東海関の分局あり。その他、濼口と同じく南運局および船捐局あり。

第七節　北部沿岸の民船

山東北岸各港の間には、現今、汽船の航路開通ししより、その迅速なるがために、貨物はようやくこれに奪われ、民船は主に漁船のみにして、虎頭崖以北にては、やや客貨を搭載する民船あるも、羊角溝とこれらとの間には、ほとんど皆無というも可なり。されば吾人が、実地、羊角溝より芝罘に向かわんとして、民船を求むるも得ず。ついに微小なる漁舟によりて、虎頭崖にいたれり。他の旅行者が、吾人と同一の方法をとるのやむなかりしも、道理なりというべし。渤海湾は山東省の岸に沿いて、虎頭崖までは実に浅く、岸をへだたること数支里のところにて、なおわずかに三、四尺の深さを有するのみ。この間、民船により、順風のときは一日にして達するも、逆風にあうときは二日以上を要することあるべし。

虎頭崖は、すなわち羊角溝と龍口との間に位する、一の民船碇泊地にして、内地との交通不便たるため、商業ふるわず。人戸五十ばかりに過ぎずして、倉庫業者、および漁夫の住するものあるのみ。しかれどもこの地に碇泊する民船の数は、常に七十隻余にして、木材、雑貨、マッチを運来するもの多し。

これより北龍口は、民船の集まること少なく、むしろ汽船の勢力に圧せらるるものあり。登州にいたり、民船はなはだ僅少なるに反し。芝罘は、民船貿易の大なるに驚けり。龍口および登州は、内地と行通《ゆきかよ》いの便あり。両地ともに黄県を経、各地へ通ずるにより、貨物の入るもの多し。

第八節　黄河における民船

概況　河南北部、直隷南部および山東西部地方は、黄河の水運により、雑穀、牛皮を済南に送り、雑貨、石炭を移入するものにして、黄河の舟行に負うところ少なからず。また鄆城、高唐地方より、穀類運搬用に供する民船ははなはだ多し。その民船構造は、扁平《へんぺい》にして細長く、一隻の積載量、三十石ないし五十石なり。以下、沿岸各地について記さむ。

濼口　濼口は黄河貿易の接続点にして、山東線により輸送し来たれる貨物は、この地より黄河上流地方に輸送せられ、上流より来たる貨物は、この地において卸され、さらに済南をへて、山東線によりて青島にいたり、あるいは小清河によりて、濼口の羊角溝をへて芝罘に向かう。濼口を通ずる貨物は、比年《ひねん》、増加し、山東、河南の民船によりて出入せらるる貨物は、近来においてさらに多きを加えたり。民船の数、一年約十万隻を算す。世人、黄河に水運なしというも、全然、虚言にして、濼口においては、平常二百隻の民船より、多きときは六百隻におよぶものあり。これらは多数の貨物を積載し去り、また積載し来たる。このほかに、汽船二隻あり。

黄河の水運は下、利津より、上は河南省におよび、その航路はなはだ長くして、さらに大運河のこれと交わるありて、北は今、埋もれてもちい得ざれども、南は済寧にいたることを得。さらに加うるに小清河の水運によるもの黄台橋に来たるや、この地より濼口に敷設せる軽便鉄道によりて、荷物を濼口に集め、これよりまた水運をもって、各地にいたり得べし。

濼口対岸には、北濼口と称する一村落あり。この間には、渡船あり。宮業にして無賃なるも、旅客はこれにあたうるに、一、二銭をもってするを常とす。

この地に集合する民船は、すなわち河南、揚州、済寧等より来たるものにして、済寧のものははなはだ多く、河南よりは米、麦、豆、コーリャン等を送り、真田、茶等は揚州より来たるもの多く、小清河よりのぼれる塩は、この地より積載して内地に移入す。

これら商船のほかに、水師営の河防船ははなはだ多し。その他、船捐局あり。船税を課す。

台子（**旧斉東**）　斉東県城は、元、河岸をへだたる五支里の南に住せしが、一八九三年の大洪水にて人家全部流失し、その県城の跡はまったく沙泥と化ししをもって、その後、県衙門は河岸をへだたる南三十支里の地に改築し、人家も多くこれに移れり。これを新斉東と称せり。元の県城跡は、台子または旧斉東と称し、一の鎮店に過ぎず、河岸に沿いて一村落あり。新斉東、台子の門戸にして、これに入るものは、皆、この村にて下船す。碼頭としての設備まったくなし。しかも碇泊民船、十隻ありき。

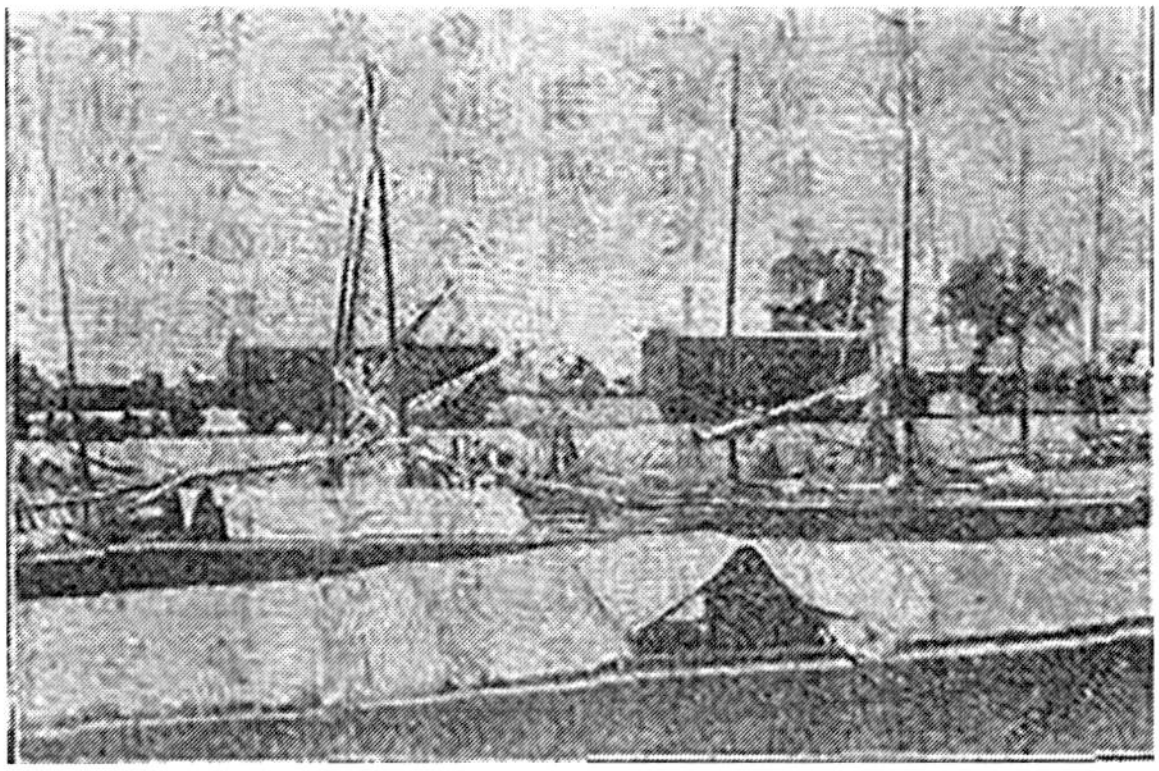

▲　黄台橋の民船

清河鎮　清河鎮は、斉東に入る河岸の村落より、四十支里下流の河岸に接する一鎮店にして、これより青城にいたる二十五支里、武定にいたる七十支里にして、周村より青城をへて、武定にいたる要路にあたる。青城より武定にいたる二陸路あり。その一は前述の清河鎮をへるもの、他はその上流の王判鎮をへるものにして、後者は百支里と称せらる。

清河鎮に大小の二あり。その北岸に位せるものを大清鎮と称し、南岸に位せるものを小清河鎮と称す。前者は河岸に接するも、後者は河岸を去る三支里のところにあり。大小、両者ともに碼頭の設備なし。思うに、この地方水流ははなだ緩漫《かんまん》にして、防波堤の必要をも見ざればなり。小清河鎮に民船の碇泊するもの六隻、大清河鎮に三十一隻（内帆なきもの四隻）、なかに忠信店等、記せる宿屋私有の渡船あり。一般に帆なき田船形のものは、渡船の用に供せらるるも、確実なる区別あるにあらず。

蒲台　蒲台における民船の形に四様あり。一は普通の形にて、前四尺、後部五尺、長さ六間内外のもの、帆は二本なり。なおこれに似て、前方三尺、後方四尺、中央にいたるも広まらざる細長き荷物船あり。長さ六間くらいとす。なお長さ四間余にして、舷《げん》より、直に舟中に入り得べき。普通、我が国のものと大差なきものあり。なお荷物船のごとく、上部はつくられたれども、前に覆いあり。なかは、家族の住家となれるものありて、二本帆とす。

蒲台付近　黄河の幅広く、轟々《ごうごう》として流るる瀬あり。民船は帆を引きおろし、ただ櫓《ろ》をもってわずかに漕ぎ、流れにしたがってくだる。またその下流は、水量はなはだ深くして、あたかも海波を捲《ま》くがごとく、小船にては覆没《ふくぼつ》の怖れあり。普通のところにては、一時間、二十支里を行くも、風向きにより大に異なる。

利津　利津は、黄河下流にては重要地点たるべきも、黄河急流なるため、水利少なく、ただ民船の往来あるというに過ぎず。したがって当地より天津にもっとも早く出んとする者は、周村（当地より二百十支里）にいたり、鉄道によりて天津に向かうも、利津下流は船を通ぜず。またわずかに通ずるも、河船にて天津、芝罘にいたる能わず。しいていたるものは、芝罘に三日にして達すべく、上航は八、九日を要す。利津の碼頭は、十隻より二十隻の船を泊するのみ。利津は、県城を去る四支里なり。

第十期生調査

十六戸　当地より海に出でて芝罘にいたるには、民船に乗じて約六日を要し、この間において使用せらるるジャンクは、多く五百石積のものにして、一隻の借し切り約十七両なりとす。龍口におもむくものは、約七十石のものにして、三、四日を要し、借し切り十六両内外とす。虎頭崖におもむくものは、五、六十石以上の船にして二日を要し、借賃十四、五両とす。しこうして三十石の船にて、十余人を積載しうるという。

　このほか、羊角溝、昌邑県、淮河等におもむく民船あれども、この地は利津県に比し、民船の碇泊するもの少なく、海関は利津県のものに属す。

民船の交通は、春、夏、秋の三季は一様なれども、冬季は大概、黄河結氷し、三月末にいたりようやく解氷するがゆえに、その期間往来なし。

第九節　南運河の民船

南運河は一に御河とも称し、隋の煬帝の開きしところ、歴代、修築増堀の結果、天津より長江にいたるの大運河を形成するにいたれり。往昔《おうせき》、南北中国の連絡運輸は、すべてこの運河によりてせられしも、上海の勃興はひいて海運の隆興を来たし、南方よりの餉糧輸送もまた海路によるにいたりしも、南運河の利用少なく、荒廃、その極に達し、北半は今なお民船航行しうれども、昔日のごとくならず。ただ送料の安きため、民船の往来するもの、年二万隻にのぼるという。もってその盛んなりし時代を偲ばしむ。

南運河の延長は二千余支里にわたり、直隷、山東、河南の沃野を流れ、各重要都市との交通を便にし、北中国商業通路として、主要なる部分をなす。通路中の重要なる地は、天津、河間、冀州、広平、大名、済南、東昌、臨清、衛輝、彰徳等にして、沿道、綿花、牛骨、落花生等の土貨多く、年々、天津に送り来たるもの、価四千万元にのぼるという。直隷、南山東、河南への輸送もこれによる。

しこうして、水運の便ある時期は、毎年三月末より旧十一月十五日頃にいたる約九か月間にして、冬季は結氷し、舟揖《しゅうしゅう》を通ずるによしなし。かつ解氷後、約二か月にいたれば、水量はなはだ少なく、舟行に便ならず。五月前後にいたりてようやく水量増加し、民船上下す。

次に南運河による商品の主なるものを列挙すれば、すなわち、

天津より奥地に送るもの

綿布　マッチ　綿糸　石炭　油　砂糖
たばこ　顔料　紙　石鹸　洋灯　綿繰器

奥地より天津に出るもの

麦　コーリャン　粟　芝麻　豆類　大麻子
綿花　花生　焼酎　香油　白油　豆油
豆餅　麦稈《ばっかん》　生牛　生豚　鶏　鶏蛋
羊毛　牛羊皮　獣骨　牛豚油　柿　棗
梨　杏　瓜子

しこうして交易高は、一年およそ十五万海関両内外なりという。

御河航に使用する民船は、主として左の三種とす。

一、煤船は、道口鎮より河南石炭の運搬に従事するものにして、本航の最大船なり。
二、艀子は屋根を有し、綿糸布、雑貨等の輸送にしたがう。旅客の便乗に便なり。近時、綿花の積み込みをなし、収益大なりという。
三、艚子といい、同一形の二隻を前後に連結して、一船となす大形荷物船にして、主として果実、花生、木材等の容積の大なる物品を運ぶにもちゆ。

御河船は、積載量一般に多く、最大なるものは三百宴を積むという。一宴は三百斤なり。艀子に綿花を積むときは、五百包を積むを得。小なるものは二百五十包を積むに足る。

船夫は管船的にして、我が船長にあたるものあり。家族とともに乗り込み、常傭船夫二、三名を使役す。そのうち一名は料理番を兼ね、曳《ひ》き手五、六人より十二、三名を雇う。各船ともに帆を有し、順風を利用し、よく一日百支里を走るも、風なきときは、曳き手を岸にあげ、綱にて船をひく。綿花を積むときは、帆をもちいず、棹《さお》と曳き手をもちゆるを常とす。

民船の航行時間は、明け方より日暮れまでにて、一日の行程七、八十支里、夜間は各碼頭に碇泊す。しかれども、場合により連続二、三日間は、午前一時頃より、夜九時頃まで航行することあり。

御河には、また標船あり。現今、鄭家口と天津間、毎五日両地の標局より、標船を出帆せしむ。この標船は普通、両地間の委託運送をつかさどる。

第十節　徳州における民船

一、航路

徳州は官道の要衝なるのみならず、大運河いわゆる衛河の起点にして、徳州城西三支里はすなわち碼頭と称すべく、これより東北に進むこと七十支里、桑園にいたる。また北すること三十支里、安陵県界にして景州を去ること十七支里、なお三十支里にして連児窩あり。東北、東光県界に接す。これより東光県城西三支里を経、連窩駅を通じ、三十支里にして県界を経、また五十支里にして交河県東五十支里の泊頭鎮を経、南皮県の西北二十支里を通じ、さらに二十支里を流れて薛家窩にいたる。これより三十五支里にして、滄州城南の磚河駅にいたり、なお三十支里にして滄州城西にいたる。また北すること四十支里にして、興済県城西を横ぎり、西北流し、四十支里にして青県城西にいたり、東北流し、四十支里にして流河駅にいたり、これより六十支里にして双塘にいたり、東北十二支里、静海県城北をへて、また北する二十支里、濁流河にいたり、また二十支里、新口あり。さらに二十支里にして揚柳青あり。なお二十支里をへて售家荘あり。また二十支里にして天津にいたり、衛河はここにいたって白河と合するなり。衛河水道は幅十間ないし十五間、水深くして、自由に民船および吃水浅き汽船を通ずることを得べし。

二、主要貨物および運賃

徳州は水陸交通の要衝にあたるをもって、民船の集まるもの多く、常舶するもの七、八十隻。今、これら民船使用の目的より分かつときは、客船と貨物船なり。客船には、粲子船と乍拉船あり。貨物船には、艕子船、南漕船等あり。その積載量は大なるもの六万斤、中は四万斤、小は二万斤なり。客船は四方に玻璃窓《はりまど》をめぐらし、比較的清潔にして、かつ狭隘《きょうあい》の感なし。室《へや》は四間よりなる。舳《へさき》にもっとも近き室は、手荷物をおくため、小棚を設く。第二、第三は客室にあて、艫《とも》にあるものは、船戸の住居とす。各室はおもに障子を立つるなり。ただ屋根のすこしく低き感あるも、これ民船として、やむを得ざるなり。客室は、四人ないし六人を容《い》れうべし。徳州より天津にいたる五百八十四支里の航行に順風なるときは五日を要し、逆風なるときは八日を要す。逆風にあうときは、帆檣《はんしょう》より麻縄をつるし、多きは十六、七人、少なきは五、六人にて、堤上より引き上らざるべからず。

天津にいたる一隻の運賃は、官価にありては、京銭二十五吊二百文、私価は三十五吊文なり。しこうして一制銭は、京銭の二文にして、一箇銅元はこの地にては、七個制銭にあたるゆえ、一隻の官価は千八百銅元、私価は二千五百銅元にあたる。貨物運賃は天津にいたる一隻につき、四万斤を積むものは鷹洋九十塊内外にて、他はこれに準ず。この運賃は四季一定のものにあらずして、運送荷物の多寡、および降雨の多少等に影響す。七、八月頃、河水もっとも多きも収穫時に属するにより、運送荷物多く、したがって運賃はやや貴《たか》く、十月、十一月は減水期にして、河水少なく、運賃、非常に高し。四、五月頃は水、少なしといえども、収穫期にて運送貨物もっとも少なきにより、運賃、廉なりとす。

徳州は、州城をへだたる西三支里に船付場ありて、旅客乗降および貨物の積卸、皆、この地にて行なう。人家数百、船行は一軒あり。雇船の仲立をなす。船行には、一両名の店員あり。承攬単を作製し、契約の証となし、船積貨物の紛失、窃取《せっしゅ》に対しては、船戸自ら責任を負い、船行その責にまかせず。また運賃は契約書作成の後半額をこの地にて支払い、残る半額は天津到着の後、支払うべきものとす。

三、運河と城内との運送方法

徳州は大運河の要衝にあたり、天津との貿易すこぶる盛にして、その輸出する貨物は、米、麦、青豆、緑豆、黒豆等の豆類および、その他の農産物にして、輸入貨物には綿糸、洋布、玻璃類、その他、西洋雑貨あり。徳州城の内外には、糧行および雑貨店の大なるもの多く櫛比《しっぴ》す。しこうしてこれら貨物の輸出入は、大運河を利用するものなるゆえ、したがって大運河船積場と州城内外、各糧坊およびその他各店との間に、輸出入貨物の船積船卸し、倉入等のため、交通盛にして人家数十軒、その間、道路平坦、馬車、大車、小車を通ずべし。しこうして、その輸出入貨物中、穀物類多量なるがゆえに、標準規定は穀物に関しこれを定め、他はこれに準ずるものとす。

その運搬費につき、糧坊の公議章程あり。左にこれを示さん。

公議章程

ここに南市の脚行（人足）、もし風雨泥濘《でいねい》に遭遇せば、随意に運賃を加え、ことに一定の成規なきに属す。これをもって、各糧行（穀物問屋）一処に集会し、妥善の方法を公議し、競争の端を開くをまぬがるるをねがう。これ成規を整理するにあり。もし脚行にして、爾後《じご》、額外に運賃を争い加うる等のことあらば、即刻、重罰に処し、決して寛恕《かんじょ》せず。つとめて各舗号磨坊あまねくこれを知り、永遠にこれを遵守し、妥便をなすをいのる。章程を開列する、左のごとし。

一、

南関 太平 柴市	街糧坊、至、四街脚銭運賃	毎石	二十八文
	本街入房（倉入）	毎石	二十四文
	至、河下入房（船積場の倉庫に入る）	毎石	五十八文
	上船（船積までの運賃）	毎石	二十八文
	至、塩店口	毎石	三十六文
	落囤（囤に運び入る費用）	毎石	二十文
	掙口	毎石	二十文

一、

大西門外 米市街	房戴、至河入房（本街の倉庫より河岸に運搬して、房に入る脚銭）	毎石	四十文
	至南関街	毎石	四十八文
	至河水上船（船積場に運搬し、船積を終わるまでの運賃）	毎石	五十八文
	至水営上船（水営にいたり、船積を終わるまでの運賃）	毎石	七十八文

一、四街房載上船（南関街、大平街、柴市街、大西門外、米市街より船積場に運搬し、船積する運賃）　毎石　七十八文

▲　徳州における運河

一、船糧卸短載（船積穀物を荷卸する費用）
毎石　加銭四文。

一、糧坊（穀物屋）の買客は、ひとしく市斛（徳州にてもちゆる枡目）に照らして出入すべし。もし量目に多少あるときは、十倍の罰金に処すべく、おのおのよろしく格遵《かくじゅん》すべし。

一、城内各街は、胡同と巷口とに論なく、旧例により毎石加銭四銭もって橋口、北廠小鍋市におよぶ。ひとしく比例に照らし、風雨泥濘《でいねい》を論ずるなく、常に脚銭を加えず。すべからく章程にしたがうべきものなり。

実に徳州は、水陸交通の要衝にあたるにより、その輸出入貨物もしたがって多し。しかるに一旦、降雨して道路、泥濘深く、運搬困難となるや、人足はその貨物の風雨にかかわらず、倉入および船積せらるべきを知るがゆえに、各自その平生の運賃にいくばくかを加えて貪取《どんしゅ》するものあり。またかかる風雨の際は、各舗号にありても、すみやかに倉入れ、または船積するの必要あるがゆえに、雇い主たる各舗号間にも、これが雇入れにつき、競争起こるをまぬがれざるなり。ゆえに、この弊害を防ぐため章程を公議せしものなり。

第五章

汽船および小燕汽

第十期生調査

第一節　芝罘

一、汽船会社および航路

芝罘の海運には、汽船およびジャンクの二種あり。貿易は多く汽船によって行なわれ、約五分の一のジャンク貿易を除き、他は皆、汽船に積載せらる。常に往来しつつある汽船航路およびその状況を示せば、

（一）芝罘～安東県間　芝罘、安東県間は鴨緑江《おうりょくこう》の結氷によりて、冬期間すなわち十一月下旬より三月下旬までは航行、杜絶《とぜつ》す。結氷前後にありては、木樵《きこり》、耕農の出稼ぎ人、および商人の往来する者はなはだ多く、ウラジオ航路、営口航路と同じく、初航、二航、三航または終航のごときは、多数乗客のため、満載となるのみならず。運賃もまた高く、解氷後一か月半、結氷前一か月くらいは、ために多数の汽船この航路に集中し、各自乗客の誘引に運賃競争をはじむるを例とし、当地、航運のもっとも活気を呈するときとす。

航行船は、航行し能わざる結氷前後にありては、六隻ないし一〇隻、常時にありては二、三隻にして、毎日または隔日に開航し、三十時間にして達す。多くは四、五百トンより、七、八百トンの船を使用す。特種貨物としては、秋季安東県より柞繭の輸出あり。

（二）芝罘～大連間　芝罘、大連間は、終年、変わることなく航行し、旧暦正月前後はその最盛時期にして、日に三、四隻の出航船あり。常時にありても、日々、交通の便あり。この航路に従事する汽船、常に三、四隻あり。ときに減少することありといえども、二隻をくだることなし。貨物は日用品にして、近時、大連より大豆、石炭も汽船便によりて運送せらる。航海時間、わずかに八時間ないし九時間なり。

▲　芝罘港内

（三）大連～芝罘～貔子窩間　大連、芝罘、貔子窩《ひしか》間は、関東都督府の命令航路にして、月に五回の航行をなすも、冬期、貔子窩は安東県と同じく結氷するをもって、その期間は大連、芝罘のみを航行す。芝罘、貔子窩の交通はおおむね芝罘貿易範囲にありて、金融のごときもほとんど芝罘を中心とせしも、大連開港以来、その圏内に入りて交通頻繁ならず。また航路のごときも主として、大連、貔子窩、両地間連結のために開かれたるものにして、大連より広鹿島および小長山島に寄港し、貔子窩にいたる。大連の碇泊時間十二時間をあわせて、芝罘より四十時間の航海なり。

（四）芝罘～旅順間　芝罘、旅順間はロシアの旅順経営時代にありては、二、三隻の汽船往来ししも、その後、明治四十一、二年までは邦船、蓬莱、福生等の諸船航行するにいたりたり。爾後《じご》、大連の発展は、漸次《ぜんじ》、旅順の商権を奪い、かの地の貨客は、年とともに減少し、大正元年のごときは、わずかに一隻の蓬莱丸航海せしも、旅客の多くは不便なるこの航路を捨て、大連を迂回《うかい》するの便利につくにいたれり。大正二年のごときは、この航路に従事するものなきまで、寂寞《せきばく》をきわめ、貨物積載せらるるにあらざれば、汽船の回航を見ざるにいたれり。この航海、また八時間を要す。

（五）芝罘～大連～安東県間　本航路もまた関東都

督府の命令航路の一にして、数年間、阿波汽船会社、これを引き受け、第六共同および第十四共同丸、これにあたり、二日一回の航海をなす。

（六）芝罘～大孤山～安東県間　該線は、常に航行するものにあらず。貨客の都合によりて、芝罘、安東県間、航路船の寄港するものにして、とくに柞繭《さくさん》出荷時季には、往来やや頻繁なるものとす。

（七）芝罘～仁川線　定期航路にあらずといえども、一週一回は必ず航行す。貨客増加のときにおいては、一隻を増すことあるも、両地間の貿易は野菜についで在朝鮮、中国人の需要および金融関係上、多少雑貨の運送さるるあり。航海時間、わずかに十二時間に過ぎず。

（八）芝罘～営口間　この線は結氷期日をのぞきては、芝罘～営口～上海線、芝罘～営口～上海～汕頭線、芝罘～天津～営口～青島～上海線等の航行するあり。春、夏、秋の三季においては、ほとんど隔日または毎日、多きときにおいては、一日二、三隻出航することあり。平時は、この両地間のみを航行する汽船なしというも不可なく、ただ結氷前後、出稼ぎ人の往還、夥多《かた》の際においては、邦船のこれに従事するものあるを見るのみ。しこうして、この航路はほとんど旅客のみにて、貨物は絶無というも可ならんか。きわめて少量にして、いうに足らざるのみ。しかれども、航業のいまだ当今のごとき発達を見ざる以前、すなわち十年前にありては、一は金融上の関係により、今日のごとき蕭索《しょうさく》たる状態にありしなり。航海、約三十時間を要す。

（九）芝罘～青島間　芝罘、青島間は元来、貿易の継続なく、平時においても、この航路はほとんど閑却《かんきゃく》せられ、ただ開平炭の輸入のため、年に数回の航運と、かの地より天津行きの汽船、時々寄港するあるのみ。されど冬期、大沽の結氷期間にありては、天津、北京の通路を失うをもって、旅客は皆、途《と》を秦皇島にとり、鉄路京津におもむくあり。その期間、一週一回、当地との間に汽船の往来を見る。しこうして、こは太古洋行とりあつかい、すなわちChina Steam Navigationの上海、芝罘、天津線に従事するもの一隻なりとす。

（一〇）芝罘～天津～上海線　頻繁なる航路にして、

これに従事するものは、招商局、太古洋行、怡和洋行、(India China Steam Navigation)の三社、俗にいわゆる三大公司にして、招商局は安平、新康、泰順、新銘、新済、新裕の六隻、太古洋行は甘州、涼州の二隻、怡和洋行は連陞、捷陞、官陞の三隻を使用し、各船一か月三回の航海をなすものにして、ほとんど毎日または隔日に入港す。芝罘より天津へは、毎航ほとんど旅客の往来のみにして、載貨《さいか》はまれに見るところなり。しこうして怡和洋行汽船は、威海衛に寄港す。

(一一)芝罘~営口~上海線　前記三大公司の経営するところにして、ときには芝罘、天津、上海線の営口に寄港することあり。また変更さるることあり。または貨客の都合により、芝罘に寄港する場合と、しからざる場合とあり。結氷前後において、もっとも盛況を呈す。上海よりの貨物運搬を主とし、帰航、天津、営口より北方の土産を搭載す。この両航路は旅客を副とし、貨物を主となす。

この航路に使用する招商局の汽船は、公平、遇順、図商、飛鯨、豊順、愛江、新昌等あり。太古、怡和もまた数隻ありといえども、定期航路にあらず。汽船のごときも、商況のいかんによりて、どこへも使用せらるるをもって、その隻数もまたときにより、増減あり。

(一二)芝罘~天津(営口)~青島~上海間　ハンブルク、アメリカンラインの経営するところにして、青島を基点として、一週間一回、航通す。部督、大臣、西江の三隻これにあたり、芝罘、青島間、唯一の航行船なり。ただしこの地間は、ほとんど貨物の運送なく、少数の旅客あるのみ。航海時間はわずかに一昼夜に過ぎず。

(一三)芝罘~営口~上海~汕頭~厦門~香港間　太古、怡和公司の従事するところにして、主に香港よりの貨物を運載し、帰路、汕頭、厦門に寄港す。芝罘よりは、豆素麺すなわち粉条《ふんじょう》を積載す。終年、毎航荷物あり。その使用船は、太古洋行の桂陽、四川、湖南、岳州、奉天の諸船、怡和洋行は栄陞、威陞、同陞の三隻を使用す。

(一四)芝罘~天津~上海~香港間　前項航路と同じく、二会社の汽船により経営し、太古洋行は張家口、南昌、福州、九江、夔州の諸船を使用し、怡和は昌陞、楽生等を使用しおれり。招商局は、これらの航路に対して営業しおらずといえども、上海、香港間または上海、汕頭、福州、厦門等の航路を有するをもって、貨客は上海積替により、これを得。

（一五）芝罘～ウラジオ間　ウラジオの結氷時季をのぞけば、一週一回の航通あり。結氷前後においては、苦力《クーリー》および出稼ぎ人の運送に、十数隻の汽船を使用し、二、三日ごとに一、二隻の出入あり。しこうして、この航路にもちうる汽船は、大連、安東県のごとき近海を往来するものとは相違し、すべて千トン以上なりとす。芝罘、ウラジオ間の旅客は、単に苦力のごとく思惟するものあるも、山東商人または漁業に従事する者、その多数を占め、彼らはシベリア地方にまでその勢力を拡張しおれるをもって、衣料、用器およびかの地に少なき生菜、果実、肉類、薬料等の輸出すこぶる多し。

（一六）芝罘～威海衛間　両地は相へだたる三十余マイル、わずかに三時間半ないし六時間にて達し得るをもって、常に百トン内外の汽船、往来す。ときには一隻あるいは二隻にして、一隻のときにおいては隔日、二隻の場合は一日一回航行あり。なお怡和洋行の芝罘、天津、上海線あるいは芝罘、天津、上海、香港線の隔日、または三日目ごとに寄港するあり。交通至便なるも、貨物は当地より僅少の雑貨、石油を輸出し、かの地よりは鶏、鶏卵を輸入するにとどまる。要するに両地間、汽船航行の目的は、一に旅客の往来に資するのみ。あえて有利の航路というべからず。

（一七）芝罘～青島～大連～上海間　本航路は、芝罘、天津、営口、青島、上海線を経営するハンブルグ・アメリカンライン営業線にして、明治四十三年より開始したるものなり。従来の習慣により、青島より往航、芝罘に寄港し、単に旅客の便をはかるのみ。一週一回の定期なりとす。

（一八）芝罘～戯山～養馬島間　芝罘、養馬島間は、わずかに十マイル半、一時間半にして達するを得。従来多くは、陸路により往来したるものなるも、明治四十一年より該航路開け、その運賃（一人二百文、ときには百二、三十文）の廉なると、日に二回の往復あるため、乗客はなはだ多く、はじめは一隻のみの航行なりしが、二隻、三隻となり、今なお、常に二隻の航海するを見る。しこうしてその汽船は、すべて百トン以下とす。

養馬島と戯山とは、狭隘《きょうあい》なる水路をへだてて相対し、ともに寧海州城を去る十支里の地にあり。その乗客は、この地方より芝罘への貨物仕入れ、京津、満州等への往来者、鶏、鶏蛋業者なり。本航路開始のため、寧海、芝罘間の陸路は、非常に寂寞《せきばく》をきわめ、ラバ、ロバ絡繹《らくえき》の状を見るを得ざるにいたれり。

（一九）芝罘～登州～龍口～虎頭崖～羊角溝間　該線は二線にわかつを得べし。一は芝罘、龍口、羊角溝線にして、今より約十五年前より、太古洋行は閩江船をもって航行せしめたりしも、かの地の出貨すこしも増加の状なく、旅客また多からず。年々の損失少なからざるをもって、明治四十年にいたり、ついにこの航路を中止せり。当時、邦船の航行するものありしといえども、きわめてまれにして、その後、貨客の数少なく、ついに廃航するにいたれり。

一は芝罘、龍口、虎頭崖線にして、ときには劉家旺、欒家口、石炭嘴等に寄港し、乗客に便するあり。虎頭崖はすなわち莱州府、および沙河をへだたる北三十支里の地にあたり、近来、莱州および濰県地方の旅客は、皆、ここに出で、舟便を借るにいたれるをもって、常に二、三隻の小汽船（二、三百トン）往来し、多少の貨物をも積載す。龍口との交航は、黄県付近往復の旅客もっとも多く、雑貨もまた常に荷動きあるをもって、これら航路の主目的は、龍口および虎頭崖とす。一航約五、六日を要し、少なくも三日ごとに舟便あり。現下これに従事しおる船は、二十永田丸および新飛雲の二隻とす。

二、各社の営業状態

当地における海運は、上述のごとく多数の航路を有して、交通至便の地位にあり。しこうして、交通もっとも頻繁なるは、芝罘、上海間にして、芝罘～営口～上海線、芝罘～天津～上海線、芝罘～天津～営口～青島～上海線、芝罘～営口～上海～汕頭～厦門～香港線および芝罘～天津～上海～香港線等、この間を駛走する汽船、はなはだ多く、冬期をのぞき、春、夏、秋の三季のごときは、ほとんど日々、出入あり。かつ同日に、二、三隻の出港入港を見ることあり。これ一は、芝罘が渤海湾口にありて、営口、天津行汽船の寄港に便すること、かつ石炭供給地なるがゆえにして、一は当地の対外貿易は、その大部分、最大直輸出入地たる上海を経由し、輸入品はほとんどかの地より仰ぐをもって、毎船貨物の載運あり。次を大連、天津とし、これに次ぐを営口、安東県とす。大連との交通は、近時、多少の雑貨、生菜、食料品等あり。天津、営口、青島にいたりては、ただ旅客の往来あるのみ。ウラジオ、仁川、安東県においては、出稼ぎ人の需要品、その他雑貨を、とくにウラジオには豆、油、焼酒、生菜、鶏、牛等を輸出するも、概して旅客を目的とす。ゆえに、この貿易状態を総括的にいえば、南方すなわち上海、寧波、厦門、香港等よりは、物資の供給をあおぎ、北方各地すなわち仁川、ウラジオ、安東県等へは当地より雑貨、生菜等の食料品および薬材等の需要に応じ、ならびに天津、営口地方とともに往来旅客を主とするものというべし。

日本との交通は従前《じゅうぜん》、商船および郵船会社の定期および石炭積載を目的とする社外船の来航ありしも、商船会社は明治四十年、この航路を廃止し、郵船会社は、一は神戸、門司、大連、芝罘、大沽、牛荘の一線と、一は神戸、門司、長崎、芝罘、牛荘、大沽の二線を月四回、定期航路となしおりしも、芝罘貨客の減少のため、多大の損失を招くの状となり、ついに中止し、日本との航行は不定期のみとなれり。

山東沿岸諸港との交通も、龍口をのぞくほか、乗客を主とし、年々、寄港地およびその航路を開拓し、ますます発展するもののごとし。すなわち芝罘、虎頭崖間のごとき、十年前には一の寄港地を有せざりしに、四、五年前よりは登州の西なる欒家口、龍口の西なる石灰嘴等にも寄港し、明治四十四年よりは、登州の東なる劉家旺にも寄港するにいたり、乗客数も年々、増加せり。また戯山、養馬島のごとき、開航日なお浅きも、日二回の往復あり。百トン内外の小汽船とはいえ、満載の状を呈しおれり。

三、ジャンク問屋および輪船公司支店、代理店、取扱店

万成永　広源泰　允升泰　莫聚豊　源義号　東盛発
天盛桟　福順裕　後源茂　成生祥　万順公　源発和
永長泰　成茂盛　公泰義　福豊和　同春盛　益生和
洪泰号　永興東　成福泰　和興桟　義来興　合興公
文盛和　文裕桟　豊盛義　泰盛興　義成泰　同和成
徳成玉　合順興　豊祿号　湧和福　同聚和　徳興永
徳盛玉　聚来興　恒盛泰　和盛泰　徳祐恒　漢泰成
順盛号　天勝福　同発和　元興徳　同聚恒　泰興号
永和昌　恒泰昶　永発祥　仁和福　大順泰　聚順盛
大順義　永増興　広興隆　協豊和　裕泰公　同順興
同義合　葉永巻　万興徳　元和泰　広和順　源発号
万興隆　元興義　改興永　順増祥　鼎泰号　同順公
合生号　同祥義　徳元号　恒茂号　徳元玉　乾元泰
成豊泰　同邑玉　協泰興　永増興　成来盛　徳興和
新記桟　祥興公　信記桟　和城泰

等とす。

また汽船会社の支店、代理店等は、政記公司、招商局、毛合興、商業公司、順義公司、寗福公司、北海輪船公司、岩城商会等とす。

一、義盛泰および同順興の両家は、ジャンクのとりあつかいもっとも多く、ジャンクの借入等にもっとも便宜を得べし。

一、これらの問屋は、専業なるもの少なく、多くは他の業務の兼業とす。

一、問屋を船行と称し、俗に住船之家と呼ぶ。おもに海岸にあり。皆、ジャンク碇泊所付近より大街道の間にして、東海岸には一も存せず。

一、問屋は、通関手続き貨物の積卸等、一切の事務を代弁し、貨物の周旋《しゅうせん》をなし、自営ジャンクには商品の売買をも代理す。すなわち運漕業および委託売買業を兼ぬるものというべし。

一、問屋は、どこの船にても代弁すといえども、そのとりあつかいの船籍は、おおむね一定しおるもののごとし。例えば上海船は、何家、天津船は何家と、主としてその他方の船をとりあつかいおるをもって、貨物の運送は、すべてそれ相当のとりあつかいを問屋にてせざるべからず。

四、芝罘より沿岸各地にいたる海里数

養馬島	一二海里	登州府	四五海里
大連	九三海里	欒家口	五二海里
龍口	八〇海里	磃嘴	九九海里
虎頭崖	一三七海里	安東県	二三〇海里
営口	三一四海里	大沽	一九四海里
仁川	二八〇海里	長崎	五四六海里
門司	五七〇海里		

第十期生調査

第二節　龍口の汽船および小蒸汽

一、龍口より関係諸港への距離

芝罘	八〇海里	虎頭崖	四〇海里
欒家口	二八海里	羊角溝	七〇海里
天津	一〇〇海里	安東県	二九〇海里
旅順	九〇海里	大連	一三〇海里
営口	二二〇海里		

二、沿海諸港への交通状況

沿海諸港への交通は、定期汽船のほか、ジャンクの往来、頻繁《ひんぱん》なり。今、同港と営口、天津、大連、および芝罘等、各主要港との間を往復する汽船を挙ぐれば次のごとし。

営口航路　毎日出航　立裕号（五五〇トン）、怡生号（一、三〇〇トン）、芝罘号（五〇〇トン）、牛荘号（九〇〇トン）、温州号（九〇〇トン）の五隻にして、中国商業公司、怡生、旗尾、太古洋行のとりあつかいにかかる。

天津航路　隔日出航　中国人所有の北河（六〇〇トン）および、阿波共同汽船の第三共同丸の二隻あり。

芝罘航路　四日目ごと出航　長崎蘭屋所有の蓬莱丸（一八〇トン）、門司、松本某所有の快参号（一二〇トン）の二隻にして、虎頭崖、羊角溝、登州府、石炭嘴の各地に寄港す。

大連航路　わずかに田中商会の長崎丸（五五〇トン）、一隻のみにして、目下は五日目ごとに出航しつつあり。

しこうして、これらの船舶の登載貨物は、苦力《クーリー》、石炭、砂糖、蔬菜、果実、牛皮、マッチ、生牛等を主なるものとし、ジャンクは安東県、大孤山、貔子窩等より、雑穀、豆粕等を積み来たる。輸出は、黄県に産す

▲　龍口の民船

る粉条子（豆素麺）等なり。このほか寧波船は、南中国地方産の弁紙、水煙等を輸入す。

三、大連〜龍口航路の将来

山東貿易の発展はいうに易く、行なうに難し。現在における大連、龍口間および大連、芝罘間の運賃を比較し、さらに課税ならびに貨物陸揚諸掛り等、諸経費を合算比較し、かつ芝罘が、陸路低廉なる馬車賃にて運送するの便利多きに比すれば、まさに龍口はあれに一籌《いっちゅう》を諭《ゆ》せざるべからず。思うに、大連、龍口間航路の発展は、到底、急速に望むべからず。ただ根気よく、かつ多少の犠牲を払うも努めて怠ることなくんば、漸次《ぜんじ》、その効果を収むることを得べし。

四、汽船会社および民船問屋

汽船会社の支店、出張店、代理店は肇興公司、旗昌洋行、熾昌厚、田中輪船公司、商業公司、東和公司等なりとす。

民船問屋は、双順桟、徳興号、徳豊裕、裕官成、裕盛徳、源順桟、裕興徳等とす。

第三節　青島を中心とする汽船および小蒸汽

第十二期生　調査

一、汽船

青島港湾は、東洋第一と称せられ、政庁が二千四百万マルクを投じて築造しし防波堤、および桟橋は構造すこぶる壮大なるものにして、天津、大連等の遠くおよぶところにあらず。港内一般設備、規則等は、開市場の編において詳説せるをもって、これを略す。

青島港内重要貨物は、麻袋、豆、豆粕、獣骨、豚毛、ろうそく、木炭、セメント、石炭、たばこ等なり。

しこうして、その海運の状況を見るに、貿易編に示せるごとく、船舶の出入数は年々、逓増《ていぞう》し来たり。一九〇六年には入港数四百三十九隻（四九九、六〇四トン）なりしもの、一九一二年には船七百七十九隻（総トン数一、二〇一、三八八トン）に達し、船籍によりて区分すれば、ドイツはもとより多数を占め、二百五十六隻（五一〇、四〇〇トン余）、イギリスはこれに次ぎ、二百六十九隻（四四八、〇〇〇トン余）、我が国は第三位におり、百七十六隻（一四四、〇〇〇トン余）、その他はノルウェーの四十一隻（四〇、〇〇〇トン余）、中国の二十六隻（二七、〇〇〇トン余）等の順位なり。ドイツはトン数にて、イギリスをしのぎ、船隻数、あれにおよばず。ドイツ船の出入は一九〇九年後、漸次《ぜんじ》その数を減少しつつあるに反し、イギリス、ノルウェー、日本の船数は増加の傾向ありしなり。

けだし一九一二年度の日本、イギリス、ノルウェー等の船の出入増加は主として、沿岸運輸等の繁忙すなわち芝罘、牛荘、大連、安東県等に山東苦力《クーリー》の輸送、朝鮮その他の地方、ウラジオ方面に家畜、肉類等の輸出、および神戸を中心とせる日本雑貨の輸入増加に基因するものなり。山東鉄道のますます利用さるるにともない、海運事業もまた漸次《ぜんじ》、健実なる発達をなしつつあり。

一九一二年において、いちじるしき発展をなせる膠州湾の海運は、依然、一九一三年にも継続せられ、同年七、八両月間、上海および長江下流各地に起こりし、革命の動乱は、青島の貿易にはなんら不況を来たすほどの影響をあたえざりしのみならず、堅実なる基礎をもって発達せること統計の示すがごとし。すなわち船舶出入について見るに、一九一二年において出入総船舶一、五五三隻、二、三九九、七五一トンなりしもの、一九一三年においては一、七三七隻、二、六八六、五九九トンを示す。したがって海関の収入は、一割五分の増加を見たり。すなわち、

一九一二年　一、六七〇、〇二九海関両
一九一三年　一、九一五、八八九海関両

その貿易の総額を見るに、

一九一二年　五六、三三〇、二二一海関両
一九一三年　六〇、四四八、八五〇海関両

にして、うち外国品、輸入総高は左の数を示せり。

一九一二年　二四、一九七、四五二海関両
一九一三年　二六、四六七、三五三海関両

これすなわち、日独戦争の前年にして、一九一四年八月には戦争開始せらるるをもって、わずかに十か月余の統計を得るのみ。さらに一九一五年にいたりては、四か月間の数字を得るのみ。

しこうして、当時における青島を中心とする汽船航路を見るに左のごとし。

漢亞汽船会社

不定期欧州航路　青島、ロッテルダム、ハンブルグ、アントワープ間を往復するものと、およびロッテルダムの代わりにマルセイユに寄港するものとの二線あり。その発航は、毎月二回もしくは三回とす。

定期近海航路　上海を起点として青島、芝罘、大連、天津間を航行するものなれども、天津は冬季結氷中は休航す。

往航	毎週日曜日夜、上海より入港。火曜日正午、大連経由天津に向かう。毎週木曜日夜、上海より入港。金躍日正午、芝罘経由天津に向かう。
復航	毎週金曜日午前、天津より芝罘を経由して入港。土曜日夕、上海に向け出帆。毎週火曜日午前、天津より大連経由にて入港。同日夕、上海に向かう。
結氷中	毎週金曜日夜、上海より入港。土曜日、上海に向け出帆。毎週火曜日午前、大連より芝罘経由にて入港。同日夕方、上海に向かう。毎週日曜日夜、上海より入港。水曜日正午、芝罘経由大連に向かう。

船名	登簿トン数	船名	登簿トン数
Brisgavia	四、一六三	Silesia	二、八五四
Saxonia	三、〇九六	Silvia	四、一九七
Sambia	三、五九五	Suhonia	三、五四四
Segovia	三、一六一	Ambria	三、二三三
Blasilia	四、二五五	Seneganbia	二、三八〇

怡和洋行　Jardine Metheson & Co.,Ltd.

定期航路　上海、青島間を航行し、毎週金曜日、上海より入港。土曜日夕、上海に向かう。

不定期航路　一週一回もしくは二週一回、香港より入港、威海衛をへて芝罘に向かうものあり。

禅臣洋行　Siemssen & Co., Ltd.

不定期欧州航路　Ocean Steam Ship Co., Ltd の代理店にして、ゼイノア、マルセイユ、リバプール、アムステルダム、ロンドン、アントワープを航行す。毎週一回もしくは二か月に一回とす。

神戸東源号代理店

不定期航路　神戸を起点とし、青島、芝罘、大連間を往復す。ただし芝罘、大連は青島において、貨物を満載すれば寄港せず。毎月一回もしくは二回。

美最時洋行　Melchers & Co.,

不定期航路　Nord Dentscher Lyoyd Bremen の代理店にして、上海、香港、シンガポール、ペナン、コロンボ、アデン、スエズ、ポートサイト、ネーブル、ゼノア、アルゼン、ジブラルタル、サウサンプトン、アントワープ、ブレーメン、ハンブルグを往復す。しこうして毎月一回、欧州より日本に寄港し、上海をへて、青島に来たり。欧州に帰るものと、欧州より来たり、上海に寄港し、日本をへて欧州に帰るものとあり。

Bülow	五、二二四	Derflinger	五、二四二
Yorck	五、三三〇	Lulzow	不詳

捷成洋行（He,Diedrichsen & Co.,）

不定期航路　日本郵船会社代理店にして、横浜、神戸、門司、青島、マルセイユ、アントワープ間を往復す。毎月一回もしくは二か月一回。

Wakasa Maru	六、二六四	Mishima Maru	五、二七〇
Kanagawa Maru	六、一六四	Kamo Maru	五、二八五
Kawachi Maru	六、一〇〇		

瑞記洋行（Arnhold Karberg & Co.,）

不定期欧州航路　Peninsular & Oriental Steam Navigation Co. の代理店にして、上海、香港、シンガポール、マルセイユ、ロンドン、アントワープ間を往復し、毎月一回もしくは二か月一回とす。

Sunda	四、七〇〇	Borneo	四、六〇〇
Mibia	五、九〇〇	Sicilia	六、七〇〇
Syria	六、七〇〇	Sumatra	四、六〇〇
Palawan	四、七〇〇	Nile	六、七〇〇
Nore	六、七〇〇	Socotra	不詳

以上、欧州航路は、大概、往航または復航に、日本もしくは上海を経由し、十二月より五、六月にいたる間、輸出貨物、出まわりの盛んなる時期のみ、頻繁に航行すれども、その他は二か月に一、二隻の出入あるのみなり。

この他、太古洋行 Butterfield & Swire の南中国より来たり、北中国に向かうものあると、社外船の青島、ウラジオストク間を二か月一回くらい航行するのみ。また他に欧州、日本および南北中国への臨時船なきにあらざれど、数うるに足らず。

二、小蒸汽船

青島においては、従来、内地航路を営みたるものは一、二にして、明治三十八年に青島、海州間の航路開け、ドイツ汽船芝罘号（百三十五トン）住復せしが、諸種の障害ことに航海の困難なるがため、海州へ向け十一回航行し、往航六回、復航二回の貨物の積載せしのみにして、ついに中止せられたり。

現在は、青島と膠州湾間を約四十トンくらいの小蒸気船、毎日一回通うに過ぎず。その運賃一人前三十銭にして利益ありという。

第四節　威海衛の海運

第十期生調査

威海衛に航路を有する外国船は、太古洋行の北中国航路船が郵便物運搬のため、一週間に往復各一回以上、当地に寄港すると、怡和洋行、招商局所属の北中国航行の船舶が臨時入港することあり。その他、本邦船が芝罘を根拠として、約四日ごとに一航海をなせるほか、当地、旅順、大連等の間を往復せるものにして、その往航あるいは復航において、時々、威海衛に立寄るものの少なからず。

芝罘、威海衛間の乗客運賃は、中国人一円、外国人二円とす。このほか、威海衛の碼頭街より劉公島に、一日約四回往復する汽船あり。おもに乗客運送にして、中国人一人につき五銭、外国人は二十五銭とす。

当地における汽船会社の代理店は、順義公司、政記公司、福寧公司等とす。

▶徳州客栈

第六章 各地間陸運および水運

第六期生調査

第一節　済南府城～徳州間

一、済南府城（歴城県城）～済河県城間

省城の西門を出ずれば、すなわち西門外大街に出ず。その右側はすなわち濼口鎮に通ずる鉄道の停車場にして、その左側はドイツ人の居宅散在す。西門大街を東西に横ぎりて道を西方にとれば、右側はすなわち済濼鉄道の終極点にして、その付近は鉄道役員の居宅、および客店等の新築すこぶる多く、これより西方は一面に坦々《たんたん》たる大平原にして、南方はるかに長清県と一山脈を相へだつるのほか、さらに眼界をさえぎるものな

く、ただ北方に一、二の丘陵を見るも、これもとより平地を抜くわずかに数十尺に過ぎざるをもって、論ずるの価値なく、これら一帯の地方は人口はなはだ稠密《ちゅうみつ》にして、村落ほとんど接せんばかりに相集合し、人家いずれも密集せるを見る。この平野は肥沃にして、蜿蜒《えんえん》、西北に拡がり、四十二支里にして黄河堤防に達す。

堤防はその規模すこぶる大にして、高さ一丈二尺、堤頂幅十五間、黄河とへだつること約十支里、相並行して北東より来たる。けだしこの堤防は、黄河全盛の流勢を有しし時代の堤防とす。この堤防を登りて西に進むこと約二支里にして、北方より来たる大道と相会す。この大道はこの堤防と黄河との二並行線を直角に結びつくるものにして、すなわちこの大堤防の分派と見て可ならんか。

この北、堤防にしたがって北すること十支里にして、すなわち黄河に達す。黄河の現水勢ここにて約一支里流勢ますます猛烈にして、濁流滔々《とうとう》と過ぎ、人をして戦慄《せんりつ》せしむ。ここに黄河の渡あり。この渡には大中小の民船各種ありて、馬、車両および一切の貨物を自由に対岸に上陸せしむ。黄河を渡れば、約三町にして済河県城あり。

二、済南〜濼口間

済南より濼口にいたるには、済南西門を出で、居留地東端、泉浦車站の東方を北行するものにして、道幅十四、五間、両側に楊柳を植えたり。道路なんら人工を加えられざるをもって、降雨の際は行進はなはだ困難ならん。交通機関としてはただ小車あるのみ。往復六、七角を要す。沿道山を見ず。

三、済河県城〜禹城県間

第六期生調査

済河県城の北門を出で、北門外の北関を過ぎて、西北に進むこと二支里にして、官道は分かれて二となる。右路はすなわち禹城県に通ずるものにして、左道には人家すこぶる密接するを見るも、右路はあれに比して村落少なきがごとし。これより進むこと二十五支里にして、晏城鎮あり。人口約二千、この間二、三の村落あり。晏城の西南五支里に魏城集あり。人戸約千五百にして、一農村たるに過ぎず。晏城集は商業地にして大街を有し、駅宿を業とするもの少なからず。この地は土布の産地をもって名あり。

晏城よりさらに二十五支里を西北すれば、すなわちこれに済河と禹城との両県境界あり。標するに石碑をもってす。この境界付近は村落各所に密接して、人口すこぶる多し。ここよりまたさらに西すること二十支里にして、禹城県城に達す。この両県城間七十支里ほどは、実に広漠たる平野にして、山東第一の平原と称せらる。この平原はさらに西南北に延び、相連なりて渤海ならびに直隷に接するものなり。

四、　済河～晏城間

晏城は斉相晏嬰《あんえい》の采邑にして、済河をへだたる北方二十五支里ほどにあり。一小鎮店にして、人口五、六百あり。済南より禹城にいたるの要路にあたるといえども、なんら商業上の取引行なわるるものなし。禹城、済河間の道路は、済南、済河間の道路に比し、はるかに広く、済南、濼口間のそれと異なるなし。しこうして、両側一、二間も畠中に楊柳のあるより見れば、往時はさらに広かりしならん。沿道、山河、水田を見ず。コーリャン、豆等あり。両地間人家としては、晏城付近に二、三十戸あるのみ。

五、　晏城～禹城間

この間、土地平坦にして、沿線毫《ごう》も山を見ず。晏城、禹城間は栗、とうもろこし多く、従駭河は禹城の北方を東流するものにして、河幅二町余あり。舟揖の便なし。馬頬河は、老黄河涯の南方を流る。前者と大同小異にして、二町余の鉄橋あり。水流多からず。

禹城誌によるに、各付近の市埠にいたる距離おそよ次のごとし。

至済河	七〇支里	至平原	七〇支里	至長清	一〇〇支里
至陵県	九〇支里	至荘平	一三〇支里	至臨邑	七〇支里
至高唐	九〇支里				

津浦鉄道は徳州にいたり、これより南運河に沿うて天津にいたるものにして、良工店付近において運河はすこしく東流し、鉄路は運河を横ぎり、子牙河と運河との間を北行し、楊柳青にて東行し、天津にいたるなり。この間、沿線車中より、運河航行の白帆を認め得べし。

一般低地にして、一望眼をさえぎるべきものなく、運河は線路の西方を北流し、天津への官道はその中間にあり。天津、徳州間の運河は、古来、直隷水運上に鴻益《こうえき》ありしものなり。

六、禹城～平原間

禹城県城の西門を出ずれば、すなわち西関にして、西門外大街を北に進めば、約数町にして官道は市街を離れ、田んぼの間をぬい、西方に一貫す。この地は純然たる黄土層にして、地味肥沃、農作に適す。西北三支里にして、四尺立方の堤防あり。それよりさらに一支里をへだてて、またこれに並行せる同様の堤防を見る。これすなわち古黄河の流跡なりという。

これら堤防を越ゆれば、十里望の市街あり。人口約千五百、これより進むことさらに西北二十五支里にして、禹城および平原両県の境界に張庄あり。禹城県城より北にいたる三十五支里の間は、土地豊穣にして人口稠密《ちゅうみつ》し、いたるところ村落の散点するを見る。しこうして道路の両側は、一面に茫々《ぼうぼう》たる平原にして、旱田《かんでん》遠く開け、灌漑の利またこれに伴う。しこうしてこの地は、約四千年の昔、夏の禹王が黄河を治めてここに一時都を定めしという。今や時世の変遷にともない、その面影のしのぶべきなしといえども、しかもその地勢雄大にして広闊《こうかつ》なる。けだし山東においてこの右に出ずるものなからむ。

しかれども、一度これを平原県に踏まんか、すなわち人口の他に比して稀薄なるを感ぜずんばあらず。これ地理的関係にあらずして、歴史的関係より胚胎《はいたい》し来たれるもののごとし。この両県界より西北に進むこと三十五支里にして、平原県城に達す。

七、平原〜徳州間

第六期生調査

平原県城の西門を出で、北に進むこと十支里の間は、その東部と同じく、肥沃にして農耕に適すといえども、十支里より西北は地質大に異なり、黄土は変じて白土となり、粘土質なりし、東南部に比して乾燥したる石炭のごとく、沙煙、常に丈余《じょうよ》人馬の往来に不便なるのみならず、かつ健康を害す。しこうして、ひとりその健康を害するは、人馬その他の動物のみならず。実に植物の生育をも害するものにして、この地方はほとんど不毛の地に属し、数支里の間また生物の存在するものを認めず。いわんや人家のごとき絶えてあるなし。

県城より西北三十八支里にいたれば、地味また一変して、ようやく肥沃に復し、人煙、四方にあがりて、村落の散在するを見る。ここに徳州と平原県との境界碑あり。これより西北は徳州の領域とす。地勢すこしく西北に高く傾斜するを見る。しこうしてその平地は、層をなして低少なるテーブルランドを形成し、これより二十支里の間、わずかに一個の村落を認む。

これより十八支里にして、曲陸舗に達す。一小城郭をなし、人口約千五百、これより西北に進むにしたがい、地味良好にして、村落のごときまた所々に散在し、人煙、再び密を加う。

平原県城より徳州城にいたる間は、八十支里にして、この間、皆、連綿たる大平原なり。山岳のごとき、眼界にその影を認むべきものなく、河流は馬頬河の横流するあるのみ。

第二節　江蘇銅山県〜歴城県城間

第六期生調査

一、江蘇銅山県利国駅〜滕県城間

徐州府銅山県の北八十支里の利国駅より、八支里にして山東、江蘇両省の境界、すなわち銅山県と山東滕県との境界にいたる。この境界線より以北は、茫漠《ぼうばく》たる一大平野にして、実に本県天賦の良土とす。省境より北すること四支里にして、大運河に達す。この運河を渡れば、乃韓班の邑あり。人口千五百、運河沿岸における この付近の大商業地たり。ゆえに民船のここに集まるものやや多く、市街、商行、見るべきものあり。さらに十八支里にして、沙溝に達す。人口約二千、商業ややふるい、旅客のここに集まるもの多く、県内交通の中央に位するをもって、客桟のごときまたすこぶる多し。これより東方数支里をへだてて、連山を路傍《ろぼう》にのぞむ。沙溝より十八支里にして、塩城にいたる。人口五千すこぶる繁華にして、本県第二の都会とす。塩城の北五支里に西倉橋邑あり。人口五百、その北は十字河の流るるあり。これより北二十支里にして、官橋あり。官橋は人口千、さらにこれを進むこと二十支里にして、内三河邑あり。人口約三千、官橋よりさらに北二十七支里にして、滕県城に達す。銅山県利国駅より、ここにいたる実に百二十支里、その間、山岳の東方はるかに横ぎるものなきにあらずといえども、一般道路、平坦にして、地味肥え、人家稠密《ちゅうみつ》にして、大都邑に富む。

二、滕県城～鄒県間

滕県城北門を出で、北向すれば、東南一帯は山脈屏立《へいりつ》し、はるかに数支里をへだてて、この官道を擁し、他は一面平坦にして、小丘陵の起伏するありといえども、その勾配緩慢《かんまん》にして、耕作に適す。地質は南方部と異なることなく、すこぶる肥沃なり。この沃野は、北方四十支里、界河鎮にいたるまで接続し、その南方三十支里に龍山店の石炭坑あり。目下その採掘中なり。界河は人口約三千、市街やや繁華にして、鄒県に通ずる大駅站をなし、その北端に界河の河流あり。この河は、実に滕県と鄒県との境界をなすものにして、ここにその境界碑を設置す。

三、鄒県城～曲阜県間

第六期生調査

鄒県の北門を出ずれば、大官道あり。すなわち兗州府城および曲阜県に達する通路とす。数町にして、道は東西に分かる。その東行するものは、すなわち曲阜に行き、西路は滋陽県（兗州府城）に達するものなり。この東路を進む二十五支里にして、皐村に達す。

皐村は人口三千、小城郭をなす。この地は、孟子の生地にしてその後裔のこの地におる者、数百人。いずれも中央政府の俸禄《ほうろく》を受け、安食するものとす。ゆえにその市街も、我が国の士族小路のごとく、商人なく、農工に従事せず。しかも厳然、一家をなすものなり。鄒県城より、ここにいたる二十五支里の間は、官道と山脈とは五支里をへだてて並行し、西方は広漠たる大平原にして、遠く滋陽県を経、寧陽県に連なり、一面旱田ならざるはなく、地味、沃壌《よくじょう》なり。この皐村を出ずれば、すなわち曲阜県界に入る。

第六期生調査

四、曲阜県〜滋陽県間

曲阜城の北門を出ずれば、一望平野にして、東方十五支里、西方十三支里の間は小丘陵だもあることなく、地勢、きわめて坦々《たんたん》たり。その北方は、泗水、貫流す。

この平野を、南より西北に貫通する官道あり。すなわち兗州府城に通ずる街道にして、その路傍は水田あり。旱田《かんでん》にして、尺寸《しゃくすん》の草原あり。五穀菜類よく成育、繁茂し、地味肥沃にして、はるかに鄒県に勝るものあり。行くこと二十支里にして、滋陽県界に達す。その西県の界をなすものは、なんら天然の区画するものなく、ただ平地に境界の石標を建てて、これを限界するのみ。

第六期生調査

五、滋陽県城〜寧陽県間

滋陽県城の北門を出ずれば、ただちに寧陽県に通ずる官道あり。これより以北は、大平原相続き、茫漠《ぼうばく》として満目《まんもく》さらにさえぎるものなく、三十支里にして滋陽、寧陽両県界に達す。この間、人家なきにあらざるも、二、三十戸の小部落の散在するに過ぎず。いずれも農家なり。

この境界を越え、寧陽県に入れば、七支里にして、古城と称する小村落あり。人口五百。めぐらすに小城郭をもってす。さらに八支里にして、沙庄あり。人口約五百。これより寧陽県城にいたる約五支里。この間、大なる村落なしといえども、小部落きわめて多し。

▲　微山湖の舟影

第六期生調査

六、泰安県城～肥城県間

泰安県城の南門より、道を西方にとりて進むと十五支里。この間滦水および洋水等を渡りて、天平店に達す。人口約千、これよりさらに四十五支里にして、孤山の北より来たりて道をさえぎるものあり。この山脈をもって、泰安および肥城両県の境界となす。この六十支里間、北泰山山脈、蜿蜒《えんえん》として東西に連なり、道路と約五支里ないし十支里の間隔をもって相並行し、南大平店にいたるまでは、いわゆる汶河の平野にして、沃野、田園、遠く開くといえども、もとより北は望暮山の山系南より来たるあり。南北道をはさむをもって、これに地勢、大に縮少せり。

地味は東部と同じくすこぶる肥沃にして、穀類、菜植に適す。樹木のごときいたるところ繁茂すといえども、人口すこぶる稀薄にして、到底、兗州府下に比することと能わず。しかれども住民いずれも人情に厚く、外人に対しても兗州府下のごとく、高慢危険の挙動すこしもなし。けだし人口の少なきに反し、生産多く、ために人民の生活容易に、かつ豊祐なるをもって、衣食足りて礼儀行なわるるの類ならんか。

第六期生調査

七、寧陽県城～泰安県間

寧陽県城の北町より出でて、泰安に通ずる官道を行けば、道は太原の旱田《かんでん》のなかをぬうて直線を画して北進するを見る。この地方はいわゆる北部寧陽の平原にして、平坦なること水面のごとし。行くこと四十五支里にして、陳家鎮に達す。人口約二千を有す。この間は田園遠く開けて、水利またきわめてよろし。人口の稠密《ちゅうみつ》なる、またすこぶる人目を引くに足る。

陳家以北、五支里にして、ここに汶河の西より東に横たわるあり。汶河は幅約十余町にして、その流水の幅三町ないし七町を常となす。ここに渡船ありて、人馬の往来に便す。

汶河は、すなわちここにおいて昔時《せきじ》、泰安府および兗州府の境界にして、同時に泰安県と寧陽県との境界をなすものなり。

▲ 孟子洗硯の跡

寧陽、泰安両県界たる汶河を北に渡れば、すなわち泰安県下にして、ここに大汶口の村落あり。人口約四千、やや繁華なる農村なり。これより北進すれば、一路がぜん斜度、急に昇騰《しょうとう》し、地質乾燥して、地味不良なるを覚ゆ。さらに五支里にして、また地質一変し、地味肥沃たり。けだし大汶口付近は、汶水の土をもって堆積せるがためならん。

▲ 山東省曲阜孔子廟大理石柱

大汶口より四十五支里にして、克鎮あり。人口約二千。大汶口よりここにいたる間は、すでに平野にあらずして、丘陵起伏の土地たり。しかれども、その地形の広大にして、丘陵といえども、皆、大波状をなし、その傾斜急ならざるがゆえに、ことごとく耕作に適し、皆、田んぼならざるはなし。克鎮以北は山岳重畳《ちょうじょう》、道路も、村落も、皆、山間僻地たり。そのもっとも平地なるところといえども、二十度ないし三十度の勾配を有し、北に進むにしたがい、ますます急にして、四面ほとんど山岳をもって囲み、山は蒼蒼《そうそう》として茂り、水は潺潺《せんせん》として流る。真に清景なり。左に長城嶺、右に徂徠山をのぞみて、進むこと四十支里にして、泰安県城に達す。

第六期生
調査

八、肥城県城〜長清県城間

肥城県城の北門を出ずれば、北門大街にして、人口約千、小売の店舗をならぶるあり。北に通ずる官道を

▲　泰山の玉皇廟

一直線に進めば、五支里にして五里舗あり。人口約五百の一小農村にして、この間は左右山脈をへだたること、約十支里なりといえども、五里舗の東方より、小山脈の西北に走るもの来たり。南沙河、ここに源を発し、この官道をぬうて北流す。この邑を過ぐれば、道はようやく山帯に接近す。五里舗より七支里にして、大石舗あり。邑はめぐらすに土壁をもってし、この付近の一小商業地たり。人口約千、この邑を過ぐれば、道は、左右数支里をへだてたる大山脈より分岐し来たれる小山系の間を通ず。その傾斜、すこぶる急にして、加うるに岩石層をなし凹凸多し。

　さらに北進するに従い、ますます険阻《けんそ》を加え、約六支里にしてようやく峠に達す。これよりその斜径をくだること約一支里、やや平地に出ず。ここに南沙河の支流ありて、道を東西に横断す。この川を渡れば、すなわち長清県にして、ここに二個の村落あり。その人口、各一千余、これを神仏站といい、それより道、また険悪にして、これに再び沙河の上流を横断し、道は山腹の小点をたどり、さらに山をくだり、再び沙河を渡りて、平坦地に出ず。両側の山脈相せまること、ますます急にして、小平地といえども、ほとんど得がたきなり。伸仏站より三十五支里、米村舗の間は、人口かえって稠密《ちゅうみつ》にして、九箇の大村落を有す。米村舗は、実に、長清、肥城両県の中間に位せる唯一の商業地なるをもって、市街やや盛なり。米村舗より北二十五支里にして、八里舗に達す。この間、東方数支里、山岳相縦行《じゅうこう》し、西方はなんら眼に映ずるものなく、広漠なる平野なり。八里舗は、長清県城の南八支里に位し、人口約千を有し、農業地たり。しこうして、肥城より長清にいたる実に九十支里この間は、人口むしろ他地方に比して、やや倍するものあり。けだし山間なりといえども、地質すこぶる肥沃にして、河流に富み、常に上流の有機および無機の肥料を運搬し来たりて、その生産力を増加せしものなるがごとし。

▲孔林の入口

九、長清県城～歴城県城間

第六期生調査

長清県の東門を出ずれば、すなわち歴城県に通ずる官道あり。東門外の市鎮を横ぎり、東に進むこと三十支里、平々坦々《たんたん》たる広野にして、車馬の便あり。南方一帯は、連綿たる泰山山脈の余派、峨々《がが》としてそびえ、この間、十一箇の村落点綴《てんせつ》し、人口各五百ないし千を有し、そのうちもっともおもなるものは、王徐舗、石馬荘、豊済舗および臘山舗にして、いずれも長清に通ずる駅站とす。王徐舗は長清県城より、東北十支里、石馬荘は同じく、東北二十支里、豊済舗は同じく三十支里にして、臘山舗は、同じく三十五支里にありて、最大駅なりとす。人口五百ないし千、一条の街路にして、客桟、その他の駅舎、および飲食店等あり。ここより東北すること十八支里にして、東南の大山脈、分岐して西北にいたり、宮道を横断す。これすなわち長清および歴城二県の境界をなすものとす。この山脈を越ゆれば、すなわち歴城県下なり。山頂に境界碑あり。これを東北にくだれば、にわかに人家の稠密《ちゅうみつ》を見る。五支里にして、第五鎮の一箇師団あり。この師団は新設のものにして、その兵舎の構造、その兵士の訓練ともに日本式を採用せり。師団衛戍地《えいじゅち》は約十方里の面積を有し、周囲にめぐらすに一白壁をもってし、その壁内は大道を縦横に通ず。歩騎砲工各種の連隊、および師団司令部等、おのおのその一城郭をなして建設せられ、練兵場、射的場ありて、宛然《えんぜん》、一大都邑のごとし。この間、八箇村落あり。人口各一千内外、人煙《じんえん》の連簇《れんぞく》、安徽省以来、はじめてこれを見る。これより数箇村邑を過ぎ、二十支里にして、省城たる済南府城（歴城県城）に達す。

第三節　済南府城～曹州府城間

一、済南～兗州～済寧間（津浦線）

済南より泰安府にいたる四十五マイル、泰安より曲阜（姚村、曲阜より十八支里西にあり、泗水をもって相対す）まで四十二マイル二、曲阜より兗州府に十マイル四三あり。済南より南進するにしたがい、泰山山脈東部に蜿蜒《えんえん》たり。線路のあるところ平地なれども、土地平坦ならず。左右畑地は、高低波状をなせり。土地、赤土にして、その質肥えたるにあらず。コーリャン、その他の農産物を植ゆ。

　山は岩石にして赤く、樹木の茂れるものなく、これをほりて石材を出す。泰安府にいたれば、泰山、東に高くそびゆ。泰安は山東南部、江蘇北部と済南を連絡する地にして、付近は土地やや肥沃にして、平野より産する物産ここに集まり、ことに柞蚕糸《さくさんし》多し。泰安府は、山東省済南をのぞけば、兗州府とともに済寧に対し、陸路の中心大都会たり。

泰安府より鉄道は西南に走り、南駅を過ぎ、姚村をへて、兗州府に達す。泰安府の付近は、山岳左右に重畳《ちょうじょう》し、その間に平野の連なるを見る。これら山脈の間を、幾多河水の西流するを見る。洋河を越え、大汶口において、汶河を横切る。汶河は、河幅約五町あり。水の流るるところ二町余なるが、水勢、緩にして、両岸高く白沙多し。黄河、小清河に次ぐ大河なり。泰安より大汶口にいたる間は、山岳ありて、勾配ある土地なるも、大汶口《だいぶんこう》以南は山勢やや低く、平野ようやく連なる。姚村にいたり、泗河を避けて西に向かい、兗州にいたる。泗水は、兗州の南にてこれを過ぎるなり。鉄道沿線、人家やや稠密《ちゅうみつ》せるを見る。山間の畑地および平野には、一面に農作物培養《ばいよう》せらる。兗州府は、済寧、曹州、滕県、鄒県、沂州、および済南に通ずる中心地点をなし、繁盛の地なり。この付近には、たばこおよび兗州絹を産し、商戸、櫛比《しっぴ》し、泰安府に相対する大市たり。曲阜より三十支里、済寧州に六十支里、鄒県および寧陽県に五十支里、汶上県に九十支里あり。昔より魯の雄鎮にして、かの有名なる顔真卿の生地なり。

汽車は、兗州府より泗水を渡りて南下し、鄒県にいたる。ここより西、済寧にいたる六十支里、一面の平野にして、畑地続けり。津浦鉄道は支線をこれに出さんとて、すでに測量をおわれりという。この間、地味肥沃にして農作物はなはだ多く、かつ牛皮の産おびただしく、これを運ぶ小車、陸続きたり。泗水の支流府河は、滋陽県より出でて済寧に入れり。この間に孫石店なる鎮あり。人口数百、一小駅なり。付近雑樹また繁茂し、羊牛などを放てるを見る。交通機関としては大車多く、小車これに次ぐ。人家、また少なからず。道路は比較的高く、幅三、四間あり。よく車馬を通ずべし。済寧は山東西南部における重鎮にして、商業の中心地なれば、したがってこの間は、比較的、道路開け、人民多くは富めるがごとし。

二、済寧～魚台～城武～曹州間

済寧、曹州間は、済寧より西、嘉祥県、沙土集をへていたるを普通とするも、連日の霖雨にて大洪水あり。この地方、ことに低窪《ていわ》の地なれば、陸行に難《かた》く、ついに予定を変更して運河を南下し、魚台、金郷、城武、定陶県を経、迂回《うかい》して曹州府にいたれり。済寧より西、曹州にいたる二百四十支里にして、済寧より嘉祥へ四十五支里、嘉祥より鉅野に四十五支里、鉅野より沙土集へ七十五支里、沙土集より曹州に六十支里、済寧より南陽鎮へ水路九十支里、南陽より魚台に水路六十支里とす。

済寧より、運河を南下す。運河、幅約十間あり。水深くして、自由に民船を往来せしむるに足る。閘は、運河の諸所に両側より石の堤を築き、そのせまき口を閉ざし、冬期、水なきときはこれに水をため、水、多くなれば、これを開きて舟をやるものにして、済寧より南陽にいたる間数十の閘あり。夏期、水量多きときは、これを要せず。堤防を越えて両側を望めば、いずれも渺茫《びょうぼう》たる平原にして、コーリャンを植えたり。人家、また多からず。ただ諸所に三五《さんご》、点在せるを見るのみ。東には泰山山脈の南下せるもの、糢糊《もこ》の間に山影をのぞむ。済寧より四十支里、魯橋にて東より来たる泗水を合す。九十支里、一日にて南陽に達すべし。南陽は魚台県管下の鎮にして、人口、約二千あり。運河に沿う小都会にして、内地、物資集散地たり。巡防営あり。工巡営の分局ありて、麦、コーリャン等より、諸種の土産、ことごとくここに集まり、小市に似ず、盛なるものあり。これより舟は南陽湖に入る。湖水は青くして深し。しばらくして濁水に変ず。南陽湖は、周囲五十支里あり。牛頭河、新開河の滙《かい》するところなり。これより平常は畑地なれども、増水のため、湖の一部となりしところを進み、王路鎮を過ぎ、湾里にいたる。南陽より湾里にいたる五十支里、湾里は小村落に過ぎず。これより平原のなか、十支里の道を過ぎて魚台にいたる。魚台県は地方の小邑に過ぎず、付近は一帯低地にして、窪地多し。街上の家屋は、皆、瓦葺きなり。魚台より、滕県へ百五十支里、金郷県へ四十五支里、徐州府豊県へ六十支里、沛県に百支里なり。魚台より金郷にいたる間、陳家集、その他、四、五の鎮店あり。一面の畑続きにして、コーリャン、粟、豆等の農産物を栽培す。道は、二、三間の幅あり。新開河は、広さ六間ばかりあれども、水きわめて浅く、徒歩にて渡るべし。低地の常として、道路不良なり。金郷県は、魚台より開けたるところにして、大小の商家軒をつらね、市街整頓せり。この地より、鉅野、城武、済寧へはいずれも九十支里にして、単県に八十支里なり。金郷より城武県にいたる間、一の山あるなく、広漠平坦なり。土地、魚台に比し、肥沃にして、農作物はなはだよし。畑は大農式にして、牛三頭ずつくらいを使えり。コーリャン、粟、豆等あり。柳、棗等の雑木、諸所に茂り、十五支里のところに、馬集あり。人口二百くらいの鎮店なり。沿道は十支里ないし十五支里にて、人口二、三百の鎮店あり。人口稠密《ちゅうみつ》とは称しがたきも、直隷の田舎に比すれば、はるかに多きを見る。住民も極貧なるもの、少なきがごとし。羊毛、牛皮の産地として、羊、牛馬の多く養わるるあり。

城武県より定陶県に六十支里、単県へ五十支里、曹州府より百十支里あり。この地より単県にいたる道路は良好にして、よく整頓し、電信も通ず。県城ははなはだ寂々《せきせき》たるものにして、学堂わずかに一、しかれども自治局、カトリック教会、その他、郵政局等の新設備あり。付近は古来、孔孟の弟子の多く出でたるところにして、今にても、道傍に王氏家祠、李氏家祠等の故哲をまつれるもの少なからず。

城武の城壁は土にして広大なり。土地あまり肥えたるにはあらざれども、なおよく作物を植ゆべし。

道を定陶にとる十支里にして、青個集あり。人口百の小集なり。冉鋼集は、人口千を超ゆべし。土地繁華にして、田舎の集に似合わざるまでに、諸種の商店相櫛比《しっぴ》す。諸般の設備あり。内地の小県城より発達整頓せり。

西山東一帯の地は、人民剽悍《ひょうかん》にして、古来、争乱少なからざりしかば、これら集あるいは鎮店のごとき、いずれも土壁をもって外郭を築けり。これこの地方の特色にして、あたかも小城のごとし。一旦ことあれば、これによりて防ぎたるものとす。定陶は、府城に近きをもって、城外は人口稀薄ならざるも、城内は僻邑《へきゆう》に過ぎず。隆化集を過ぎ、五十支里、曹州府に入る。曹州は梁山伯の故地にして、住民、殺伐の気に充つ。曹州府より、鉅野県へ百三十五支里、鄆城県へ百二十支里、曹県へ百支里、定陶へ四十支里、濮州へ百二十五支里あり。

第四節　武定府城～済南府城間

第十二期生調査

一、武定～慶雲間

武定より、慶雲にいたるに二路あり。一は劉坡塢をへて、ただちに北するものにして、九十支里といい、一は陽信県をへて、慶雲にいたるものにして、陽信まで四十支里といい、五邦里内外にあたり、陽信、慶雲間六十支里といい、また七十支里と称す。我が九里内外なり。前者は道幅せまく五、六尺にして、夏、秋、コーリャン高く、盗匪《とうひ》の禍《か》多し。しかのみならず、道路、泥濘《でいねい》深きをもって、陽信を経由して迂回するものを普通とす。その陽信を迂回《うかい》するものも、直通する一定の大路なく、屈折多し。

（イ）武定～陽信間

武定北門を出でて、石橋あり。幅一丈、長さ八尺、高さ一間三寸（水面上）、水深約二尺、橋あるところは、川というべからず。掘割《ほりわり》にして、水清く流れず。水底は泥土深くして、溝幅一丈あり。石を畳み、中央に眼鏡形をなせる水の通路あり。これより三、四町にして、また石橋あり。長さ二間、幅一間四尺、橋はほとんど理もれ、両側の溝辺は葦、茫々《ぼうぼう》たり。

道の北するものは、新庄にいたり、西に曲がり、少距離にして北し、また西北す。道幅、平均七尺、于家にて北向し、小家を過ぐ。金千富家（武定を去る十支里）より西に曲がり、また北進す。道幅一間より七尺とす。森家より東北し、二支里にして、また西北し、圏李家にいたる。圏李家より陽信にいたる十二支里、道、東北す。程東塢より六支里にして、陽信県城の南門に入る。陽信は人口三千を有する小県城にして、四囲は荒漠なる平原なり。道路、平坦なれども、雨季は交通困難をきわむ。大車は三頭、四頭の騾子によりてかろうじて曳《ひ》くことを得。

（ロ）陽信〜慶雲間

陽信北門を出でて、ほとんど東北行するものにして、道幅せまきは七尺、広きは二間なり。平均八尺とす。路面凹凸はなはだしく、二条の車両のあと、歴然とあらわれ、二寸の凹みあり。十二支里にして、大柴にいたり直北す。やや南方に海豊にいたるべき通路あり。幅八尺五寸。これを過ぐれば、道は両側の畑より一間も低く、あたかも坂坡多し。三支里、李家庄に達し、これより道北西す。張家よりすこしく西し、また北す。瓦森庄（城壁をめぐらす鎮店）を過ぎて、東北に走る。陽信をへだたる三十支里に棗園橋あり。直隷、山東の界に位し、一歩出ずれば、直隷省内に入る。重要地点を占むる一村落にして、慶雲より海豊に達する通路は、幅三間の大道なり。これより海豊にいたる十二支里という。

棗園橋の東方一支里に木橋あり。早安橋という。長さ十二間、幅二間半、高さ一丈二尺（二間）橋の起点は、レンガにて積みあげ、半円形をなして突出す。架するところは、河川にあらず。一の窪地に過ぎず。水浅し。けだし旧時の亭干河か、道の両側は耕地とす。

これより西して高家を過ぎ、版達営（慶雲をへだたる六支里）を過ぎて県城に入る。この間、道路、縦横に通り、いずれを行くも西北すれば、県城に達すべし。県城の南方に、西より東に流るる隔津河あり。水底泥土なるも、流れ緩慢なるをもって、濁水というべからず。水量、多からず。深きも五寸。ここに橋を架す。歳日橋と称し、乾隆丁丑、春二月、既望の設立にかかり、太子大保、直隷総督皖桐方、観水の銘あり。

二、武定府〜商河〜済南間

武定より商河県にいたる間に沙河あり。平時は水なく、低地なれども、夏期、雨量多きときは小河をなす。付近は平原にて、いささかの変化なし。土地しかく肥えたりとも見られず。商河より済陽に出ずる間に、徒駭河あり。幅四、五間にて水浅し。

済陽県は黄河にそい、宏壮なる堤防ありて、黄河の氾濫をさまたげり。済陽より黄河の堤防を西下すれば、両側に柳の大木あり。畑は河に面し、地味よろしからざれども、豆、とうもろこし、麦等よく実れり。羊毛の産多く、羊群すこぶる多し。済陽の東、姫家集には牛馬の市あり。毎月、五の日には、地方より牛馬、その他の物品をこの地に持ち来たり売買をなす。山東地方には、かくのごとき市を諸所に催せるを見る。

任家渡にて、黄河を渡り、黄台橋に出でて、済南にいたる。済南に近づけば、黄河以北と異なり、山を見る。済南に近く、臥虎山、その他の高地あり。黄台橋は、小清河に架せるものにして、これより下、羊角溝にいたり得べし。

済陽より済南にいたる間、黄河は多くの渡船場あり。今、その名を挙ぐれば左のごとし。

下家道口　泰家渡　任家渡　揚柳渡　老覚湾
清河寺　蔡家口　慶家渡口　張家渡口　邢家渡口

済南府は、山東省の省城にして中央に位し、全省の各府州県に通ずる公道の集合点なれば、交通便なり。商家、櫛比《しっぴ》し、外国貨物および内地物産の集散盛にして、外国貨物は泰安、新泰、蒙陰、寧陽、兗州、済寧、鄒、滕、東平、平陽等に分配せられ、内地の貨物は、これらの地方より済南に聚集《しゅうしゅう》輸送せらる。

第十二期生調査

第五節　青島～沂州府城間

一、青島～高密間

青島より高密県城にいたる陸路は、膠州湾の東岸をぬうて湾をめぐり、膠州城にいたり、それより西北して高密停車場前に出で、西十八町にして、県城の東門に入る。ほとんど鉄道に沿い、しばしば鉄道と交叉《こうさ》す。幅七、八尺あり。土質、砂にして固く、高低少なく、行路易々《やすやす》たり。主なる交通機関は、小車とす。城陽の東方に連なる山脈は、岩石露出し、歯状をなし、崎嶇《きく》たる禿山なり。西方は湾にして、沿岸は土砂の堆積する多く、総じて遠浅なり。南泉より以北は、茫々《ぼうぼう》たる平原にして、山海を見ず。途中、河川、数条あれども、河水まったく涸れ、砂地を凹処《おうしょ》にとどむるのみ。

南泉、膠州城間には、有名なる南膠河あり。幅六、七十間あり。百脈湖より出で、平度州、北固山に発す

◀孟母三遷の故跡

る白沙河、大沽河を合し、南走し、麻湾口より膠州湾に入るものなり。百脈湖は、高密の東北三十支里にあり。膠河、五龍河の水を滙《かい》す。しかれども、周囲の群山はすべて禿山にして、樹木の叢生《そうせい》するものなく、雨期には百脈湖に水をたたえ、南膠河また漲隘《ちょうあい》を見るといえども、冬期、降雨なく、半月の旱天《かんてん》あれば、水まったく涸れ、湖は変じて一の砂窪地となる。土人の言によれば、本年は旱日、半か月以上におよび、百脈湖水まったく絶え、高密より平度県にいたる近路は、これを横断することを得べし、と。さらにいわく、昔時《せきじ》、百脈湖より出でて平度を過ぎ、渤海にそそぐ北膠河と南膠河とを利用し、青島、膠州方面より渤海海岸方面に出ずるに際し、山東角迂曲《うきょく》を避けんと計画せしも、水量少なきゆえ、その目的を達せざりしと。今の水路状況をもって見れば、その無謀なる一笑に付するのほかなし。

膠州、高密の中間に膠河あり。百派湖にそそぐといえども、水また涸る。幅七、八間あり。南方、鉄橛山に出ず。

高密県城は、停車場より十八町、西にあり。北は百脈湖の盆地にして、南に山脈をのぞむ。土質砂地にして、花崗岩多し。北、蘭底をへて、平度に達す。蘭底まで七十支里、南、柴溝、丘溝をへて諸城にいたる。丘溝まで六十支里、諸城まで百二十支里、西、双羊店をへて景芝に通ず。双羊店まで四十支里、景芝まで六十五支里、しこうしてこの地方八支里、我が一里にあたる。

二、高密～諸城間

第十二期生調査

高密より諸城にいたるには、ほぼ西南に走る一路あるのみ。高密付近の土質は砂地にして、雨後、路面ことによし。土壌、礫石《れきせき》多く、軽石のごとく、小凹凸はなはだしく黄色をなす。

十六支里にして、苗家屯と称する一村落あり。この近傍《きんぼう》より道路悪しく、雨後、泥濘《でいねい》深く、尺余におよぶところあり。ここにいたるまで、道幅広きは三間、せまきは二間とす。苗家屯を出ずれば、幅八間の河あり。土人、これを東南河と呼ぶ。東南に流るるをもってなり。河底、砂地にして、水道は一間に過ぎず。もっとも深きところも、五寸におよばず。水清し。通過当時は、降雨の翌日なりしかば、水量を有ししも、旱天《かんてん》四、五日におよばば、水まったく涸れ、白砂のみ残すという。橋梁なく、従渉す。こゝより、二個の村落を過ぎて、幅七間の砂川をわたりて柴溝にいたる。高密より四十支里、我が五里くらいなり。

柴溝より丘溝にいたる二十支里、この間の道路、前者のごとく泥湾ならずといえども、高低多く、車両の動揺はなはだし。一方に溝を設け、路上の雨水を流すに便す。所々に断層あり。路幅、不定なるも、一間内外なり。

丘溝百尺、河間二十支里、道路の高低もっともはなはだし。丘溝を過ぐれば、大岩路上に突出し、四十五度の角をなす。数里にして一河あり。幅七間、河底、礫石多く、この間、清流流る。丘溝より来たる道路は、該河と交じり、この交差点において、南より来たる一川に会す。ここより河床を通じて、諸城に向かう。

通路の両側は、高さ一間内外の断層をなす。上層は耕作に適する灰色の沃土にして、一尺ないし一尺五寸の厚さあり。中層は黄色の小砂礫《されき》にして、最下層は黄色軟弱の岩石なり。

▲　苗河屯河（高密諸城間）

思うにこの地方傾斜、緩慢なる丘陵多きがゆえに、二丘陵の間の最低地は、すなわち雨水の集まるところにして、上層のもろき土砂を流し、漸次《ぜんじ》、深く開削し、下層の岩石にとどまり、もって河道をつくれるならん。これら丘陵に降れる雨水は、土地の低きについて流れ、諸水を合し、近くを流るる百尺河にそそぐものなり。

この間の道幅、一間内外なり。百尺河（鎮店）を過ぐれば、百尺河あり。西北に流る。河幅四十間、水道は三間、水量やや多く、水深もっとも深きところにて一尺余あり。河底砂にして、水、半濁なり。河の両側に樹木林をなし、対岸を望めば台地連なり、樹木叢生《そうせい》するあり。河源は南山脈にあり。ほぼ北流して百脈湖にそそぐもの、すなわち五龍河なり。河に橋梁なく、渡船なく、馬車は水中をわたる。旅人また徒渉す。土人、旅客をかつぎてわたり、銅銭を乞う。ゆえに雨期に入り、増水するときは、交通、杜絶《とぜつ》す。百尺河より諸城にいたる道路は、総じて整頓し、幅一間半、大体において一致す。路面、泥土性なれば、雨後、歩行に困難を感ず。しかれども、平坦、砥《といし》のごとく、土地固く、凹処には石橋を架す。二橋あり。一は長さ三間、幅一間の石橋にして、一尺幅、六尺長さの石材を横にならべ、水深三尺あり。他は長さ六間、幅一間にして、構造深さ、前者に同じ。

要するに、高密より諸城にいたる道路は、高低多く、交通困難なり。ことに雨後において、しかりとす。両者はともに県城なりといえども、一村落にして、物産にとぼしきがゆえに、貨物の異動もまれに、ただ少量の穀類を隣村に運送するのみ。行人また寥々《りょうりょう》たり。

この間の交通機関は、旅客用として馬二頭、あるいは三頭の轎車《きょうしゃ》あり。貨物運搬用としてロバ、馬および小車あり。轎車は、轎子を車上に載せたるがごときものにして、旅客用に供し、道路の好悪により、馬匹の数を増減す。小車は、ただ一人にて押すものは通ぜず。二人にて一人は押し、一人は曳《ひ》くものにして、轅《ながえ》両方にあり。積載量、大なれども、道悪しきをもって十分積載せず。普通は、百斤内外とす。ロバの積載量はいたって少なく、三貫目内外なり。小車には、二、三頭のロバこれをひき、一人これを押すものもあり。丘溝、百尺河間多く、これを見る。大量貨物の運搬は不可能にして、直隷に見るがごとき大車の存するなく、轎車もきわめて少なく、高密に七、八台、諸城に四台あるにとどまる。

以上、二県城間は一般に台地にして、傾斜緩慢《かんまん》なる丘陵あまたあり。頂上まで耕作せられ、山として見るべきものなし。

諸城付近はせまき平原にして、南に常山、馬耳山、東には鳳凰山、西には暮嶺山、連なる。城の南に近く、西北に流るる川あり。快淇河と称し、南馬耳山脈より発して、城南に来たり、城西にまわりて北に流る。幅四十間、水道三間内外、河底砂地にして、水清し。北流して、大浯河をあわせ、濰河となるものなり。

三、諸城~莒州間

第十二期生調査

諸城より呂溝にいたる道路は、道幅二間内外にして、地面微細なる土砂なり。塵埃《じんあい》多く、雨後は泥濘《でいねい》のため通行困難なり。呂溝より東南に大河あり。呂標河といい、南より来たりて道路と交わり、東流して、また道路と合し、さらに北流して濰河に合す。幅四十間あり。水量少なく、清冽《せいれつ》にして橋梁の架せるなし。河底、砂なり。呂溝付近より、南方に近く小山を見る。もっとも近きは、単調なるへの字形をなし、遠きものは岩石露出せるがごとく、巌々《がんがん》たり。小丘は頂上まで耕され、山林として見るべきものなけれども、中腹および山頂のところどころに、樹木の叢生《そうせい》するあり。遠きものは、鳶色《とびいろ》をなす。北方は、山なく平原なり。

▲　鰲山（鰲陽付近）

呂溝より我が一里余にして、濰水流る。すなわち南方山脈にその水源を発し、安邱、昌邑の東方を通じ、渤海にそそぐ。濰水の本流にして、土人これを淮河と呼ぶ。夫王韓廷の詩にいう映門淮水緑なり、とはこの地方の風景を写せるものにして、土人、その風景を賞揚《しょうよう》し、また誇りとす。河幅、百五十間以上あり。水道幅十間、水深、深きは二尺に達す。河底、砂にして水清く、土人の浴びせるもの多し。これより管師鎮にいたる。道路は細く、一間内外なり。鎮に近く、二十支里にして丘陵を登る。細き小車の通路にとどまるのみ。通路の両側は、凹凸せる岩なり。この山路、五支里、馬車を通ぜず。ゆえに管師鎮、諸城間は馬車の往復なく、もっぱら小車によるも、交通箇にして、馬車をもちうるの必要を感ぜず。三条の砂川をわたりて鎮にいたる。

管師鎮は、やや大なる鎮店にして戸数三百あり。諸城より莒州にいたる中間に位し、主要点にあたり、二県城間を往復するものは、ここに一泊するを常とす。宿店、二家あり。四周山をめぐらし、盆地の底に位し、この付近に鉄分の温泉湧き出すという。鎮の南方に東流する清水あり。水、少量なれども、河幅広し。すなわち淮河にして東流し、南方の山麓を走りて、前に渡りし水道となるものなり。

諸城より、ここにいたるポプラに似たる真直《しんちょく》なる木あり。また赤松の密集せるところ多し。管師鎮より柳家店という一村落にいたる間、十支里低き丘地を行く。坂は漸次《ぜんじ》のぼるもっとも急なるものも、十五度の傾斜をなすのみ。道路は自然のまま破壊に放任せり。ただ一尺幅の一条屈折、高低多き線をなし、小車の通路を残せるに過ぎず。山は黄色縦層の岩石よりなり、表面上に露出す。樹木なく、灰色の土壌の覆える部分は、耕地に供せらるるも、コーリャン、栗等の作物、繁茂せず。土地、痩せたり。柳家店を過ぎて平原を通じ、また丘地を行く。四方に遠山をのぞむ。管師鎮より四十五支里にして、招賢と呼ぶ一鎮店あり。この南方において西流する川あり。招賢川という。幅百二十間余、水道四間水清し。一面の白砂のなか、南岸緑樹をのぞむ。風景、佳絶なり。北岸は、河底より高きこと一間有余にして、赤土よりなる。

招賢より道路は、平原を通ず。招賢まで一間内外の道幅を有しもの、ここにいたりて、四間ないし五間となるも、路面凹凸はなはだしく、雨時の困難、察すべし。泥濘《でいねい》深きときは、畑地を通じ、漸次、道路を広めたるごとく、両側には通行せし跡、歴々《れきれき》として、中間には二条の馬車の轍《わだち》を存す。幅一定せず。路の中間に作物の存するあり。招賢より三十支里にして、南に流るる沭河あり。幅百五十間、水道十間、水清く浅し。ここをわたれば、楊家店子あり。このあたり泥濘の深きこと驚くべし。ここより西して、莒州にいたる。莒州は、二山脈の間を流るる沭河流域に位するがゆえに、四周、平坦なり。莒州は、沂州より沭河流域にそうて濰県にいたる要路にあたる。莒州より沂州にいたる百八十支里とす。

四、莒州~沂州間

第十二期生
調査

莒州より沂州府城にいたる道路は、雪山山脈に沿うて通じ、西南に走り、沭河を越えて、焦原山、馬鬐山にいたる。莒州を出ずれば、少距離にして東南流する小河あり。柳樹店子付近にも、水涸れたる小川あり。ともに沭河に合するものなり。

茶棚児にいたる三十支里、この近くより岩石道にして高低多し。ここを過ぎ、少距離にして丘地にかかる。頂上より見渡せば、左に沭河の砂灘連なり、樹木林立す。右は低地にして、小山、散点す。

丘地は、黒褐色の岩よりなり、道路黒褐色を呈す。茶棚児より十支里をへだたる石各店にて、丘陵没す。下庄店北方に、河幅二十間余の南流する河あり。水浅し。この辺、また丘陵起こる。少距離にして平原を行く。丘陵は小坂にして高低多し。岩石多く、臘石《ろうせき》のごときあり。石灰石のごときあり。砥石《といし》のごとく、表面滑らかなるものなり。道幅せまくして、広きも一間半に達せず。

下庄子より十支里にして一村あり。ここより駱溝にいたるまで、丘地を通ず。路幅広きは一間半、せまきは五尺くらいなり。屈折多く、石英質の礫石に満ち、東方丘陵、臥起《がき》す。駱溝付近の道路は、泥質にして悪しく、砂を埋めたり。道幅七間とす。莒州より、九十支里をへだつる関西坡付近は、平原にして、西方に一丘あるのみ。関西坡より東流する一川をわたり、三十支里にして湯頭鎮にいたり、ここを過ぎて湯河あり。水清く、南流す。水底、岩にして、所々に深処あり。魚類、集まり遊ぶ。河幅に比して、水量の多き他の山東の河川に多く見ざるところ、石橋を架す。橋下、水深平均一尺内外、長さ三尺、幅二尺余の石材を縦にならべ、橋台また石材をもちう（高さ水面上一尺五寸）。橋幅、四尺五寸、長さ三十二間あり。

関西坡より四十支里にして、白答あり。この辺、道路おおむね砂地にして、日旱《ひでり》すれば細砂出ず。砂嶺子より、処々に砂の高まれるを見る。これすなわち沂河、増水してあふれ、近傍に砂を流し、堆積せるものなり。

南方、二山、屹立《きつりつ》す。

湯頭鎮より六十支里、すなわち砂嶺子を出でて、沂州に達する二路あり。一はただちに西し、沂河を渡りて沂州府城北門に入るものにして、一は沂河に沿いて西南走し、太平県肚水屯を過ぎて、沂河と支流の合流点を渡りて、府城東門に入るもの、すなわちこれなり。

沂河は青州、泰安、沂州三府の界上、臨楽山麓に発し、青州、沂州界上の山脈と天馬山、九児山の間を流れ、沂水県城の西を走り、南流して、西蒙山より来たる。東汶河をあわせ、沂州付近に来たり、費県より発する祊河、涑河を会し、郯城西方を流れて、江蘇省に入り、南運河に合するものにして、上流を妓女河と呼ぶ。砂嶺子の徒渉点にして、河幅三百五十間あり。水道幅四十間、水深二尺五寸なり。

祊河は、府城北門を去る五町北を流る。土人、これを北河と称す。幅二百間余あり。水道、幅五十間、水深二尺あり。四十八時間にして、五寸の減水あり（七月十八日午前十時、同二十日午前十時、旱天激甚《かんてんげきじん》なり）。

沂河、祊河ともに増水期は、毎年六、七月にして、水深五尺以上に達す。ゆえに増水期には、六、七十支里上流に田舟形（渡舟に充つるもの）の舟を上すことを得。下流百十五支里の郯城間に舟運ありという。橋梁の設備なけれども、所々に渡船（擺渡船と称す）を設け、砂嶺子徒渉点に六隻あり。北河北門徒渉点に五隻あり。沂州府、管轄内、合計二十隻ありという。これら渡船は、増水期、貨物運搬に供するものにして、長さ五間、幅一間の田船形木造船にして、吃水一尺五寸あり。大抵一万斤の貨物を積載してくだるという。しこうして貨物運搬には、竹にて編みし覆《おおい》をなし、渡船にもちうるときは覆をとる。これら渡船は、個人経営にして、船夫は、一人、一小車を渡すごとに、一銭の渡賃を徴す。官吏あるいは衙門に属するものには、とくに運賃を請求せず。一日の通行人、または車両を合計し、衙門にいたりて相当の賃銭を受領す。

東門に通ずる徒渉点、すなわち劉各庄より府城に入る地点は、河幅、砂嶺子、徒渉点のそれと大同小異にして、ただ水量多きのみ。同じく渡船にて、両岸の交通に便するも、水量減じ、舟便によること能わざるにいたれば、幅三尺の木板橋を、臨時設置することあり。官営なれども、毎人毎車、一銭（前者もともに一箇銅板）を経営費、寄付として徴収す。

以上、本支流ともに提防の設けなく、自然の流域に放任せり。ゆえに降雨久しきにわたるときは、河水氾濫し、付近地帯一面の水流と化することあり。河道付近に白沙の堆積しあるは、これを証して余りあり。ことに祊河より北門にいたる間は、微細の軽砂深く、一歩に一退の有様にて、軽塵《けいじん》のため、樹葉白色を帯ぶ。河底もまた、これら微細の砂土よりなり、水、ために半濁なり。

涑河は、箕山山盤に源を発して東流し、沂州付近にて北に向かい、府城の西門前をへて城郭をめぐり、北門前を過ぎ、東に流れ、沂河本流にそそぐ。水底砂地にして、水清洌《せいれつ》なり。所々に、緑の水草、茂れり。西門前に、石橋あり。長さ六間、高さ水面上一間半、幅一間半、水深一尺石の欄杆《らんかん》を設く。しかれども、実際の河幅は三間内外にして、両岸より一間半以下を流る。北門前にまた石橋を架す。長さ十間、幅二間、橋台は三尺ごとにありて、一尺幅の石材を積みあげてつくれり。この地点、河幅広しといえども、中央に砂州あり。水深は、前者と同じ。

第六節　沂州府城～泰安府城間

第十二期生調査

一、沂州～蒙陰間

沂州より、蒙陰をへて奉安にいたる道路は、江蘇省と山東省とを連ぬる要路なれども、山間を西北に通じ、峰を越え、谷をわたるをもって、道路、峻険《しゅんけん》なり。北河を渡りて、道幅六尺四寸、十支里にして三尺四寸となり。少距離にして、二間となる。十五支里にして、道幅三間内外となり、ほぼ一定し、平坦にして路面、また滑かなり。両側に溝をつくり、排水に備う。毫《ごう》も破壊せる箇所なく、新たに修繕せるもののごとし。このごときもの十五支里におよぶ。この間、石橋八あり。第七にあるもの最大にして、長さ六間、幅一間半あり。

他は長さ二間、内外なり。一尺幅の花岡岩質石材を縦にならべたるものにして、水なき溝に架せり。

寺王荘より十五支里の間、道幅せまく、所々、破壊せられ、礫石《れきせき》多く、高低また多し。ここにいたるまで、道は谷間を通じ、両側遠山を見る。右方に大北山、左方に蒙山あり。沂州より四十五支里にして、半程鎮あり。ここより少距離にして、門激あり。兵地の麓に位す。ここより丘上を行く三支里にして、大峪あり。七支里にして、上同店あり。道は赤土質にして、岩石は花崗岩、道幅一間半内外、屈折多く、坂路多し。もっとも急なる坂路、三十五度くらいにして、皆、石を敷けり。四周は高からざる禿山、連亘《れんこう》す。褐色を帯び、寂寞《せきばく》の感を催さしむ。

沂州より八十支里にして客務店あり。山間やや低き地に位する寒村にして、宿店一あり。実務店より二支里の間山路にして、幅一定せず。岩石、凹凸あり、峻険なり。そのところより丘陵低下し、坂急ならず。一砂川をわたる。二山脈東西より迫るといえども、山高からず。道幅広きは、二間半、せまきは四尺内外、高低のはなはだしきなきも、岩石の小起伏をなすあり。

実務店より十五支里、青駝寺にいたる。宿店、三軒を有する一鎮店にして、ここより東南三支里のところ勒石河、流る。また東汶河と名づく。蒙山の北麓より出でて、山脈の北麓に沿いて来たり。沂河に合するものなり。水底、砂にして、水清らかなるも浅く、砂中、数条に分かれて東流す。西方に高山そびえ、東方は一峰屹立《きつりつ》す。この河に石橋を架す。青駝寺橋と称す。青駝寺橋の碑にいわく。

「勒石河は南北交通の要衝にあたるも、古来、橋梁の設けなく、行人徒渉せざるべからず。増水、交通杜絶《とぜつ》のやむなきにいたる不便あり。ゆえにこれを架す。乾隆五十二年九月、創立」となおその詳細を見れば、梧荘太守、地方各県知事、知府および上下文武百官よりの、寄付金を募りて、建設せる趣を書す。その後、洪水あり。河水しばしば氾濫し、橋梁を流せしをもって、道光三年夏、蘭山県知事、これを重修し、ついで嘉慶十一年、また重修す。今、その規模を見るに、幅一間半、長さ二十一間二尺、高さ砂地より五尺一寸（橋は長さ一間、あるいは七、八尺、暑さ五、六寸の石材を五枚、あるいは六枚を縦にならべ、その継ぎ目を鉄蝶番《ちょうつがい》をもちいて堅く継ぎたり）、橋脚二十二（幅三尺五寸の石を、横に積み重ねてこれに充つ。両端三角形をなして突出す。両橋脚の間隔、一間内外なり）、橋を架せる両岸は堅き岩石よりなり、橋上一間の高さあり。橋下、砂なれども深からず。五寸にして岩層にあたる。

　ここより青駝寺まで、道平坦、幅広きは三間、せまきは一間、途上、雑草青し。もって交通の閑なるを知るべし。青駝寺を過ぎ、西走し、勒石河の砂州をわたれば、続修大道、光緒丙戌の碑あり。道路、高低多く、道幅一定せず。せまきは三、四尺、広きは五間に達し、わずかに大道の面影あり。青駝寺より二十支里にして双猴あり。ここを出て南流する河を渡れば、道、西北に向かい、小坂あり。礫石《れきせき》多し。このごときもの三支里にして、平坦となり、幅五間にいたる。西および北には山脈、連亘《れんこう》す。少距離にして、朝陽橋を渡る。水なし。橋は宣統年間、重修せしところにかかり、高さ一間、長さ三間二尺、幅二間の石橋なり。行くこと二町にして、西より来たり、北流する蒙山河（勒石河の上流）と会し、西流す。西に蒙山山脈そびえ、北に如山起立す。道と河との合するところ、岩丘をなし、河道ここにおいて北に向かい、その曲折点は、河底岩なれども、渦流《かりゅう》するをもって深潭《しんたん》をなし、碧色《へきしょく》の水をたたえ、宛然《えんぜん》、大池のごとし、河幅三十間、水清くして水量少なし。

　双猴より、二支里にして野子荘あり。この地方、安山岩の礫石多し。新修山路の碑あり。ここより蒙河に沿いて西す。比較的、平坦にして、幅一間平均なり。両側に並木、成育す。それよりあたかも大都の街道のごとき、数条の白砂の河道を過ぎ、ついに蒙山河をわたる。幅二十間、流水きわめて細し。ここより山路にかかり、高低いちじるしく、家北付近に石橋、長さ二十六間、幅二間、高さ一間半（長さ五尺、幅一尺の石材を縦にならべ、石柱を横にして欄杆《らんかん》に充つる）あり。河に水なし。

　青駝寺より五十支里にして、埰荘あり。これを過ぐれば、湯河にして、土人また北河と呼ぶ。北流して、また東流す。河幅八十間、河底は深き砂にして、数条の細流砂を分かつ。水清し。これを過ぐれば、桃墟荘あり。埰荘より三十五支里なり。ここまで道幅、平均三間半、道路平坦なり。この付近は東汶河の流域にして、せまき横谷をなす。地質、黄土性を帯ぶ。

埰荘よりは幅三間半の道路なるも、丘地を行くがゆえに高低多し。東流する河、すなわち東汶河の上流雪河に沿って西す。河に水なく、砂深し。石橋あり。名義石橋と呼ぶ。長さ五間四尺、幅三間三尺、深さ一間四尺（石材をならべてつくり、橋脚は長き四角の石柱なり）。これを渡れば、名義荘あり。桃墟より五支里、蒙陰を去る十五支里に、後公家城子あり。ここより道細く三尺に足らず。処々、破壊せり。

桃墟荘より、三十支里西北はすなわち蒙陰県城にして、蒙河のきわまるところ、南に蒙山、東に摩天嶺聳立《しょうりつ》し、西北に大井山脈、新泰、蒙陰二県城の界上を北西に連なる。蒙陰は、四周山をもってめぐらせる一狭低地に位せる小県城なり。かく四周山岳重畳《ちょうじょう》せるをもって、他県との来往、寥々《りょうりょう》たり。したがって交通路もまた発達せず。沂州より新泰にいたる道路は、唯一の出入口にして、このほか、山谷を上下し、東北濰県に達する小径あれども、峻険《しゅんけん》にして、道路の存在を認めず。車両通ぜず。旅人の往復きわめてまれなり。四周の山岳、皆、巌々《がんがん》たる禿山なり。

二、蒙陰～新泰間

第十二期生 調査

蒙河は蒙陰県城の西より来たり。県城の南壁をめぐりて東流す。域西にて河幅三十間、蒙陰を去る十支里にして、西南流する（幅二十間）砂川あり。すなわち東汶河の上流とす。陸路、ここにいたる間は丘陵を通じ、岩道にして、崎嶇《きく》たり。貨物は、もっぱら牲口および小車による。十八支里にして、箕布河あり。幅三十間、水、少量なれども清冽《せいれつ》にして南流す。三十支里にして、東西街あり。ここまで山道凹凸多く、通路険なり。この辺はすなわち沂州、泰安の二府界上にして、白馬関の険とす。新泰を去る十八支里に嶅陽あり。右に石山、嶅山迫り、左は丘陵、起伏す。西北流する汶河をわたりて、東南に近く、沖雲山巍々《ぎぎ》としてそびゆ。奇岩怪石、起伏し、風物佳絶なり。

嶅陽を去る六支里にして、新泥荘児あり。ここを過ぎて西流する郭河あり。水きわめて少量なれども、清く、河幅三十間あり。西北に蓮花山、南に蒙山高く、聳立《しょうりつ》す。ここにいたるまで道、平坦なるあり。岩多く、高低あるあり。新泰の辺、道路砥《といし》のごとく、幅三間ないし一間の間にあり。蒙陰より、新泰まで六十支里、我が八里内外なり。

▲　新泰山青雲山

新泰は東、南、北の三方、山これをめぐり、西方のみ開け、北、大高山、九嶺山、東、大井山、南、倍尾山に発せし水は新泰付近に集まり、もって新泰の狭隘《きょうあい》なる低地を形成し、雷法山、石門山の北方を流れて西流し、もって汶水の上流をなすものなり。四周との交通は不便にして、蒙陰より泰安にいたるほか、他に交通路なし。

第十二期生　調査

三、新泰～泰安県間

新泰を出ずれば、石橋あり。幅二間二尺、長さ二間三尺、河底水あり、細砂とす。金頭山、杏山を東北にのぞむ。ここより西、州河を渡るまで、道、平坦にして、幅広きは五間、せまきは二間あり。河は水なく、水あれば西流す。これをわたりてより、道幅八、九尺となり、二支里にして、三間二尺となる。西南に雲山、連なる。

新泰より十五支里にして、葛溝橋と称する鎮店あり。鎮に入らんとするところに葛溝橋あり。石造にして、幅三間二尺、長さ五間一尺、高さ一間、結構はなはだ堅固にして、砲車を通ずるを得。

新泰より二十二、三支里にして、北方に山岳の屹立《きつりつ》するあり。西方の泰山は雲表《うんぴょう》にそびえ、道きわまるがごとし。ここより、泰山山麓の泰安にいたる百二十支里（我が十五里）とす。泰安を離る百支里より、泰安間は道、平坦、幅一致し、二間内外なり。地質、泥土性なり。汶河を渡りてより、二十五支里にして瞿家庄あり。やや大なる鎮店にして、めぐらすに土造城壁をもってす。三十支里にして南流する一川あり。野度河と称す。河幅四十間、水なし。四十支里にして、浮州庄に着す。土壁あり。ここにいたるまで道、平坦、泥土質にして、幅広きは三間、せまきも二間あり。六十支里にして楊柳店、東北に近き楊柳河は、幅三十間あり。水涸るれども、南流するがごとし。新泰より、ここにいたる少距離の低丘をのぞきては、ほとんど平原を通じ、道路坦々、幅も大体において一定し、修繕せられあるを見る。村荘児鎮店を通ずる道路は、一般にせまく、広きも二間、せまきは一間なり。大抵、両側にアカシヤの並木あり。

楊柳店子は、道とくに広く、並木なけれども、家屋と家屋との間、十四尺あり。楊柳店子を出ずれば、浅き河あり。南流し、水清らかなり。店子の西にあるをもって、西河と呼ぶ。幅三十間、砂地にして、上面草、青し。はるかに泰山、駱駝山、相ならんで、東方を睥睨《へいげい》するを見る。河をわたれば山路にかかり、まず長さ一町余の切割を過ぐ。幅四尺、両側の高さ一間半、もろき岩よりなる。ここよりは、丘上を通ずる道路にして、高低多く、幅一定せず。黄色の土壌、路面を覆えり。丘をくだりて、西河に沿い西し、楊柳店より八支里にして、王家嶺に着す。北東に蓮花山あり。再び丘地を行き、東に沖雲山の屹立《きつりつ》するをながめ、西に泰山、南に霊山を見る。丘のきわまるところに続修大道の碑あり。これより三十度の坂道をなし、石を敷けり。その他は岩石磊々《らいらい》、車両の困難するはなはだし。この峠を関州嶺と称し、嶺下に関州荘あり。王家嶺より、七支里なり。けだしこの峰は、大石山の裾にあたり、南方石門山脈との間、狭長の谷をなす。ここより七、八支里の間、道幅一間内外、坂坡なしといえども、凹凸多く、一町半ばかりの切割あり。すなわち王化嶺にして、関州嶺と形勢、大同小異なれども、距離短かし。頂上に廟あり。新泰、泰安二県の分界にあたる。

山麓より、三支里をへだたる花馬湾よりは道、平坦なれども細く、幅三尺より五尺までなり。南流する一川をわたれば、道幅三尺二寸にして、白石嶺を越ゆ。嶺は泰安をへだたる東五十支里の地にあり。坂あれども傾斜十五度くらい、麓より十五、六町にして頂上に達す。廟あり。重修山路の碑を立つ。ここより漸次《ぜんじ》くだり、三十度の傾斜をなす。坂道、石を敷く。三町にして、麓に達す。嶺麓に崔家荘あり。泰安まで四十五支里という。これより駱駝山の北麓に沿う。道と山との間に雲河あり、駱駝山をめぐる。北方に泰山雲表に沖するを見、小距離にして、汶河の南流するを渡る。汶河は渡船場において、河幅二百七十間、水道五十間、水深一尺五寸(もっとも深きところをはかる)、流速一秒間に〇メートル二〇(このとき半か月の旱天《かんてん》続きて、所々に雨乞いをなしあり)、水底細砂、水色半濁なり。渡船二隻(高さ一尺、長さ三間半、幅二、三尺、底幅二尺の木船にして個人経営)、浮かべるを見る。けだし、この水源は博山付近に発し、西南流し、泰安付近の平原に出で、泰山より発する童家河、萊蕪より発する支流を合して来たるものにして、新泰より発するものに合し、西流するならん。徒渉点より眺むれば、泰山の東麓より、南麓にめぐりて西するもののごとし。水、奔流《ほんりゅう》し、荒波を立つ。渡船を擺渡船、船頭(渡守)を船夫と称す。沂河と同じく増水期には、貨物運搬に供す。河を渡りて無家庄あり。崔家庄より四支里、十五支里にして、十里舗あり。無家庄よりは道平坦にして、泥土よりなり、ときに数条の分道あり。十里舗に入らんとする前、砂川ありて、石橋を架す。

長さ三十二間五尺、幅一間、二尺（幅一尺五寸の石材を、縦にならべて構成す）、橋脚十（石を積みあげたるもの）、高さ二尺、橋脚の間隔一間一尺。

十里舗より官荘児にいたる七支里、道いたって平坦、凹凸なく砥石《といし》のごとし。幅広きは三間半、せまきは一間四尺。平均三間、泥土なれども、緊縮《きんしゅく》して雨時、泥濘《でいねい》深からず。二村の中間に十里大河ありて、石橋を架す。長さ八間、幅一間四尺（長さ二間均一の石材をならぶ）、高さ一間（橋脚は橋の継目《つぎめ》に設け、石を積めるもの）、河の両側三町余は石垣を設く。河底、砂地なり。

泰安府城東南に石橋あり。幅二間、長さ三間、高さ三尺。橋の構造きわめて堅固なり。

城東に二条の細川あり。高さ二尺、幅一尺のセメント製堤防を設け、簡単なる石橋を架す。泰安府城の北方は、泰山そばだち、その最高海抜五千尺、魏々《ぎぎ》として、府城を鎮む。五山の一にして、省内最高岳とす。山は、奇岩、怪石突出し、いわゆる岱山巌々《がんがん》たり。風景また雄大をきわむ。岩はおもに花岡石にして、中腹まで杉桧参差《しんし》たれども、中腹以上は樹木影だにとどめず。巨岩、併立す。南方には駱駝山起こりて蜒々《えんえん》とのび、西方は山岳起伏す。東方ははるかに楊柳山をのぞみ、泰山山脈に発する諸水は、泰安の南方において朝宗《ちょうそう》し、もってこの付近の盆地をつくり、南してその付近の低地をつくり西流す。

泰山は、山麓より（南方より）頂上に達する四十五支里というも、その実十八支里、我が二里に足らず。北部は山脈重畳《ちょうじょう》し、南方は駱駝山をへだてて平原をのぞむも、靄然《あいぜん》として遠望する能わず。付近の諸川は禿山に発するをもって、ひでり半か月におよばば、水まったく涸れて白砂帯のごとく連なる。ただ泰山西岳に発する谷川は、水清く、瀼々として流れ、山腹にて小なる瀑布をつくり、麓にくだりて城内住民の飲料に供し、一部は城西を南流す。この河底、礫石《れきせき》にして、水また清く、判河と称す。

津浦鉄路は城西五町を走り、北、済南、天津にいたるべく、南、江蘇省浦口に通ず。陸路も済南、曲阜に連絡し、東百二十支里、莱蕪県をへて、博山にいたり、膠済鉄道と連絡す。

第七節　青島～芝罘間

第十期生調査

一、青島～即墨間

青島より鉄道にて城陽にいたり、それより陸路三十支里にして、即墨県城に達す。青島より城陽までは三十三キロメートル、大碼頭、四方、滄口、女沽口の四駅を過ぐ。城陽より即墨県城までは、五邦里に相当し、南河に沿い、東北に向かう。右方に遠く石門（二、一七八尺）、三標（二、〇〇〇尺）、天柱（九八三尺）の三山そびえ、左方に馬鞍山（馬山）をのぞむ。道、平坦にして幅員《ふくいん》約三間、大車の通行自由なり。両側にアカシヤ樹を植ゆ。風あれば、砂塵を掲ぐることはなはだし。即墨より南約四支里のところにおいて、南方李村より来たる道路と相会す。

即墨は商業地ならざるも、南西、女姑碼頭をひかえ、北東、金家口、西、鰲山衛に通じ、莱湯県にいたるの要路にあたり。古来、この地方の重鎮と称したれど、今やそのおもかげをうかがふこと能わず。ただ青島の雑貨消費地たるに過ぎず。南河は、城の南を流る。

二、即墨～海陽間

即墨より海陽にいたるには、まず金家口に出で、金家口より海路民船によるを可とす。即墨より金家口にいたる間は、地勢一般に高く、道路の両側は高くして、その高さ四、五尺ないし六、七尺あり。皆、畑地となり、コーリャン、粟、稗《ひえ》の類を栽培せり。土地、岩石よりなるところありといえども、大雨いたるときは泥濘《でいねい》、車轍《しゃてつ》を没し、あるいは路面両側より低きをもって、河流の状を呈するにいたるべし。河流あれども、小流には水なく、したがって架橋するの必要なく、車馬は涸れたる河床を横切る。道幅は平均一間ないし二間にして、大車通ず。里程八十支里、歩行九時間にして達すべし。

即墨より張格庄を過ぎて、段村にいたる間は、道幅一間余、両側高く、畑地なり。この間、二十支里あり。

段村を過ぐれば、ほどなく小河を渡る。河床は泥土にして、石橋を架す。幅一間、長さ三間余、橋なし。これよりしばらく河岸に沿うて進めば、道路は平地を過ぎ、幅約一間半、両側の高さ、路面とひとしく、皆、コーリャン畑なり。かくして、柳樹屯にいたる。柳樹屯を出ずれば小流あり、橋なし。水深一、二寸、河幅約三間、河床砂礫《されき》とす。これより客旅店までは、道路険悪にして、岩石よりなり、両側高くして、あたかも河床を行くがごとし。傾斜の度はなはだしく、車馬の進行困難なり。客旅店を過ぐれば、店集河あり。両岸断崖、高さ七、八尺あり。流水なし。河床には、岩石の砕片《さいへん》多し。これより道は平地を過ぎ、ようやく海岸に近き土質を備え、赤土となる。幅員《ふくいん》一間ないし二間あり。南阡の河流は流水多く、西岸平坦にして蘆荻《ろてき》あり。深さ三尺、橋なきをもって、浅瀬を渡りて進む。古阡より、道は小丘を通じ砂地となり、金家口にいたる間ところどころ石を敷けるあり。

　金家口は、金家口河口に位し、湾水深く入りて遠浅なれども、西、膠州湾諸港より東、石島口、乳山口にいたる要路にあたり、民船の往来、盛にして、海関の設あり。商業やや見るべきものあり。

三、海陽～芝罘間

海陽より芝罘に出ずる道は、いわゆる山東半島の横断なれば、すこぶる険悪にして、ほとんど車の通行なく、交通機関としては、ただラバ、ロバによるのみなり。この路程、二百十四支里（我が三十五里、二十五町）。

（イ）海陽～崮頭間

海陽を北に出ずれば、一の丘陵を越え、河に沿うて進む。これより道、ようやく険悪となり、徽村にいたる。徽村は、河流に沿える部落にして、海陽より十三支里の地点にあり。この河は渓谷をなし、雨なきときはその水深わずかに二、三寸に過ぎざれども、雨いたれば急湍《きゅうたん》、巌《げん》に激して奔流《ほんりゅう》となる。道はすこぶる険悪をきわめ、断崖絶壁、馬をも通ぜず。ただ流水なきときは、馬をして河床を行かしむるを得べく、雨あれば、交通杜絶《とぜつ》す。かくして、戚家庄にいたる。ここを出ずれば、細流を徒渉して、辛庄に達す。辛庄より進めば、河流あり。河幅十五間、河床砂土、徒渉することを得。両岸平地なり。それよりまた一山脈の鞍部《あんぶ》にかかり、ここを越ゆれば、道は河流に沿うて走る。すなわち砂地にして、岩石転々、歩行困難なり、雨あれば、河水氾濫して、道路水流となり。通行すること能わず。南栄を経、河北渡を過ぐれば、道は畑地の間を通じ、すこしく平坦となる。

北山後にいたれば、前記の河流の上流に会す。これを徒渉して山脈の渓間を過ぐれば、また河流あり。徒渉して進むことを得。わたれば、神童廟に出ず。この辺、牧牛、盛なり。神童廟よりは再び山路にかかり、孫家斉を経、野房を過ぐれば道くだりとなり、溝刻家にいたる。これより進めば、乳山口にそそぐ多河の上流に出ず。河幅四十間、水深尺余、徒渉することを得べし。これをわたれば、梅豆斉あり。進むこと数支里、また河あり。河幅深さ前者と同じく、これをわたれば、一村を過ぎて再び一河に会す。河幅六十間、水深三尺あり。橋なし。これをわたれば、ただちに崮頭に入る。これらの流れは、いずれも多河の上流なりとす。崮頭は海陽、芝罘間のほとんど中央部にありて、人口約二千、周囲に石墻《せきしょう》を築く。山中の一大鎮店なり。

(ロ) 崮頭〜芝罘間

崮頭より約十支里の間は、山間の河流、すなわち多河の上流に沿うて進み、岩石転々、行人の苦しむところ、それより屯車斉にいたる間は、山東半島を南北に分かつ分水嶺を越ゆる山路にして、これを越ゆれば一河をわたりて、屯車斉にいたるべし。屯車斉より遠格庄にいたる十五支里は、河流に沿う。河流は山岳の大渓谷をつくり、流水少なきも河幅広く、道は河床に通ず。河床細砂にして、歩行困難なり。河の両側は平地にして、多く芋類、落花生を栽培す。雨あるときは濁水滔々《とうとう》として流れ、交通はまったく杜絶するにいたるべし。交通機関としては、ただ馬によるのみにして、多くは常に徒渉にて貨物を運搬す。車は通ずる能わず。遠格庄より馬家庄を過ぎて千金にいたる二十支里は、道路峻険《しゅんけん》、峠続きにして、車はもちろん通ずること能わず。ことに馬家庄に近きところ険峻にして、坂道は下、断崖にのぞみ、上、険阪に沿う。付近の畑は、一般に斜面なり。この辺、石材を産し、多く芝罘方面に移出す。道路は、二列縦隊を通ずるところなきにあらざれども、多くは一列縦隊を進むることを得るに過ぎず。馬家庄、南方には河あり。幅員《ふくいん》およそ三十間、水はその中部を流れ、その流幅二間に足らず。

千金に近づくにしたがい、道はようやく降下し、両側は高く断崖にして、あたかも渓間を行くに異ならず。一河をわたりて千金に入る。この河幅、約二十間あり。橋なし。水深、わずかに足部を没するに過ぎず。これ甲河の上流なり。この河に近づくにしたがい、道路は平坦となり、眼界、展開して、畑地となる。粟、芋の類を栽培す。千金を出でて一丘陵を越ゆれば、莱山にいたる。莱山は、寧海州および福山県にいたる要路にあたる。これより道路は、甲河の流域に沿うをもって、平坦に、かつ両側は平野にして開墾せられ、多くコーリャン、稗《ひえ》の類を栽培す。その幅員は、二間より三間にいたる。土質は砂地なり。莱山より進めば、甲河の一支流をわたる。石橋を架す。幅一間半、長さ約十間あり。それより車門をへて、黄務にいたれば、また一小流を徒渉す。幅十間橋および渡船なし。河床砂土よりなる。黄務より石灰窩にいたれば、小流あり。橋なく徒渉するのみ。河床、砂土および礫石《れきせき》よりなり、幅六間あり。石灰窩より土質いわゆる赤土となり、ようやくにして、また河あり。幅約二十間徒渉、河底は礫石よりなる。これをわたれば、ただちに煙台山となり、道またやや険を加う。しかれども道路、幅員広く、小車を通ずることを得べし。峠の両側の山腹には、りんごを栽培することおびただし。この山を越ゆれば、ただちに芝罘に出ず。崮頭、芝罘間、百支里あり。

第八節　即墨県城～芝罘間

第九期生調査

一、即墨県城～平度州城間

即墨県は、ドイツ租借地の東北境をなす嶗山山脈の一帯地方をいい、地勢海岸より次第に高く、県城は山東鉄道、城陽停車場より約三十支里にあり。沿道はアカシヤ樹を植え、かつ道路は約三間の幅員にして、套車および大車の往復自由なり。この地、東部一帯は二千尺内外の山脈連亘《れんこう》し、県の北方、金家口地方より海陽県にいたる。金家口は古来、民船の碇泊地にして、青島に落花生を積み出すこと、すこぶる多し。県城は、大河にのぞむをもって、飲料水はもっぱらこれによる。しこうして、この地は商業地にあらず。青島地方の雑貨消費地とす。平度州は即墨をへだたる百五十支里の西北、膠州をへだたる百支里の北方にあり。この沿道は海抜約三百尺にして、コーリャン、粟、芋類の農作物多く、ときに一望、落花生畑のみを見ることあり。山岳としては即墨県管内にては、馬山、高霊山等、皆千尺以上のものにして、河流のもっとも大なるは大沽川にして、渡船の設備あり。その他は晴天なれば水なく、降雨あれば濁水滔々《とうとう》たり。白沙河および葯石河あり。沿道十数戸の村落ほとんど十支里ごとにあるも、皆、農家にして、わずかに劉家庄、馬蘭のみはこの地方への物資供給地にして、人口五百内外、毎朝、市を開く。これら両県州のほとんど境界をなせるは、馬鞍山脈の一脈にして、平度は白沙河および膠州よりすべての供給を受くるなり。平度、即墨間は旅客の数少なきのみならず、貨物運搬も寥々《りょうりょう》たるものにして、なんら特種大貨物の運搬を見ず。

第九期生
調査

二、平度州城～莱州府城間

平度州より莱州府に通ずるには、沙河を迂回《うかい》するものと直通するものとの二路あり。前者によれば、沙河まで八十支里、沙河より莱州まで五十四支里、合計百三十四支里。後者によれば、わずか九十支里とす。平度州より前二者へ通ずる道路は、いずれも車を通ずること能わず。荷物はすべて馬背《ばはい》により運搬せらる。平度州より北方二十五支里にして、大轄山あり。この間はすなわち葯石河の上流にして、大轄山は標高二千五百尺なり。道路はその半腹を通じ、北に向うて低下す。これより二十支里にして、高望山鎮にいたる。

高望山鎮は、同名山の西麓にあり。沙河への道路と莱州府へのものとの分岐点にして、西北沙河に向かうものは、道路ほとんど形のみにして、沙原中のコーリャン畑をぬうて東宋を過ぎ、三十五支里にして沙河にいたる。沙河は、いわゆる新河の西岸にあり。増水の難を恐れ、城壁はセメントをもってつくる。莱州は東北五十四支里にあり。また渤海の口岸たる虎頭崖へは、三十支里をへだつるのみ。市場は商業取引､盛にして、人口約二万と称するも、一万内外ならむ。元来、本省の特産物たる麦稈真田《ばっかんさなだ》の大市場にして、濰県以東各県に産するものは、ことごとくこの地に集まり、各問屋の手をへて、芝罘、青島に輸出せらる。また有名なる山東牛の市場にして、毎月三回、八の日をもってこれを開く。その集合する牲口は､約一回三､四千におよぶ。この地における古来の金融機関は、商取引とともに発達し、七十有余の銭舗と十有七の滙票荘《わいひょう》等を有す。

沙河より莱州にいたる道路は、濰県より芝罘にいたる大道にして、幅員《ふくいん》およそ三､四間あり。車馬の通行自由なり。沙河より新河をわたりて進むこと約一支里にして、一路東北に分岐す。これ虎頭崖に通ずるものにして、また車馬を通ずることを得。この地方は、東南方には分水嶺の一帯連なり、蜿蜒《えんえん》として百尺内外の丘陵､渤海に向かって走る。これらは皆､開墾しつくし、粟、大豆、コーリャン等を産す。また諸所《しょしょ》に、農家を中心とする村落の散在するを見る。沙河より三十五支里にして、鎮塘あり。この地は莱州、沙河間の中継駅にして、ややにぎやかなり。この地より土地、莱州府に向かって低下するも、丘陵は西北一帯に連なり、莱州府城西南にいたりてことごとく、土人の俗に沙河と称する沙原となるなり。莱州府は山東東三府の一にして、掖県の県城たり。東西約六支里、南北五支里にわたる城壁をめぐらし、往時、煙台の開港せざる以前には、莱登済道の駐屯せしところにして、今にいたるもその衙門を存す。商業上なんら記すべきものなく、大取引は主として、沙河地方に併合せらるるをもって、閑散の地たり。学校は師範、中学をはじめ、小学堂六校あり。また簡易図書館のごときものの設けあり。城西三十五支里の海岸虎頭崖は、小蒸汽船の寄港地なり。

ゆえに芝罘、天津地方の外国雑貨物は、これによりて移送し来たり、市内に多くこれを見る。

三、莱州府城〜登州府城間

第九期生調査

莱州府より登州府にいたるには、登州府管の黄県を通過せざるべからず。莱州、黄県間は百五十支里、その間はいわゆる渤海に沿い、右に鶏冠山をながめつつ、二十里堡にいたるまではほとんど沙原なり。なお二十支里、平里居にいたるあいだは、沙丘あり。水溝、その間にあり。六十支里なる朱橋鎮にいたる間は、岩石層の小丘連なり、道路はすこしく北に向かい、渤海海岸をへだたる一支里内外のところを通ず。莱州より百二十支里にある黄山館は、莱州府黄県間枢要の地にして、北三十支里龍口に達す。また南界河により、掖県に接す。宋家山の余脈の尽くるところにして、古来、山東渤海沿岸地の要地として、兵の駐在するを見る。黄県へ三十支里にして達すべし。

龍口は黄県に属し、県城の西四十支里の地点にあり。西方、龍口湾にのぞみ、湾は西方の突出せる地帯より港を構成し、港内広く水浅し。加うるに遠浅にして、大船巨舶の係留《けいりゅう》には少なからざる不便あり。一千トン以上の船舶は、海岸をへだたる三分の二マイル以上の海上に碇泊するを常とす。しかも商品供給地としては、豊富なる黄県を背後にひかえ、かつ虎頭崖、羊角溝よりの輸出中継地となり、また対岸、営口地方との連絡点なる関係よりして、冬季十二月より翌年四月はじめにいたる間を除くのほか、常に汽船の碇泊を見ざるはなく、戸数約二千、人口一万内外を有す。太古、旗昌両行の船舶代理店および、大連の北清輪船公司の支店等あり。市街繁盛なり。この地は、十数年前までは海浜の小村たりしが、渤海のジャンク貿易経由地方として認められ、かつ内地航行船舶の寄港地となりしより、長足の進歩をなし、今後もなお多大の発達を見ること疑いなし。黄県は、登州府城の西南方六十支里の地にあり。戸数四、五千。人口三、四万と称す。この地は山東富豪郷紳《きょうしん》の源にして、省内各地の各種商業のこの地、富豪の資本によりて経営せられざるは、ほとんどまれなるほどにて、全市ほとんど商店に満ち、人家櫛比《しっぴ》、市街繁盛にして、また最近には我が国より足踏織機を輸入し、土布の製造盛なり。この地は芝罘に通ずる要路にして、交通四方に発達し、消費物品は、海路、龍口より来たるものと、陸路、馬背《ばはい》にて芝罘より来たるものにして、主として本邦綿糸、綿布および石炭とす。黄県、登州府間は、すなわち山路にして、高さ七、八百尺の芥山一帯の山脈の相会するところ、由観にいたる間、十五里は黄河の沿岸にして、沃野開け、由観よりはまったく山路にして、この間、三十里舗に二十戸茶棚に二戸の人家あり。掌大《しょうだい》の平地あれば、わずかにコーリャンを栽植しあるを見る。

登州府は南西二方に山をひかえ、北は渤海に面し、廟島群島を扼《やく》し、東北は小丘を連ねて、煙台地方に通ず。この地は古より要害の地とて、海岸一帯に砲台の設あるも、今、用をなさず。市街は、城内と北関に分かれ、城内はおよそ五、六千の戸数、人口五、六万と称す。城内の中央、小河流れ、府衙門は城西にあり。蓬萊県は、城東にあり。教育等、発達して、男女師範学堂二校のほか、中学堂および工業その他、実業学堂および小学堂等十数校あり。北関は、登州府の商港にして、一区域をなし、海防営一営あり。関の北部に水門をつくり、これよりジャンク出入す。内部の中央は湖沼のごとく、民船を入るるに足る。されど今は埋没して満潮のとき、わずかに三、四尺の水深を有す。この地は、対岸満州との民船貿易地にして、沿岸航行船の寄港するもの二、三あり。輸入商品は主として、関東塩および雑糧のごときものとす。北関の海岸には、風光をもって有名なる蓬萊閣あり。

四、登州府城～芝罘間

第九期生調査

登州府よりは、三、四百尺の小丘、連亘《れんこう》し、道路あまり大ならず。所々、ようやく馬を通ずるに過ぎざるところあり。皆、渤海海岸をへだたる約一里並行して、低地あれば河あり。河の西岸には、耕地あり。農家の部落また散在す。登州府をへだたる四十支里間の一帯は松樹なり。山に登りてはくだり、くだりては登り、なんらの特筆すべきなし。しかれども、芝罘をへだたる四十里内外の地は、小河多く、したがって砂原多く、強風の砂を飛ばすことあたかも沙漠のごとし。岡由は、黄県より芝罘に登州府より福山に通ずる要路にして、人口約千あり。これより福山県にいたる二十支里、この地方は、果実の栽培盛にして、かつ農業も山東内地と異なり、整頓せるものあるを見る。

福山は登州府管下にして、芝罘をへだたる西南三十支里、人口約百二十、ほとんど農家なり。これより南九十支里にして捷霞県あり。その間、山岳重畳《ちょうじょう》して、道路もわずかに馬を通ずるのみ。所々、福山河支流の徒渉を要するあり。捷霞県、莱陽県間は六十支里にして、これも前と同じ。その芝罘より直接、莱陽に通ずる道路は広くして、套車等通ずることを得。莱陽の物価は、これによりて芝罘より来たる。

第九節　芝罘〜濰県〜羊角溝間

一、芝罘〜濰県間

芝罘より、濰県までの間におけるおもなる都市は、福山、黄県、莱州府、沙河、昌邑等にして、黄県よりは北、登州口、西、龍口に通ずる道あり。芝罘より、福山までの間は約三十支里、やや平坦にして、福山より黄県にいたる間は約百六十支里。この間、小鎮八、九あり。丘阜《きゅうふ》相連なりて、行路やや困難なり。黄県より北、登州にいたる間は、約五十支里。平坦なる大道にして、貨物の往来、少なからず。黄県、龍口について見るに、龍口より陸揚げせらるる貨物、およびこの地より出さるる貨物は、皆、この路による。

黄県より莱州府にいたる間は、平坦にして、その里程約百七十支里。十四個の小鎮を過ぐ。この付近富豪多く、山東の豪商はほとんど皆、この地方の者なりと。莱州は、芝罘より招遠をへて来たる道との会合点にあり。市況やや盛なり。莱州より沙河にいたる間は五十支里にして、沙河より濰県までは百九十支里なり。すなわち芝罘より黄県をへて、濰県にいたる間は六百支里にして、山東省においては、古より重要の陸路たりしなり。現今、沿海航路の開かれしと、山東鉄道の影響のために大に衰えたり。しかれども、山東貿易の中心たる芝罘、麦稈真田《ばっかんさなだ》の産地たる莱州、沙河等と山東内地商工業の中心たる濰県とを連絡するものなれば、今なお貨客の往来少なしとせず。今、この路を通ずる主なる貨物を見るに、外国品中、莱州、沙河方面より濰県にいたる間にもちいらるるものは、皆、実用品にして奢侈品《しゃしひん》は一もなし。しこうして、その取引にもちうる貨幣は、銅元または制銭にして、銀貨はその何たるを知らざるもの多し。その輸入品の主なるを挙ぐれば次のごとし。

綿布類　日本および外国の二種ありて、粗なるもの多し。

花洋布　外国品にして、中国人の上等衣服、または蚊帳の飾り等にもちゆ。

綿毛布　日本品にして、赤地に花模様あるもの、幅四尺、長さ六尺ばかりのもの多く、価は約一円五十銭とす。

摺付木　皆、日本品にして、不安全マッチを多しとす。

砂糖　この地方に入る砂糖は、主に外国品にして、日本より入るものなし。

捲莨　こは日本製多きも、芝罘製のものまた少なからず。

鐘表　鐘（柱時計）は皆、日本品にして、裏面に絵を入るるもの多きも、現今、縁なきもの喜ばるるにいたれるがごとし。

紡績糸　皆、日本品にして、十六手、二十手より三十手以下のものを多しとす。

団扇、扇子　皆、日本品にして、我が国にて二銭くらいのもの、五、六銭にて売れ行きはなはだよし。

次に輸出品を見るに、桐材、大豆、豆粕等にして、桐材、豆粕の日本に出ずるもの少なからず。

この道路付近は山岳少なく、一帯の沃野にして、コーリャン、荳等の産多し。

しこうして、この路を通ずるものは、馬、ラバ、ロバ車および小車等にして、芝罘より濰県にいたるに約一週間行程を要し、馬車一両十四、五弗とし、各駅換馬の不便あり。

　この他、虎頭崖と莱州および沙河の間に通路あり。虎頭崖と莱州の間は、約三十支里、ラバ一匹、三角内外、虎頭崖と沙河の間は二十支里ばかりにして、ラバ一匹、三角半ばかり、沙河、濰県間、百九十支里、二日を要し、牲口一匹一弗余なり。

◀濰県の城外

　要するに該路は、山東鉄道の敷設せられてより、貨物の山東内地に入るものは、青島より鉄道によるにいたれるをもって、この道路は大に衰微せりといえども、なお芝罘が、山東の貿易港として、青島と対持しうる間は、いまだもって廃路ということを得ず。

芝罘、濰県間里程

芝罘より	駅間距離（支里）	累計（支里）	
福山	三〇	三〇	山なし馬車ロバ十六、七銭。芝罘、登州直行一八〇支里
黄県	一六〇	一九〇	石多く路悪し。黄県、登州間六〇支里
北馬	三〇	二二〇	沙地
黄山館	三〇	二五〇	
次口	三〇	二八〇	
朱橋	四〇	三二〇	
平利店	二五	三四五	
十里堡	二五	三七〇	
莱州	二五	三九五	
神堂	一八	四一三	
沙河	三六	四四九	
新河	五〇	四九九	
高村	二五	五二四	

王路	四五	五六九	賊多し。
賽停	三〇	五九九	
濰県	三〇	六二九	

二、濰県～羊角溝間

濰県と羊角溝との間には大道なきも、侯鎮をへていたるもの、もっとも便なりとす。濰県より侯鎮まで六十支里、これより羊角溝まで七十支里なり。今、これが状態につき述ぶるところあらんとす。

濰県を発してより四十支里にして、高里に達す。この地、やや繁華にして、数百戸を有す。高里よりまた四十支里にして、孫家口にいたる。この地は、ただ二、三の旅舎あるのみにして、鎮というよりもむしろ小村というべし。孫家口より羊角溝にいたる間は、約七十五支里にして、その間、一小流あり。水の多きときは、小舟を通ずべしというも真なりや否や。濰県より羊角溝までは約一日半行程にして、濰県より羊角溝にいたらんとするときは、まず濰県において、必ず羊角溝の約束にて、馬車を雇わざるべからず。およそ中国の馬車類を途中にて雇い換えんとするときは、馬夫は必ず期を見て、不当の賃金をむさぼらざればやまず。旅行者をして大に閉口せしむ。

濰県、羊角溝間は、馬車賃約六弗ばかりなれば、二人にて乗るとせば、一人三弗にて達すべし。

この一路は、道幅はなはだ広く、二間にあまるも、いわゆる無風三尺土、有雨一街泥なるがゆえに、車輪の泥中に埋まること五、七寸。雨天の後は車輪の跡深くへこみて、車中、座安からず、はなはだ不快を覚えしむ。

馬車のほか、この路を通ずるものは、小車、ラバ等にして轎《きょう》は一も見えず。

この路を通ずる貨物は、すべて芝罘より羊角溝に入れる。貨物のうち、済南へ行けるものの残りと、その他のものにして、その集散期は四月より十月までの間に多く、その貨物はおもに綿糸、マッチ、雑貨、金物類等にして、羊角溝の釜、陶器はなはだ多し。一路平坦にして一の山なく、平原は麦をもって青く、夏はコーリャン多く、土地、落花生に適するがごとし。住民は、皆、農にして、生活の程度はなはだ低きも富豪多し。

濰県、羊角溝間の道路は、前述のごとき道路あるも、中国人は一定の道路を通行せず。夏期、穀物の成育せるときは、大道によるも、冬期にいたり、平野氷結し、一望千里の際は、目的地に向かい、畑中を任意に通行す。ゆえにときにより、道路は変更するをまぬがれず。

第十節　山東角循環

一、威海衛～寧海間

威海衛より寧海にいたる道路は、海岸付近を通ずるがゆえに、概して険ならず。ことに威海衛の西三十八支里なる鹿島口にいたる間は、イギリスの租借地なるをもって平坦なり。全里程百二十支里というも、実際は約百支里とす。

威海衛より鹿島口までは、道路良好にして、イギリス政庁の手になりしものなり。道幅三間、大車を通ず。雨天の際といえども、泥濘《でいねい》のため通行困難となることなし。威海衛西門より出ずれば、道の北側に山岳近くせまり、行くこと九支里にして、田村（?）に達す。田村を出ずれば、海岸にせまれる小丘を越ゆ。路は北に傾斜し、南側は高く、北側は低く、ことごとく畑地となれり。この丘をくだれば、河流あり。長さ七間の橋を架す。石造にして、堅固なり。これを渡れば、また丘陵を越ゆ。道の北側は高く、南側は低く、ともに畑地なり。これら畑地は、小溝をもって道路をへだつ。この丘をくだれば、一河に会す。長さ約十間の石橋を架す。これを過ぐれば、平地となる。なお進めば、山路となり、山の鞍部を過ぐ屈折多く、両側は路面によ うやく高度を増す。近傍に柞樹《いすのき》多し。これをくだれば、一小村にいたる。これより道は、海岸の平地にして砂土なり。両側の畑には、多くコーリャン、とうもろこし、さつまいもの類を栽培す。かくして鹿島口に達す。近傍に塩田多し。この地には、イギリス兵十五名駐屯せり。この西方、約二支里のところ、路傍に大英租界の石標を立つ。

鹿島口を出ずれば、ただちに山路となり、巨巌は路面に凹凸し、あるいは石塊転任して、歩行に困難なるところあり。しかれども、一般に幅一間ないし一間半ありて、馬を通じ得べし。屈折はなはだしく、俯《ふ》しては断崖を瞰《み》、あおいでは峻峰をのぞむ。これをくだれば平地開け、畑地となり、それより小丘を越ゆ。小丘は傾斜緩慢なるをもって、道路の高低曲折少なし。この丘をくだれば、海岸に続く平地となり、道路は海岸に近く沿い砂地となる。このところは、金山寨湾の深入せるところにして、塩田なり。畑地にはコーリャン、粟およびさつまいもを栽培す。金山寨は、この平地の西端にあり。金山寒を出でて、一小河を渡る。長さ約五間、幅三間の石橋を架す。これを渡れば低き丘あり。丘山は開墾せられあり。この丘に続きて、海岸一帯に太平地開け、道路は砂地なり。上庄村は、平地の尽くるところにあり。上庄に入るに先だちて一河をわたる。幅四、五間、河床細砂にして橋なく、深さ足甲を浸すに過ぎず。この近傍、製塩業盛なり。上庄を出ずれば、ただちに一河流あり。徒渉せざるべからず。河幅、約二十間、流幅約一間にして、水深、尺に満たず。河の両岸はやや高く、畑地となれり。河を渡れば山路となり。屈折多くして、また凹凸はなはだし。畑地の間を過ぎ、鞍部を攀《よ》ず。高度増すにしたがい、路頭、大石露出し、最崎嶇《きく》たり。最高部に達すれば、石を甃《しきつ》めり。路傍に廟あり。ここは孟良口と呼び、同治元年、郭を建築したりというも、今はいたずらに残塁を存するのみ。山は全部石におおわれ、突兀《とっこつ》としてそびえ、海岸にせまる。これ山東半島分水嶺の余脈にして、これより南方約十支里のところ、高さ千三百六十支尺あり。この峰の背梁《せきりょう》に石墻《せきしょう》を築く。遠く南方、龍泉湯のあたりまで続けり。その西南は東面に比し、険阻《けんそ》ならず。道、比較的平坦なり。山麓には、幅約五間の小流あり。河床細砂にして、ほとんど水の流るるなし。これより寧海にいたる約二十五支里の間は、ことごとく海岸より続ける平地にして、低き丘あれども、皆、開墾せられ、ほとんど平地と選ぶところなし。道路は砂地にして、老人倉の東方七支里の海岸に塩田あり。老人倉を出ずれば、河流あり。幅約七間、水なし。雨あれば、濁水、奔流《ほんりゅう》す。寧海の東方三支里の地に幅約五十間の大河あり。水は中央部に細流となりて通ず。深さわずかに数寸に過ぎず。橋なし。両岸は畑地なり。コーリャン、とうもろこし、粟の類を栽培す。

寧海州城より戯山港まで、約十支里と称すれども、実際において我が一里強なるべし。道幅二間ないし三間の坦々《たんたん》たる道路なれども、雨いたれば泥濘車轍《でいねいしゃてつ》を没す。

付　寧海より芝罘、龍口、虎頭崖をへて、羊角溝にいたる間は、海路によるを便なりとす。

二、威海衛〜文登間

威海衛より文登県にいたるには、ほとんどイギリス租借地を過ぐるをもって、道路、おおむね良好なり。しかれども、分水嶺たる崑崙山の余脈を越ゆるをもって、峻険なり。車馬の通行、ほとんど不可能なりとす。交通機関としては、驢駄轎《ろだきょう》（ロバの担う轎子《きょうし》）と牲口の二者あるのみ。威海衛より長峯寨までは、幅四間余の坦々たる大道にして、車馬の通行自由なり。長峯は、威海衛より栄城、文登にいたる分岐点にあたる。これより道路は、山坂なれども幅員《ふくいん》約三間ありて、平坦なり。かくして徐家疃にいたる。この間、三条の河を渡る。ともに石造の橋を架す。一は長峯付近にして、長さ十間、他の二は徐家疃付近にして、長さ三十間（橋脚二十七）、および二十間（橋脚十九）あり。皆、イギリス政府の経営するところ、すこぶる堅牢なるものとす。徐家疃より草廟までは、山路にして険悪、幅員一間ないし二間あり。草廟より道は、母猪河（あるいは郭家河ならんか）の上流の沿える平地を過ぐ。河あれども水すこぶる浅く、徒渉することを得べし。かくて豆吉頭にいたるイギリス租借地の南界は、この地なりとす。豆吉頭を出ずれば河あり。幅員、約六十間あれども橋なく、流幅また、すこぶるせまく、徒渉すべし。これより道路険悪、幅員狭隘《きょうあい》、一山を越ゆれば、ただちに文登にいたる。中国民局員の言によれば、威海衛、文登間、里程百支里なりといえども、実際において約九十支里なるもののごとし。

交登は、北に威海衛をひかえ、西は海陽、寧海にいたり、南に石島口を有し、東は栄城、裡島に通ず。栄城まで百十支里ありという。

三、文登～石島口間

文登より、石島口までは百十支里にして、道、概して険峻なり。文登を出ずれば、南に金蘭河あり。河幅約四十間、河床細砂、水深脛《すね》を没せず。橋なし。両岸は畑地なり。それより山路となり、道、険峻。わずかに馬を通ずるのみ（驢駄轎《ろだきょう》は通ぜざるにあらざれども、通行はなはだ困難なり）。歇馬坑（文登より十支里弱）よりは、道ことにけわしく、路面は大なる岩石よりなり、歩行すこぶる困難なり。ほとんど道路と称すべき価値なし。これより道は、まったく山また山を伝い、幅せまく、二列縦隊を通ずるところなきにあらざれども、多くは、一列縦隊を通じ得るに過ぎず。このあたりはロバの往来も少なし。道の両側は、高くして畑地となり、あるいは一方、土砂崩れて断崖状をなすところあり。高村集に近づくにしたがい、ようやく平坦となり、細流ありて土地開け、皆、開墾せられ、とうもろこしを栽培す。高村集を出ずれば、また山路となり、渓谷に沿うて進み、蔡官屯にいたる。これより勾配《こうばい》急ならざる山を越ゆることふたたび、上庄に出ず。蔡官屯付近は海岸に近きをもって平地多し。なお南して滑家を過ぐれば、道は高峻なる石山を越ゆ。それより傾斜緩慢なる丘陵を過ぐれば、斥山集にいたるべし。斥山集より石島まで、十五支里、道は石島山下を過ぐるをもって、一般に高低あるも、幅員《ふくいん》約三間の大道にして、かつ所々、渓流の横切るものありといえども、皆、堅牢なる石橋を架するをもって、車馬の通行安全なり。石島口に近づけば、道には石を甃《しきつ》めり。しこうして、この付近石材の産多し。

四、石島口～裡島～栄城間

石島より栄城までは、百五十支里あり。まず斥山集に出で、それより文登にいたる道をわかれて北進す。道は丘陵を過ぐるをもって、はなはだしき高低なし。両側は耕作せられて畑地となり、あるいは雑草を生ずるあり。王家庄に近づけば、道の両側は路面より高く、耕地となれり。多く、とうもろこしの類を栽培す。王家庄は、石島をへだたる二十五支里の地なり。これより道路ようやく山に登るも、傾斜急ならざるをもって峻険ならず。幅員せまく、わずかに一列縦隊を進め得るに過ぎず。かくして進むこと約二十支里にして、一河流あり。幅約二十間、河口より約半支里、上流まで小民船を通ず。これより上流は細流となり、徒渉するを得。河床砂にして、河の近傍は低地となれり。この河をわたれば、小村落に入る。これより勾配急ならざる小丘を越え、労山店を過ぐれば、土地ようやく低く、海崖に近づくにしたがい、一帯平原となり、雑草多く生ず。河流、この平原をつらぬく。その幅三十間、深さわずかに足を浸すに過ぎず。河をわたれば海崖村にいたる。近傍遠浅の海岸にして、塩田多く、土民は皆、製塩業に従事す。年産額、百万斤ありという。これらの塩は、この地の北方五十支里なる裡島に輸出せらる。海崖より海岸の小丘上を走ること十支里にして、石橋村にいたる。この道は、幅員わずかに二尺の小道なれども、平坦にして、両側は草地、あるいは畑地となれり。雨天の際には、泥濘《でいねい》の状なきもののごとし。

石橋よりは道海岸に遠ざかり、山路となりて蘇家に入る。蘇家の南方に一河あり。河床、細砂にして、ほとんど水なく、河幅約三十間あり。この砂地を行くこと約五支里にして、また山路となる。蘇家より裡島にいたる間は、坂路多く、道の両端高く、岩石路上に転々するをもって、通行困難なり。裡島より海浜の砂地を行くこと三支里、それより海岸に沿える高地を進む。道路狭窄《きょうさく》、両側は畑地となり、多くとうもろこしを栽培す。かくして葛家にいたる。その間、三小河を徒渉す。ともに幅約五間、水なし。しかれども一朝、雨いたれば、濁水、奔流す。葛家より栄城にいたる間は、道路幅員、約一間となり、海浜に近きをもって、平坦にして、かつ砂土なり。両側は、畑地あるいは雑草地なり。しこうして、石島より裡島までは百二十支里、裡島より栄城までは三十支里あり。

栄城は人口四千（該地知県の言による）、城の周囲約一支里、東西南北の四門あり。北門より北海岸にいたる道は、ほとんど頽廃せり。城の東北は海風のため、砂を堆積し、ほとんど城壁を埋む。城外、東北方約五町のところに一大砂丘あり。この辺一面、海砂にして、北海岸に続く。栄城より城山角（山東角）まで、十五支里以上あり。道は成山下を過ぐ。成山角頂には、灯明台の設あり。

五、栄城～威海衛間

栄城、威海衛間は、百四十支里あり。イギリス租借地内を通過するをもって、道路おおむね良好なり。栄城より芥斉村にいたる間は、海岸に沿える丘陵の上を行くものにして、屈折、高低なけれども、幅員《ふくいん》せまきを憾《かん》とす。道の両側は、畑地となれり。コーリャン、粟、とうもろこし等を植ゆ。甲山渡村より、道ようやく険峻となり、海岸に近く、全山、岩石よりなる一山を越ゆ。ほとんど道なく、ようやく馬を通ずることを得るに過ぎず。これを越ゆれば、また丘陵の上を進む。北港西村を過ぎ、白南村に入る約一支里。東一小流の西岸に大英租界の石標を立つ。三官廟にいたれば、河あり。幅約一町、流幅三、四間、深さ膝にいたらず。橋なく、徒渉すべし。これより、ただちに古山後にいたる。さらに行くこと十六支里の間は、坂路にて、わずかに馬を通ずるのみ。道の両側は高く、あるいは一方低く、断崖となれり。路面、高低あり。かつ礫石《れきせき》転々として、歩行に困難なり。近傍の山には、柞樹を生ず。虎口より長峯に出ずる道は、海岸に沿う砂地なり。長峯村において、文登より来たる道と合す。これより坦々《たんたん》たる大道、約十支里にして、威海衛、碼頭街に達す。

第十一節　黄河沿岸の道路

黄河沿岸は、一望の平原にして、遠く南方に泰山山系の頭部をのぞみ、道また平坦なれども、土地、黄土の沖積層なるをもって、雨時、泥濘《でいねい》深く、通行の困難察するにあまりあり。しこうして、済南より利津にいたるには、黄河堤防上を行くをもって、便利とす。堤防の状況については、黄河の節において詳説したれば、これを略し、以下、各地の状況について述ぶるところあるべし。

一、済南～済陽間

黄河堤防上を行く路面平坦にして、凹凸なく、幅員また一致せり。済南七里舗より、北走し、新閘口にて河を渡り、寺家湾をへて北堤防の上を行き、済陽にいたる。済南より百支里なり。

済陽は、黄河の西岸に沿える小県城にして、道、済東、臨邑、田家口に通ずといえども、交通頻繁ならず。済南より済陽付近において、堤防幅二十尺あり。済南より済陽にいたるには、舟運によるを便とし、陸運によることきわめて少なし。

二、旧斉東～斉東間

道幅三、四尺より漸次《ぜんじ》広まり、七、八尺となる。平均七尺とす。この沿線は道路縦横に交錯す。おおむね、一間内外の道幅を有す。平坦なれども、泥濘《でいねい》深く、凹凸はなはだしく、コーリャン畑中を走るをもって、その道も一定せず。

河岸より十五支里にして、孟家庄あり。二十支里にして、黄河の一支流を渡る。東北に向かって流る。斉東をへだたる北十五支里なり。河畔に李家坊と称する一村あり。この渡船場において、河川、幅員六間、水深四尺ないし四尺五寸、水勢、緩慢《かんまん》にして、一分間二十尺なり。両岸の畑より、五尺下を流る。水底は、紫黒の泥にして、水半濁、紫黒色を帯び、北方の運河水色と相類似す。泥深からず。二、三寸の厚さにして、下は緊縮せる黄土なり。

民船十五隻、渡舟三隻あり。渡船は田舟形のものにして、沂河にもちうるものと大同小異なり。擺渡船、民船にして、付近、村落の連合経営せるもののごとし。船夫は委任によるものにして、渡客より酒銭を乞う。渡守の住家は、河岸にあり。河を渡りて、道路、幅員《ふくいん》一間となり、斉東北門の掄清門に入れば、十尺となり、二条の道路門前にて合す。一は鄭家庄より、一は錦皮庄より来たるものなり。南方四十五支里に清龍山そびえ、北方は平原茫々《ぼうぼう》たり。

三、斉東〜青城間

斉東より青城にいたる交通路は、水陸の両方あれども、新斉東より河畔碼頭に出ずるまで、三十五支里あり。青城県城より河畔、小清河鎮にいたるまで二十五支里あり。青城、斉東間は陸路三十五支里（あるいは四十支里という）、我が五里余なるをもって、陸路をとる方、迂遠《うえん》ならず。むしろ便利なりとす。

陸路は、斉京より東北に向かって通じ、屈曲多し。斉東、近傍、路店子までの道幅は、一間ないし一間半、平均八尺あり。店子より、道幅ほぼ一定し、八尺幅なり。北に向かう哈色発塞（斉東をへだたる十二支里）を過ぎて、小河を渡る。李家坊の下流に位し、河幅六間、水深三尺三寸、渡船場に一家の渡守の家あり。渡船一隻、これより東黒利店（斉東を去る二十支里）、劉家店（二十五支里）をへて、青城南門に入る。青城付近の道路は、畑より低きがゆえに行潦《にわたずみ》多く、泥土深し、一般に斉東、青城間は泥土にして、路面凹凸はなはだしく、雨後、交通困難をきわむ。小車、馬車を通ずれども、小車少なく、車両の小なるものをもちうるもの多し（車両の直径一尺五寸）。県城内の泥土は、紫黒色なり。青城は黄河を去る二十五支里の南に位し、その南側に第二堤防あり。

四、青城〜蒲台間

青城より蒲台にいたる陸路は、青城の東門を出でて東北し、黄河を渡りて蒲台にいたる。黄河の渡は、民船営業者にして、一の商業機関なれども、交通要路にあたる渡は、官設のものとす。

陸路は修繕不完全にして、行路はなはだ不便なり（堤防の通ぜるところは、良好なり）。雨後、数日間は小車通ぜず。もっぱら大車による（大車は、我が国の牛車に匹敵するものにして、三、四頭の騾子これを曳《ひ》く）。この間、九十支里、水運によるを便とす。

青城は、黄河を去る二十五支里にあるをもって、河岸に出ずるには陸路によらざるべからず。県城より河岸碼頭に出ずるには、陸路によらざるべからず。県城より河岸碼頭に出ずるには、清化鎮に出ずるを最近とす。道路、一直線にして北す。ただ青城をへだたる、

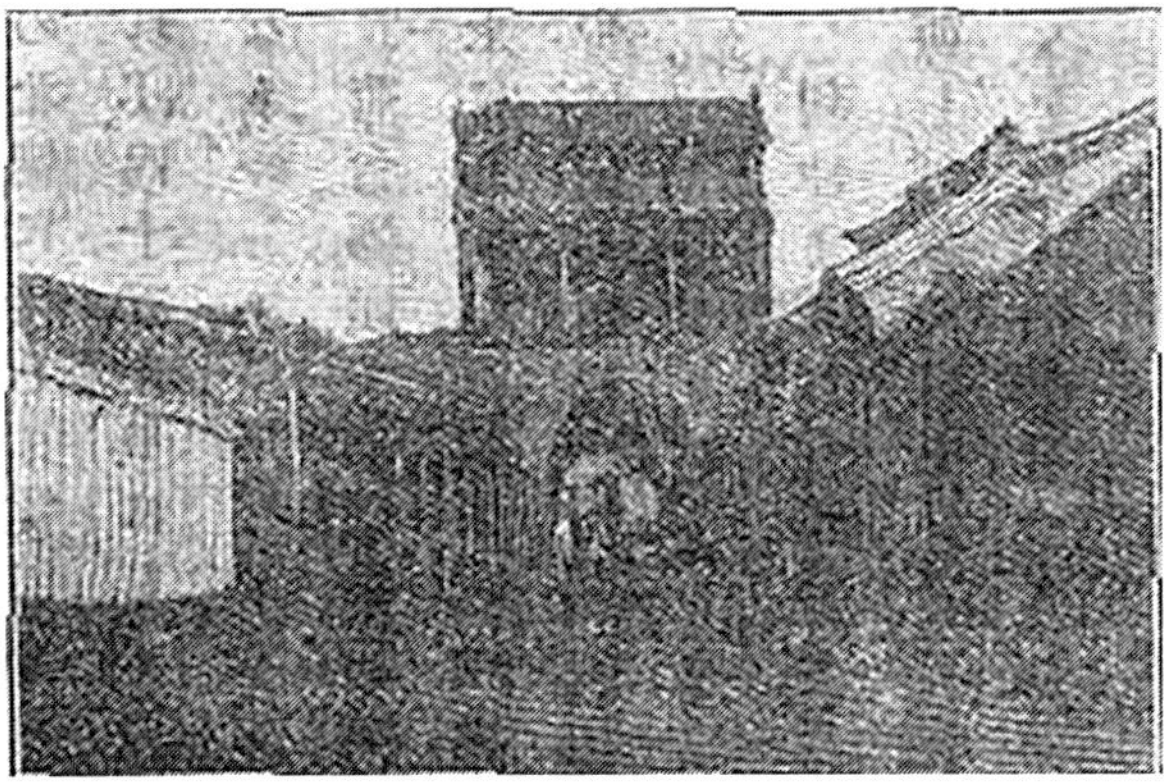

▲　浜州西門

九支里の地に位する木立荘児にて西し、少距離にして直北す。道路平坦なれども、黄土なるをもって、雨時の交通困難なり。その幅員《ふくいん》、青城付近は一間くらいなれども、ようやく遠ざかるにおよびて、広く一丈より二間に達す。平均九尺なり。七、八尺の部分多きを占む。交通はおもに馬車により、路面乾くときは、一匹の騾子、これを曳き、四十貫の貨物を運搬するを得。

清化鎮は大なる鎮店にして、市勢、小県城に優れり。南北の二部に分かれ、北部は大清化と称し、北河岸に接し、南部は小清化といい、河岸をへだたる三支里にあり。小清化の北側に接して、堤防あり。これに沿うて東すれば、七十支里にして、蒲台にいたり、西すれば、四十五支里にして、斉東にいたる。堤をくだりて碼頭にいたる道路は、幅員《ふくいん》平均七尺なり。

蒲台碼頭より県城にいたる道路は、整々とし、幅員二間より十四尺なり。微細の黄土にして、旱天《かんてん》には黄塵《こうじん》万丈なり。蒲台城を去る二町北に北鎮あり。市街、繁盛なり。青城付近、田畑中、塩の湧出《ゆうしゅつ》するあり。ゆえに井水また鹹味《かんみ》を帯ぶ。

五、利津～浜県～武定間

利津より武定にいたるには、陸路、浜県、蒲台を去る二十五支里をへて、道路ほとんど直西し、武定東門に入る。浜県まで六十支里、浜県より武定まで九十支里、地勢二分せらるるをもって、項を分かって記さん。

六、利津～浜県間

利津県城西門より、西三支里にして三里荘あり。これより北西し、少距離にして、また西す。道路幅員、一間内外なり。利津より八支里にして、十里舗と称する小村にいたる。道路幅員四尺なり。北西して徐家集、東位家（あわせて素家楼という）と称するやや大なる村落を過ぎて西す。道路幅員三尺より四尺とす。利津付近よりこの地にいたる間、地勢高低多く、その低き畑地は、汚水たまりて不潔なり。農耕するに由なし。その高燥の地は、作物繁茂す。地質、黄土性なるをもって、雨後、行路困難をきわむるがゆえに、泥濘《でいねい》を両側に積みあげ、通路の便をはかるを常とす。ゆえに道路は漸次《ぜんじ》低く、両側はますます高さを増し、泥土乾けば、人、車は両側を通行す。道路は、大車を通ずる幅員を有するも、水深一尺以上におよぶところあり。

小車は、大車の轍《わだち》のために通ぜず。二匹騾子の曳《ひ》く大車に限る。十八支里にして北千家、二十支里にして候王荘、三十五支里にして単家寺を過ぐ。この間、道路平坦、車轍《しゃてつ》なく、土地砂質をふくみ、両降って地固まるの状を呈す。幅員一間あり。漸次広く、七、八尺より二間におよぶ（単家庄付近）。ときに十四尺のところあり。平均九尺内外なり。四周一望の荒蕪《こうぶ》地にして、作物、まばらなり。

陳家、西庄、龍王荘の諸村を北にながめ、四十五支里にして、楼家舗にいたる。これより道幅、二間より三間あり。平均二間半、十五支里にして、浜県に達す。荒漠たる地に位する一小県城なり。

七、浜県～武定間

楊家湾、片家庄の二村を過ぎて、二十里舗にいたる（浜県を去る西二十里）。この間、新旧二道または三道あり。道、低して、水たまり多く、歩行にたえざるときは、両側の畔《あぜ》を行く。畔はついに広まりて道路となり、旧道は化して溝渠《こうきょ》のごとし。旧道は四尺幅にして、新道は楊家湾まで二間の幅員を有し、平均八尺あり。

片家荘まで幅員一間、二十里舗まで一定し、一間より三尺の間にあり。新旧ある箇所は、新道三尺内外とし、馬車は旧道を通ず。

二十里舗の前に土河あり。水、ほとんど流れず、一の滙水《かいすい》に過ぎず。水底、泥土なれども、沈殿して清澄なり。水草茂りて、一見、緑波を生ず。河幅四十五間、水深九尺四寸を最とし、二尺五寸を浅処とす。水面は、両側地面より二間以下にあり。南北に通じ、道路、これを横切るも橋なく、渡船にて交通を助く。渡船二隻、長さ三間あり。官設とす。渡船を擺渡船と称し、船主（渡守）船夫あり。民船の往来ありて、貨物運搬に従事す。ここを渡りて、三十支里をへだて楊馬荘あり。道路幅員、平均一間、大桑落墅まで四十五支里。小桑落墅まで六十二支里。二者ともに戸数百を有する鎮店なり。後者は、四周土壁をめぐらす。

この二鎮店付近は、新旧道路、二条または三条あり。そのもっともふるきものは、変じて耕地となり、また低湿にして、雑草茫々《ぼうぼう》たるあり。その以後になりし、道路は低く、水停滞し、その傍に新道、通ぜり。新道幅員せまきは三、四尺、広きも一間に満たず。旧道は、おおむね四、五尺なり。

武定をへだたる十支里の十里舗より、武定府城東門に入る間、幅員二間にして整頓せる道路あり。武定は旧府城にして、四通八達の便あり。武定より各地にいたるに、

青城県城まで	九五支里	（清河鎮を過ぐるもの）
青城県城まで	一〇〇支里	（王判鎮を過ぐるもの）
浜県県城まで	九〇支里	
南河県城まで	九〇支里	（商河より九〇支里にして、済陽にいたる）
鄭店鎮まで	七五支里	（鄭店より徳州まで二一五支里）
楊安鎮まで	七五支里	
楽陵まで	八五支里	
陽信県城まで	四〇支里	

浜県付近は、田畑中、塩の白色に凝結するを見る。井水また鹹《かん》なり。

第十二節　商家道口～直隷滄州間

一、商家道口～馬窩～塩窩間

商家道口より馬窩まで八十支里は、茫々《ぼうぼう》際限なき荒原なり。商家道口の北方二十五支里の楊家橋まで、また同じ。幅二間半を有する道路というも、名のみにして、ただ通行のため、草なきところなりとす。この地方は、小清河の流域なるも、土壌塩分をふくむことはなはだしく、炎天の際は、地上に白く塩を吹き出し、宛然《えんぜん》、霜の晨《あさ》のごとし。ゆえに開墾せられたるところなく、雑草の所々に生ぜるを見るのみ。交通機関としては、大車、小車、牛馬あり。楊家橋を出れば、四面畑地となり。道幅約一間、小車、牛馬を通ず。畑にはコーリャン、綿花多し。雨いたれば、泥濘《でいねい》深く、交通困難なり。馬窩より黄河をくだり、塩窩にいたる間は、約七十支里あり。

二、塩窩～霑化間

塩窩よりは、黄河流域の大平原を過ぐるをもって、これより北方、天津にいたる間、山岳丘陵を見ることなし。塩窩より、道を西北にとりて進み、利国鎮より南方に折れ、それよりようやく西に迂回《うかい》し、馬家関にいたる。ここまでは開墾せられたる地、少なく、コーリャン畑の所々に点在するを見る。路面には、雑草を生じ、歩行の障害をなす。馬家関より南に折れ、また西北に折れ、約十支里にして、西に折れ、泊頭にいたる。ここにて、大清河に会す。

大清河は、幅二町、河口まで百余支里あり。水深は、中央部二丈あり。南岸は約一間の高さの崖となり、北岸は河岸を去る約五、六間にして高地となる。十担ばかりの民船四艘、碇泊せり。遠く下流におもむくという。架橋なく、渡船による。船の長さ四間、幅十尺、その形扁平《へんぺい》なり。渡し賃、一人五文なり。

大清河を渡れば、それより道は、ほとんど河の北岸に沿うて進み、コーリャン畑連続す。泊頭より黄昇店まで、十八支里あり。黄昇店に近くにしたがい、道の両側高きこと、ほとんど一丈路面、かえって両側より高きところあり。一般に坦々《たんたん》たる道路にして、近傍《きんぼう》、棗樹多し。黄昇店は塩窩より八十支里の地にして、大清河の左岸にあり。民船の碇泊するもの多く、南の方、陸路、賓州、蒲台県に通ず。黄昇店より霑化県にいたる四十支里は、坦々たる道路にして、他に道路縦横に開けたり。しかれども未開墾地、多し。大車を通じ得べし。

三、霑化〜海豊〜慶雲〜塩山〜滄州間

霑化より海豊までは四十支里にして、楊新（霑化より十支里）までは通路の両側約二間高く、皆、耕地となり。粟、豆等を栽培す。楊新よりは、路面の高さ、両側と同じく、道幅二間より五間におよび、平坦なり。

海豊より、慶雲まで約五十支里。大概、道路の両側高く、楊柳の並木あり。この辺、地味、肥沃、コーリャン、豆、粟の類よく生長せり。道幅、二間より三間にいたる。大車の便あり。直隷の境に近づきて、道路は高く、両側は低く、溝あり。灌漑の用に供す。直隷河（馬頬河？）あり。幅約二十間、土橋を架す。馬車の通過に堪ゆ。この河を渡れば、一、二町にして、孔子廟あり。これをもって、山東、直隷の界をなす。土人、これをYao-wang-miaoと呼ぶ。この地は、海豊より十七支里の地にあり。これより路面の高さは、両側と同じく低地にして、雨いたれば、近傍の河流あふれ、沼地となる。孔子廟より慶雲まで約三十支里あり。以上、いずれも黄河の旧河道地方を過ぐるをもって、雨いたれば、泥濘《でいねい》、車轍《しゃてつ》を没すること尺余におよぶ。

慶雲、塩山、滄州間も以上と同じく、河川多きをもって、雨いたれば、ただちに道路は変じて河流のごとく、交通、杜絶《とぜつ》するにいたる。砂塵多し。慶雲、塩山間六十支里、塩山、滄州間九十支里とす。

中國は、従来より駅伝の法を制したりといえども、一般人民はその便に霑すること能わざりしかば、民間には民局および局鏕局等設けられたり。

第六編

郵便および電信

Japan met Shandong
in 20th Century

第六編　郵便および電信

第一章 郵便

中国は、従来より駅伝の法を制したりといえども、一般人民はその便に霑《てん》すること能わざりしかば、民間には民局および鏢局等設けられたり。

しかれども、なおこれらの私設郵便局は、全国いたるところに設立せられたるものにあらずして、交通頻繁《ひんぱん》なる地方間における、商業上の事務を主要目的とせしがゆえに、ある一地域間に限られ、決して今日のごとき一般的のものにはあらざりしなり。しこうして、現今における代弁処 Agency は多く、これら私設郵局の改名せられたるものにして、さらに地方の繁閑《はんかん》により、これが増設を見たる地方なきにあらず。今、左に本省における郵便局所在地、およびその種類を挙げん。

▲　青島郵便局

山東郵務管理局
Head Office

済南府
Tsinan 1,2,4,5,6,7.

I等郵局 First Office

煙台 Chefoo 1,2,4,5,6,7.
膠州（青島）
Kiaochow（Tsingtau）2,5,7.

II等郵局 Second Office

安邱県 Ankiu 3,
昌邑県 Changi 3.
昌楽県 Changlo 1,2,5,7.
周村 Chowtsun 1,2,4,5,7.
諸城県 Chucheng 3.
莒州 Chüchow Sung 3.
坊子 Fangtze 1,2,5,7
福山県 Fushanhsien 3.
海陽県 Haiyanghsien 3.
黄県 Hwanghsien 3,4.
沂州府 Ichowfu 3.
沂水県 Ishui 3.
日照県 Jihchaohsien 3.
高密県 Kaomi 1,2,4,5,7.
膠州城 Kiaochow City 1,2,4,5,6,7.

曲阜県 Küfow 1,3,5,7
莱州府 Laichow 3.
莱陽県 Laiyang 3.
臨清州 Lingtsingchow 3.
利津県 Litsinghsien 3.
柳疃 Lintwan 3.
龍口 Lungkow 1,2,4,5,7.
寧海州 Ninghaichow
平度州 Pingtu 3.
平原県 Pingyüanhsien 2,5,7.
博山県 Poshan 1,2,5,7.
桑園 Sangyüan 1,2,5,7
沙河 Shaho 3.
石島 Shihtao 3.
夏村 Siatsun 3.

辛荘 Sinchwang Sung 3.
泰安府 Taianfu 2,5,7.
台児荘 Taierhchwang 3,5,7.
大汶口 Tawenkow 2,5,7.
徳州 Tehchow 1,2,4,5,7.
登州府 Tengchowfu 1,2,4,5,7
滕県 Tenghsien 2,4,5,7
曹州府 Tsaochowfu 3.
棗荘 TsaochwangN 3,4,5,7.
曹県 Tsaohsien
即墨県 Tsimo 3.
青州府 Tsingchowfu 1,2,5,7.
済寧州 Tsining 1,2,4,5,7.
済陽県 Tsiyang
岞山 Tsoshan 1,2,5,7.

鄒県 Tsowhsien 1,2,5,7.
東昌府 Tungchangfu 3.
淄川県 Tzechwan 1,2,5,7.
威海衛 Weihaiwei 1,2,5,7.
濰県 Weihsien 1,2,4,5,7.
文登県 Wenteng 3.
武定府 Wuting 3.
羊角溝 Yangkiokow 3.
晏城 Yencheng Sung 2,5,7.
兗州府 Yenchowfu 1,2,4,5,7
嶧県 Yihsien 2,5,7.
禹城県 Yücheng Sung 2,5,7.

三等郵局　Third office

章邱県	Changkiu	平里店	Pinglitien
張店	Changtien　1,5,7.	平陰県	Pingyin
長清県	Changtsing	濮州	Puchow
城陽	Chengyang　5,7.	蒲台県	Putai
茌平県	Chihping	普集	Putsih　5,7.
朱橋	Chukiao	単県	Shanhsien
肥城県	Feicheng	寿光県	Showkang
海豊県	Haifeng	郯城県	Tancheng
高唐州	Kaotangchow	鄒平県	Tsowping
金郷県	Kinsianghsien	東阿県	Tunga
鉅野県	Küyehsien	東平州	Tungping Sung
館陶県	Kwantaohsien	汶上県	Wenshang
臨城	Lincheng Sung　5,7.	武城県	Wuchenghsien
臨朐県	Linchü	陽穀県	Yangkuhsien
劉家溝	Linkiakow	陽信県	Yangsin
楽安県	Loanhsien	鄆城県	Yünchenghsien
濼口	Lokow　5,7.		
楽陵県	Loling		
蒙陰県	Mengyin		
寧陽県	Ningyang		
北馬	Pehma		

代弁所　Agency

阿城	Acheng	潮水集	Chaoshiuitsih
安駕荘	Ankiachwang Sung	招賢	Chaosien
安居鎮	Anküchen	招遠県	Chaoyüan
安楽鎮	Anlochen	車鎮街	Chechenkai
安東衛	Antungwei	珍珠	Chenchu
鰲山街	Aoshankai	鄭母	Chengmu
岔河	Chaho Sung	鄭店	Chengtien
長城	Changcheng	程村	Chengtsun Sung
長直街	Chagchihkai	程子口	Chengtzekow
張家夼	Changkialin	城武県	Chengwu
張家埠	Changkiapu	枳溝	Chihkow
張家店	Changkiatien	芝水	Chihshui Sung
丈嶺	Changling　5,7.	鶏黍集	Chishutsi
張魯集	Changlutsih	周家店	Chowkiatien
長山県	Changshan Sung	周家営	Chowkiaying
張夏	Changsia　5,7.	泉源頭	Chüanyüantow
張秋鎮	Changtsiuchen	朱陳	Chuchen
張応集	Changyingtsih	祝溝	Chuhkow
霑化県	Chanhwa	諸高爐	Chukaolu
朝城県	Chaocheng Sung	朱家寨	Chukiachai
趙格荘	Chaokochwang	重坊	Chungfang

仲家集	Chungkiatsi
仲隄圏	Chungtichwan
中村	Chungtsun Sung
祝陽鎮	Chuyangchen
諸由観	Chuyukwan
朱由村	Chuyutsun
恩県	Enhsien
范県	Fanhsien
范家鎮	Fankiachen
礬硫荘	Fanliuchwang
費県	Feihsien
馮家集	Fengkiatsi
埠村	Fowtsun
芙蓉	Fujung
伝家荘	Fukiachwang
海廟	Haimiao
韓荘	Hanchwang 5,7.
寒亭鎮	Hantingchen
横山	Hengshan
興福鎮	Hingfuhchen
河頭店	Hotowtien
侯鎮	Howchen
河陽鎮	Hoyangchen
紅花埠	Hunghwafow
紅凝子	Hungningtze
紅瓦屋屯	Hungwawutun
虎頭崖	Hutowyai 5,7.
黄城集	Hwangchengtsi
黄河堐	Hwanghoyai 5,7.
黄山館	Hwangshankwan
黄山店	Hwangshantien 5,7.
黄山集	Hwangshantsi
華陰集	Hwayintsih
灰埠沿	Hweipuyen
義堂	Itang
人和集	Jenhotsi
日荘	Jihchwang
栄城県	Jungcheng Sung
康荘	Kangchwang Sung
濆口	Kangkow
甘露溝	Kanlukow
干集	Kantsi
高里	Kaoli
高村	Kaotsun
高疃	Kaotwan
高望山	Kaowangshan
高崖	Kaoyai
高苑県	Kaoyüan
甲馬営	Kiahmaying
姜山集	Kiangshantsi
姜疃集	Kiangtwantsi
嘉祥県	Kiasiang
夾倉	Kiatsang
界河	Kiehho 5,7.
界湖鎮	Kiehhuchen
界首	Kiehshow Sung 5,7.
解宋営	Kiehsungying
潤頭集	Kientowtsih
景芝	Kingchih
金家口	Kinkiakow
金嶺鎮	Kinlingchen 5,7.
旧城	Kiucheng Sung
邱県	Kiuhsien Sung
旧県鎮	Kiuhsienchen
邱家店	Kiukiatien
旧軍鎮	Kiukünchen
九里店	Kiulitien
旧店	Kiutien
葛溝鎮	Kokowchen
客旅店	Kolütien
葛呂集	Kolütsi
狗皮集	Kowpitsi
巨峯集	Küfentsih
古幒	Kuhsien (Tengchowfu)
孔鎮	Kungchen
宮里	Kungli
崮山	Kushan Sung 5,7.
古邵	Kushao
古現（莱州府）	Kusien(Laichow)
曲堤鎮	Kütichen
固堤坫	Kutitien
古雲集	Kuyüntsi
観城県	Kwancheng Sung
冠県	Kwanhsien Sung
官橋	Kwankiao Sung 5
管帥鎮	Kwanshwaichen
郭家店	Kwokiatien
郭里集	Kwolitsi
告埠集	Kwoputsi
過西	Kwosi
莱山集	Laishantsi
莱蕪県	Laiwuhsien

莱蕪口子 Laiwukowtze
蘭陵 Lanling
蘭底 Lanti
藍村 Lantsun 5,7.
澇溝 Laokow
梁山 Liangshan Sung
梁水鎮 Liangshuichen
利城鎮 Lichengchen
李家荘 Likiachwang
黎吉寨 Likichai 5,7.
陵県 Linghsien
霊山街 Lingshankai
霊山衛 Lingshanwei
臨濮集 Linputsi
臨淄県 Lintze
臨浯 Linwu Sung
臨邑県 Linyi
李台集 Litaitsi
裡島 Litao
留智廟 Liuchihmiao
劉家荘 Liukiachwang
劉家旺 Liukiawang
留格荘 Liukochwang

流坡塢 Liupowu
流亭 Luting
梨園屯 Liyüantun
楼徳 Lowteh
倫鎮 Lunchen
龍泉湯 Lungchüantang
龍崗 Lungkang
龍山 Lungshan Sung 5,6.
龍山店 Lungshantien
魯西鎮 Lusichen
盧頭集 Lutowtsi
欒家口 Lwankiakow
麻嵐 Malan
馬蘭屯 Malantun
馬連荘 Malienchwang
満荘 Manchwang
茅茨 Maotze
馬頭鎮北 Matowchen N.
碼頭鎮 Matowchen Sung
馬村 Matsun
麻湾鎮 Mawanchen
門村 Mentsun
明水 Mingshui 5,7.

沐浴店 Muyütien
南黄集 Nanhwangtsi
南橋 Nankiao Sung
南館陶 Nankwantao
南嵐 Nanlan
南流 Nanliu 5,7.
南夏荘 Nansiachwang
南村 Nantsun
南務集 Nanwutsi
南陽鎮 Nanyangchen
南駅 Nanyi 5,7.
牛家荘 Niukiachwang
八角口 Pakiakow
半程鎮 Panchengchen
龐家荘 Pangkiachwang
逢旺街 Pangwangkai
八陡鎮 Patowchen
北溝集 Pehkowtsi
北孟 Pehmeng
碑廓鎮 Peikwochen
其荘 Pienchwang
辺家院 Pienkiayüan
辺臨鎮 Pienlinchen

畢郭 Pikwo
浜州 Pinchow Sung
平邑集 Pingitsi
平原鎮 Pingyüanchen
泊児 Poerh
博興県 Pohsing
坡里荘 Polichwang
博平県 Poping
泊頭鎮 Potowchen Sung
埠柳村 Puliutsun
鋪上 Pushang
桑阿鎮 Sangachen
桑楽墅 Sangloshu
沙鎮 Shachen
沙河站 Shahochan
沙溝 Shakow Sung 5,7.
上荘 Shangchwang
上荘集 Shangchwangtsi
商河県 Shangho
上冶 Shangyeh
尚岩 Shangyen
山口鎮 Shankowchen
沙土集 Shatutsi

神山	Shenshan
神堂	Shentang Sung
神頭	Shentow
沈疃	Shentwan
蛇窩泊	Shewopo
石埠	Shihfow
石横鎮	Shihhengchen
史家口	Shihkiakow
石臼所	Shihkiuso
石良集	Shihliangtsi
石埠子	Shihputze
十字路	Shihtzelu
寿張県	Showchang Sung
寿張集	Showchangtsi
水溝頭	Shuikowtow
水里舗	Shuilipu
水道集	Shuitaotsi
沭水	Shushui
双羊店	Shwangyangtien
夏張	Siachang
夏鎮	Siachen
夏邱	Siakiu
夏格荘	Siakochwang
夏口	Siakow Sung
向城	Siangcheng
相州	Siangchow
相公荘	Siangkung chwang
相公荘北	Siangkungchwang N.
小紀集	Siaokitsi
下堡寺	Siapusze
夏甸	Siatien E.
夏店	Siatien Sung
夏津県	Siatsing
下営	Siaying
辛安	Sinan Sung
辛寨	Sinchai
辛寨東	Sinchai E.
新城県	Sincheng Sung
新城鎮	Sinchengchen
辛荘集	Sinchwangtsi
新興	Sinhing
新河	Sinho Sung
莘県	Sinhsien Sung
辛家寨	Sinkiachai
新泰県	Sintaihsien
辛店集	Sintientsih
辛集	Sintsi Sung
辛集鎮	Sintsihchen Sung
繁山口	Sishangkow 5,7.
西繇	Siyu
索鎮	Sochen
穴坊荘	Süehfangchwang
徐家店	Sükiatien Sung
徐家集	Sükiatsi
松林	Sunglin
宋村	Sungtsun
孫家鎮	Sunkiachen
孫老家	Sunlaokia
孫受	Sunshou
蘇村集	Sutsuntsih
四女寺	Szenüsze
泗水県	Szeshui Sung
大長溝	Tachangkow
大埠	Tafow
戴家荘	Taikiachwang
戴老人集	Tailaojentsi
戴廟鎮	Taimiaochen
台子	Taize
大崑崙	Takunlun 5,7.
大夼	Takwang
大柳樹鎮	Taliushuchen
坦埠	Tanfow
唐家集	Tangkiatsi
湯頭鎮	Tangtowchen
鄌郚街	Tangwukai
堂邑県	Tangyi
譚家坊子	Tankiafangtze 5,7.
譚格荘	Tankochwang
譚格荘北	Tankochwangpeh
涛雒鎮	Taolochen
道平村	Taopingtsun
桃墟荘	Taosüchwang
稲田	Taotien
道頭集	Taotowtsi
桃村	Taotsun
大其橋	Tapienkiao
大山街	Tashankai
大水泊	Tashuipoh
大辛店	Tasintien
大店	Tatien Sung
得口店	Tekowtien
徳平県	Tehping

滕家集	Tengkiatsi
刁家荘	Tiaokiachwang
刁村	Tiaotsun
鉄口	Tiehkow
田鎮	Tienchen Sung
田家口	Tienkiakow
田馬	Tienma
店埠	Tienpu
店子	Tientze
地方	Tifan
定陶県	Tingtao
垜荘	Tochwang
蔡家林	Tsaikalin
蔵家荘	Tsangkiachwang
曹荘	Tsaochwang
曹荘鎮	Tsaochwangchen
澤口集	Tsehkowtsi
澤頭集	Tsehtowtsi
蒋峪	Tsiangyü
七級鎮	Tsichichen
尖荘	Tsienchwang
斉河県	Tsiho
青城県	Tsingcheng
靖海衛	Tsinghaiwei
清河鎮	Tsinghochen Sung
井邱	Tsigkiu
青堌集	Tsingkutsi
清平県	Tsingping
青駝寺	Tsingtosze
棲霞県	Tsisia
斉村	Tsitsun 5,7.
斉東県	Tsitung
酒館	Tsiukwan
柞城鎮	Tsochengchen
鄒塢鎮	Tsowwuchen 5.
土橋集	Tukiaotsi
杜家集	Tukiatsi
董口集	Tungkowtsi
東向	Tungsiang Sung
東辛店	Tungsintien
東宋	Tungsung
東村集	Tungtsuntsi
淄河店	Tzehotien 5,7.
淄角鎮	Tzekiochen
窪姜家	Wakiangkia
王荘	Wangchwang
王家灘	Wangkiatan
王家集	Wangkiatsi Sung
王哥荘北	Wankochwang N.
王哥荘南	Wangkochwang S.
王堌堆集	Wangkutuitsi
王耨	Wangnou
王判鎮	Wangpanchen
王台	Wangtai
王村	Wangtsun Sung 5,7.
王村島	Wangtsuntau
旺疃集	Wangtwantsi
汪遠	Wangyüan
湾徳店	Wanteh 5,7.
玩底集	Wantitsi
瓦子荘	Watzuchwang
午極集	Wukitsi
呉村	Wutsun 5.
崖頭集	Yaitowtsi
楊安鎮	Yanganchen
羊荘	Yangchwang Sung
洋湖口	Yanghukow
楊官屯	Yangkwantun
楊嵐集	Yanglantsi
羊留	Yangliu
養馬島	Yangmatao 5,7.
腰站鎮	Yaochanchen
堯溝	Yaokow 5,7.
姚村	Yaotsun Sung 5,7.
冶原	Yehyüan
閻家店	Yenkiatien
演馬荘	Yenmachwang
飲馬	Yinma
驛道	Yitao
袁口鎮	Yüankowchen
院上	Yüanshang
魚池	Yüchih
魚台県	Yütai

備考　右表の１２３等の数字は、普通、一般郵便事務をとりあつかうほか、特定事務とりあつかいを示すものにして、その詳細を示せば左のごとし。

1は、内国保険小包および代金引換小包をとりあつかうものとす。

2、3は、貸替取扱局を示すものなれども、その間、取扱高に相異あり。郵便為替の部参照。

4は、速達郵便とりあつかいを示す。

5は、汽船郵便とりあつかいを示す。

6は、価格表記郵便物とりあつかいを示す。

7は、万国連合規則による小包取扱局を示す。詳細は、次項小包の部参照。

8は、夏期のみ開かるるものとす。

第二章　電信

電報に使用する文字は、英文または中国文によるものなれども、英文によるときは、地名は往々にして同一音となるものありて、混同する恐れあり。ゆえに電文には、とくに左のごとく記し、もってその誤を避くるを例とす。

Changi	昌邑県
Changling	丈嶺
Changlo	昌楽県
Changsia	張夏
Changtien	張店
Chefoo	煙台
Chengyang	城陽
Chowtsun	周村
Fangtze	坊子
Hanchwang	韓荘
Hutowyai	虎頭崖
Hwanghsien	黄県
Hwanghoyai	黄河堐
Hwangshantien	黄山店
Ichowfu	沂州府
Kaomi	高密県
Kiaochow City	膠州城
Kiaochow (Tsingtau)	膠州（青島）
Kiehho	界河
Kushan Sung	崮山
Kiehshow Sung	界首
Küyehsien	鉅野県
Kinlingchen	金嶺鎮
Laichow	莱州府
Laiyang	莱陽県
Lantsun	藍村
Likichai	黎吉寨
Lincheng	臨城
Lintsuingchow	臨清州
Lokow	濼口
Lungkow	龍口
Lungshan Sung	龍山
Mingshui	明水
Nanliu	南流
Nanyi	南駅
Pingyüanhsien	平原県
Poshan	博山県
Putsih	普集
Sangyüan	桑園
Shaho	沙河
Shakow Sung	沙溝
Shanhsien	単県
Taianfu	泰安府
Taierhchwang	台児荘
Takunlun	大崑崙
Tancheng	郯城県
Tawenkow	大汶口
Tankiafantze	譚家坊子
Tehchow	徳州
Tengchowfu	登州府
Tenghsien	滕県
Tsaochowfu	曹州府
Tsaochwang N.	棗荘
Tsaohsien	曹県
Tsiho	斉河県
Tsimo	即墨県
Tsingchowfu	青州府
Tsinghochen Sung	清河鎮
Tsinam	済南府
Tsining	済寧州
Tsisun	斉村
Tsoshan	岞山
Tsowhsien	鄒県
Tsowwuchen	鄒塢鎮
Tungchangfu	東昌府
Tzechwan	淄川県
Tzehotien	淄河県
Wangtsun Sung	王村
Wanteh	湾徳店
Weihaiwei	威海衛
Weihsien	濰県
Yangkiokow	羊角溝
Yaokow	堯溝
Yaotsun Sung	姚村
Yencheng Sung	晏城
Yenchowfu	兗州府
Yihsien	嶧県
Yücheng Sung	禹城県
Yünchenghsien	鄆城県

山東省の農産物中、輸出主要品は落花生をもって第一とし、中国全国の輸出落花生において、山東は首位を占む。

第七編

生産業および主要物産

Japan met Shandong in 20th Century

第七編　生産業および主要物産　495

第一章

山東省の落花生および花生油

第八期生
第十一期生
調査

第一節　総説

山東省の農産物中、輸出主要品は落花生をもって第一とし、中国全国の輸出落花生において、山東は首位を占む。本省の地質は、もっとも落花生の栽培に適し、その主産地は、中部山東にては濰県、沅河の沿岸、掖県、昌邑県等とし、南部山東においては沂州地方等、沙質の地とす。青島の落花生の輸出は、一九〇八年まで、香港および日本に限られしが、一九〇九年、欧州に輸出してより、その需要、とみに増加せり。

第二節　産地

青島は、山東省全部の落花生を集散すといえども、その他の小集散地を挙ぐれば、

東部山東　膠州　即墨　金家口　平度（これらのものは、主に馬車により来たるも、金家口よりはジャンクによりて来たる。またときに威海衛、芝罘に輸出せらる）。

東南部山東　安邱　諸城　日照　沂水（陸路および海路より来たる）。

中部山東　泰安　博山　済南（主として、鉄道により青島にいたる）。

東昌府　清平　博平　茌平（衛河舟運により天津に輸出するも、冬季、衛河結氷中、すなわち十二月より三月までは大半青島に輸出す）。

第三節　用途および販路

落花生の多く腐敗するは、油分の多きためにして、山東の落花生は平均四十パーセントより六十パーセントの油分を含有す。欧州においては、高価なるオリーブ油の代用品として、その価の低廉なるをもって、需要すこぶる大なり。また石鹸製造にも、利用せらる。その搾滓《しぼりかす》中には、ほとんど五割の蛋白質を含有し、滋養に富み、家畜飼用料に供せらる。あぶりたる落花生の実は、コーヒーの調味としてもちいらる。欧州にては、油を去りたる粉より花生粗粉《あらこ》をつくり、これをチョコレート、ビスケット等の材料に供す。また落花生粉をもって、焼パンをつくる。

山東省における搾油法《さくゆほう》は、大豆油の製法と同一設備および同一方法にて、加熱して搾油するきわめて幼稚の方法なり。製油法は三段にわかれ、まず豆を石臼にて引きくだきて、粉状となし、これをかき集め、第二に大釜に水を入れて沸騰《ふっとう》せしめ、その上にコーリャンを編みたるものを載せ、その上に火籠に該豆粉を入れて、約五分間蒸し、第三にはこれを袋に入れ、圧搾機によりて採油す。その圧搾機は、四本の柱を左右両方に二本ずつ立て、その間に二本の横木を入れ、その上に該袋を鉄板の間におき、これを二、三層となし、最上部に二本の横木を架し、次第に圧搾す。この方法は、膠州付近にもっとも盛なり。

油の用途多く、需要の盛なる、そのとどまるところを知らず。ことに近年、香港に搾油所を設立してより、ますます輸出を激増し、青島貿易の主要品となる。

方今《ほうこん》、山東省民は、大にその耕作、繁殖に意をそそぎ、済南山東勧業道は一九一〇年の二月に、黄河の両岸荒野に無代《むだい》にてその種子を分与し、あまねく農夫をして、これを栽培せしめつつあり。青島の税関長オールマー氏の調査によれば、山東の一年間の産額は、四、〇〇〇、〇〇〇担なれども、交通不便のため、輸出少なしと、将来、鉄道発達が落花生の淵源《えんげん》たる兗州府、沂州府一帯におよばば、大なる輸出を見るにいたらむ。

第四節　売買慣習

落花生の播種は七月のなかば頃よりはじめ、収穫は

▲　山東コーリャンの畑

十月、十一月の交にいたり、地中を掘りて豆をとり出し、平均一畝より三、四担の収穫を得。豊年には五担におよぶ。したがって、その出まわり時季は、十月より翌年、六月半頃にして、そのうち、一、二の二か月もっとも盛なり。

落花生、買集方法に二あり。一は外商自ら社員を生産地に派して、桟房に泊《とまり》せしめ、各村落より百斤または二百斤内外ずつ運び来たるを買収せしむ。取引はもちろん現物売買にして、一俵百三十斤とし、これより青島の自家倉庫または停車場まで馬車、または小車によりて運搬せしめ、各種の落花生を混合し、粒の大小等を平等たらしむ。産地海岸なるときは、ジャンクにて送る。

内地よりの運賃は、道の遠近により差あれども、山東内地より来たるものは、大略《たいりゃく》、百斤につき一弗より一弗三、四十銭のものにして、また稀には生産地により、落地税を徴するあり。

他の一法は、十月の出まわり時期におよび、問屋に何月までに若干の落花生をどこにて、引き渡すべきを

約し、問屋はその期におよびて、外商の倉庫に運び来たる。このとき品質、劣等なれば、外商はその取引を拒絶し得。その標準は約束締結のときの普通品とするを常とす。立値は百斤にして、現金渡しを常とすれども、ときに半額または三分の一の前渡しの約をなすものあり。

内地より来たるものは、古き麻袋に百三十斤内外を入れ、内地向けはこのまま輸出すれども、外国行きは二ポンド半の麻袋に百二十斤入れとし、十四俵すなわち一、六八〇斤をもって一トンとなし、該麻袋の四隅を縄にて梱《こ》り、とりあつかいに便にす。

第五節　輸出諸費

店員出張費は、次のごとく計算せらる（もとより一定するものにあらず）。

行桟房銭	毎日	二百文
口銭		売上高の二分
青島までの運賃	百斤につき	約一元より一元三、四角
荷づくり費	麻袋および縄代	一トンにつき約八、九角
輸出税		従価五分
海上保険		従価六分
碼頭税		一担につき四分

倉庫保険料は普通、次のごとし。

一日―四日	1／16％
五日―十日	1／8％
十一日―一か月	1／4％
一か月―三か月	1／2％
三か月―六か月	3／4％
六か月―一か年	1％

輸出検査料

二十五トンまで	五元
五十トンまで	七元半
百トンまで	一〇元
二百トンまで	一二元
三百トンまで	一五元

運賃

欧州へ	一トンにつき	四〇志
	内 割引 一割	四志
	差引 運賃	三六志
香港へ	百三十斤入	〇・八—〇・九元
上海へ	百三十斤入	〇・四五元

第六節　落花生および油の輸出

落花生は殻つきのもの、および殻をのぞけるものの二種として輸出し、前者はもっぱら食用に供し、後者は食用および油をとるにもちゆ。

全国より落花生の外国純輸出

		担	海関両
一九〇九年		三六五、六九八	一、五〇九、〇七九
一九一〇年		九三二、一六四	三、九五〇、六八九
一九一一年		一、〇七三、八九五	四、五六二、八四一
一九一二年		八五六、七五六	三、五九八、九九一
一九一三年	(殻つき)	一、〇五四、三八七	四、六〇九、九七三
	(殻なし)	八七、〇五九	四二二、二二五
一九一四年	(殻つき)	五九一、七五五	二、〇八七、三八九
	(殻なし)	五八二、三四〇	二、九七七、〇五五
一九一五年	(殻つき)	三三二、一九一	一、一一九、八三二
	(殻なし)	二一六、〇八六	一、〇〇六、三八二

	全国の内外輸出 担	全国の内外輸出 海関両	青島芝罘の内外輸出 担	青島芝罘の内外輸出 海関両
一九〇九年	一、六一九、三七一	五、七三七、一九四	六〇八、七三四	二、五八四、一七六
一九一〇年	一、八三〇、四八〇	七、〇〇八、八三四	八九一、九〇六	三、九四六、五八六
一九一一年	一、八九三、八二八	七、八〇一、三一一	九九四、六九一	四、四三七、六三四
一九一二年	一、九六一、〇一三	七、九六八、六七七	一、〇五七、五七一	四、七七五、二一九
一九一三年(殻つき)	一、九七七、七五三	八、四九四、三六六	一、〇七七、二二六	五、三一九、二三三
一九一三年(殻なし)	三四三、八六九	一、七八六、五一〇	一四〇、七八八	七〇八、六九三
一九一四年(殻つき)	一、一七四、〇二四	三、八八七、四〇八	二八〇、三三三	一、〇七五、四九五
一九一四年(殻なし)	一、三〇六、五一〇	六、六九一、九〇三	八五五、一〇一	五、三〇一、四〇八
一九一五年(殻つき)	六六八、四二七	二、〇九四、七三七	八三、九三三	二六二、二六四
一九一五年(殻なし)	二、一二〇、三二五	九、五七六、四〇二	二六一、七四五	一、二六九、四六九

山東に次ぐは、漢口、鎮江、上海、天津の輸出とし、とくに一九一五年においては、漢口、上海二港の輸出にわかに大なるを見る。

青島芝罘の内外輸出

	一九一三年		一九一四年		一九一五年	
	担	海関両	担	海関両	担	海関両
芝罘より（穀つき）	五一、七四〇	二〇二、八二〇	五五、七四四	一九五、一〇四	八一、一〇一	二五四、六五六
芝罘より（穀なし）	一四〇、七八八	七〇八、六九三	一一五、〇一三	五八一、四九七	一六二、五九一	八二三、二七六
青島より（穀つき）	一、〇二五、四八六	五、一一六、四〇三	二二四、五八八	八八〇、三九一	二、八三二	七、六〇八
青島より（穀なし）	―	―	七四〇、〇八八	三、七四六、〇一九	九九、一五四	四四六、一九三

主なる輸出国は、次のごとし。

	一九一三年		一九一四年	
	担	海関両	担	海関両
フランスへ（穀つき）	三二四、四二三	一、五六九、二八二	六五、八〇三	二二六、九〇一
フランスへ（穀なし）	二五、八八六	一三三、九七三	二五九、四四六	一、三二六、〇七二
ドイツへ（穀つき）	一〇九、三〇七	五二七、七三六	三三、九六七	一二六、六六三
ドイツへ（穀なし）	三、二九六	一六、五〇八	一〇九、四〇六	五五六、七二〇
香港へ（穀つき）	二九九、五四三	一、一四八、一五二	一四九、四七一	五一六、八六九
香港へ（穀なし）	二二、三〇二	一〇九、八三三	三五、三八四	一八三、五八五
オランダへ（穀つき）	一六九、七九六	七三七、七七八	六〇、八六七	二一八、三〇六
オランダへ（穀なし）	八四一	四、二五九	三九、五七五	二〇一、三五四

落花生油の輸出

	全国の外国純輸出		芝罘青島の内外輸出	
	担	海関両	担	海関両
一九〇九年	二九五、七四四	二、五一七、二二四	一三九、七六九	一、一〇三、三四八
一九一〇年	二四六、六四〇	二、五六八、四五八	八五、四四六	八五二、一五〇
一九一一年	二六〇、七九三	二、五二九、一八四	一〇九、五八七	八七八、〇六八
一九一二年	三〇四、二一六	三、五五二、〇六九	一三一、四八六	三、〇一〇、二四二
一九一三年	二五六、五七三	二、八三三、九九八	一四七、三五三	一、八一五、六一四
一九一四年	二五七、一五一	二、七九八、九九七	七五、六六一	一、〇〇四、六四七
一九一五年	三五二、〇九八	三、四三一、九六〇	六三、三二六	五六七、五〇四

第二章
濰県、芝罘における豆餅および豆油

第五期生
第九期生
第十二期生
調査

第一節　産地

山東の豆粕製造業は、中国における斯業《しぎょう》の鼻祖《びそ》をなせるものにして、今日にありては、その産額、満州両湖地方におよばずといえども、なお麦稈真田《ばっかんさなだ》、柞蚕《さくさん》等に次ぐの趨勢《すうせい》なり。芝罘、青島二港より輸出するもの、年々、百万両内外にのぼり、二港における貿易品として、もっとも重要の地位を占む。その主なる生産地は、芝罘、膠州、文登県、海陽県、諸城県、栄城県、黄県、濰県、青州府、高密県、羊角溝、沂州府等にして、なかんずく、芝罘、黄県、濰県を推さざるべからず。

第二節　濰県における豆餅および豆油

一、豆餅の製造

豆餅の製造は、すなわち豆油の製造にして、豆餅が今日のごとく、用途多からざりし時代においては、豆餅は主として豆油製造の副産物として製造せられ、価格きわめて低廉なりしが、その後、豆餅需要の声、挙がりて、漸次《ぜんじ》、時価を騰貴《とうき》し、ついに今日のごとき価格を有するにいたれり。

本品の製造法は、新式機械によるものと、旧式機械によるものとの二あるも、山東省内地において行なわるるものは、多く旧式なり。しこうしてその製法は、きわめて簡単にして、我が国における菜種油搾取の方法と大差なし。濰県における豆餅製造法およびその他の情況を述べん。

豆餅を製造する店は、これを油房または油坊と称し、濰県にては県城東関、およびその付近に四十余戸あり。城内に盛なり。濰県にては豆油の原料たる豆は、主として、該地一帯の産出品を用う。

　しこうしてその製造法は、油坊の規模の大小により て多少異同ありといえども、大体において異なるところなく、各油坊には皆、豆油製造場を有し、これが製造に従事す。製造場内には碾盤《てんばん》（また碾子）と名づくる平面にして、直径二間半の石板を設け、その溝のなかに直径六尺内外の石骨にして、鉄皮なる円形の車を載せ、石車の中央と石板の中央に軸木を立て、軸木を接続せしめ、また溝のなかには破砕すべき荳《まめ》を入れ、溝を軌道としてロバをして、その石車をひかしめ、石車を回転せしめ、荳を破砕す。破砕したる荳は、これを直径二尺内外の蒸竈《むしかまど》に盛り、大釜の上に乗せてこれを蒸すこと約五分にして、これを圧搾機《あっさくき》に移す。その状、本邦における菜種油または醤油の搾取と同様なり。

　しこうして圧搾終われば、これをとり出し、その周囲を削去《さっきょ》するなり。次に圧搾機より流下したる豆油は、まずこれを油籠に集む。油籠は、簍條と名づくるものにして、灌木の一種の枝にて編み、油籠の内外を桐油紙にて密封す。ついでこれを秤量し、庭園の油槽内に貯蔵す。この油は、秋季十月、夏季五、六月に箱底に汚物を沈殿するをもって、その清澄せる部分を油籠に汲みとり（ただし油泥は、毎百斤約一斤を減ずという）、これに満つればその口を被包《ひほう》し、さらに油紙を貼付《てんぷ》すること数葉にして、該油紙上に油の斤量を明記し、はじめて售売に付す。

二、種類および価格

　豆餅の種類に、大小の二種あり。濰県にては、従前《じゅうぜん》は主として、大形のみを製造したりしが、近来、小形のもの一般に売れ行きよきと、運搬に便利なるとにより、これを製造するもの多きがごとし。現に調査したる長興油房のごときは、もっぱら小形のみを製造す。大形の豆餅は、一枚の目方四十九斤ないし五十二、三斤にして、小形のものは二十二斤ないし三十斤なり。濰県における相場は、大形一枚につき三吊六百文ないし八百文、小形は一枚につき一吊五百文ないし八百文なり。濰県にて製造せらるる豆餅、および豆油は多く青島に輸送し、その一少部は羊角溝に出で、それより芝罘に送らる。

　豆餅の産地においては、枚数または斤数によりて相場を建つるも、青島にては豆餅千斤をもって単位とし、また豆油は、大抵、百斤をもって相場を定む。

第三節　芝罘における豆餅および豆油

一、油房とその構造

　芝罘にても、製油業を営むを指して油房といい、旧式の方法によるもの多く、その構造を見るに、外見、普通の店舗とすこしも異なることなく、日常原料および製品の取引をなす店とし、その後方にやや広き空地あり。その周囲を工場、倉庫、および職工部屋とし、豆油、豆餅の製造に従事す。今、左にこれを詳説すれば。

二、工場

　工場は、皆、平家にして圧搾《あっさく》をなすため、やや堅固に建築せらる。これらのなかにまったく旧式のものと、やや改良を加えたるものあり。今、前者に属する同聚恒といえる油房につきて、これを見るに、同房は光緒十年に開業したるものにして、当時の機器にすこしも

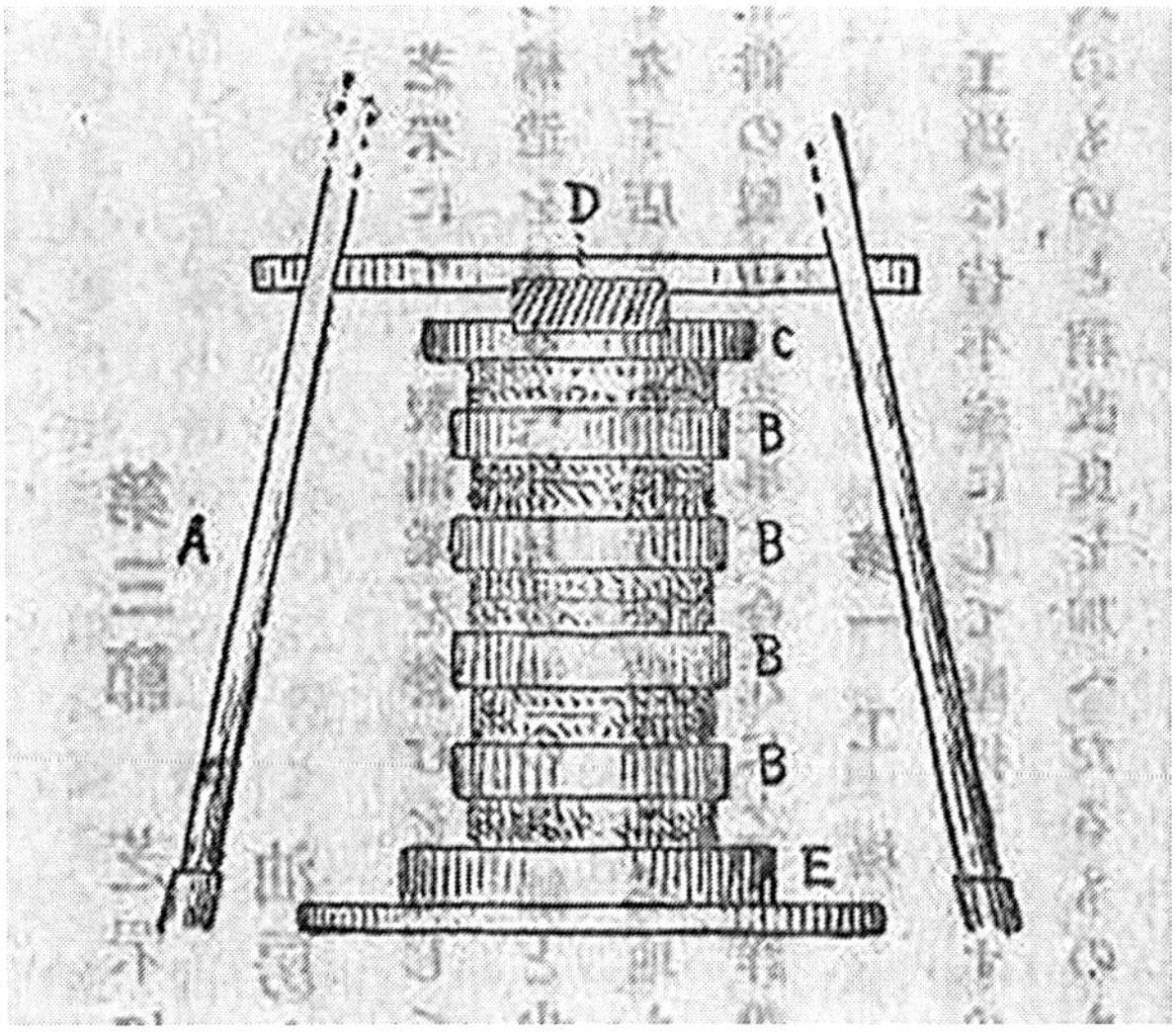

改良を加えず。則原料を磨砕するためには、花崗岩にてつくりたる砣《いし》すなわち石碾《いしびき》をもちゆ。

砣は直径六尺の円石よりなり、ラバまたは馬にてこれを回転し、原料を磨砕す。磨砕されたる原料を煮沸するため、二個の鉄釜を備う。次に圧搾機は椿と称し、図のごとくにして、支柱Aは堅固なる木材をもって組み立て、その頂点は家屋の棟木に接す。Bは原料にして、Dは支柱の横木と圧搾板Cの間に打ち込まれ、原料を圧す枕木、Eの下にはその周囲に油の流入するごとく溝を設く。

油を精製するは、屋内における油槽にて、不純物を底部に沈殿せしむ。やや改良を加えたる莱永春油房を見るに、同房は原料を磨砕するに、次の磨砕機をもちい、原動力は石油発動機（一個十六馬力）をもってす。

この機械は、大連より購入せるものにして、Aは漏斗、Bはふるい、Cはロールなり。まず原料を漏斗《じょうご》に入れ、漏斗よりふるい箱にくだり、土砂または植物性の雑物をふるい分かち、次に二個のロールの反対方面に回転する間に入り、磨砕さるるものにして、前者に比してやや発達せるものなり。

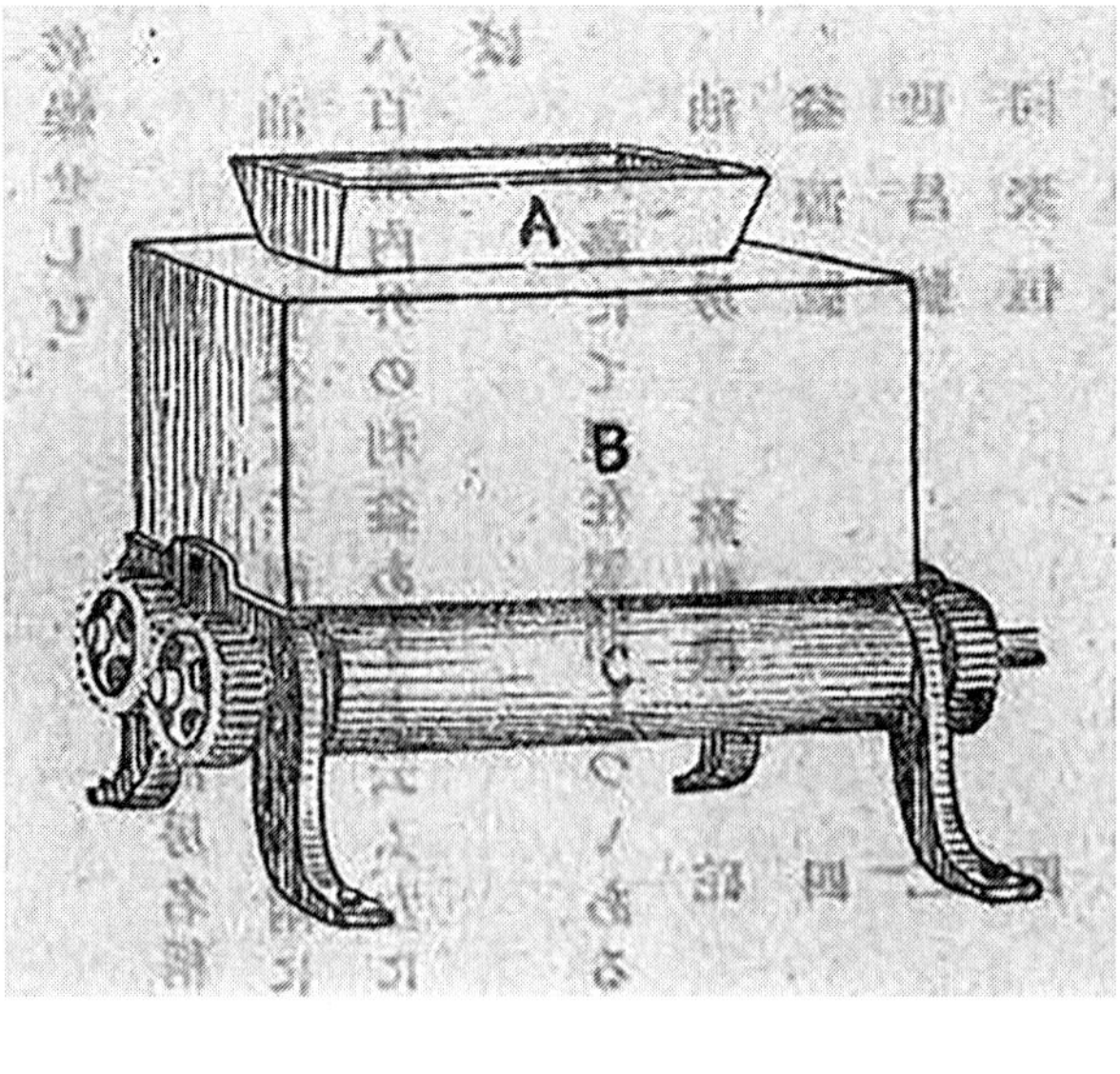

▲磨砕機の略図

三、倉庫

倉庫は工場に接近して建てられ、原料は常に多くの水分を含有するをもって、しばしばこれを空気中に乾かすにあらずんば、種々なるばい菌の作用を受けて、有害なる変質を起こし、その外皮を軟化し、ついにはその油分を含有する心随《しんずい》の品質を毀損《きそん》するの恐れあり。ことに芝罘のごときは、一時に多量の原料を保存するをもって、注意するを要す。倉庫としては別に装置なく、床は木板にて敷きつめ、その上に堆積す。室内乾燥方法として、窓を設け、時々、豆を上下左右に撹拌《かくはん》し、もって乾燥せしむ。

四、油房名称

油房は、資金五千両ないし一万両にして、装置はきわめて小なり。一年に三百両ないし八百両内外の利益ありという。左に芝罘にて、現在、製油しつつある油房を挙ぐれば、

煙台にて、現在、製油しつつある油房

油房	発動機	砣	油房	発動機	砣
益源号		四	同来興		三
世昌号		二	恒昌公	一	
同聚恒		四	全盛号		二
裕増号	一	三	協成徳		二
潤昌盛		二	東来興		二
同昇恒		二	乾聚和	一	
天和永		三	益栄号		三
復来興		三	乾昌号		二
恒春号	一	二	裕益仁		二
天成桟		二	公泰義		二
永聚成		二	徳元号		三
聚成号		三	元和泰		二
泰興栄		二	同聚和		二
成和昌	一		成来		二
恒徳源		二	広和順		二
福慶永		二	同海興		二
莱永春	一	三	合計三三戸	六台	七二砣

五、製造原料

山東省の東部は、土地高燥ことに水流とぼしく、水田に適せず。多くは畑地にして、コーリャン、落花生および豆類を産す。しかれども、該地方の豆類は製油

に適せず。芝罘地方においては、その原料は多く満州、ことに大東溝、沙河子、大孤山、荘河、皮子窩等より輸入し来たり。これに土産の豆を混合して製造す。

その割合は、満州豆七分に土産豆三分を普通とす。もし、多量に土産の豆を混用するときは、豆餅、品質脆弱《ぜいじゃく》となり、破砕しやすきをもって、豆餅は土産の豆を混ずる少なきものをもって、上等品とす。今、左に芝罘における豆の輸入額を挙ぐ。大豆の輸入は、もっぱら芝罘の常関に民船にて入り、海関には少なし。

芝罘常関の輸入

	一九一三年	一九一四年	一九一五年
各種の豆	八〇五、一一三	六八三、九〇六	九二三、二四五

芝罘海関の輸入

	一九一三年		一九一四年		一九一五年	
	担	海関両	担	海関両	担	海関両
黒豆	―	―	―	―	一、〇〇九	一、八一七
青豆	四四八、六六七	九九六、〇四一	一九、四五五	四〇、六六一	一一三、一九八	二四〇、一〇四
白豆	一二一、九一七	二六八、二一七	七、〇八五	一四、八〇八	二三、六四五	四五、二九〇
黄豆	―	―	五、五三四	一一、五六六	九八、七五八	一九七、五一六
その他豆	三八〇	八二六	六一九	一、二六七	一六、四二九	三一、九九〇
計	五七〇、九六四	一、二六五、〇九四	三一、六九三	六八、三〇二	二五一、〇三九	五一六、七一七

もとよりこの輸入は、ことごとく豆餅製造にもちいらるるにあらず。

六、製造法

まず原料を倉庫より出し、簡単なるふるいによりて、土砂または不純物を去り、次に磨砕器《まさいき》によりて磨砕し、扁平《へんぺい》なるものとす。一日九時間にて一個の砣にて、平均八、九石を磨砕す。発動機による磨砕機は、原料を漏斗《じょうご》に入れ、下より出ずる扁平の豆を箱に集む。一日九時間にて一台につき、六十石内外を磨砕す。

かく磨砕されたる原料は、鉄釜にて蒸し、これを油草にて包み、槓子と称する長さ五尺ばかりの木製の棒にて、荳包の不正形をなすものあらば、これを正し、帽盒（直径一尺六寸、高さ八寸くらいの木製の曲物）に入れ、帽盒のくぼめる部分に圏（鉄帯）をはめ、もってその形状を正しくし、油草の損傷を防ぐ用をなす。

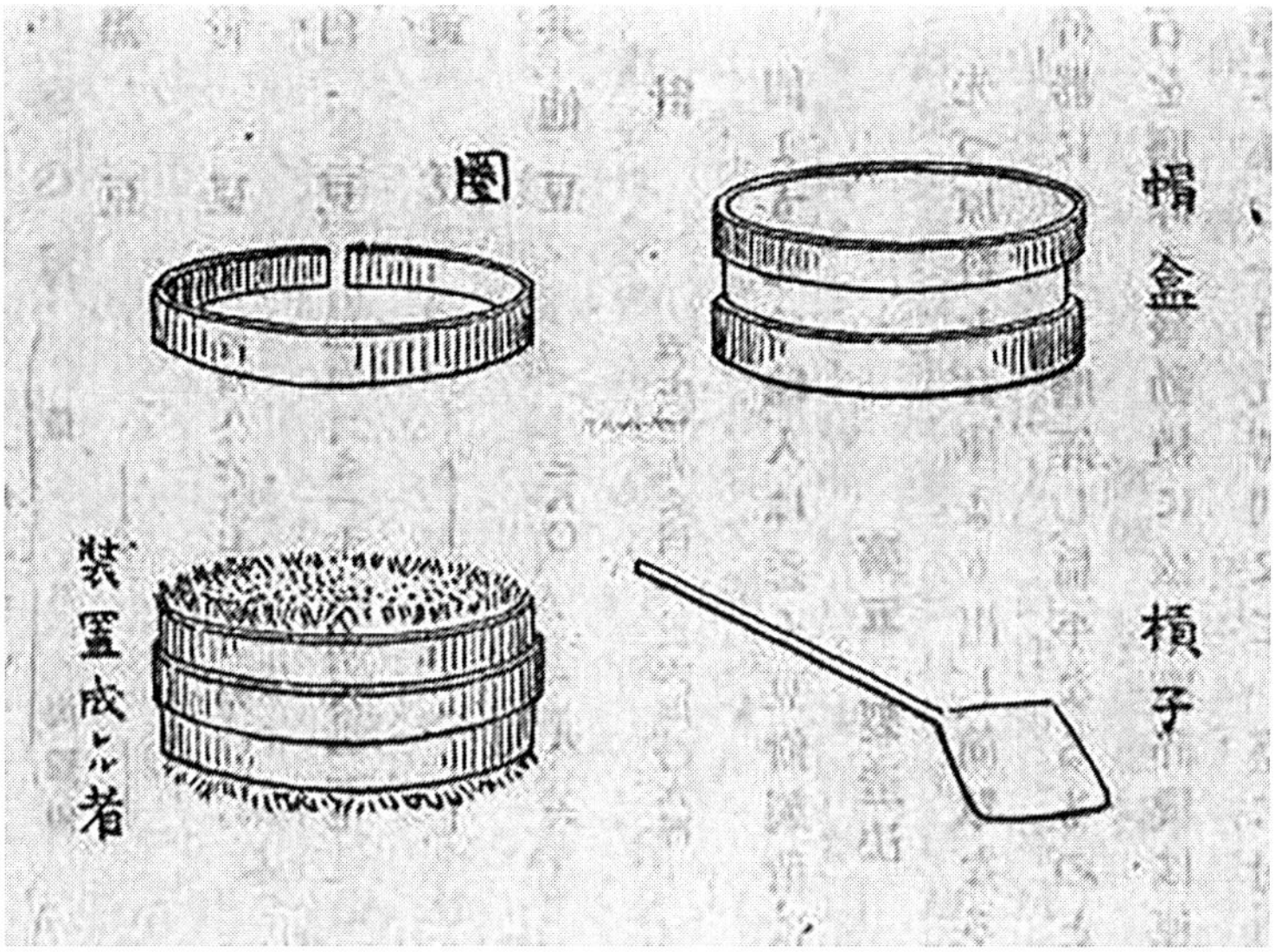

かくまったく装置を完成したるときは、これを椿（圧搾器）に積み、普通、五個を重ぬ。次に鉄鎚または木槌にて、椿の楔《くさび》を打ち込み、もって圧搾《あっさく》す。油は油草を通じて、流れ出でくだりて、土地に穿《うが》てる溝中へ流下す。楔は、時々これを打ち込み、およそ四時間を経たる後、楔をゆるめ、豆粕をとり出せば、注意して油草を除去し、形の不完全なるものは、餅刀にて端を削りて形を正し、商標等を付す。

七、豆油

大豆原油は、そのなかに繊維質、樹脂質、植物性粘質物、蛋白質、水分等の夾雑物《きょうざつぶつ》を含有するをもって、永く原油のままにて放置するときは、すみやかに変敗《へんぱい》を来たしやすく、また遊離酸を生ずるをまぬがれず。

搾出せる新鮮なる油は、褐黄色にして、一種の芳香を有すといえども、約一、二旬の後においては、すこしく臭気を帯び、時日を経過するにしたがい、変化いちじるしく、なお油中に夾雑物《きょうざつぶつ》の多量なるときは、一種の臭気を加う。温度上昇の場合においては、ことに

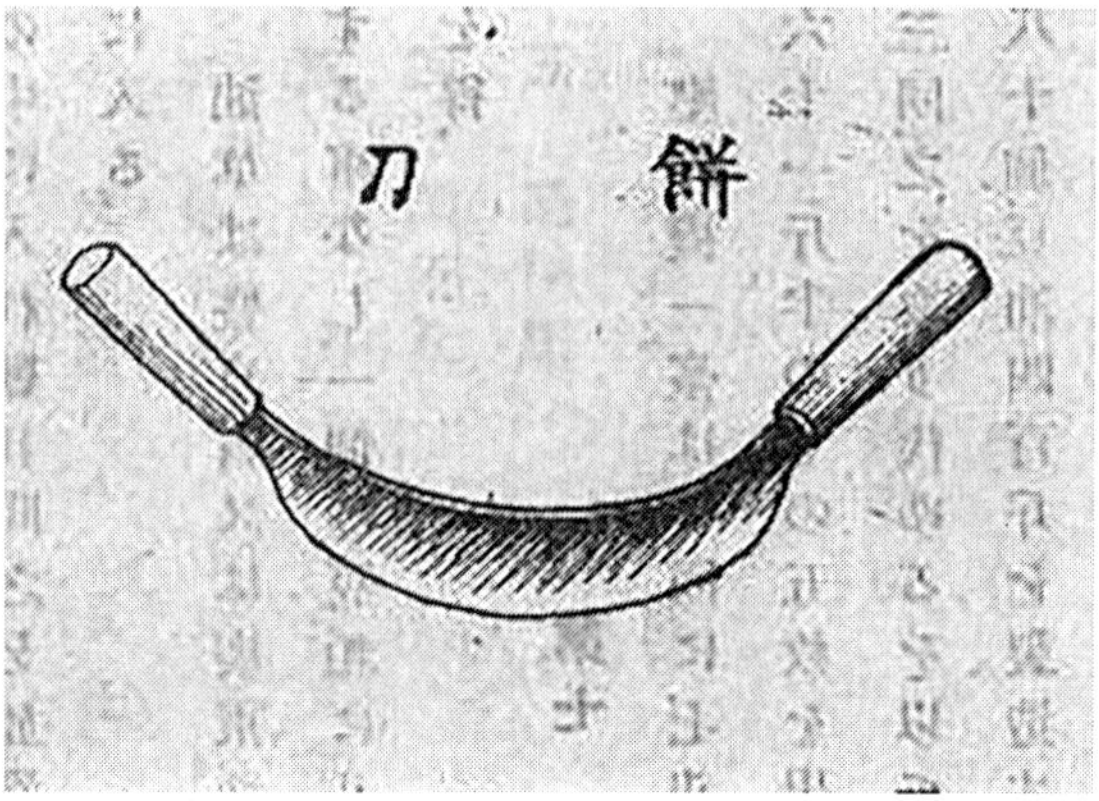

その変化すみやかなるを見る。油色もまた徐々に暗色を帯び来たり。ついに帯褐黄色より暗褐色に変化すべし。
　ゆえにこれを精製するを要すれども、芝罘地方にては別に新式の方法をもちいず。木槽のなかに入れ、数日間これを放置し、夾雑物の沈殿するを待ちて、静かにこれを酌取し、油籠に入る。
　油草は、盛京省または広東地方より輸入し、豆を包むに専用す。断じて他物を代用することなし。一個の豆粕に八斤を要し、その時価五百文内外、ただし二十回使用することを得。

八、豆餅製造力

　圧搾機一台は、一回に七斗ないし七斗四升の大豆を圧搾し、豆油二十五斤と、豆粕六十一斤半のもの五枚を出す。しこうして夜業をなさざるときは二回、夜業をなすときは三回、これをとり代ゆるをもって、同聚恒のごとき八台を有するものは、一日に平均豆粕八十個、豆油四百斤を製造す。

　萊永春のごとき、四十八台を有するものは、一日平均豆柏四百個内外、豆油二千斤内外を産出す。芝罘にて一日平均豆油百六十籠（百八十斤入）、および豆餅六十片（一片六十一斤半）をつくるという。通常、豆餅一個一両二銭、豆油は百斤につき十六両五銭内外なり。ただし豆油は百八十斤入籠にて取引す。

豆油の検査法は、左の諸点において区別す。

一、外観	
(イ)色合	淡黄色
(ロ)透明度	透明
(ハ)香	快味を表わす
二、比重(摂氏十五度)	〇・九二四五—〇・九二五五
三、凝固点	摂氏零下一〇度—一二度
四、溶解度	酒精、イーサー、百油に溶解す
五、粘度(エングラ氏摂氏四度)	四八二—四八六(係数を示す)
六、鹸化数《けんかすう》(ケットルエル氏)	一九八—二〇二
七、沃度数《ようどすう》(ウィース氏)	一三二—一二七

芝罘における豆油は、該地方にて使用するほか、豆油は上海および塩城地方へ、豆餅は広東、汕頭および日本、その他へ輸出す。

九、職工

職工は、同聚恒において十人余を使用し、莱永春は二十四人を雇傭《こよう》す。他の油房も、砣数《いし》および圧搾機数より推せば、十人以上三十人なり。今、一油房につき十五人なりと仮定すれば、芝罘の油房三十三なれば、目下、芝罘における油房工人は四百九十五人にして、総数五百人というを得べし。

彼らの多くは、黄県および芝罘付近の労働者にして、油房に宿泊し、すこぶる簡単なる生活をなし、製油に従事す。就業は九時ないし十時間くらいにして、夜業をなすこともあり。賃金は一定せず。月末払いにして、一か月最低は四弗より六弗、七弗とし、十弗を最高とす。

しこうして、製油は行動の敏活《びんかつ》を要し、一日一人の製造高を定め、予定額より増減するにより、給料を増減し、もって奨励しおれり。

第四節　製品の需要供給

豆油は、綿実油とその性質ほとんど差異なく、したがってその用途もほぼ同一なるものとす。今、左に用途を挙ぐれば。

一、食用　食用として多くもちいらる。生理試験の結果によるも、毫《ごう》も毒性分を含有せず。かえって消化性に富めるをもって、重要なる営養分たるべきものとす。

二、工業用　工業用としては、石鹸製造の原料に供す。ただし石鹸としては、もとより最優等の品質を有するものを得がたしといえども、やや品質のよきものを製する得。このうち綿実油は、大豆油よりもこの用方に適し、ただ大豆油は価格低廉なるをもって、欧米諸国にては綿実油の代用物となすなり。

三、点灯用　中国内地にては、今なお点灯用としてもちいらる。

四、減磨用　機器の減磨用としてもちいらる。ただし綿実油は、半乾燥性油にして、やや適当なるも、豆油は乾燥性にして、直に減磨油となしがたし。一段の精製を要するなり。中国人は、馬車軸等の油として利用し、山東、山西、直隷、河南、東三省、蒙古地方において使用するもの、すこぶる多額に達すという。

第五節　山東の豆餅、豆油、輸出額

豆餅輸出

	一九一三年		一九一四年		一九一五年	
	担	海関両	担	海関両	担	海関両
芝罘より	三九、八六二	六六九、六二二	二七一、四二二	五五〇、九八三	二九〇、八八四	五六七、三三三
同常関より	一〇九、一七四	―	六八、三二八	―	六六、七二八	―
青島より	一二〇、五〇九	三八、六〇七	一七〇、一五八	三四五、四三三	九、五四〇	一九、五五七
同常関より	―	―	二四	―	―	―

豆油輸出

	一九一三年		一九一四年		一九一五年	
	担	海関両	担	海関両	担	海関両
芝罘より	八、〇九九	六八、六七九	二、〇五五	一八、一〇四	二、六三五	二〇、四七三
青島より	二六、六七九	二四二、七八三	一五、五二八	一三一、六八〇	一九、二二八	一四三、九四三

第三章

山東省の綿花

第九期生
第十三期生
調査

第一節　総説

山東の綿花輸出は、近年ようやく世にあらわる。一九〇七年以前までは、青島および芝罘に出でたるものなりしも、一九〇七年、ドイツが済南において綿花の買い入れをなし、青島より上海に輸出せしをもって嚆矢《こうし》とす。

山東省においては、多年アメリカより綿種を輸入し、官民協力し、綿作改良をはかれるも、今日までの実験によれば、四、五年の間に、漸次《ぜんじ》、アメリカ種に特有なる性質を失うを見る。元来、アメリカ種の綿花は、山東固有種のものに比し、繊維の長さにおいても、外観においても、一般に優等なり。しかれども、いまだ山東種の綿花に比し、取引値段に差別を付するにいたらず。山東固有種のものと同じく、無差別にとりあつかわる。近来、世界市場における綿花の価格昇騰《しょうとう》するにあたり、一九一二年度より当省綿花の青島をへて輸出するもの、百万両以上にいたる。中国綿花の最大需用地は、我が国なり。

第二節　産地および産額

本省中国官憲は勧業道をして、綿花改良を指導奨励《しょうれい》せしめ、数年前よりアメリカ綿種を購求《こうきゅう》し、各産地に試植せしめ、ことに臨清州ははじめて試植をなせるものにして、済南市場に集散する綿花中、品質第一に数えられ、輸出綿花の重要なるものとす。臨清州産綿花をのぞき、山東省および直隷省に産する綿花は、品質劣ることはなはだし。

山東省綿花は、揚子江沿岸に産する綿花と異なり、水気をふくむことときわめて少なし。これ本省が一般に雨量にとぼしく、乾燥せるゆえならむ。

年産額中、下等品をのぞき、上等品および中等品は約二〇〇・〇〇〇担なりとすべく、その一部分は綿花にとぼしき山東東部および南部に消費し、そのあまりは主として天津に輸出せらる。しこうして済南市場に来たるは、如上《じょじょう》の地方に消費あるいは輸送せる残部にして、このなかより青島をへて、日本および上海に輸出せらるるなり。

前述せしごとく、山東省綿花の産額は、産地において消費さるるをもって、精密なる数を知りえずといえども、おおむね二十万担ならんと推測せらる。東昌府北部の綿花地として名あるは、高唐、清平、恩県等にして、皆、高唐を通じて済南にいたるものとす。その輸出は、小車または大車にて済南府に来たり、小車積は四大包積にして、一大包平均八十斤ないし九十五斤なれば、その斤量大約《たいやく》三担なり。大車は二頭もしくは三頭のラバにひかせ、その斤量千二、三百斤、平均十三担と見て可なるべし。しかるに一旅行家が、済南より済河にいたる途上三時間に、綿花を積載せる小車十八両（積載量六四担）をかぞえ、済河より高唐にいたる途中、七時間に十八の小車と六両の大車（この積載量一三二担）に会せりという。ゆえに一日半の行程に百九十六担の綿花が、産地より済南に輸送せられしものにして、とき十月末にして、綿花の出まわり時期に属せり。

また済南府、臨清州間、二日の旅程において、二十六両の大車と十一両の小車に綿花を満載したるに遭遇せり。これが量を見るに三百七十七担にして、一日平均百九十担なり。すなわち二か所の平均一日産出高三百担に達し、その輸出高の少なからざる明なり。

東昌府の収穫は、平均一畝につき六、七十斤を得。しこうして本府綿の植付段別は八十万畝におよぶという者あり。これによれば、一か年五十万担の収穫高となり、綿はこれを繰綿《くりわた》とすれば、その重量三分の二を減ずるがゆえに、繰綿の斤数は一七三・〇〇〇担にして、その時価に換算せば、実に三、一一四、〇〇〇両に達すべきなり。

▲　山東鎮店における市

第三節　売買慣習および取引商人

綿花は、すべて中国問屋の手によりて買い出さるるものにして、その大部分は済南、章邱、長清、周村の商人により、その他の一部は、沂州府および南山東の商人により、とりあつわる。今、その買いつけ法を説明すれば、これらの商人は綿の収穫季節前に産地をめぐり、収穫に近きものの買い入れを予約し、収穫終わるや、繰綿となし、包装をほどこして直に輸送す。

済南府における綿取引は、すべて土着の綿問屋の手によりて営まれ、この綿問屋は旧来仲買人および耕作者と密接の取引連絡を有し、その根底堅くして動かすべからず。済南府における綿取引を壟断《ろうだん》す。

この問屋および仲買人の手を避けて単独にかつ直接に、耕作人より買収せんとくわだてし、外国輸出商人も従来少なからざりしが、ほとんど不成功に終われり。近年、青島における三、四人の外商はじめて連合し、やや根底を固めて耕作者と直接取引をくわだておるも、その買収しえたる量は、すこぶる少額なり。思うに天津の外商は、資本豊富なるうえに、その買収方法もまた用意周到に、かつ繁労を辞せず。綿の収穫時にいたるに先だち、すでに天津より代理人を産地に派し、その作柄を見て買い入る。すなわち、いまだ成熟せざる原野にあるままの綿花を予約して買い入るなり。このとき手金または先払いとして、耕作者に渡す金高もはなはだ少なからず。このごとき買い入れ方法は、済南における外商が綿の収穫を待ち、仲買《なかがい》の手をへて手数料を支払い、買い入るるに比し、安価なる言をまたず。ただし、かくのごとき買い入れ方法は、多少の冒険を要し、天津の外商はすでに多年の経験より安んじて、この貿易をあえてするも、済南商人はこの冒険をなすべき実験と勇気とを有せず。かくのごとくにして、済南府綿取引は問屋および仲買の掌裡《しょうり》に独占せられ、済南における外国商人も、従来、綿取引に付随せる悪習慣をしのんで、黙過せざるべからざる事情の下にあり。しこうしてその悪習慣のなか、とくにはなはだしきものは、綿が重量の一割五分まで水分をふくめるうえ、なお人工をもって水をそそぎ、もってことさらにその重量を重くするにあり。ときとしては苧縄《おなわ》の断片、または土塊その他のものを綿花のなかに混入しあることあり。綿実のまったくとりつくされずして、綿花中に残れるものもあり。

これら済南市場に来たる綿花にして、綿実をとり去られたるものは、通常、風袋《ふうたい》込にて百六十匁一斤の五十斤ないし八十五斤を一包とし、そのうちの三斤または三斤半を風袋の量として取引せられ、外国商館の買い入れ契約値段は、済南渡し毎百斤につき銀何両とし、道路不良、運搬に不便なるため、地方より済南への出荷滞留し、高価を唱えらるるを常とす。

済南市場における取引の慣習を見るに、産地より済南へ搬出するに、遠近にしたがい、運搬費に差異あるはもちろんなれども、平均綿価の一割二分を要し、問屋は普通五分ないし八分の手数料とす。

済南より遠くへだたるときは、済南までの運賃は増加すべきも、その買価はこの増加額だけ低きをもって、済南における取引値段に影響せず。

これを要するに、まず農作者より田舎小仲買人の手にわたり、第二にこれら田舎小仲買人より田舎大仲買人の手に、第三に済南の大問屋に移る。これら三段の仲買人の手数料を計算するときは、はなはだ高価にのぼるのみならず、仲買人は慣習上、公定の手数料に甘せず。往々、不正手段をあえてし、量目《りょうめ》を増し、若干の利をぬすむ。

第四節　綿花消費地

全山東の綿産額中、一部分は省内、とくにまずしき東部地方および南部地方に供給せられ、その他は主として天津に向かい、近年また青島に輸送せらる。上海にいたるものは、紡績に供給せらる。青島より上海への運賃は、一〇〇斤につきメキシコ銀一弗にあたる。ただし、いまだ正式の機械にて、圧搾《あっさく》せられざる包装のものとす。天津よりは近年、山東綿、なかんずく臨清州綿をイギリスおよびドイツに輸出し、また日本へも盛に輸出す。山東綿作地の状況より見れば、今後、その産額を増加しうべく、したがって山東綿は山東輸出主要品となるべきなり。

第五節　荷づくり

従来、山東鉄道によりて、済南より青島に輸送するにあたり、済南に圧搾機械のなきため、圧搾せずして包装せるより、割合に高価の運賃を支払わざるべからず。綿の運賃はすべて重量による規定にして、青島、上海間の汽船は未圧搾の包装にて可なるも、青島より、欧州への大航路線に規定せられある綿の運送費の重量なるものは、正式に圧搾せる綿の重量を標準とせざるべからず。圧搾せざる綿は、重量一担につき、一立方メートル以上の容積を有するも、天津に据えつけられある圧搾機は、十二担の綿を一立方メートルに圧搾す。

第六節　山東省綿花検査規定

山東省における綿花検査規定は、大正二年四月十八日、山東省行政公署において、商埠商務分会に対し許可し、同時に柳条、臨清等、十四県に対し、その実施を訓令せるものなり。章程の内容を挙ぐれば、

一、綿花には自ら天然の水分あり。ゆえに火をもちいてこれをあぶり、百斤につき六斤を減ずるものは、すなわちこれを乾貨と見なす。
二、綿花もし火をもちいてこれをあぶり、七斤を減ずるものは、そのうちの一斤を水分となす。しこうして十斤以内の水分は、相当斤量を軽減して取引を行ない、十斤を越ゆるものは、すなわちこれを罰す。
三、綿花に多量の水分を湿し、綿質を霉爛せしむるにいたるものは、重ねてこれを罰す。
四、花包のうちに、レンガ、綿実、土砂等を混ずるものあり。一度これを験出するときはこれを罰す。
五、花包にもちゆる梱縄ならびに口縄の合計重量は、三斤を過ぐるを得ず。違うものは斤量の軽減を行なう。
六、各綿花問屋、綿花の取引をなすには、売買の際、ひとしく包上に捺印《なついん》せる売り手の屋号を認定し、不正品ある場合の追究に便にすべし。
七、綿花色質には、原と紅白良否あり。上下内外一律なるときは、すなわちこれを弊害なきものと認む。
八、もし白綿包内の四隅に赤綿を包み、あるいは包底に赤綿を填《は》むることは、もとより不正の意志にもとづくものなるをもって、これを罰す。
九、もし商人が綿花を購買して、これを販売地に輸送し、そのところにおいて詭弊《きへい》あることを発見したる場合には、原包一、二個を当地に送還し、同時に綿花問屋あるいは仲買人、ならびに験出人調印の書類を送付提出して証拠となすべし。しかる後、はじめて公議に付しこれを弁理す。
十、埠内各綿花問屋ならびに当埠に来たり綿花を購買する客商は、必ず細心検査をなし、もし包内に前記の欠点あるを査出するときは、随時、商会に提出してこれを罰す。

のごとし。本章程によれば、綿花問屋においては、検査の結果に対し、なんら責任を負うなく、ことに買い手も問屋とともに検査を行なうべしと規定して、極

力検査にともなう責任を避けおれるため、外商側においては依然、従来のごとく綿花購買の際、一々厳密なる注意をなすを要するをもって、章程は有名無実なり。

本邦三井洋行ならびに大文洋行、大倉洋行出張員、および湯浅出張所員の談によるに、本章程の実施を見るにいたるとも、綿花問屋においてその検査したる貨物に対し、後日、欠点を発見したる場合、賠償の責に任せざれば、結局、従来と同じく買い手たる外商は、買い入れに際し、一々厳重なる検査および注意を要することもちろんにして、本章程の実施は外商側にとりては、ほとんどなんらの利益を認めず。いやしくもこのごとき規定を設くるには、綿花問屋をして、検査に対する責任を負わしむべきも、外商はこれを要求しがたし。

第七節　山東綿花の輸出

山東綿花の産地は、済南府以西にあれば、これが輸出は天津、青島の二方面に分かる。しこうして天津にては、さらに直隷産のこれに加うるあり。ゆえに今、山東のみの輸出額を明らかにしがたし。

山東および直隷の綿花輸出

	天津より		青島より		芝罘より	
	担	海関両	担	海関両	担	海関両
一九〇九年	二五、一二八	四三九、七四〇	四九四	一二、二二六	二六七	六、六三七
一九一〇年	一二五、二三六	二、八四八、八九一	一七、〇九〇	三八八、八二三	六一	一、五一六
一九一一年	三八七、六六九	九、四二七、二七五	四〇、一七一	八〇三、四二二	一六一	四、五九三
一九一二年	四二一、二八九	八、六七八、五五三	六九、五七〇	一、三九一、四〇〇	七二	一、八一六
一九一三年	三三六、三八四	八、一〇三、四九一	四八、二七五	一、〇〇八、九四五	五七七	一四、〇二二
一九一四年	二三八、六九一	四、四四九、二〇〇	九、七五一	二三六、九五一	八	一八三
一九一五年	四四四、七三二	八、三〇七、五九四	四〇、九四一	六四三、六五三	四三五	九、四六一

第四章　山東省の豆素麺

第一節　産地

豆素麺は粉条子と称し、中国各地に産出すれども、山東省をもってもっとも有名なるものとし、芝罘および龍口は、これが二大集散地たり。産地は登州府下の各県にして、寧海以東には産せず。また黄県付近以西もまたきわめて少なく、招遠以南もまた少なし。主なる産地、および製造戸数を挙ぐれば、

登州府下芝罘および付近

寧海県		
午台	（芝罘より三十支里）	二〇戸
沙子		二―三戸
莱山付近	（同三十六支里）	二〇戸
福山県		
黄山	（同四十支里）	一〇戸
房屋	（同十八支里）	六―七戸
前房	（同二十支里）	六―七戸
招遠県		
十里店	（招遠より北十五支里）	一〇戸
張花山	（招遠より北十支里）	四〇戸
大劉家	（招遠より西三―五支里）	―
呉家、劉家	（招遠より西三―五支里）	―
杜家	（招遠より西二十支里）	―
石家	（招遠より西四十支里）	―
槐樹荘	（招遠より西四十支里）	―

招遠県下には、製造戸数、大小合して数百あり。また招遠より龍口にいたる街道には、

得利寺　袁家　羅張家　欒家和
馬家山　郭家　袁家荘子　上官

小杜関廟　溝頭于家　木家　　龍口

等、幾多の製造地、散在す。

黄県付近も有名なる産地にして、県城の西北十五支里の狗皮集付近は、その中心なり。その他、萊陽付近よりも多少の産あり。

第二節　産額および仕向地

一、芝罘に集散する豆素麺

産地	産額	産地	産額
寧海	一〇〇、〇〇〇包	**蓬莱**	五、〇〇〇包
福山県	五〇、〇〇〇包	**萊陽**	五、〇〇〇包
黄県	三〇、〇〇〇包	**合計**	二一〇、〇〇〇包
招遠	二〇、〇〇〇包		

右は、芝罘商人の言によりたるものなり。

二、龍口に集散する豆素麺

龍口には、統計の徴《しる》すべきなきをもって、的確に知るを得ざるも、一か年に五万包内外、多きときは六万包、また一九一二年は革命動乱のため減じて、三万包を移出入せる由なり。この地の一包は、およそ百五十斤入なり。

明治四十五年一月より、大正元年十二月にいたる同港の豆素麺輸出高は、

数量	四四、一六二包
単価	六七吊五〇〇文
輸出価格	二、九八〇、九三五吊

これを邦貨一円につき、二吊五百文換として換算すれば、百十九万二千三百余円となり、同港の輸出総額百三十万五千七百十九円余に対し、その九割一分強を占め、龍口の輸出はまったく豆素麺によりて、代表せらるるというも過言にあらず。しこうして、これらの豆素麺は黄県、招遠より来たるものにして、その輸出先は、龍口と汽船民船の往来ある各港にして、大正二年

上半期において、その汽船によりしものは左のごとし。

港名	大正二年上半期	
営口へ	五五包	二、七二三吊
大連へ	二二包	一、〇八九吊
芝罘へ	二、一〇〇包	一〇三、九五〇吊
安東へ	一一〇包	五、四四五吊
合計	二、二八七包	一一三、二〇七吊

第三節　製造法

一、原料

豆素麺を製造するには、緑豆、えんどう豆、小豆、コーリャン等をもちい、緑豆をもって製造せるものは、最上品にして、これにえんどう豆、小豆、コーリャン等を混入して製するあり。その混入の割合多きにしたがって、品質、下等となる。黄県の福王院と称するところにては、自家用には緑豆とコーリャンとを混ずるも、輸出向には混入せず。また芝罘より四十支里内外なる寧海県の萊山にては、えんどう豆三と緑豆一との割合をもちい、その他、同県下にてはおおむね緑豆、えんどう豆、相半々とす。芝罘の西南十三支里なる上曲家屯にては、緑豆一石三十吊（一弗は一吊二百五十文）、えんどう豆同十六吊五百文くらいなるが、これを豆素麺となすときは、

緑豆	一斗につき	十一斤半の豆素麺を得
えんどう豆	一斗につき	十一斤の豆素麺を得

緑豆一斗は三十二斤、えんどう豆は三十斤ありと。

しこうして、価格より見れば、

緑豆製	一斤	二三〇文
えんどう豆製	一斤	二〇〇文

緑豆八斗にコーリャン二斗を混ずるも可なり。しかれども、これより多くコーリャンを入るるときは、紅色不透明となるべしと。

原料の主要品たる緑豆は、製造地付近に産せず。主として大連、営口、錦州、朝鮮、天津、その他、羊角溝、利津、大山、新城等より来たり、ときとしては、長江一帯よりも来たることありと。

二、製造用器具（寧海にての調査）

推磨　豆をひく臼にして、一盤十吊くらい。十五、六年の使用に耐ゆ。直径二、三尺。厚さ各六、七寸なり。

ラバ　豆をひくにもちゆ。一匹二十吊内外。

大坎　一箇一吊八百文くらい。十数箇を要す。

大盒　一箇一吊くらい。二十箇内外を備う。

羅瓢　ふるいのごときものにして、銅製一箇三吊くらい。底は馬尾製にて、一年一回、とり換ゆべし。羅底は、馬尾製一箇五百文。銅製（三、四年使用に耐ゆ）、二吊くらい。

大鍋　一箇三吊五百文

掛々　豆素麺をかけて乾燥するにもちゆ。大一箇一吊、小三百文くらい。

条棍　掛々に付す。一箇二十文、数百をもちゆ。

大麻縄　二条を要す。一条十二吊、長さ十丈、重さ三十斤（十年くらい使用）。

籠子　一箇五百文。二箇くらい使用。

釣水桶　一箇一吊五百文。

牲口絗および套　馬匹と推磨とを連ぬる縄にして、一箇一吊文。これにもちゆる器具は、牲口套といい、一箇二百文くらい。

棒　掛々をつくるにもちゆ。一本二百文。

三、製造法

豆素麺を、製造する家を粉房という。最初、豆を水にひたし（ところにより湯をもちゆ）、正午頃より翌朝までひたし、その間に二回くらい洗い、これを石磨にて、すり砕くべし。水はもっとも注意すべく、塩分あるものは不可なり。降雨後は一旦、井水を汲み換えたる後、新鮮の水をもちゆるものさえあり。その水を大切にすることは、粉房にては、普通、その井戸を他人に使用せしめざるほどなり。

豆をすり砕くときは、馬または人力により、緑豆と他のえんどう豆、または、コーリャン等を適度に混じて、同時に砕き、これを昨日、豆をひたしおきたる水半と清水半とを混じたるものにて、やわらかくして、粉団を製す。粉団は、一旦、乾燥せしめたる後、さらにこれを砕き、次に葛湯とし、多少の粉を入れて、羅瓢（または粉瓢という。ふるいなり）に入れ、打ちたたき、熱湯中に垂れしめ、浮きあがりたるものをただちに冷水に入るべし。ふるいの穴は二、三十あり。かくのごとくして、豆素麺の形をなす。長さ四尺くらいあり。これを掛々（粉棍）にかけて乾かせば、三尺くらいとなるべし。えんどう豆、多きときは、一、二尺くらいとなるべく、また折れ易し。

黄県付近にては、緑豆一斗（五十三斤）より、いまだ乾かざる豆素麺三十四、五斤を得べく、これを乾せば最上十八斤くらいのものとなるべし。

原料と製品との価格の関係は、緑豆、えんどう豆、各半々に混入して製せば、一石（海斗）の豆代十七弗、これより百十五斤の素麺（百斤二十二吊）を得べく、その代金二十五吊三百文、一弗は一吊二百五十文なるゆえ、二十弗二十仙となり。一石につき、三弗余の利益ある訳なり。

四、使用人

推磨二箇をもちゆるとせば、一年百吊文以上の報給を出すもの二人、ほかに六、七人の使用人を要す。

推粉	三人	（多くは獣力による）最上　一年二百吊 普　百吊内外
水汲	一人	大抵飯つきにて、一日百文ないし三百文
焼夫	一人	大抵飯つきにて、一日百文ないし三百文
打瓢	一人	大抵飯つきにて、一日百文ないし三百文
提鍋	一人	大抵飯つきにて、一日百文ないし三百文
掛条子	一人	大抵飯つきにて、一日百文ないし三百文
洗条子	一人	大抵飯つきにて、一日百文ないし三百文

五、副業その他

十二月十五日より、正月十五日まで休業するほかは、年中、おおむね従業す。ただし六月前後の降雨期および十一月より翌年二月までは、素麺をさらすこと不可能の場合多しと。

副業として、豚の飼養盛なり。毎日、一斗の豆をくだけば、その粕にて約二、三頭の豚を養うを得べく、豚は一年に二回くらい売買す。黄県のごときは、馬、豚の一大市場にして、粉房にては正月または二月頃にこれを買い入れ、六、七月頃になり、同時にまた買い入れ、年末に売り出す。しこうして買い入れのとき、五十斤の豚は、五か月にして百斤くらいとなるゆえ、一か月十斤くらい増加する割合にして、

六十斤の豚一頭	十五吊文内外
百斤ないし百二十斤の豚一頭	三十吊文

なれば、その利益は鮮少《せんしょう》にあらず。また豚十頭を養えば、肥料（豚の糞）、千二、三百筐を得べく、一畝の土地にほどこすこの種肥料は、約八十筐くらいなりとのことなれば、豚十頭にて十五畝の土地に肥料をほどこすことを得べし。

豚のほか馬、ラバ等をも養うべし。

第四節　豆素麺の問屋

芝罘および龍口には、収粉荘と称する豆素麺の問屋あり。主として豆素麺の買いつけをなし、これを外幇に売るものなり。

一、芝罘における豆素麺の問屋

（一）煙台幇

問屋名	資本主	資本金	買いつけ先
東順利	劉升東	四〇、〇〇〇元	寧海、黄県、蓬莱、招遠
東順長	劉升東	三〇、〇〇〇元	寧海、福山
億成和	曲永年	二〇、〇〇〇元	寧海、黄県、蓬莱、招遠
裕広合	郭家斉	四〇、〇〇〇元	寧海、黄県、蓬莱
増順義	李春陽	二〇、〇〇〇元	寧海、黄県、招遠
義泰永	雀永泉	二〇、〇〇〇元	寧海、蓬莱、福山
永源茂	于汪海	三〇、〇〇〇元	寧海、蓬莱、黄県、福山
成源永	曹希先	二〇、〇〇〇元	寧海、黄県、福山
徳生源	裕豊徳	四〇、〇〇〇元	寧海、黄県、蓬莱、招遠
豊盛恒	鈎世堂	二〇、〇〇〇元	寧海、黄県、蓬莱、福山
同和成	孫永桂	二〇、〇〇〇元	寧海、福山
増順利	杜占平	二〇、〇〇〇元	黄県、福山
徳聚桟	徳聚成	三〇、〇〇〇元	黄県、福山
合生号	楊子九	二〇、〇〇〇元	黄県、福山

同義成	曲連吉	五、〇〇〇元	寧海
福順益	李永和	二〇、〇〇〇元	寧海、黄県
協成仁	王維章	五、〇〇〇元	寧海
益盛永	曲保同	二五、〇〇〇元	寧海、蓬莱
東徳増	于国珣	二〇、〇〇〇元	寧海
同聚和	孫家章	一〇、〇〇〇元	寧海

(二) 潮帮

広東潮州（汕頭）等よりの外来客にして、店を有せず。出張員あるも、直接、買いつけをなすことなし。

一、福泰	二、源盛	三、徳盛

(三) 福建帮

問屋名	資本主	資本額
大昌永	義昌号	二〇、〇〇〇元
順増祥	恩本堂	一五、〇〇〇元
順盛号	王明山	二〇、〇〇〇元
天成桟	王老徳	一五、〇〇〇元
公成号	玉世九	八、〇〇〇元
徳世玉	陳士模	一五、〇〇〇元
徳元国	陳士模	一〇、〇〇〇元

総計三十軒。なお香港には山東帮（義泰桟、永泰隆、乾元行）あり。また広東商永成泰あり。ともにもっぱら豆素麺をとりあつかう由なり。

二、龍口における豆素麺問屋

龍口には、粉房二十余戸あり。いずれも支工場を有し、総数四十におよぶべし。しこうして豆素麺の問屋としては、左の十六軒あり。

増順義	恒昌泰	増順利	増元号
徳興号	洪泰号	宣春東	徳盛公
徳増利	恒興徳	正祥通	源豊徳
洪泰福			

第五節　出まわり時期および荷づくり

毎年三月より九月頃までをもっとも出荷多き季節とし、三月および九月に出ずるものは、最上等の品質を備え、八月頃は最劣等なり。ゆえに八月頃の一等品は、三月または九月頃の二等品にもおよばずという。

　寧海産のものは、七月二十日頃より十月頃まで出まわり時期とし、その他、各地により季節に多少の差あり。

　豆素麺の荷づくりは、最初、製造地より芝罘、龍口等へ出すものは、一梱六、七斤より十斤くらいにして、皆、駄運により、豆素麺の長さは三尺くらい（短きは二尺五、六寸）、これを二つに折り、輸出向きのものはこれを交互に重ねて幅約四尺、長さ五尺、厚さ二尺五、六寸くらいとし、蓆子をもって一包百四十斤内外とし、外を草縄にて縛し、遠く香港、広東に送るものは、うちを細き麻縄にて縛せり。毎包、いずれもとりあつかい問屋の字号を印す。

第六節　品質および相場

龍口に集散するものは、

招遠産　品質上等にして、一、二等品多し
黄県産　三等品多し

これらの豆素麺は、普通は、

頭牌（一頭品）龍口百片	京銭	六十吊
二等牌	京銭	五十六、七吊
三等牌	京銭	五十吊内外

なるも、三月および九月の出荷は、

一等品	六十二吊
二等品	五十八吊
三等品	五十四吊

等、やや高価なり。

芝罘に集散するものは、

黄県産	水清く製法もよく、品質最良
蓬莱産	二等品多し
福山産	三等品多し
寧海産	三等品多し

相場は、売買の二様あり。黄県産は銀をもって単位とし、買十三両なれば、売十五両くらいなり。寧海産は銅銭をもって単位とし、七十万を百斤として、一斤百六十文くらいにして、普通、一斤につき買相場二百二十文くらい、売二百四、五十文なり。

左に芝罘両（百両は上海百四両五銭）をもってせる一担についての相場を示さん。

年次		黄県	招遠	芝罘
一九一〇年	一月	―	―	九両
	二月	―	九両	九両
	三月	十二両	九両一銭	九両二銭
	四月	十二両三銭	九両二銭	九両五銭
	五月	十二両四銭	九両三銭	九両五銭
	六月	―	―	九両六銭
	七月	―	―	九両八銭
	八月	十二両半	九両五銭	十両
	九月	十二両三銭	九両五銭	十両
	十月	十二両半	九両五銭	十両
	十一月	―	―	―
	十二月	―	―	―
一九一一年	一月	―	―	十一両
	二月	十三両半	―	十一両五銭
	三月	十三両半	十一両二銭	十二両
	四月	十三両半	十一両三銭	十二両
	五月	十三両四銭	十一両五銭	十二両
	六月	―	―	十二両二銭
	七月	―	―	十二両五銭
	八月	十四両	十一両八銭	十二両五銭
	九月	十四両	十二両三銭	十二両六銭
	十月	―	十二両三銭	十二両六銭
	十一月	―	―	―
	十二月	―	―	―
一九一二年	一月	―	十三両	十二両五銭
	二月	十四両	十三両二銭	十二両五銭
	三月	十四両五銭	十三両二銭	十三両五銭
	四月	十五両	―	十三両三銭
	五月	十五両	十三両半	十三両五銭
	六月	十五両	十三両半	十三両五銭

右表によるときは、豆素麺の価格は、年々、騰貴《とうき》しつつあるを知るに足るべし。

第七節　輸出諸掛

一、龍口

問屋より埠頭まで	扛力一包（百四、五十斤京銭）	六十文
舢板賃（撥力）	扛力一包（百四、五十斤京銭）	百五十文
（冬季は波高く、六百文くらいを要す）		

芝罘までの運賃

民船	扛力一包(百四、五十斤京銭)	八百文
汽船	洋	五角
民船は、ほかに一包六十文の船櫃銭を要す		

香港までの運賃

十三吊五百文

二、芝罘

香港までの運賃	百斤（芝罘両）	七銭
上海までの運賃	百斤（芝罘両）	四銭
汕頭までの運賃	百斤（芝罘両）	七銭
厦門までの運賃	百斤（芝罘両）	九銭
輸出税	百斤（海関両）	一銭八分

しこうして、芝罘埠頭までは一包（百五十斤、百六十斤、百七十斤等あり）、三十六文、舢板《へいた》賃は一包七十文なり。ほかに荷づくりを要すとせば、

荷づくり費

蓆	二枚	七〇〇文
大縄	一本	一〇〇文
細縄	一本半	六〇文
棕梠縄	三本半	三五文
苦力賃		六〇文
合計		九五五文（一両は千八百文くらい）

第八節　豆素麺の輸出額

	一九一三年		一九一四年		一九一五年	
	担	海関両	担	海関両	担	海関両
芝罘より	二七三、一六二	二、九三三、七五四	二三三、四八八	二、一一〇、七三一	二七五、〇九五	二、七九七、七一七
青島より	二、四七四	一四、一〇二	二八五	三、〇六二	一四四	一、一四二
龍口より	—	—	—	—	一四、六二三	一六〇、五四九

ただし龍口の輸出は、海関開設以来、すなわち十一月、十二月の二月間の統計なり。

	全国の輸出額		芝罘青島の輸出額	
	担	海関両	担	海関両
一九一三年	三五二、五七六	三、四〇〇、四〇六	二七五、六三六	二、九四七、八五六
一九一四年	三〇五、九九三	二、五五一、一一三	二三三、七七三	二、一一三、七九三
一九一五年	三七九、八〇四	三、四九五、七四二	二七五、二三九	二、七九八、八五九

これにより山東の豆素麺は、中国各省に冠たるものたるを知るべく、その輸出先は主として香港に入り、南方各省および南洋各地に送らる。該地方の在留中国人の、もっとも多くもちゆるところなり。山東産は、満州各地に入るもの、また少なからず。

第五章　山東省の麻

第十三期生調査

第一節　種類

山東麻の種類は、おおむね次のごとし。

(一) 大麻

桑科に属し、火麻と称し、風土、栽培ともよろしきを得ば、高さ二丈余におよぶ。

(二) 亜麻

亜麻科に属し、春亜麻、冬亜麻、宿根亜麻の別あり。また春亜麻の花に紫、白、黄色の三種あり。ともに幹皮より繊維をとるべく、かつその仁よりは、油を製す。すなわち亜麻仁油これなり。

(三) 枲麻《からむし》(一名苧)

蕁麻科に属し、枲麻には青葉と白葉との二種あり。しこうして、枲麻は往々、辣美と誤認せられやすきも、枲麻は、葉の裏面に白毛密生して、白色を呈し、辣美は白毛少なく、裏面白色を呈するは、葉の幼稚なるときのみに限り、老葉の裏面はことごとく緑色なり。枲麻は播種栽培するきわめてまれにして、主として根挿法により繁殖す。暖地にありては植づけ後、三年目より年二、三回の収穫をなすを得。

(四) 辣美

蕁麻《いらくさ》科に属し、枲麻の一変種にして、その栽培、収穫も枲麻と大差なし。

(五) 黄麻

これツナソまたはカナビキヲとも称し、田麻科に属する一年草なり。

(六) 茴麻《いちび》

これイチビまたはキリアラとも称し、錦葵《ぜにあおい》科に属す。麻の種類は少なからざるも、おおよそ以上の六種にして、ともにその幹皮より繊維をとり、もって種々工芸の原料に供し、あるいは繊維のままもちいる等、その用途広し。しこうして大麻、亜麻、茴麻、辣美の四種は繊維細きをもって、主に織物にもちいられ、黄麻、枲麻は繊《せん》太く、強靭なるをもって、主として索縄《さくじょう》に使用せらる。

第二節　品質

山東において、主として栽培せらるるは、桑科に属する大麻および蕁麻科に属する枲麻にして、その他、田麻科に属する黄麻ならびに錦葵科に属する茴麻の栽培を見るも、その産額多からず。しこうして同種のものも、その栽培地の名を冠して称呼せらる。例えば泰安麻、萊陽麻といい、また山地に栽培せらるる山頭麻というごとし。

麻は、その繊維細くして長く、かつ白色光沢を有し、強靭なるを良品とす。しこうして、本省産麻の泰安麻、莱陽麻および山頭麻は、元来、同種にして、織維細く良質なるも、風土、栽培法および製法の精粗《せいそ》により、品質を異にす。すなわち莱陽麻もっとも優良にして、奉安麻これに次ぎ、山頭麻には良品少なしという。

第三節　産地および生産

山東省の風土は、麻の栽培に適す。ゆえにいたるところ少量を産するも、ただ自家用すなわち鞋履《はきもの》の製造、またはこれが修理等をなすにもちゆるのみ。他に多くを供給する能わず。しこうして、泰山山脈の南部暖地なる奉安、莱蕪地方および山東半島における莱陽付近は、その主なる生産地とす。

本省内における麻の生産額は、正確にこれを知る能わざるも、各種調査資料を総合して、これを考察するに、大約《たいやく》二百万斤と見積らば、大差なかるべし。なかんずく大麻の類もっとも多く、主として織物にもちいられ、その価格も廉ならず。索縄《さくじょう》の麻は、産額多からざるをもって、ときに南中国より輸入して需要に充つ。

第四節　出まわり時期

麻は、暖地に成長する農作物にして、普通、四月中旬ないし五月中旬において播種、あるいは根挿《ねざし》をなし、七月下旬ないし九月下旬において刈りとり、葉を去り、火にてあぶり、水にひたして後、剥皮《はくひ》し、次に外皮をのぞき乾燥し、これを市場に出すをもって、その出まわり時期は、八月下旬より十月下旬とす。

第五節　買い入れ方法および商慣習

麻を栽培する農家は、これを収穫するにしたがい、少量ずつ重ねて根部をしばり、さらに数斤ないし十数斤を一束となし、その付近城鎮の市日に持ちゆき販売す。その地方における、これがとりあつかい者は各地の市日にいたり、これを買いとり、その買収せる麻は、約百斤ないし百四十斤を一束となし、漸次《ぜんじ》、需要地に運送するを普通とす。されど、経済状態のいかんによりては、ときに商人または仲買人は、各産地にいたり、直接、農家または産地におけるこれらのとりあつかい者より購入す。

産地においては、中国秤の一斤（十六両にして約我が百六十匁）、あるいは百斤を単位とする京銭建値をもって売買せらる。

第六節　集散地

本省における麻の主なる集散地は、泰安、済南、青島を主とし、滕県、沂州、周村、青州、博山、濰県、諸城、膠州、黄県、芝罘、莱陽等、これに次ぐ。徳州、臨清、済寧等もまた一集散地なり。

第七節　輸出荷づくり方法

麻の荷づくりは、きわめて簡単にして、まず種類、品質の差異を区分し、約五十匁ずつを同じ麻にて、根部をしばり、小束となし、次に数十の小束を根部と末端と交互につらね、約二、三十斤を中束となし、さらに中束の両端を曲げしもの数束をもって、大束となす。この際、各中束の両端を外部に出さざるよう緊縛す。これ輸送中、抜かるるを防止するの策とす。しこうして、大束は直径約二尺、長さ約三尺ないし五尺（麻の長短による）、これを麻縄をもって三所ないし四所、緊縛す。しこうして一束の重量は、約百斤ないし百五十斤とす。

第八節　相場

山東省における、麻の相場を示せば次のごとし。

			百斤につき
萊陽麻	上等品	約	四十元
	中等品	約	三十元
泰安麻	上等品	約	二十元
	中等品	約	十六元
山頭麻	上等品	約	十六元
	中等品	約	十二元
綜麻	上等品	約	六元
	中等品	約	五元
			百斤につき
火麻縄	太きもの	約	二十五元
	中太	約	三十元
	細きもの	約	四十元
綜麻縄	太きもの	約	十元
	中太	約	十二元
	細きもの	約	十五元

第九節　輸出税

中国税関、規定による麻の種類、およびその輸出税率次のごとし。

蔴	百斤に対し	海関両	三銭五分
綜麻	百斤に対し	海関両	二銭
苧麻	従価の五分税		

埠頭料および通関手数料

青島における埠頭料、次のごとし。

麻類一個の重量百斤を越えざるもの一個につき	銀二銭
その他一個につき	銀四銭

通関手数料は毎件に対し、銀五角を最低とし、価格千元につき、銀二元を最高となす。

第十節　山東、直隷両省の麻輸出額

	一九一三年		一九一四年		一九一五年	
	担	海関両	担	海関両	担	海関両
青島より（火麻）	四、六二五	四〇、七〇〇	一、二〇二	一九、〇〇〇	三三	三五〇
青島より（綫麻）	四九六	三、〇〇一	一六九	一、一四六	—	—
芝罘より（火麻）	一一六	一、六三五	四二	三五三	六〇六	六、二五六
芝罘より（綫麻）	五	三七	二	八〇	四	二七
天津より（火麻）	四、三三二	五五、九二六	六、一六四	七五、一三九	二四、五五五	三〇五、九五五
天津より（綫麻）	六六、八三三	五二五、九六八	二〇、九四〇	一三五、〇六三	九六、一一二	四五五、五六六

第六章　山東省の葉たばこ

第一節　産地

山東のたばこ主産地は、萊州府の濰県および登州府の棲霞県、福山県にして、他はほとんどいうに足らず。品質にいたりては、棲霞県西南、周囲約三、四支里の間における柿家村付近をもって上品とし、濰県一帯に産出するもの棲霞に次ぎ、福山またこれに次ぐという。今、主として濰県における葉たばこの収穫法、荷づくり法につき述ぶべし。

第二節　栽培法、収穫法および荷づくり

たばこの採種は、はじめ種を河水にひたし、浸潤《しんじゅん》出芽三寸余にいたり、畑に移し、旧暦三、四両月の間より栽培せば、麦の成熟とともに葉を生ずべし。しこうして葉の生じたるときは、これに人糞をほどこし、土用に入りて降雨を見、はじめて豆粕をほどこす。これ畢竟《ひっきょう》、肥料の過量に過ぐるを防ぐにほかならず。たばこの葉を生ずるや、竹切をもって、嫩葉《どんよう》をとり、つとめて力を一所に集め、ただ最大の葉を留め、霜降の期にいたり、はじめて刈りとるを例とす。しこうして刈りとりたる葉は、これを天日にさらし、色合の変じたるころを見、ついで一回夜露にあて、時機をはかり、荷づくりをなす。その荷づくりの方法は、コーリャンまたは黐麻の莖あるいはアンペラを使用し、四大葉を畳積し、上下に竹三、四本を横たえて、緊束するを常とす。しこうして一梱の数量は、必ずしも一定せざるも、概して百四、五十斤および二百四、五十斤の二種に区別す（ただし一斤は二百匁）。もっとも濰県地方にては、大包多く、小包少なし。市価百斤につき、九弗二十仙ないし十弗くらいなり。

第三節　仕向地および輸出額

濰県において産出するたばこは、四、五分は内地各所に輸送して需要に供し、その他はほとんど芝罘に送り、巻たばこ製造の原料となり、また芝罘より他に転送す。青島を経由して、上海、香港等に輸出するものあり。芝罘にありては、中安公司、仁増盛煙草公司、隆盛公司、恒利公司等の巻たばこ製造所ありて、これが製造に従事す。

第七章 山東省の塩

第十期生調査

第一節　総説

本省海岸は、一帯、製塩に適す。膠州湾以東、山東角にいたる南海岸には、塩場少なしといえども、その他の海岸、ことに渤海および膠州湾口に面する地方は、はなはだ盛なり。

本省産塩区は、地勢上すでに渤海沿岸と東海岸の二に分かれ、塩政上においても自然に分界せらる。すなわち山東塩運使の下に、膠莱分司および浜楽分司をおき、塩務を処理せしむるもの、現時は十八場あり。

浜楽分司所属

永利、霑化、永阜、利津、富国、昌邑、官台、寿光、王家岡、楽安

膠州分司所属

西山、掖県、登寧、福山、石河、信陽、濤雒　日照

第二節　山東省東部の塩

第十期生調査

一、産地

山東東部にては、芝罘、威海衛より栄城、裡島、石島口一帯にいたる間、製塩はなはだ盛なり。膠州湾地方は、近くドイツ人の力によりいちじるしく産額を増し、膠州湾以東、海陽地方またこれを産す。

栄城県下にては、石島口、裡島を産塩中心とし、前者付近には漲馬港、孫家灘、干家灘、官家灘、弛家灘、礒家灘などあり。後者付近には海崖、蚵江、曲格、屋渡等あり。

威海衛付近にては、労台港、金山港、漲濛港より芝罘にいたる間、塩田相連なる。海陽にては、乳山を著名の地とす。

石島地方は、山東中、有数の産塩地にして、この間、塩灘の数、実に五十を算し、産塩地三千畝（中国畝）と称す。ただし塩灘の平均畝数は、各二十畝余なりという。

二、製塩時期および製塩法

山東は雨量少なく、土地干潟に適し、もっとも天日晒《てんぴざらし》製塩に佳なり。されば四季製塩に適するごときも、冬季においては塩田氷結し、夏季においても七月中旬より約一か月間は、梅雨の時期なるをもって、この両期はしばらく製塩するを得ず。製塩は梅雨期をふくみて、二月下旬より十一月下旬までとし、梅雨期以前を春塩とし、以後を秋塩となす。

製塩のもっとも盛にして、また収穫のもっとも多量なるは、五月、六月の両月なるをもって、両月における製塩の良否は、年産額の成績に影響す。ゆえに塩業者は、大にこの間に向かって心血をそそぐという。

製塩方法は、古来の方法を墨守《ぼくしゅ》し、すこぶる幼稚の感あり。もちろんところにより多少の差あるも、普通行なわるるものは、まず月に数回、潮時を利用して海水を貯水溝に誘入し、外部との交流を絶ち、次にこれをただちに結晶地に汲み入れ、天候を利用して蒸発結晶せしむ。

以上は多く、東海岸の僻地に行なわるる方法にして、寧海、威海衛、芝罘地方にては、やや進歩せる方法をとれるを見る。第一の貯水池の次に、別に蒸発池を設け、ついでこれを結晶地に導く。貯水池より運ばれたる蒸発地、および結晶地の水はおおむね深さ一寸余なるを見たり。

かくして結晶すれば、杷子をもってかき集め、籠に盛り、塩田のかたわらに運び、円すい形に堆積し、蓆子をもってこれを覆い、売約のなるを待つ。この種の一時的貯蔵法は、山東東海岸一般にこれを見、北海岸にいたれば、塩田のかたわらにこれを貯積するなく、比較的、遠距離に好適の地を選み、堆積す。その理由のいかんは、これを知る能わざるも、東海岸は北海岸に比し、地勢上はなはだしき相異あり。北海岸が多く海岸白砂の坦々《たんたん》として連なり、したがって平地のすこぶる多きに反し、東海岸はわずかに塩田のある地方をのぞけば、他は海岸といえども山丘連なり、平地を得るにやすからざるものあり。されば比較的、狭少の地域をもって、できうる限り、これを塩田として使用し、他に運搬して貯蔵するがごとき地域を有すること、少なきがためならんか。

三、塩田一畝の産塩額

塩田一畝の産塩額は、その産地天候の関係、技術の巧拙《こうせつ》により、一様に論ずる能わず。かつ中国人の一畝と称するは、果たして若干の地域を指すや、畝には大小あり。いずれをとるや、かついうところまちまちにして、一も信ずるに足るものなし。しかれども関東州の製塩において、下等塩田よりは、我が一町歩に年額六万斤、上等塩田よりは二十万斤内外を得るといい、しこうして山東塩は関東塩より産額多くして、かつ製塩期間も一か月半長期なり。ゆえに中国農工商部の規定にしたがい、我が一反が中国の一畝六にあたるとして計算すれば、一畝六の産額は、九千斤より三万斤の間にあり。ゆえにこの中間をとりて、一畝の産塩一万四、五千斤と見るべし。

四、塩田の課税

塩田の租税はいたるところ異なるも、東部地方にては、一年に一畝の塩田より銀三銭〇四厘を徴せらるという。

裡島税関における課税は次のごとし。

入口

東塩（外来塩）	毎一石	三十文
本地塩	毎一石	十五文

出口

両者ともに毎石六十文なり。一石は三百六十斤とす。

威海衛においては入口の際、税捐として、毎石洋一分を徴す。一石を四百斤とす。

芝罘においては入口の際、山東塩には一万斤に一吊文を徴収す。

五、塩産地における一斤の価格

石島地方における原価は、三、四文を上下し、石島に運搬して毎斤の小売価格は四、五文内外なり。

六、品質および重量

山東塩は品質きわめて良好なれども、その製造法の粗雑なると貯蔵法の不完全なるより、泥土その他の不純物の混入するもの多く、白色を呈するなし。ゆえにこれを日本にて使用する場合には、再製の後にあらざれば不可なり。褐色にして、結晶の大なるは塩分多く、苦汁をふくむこと少なし。ゆえにその外観すこぶる不良なるも、醤油の醸造をなすときは、良好なる結果を挙げ得という。

塩の重量は、三百六十斤ないし六百二十斤を一石とす。しかれども一石の斤量標準は、地方により相異あり。石島地方は三百六十斤、威海衛地方は四百斤を標準とす。

塩をはかる枡を塩斗といい、口部せまく、底部拡大せる箱なり。

七、塩田の経営

塩田の経営は自家経営にかかるものと、小作せしむるものとあり。山東には寧海府下威海衛、芝罘の近傍《きんぼう》は多く、小作法をとり、東海岸および北西海岸の僻地にては、自作によるもの多きを見る。自作者はその家族等が経営せるものなれば、複雑なる関係なきも、小作せしむるものは、その塩灘所有者は小作人に製塩器具の一切を貸与し、なお食費、塩田修繕費、器具修繕費等は、塩田所有者自ら立替へおき、製塩期終わり、所有者と小作人との間に、この費を折半《せっぱん》して負担す。塩は予約の率にて、これを分配す。また売却して後、その資を分配するものあり。

関東州にありては、小作人が所得する金額は、製塩期約八か月間に金五十円内外なりという。

八、塩の荷づくりおよび運搬

塩を輸出するに船積みにてするものは、散積すなわちなんら容器をもちいず船内に投入し、アンペラにて艙口を覆う。その方法、すこぶる簡単なれば、小形のジャンクにても、比較的多量の積込みをなし得、陸運によるものは馬車にてアンペラを敷き、そのうちに放積す。馬、ラバ、ロバによりて運搬するには、鞍の両側に二個の籠を結び、これに投入す。汽車運送をなすには麻袋入となす。

なお威海衛、石島等における塩の問屋が、内地塩を購入して、購客を待つ間貯蔵するには、地盤を泥土にて固定し、雨水の浸入を防ぎ、地盤を一段高からしめ、中央を高くし、四方を漸次《ぜんじ》斜面とし、その上に塩を堆積し、一は苦汁の流下を易からしむ。その家屋内にあるものは、周囲その他に覆蓋《ふくがい》をほどこさざるも、露天にあるものは、アンペラをもって周囲を巻き、上部を覆う。中国人はこれを囷圏と呼ぶ。

九、威海衛における塩

威海衛はイギリスの租借なるため、イギリスの定むる規定によらざるべからず。その規定によれば、およそジャンクをもって、塩を輸出せんとするときは、そのジャンクの容積のいくばくなるを問わず。その仕向地の何たるを問わず。単に一艘二十両の港税を徴するにとどまり、その他に課税することなし。ゆえに大形のジャンクによるものほど、利益ある状態なり。

威海衛よりときに香港、仁川に輸出す。威海衛にて大正元年、春季に日本商人の売買せる相場は、平均百斤、日貨四十五銭にて、これを仁川に運搬する費用は、毎斤十二銭なりという。

十、芝罘における塩

芝罘は、山東の主要輸出入港なるをもって、塩の集散もまた盛なり。そのもっとも輸入の盛なるは、六月頃なりという。輸入塩は、内地にて需要するものをのぞき、他は多く朝鮮に輸出す。その生産は、登州以東の山東北海岸地および石島以北の山東東海岸一帯とす。その輸入額中、四百万斤はジャンクにより、他に陸路によりて運送せらるるもの、二、三十万斤あり。しこうして陸路輸入のもっとも多きは春季（旧一、二、三月頃）とす。

価格は粗塩にて一斤四文より六文の間、小売は五文より六文を往来すという。

十一、膠州湾における塩

膠州湾内の産塩は、ドイツ総督の指令により、人民に製塩の権利を付与す。しこうして、工業用として使用するも、輸出をなす場合も、毎担三仙の塩税を徴す。ドイツ租借地の塩田所有者にあたえたる、青島駐在総督の塩に関する規定は左のごとし。

一、膠州湾内の海塩収獲の権利は、青島総督府の会計部に属す。
二、総督府は人民の請求によりて、塩の収穫に要する塩田を使用するの権利を与う。その手数料は五千平方メートルにつき、毎年四弗と定む。権利をあたえられたるものは、総督府の発給せし、免許状を携帯するを要す。
三、租借地域内にて、製塩せるものにものに対しては、輸出入または工業用に使用するものに限り、一担三仙の塩税を徴す。
四、塩税を詐欺せるものは、二十弗ないし二千弗の罰金に処す。詐欺の未遂も同罰に処す。もし納付し得ざる場合には、三か月以内の期間、獄に投ず。
五、本規定は、一九一〇年四月一日より執行す。

一九一〇年三月十二日
青島帝国総督代理
マイエル・ワルデック

右の規定により、人民に付与せられたる権利を有する塩田所有者は、相連合して塩税統一公所を設立し、斯業《しぎょう》の発展をはかる。湾内の当業者は、ほとんどこれに加入せるもののごとし。しこうして、連合者の製塩は、同公所より発売す。

従来、膠州湾内産塩は、南京および香港に輸出せられ、また朝鮮の釜山、仁川にも輸出す。

青島輸出の塩

一九一一年	一二五、六六三担
一九一二年	五四五、二〇三担
一九一三年	三五一、四九五担
一九一四年	四三三、二八〇担
一九一五年	三〇一、二六四担

第八章 山東および南満における柞蚕

第九期生
第十期生
調査

第一節　産地

満州および山東省は、柞蚕の大産地にして、芝罘はこれが製糸場たり。その他、柞蚕産地として知らるるは、貴州、四川、広東、湖南、河南等なり。今、満州および山東の産地を挙ぐれば次のごとし。

山東省

寧海、文登、棲霞、海陽、莱陽、招遠、栄城、膠州、昌邑、日照、沂水、諸城、莒州、蒙陰、なかんずく、最盛なるは寧海、棲霞、文登の諸県なりとす。

満州

蓋平県（花紅峪、赭紅峪、大頭溝、三脚山、潘店家、梨子団、接官庁、万福荘等）。

遼陽県（大連河、玄洞峯、隆昌等）

寛甸県（二瀧渡、站子潤、石柱子、北浦石河、長甸、大甫石河）

安東県（大砂口、大如項子、菲坂石、転水湖、梨附溝、紅石粧子、油盤溝、三截台、小連溝、烏京飛前、大河滙、龍泉溝、金山海、仏茸子溝、棗子園、五龍背、爺岺、三股流、大樓房、和尚溝、安平河、南北搶棲房）

寛甸県（長甸、永甸、赫甸、大荒溝、東洋河、大蒲石河、小蒲石河、南荒溝、廟太子、白菜地、香爐溝、安手坦、韮菜溝、樺樹甸子、獲甸、皮甸）

鳳凰県（九廟子、韮園子、二道溝、東陽、端山城、石頭城子、辺門子、岫嵓州、南大孤山、東大孤山、荘河）

第二節　柞蚕の性質

柞蚕は Jussur または Jussare と称せされ、学名を Ant heraea pernji といい、柞、槲、櫟、楢等の葉を食して成長する二化生虫にして、春夏の二期に発生す。

春季発生するものは、前年より繭内にさなぎとなれるもの、春暖を待ちて、化蛾産卵し、その卵十二、三日をへて孵化《ふか》するなり。その孵化後、四十余日にして結繭す。これを春蚕という。春繭は二十余日にして再び、化蛾産卵す。卵は春蚕よりやや速く、十一、二日の後、孵化し、これが幼虫は孵化後、五十日内外にて、結繭越年す。これを秋蚕と称す。しこうして柞蚕は元来、二化生なるも、天候等の関係にて春季結繭の遅れたるものは、夏季に化蛾することなく、翌春にいたり化蛾する一化虫のものあるも異例なり。

蚕児は四眠なるを普通となすも、往々、三眠また五眠なるものあり。しこうして蚕児の孵化当時は、頭部赤褐色、全身黒色多毛なれども、第一眠を終われば、脱皮して黄緑色に変じ、第二眠の脱皮後は鮮緑色となり、背側に各数対の銀色斑紋《はんもん》をあらわし、三、四眠をへて、ますます緑色を加え、老熟に近くや、背部やや透明となる。

蚕繭または山繭と称せられて、家蚕繭に比し、その形すこぶる大きく、その重量はほとんど二倍し、中部は太く、両端蚕形をなし、その色は淡青または淡黄を帯ぶ。

さなぎは、その形態また家蚕に比して、大に、蛾は一般天蚕蛾属に透明円紋を存し、その周囲は紅および黒線をめぐらし、翅《はね》は黄褐色にして、前翅の前線には、その尖端にいたりて消失する紫色の帯を有し、また各翅の外線に近き部分には、紫紅色の帯を有す。翅を開展するときは、後翅の内線より起こり、前翅の前線に終わる連続せる一横帯のごとく見ゆ。触鬚《しょくしゅ》は、雄《オス》は太く、雌《メス》は細く、ともに櫛歯《くしは》状をなす。腹部は、雌は肥大にして、雄は細痩なり。

第三節　飼育場

柞蚕《さくさん》は、柞《さく》、槲《かい》、櫟《れき》、楢《なら》等の樹上に放養飼育するものにして、これらの樹木を放蚕樹といい、放蚕樹のある地を蚕場と称す。しこうして、放蚕樹の種類は、山東省においてはもっぱら柞樹とす。柞樹の幼苗を灌木のごとく、矮小ならしめしを梈羅といい、成長数年におよび、喬木となれるを一般に柞と称す。また大葉柞、小葉柞、尖葉柞等の別あり。土俗には、大小の柞葉樹を総称して、青槓子という。

柞樹は自然生のものありといえども、多くは播種により栽培す。種子を橡子といい、黒土もしくは砂石をふくめる山地を選び、秋季にこれを播下すれば、翌年、春季穀雨節にいたれば発芽す。

柞樹、播種栽培方法は、通常二本ないし四本を一株とし、一天地（我が約三反三畝）に五百株ないし八百株を栽培す。しこうして、その仕立法としては根苅および中苅の二様あるも、本省においてはおもに根苅法によれり。播種後、もしくは伐採後、三、四年を経過せる四、五尺の高さをもっとも適当とするがごとく、一樹に十疋内外の蟻蚕を放養す。放蚕樹は年をへるにしたがい、葉硬く、かつその葉量を減少するのゆえをもって、普通四、五年ごとに輪伐《りんばつ》す。放蚕樹、病虫の害に対しては、いまだなんらの研究なく、ほとんど自然に委《い》するもののごとし。

蚕場は湿気少なき、すなわち高燥にして、北風を受けざる陽地を可とす。本省半島部においては、おおむね山岳丘陵の磽确《ぎょうかく》なる地を利用して、これに蚕場を設く。土地肥沃なれば樹葉豊富、蚕児の発育好良、繭質佳良なるは明らかなりといえども、耕作に適せざる不毛の地を利用して、はじめて有利なるものなれば、あえて沃地を要せざるなり。

第四節　飼育時期

柞蚕《さくさん》の飼育は、春秋二期に行ない、気候の寒暖により遅速《ちそく》あるも、その飼育時期大約《たいやく》左のごとし。

一、**春蚕《はるご》**　四月上旬（清明節前後）にいたり、出餓産卵、十二、三日後、すなわち穀雨の頃、孵化《ふか》す。されど放蚕樹の発芽に応じて遅速あり。一齢中は、水桶あるいは湿潤の地において、嫩芽《どんが》ある放蚕樹をもって飼育し、二齢にいたりはじめて蚕場に放養す。六月二十日前後（夏至頃）にいたり、結繭するを待ち、収獲す。

二、**秋蚕《あきご》**　七月下旬（初伏の候）、出蛾し交尾後、ただちに蚕場に送り、放蚕樹の枝葉に産卵せしむ。半島部蚕場付近にある郷鎮の市においては、柞蚕蛾の売買行なわる。卵は十一、二日の後、孵化し、四十余日にして結繭するをもって、十月初旬（寒露節前後）にいたり、収穫するを普通とす。

第五節　蚕児発育の状態

柞蚕は、普通四眠なるも、まれに三眠あるいは五眠するものあり。しこうして、五眠蚕は秋蚕に多しという。一齢中は黒色多毛にして、約三分大となり。一眠とともに、脱皮して黄緑色に化し、二齢末には約八分大となる。三齢中すでに一寸五分に達し、四齢には二寸以上におよび、四眠後は発育すみやかにして、六、七日を経過すれば、その極に達し、大なるものは三寸六、七分におよぶ。五眠するものは、ことに肥大となり、食葉および睡眠時間は、確実なることを知り得ざるも、土人の言うがままを挙ぐれば、左のごとし。

孵化後	吃葉三日（晴雨により差あり）	一眠二日
一眠後	吃葉四日	二眠二日半
二眠後	吃葉四日	三眠三日
三眠後	吃葉五日	四眠五日
四眠後	吃葉十一日	営繭四日ないし五日

第六節　繭および蚕種貯蔵法

繭を採取するには、手をもって葉とあわせてこれをとる。この際、蚕のいまだ結繭せざるものあるときは、これを他樹に移し、次第に結繭するを待って、これを摘す。しこうして一人一日の採繭数は、普通四千顆ないし五千顆とし、これを運搬するには筐《かご》をもちい、帰後、繭を被包《ひほう》せる柞葉をはぎ、上繭と下繭とを撰別す。繭種を貯蔵する方法は、春蚕と秋蚕によりて異なる。春蚕種は毎秋寒露節後を期し、繭を柞樹上より摘取し、各家に持ち帰り、棚を庭につくり、繭を安排《あんばい》し、小雪の候にいたり、寒気のために繭中のさなぎ蛾、凍死する恐れあれば、さらに棚上より屋内に移し、これを筐中《きょうちゅう》に貯蔵し、冬至の候にいたれば、温度をあたえざれば、凍死すべきがゆえに、炕上に木板を敷き、繭をその上に排置し、大約《たいやく》九日間に手をもって、繭を上下転倒すること一回、寒温ともに均和ならしめ、また板上に放置し、翌年、清明の節にいたり、細麻縄をもって串貫して数珠つなぎとなし、適宜のところに排置し、蛾の出ずるをまつ。毎日日暮れ、蛾はじめて出ずるを常とす。すでに出ずれば、夜半に雌雄を配交して筐《かご》内に入れ、翌日、筐を開き雄蛾をとり去り、雌蛾のみを残留して蛾卵を産出せしむ。また蚕卵は貯蔵して穀雨節後にいたりて孵《ふか》化す。これを春蚕の種となす。すなわち秋蚕より産出するものなり。

秋蚕は小暑後にいたり、春蚕を柞樹上より摘取し、細麻縄をもちい、串連すること春蚕のごとくし、風とおしよき屋内に掛く。盛夏にいたり、蛾出ず。雌雄配交等のごとき、また春蚕と異ならず。ただ翌日午後、雄蛾をすて、細草をもって柞樹の上につなぎ、雌蛾をして、樹上に産卵せしめ、産後十一日にして、孵化す。これを秋蚕となす。周村地方においては二百蛾をもって、一筐となし、四筐すなわち八百蛾をもって、一人の飼養し得る程度となす。しこうして、一筐は柞林十畝(本邦の約六反歩)に放棄し得。

第七節　品質および価格

柞蚕繭の品質は、優劣まちまち相等しからざるをもって、これが鑑定はすこぶる困難なるも、主として左記の条件によりて定むるものとす。

イ、糸量の多少
ロ、光沢良否
ハ、乾燥の程度
ニ、繭内さなぎの生死腐爛
ホ、解舒《かいじょ》の難易
ヘ、屑繭《くずまゆ》の有無多少
ト、繭の大小、形の整否

おおむね、これによりて価格を定め、もって取引す。繭の価格は品質の良否、糸況のいかん、経済状態等により、年々、一定せざるはもちろん、ときと場所により差異あるも、一般に取引せらるる方法は重量によらずして、個数をもちい、通常一千個建にして、その重量、大約《たいやく》十斤、価格は銀一両ないし一両五銭とす。

第八節　産額

柞蚕《さくさん》は、山東内および満州における主要産物の一にして、満州にては西は蓋平より、東は鴨緑江岸にいたる間に放養せらる。その産額の確数《かくすう》は、知るに由なきも、約十五、六万籠（一籠は三万粒ないし三万五千粒）、その重量、大約《たいやく》五十万担内外と称し、南満州の中央に走れる分水嶺を中心として、その東西より出ず。しこうして全産額中、一部は各産地にて製糸せられ、またその一部は芝罘に輸入し、この地にて製糸せらる。

山東の棲霞、寧海、文登一帯の産額も、満州と相対比すべく、芝罘に集まり製糸せらるるもの、もっとも多し。しかれども、山東にては芝罘をはじめ、各地にて製糸せられ、あるいは柞蚕糸として、外国および中国各地に輸出し、あるいは繭紬《けんちゅう》として内外に供給し、これらの産額につき、統計を得がたく、したがって繭の産額も、精確《せいかく》に知りがたし。

今、柞蚕繭の満州各港輸出を見れば、次のごとし（単位は担）。

	安東より	大連より（汽船により）	大連より（民船により）	大東溝より	計
一九一一年	九二、八〇七	一八、四七九	二、三五六	七九二	一一四、四三四
一九一二年	九八、九四七	二五、八八二	一、三九七	九七七	一二七、二〇三
一九一三年	一二〇、一八三	四四、〇四五	一、〇八五	八七一	一六六、一八四
一九一四年	八二、九六七	一七、二〇三	一三八	一、一七八	一〇一、四八六
一九一五年	一六八、六五七	七五、九二六	四七二	一五三	二四五、二〇八

芝罘、青島、大連、安東、牛荘各港より輸出する柞蚕糸および繭紬《けんちゅう》の額を見れば、次のごとし。

柞蚕糸の輸出

	一九一一年	一九一二年	一九一三年	一九一四年	一九一五年
安東より（座繰）	五、〇四〇	七、二六八	五、八三七	三、七九四	八、九五七
大連より（座繰）	一一、八二八	八、七八三	七、七八一	八、七九二	二、一六六
大連より（機械）	―	―	―	―	八、二七〇
牛荘より（座繰および機械）	四、七〇五	八、三七七	四、六七五	二、七〇三	六、四九二
芝罘より（座繰）	一、五八六	八七一	五八九	一一五	三三
芝罘より（機械）	一〇、六〇七	一一、四六二	一三、〇七六	八、二二九	一八、二二六
青島より（座繰）	九六	二九一	三〇四	二〇七	一一七
青島より（機械）	―	―	―	三	四八
合計	三三、八六二	三七、〇五二	三二、二六二	二三、八四三	四四、二〇九

繭紬の輸出

	一九一一年	一九一二年	一九一三年	一九一四年	一九一五年
安東より	九	五一	八九	一二三	一七〇
大連より	―	―	―	―	―
牛荘より	―	―	―	―	―
芝罘より	五、八七六	六、四一四	七、一九八	七、三三八	一〇、一四一
青島より	三、四九〇	三、九四五	六、八九四	三、二八八	二、一二一
合計	九、三七五	一〇、四一〇	一四、一八一	一〇、七三九	一二、四三二

今、柞蚕糸および繭紬《けんちゅう》の平均一年輸出額に対し、その原料を概算すれば、次のごとくなるべし。

柞蚕糸の平均輸出	三四、〇〇〇担	その原料繭	大約	六〇〇、〇〇〇担
繭紬の平均輸出	一三、五〇〇担	その原料繭	大約	三五〇、〇〇〇担
繭の平均輸出				五〇、〇〇〇担
計				一、〇〇〇、〇〇〇担

これより満州および山東の柞蚕繭の産額は、大約《たいやく》百万担なるべしと推定すべく、しこうしてそのうち満州に産するもの、約四十五万担ないし五十万担、山東に産するもの、五十五万担ないし五十万担となすべし。

第九節　取引時期

秋繭の上簇《じょうぞく》は、おおむね十月の中旬頃にして、この候より市場に出で、十月下旬より十一月の下旬に渡り、取引もっとも盛んなり。しこうして満州における出まわり状況は、鳳凰城、その他鉄道沿線の産は多く、鉄路により安東県に輸送せられ、鉄道の便なき地方は、荷馬車により一車五籠ないし六籠を積載し、数十里を遠しとせず、送り来たる。また鴨緑江沿岸にして、水利の便ある地方は、ジャンクにより、二、三十籠ずつ積載して運来す。十一月の下旬もしくは十二月上旬にいたれば、鴨緑江結氷し、交通杜絶《とぜつ》するをもって、各養蚕家および荷主は、争うて出荷し、積出をなすも、例年、閉河の後、積残となるもの三千籠ないし六千籠に達す。しこうして、これら積残されたるものは、翌年、開河を待つもの多し。

第十節　荷づくり

産地より出まわる繭の荷づくりは、柳の枝をもって編みたる。徑二尺五寸ないし三尺、高さ四尺ないし四尺五寸の籠に、二五、〇〇〇粒ないし三〇、〇〇〇粒または四〇、〇〇〇粒くらいを入れ、大小、等しからず。蓋《ふた》は、籠と同じき材料をもって製したるものをもちい、周囲を厳重に麻縄にてぬい、さらにやや太き麻縄をもって上下十字に梱包《こんぽう》し、一見堅牢のごときも、中身三、四百斤を有する荷づくりとしては、いまだ脆弱《ぜいじゃく》なるをまぬがれず。ゆえに船積みの場合、往々、荷物破壊し、不測の損失をこうむることあり。けだし、かくのごとき不便なる荷づくりをなすにいたりたるは、柳枝以外、適当の荷づくり材料なきゆえならんも、また税金の関係もあるならん。

現今、中国内地山繭出産税は、籠の大小を論ぜず。一籠銀三匁五、六分を課するより、養蚕家は荷づくりに際し、容量を大にせんとする傾向あり。荷づくり容量一定すると否とは、取引上受くるところの便、不便、はなはだしきも、税金の同一なるよりかくのごとくなすにいたれるなり。

安東県、大孤山等より芝罘に輸出するにあたり、繭以外に繭控と称する出殻繭を輸出す。これも荷づくり法は、前述の籠に装入するか、あるいは麻袋を使用す。籠をもちいたるときの重量は、毎一個、二百斤内外なり。麻袋をもちゆるものは、四袋をたばねて一包となし、毎包の重量四十斤ないし八十斤なり。

安東県より輸出する山繭の大部は、芝罘に送られ、これらは芝罘にて製糸原料に供せられ、寧海、棲霞等の諸県下に輸出せらる。

第十一節　取引慣習

芝罘製糸業者の安東にて、山繭を買い入るるの方法は、安東県等に出まわるものを待つて買い入るるものあれども、多くは十人ないし二、三十人を産地に派し、産地地方の繭杷子すなわち仲買《なかがい》をへて買い入るるなり。

買い入れ者は、桟房に宿泊して、貨物の上市を待つ。桟房はいわゆる仲買問屋のごときものにして、売買両者の間に立て、その取引を成立せしめ、買客の買収したる繭の保管船積等、一切を助くるものにして、手数料は普通取引価格の百分の二にして、すべて現金払いとす。手数料は売り手の負担に帰し、売り手の手取は九八％とす。

産地における建値は、千粒を小銀貨にて定む。ゆえに例年、収穫時期にいたれば、小銀貨の需要にわかに起こり、小銀貨相場の上騰《じょうとう》するを常とす。

安東県、大孤山、大東溝等における売買は、千粒を建値とすれども、価格には両をもってす。皆、現金取引にして、延取引なし。荷づくり用の籠および外部十字に掛け渡しある縄は、通例、繭価以外に若干と定むる習慣なり。しこうして、籠の価は普通、小銀貨六角、縄一斤二角五分をもって計算す。ただし特約を結びし場合は、この限にあらず。

受授の方法は、小数の取引なるときは、売り手をして、契約済の繭を千十粒ずつ数えて山をなさしめ、買い手はそのなかの一、二籠を精細に数え、もし一、二粒にても、不足せしときは各山をも同数量と見なし、受け渡す。されど多額の繭を受授する場合は、三万ないし五万粒の平均重量をとり、これにより粒数を算出するを常とす。ただし輸出にては一、〇一〇粒をもって千粒と計算す。これ運搬の際、多少遺洩するをもって、売り手よりこれを補充するの意に出でたるものなり。繭はその数を呼ぶに一万を一十千といい、十万を一十万という。芝罘より買い出しに出張したる店員は、荷物の保管、金融、その他積み出しの手続きを依頼するため、各輸出地に一定の問屋を定め、これに託す。しこうして、これが報酬として買い手は、毎籠五吊文(小銀貨七十六銭余)を問屋に支払う。

第十二節　各製糸家の金融

繭の買い入れは、一年分の繭を購入し、貯蔵するために、一時巨額の資本を要す。ゆえに芝罘製糸家の多くは、外国資本により、あるいは上海に本店を有する資本家により、経営せらる。しこうして安東県等にて、繭代の支払いは、見票遅十天、すわなち一覧後、十日払いの手形を上海の資本本店、または取引銀行に振あて、これを支払う。しかれども、多くは手形の裏書を芝罘の大銭荘に依頼す。また上海における資本家は、支店本店の関係なるときには支払いをなすを要せず。しからざれば、その製作品たる蚕糸を上海に送付して相殺《そうさい》す。したがって柞蚕糸は、大部分、一度は上海に輸出さるるものとす。要するに、上海はこれら金融の決済地なり。

第九章

芝罘における柞蚕製糸業

第九期生
第十一期生
調査

第一節　総説

中国において、柞蚕糸《さくさんし》製造の最盛なるは、芝罘にして、四十余の工場は盛に製糸に従事す。その原料たる柞蚕繭は、寧海州、棲霞県、文登県等の諸地方に産するもの、および南満州産なり。その工場の規模は、比較的大にして、あるいは座繰《ざぐり》にて、あるいは機械をもって製糸す。

製品は漂白せず、外国に輸出し、また繭紬《けんちゅう》の原料となす。海外における重要は近年、次第に増加し、アメリカ合衆国およびフランスに多く輸出す。

第二節　原料

柞蚕糸の原料たる野蚕繭《やさんまゆ》は、本省産出も、その額多けれども、製糸工場の重要を満たす能わず。これが供給を満洲に仰ぐ。すなわち安東、大孤山、大東溝、荘河、青堆子、貔子窩、龍王廟、大連、営口等より来たる。

芝罘における繭の輸入額は、次のごとし。

	芝罘常関へ	芝罘海関へ	計
	担	担	担
一九一一年	一三〇、六〇〇	一一三、三七八	二四三、九七八
一九一二年	一一五、五二一	一二五、五〇一	二四一、〇二二
一九一三年	九二、九四〇	一六〇、四三八	二五三、三七八
一九一四年	二八、一一〇	九一、三一三	一一九、四二三
一九一五年	七二、五六二	二四九、八四〇	三二二、四〇二

すわなち年々、大約《たいやく》二十万担、ないし三十万担を輸入す。

満洲繭の出まわりは、普通十月末より十二月までの間にして、芝罘より産地に人を派し、収穫の状況、相場の高低を調査報告せしむ。しこうして、買い出しの方法は、多く繭行より買いとる。

繭の輸入荷づくりは、高さ四尺、徑二尺七寸内外の柳条をもって編製せる円筒形の籠をもちい、これに装入する繭の数量は、三万ないし三万五千個にして、各籠ごとに数を読みて取引し、千個をもって単位とし、一籠の重量は三百斤（一万個につき百斤）内外なりとす。運搬は、汽船または民船による。

第三節　製糸工場

本省において、柞蚕製糸地は、芝罘、寧海、棲霞とし、なかんずくもっとも盛なるを芝罘とす。工場四十四、機械台数、約一万五千台あり。

今、芝罘における柞蚕糸工場およびその機械台数を挙ぐれば、左のごとし。

工場名	商標	台数	工場名	商標	台数
乾益恒		一八〇	祥記		三〇〇
盛記		三〇〇	泰安恒		二〇〇
怡華恒		一六〇	福記		一一〇
源茂号		一七〇	長生利		二三〇
和聚興	華盛頓	五六〇	順記		三一〇
永記	太陽塔	五五〇	同盛玉		一〇四
裕徳源	雀梅、鴛鴦	五〇〇	義豊恒	紡糸、黒双塔	五〇〇
義豊徳		六五〇	徳順太		一八〇
益盛東		六〇〇	和記	人傘	三〇〇
徳生祥		二二〇	聚盛号	魚缸	五〇〇
同和公		二〇〇	裕順徳		二一〇
成和昌		二八〇	西裕記		二一〇
東裕記		二〇〇	東徳説	雀梅鴛鴦	三二〇
義手興	紡糸、黒双龍	五二七	西徳記	雀梅鴛鴦	二七〇
恒祥公	黒猿	六〇〇	源記	雀梅鴛鴦	四二〇
利恒	黒塔	五〇〇	義昌	全象	三〇〇
仁興永		三〇〇	銭発太		一六〇
広順		二〇〇	福盛長		二〇〇
天真隆		二〇八	陸興東		二〇〇
同泰順	日本娘	三八〇	双聚興	魚缸	五〇〇
義孚同	牡丹	六〇〇	昌記	黒猿	二三四
利記	黒塔	四八〇	公晋和	金蝙蝠	五〇六
			合計		一四、六二九

しこうして、以上挙ぐる工場にて、商標を有せざるものは、跑街糸または本街糸と称し、商標品に比し、品質劣る。一般に跑街糸一等品は、商標品の二等品に相当す。

第四節　殺蛹法

生繭を永く保存するときは、蛹化《ようか》して蛾《が》となり、繭を破り、かつ往々繭の潰瘍《かいよう》を来たし、良質の繭もために汚染、あるいは黴《かび》を生じ、その品位を下落せしむ。ゆえに短期間内に製糸するものをのぞき、これを加熱乾燥して殺蛹《さつよう》するを通例とす。しこうして、加熱乾燥によりて殺蛹するものは、これを烘繭と称し、これが目的のため建設せる小屋を烘繭房という。烘繭房はレンガをもって長さ約四間ないし六間（工場の大小により、同じからず）、幅約八尺、高さ約八尺くらいの室《へや》を設け、約八尺ごとに間を仕切り、各々門扉を設け、床下には炕《かん》を通じ、後方あるいは側面等に焚口をつくり、床上には約七寸の間隔を設けて棚を架し、これに長さ三尺五寸、幅一尺五寸、深さ五寸の箱を排列す。しこうして箱の底部は、割竹または葦等をもってつくり、室内暖気の流通を良好ならしむ。殺蛹すべき繭は、平均箱内に入れ、これを棚上にならべ、焚口より焚火すること四時間にして殺蛹《さつよう》を終う。一室中に架せる棚の数は、四列五層にして、一箱中の繭数は、二千個をもって適当とするがゆえに、一室一度に四万個の繭を殺蛹しうるという。しこうして、一昼夜の作業を間断なく行なうときは、五回を繰り返し得べきがゆえに、通常一日一室の乾燥繭数は、二十万個なりという。

第五節　製糸法

中国人のいわゆる繅糸にして、現今、芝罘にては座繰《ざぐり》製糸と機械製糸との二種あり。前者の使用する機械は、足踏器にして、後者は蒸汽動力による。三裕糸廠のごときは、まったく前者をもちい、芝罘における少数の工場のみ、後者の方法によるものとす。今、その得失を論ぜんに、製品の品質より見れば、元来、繰糸のごときは、一種の技術にして大なる熟練を要し、言うべからざる点において、巧拙《こうせつ》を生ず。さればこの熟練をもってせば、両者の間にほとんど差違なきものとす。また生産額より見れば、これに使用する労力は、さまで大なるものにあらず。かつ枠を回転する度数も一定せるをもって、これまた両者に差違なきものとす。経済方面より見るに、両者いずれの方法によるも、機械一台につき、職工一人を要するをもって、賃金の差違なく、かえって後者によるときは、機械据えつけより原動力に要する費用増加し、この点より言うときは、前者は大に後者に優る。現今、芝罘において多く座繰機械を使用するまたゆえなしとせず。

製糸方法は、繰糸をなす前にあたり、予備工程をへるを要す。今、左に順序を追いて述べんとす。

第六節　蒸繭法

まず四、五千個の繭をとり、図に示すがごとき、繭戈と称する繭を煮る釜に入る（三裕糸廠は四十竈あり）。繭戈は、径三尺ばかりの鉄釜と繭を入るべき籠（竹または楊柳にて製す）、および竈の三部よりなり、はじめ釜中には繭千個につき、約三十匁の炭酸ソーダ

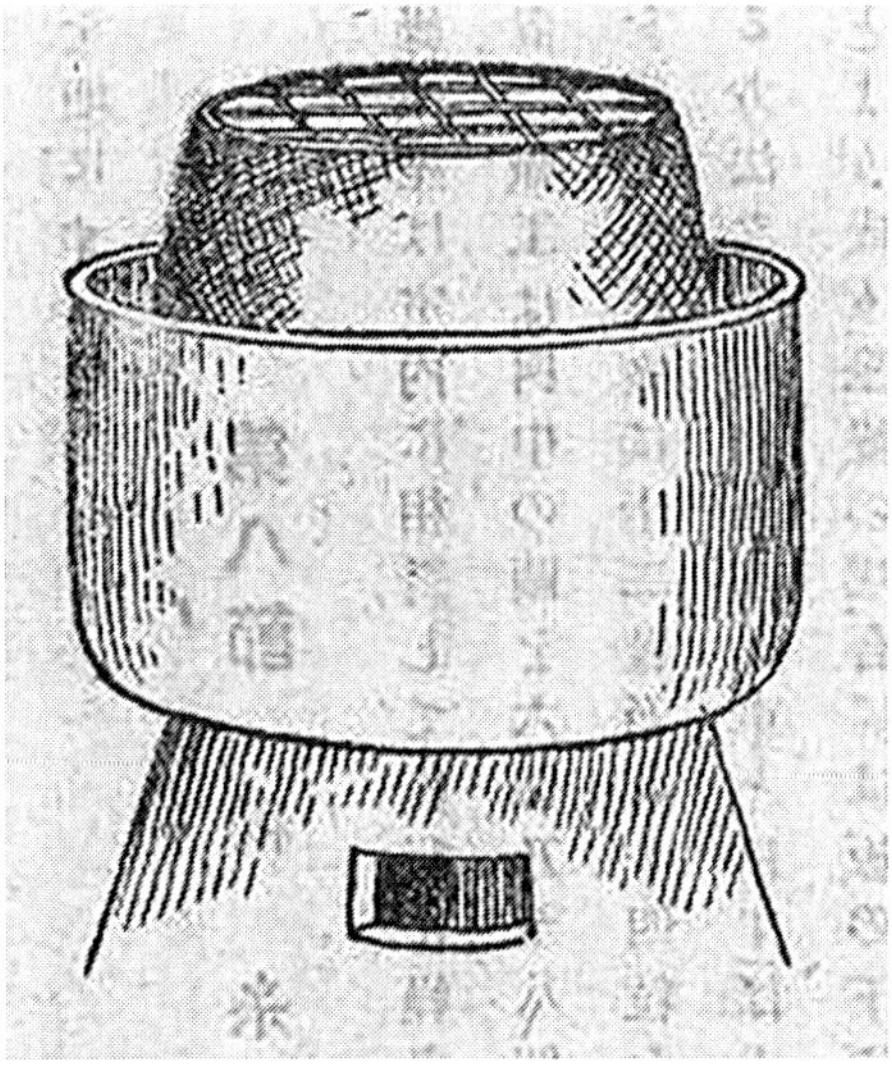

を、少量の水に溶解して沸騰《ふっとう》せしめ、このなかに繭を投入してよく攪拌《かくはん》しつつ、約三十分間煮沸《しゃふつ》す。かくしてソーダ液のよく繭層内に浸み込みたるを待ちて引きあげ、しかる後、釜の焦げつかざる程度に水を加え、かつ釜底には木架をおき、その上に前に煮熟したる繭を入れたる籠を据え、蓋《ふた》をなし、蒸すこと約二時間にして、繭のよく解除せらるるにいたり、引き揚げ、そのまま冷却せしむ。

第七節　剥皮法

かくして冷却されたる繭を除皮《じょひ》室に運び、広き板上に積み重ね、一々指頭《しとう》をもって外皮を剥ぎ去る。外皮はすなわち屑糸《くずいと》なるものにして、中国人はこれを大挽手と称す。この外皮を去る際、とくに注意すべきは、繭の柄のなきほうよりとり去るを要することなり。もし反対の方よりりするときは、繭の一方、開口して、繰糸はなはだ困難となるのみならず、糸量において大なる損失を来たすものなり。次に百個ないし百二十個ずつを枡に盛りて、職工に配布す。職工は各々、木札と引き替えにこれを受けとり、もって一人一日の繰糸量を明にす。

第八節　繰糸

繰糸室は、室内に相対して数行に繰台を据えつけ、一室内に約三十台ないし五十台をおき、職工は枡中《ますちゅう》の繭を六個ないし八個をもって、小枠糸（芝罘にては小枠糸多しとす）を繰り、大枠糸は十二粒ないし十四粒をもってし太糸をつくる。いずれも板上繰上と称する方法なり。繰糸器（纊糸車と称す）は、上部に回転する枠と、下部に繭をおくべき板とよりなり、座繰《ざぐり》の場合には、板の下に二箇の棒あり。これを踏み、上部の枠の回転し（機械なれば原動力によりて枠を回転するものとす)、糸工は絶えず糸の解除せらるるに注意し、なお糸の切断を見やすからしめんがため、前方に黒板を張る。

一人一日の繰糸量は、職工の技量によりて大差あるものにして、劣等の職工はわずかに四、五百個の繭を繰るに過ぎざれども、熱練せるものにいたりては、千個ないし千二百個を繰りあげ、繭百個より繰り出さるる糸量もまた繭の品質に大差あるがゆえに一定せざれども、大約《たいやく》、上等繭にて小枠糸を繰糸する場合は、八匁ないし十匁と称すれども、劣等繭にありては、六匁内外なるあり。大枠糸を繰る場合には、十匁ないし十二匁を得という。職工は一桝より繰り出されたる糸をもって一綛《かせ》とし、一枠に四綛ないし五綛を巻きとるを普通とす。

第九節　乾燥法

繰れたるままの柞蚕糸《さくさんし》は、温気および種々のばい菌を有する多きをもって、これを乾燥し、かつ殺菌せざるべからず。その方法は、二あり。一は綛にされたる糸を籠に入れ、烘糸房と称する密閉したる一小室に籠を入れ、下部に設けたる坑《かん》に火を焚き、室内の空気を温暖ならしめ、もって糸を乾燥せしむ。通常、一回に三時間を要す。また他の方法は、繅糸車の作業部分をことごとく、板にて囲み、かつ鉄管をこの箱のなかに導き、絶えず蒸気を通じて、もって糸を作業中に乾燥せしむ。この両者の得失を論ずれば、前者のほう、時間を要するも、その目的を達すること顕著《けんちょ》なりとす。

第十節　製品の検査

糸は、次に捻造室すなわち仕上げ室に送り、一々これを検査し、かつ捻をほどこす。その方法、次のごとし。

一、繊維の細太
二、光沢の良否、および色沢の不同
三、伸度、および強力
四、切断の多少、および類節の多寡

第一の方法は、まず検尺器《けんじゃく》と称する尺度を定むる機械に掛け、一綛中の一か所、あるいは三か所を切りとる。検尺器は、四百回（一回転は一・一二五メートル）回転して四百五十メートルを得。次に切りとりたる糸をデニール衡器に掛けて、重量を測定す。重量の単位はデニールをもって表し、一デニールは〇・五四グラムなりとす。四百五十メートルの重量は、繭の品質および大枠小枠両線により差あれども、同一の場合には、この重量はほぼ一定するをもって、これにより重量の大なるものは、繊維太しとし、小なるものは細しとなす。

第二法、光沢の良悪は織物に対し、大なる影響をおよぼし、色沢の不同は悪繭、または汚染繭を混淆して繰製したるにより生ず。もし不同ある原料をもって機織するときは、染色均一ならずして、斑紋《はんもん》を生ずるものなれば、いずれも十分の注意を要す。しこうして、これを鑑定するは肉眼によるほかなし。

第三法は、伸度および強力を検査するものにて、これに使用する器械は、検力器なり。これによりて、製品の伸度および強力を検査す。

第四法は、看糸人が糸を広げ、肉眼にて看別するものにして、別に機械を使用せず。切断の多少は繰製する際、例えば六縷付なるを、その三縷切れたるを顧みずして、繰製したるがためなり。再製または機織するにおよびて、しばしば切断するときは、多く屑糸《くずいと》を生じ、手数を要し、時間を費し、そのうえ、上等品を製すること能わざるにいたる。類節の多寡は、その原因、種々あり。あるいは繭の良好ならざるがため、あるいは繭を湯中に浸しおくこと久しきに過ぎしため、あるいは緒糸を立つるとき、とりあつかいの粗漏《そろう》なるがため、あるいは繰製の良からざるがため、あるいは湯の温度熱きに過ぎて、繭糸早く解崩《かいほう》し、繰製するにしたがいて、もつれあがるため等にして、機織するときはこれを除去せざれば、上等なる品をつくり得ざるなり。

今、左に芝罘柞蚕糸を南満州に産する柞蚕糸と比較し、その特徴を挙ぐれば。

項目	芝罘糸	満洲糸
色沢	色やや浅く、同商標の糸はほとんど一定せり。光沢もやや可なり。	濃き茶褐色もしくは灰褐色にして、その色合もまたまちまちありて一定せず。はなはだしきものにいたりては、泥土を塗りたるがごとき観あり。
束装	一括の品位ほとんど整一にして、綛の大小少なく、緒糸もやや見やすし。	芝罘糸に反し、一括の品位一様ならず。また結束糸として、他のものをもちゆ。また柞蚕糸にて中央一か所をしばり、緒糸を見出すにはなはだ困難なり。
絡交	機械繰糸にありてはやや完全なり。	絡交角ほとんど一定せず、まとわず。
枠角	固着すれども、枠角小さきゆえに固着の距離もまた小なり。	固着する距離長く、はなはだしきは綛全体が一つに固着するものなり。
手触り	温気をふくむ多きために手触り柔なり。	芝罘糸に比し、石灰質をもって多く増量せるがため、温気は多くふくめども手触り粗硬なり。
抱合	抱合ははなはだ悪しく、一度綛の捻を解けば、直に毛羽を生ず。	抱合の度合、芝罘糸に同じ。
趣味	精練したる麻糸のごとし。	精練せざる麻糸のごとし。
再繰	繰り返し、はなはだ困難にして、検尺器四百回の糸を操るにも四回ないし八回も切断す。	繰り返し、前者よりもなお困難なり。同じ四百回を繰るに八回ないし十二回も切断す。
繊皮	繊度一定せざれども、もっとも細きところと、もっとも太きところとの差は比較的少なし。六粒ないし八粒取を普通とす。	きわめて不完全にして細太の差もまた大なり。十粒取ないし十二粒取を普通とす。
類節	大節は、比較的少なり。四百五十メートルの長さ、およそ二十五個平均なり。小節は多く平均百二十個なり。	大節ははなはだ多く、同じ長さに四十個ないし五十個もあり。小節もまたしたがいて多し。
強力	満洲糸に比して比較的強し。これ細太の差なきによるなるべし。普通一デニールに対して、二・一〇グラムばかりなり。	糸に細太ははなはだしきがため、比較的弱し。平均一デニールに対し、二・〇〇グラムばかりなり。
練減	二・五％内外。	繭解除の際、天然ソーダを使用するがゆえに、不純物付着すること多く、したがいて練減りの量多し。

第十一節　漂白染色法

古来、柞蚕糸《さくさんし》は、精錬《せいれん》漂白しがたきものと称せられたれども、近時、需要の増加と染色術の進歩により、やや透明色に染色しうる程度にさらさるるを得。ただし、いまだ完全なりとはいいがたし。たまたまほとんど純白のごときものを目撃するあれども、練り減り多く、工費増加し加うるに、繊維はなはだしく害せられ、実用的のものにあらず。この理由のもとに、芝罘にてはほとんど漂白するものなく、いずれも原株のままにて海外に輸出す。

現今、染色術は発達したりといえども、柞蚕糸の染料の染着力も、いまだ充分ならず。ことに日光、水洗、摩擦等に対し、いちじるしく弱し。ゆえに芝罘においては、染色をほどこすことなし。

第十二節　荷づくり

検査をへたる糸は、捻造《ひねりづくり》を行なう。捻造にもちゆる器具は、巨糸車と称する長さ三尺余の角柱（四寸角くらい）の上端に鉄製の鈎《かぎ》を付せるものに、綛《かせ》の一端を掛け、他端を真鍮《しんちゅう》製円筒状をなせる棒のごときものをもちい、もって捻をほどこし、所要の形となす。一捻は一綛《かせ》をもちうれども、小枠糸のときは二綛をもちう。

かく捻造を完了したる糸は、八十五綛ないし九十綛を一梱とし、各反対に括造器《かつづくりき》中にならべ、もって圧縮し、赤色の木綿糸をもって結束し、後、藁紙に包みて貯蔵し、しこうして市場に出すには、さらに油紙に包み、二十梱を木製の箱（この箱は、豚油混合剤をもって外部を塗り、雨水その他温気の侵入を防ぐ）に詰めて輸出す。通常一梱の糸は、百斤内外なりとす。

第十三節　製系量および価格

芝罘に産する糸は小枠糸多く、原糸のままにて漂白または染色をなさず。普通、繭千個より七十五匁ないし八十五匁の糸を製し、副産物として糸百斤に対して、屑糸《くずいと》六十斤、さなぎ三百五十斤（乾燥せるときは三分の一）を出す。糸は上海にて、その価格百斤につき二百四十両より四百七十両（一九〇九年）の間を上下す。屑糸は、芝罘にて百斤につき二両八銭内外、さなぎは百斤につき一両内外なりとす。

第十四節　工場組織

芝罘における工場は、いずれも個人または数人の出資によりて経営せられ、その規模大にして、職工は二百人ないし七百人をもちう。

芝罘諸工場の損益を見るに、糸価あがるときは、繭を産する区域限られおるがゆえに、繭の価格は一時に高騰し、その間多くの雑費を支払うときは、利益僅少《きんしょう》なり。今、左に糸百斤を出す場合の損益を計算すれば。

支出

一、繭代価　三百両

繭千個をもって、糸八十匁を得るものとすれば、百斤の糸を得んには繭二十万個を要す。しこうして、繭千個に対する相場一両五銭（平均価格）とすれば、二十万個の価は三百両なり。

一、職工費　五十両

繭千個に対する繰賃を二銭五分と見なし、二十万個に対する総額。

一、諸雑費　五十六両五銭九分

このなかには、役員給料、人夫、雇賃、薪炭その他一切の費用をふくむ。

一、輸出諸費　五両一銭六分

糸は多く上海にて価格を決定するをもって、芝罘より上海までの諸費用を指す。
合計四百十一両七銭五分

収入
一、糸代価　四百四十四両七銭九分
一、屑系代価　一両七銭
　糸百斤に対し、屑糸《くずいと》六十斤の割合
一、さなぎ代価　四両二銭
　糸百斤に対し、三百五十斤の割合
合計四百五十両六銭九分
差引利益三十八両九銭四分

　これ順調に進行する場合にして、繭価その他に非常の変調を来たすときは、この限りにあらず。
　利益配当につきて見るに、その年度における糸の売上高の一分を積立金として控除し、その残額を資本主九、掌櫃《じゃんぐい》一の割合をもって分配し、他の使用人は資本主より適宜にこれを掌櫃に交付し、掌櫃よりこれを各使用人に分配す。

第十五節　製糸人員および職工

　この方面より芝罘の工場を見るときは、まったく旧工業たるものにして、企業に要する人員は分かちて、左の諸種となすことを得。

東家　工場を経営するにあたり、資本を提供せるものにて、外に対しては工場を代表するとともに、顧客に応対す。うち工場に対しては、その大体を見、監督をなさざるものとす。
掌櫃　正副各一人あり。すこぶる権限の大なるものにして、工場内の監督と職工を任免する権利を付与され、東家といえども、みだりに容喙《ようかい》することを得ず。
先生　正副各一人工場の帳簿をつかさどる。
跑街　三人あり。原料の買い入れおよび市況を調査す。
雑役　四、五人あり。雑務に服す。年少者なり。

　芝罘工場の職工は、多きは七百人より、少なきは二百人あり。職工の種類には、

看系　糸の切断の多少および類節の多寡を検査す。
拘系　糸の繊度、伸度および強力を検査す。
機頭　一名管纜ともいい、各棟に一人を有し、四百人内外の糸工は、大抵、三棟に分かたるをもって、三人をおく。直接糸工を監督し、その勤惰精粗を査究す。
繅工　各機一台に一人ずつをおく。

賃金は出来高払いにして、十日ごとにこれをあたう。各糸工は、一日に繅糸すべき分量を定められ、通常八盆（一盆は繭百十五個にして、八盆にて九百二十個となる）の繭を繰るを要し、これに対する賃金平均二百二十文（一盆二十八文）とす。かつ、もし一日の工程を終うること能わざる者は、一日に得たる賃金中より四文ないし八文を減じ、工程を超過する者は、その分量に応じて賃金をあたう。

奨励の方法としては、十日一榜とて、十日間に繰りたる繭数を計算し、これを千個に対する割合に換算し、工場が定めたる平均割合を超ゆるときは、十月末に賞金をあたえ、以下なるときは罰金を課す。なお一か月、皆勤なるときは、月末に大抵二百文の賞与金をあたえ、もって奨励の実を挙ぐ。

賞罰の方法は、はなはだ厳重なり。機頭各棟に一人あり。職工の勤惰《きんだ》を監督し、もって賃金の上下をなす。次に、その製品の精粗に関しては、捻造室において看糸または拘糸が前に記せしごとき、種々の鑑定をなし、各糸には職工の番号を付し、糸の類節多きを見れば、直に機頭に提出して、該職工に注意をあたえしめ、かつ帳簿に記入して、賞罰を定むる参考となす。すなわち製糸の精粗により糸を三等級にわかち、一、二等品を操るものは、賞として月末に賃金のほか、一か月十文ないし三百三十文を給し、三等糸を繰るものは一か月十六ないし六十文を減ず。

職工の待遇は、周到ならず。その多くは寄泊する者なれど、別に宿舎を設けず。工場の内庭、または軒下に随意に横臥《おうが》せしめ、食物は粗末をきわめ、一人一日の食費は、十七、八文より三十文までなるには驚かざるを得ず。さればもちろん衛生等のことに注意せず。吾人、これを見、工場経営者に質問したるに、彼らはむしろ、吾人がこの疑問を抱きたるを奇異となせしもののごとし。もってその一班を察するに足るべきか。ただ芝罘の糸業公所は彼らの境遇をあわれみ、疾病または不慮の災難に対する救済の方法を設け、工人養病所を設立し、中外各医家を招聘《しょうへい》し、公所において彼らを治療し、かつ死亡したるときは進みて送葬をなす。

職工を雇傭《こよう》するには、製糸に経験あるもののみを採用し、最初三日間、試験的に就業せしめ、不適当と認むるときは解雇し、もし適当なりと認むるときは、見習工とし、第一年目は衣食住を給するのみ。第二年目は衣類の給与をやめ、賃金一か月一両七銭内外をあたえ、第三年目は普通職工と同一の待遇をなす。現在の職工は、永年就業し、多くは三年以上のものなり。

就業時間は一日八時間内外、すなわち午前八時より午後四時までとし、夏季は六月末より七月末までの一か月間くらいを休業して帰郷せしむ。

第十六節　産額

芝罘における、一年間に産出する柞蚕糸《さくさんし》の額を考うるに先各工場が有する機械台数より計算せん。目下、芝罘における機械台数は、一万四千六百台にして、二百台につき、一日の製産額百斤とし、一か年中、執業日数を二百七十日と見積り、計算するときは、その生産額百九十七万千斤となる。しかれども、春秋両季ともに、執業の始は台数と同数の職工集まらざるがため、全機械台数運転せず。常に執業する機械台数を、およその八割とせば、芝罘における工場全体の製産額は、百五十七万斤内外と見て大差なかるべし。

次に繭の消費額より、これを計算するときは、繭千個より製糸八綛を出し、九十綛一梱にて、重量五斤なるがゆえに、糸五斤を得んと欲せば、繭一万千個（重量約一担すなわち百斤）を要し、今、仮に三十五万担の繭をもちゆとすれば、

350,000 × 5=1,750,000 斤
=17,500 担

これにより、年に百七十五万斤を製すと見るべし。

今、芝罘およびその付近一帯の柞蚕糸の輸出額を見れば、次のごとく。機械柞蚕業は中国において第一位にあり、大連、これに次ぐ。その他は四川、牛荘、安東などより、少量の輸出あるのみ。座繰《ざぐり》柞蚕糸は満州各港輸出を主とし、広東省、これに次ぐ。芝罘一帯には、主として繭紬《けんちゅう》に製すれば、輸出少なきなり。

芝罘輸出柞蚕糸

	機械糸		座繰糸	
	担	海関両	担	海関両
一九一三年	一三、〇七六	三、五四六、九〇一	五八九	一七九、八〇一
一九一四年	八、二三九	二、〇一四、七八八	一一五	二九、八八九
一九一五年	一八、一二六	四、三五二、二三四	三三	六、八〇四

第十七節　柞蚕糸用途

柞蚕糸の用途を見るに、柞蚕糸は家蚕糸に比して、劣れる諸点を挙ぐれば、

一、柞蚕糸は石灰質に富み、その性粗硬《そこう》なり。
一、家蚕糸に比してその繊維扁平《へんぺい》なり。
一、湿気のためにははなはだしく収縮す。
一、生糸特有の光沢にとぼし。
一、特有の臭気あり。
一、茶褐色を帯び、漂白に困難なり。
一、繊度大なり。
一、糸条の抱合悪し。
一、温度のために毛羽を生ず。
一、繭の解舒《かいじょ》悪しきがため、繰糸に困難なり。

かくのごとく、柞蚕糸《さくさんし》は家蚕糸に比して劣れる点多しといえども、その価格低廉なると耐久力の強きとはその優れる点なりとす。その用途につきて見れば、中

国内地においては、繭紬《けんちゅう》の製織以外に柞蚕糸をもちゆること、きわめて少なく、ただ弁縄と称する弁髪の突端に編入るる打紐、その他、腰帯、靴足袋にもちうる細き紐等を製造するに過ぎず。欧米においては衣服、窓掛、装飾品用、編物用、被覆用、その他、絹綿交織用とす。

第十八節　全国の柞蚕糸輸出額

座繰および機械系合計

	全国の外国輸出		芝罘の輸出	
	担	海関両	担	海関両
一九一二年	三六、一六一	七、九五七、〇九一	一二、三三三	二、六七四、一四六
一九一三年	二九、六六二	七、一六八、四四二	一三、六六五	三、七二六、七〇二
一九一四年	二一、〇二七	四、〇九九、一〇四	八、三四四	二、〇四四、六七七
一九一五年	三四、〇〇四	六、四三九、七六四	一八、一五九	四、三五九、〇三八

今、その輸出国別を見れば、次のごとし。

	一九一四年（座繰および機械糸）		一九一五年（座繰）		一九一五年（機械糸）	
	担	海関両	担	海関両	担	海関両
北米へ	五、四八三	一、一三八、四三七	三六三	五八、二七七	一四、二九九	三、九二九、三二四
フランスへ	四、四九六	九二五、五四七	一、八二三	二九〇、七〇九	五、二五一	一、〇七六、一〇五
日本へ	五、一九四	八八〇、一三七	四、五五三	五三三、三五二	三、五九二	七三五、四二三
オーストリアへ	二、二八四	四四六、三六二	二、四九七	五〇九、五六五	—	—
イタリアへ	一、六九五	三五〇、〇七三	七三	一一、八二四	六〇八	一二四、六六一
イギリスへ	九三六	一九二、七六四	五	九四八	二九四	六〇、一七五
ドイツへ	二九六	六一、三四三	—	—	—	—
香港へ	三九五	五〇、四一五	二八四	四二、四三六	—	—
その他へ	二四八	五四、〇二六	一九二	二九、九三三	一八一	三七、〇五四
合計	二一、〇二七	四、〇九九、一〇四	九、七七九	一、四七七、〇四四	二四、二二五	四、九六二、七三三

第十章

山東省の繭綢（繭紬）

第五期生
第九期生
第十期生
調査

第一節　概説

山東の棲霞、寧海、文登、昌邑、その他、各地に産する柞蚕《さくさん》は、芝罘、その他において製糸し、内外に輸出すとともに、また山東各地にて織物となし、これを繭綢《けんちゅう》（繭紬）と称し、その産額少なからざるものあり。古来、山東繭綢の名、つとにあらわる。

　その工場の組織を見るに、多くは家内工業にて、各農戸に数台の機械を据えつけ、工場を設けたるものあるも、わずかに十数台の機械を有するに過ぎず。その製織方法は、旧来の機械をもちい、原動力をもちゆるなく、いずれも皆、手足により、普通、我が国にて木綿を製織すると異なることなし。職工はおもに該地方より出で、ことに昌邑県下のものは、もっとも熟練なりとす。

　柞蚕糸の産する地方いずれも、その幾分はこれを繭紬に製織す。ゆえに山東のみならず、河南、四川、湖南などにも多少の産出あり。中国人は製織以外に柞蚕糸を応用するきわめて少なく、ただ弁縄と称する弁髪の尖端に編入る。打紐《うちひも》、その他、腰帯、靴足袋を締むる紐等を、製織するに過ぎず。絹紬の用途は、もっぱら中国人の服地に供せられ、近年、外国に輸出するまた少なからず。

第二節　製造原料

　原料としては三種あり。すなわち関東九枠糸、本山大枠糸、および出穀大枠糸とす。

一、関東大枠糸　関東大枠糸は、蓋平、安東県、大孤山等の繭産地において、農夫が副業として製糸したるものにして、品質粗悪に、色黒く、繭紬用原料として、第三位にあるものとす。

その価格、百斤百四十両より二百五十両の間を上下す。

二、本山大枠糸　寧海、棲霞両県下に産する山繭をもって、製糸したる大枠糸にして、該地方山繭の産額は多からざれども、満州産に比するときは、色白く粒状大に、したがいてその糸も色白く、関東大枠糸に勝る数等なり。元来、本山大枠糸は、この繭をもって製糸されたるものをいうも、満州山繭を芝罘に輸入し、芝罘にて繭紬原料として製造する大枠糸も、市場にては本山大枠糸という。職工の技能満州地方に比し、熟練せるをもって、その製糸数等、優良なるを見る。

三、出殻繭糸　蛾《が》が繭を破りて、外に出で残りたる出殻にて製糸したるものをいう。製糸の場合にさなぎより浸出する悪汁なければ、その糸も色白く、繭紬原料としてもっとも珍重せられ、その第一位を占む。その繭は本省産のみ。満州より輸入すること多く、取引は百斤をもって単位とし、毎百斤五十両ないし六十両の価格なり。

第三節　製造法

繭紬の製造には、漿糸、做穂、落絡、刷札、機織、擺紬の六工程をへるを要す。左に順を追いて説明すべし。

(イ)漿糸　漿糸とは大豆よりつくりたる豆腐汁を原料糸に塗り、これを日光にて乾燥せしむるをいう。はじめ煮沸したる湯のなかに苛性ソーダを溶解せしめ、次に原料糸を入れて練る。かくして糸のなかに含有せる膠質を幾分除去したる後、豆腐汁を入れたる鉢のなかに浸し、もって糸に汁を吸い込ましむ。これを適度に絞り、屋外に備えたる竹ざおにかけて日晒《ひざら》しとなす。

(ロ)做穂　緯管をつくる工程なり。すなわち乾燥せる糸を横糸として使用せんがため、緯管に巻きつくることにして、一管の重量は一定せざれども、一個につき四匁より六匁にいたる。横糸の組みあわせの程度により、重量を増減す。

(ハ) 落終 大枠糸を小枠糸に巻き換うる工程にして、前者はその長さ四尺八寸くらい、後者は二尺四寸くらいなり。

(ニ) 刷札 縦糸を筬に通じ、これに豆腐汁を塗りつくる工程なり。縦糸を筬に通ずるは、普通、雨天または曇天の日にて、屋外にて豆腐汁を塗るに適せざる日を選び、常に屋内にてこれをなすものとす。天気のよきときは、筬に通じたる糸に豆腐汁を塗りつけ、屋外に出し、これを乾燥せしむ。

(ホ) 機織 (イ) および (ロ) の工程によりて得たる糸を横糸とし、(ハ) (ニ) の工程によりて得たる糸を縦糸とし、ここにはじめて製織に従事す。

(ヘ) 擺紬 以上の方法によりて得たる繭紬《けんちゅう》を河水にてさらし、先に付したる豆腐汁を洗い落とす。さらすこと適度にいたれば、これをしぼりて竹棹に掛け、天日《てんぴ》にて乾燥せしめ、後ロールに掛けて皺を延ばすとともに、光沢をつけ、これにおいて全工程を終うるものとす。ロールに掛くるにはやや新式の方法にして、その数少なきはいうまでもなし。

第四節　製造品の種類

原料糸により、繭紬の品位を区別すれば、縦糸、横糸とも出殻大枠糸を使用したるを一等品とし、縦糸は出殻大枠糸、横糸は本山大枠糸を使用したるを二等品とし、縦糸、横糸とも、本山大枠糸を使用したるを三等糸とす。繭紬をその重量によりて区別するときは、細紬、粗紬の二種となる。細紬とは縦糸一本、横糸二本にて織りたる薄手品とし、粗紬とは縦糸二、三本、横糸三、四本を使用したる厚地の繭紬をいう。繭紬を幅によりて分かつときは、老寛、洋紬、狭紬の三種となす。老寛は幅三十二インチ、洋紬は幅二十八インチより二十九インチ、狭紬は十九インチより二十インチなり。その長さよりいうときは、長紬とて五十ヤードのものもあり。普通、繭紬の外国輸出として重要視せらるるものは、二十ヤードのものとす。

棲霞付近の産額は、一年に五万疋とし、一疋長さ二十ヤード、幅三十二インチとし、価格は品質により大差あり。毎疋三両くらいの劣等品より、二十二、三両の上等品にいたる。

第五節　荷づくり

荷づくりは、芝罘にてこれをなし、普通、木製箱に詰め、五十オンス以下の薄手品は、一箱五十疋入を主とし、以上の厚地品は二十五疋入を多しとす。ただし、各商家によりて異なり、一定したることなし。欧州行の運賃は、四十九立方フィートをもって単位とするがゆえに、なるべく十箱一トンとするがごとく、計算の便利なる箱をつくるを必要とす。荷づくりの方法は、まず毛辺子をもって包み、その上を油紙にて包み、これを箱に入れ釘付となし、さらにその上に鉄帯をほどこす。

第六節　柞蚕糸および繭紬の精錬

中国人が、柞蚕糸を精練漂白して、応用するを聞かず。すべて繭紬に織りて後、多少、手触りやわらかく、光沢、色合良好なるをつくるも、漂白法をほどこすにあらず。かの練紬は、繭紬中の最上品にして、中国人の精練したるものなり。その方法は、満州および山東省等地方によりて、多少、その趣を異にすれども、はなはだ幼稚なるものなり。はじめソーダ類にて煮沸《しゃふつ》し、後、温湯にて洗い、次に石鹸をもって再練す。かくてなお柔軟にせんがためには、これを温湯に豚脂を混じたる液中に浸漬《しんし》し、暫次《ざんじ》の後、乾燥す。また外観を白くし、かつ増量せんがために、表面に石炭、豆粉、または砂糖、塩のごときものを混じてつくれる糊《のり》を敷きたる後、打木または石のロールをもって摩擦して、光沢を出す。ゆえに現今、市場に出ずる繭紬《けんちゅう》はすべて光沢にとぼしく、手触り粗硬《そこう》なるがため、一見、麻布のごとき観あり。もって将来改良の余地多きを見るに足る。

第七節　中国における染色法

素と柞蚕糸を染色しがたきものとせるは、純絹糸に比して粗硬に色素の染着がきわめて悪かりしため、中国においていまだこれを染むるの方法を知らざりしがためなり。ただ古来、藍色に染めたるものあれば、これ綿布を染色すると同一方法にて、藍甕《あいがめ》中に投じ、機械的に色素を付着せしむるに過ぎざるなり。しかるに近年、外国の需要とともに、この染色法も考究せられ、濃暗色に染むるものあり。されどその漂白充分ならざれば、淡明色に染めがたし。ゆえにさらに精練漂白染法の研究をなさば、繭紬の用途増加すべきや明らかなり。

第八節　工場組織

各農戸に織機数台ずつを据えつけ、農業の閑暇《かんか》を利用して製織するものにして、この点よりいうときは、家内工業たるものなり。また各地にやや多くの織機を有し、かつ前記の農家に原料を供給し、一定の織賃を支払い、もって製品を引きとることを業とするものあり。今、左に棲霞県における機業者を列挙すれば、

商号	機数	商号	機数	商号	機数
義和成	五	聚祥徳	五	広成徳	五
仁興徳	五	泰豊合	四	広生祥	三
福生永	四	裕順徳	五	豫恒恭	五
協順和	四	蚨豊徳	五	宏記	五
双合成	三	裕盛恒	一〇	同徳和	四
総盛記	五	新興利	三	尚汰堂	五
長興永	八	総茂順	四	増興誼	五
吉順興	五	源聚成	五	総盛永	五
新興利	三	福隆盛	四	万順利	一〇
同美号	四	三合成	八	恒豊泰	五
三合興	三	義和永	一〇	公和成	五
豊徳利	四	公順和	五	公興成	五
恒徳成	一〇	徳茂永	五	同興徳	三
恩慶堂	五	順興隆	四	永順生	五
公和成	一〇	同徳成	五	益順興	四
同生隆	四	意興合	五	同生成	三
裕徳号	五	同春成	三	恒金和	五
徳記	四	同和成	五	同徳祥	五
			合計	五十四戸	二七三台

これら機械は、製造の繁閑《はんかん》によりて増減し、一定せず。機械は大幅物を織るに適し、箴の横長さ三十四インチくらいとす。

職工は、六種類あり。漿糸的、倣穂的、落終的、刷札的、織機的および擺紬的とす。今、左に織機十台を有する一工場につきて見るに、

(イ)漿糸的　漿糸の工程に従事するものにして、二人を使用し、一人一日の賃金は三百文くらいなりとす。

(ロ)倣穂的　倣穂の工程に従事する小児にして、五、六名を使用し、一人一日の仕事分量は、百五十匁ないし百六十匁とす。工賃は一人一日百文内外とす。

(ハ)落終的　落終の工程をなすものにして、五、六名を使用し、一人一日の分量は二百匁、工賃百文とす。

(ニ)刷札的　刷札の工程をなすものにして、二名を使用し、工賃一人一日二百五十文とす。

(ホ)織機的　織紬の工程をなすものにして、全工程中もっとも重要なる部に属するものとす。この職工には寧海、棲霞のものも多しといえども、由来、昌邑人は製織に熟練せるをもって、棲霞、寧海地方にありても、昌邑地方より雇用することあり。ただし地方人といえども、二、三年製織に従事すれば、あえて昌邑人に劣らざるにいたるべしともいう。

職工の熟練せるものにいたりては、老寛すなわち幅

三十二インチ、長さ二十ヤードのものを、二日にて製織す。熟練せざるものは、三日を要す。織機一人に一台を要し、賃金は前記老寛一疋につき一両二銭より二両なり。

（へ）**擺紬的**　擺紬の工程をなすものにして、一個のロールに三名内外を要す。賃銭は一人一日二百文とす。

第九節　製織の利益

今、左に織機十台を有するものにつき計算すれば、

支出

一、柞蚕糸代価　一〇両

本山大枠糸を使用するものとし、十台にて一日に五疋を織り上ぐるものとすれば、これに要する原料は約五斤余となる。本山大枠糸一斤は二両内外なり。

一、諸費用

内訳			
漿糸（賃金）	〇・五両	做穂（賃金）	〇・六両
落終（賃金）	〇・五両	刷札（賃金）	〇・五両
織機（賃金）	七・五両	犹胰子	〇・一両
粉末	〇・四九両	豆腐漿	〇・一一両
豆油	〇・〇一両	房租	〇・五三両
給銀	〇・一一両	席子	〇・〇二両
		合計	一〇・九七両

支出

一、繭紬《けんちゅう》代価　二十二両〇五分

普通、本山大枠糸を使用するときは、四両五銭（毎疋）にして、五疋にして二十二両五銭となる。そのなか問屋口銭一分、戻口銭一分を要するにもって、工場主の純手取金は九割八分となる。

これより差引利益一両八分を得る計算なり。

第十節　製造額

棲霞には織機数二百七十三台を有し、他の地方にては、昌邑に二百九十八台、寧海に百七十四台を有するをもって、全部にて七百四十五台を有すとすべく、今その生産額を考うるに大幅物は一台にて、一日平均十ヤードを織り、二十ヤードをもって一疋となせば、一年中、就業日数三百日と仮定して、

$$745 \times 300 \div 2 = 111.750$$

すなわち十一万千七百五十疋となる。

第十一節　芝罘の繭紬問屋

棲霞および寧海地方に生産する繭紬は、馬にて芝罘に運送し、芝罘にては自己の資本主、または問屋の手をへて、市場に紹介せらる。問屋にては、普通繭紬に熟練せる包街ありて、外国商館もしくは各繭紬屋の間をめぐりて、市場の動静をさぐるとともに、工場に代わりて売買す。問屋口銭は一分、戻口銭一分とし、すなわち工場の手取金は九割八分なりとす。芝罘における繭紬問屋を挙ぐれば左のごとし。

裕普徳　恒興裕　裕順公　東順利
春成桟　和城泰　万順恒

第十二節　輸出諸費

輸出税	百斤につき	四両五銭（海関共）
荷づくり費	一箱につき	三両五銭
艀賃	一箱につき	二百文
苦力賃	一箱につき	百文

第十三節　用途

輸出先は、フランスを首位とし、イギリス、インド、アメリカ、オーストラリア等これに次ぐ。これらの諸国における用途を見るに、繭紬《けんちゅう》をもって、衣服、机掛、スカート、窓掛等にもちゆ。繭紬はその価格低廉にして、しかも品質堅固なるをもって歓迎せらる。羽二重、その他の絹織物におよばざること遠きも、中流以下の家庭において愛用せらる。またその言うべからざる一種の色合においても喜ばるるなり。最近、自動車、軽気球、飛行機の流行とともに、その被覆《ひふく》に利用せられ、この需用とともにその輸出も近く増加の状態なり。

欧米に輸出さるる繭紬は多く、在来の色沢を応用して、婦人の夏衣に供せられ、柞蚕糸は主として、剪絨《せんじゅう》、窓掛、装飾用房類、編物類、シャツ地および綿糸との交織物等に応用せらる。

フランスにて、柞蚕糸、応用織物のうち、中国絹紬の需用大に増加したるは、もっぱら婦人夏服として、盛に歓迎せられたるによる。

繭紬は、一般に生地のまま使用せらるるも、ときに竪縞《たてじま》、碁盤縞《ごばんじま》に染色もしくは捺染《なっせん》し、婦人用衣裳、ローブコルサージ、その他、婦人衣裳付属品、婦人用帽子、装飾品、窓飾りおよび窓掛、小児の着衣、前掛、夏季男子用浴衣、運動用下袴、飛行機の材料に供せらる。

第十四節　繭紬の輸出額

	全国の外国輸出額		芝罘および青島輸出額	
	担	海関両	担	海関両
一九一三年	一六、七四九	六、六三八、〇六九	一四、〇九五	五、八一一、六四五
一九一四年	一四、二六九	五、一一九、二三三	一〇、六一六	三、七七九、四〇八
一九一五年	二四、七七六	八、七〇七、一〇三	二二、二六二	八、〇三七、八八八

	芝罘より輸出額		青島より輸出額	
	担	海関両	担	海関両
一九一三年	七、一九八	二、九二八、〇三七	六、八九七	二、八八三、六〇八
一九一四年	七、三二八	二、六〇八、四〇一	三、二八八	一、一七一、〇〇七
一九一五年	二〇、一四一	七、一七〇、一九六	二、一二一	八六七、六九二

輸出国中、主なるものを挙ぐれば次のごとし。

	一九一三年		一九一四年		一九一五年	
	担	海関両	担	海関両	担	海関両
フランス	五、一八〇	三、一一一、三四二	二、四九九	九二七、七〇一	一、一二九	四〇四、八六八
アメリカ	二二五	八八、八八二	八二	三〇七、三三六	三、五一五	一、二七四、六四二
イギリス	一、八四七	七五六、九六〇	一、七八七	六六四、一四四	六、二二〇	二、二四九、一四四
インド	一、五七二	五七九、五〇六	一、九〇九	六五四、七二六	二、八三三	八九〇、六九八
香港	四、〇七九	一、六六一、九六四	四、五六二	一、六四六、五八九	七、九二八	二、八三七、九三二
日本	一四七	五六、四二二	一二八	四一、二五五	三四六	一二五、三五九
朝鮮	一八四	四二、三〇七	二五七	六四、九一二	二四八	四八、六六六

第十一章 山東省の黄糸

第五期生
第十二期生
調査

第一節 産地および市場

黄糸は、黄色繭より繰製せらるる絹糸にして、その主なる産出地は、青州付近および周村鎮一帯の地方にして、蒙陰、沂水、泰安、沂州、滕県、莱蕪、新泰の各地、これに次ぐ。なかんずく、青州府属臨朐県下の五井、野園の二地、もっとも名あり。蒙陰、沂水、泰安、沂州、滕県の産は、品質佳良にして、新泰および莱蕪産のもの品質やや劣れり。しこうして周村鎮は、実に中央の市場たり。白糸すなわち通常の生糸もこの地方に産出すといえども、黄糸のごとく産出額多からず。黄糸、白糸、いずれもこれら地方の農家が、旧式座繰器をもちいて製出するところのもの多し。

第二節　周村鎮の糸局

周村鎮は、絹糸の中央市場たるをもって、専門に絹糸売買に従事する商舗すこぶる多く、すべて二百余家あり。そのうち七、八十家は青州府より来たれるものにして、他は土着なり。当地は、専門に絹糸の売買に従事する店を一般に糸局と称し、糸局は周村城内の糸街と称する一街に店を有す。その他、城内外の綢緞舗、洋貨舗にして資本に余裕あるもの黄糸、白糸の売買に従事することありといえども、これらは不定のものにして、糸局と称すべからず。周村城内における糸局の主なるものは、

聚祥成	裕盛恒記	福元	福泰昌
裕来恒	東盛	源記	力祥
禎祥	源盛恒	閣息堂	同昌盛
元盛和	徳合	益盛泰	三盛

等なりとす。

これら糸局は糸街において、数軒相合して一戸をつくり、街路に面せるほうに一の門口を設け、この門口を入れば、中央に奥行二十間の院子ありて、その両側に、数局の糸局相対して店を構え、各々応接室、倉庫を構えて売買に従事す。しこうして各商店前には、台のごときものをおく。

一軒の糸局には、通常一人の掌櫃的《じゃんぐい》あり。その下に、

管賬的（帳簿の記入をなすもの）　一人
跑外的（市場に出でて市況を見るもの）　一―二人
看貨的（糸貨の看定をなすもの）　一人
要糸的（市日において市に出でて買い入れをなすもの）　一―二人
過的（店面にありて売買に従事するもの）　一―三人

を使用す。

これら糸局は、その性質、仲買商人《なかがい》に類す。例えば、青州府より来たれるもののごときは、一年中、常に周村に店を構え、青州地方より常に貨物をとり寄せ、これを市に売り、または洋商の注文に応じて売る。普通の土着商人は、市にて貨物を買い、開港場洋商の注文に応じて、これを販売す。注文を受けし糸局は、これに応じうる数量を有するときは、相当の利を見て、市価に照らしてこれを積み送る。しかれども、貨物を有せざるときは、他の糸局間に奔走《ほんそう》し、あるいは市にて貨物を買い集めて積送す。

第三節　代客売買

糸局のほかに生糸の売買には、仲立人のごときものあり。これを代客売買という。すなわち客のために、糸の売買の周旋《しゅうせん》をなすをもって業とするものにして、開港場の商人等が周村に来たりて、買い出しに従事するとき、あるいは糸局が開港場商人の注文に応ぜんために、他の糸局につき買い占めをなす等のときにあたり、その間に介在して一定の仲立口銭を得て、売買の周旋《しゅうせん》をなす。口銭は佣銭と称し、売買価格の二分をとるものなり。周村商会公所（商業会議所）の規定するところによれば、二分五厘なり。しかれども五厘は、公所に納むる規定とす。しこうしてこの佣銭は、ときには買い手において支払い、ときには売り手において支払い、一定せざるもののごとし。

第四節　客商

以上のほか客商なるものあり。これは開港場に出で、生糸を売るものにして種々あり。

(一)　糸局と関係なきもの。　この種のものは、自己の計算にて生糸販売に従事するものにして、彼らは開港場における生糸相場の好況なるを見るや、ただちに仕入れに従事し、自らこれを携えて開港場に出張し、販売するものなり。

（二）　糸局と関係あるもの。　糸局の大なるものにありては、自己の店員を開港場に出張せしめおき、時々、貨物を積み送りて販売せしむるものあり。この出張員をまた容商と称す。

また周村における洋布、洋貨店等にして、開港場より直接、貨物を輸入するものは、自家の代理人を開港場に出張せしめおくを常とするがゆえに、周村市場において生糸を買い、これを出張員に差し送り、売却せしめ、あるいは出張員なき店においては、自家の店員をして生糸を携帯せしめ、開港場にいたり、これを売却せしめ、かくて得たる代金をもって洋布、洋貨等の仕入れをなさしむることあり。これらもまた客商のなかに算すべきものなり。

第五節　売買慣習

周村における生糸の売買は、毎月四、九の日におけるる市日において、もっとも多く行なわる。市日にいたれば、地方衆民は自家製の生糸を、ロバまたは馬車によりて市場に運び来たり、糸局と掛け引きして売買す。市日における糸局前の雑踏、誠に想像の外なり。売買は一般に斤をもってし、五斤をもって一塊とし、一塊につきて価を論ずるものなれど、買いとりたる糸を、糸局が開港場の商人の注文に応じて積送するときは、普通の百斤入の箱をもってし、ときとしては担またはポンドをもって、価格を定むることあり。中国人においては、代価の支払いは現金にして、多くは銀貨をもってなし、ときに銅銭をもってすることあるも、外国人との取引は一切銀をもちう。現金取引なるがゆえに、別に売買契約書を作成せず。

第六節　市価

周村における黄糸の相場は、もとより時々刻々、変動して不定なりといえども、中等のものは大概一斤につき十八吊文前後にして、上等、下等はこれに応じて高低あり。白糸は黄糸より相場高く、一斤につき、一吊文くらい高価なるを常とす。

第七節　荷づくり

生糸を開港場に送らんとする場合における荷づくりは、純量百斤をもって一箱となす。しこうしてその箱の重さは、平均五斤にのぼらず。その荷づくり方法は、まず綿布製の袋に糸塊を包み、これをほぼ方形につくり、袋の口を糸をもって縫い、さらにこれを水湿、その他湿気の浸入を防がんために油紙をもって包み、しかる後、これをズック製の袋に入れ、その上を油縄にて緩縛《かんばく》し、もって磨損傷耗《まそんしょうもう》等の恐れなからしめ、最後に竹にて織りたる蓆《むしろ》にて巻き、これを累縛し、もって泥土に堪え、その内容を損傷せしめざらしむるものなり。今、その荷づくり費を計算すれば、大略《たいりゃく》、左のごとし。

綿布袋	六〇仙
油紙	五仙
麻袋	五〇仙
竹蓆	一五仙
合計	メキシコ銀一弗三十仙

このごとく、荷づくり費用に割合に多額を費やすは、その内容ははなはだ高価の品たればなり。

第八節　運送

開港場への輸出は、山東鉄道によりてするものもっとも多く、山東鉄道に沿うて、輸送業を開ける悦来公司の手をへるものなり。その輸出先は、多く上海にして、周村より上海に一箱を輸送する運賃は、陸海を合して一箱（百個入）につき十一両五銭を要すという。

上海における商店にして、周村糸局と取引をなす主なるものを挙ぐれば、

恒興徳	成生利	正祥公	万順恒
恒祥義	正祥仁	元成永	阜祥公
徳聚盛			

等なりとす。

第九節　輸出額および価格

山東省は中国における黄糸の産地として知られ、年々、上海、蘇州、抗州、南京地方の機業地、その他、外省に輸出せらるる額少なからず。しこうして黄県もまたその他の商品と同じく、従来、芝罘をもって唯一の輸出港としたりしかば、本省産出の黄糸は、皆、一度、芝罘に輸送せられ、さらに各地に輸送せられたり。しかるに青島港の開港せられ、山東鉄道の敷設さるるや、漸次《ぜんじ》、青島に集まり、今日においては麦稈真田《ばっかんさなだ》と等しく、青島をもって主要なる輸出地とす。その産出地は、ほとんど鉄道付近にあればなり。

今、最近、青島および芝罘より輸出せられたる黄糸の数量価格を査するに左のごとし。

黄系座繰

	一九一三年		一九一四年		一九一五年	
	担	海関両	担	海関両	担	海関両
芝罘より	二三二	七八、四〇〇	一一九	四〇、七八八	一六三	六三、二〇八
青島より	四、三九二	一、六九〇、七七〇	一、九四八	六六〇、四二六	一、一二三	四七一、九六〇

四川の重慶および湖北漢口の黄糸は、中国第一にあり。山東これに次ぐ。

黄経糸（Rereeled）

	一九一三年		一九一四年		一九一五年	
	担	海関両	担	海関両	担	海関両
芝罘より	−	−	−	−	一二	五、二九九
青島より	−	−	六六	三〇、三六〇	一九五	八三、九二三

黄繰糸（機械繰）

	一九一三年		一九一四年		一九一五年	
	担	海関両	担	海関両	担	海関両
芝罘より	—	—	—	—	—	—
青島より	二〇四	九五、二六八	四六六	二一七、六二三	二四八	一〇八、九八五

第十二章 周村鎮における絹織物

第五期生
第九期生
調査

第一節　産地および市場

山東省は、白黄生糸および柞蚕糸《さくさんし》を産す。これを精製し、あるいは種々の織物として、中国各地の需要に応じ、また外国に輸出するもの年々、少なしとせず。なかんずく、山東繭綢《けんちゅう》として知らるる絹紬を本省絹織物の大宗《たいそう》とす。しこうして各蚕糸の生産地には、大小の機業家あり。織布に従事するも、そのうち、もっとも主なる地方は、芝罘、寧海、膠州、昌邑、濰県、青州府、および済南府下一帯にして、寧海州、昌邑県、済南府をもっとも盛なりとす。芝罘および周村鎮は、これら地方の中心市場たり。左に周村鎮において、調査したる絹織物の状況を述ぶ。

周村鎮にては、城内各所に機坊と称し、家内工業として綢布、緞子《どんす》、綾子、縐を織る。約五百余軒あり。王村（周村鎮をへだたる北三十支里の地にあり。山東鉄道の一駅にして、絹織業の盛なること済南府下第一と称せらる）とならびて、済南府下において主なる機業地《きぎょうち》なり。これら機坊の大なるものは、五十台、小なるものは三、四台の機械を有し、手工にて精巧なる絹布を織る。しこうして織り上げたる布は、皆これを絹織物舗に売却して、本地の需要に供す。その他、各綢布店において大なるものは、店内に機台を有し、綢縐を織る。瑞林祥のごときは大なるものなり。

第二節　綢緞舗

中国にて、呉服店を称して綢緞《ちょうたん》舗と称す。綢緞舗のとりあつかうものは、多くは絹物類にして、木綿類はこれを売るなし。木綿物を多くとりあつかう店は、これを布店と号す。周村鎮は前述のごとく、絹織物の中央市場たるをもって、絹織物の売買に従事するもの多く、その大なるもののみにても、五十余戸あり。今、そのうち主なるものの商号を挙ぐれば、左のごとし。

瑞林祥	瑞生祥	瑞蚨祥	慶祥	瑞呈祥	謙祥益
東来生	協昌永	恒信永	慶手瑞	三合太	協成令
天成泰	復誠義	乾興泰	聚盛昌	千亨豫	乾元亨
会宝楼	復昌泰	万集桟	裕厚堂	同義成	

以上のうち、最大なりと称する端林祥につき、調査したる綢緞舗の組織その他の事情、左のごとし。

綢緞舗は他の商業と異なり、多く価格貴《たか》き絹織物をとりあつかうをもって、資本を要すること、他の商業に比すれば多し。周村鎮における綢緞舗は、少なきは三、四千両、多きは五万両の資本を有すという。端林祥は青島の瑞蚨祥と同じく、山東第一の富豪孟氏を財東（資本主）とし、各種絹織物類および外国綿布、綿糸を商い、自店内に工場を有して、綢子、緞子《どんす》、綾子、祥縐（絹綿縮緬）等の製織に従事す。今、同店の販売部において、使用せる人員および給料を見るに左のごとし。

掌櫃的（番頭）	一人	給料なく利益分配による	
管賬的（会計長）	二人	一か月	十二両
写信的（通信係）	一人	一か月	十五両
陪客的（接客係）	一人	一か月	三十両
跑街的（外まわり）	三人	一か月	十二両—二十五両
櫃上売貨的（売り子）	一、二人	一か月	九両
学生意的（見習い丁稚）	九人	一か月	二両

しこうして、瑞林祥にては一定の給料のほか、年末決算のときには花紅、すなわち賞与金をあたう。約一人につき三十両くらいを限度とすという。

決算期は、正月初六日、二月三日、十二月二十五日等あり。大決算期は、正月の六日なり。

第三節　種類および価格

周村鎮地方にて、製織発売する絹織物を大別すれば、生貨および熟貨の二とす。生貨とは織り上げたる後、練染《ねりぞめ》せるものにして、熟貨とは糸を練り、染色したる後、織り上げたるものをいう。さらに細別すれば、左のごとし。

イ、綢子　地合丈夫なる緞子なり。

ロ、緞子　地合丈夫なる繻子織をいう。本邦にいう緞子にあらず。本邦にては、これを中国繻子と称す。

ハ、絨　天鵞絨をいう。

ニ、縐　糸によりの入りたるもの、すなわち縮緬なり。

ホ、洋縐　綿縮緬にして、絹綿交ぜ織りなり。

ヘ、綾子　繻子の軽くして、地合きわめてひろきものなり。

ト、絹　綢子の粗なるもの。

チ、欄杆　リボンをいう。

これが細目にいたりては、産地および模様、地合等によりて種々の名称を異にし、各類によりて長さ、幅もまた同じからず。ただし幅は、我が鯨尺一尺八寸もしくは二尺物多し。

今、瑞林祥における各種絹織物の相場を聞くに左のごとし。ただし、ここに一言せざるべからざるは、本地における絹織物は、盛大なりといえども、これを中国における本場たる蘇州、杭州、南京地方等に比するときは、およばざること遠く、その製品もまたはなはだ品質劣れるをもって、綢緞の上等なるものは、多く上海地方より輸入することこれなり。すなわち左に記載する相場表のなかにも、これら輸入品をふくむ。

綾子		毎疋（二十七広尺）	九両
洋縐	上	毎疋（五十四広尺）	七両六銭
	下	毎疋（五十二広尺）	七両
南綢子	（南綢子とは、杭州、蘇州および南京より輸入せられ、周村産は南綢子に比すれば品質はるかに劣れり。価したがって低し。）		
	上等	毎疋（尺寸不同約四丈八尺くらい）	二十六両
	下等	毎疋（尺寸不同約四丈八尺くらい）	二十一両
周村産紡綢子	（周村産はとくに紡字を冠す）		
		毎疋（五十二広尺）	十六両
南綢子	（主として南京産）		
	極上	毎一疋（長さ四十尺、幅二尺八寸）	二十三両
	極上	毎一疋（長さ四十尺、幅三尺）	三十二両
	上	毎一疋（長さ五十二尺前後、幅二尺六寸）	二十三両
寧綢子	（江浙産綢子すなわち緞子）		
	極上	毎一疋（尺寸不同）	三十五両
	上	一疋（大抵五十尺くらい）	三十両
幕本緞	（繻子の模様あるもの極上等品なり）		
	極上	毎一疋（尺寸不同）	二十五両
	上	毎一疋（五十尺余）	二十三両

周村にて、絹織物の原料としてもちいらるる生糸（黄白）は、主として周村付近産出のものにして、機業家は糸市の際、市にいたりて、これを購《あがな》うか、または糸局の手をへて購入す。青州、濰県および昌邑県地方よりも多少輸入せらる。

第四節　売買慣習

毎年、正月は何業を問わず、一般祝宴遊戯にふけり、商業を休むを慣例とす。小商人は正月中旬より、大商人は末日より二月初旬の間に、期を選定し、営業を開始すること中国各地と異ならず。

春秋の二期は婚姻、祝祭、宴会等多く、したがって絹の需用多く、市況活気を呈し、商人一般に余裕を有する期節なり。五、六、七の三か月は、市場寂寥《せきりょう》たるを常とす。卸商人の取引は多くは掛売りにして、現金売買は新取引および取引関係少なきものとの間に行なう。掛取引は毎月十四日および月末に内金を請求し、現金または一か月以内の銭票（銀行手形）にて受授し、その余は五月五日（端午の節）、八月十五日（中秋の節）および年末（除夜）の陰暦三期に仕切決算をなす。小売は、ほとんど我が国と同じく掛売り、または現金売りなり。顧客の信用すべきものには、摺子と称する通帳をもちい、三期に勘定す。しこうして、周村と取引あるは上海および青島地方にして、上海もっとも多し。上海の外国洋行は、皆、該地と取引し、その主なるは三井、怡和、脇隆、元芳等なり。上海地方において織物少なく、価高きときは、周村地方より黄糸および綢布を送る。

山東鉄道一帯の地方に製造せらるる絹織物類にして、外省に出ずるものは皆、鉄道によりて青島に送られ、さらに仕向地に向かいて転送せらる。

第五節　輸出額

参考のために最近、山東省より輸出せられたる絹織物の数量、価格を示せば、左のごとし。

	一九一三年		一九一四年		一九一五年	
	担	海関両	担	海関両	担	海関両
芝罘より	四五	三三、〇六八	三一	三二、七七〇	九五	六九、七七八
青島より	一二	八六、三〇七	六一	四四、九九三	三三	二三、七三三

山東絹織物は、比較的に製造盛なりといえども、内地需用を主とし、ために内外の輸出は大ならず。

第十三章 山東省の土布

本省はいたるところに土布を製織し、一に荘布と号す。とくに濰県、黄県をもって、市場の中心とす。しこうして毎年、遼東地方に移出するもの、または天津、北京にいたるものも少なからずという。しかれども近来、外国綿布、および紡績糸の輸入以来、その影響はなはだしく、本品の製織減少を見るにいたれり。毎疋長さ五丈五尺、幅一尺にして、価は銀五銭より一両にいたる。五十疋を一包とし、別に外包に代用する一疋あり。卸売には一包の価格若干両と定め、一疋の価をいわず。

沙河一帯、および登州府付近にて製織する土布は、綿大個布と称し、経緯ともに外国製の綿糸をもちゆ。

萊州府製の土布は、外国綿糸をもって緯とし、中国糸をもって経とし、細布は経緯ともに外国綿糸とす。細布は幅一尺二寸、長さ三丈二尺、重さ三斤、十六手にて製織す。また幅一尺、長さ三丈七、八尺、重さ二斤、十二両二十手よりなるものもあり。前者は一疋九百五十文、後者は代価七百五十文内外とす。

第十四章 山東省の草帽弁（麦稈真田）

第九期生
第十二期生
調査

第一節 総説

中国における麦稈真田《ばっかんさなだ》業は、その起源遠からざれども、近年、大なる発達をなし、中国輸出中、重要品となり、将来、ますます増加の傾向を示す。しこうして、その主産地は山東にして、最近、その輸出額の増加は、一に山東における産額にもとづき、真田業の消長《しょうちょう》は、一に山東省にかかる。

山東における真田編製は、古来より存在せりともいい、あるいは上海にありしイギリス人が支店を芝罘に開き、一八七〇年頃、これを教え、奨励せしにはじまるともいい、またフランス宣教師チェンステンバトル氏の指導によるともいう。山東古老の語るところ、およびその後の情態より推察するときは、一八七〇年代より外国輸出を目的として本業興り、しこうして現今の盛況をいたせるは、一に工賃の低廉、二に原料の豊富佳良なるによらずんばあらずという。されど今より十数年前の状況を見るに、芝罘、青島両港より輸出したるもの、わずかに三万六千担に過ぎず。西部山東より、天津に輸送せられたるもの約七千担あり。合計四万三千担なりしに、近年においては芝罘、青島の二港の輸出のみにても、十万担以上に達せり。

第二節　産地および価格

真田は、農業と密接の関係を有し、その原料たる麦は、当省内の人民主要の食料たるをもって、全省いたるところ産せざるなく、各地耕作の割合は一様ならざるも、約全耕地の五割をくだらず。ゆえに真田業は、各地に伝播し、なかんずく莱州、青州、済南、武定、兗州各府等、つとに産地として知らる。膠州ことに砂口鎮付近は、最近、産出地としてまた名あり。しこうして莱州府の沙河鎮付近は、斯業《しぎょう》の淵藪《えんそう》として、毎年の出産約四万包、その価約四、五百万両に達し、ほとんど全省の三分の二を占め、かつ品質の善良なる全省に冠絶《かんぜつ》すという。また商河、濰県の両地は、沙河に次ぐ集散地として知らる。直隷省大名府下の元城、広平、南楽、開州等の諸地方にも盛んに産出し、その半は青島に輸送せらる。このほか山西および河南の交編(Mattled)、有名なり。今、次に山東省における主なる麦稈真田の産地なる沙河につき、その状況を見るべし。

沙河は莱州府下の一小市鎮にして、濰県をへだたる東北大約《たいやく》二百支里にあり。古来より麦稈真田の一大市場にして、濰県以東各県に産出する麦稈真田はことごとくこの地に集まり、当地にある各問屋の手をへて、さらに青島、芝罘、濰県等の各地に輸送せらる沙河には、麦稈真田《ばっかんさなだ》の製造業者約五十家あれども、その製造額、比較的に大ならず。付近民家より買い集むるもの、はなはだ多きなり。これを青島、芝罘、濰県の各問屋にて精選輸送し、しこうして濰県に送付したるものは、再び青島に輸出せらるるものなり。

濰県には、濰県合豊草編公司なるものあり。我が明治三十九年に設立したるものにして、当地、唯一の麦稈真田製造所なり。原料は、その付近より出ずるものをもちい、本公司の一か年の生産高は、千余箱にして、すべて青島なる公和順に送り、海外に輸送せらる。また濰県地方より青島に輸送するもの多きも、これらは家内工業として製作せられたるものを、買い集め来たり。これを捲き直し、改装して青島に輸出するなり。

周村鎮には平和順、正詳義、正詳号なる三家の麦稈真田当業者ありといえども、自家において編製するにあらず。皆、寧陽、浮郷、新泰等より、すでに編製したるものを買い求め、これを精撰《せいせん》し、精粗《せいそ》を分かちて改編するなり。

第三節　麦稈の編製法

編製状況の大異《たいい》を述べんに、組織完全なる工場ありて、製編に従事するにあらず。ただ農家の副業として、閑散の時季において、多く婦女子の手になる。近年にいたり、濰県および黄県には工場設けられ、沙河にも二、三の工場を建てしも、これ単に家屋をつくり、婦女子を集め、原料を供し、製造高に対し、賃金を支払うに過ぎず。その組織簡単なり。

該地を旅行する者の常に見るがごとく、男女老幼の別なく、皆、手に五、六寸の麦稈を持ち、屋外にあると屋内にあるとに論なく、知己朋友《ちきほうゆう》と閑談《かんだん》するの間にも、一方編製の手を休めず。しかも編製一糸みだれざるの技能は、永く習得の結果なりとす。各村一般にかくのごときを見ては、大工場の設立必ずしも必要ならずとすべし。

編製法は、手工にして簡易なり。まず麦稈三、四尺なるものをとり、その根本の一尺ほどは、製編に適せざるをもって除去し、また穂の方一尺くらいもまた同じく切り去るを要す。剰余《じょうよ》の一、二尺は、すなわち真田の原料となる。

沙河鎮付近の上等品にありて、光沢美麗、品質佳良なるものは、その中央一、二尺をとり、漂泊するなり。沙河産の特徴は、割開平弁児と称し、鉄器をもって麦稈の分割をなすにあり。漂泊は薫編洞子と称する空気の浸入し得ざる炉を地下に設け、硫黄を焼き、亜硫酸ガスにてこれを行ない、そのなかより精撰したる佳良なる原料をもって編製したる後、再び漂白し、日光にさらすこと三日、その製法を完了し、これを巻く。一巻の長さは、土地によりて長短あり。一様ならざるも、大略《たいりゃく》、百八十尺なり。二十巻をもって一段となし、六段をもって一塊となす。一人一日の編製高は、平均六、七尺、上等品にいたりては、手工精巧を要するをもって、これより少なし。

真田の品質に優劣の差あるは、前に述べたるがごとく、したがって価格もまた一様ならず。

第四節　出まわり期日および種類

真田の出まわり季は、主として、春季より秋季にいたる。編製は年中いずれのときを問わずといえども、春夏秋はもっとも盛なるときとす。真田品質の好悪は天候とすこぶる関係あり。晩春好晴の候、屋外に出で編織したるもののごときは、ことに良好なりとし、厳冬、室内にありて製出したるものは、煤煙塵埃《ばいえんじんあい》をこうむるのみならず。その品質劣等なるをまぬがれず。なんとなれば、真田の編製は、多く温気をふくむ天候を可とするに、当省の冬季は大気乾燥はなはだしく麦稈をして、過度に乾燥せしめ、曲折、意のごとくならず。編製すこぶる困難を覚え、したがって良質のものを得がたきなり。真田の種類は、専門の製造所なく、戸々これが編製に従事し、製作一定なるを得ず。かつ各地方により異なるをもって、その種類百をくだらざるも、なかんずくおもなるものを挙ぐれば次のごとし。

一、平弁児（平打のこと）
二、割開平弁児
三、白単巨条（日本のいわゆるユバなり）
四、長翅巨条
五、割開四単児
六、被大四節
七、各色平弁児

割開草弁、すなわちかつてつくりたる真田は、山東特産にしてその他に見ることを得ず。もっぱらアメリカに供給する最良品たり。近来、大窪、寧陽等にて、模造するものもあるも、沙河産に比すれば、雲泥の差あるをまぬがれず。

当省より産出する麦稈真田《ばっかんさなだ》は、本邦品に比すれば、品位劣等、かつその編法のごときも、すこぶる拙劣《せつれつ》にして、真田の品位、光沢もはなはだしく、遜色あるをまぬがれず。しかれども、その価格の低廉なるがため、海外に大なる需要あり。本邦商人も近年、この麦稈真田を輸入し、帽子製造の原料となす。欧米において数年前、主として需要されたるものは、色入または染付等のごとき下等品なりしが、現今にいたりては、欧米より来たる注文おおむね晒上《さいじょう》の優等品に限るにいたり、下等品は、漸次《ぜんじ》、需要減退せり。

今、青島、芝罘より輸出さるる真田の種類および価格を列挙せば、

種類		数量（碼＝ヤード）	価格
披七節	平弁児	毎箱（四八〇把毎把六十碼）	五四両＝二七〇両
陽信	平弁児	毎箱（二四〇把毎把十二碼）	五四両＝五九両
浮邱	平弁児	毎箱（二四〇把毎把十二碼）	四五両＝五四両
寧陽	平弁児	毎箱（二四〇把毎把十二碼）	三五両＝三八両
各色		毎箱（二四〇把毎把六十碼）	十七両＝二八両
七節	自単巨条	毎箱（二四〇把毎把六十碼）	三〇両＝三五両
十四節	長翅巨条	毎箱（三十碼）	三〇両＝四五両
九節	長翅巨条	毎箱（三十碼）	二五両＝四〇両
七八翅		毎箱（二四〇把毎把六十碼）	二二両＝二六両
八二翅		毎箱（二四〇把毎把六十碼）	二三両＝二六両
抜大四節		毎箱（二四〇把毎把六十碼）	二四両＝三五両

沙河鎮、同祥順における麦稈真田の種類は、次のごときあり。

番号	名称	長さ（ヤード）	幅（分）	色	価格（銭）
一	十七元草準須盤龍	三〇	一〇・〇	白	四・五
二	十四元草揉翅	三〇	七・〇	白	三・五
三	元草六大翅	六〇	四・〇	白	三・三
四	元草十五大翅	六〇	三・五	白	三・〇
五	元九草反平辺	六〇	五・五	白	三・〇
六	元十六草龍骨単巨条	三〇	一〇・一	白	三・〇
七	披十九草骨翅	三〇	一〇・一	白	六・〇
八	披十三草蚍蚨翅	六〇	六・五	白	一〇・〇
九	披十九草採翅	三〇	六・〇	白	五・〇
一〇	披十九草拉翅	三〇	七・五	白	四・三
一一	披十五草斗紋竹節	六〇	七・五	白	五・〇
一二	披二十二草波浪平辺	三〇	七・〇	白	五〇・〇
一三	披八草右二翅	六〇	五・〇	白	七・〇
一四	披九草抵翅	六〇	四・五	白	七・〇
一五	披十草骨翅平編	六〇	六・〇	白	九・〇
一六	披八草平辺	六〇	四・〇	白	六・五
一七	披九草一翅	六〇	四・五	白	八・〇
一八	披十草双二翅	六〇	五・五	白	一〇・〇
一九	披十五草骨翅	三〇	九・〇	白	五・〇
二〇	披十一草骨翅	三〇	六・〇	白	四・六
二一	披十一草双三抵翅	六〇	六・〇	白	一三・〇
二二	元草九抵翅	六〇	四・五	白	九・〇
二三	元二十一草抵翅	三〇	一〇・〇	白	五・〇
二四	披双四草	六〇	六・五	白	四・〇
二五	披十九草横花平辺	六〇	七・〇	白	一五・〇
二六	披十九草双花平辺	六〇	九・〇	白	一五・〇
二七	披十九草反抵翅	六〇	七・〇	白	一四・〇
二八	対三宗三白大翅	三〇	一〇・〇	茶褐	九・〇
二九	披十三草藍対一草龍骨	三〇	九・〇	藍	五・五
三〇	披十三草宗対一草龍骨	三〇	一〇・〇	白	五・五
三一	披七黒七白小花反平編	三〇	八・五	黒	五・五
三二	披二藍二紅四白草龍骨	六〇	七・〇	赤および藍	九・〇
三三	披草七翅	六〇	四・〇	白	七・五
三四	披四草	六〇	四・〇	白	一五・〇
三五	四藍披対二白平編	六〇	六・五	藍	四・〇
三六	元八草長龍辺	六〇	五・〇	白	四・〇
三七	六藍二白平編	六〇	四・五	藍	一一・二
三八	原八草右双曲翅	三〇	八・〇	白	四・〇
三九	披双六草	六〇	四・五	白	二・五
四〇	披九草大翅	六〇	四・〇	白	七・〇
四一	披七草単巨条	六〇	二・〇	白	九・五
四二	披七草双巨条	六〇	三・五	白	一〇・〇
四三	披三藍三白双反草	六〇	三・〇	藍	三・五
四四	四白四黒大花平編	六〇	五・〇	茶	二・三
四五	四緑四白小花平辺	六〇	四・五	緑	二・三
四六	披草骨翅	三〇	五・〇	白	九・〇
四七	披七草三巨条	六〇	三・〇	白	一五・〇
四八	披三藍三白順花六草	六〇	二・五	藍	二・五
四九	四紅四白小花平編	六〇	四・〇	赤	二・三
五〇	二黄六白平辺	六〇	四・五	藍	二・〇
五一	二黄六白対花平辺	六〇	四・五	藍	二・〇

第五節　荷づくりおよび諸費

麦稈真田《ばっかんさなだ》の包装は、内地の問屋より青島に輸送せらるるものは、蓆子《アンペラ》をもって包むを通例とす。これ木箱をもちいんと欲するも、材木少なければなり。かつ出荷の際、停車場または青島までは荷馬車、ロバ等にて運搬するをもって、アンペラ積卸容易なるをもってなり。一包おおむね四百八十巻または二百四十巻を容れ、重量八十斤内外のもの多しとす。しこうして、輸出港に運搬せられ、外国に輸出せらるるものは、箱または籠に改装せらる。箱は横三尺、縦二尺、高さ一尺の木製にして、内部に油紙を敷き、麻縄をもって包装し、包装重量を記す。重量約百斤、包装量約二十五、六斤内外なれども、種類によりて包装を異にし、その重量も自ら異同あり。すなわち六十ヤード、四百八十個入あり。三十ヤード、四百八十個入あり。六十ヤード、二百四十個入あり。また三十ヤード、二百四十個入等、ありて一定せず。これら包装費用は、約銀二両一銭余にして、下等品にいたりては多く籠を使用す。重量は同じく百斤くらいなるも、包装量は十五斤に過ぎず。包装費は、一吊文内外なり。輸出税は一担につき、〇・七海関両なりとす。今、青島より上海までの禅臣、怡和洋行協定賃金表によるときは、

草帽弁	一包	一角三十文
草帽弁	百斤	五十文
草帽弁	百五十斤	一角

真田は麦わら帽につくられ、大に欧米市場において賞賛せらる。近年、また花籠等に使用せらるるにいたれり。

第六節　売買慣習

集貨方面は、各地に問屋あり。仲買人あり。仲買人は各生産地を時日を定めて巡廻し、各戸につき現金に

て買い集め、問屋に売り渡す。問屋、自ら人を派して、買い入れに従事するもあり。沙河にては、各地より運搬し来たれるを種類を分かちて漂白す。

ときに代銀を前貸しするものあり。その前貸し額に相当する製品を本店に送りて精粗を選別し、改装して輸出港に発送す。外国への輸出は、すべて外国人の手を経、中国人の直接に貿易を営むものなし。問屋と輸出業者間の売買取引は、別に他と異なるところなく、約八十斤をもって相場を立て、価格の商談なれば、貨物の受授をなす。しこうして代金の支払いは、現金また一か月払いとす。売り手は九十八扣と称して、売買価格の一分を口銭として問屋にあたえ、一分を買い手に支払うものとす。

第七節　とりあつかい商人

前述せしがごとく、麦稈真田《ばっかんさなだ》の産出地には、問屋ありて、これをとりあつかい、春季より秋季にいたる産出期間には、各所在の問屋は店員を各戸に派遣して、買い集めしむ。沙河における問屋を示せば、次のごとし。

恒祥茂	天祥号	同祥順	天和順
益和祥	同祥永	道聚和	乾和順
益成祥	会翊徳	恒順昌	恒成永
通祐徳			

等を主なるものとす。

各問屋が店員をして、買い集めたる麦稈真田は、これを蓆包として自店に運送し、これを漂白し、精粗を分別し、青島取引店に輸送するを常とし、生産地より問屋に運搬するには、ロバ、ラバ、馬車、または小車をもってす。今、各地生産地より、周村にいたる麦稈真田の運賃を示せば次のごとし。

自寧陽、至周村鎮	（約五百支里）	一束	四十京銭ないし五十京銭
浮邱、至周村鎮	（約三百支里）	一束	三十五京銭
新城、至周村鎮	（約四十支里）	一色	四百京銭
新泰、至周村鎮	（約二百四十支里）	一色	二吊八百京銭

（備考）二千三百京銭は、銀約一弗にあたる。

かくのごとく買い集めたる麦稈真田《ばっかんさなだ》は、周村鎮または濰県等の問屋より青島に輸送す。しこうして沙河一帯の麦稈真田は、山東鉄道の開通せざりし時代はことごとく、海路または陸路により芝罘に輸送し、この地より海外の各地に輸送されしが、山東鉄道の開通するにおよび、同地の麦稈真田はことごとく青島に集まり、輸出さるるにいたれり。

中国商人にして、外国に直輸出をなすものなく、皆、外人のつかさどるところとす。今、その青島におけるとりあつかい店の名を挙ぐれば、

正祥号（中国商）　恒祥号（中国商）　福聚号（中国商）
同泰和（中国商）　益豊号（中国商）　瑞祥号（中国商）
公和順（中国商）　捷成洋行（独商）　禮和洋行（中国商）
益斯洋行（中国商）　瑞記洋行（独商）　和記洋行（英商）

かつドイツ商人の機敏なる、大に斯業《しぎょう》に注目して、掖県地方に人を派して、熟練の職工老婦人数十名を雇い入れ、租界内にて幼孩《ようがい》に教授せしめ、かつ地方農家に告げて、麦稈を該公司に送るときは、最高価にあがなわんといい、農夫は先を争って売り込みの有様となりしため、数年後は、草弁輸出はドイツ人の独占に帰せん勢なりしなり。

第八節　麦稈真田製造の発達

山東における真田は、年々、輸出を増加し、天候と密接の関係あり。麦作のいかんにより、原料増減し、

ひいて製造額も影響をこうむるべき理由あるにかかわらず。かく年々、増加を示し、麦作となんら関係なきもののごときは、山東鉄道開通に負うところ多く、かつ各地製編者の激増したるによらずんばあらざるなり。

しかれどもその増加は、単に自然の趨勢《すうせい》によりたるにとどまり、あえてこれが改良の法をほどこし、奨励の道を設けて、かち得たるものにあらず。原料たる麦の種植は、数百年来の旧習にのっとり、土地、肥料、種植に関し、なんら改善施設するところなく、収穫のいかんは一に天候に放任し、一人のこれに留意するものあるを見ず。試みに彼らに問えば、天候虫害等の天変は、人のよく防ぎ得べきところにあらずと答え、なんら予防の方法を講ずるを聞かず。かつ広大なる麦の産地は無限に、その原料を供給するにかかわらず、農民これが利用の途を知らず。空しく燃料として顧みざるがごとき、幾多、改良奨励を要すべき点なしとせず。

山東における該業は、一日の収入十銭あるいは二十銭の小額なりといえども、原料の得やすく、製法簡単にして、就職時間に制限なく、かつ家庭にありて従事せらるるをもって、これにつくもの次第に多く、したがってその産額は、次第に増加するなり。しかれども、なお一歩を進めて、これが改良をはかれば、ただに収穫を増加しうるのみならず、優秀なる製品を産出し、価格上、優に欧州産の優等品に対抗し、その販路を拡張しうべし。

ひるがえって、欧州その他の需要の状況を見るに、時好の変遷にともない、麦稈の新たなる用途を生じ、ますます需要増大の傾向を示し、供給過重の危険なきのみならず。近時、中国官憲の農工商業の保護奨励に熱心努力するにいたりたると、膠州湾総督府の租借地内農業の副業として、生産せしめんとつとめしより、その面目さらに新ならんとす。

第九節　麦稈真田の輸出額

	全国の外国輸出		芝罘、青島の輸出	
	担	海関両	担	海関両
一九〇九年	一三八、六三〇	八、一六五、六五一	一〇四、七九二	六、三四七、九七三
一九一〇年	一三五、二〇六	七、六八五、三〇四	一〇〇、六〇〇	五、八七六、〇二〇
一九一一年	一二〇、七五八	一〇、二九三、四四六	八八、〇〇六	八、四三九、八一一
一九一二年	一二七、一四三	七、六四三、五五九	一〇四、七三〇	六、一六九、四三九
一九一三年	一〇一、〇三七	五、〇七四、〇四三	八七、二八八	四、一八四、七一四
一九一四年	四九、二八五	三、〇七九、八〇九	三八、二三八	二、四〇八、二九一
一九一五年	四五、一二六	二、八六三、三八七	一二、三一五	二、二六九、八六六

芝罘、青島の輸出

	一九一三年		一九一四年		一九一五年	
	担	海関両	担	海関両	担	海関両
芝罘より	-	-	五〇九	七三、〇四七	六、六六二	一、九九六、六九一
青島より	八七、二八八	四、一八四、七一四	三七、七二九	二、三三五、二四四	五、六五三	一七三、一七五

輸出先はフランス、アメリカを第一とし、イギリスおよび我が国これに次ぐ。

第十五章　山東省の牧畜業

第五期生　第八期生　第十期生　第十二期生　調査

第一節　総説

山東の地たる全面積のほとんど六割は、山丘透邐《いり》として連なり、泰山山脈は高峻ならざれども、本省の中央を画《かく》し、小山脈、縦横に参差《しんし》し、野草いたるところに繁茂す。本省、牧畜業のなかもっとも盛なるは、牛、豚をもってし、鶏、羊、馬、ラバ、ロバ等、これに次ぐ。これら家畜は、その地方により種類を異にし、例えば、牛の飼養は、諸城、莒州、安邱および泰山地方に多く、ロバの飼養は、沂州、蒙陰、呂州付近を最とし、羊は博山、莒州、沂水方面を盛なりとするがごとし。

本省は農業地なるをもって、牛、馬、ラバ、ロバ等は、耕作上に使用するの目的をもって、飼養せらるるも、なかんずく牛と豚とは、諸城県ならびに泰山地方において、とくに輸出を目的とする少なからず。

気候は、寒暑そのよろしきを得、かつ無尽蔵の野草あり。ゆえに本省は、牛豚等の供給地として、満洲と南中国との間に介在し、もっとも有利なる地位にあり。北に蒙古の大牧場あれども、蒙古産は交通不便のため、迅速にかつ、もっとも適当なる時機において、需要地に運送する能わざるの不利あり。家畜は、他の工業生産物と異なり、機にのぞみて速売方法を講ぜざれば利益なし。例えば、ここに一牛ありとせば、一日ごとに値を加え、ある時期において、価値の高度に達すれば、漸次《ぜんじ》、低落するにいたるをもってなり。しかるに本省は、需要地との距離遠からざるをもって、経済上、すこぶる有利なる地位にありというを得べし。

家畜の種類により、その成長期および最高価格の時期は、相異なるもおおむね下のごとし。

	成長完了期	最高価格の時期
馬および牛	第五か年目	第七か年目
羊	第四か年目	第六か年目
豚	第二か年目	第三か年目
鶏	第一か年目	第二か年目

今より、さらに項をわかちて本省牧畜業の概況を述ぶべし。

第二節　家畜の種類産地および飼養場

牧畜の種類については既述のごとく、牛、豚、羊、鶏、馬、ラバ、ロバ等にして、その産地および飼養数の大略《たいりゃく》を見れば、

一、牛

産地	頭数	産地	頭数
青島付近	五〇〇	**蒙陰県**	三、〇〇〇

膠州	八〇〇	新泰県	二、〇〇〇
高密県	六、〇〇〇	泰安県	一二、〇〇〇
諸城県	一〇、〇〇〇	済南府付近	一、〇〇〇
莒州	八、〇〇〇	青州府付近	一、〇〇〇
蘭山県	三、〇〇〇		

その他、周村、博山、濰県、昌邑、莱州、黄州、登州ならびに、芝罘付近等、牛の飼養を見ざるところなきも、この地方における養牛は多く、耕耘《こううん》に使用するものにして、その頭数も、前記地方に比し少なし。

二、馬、ラバ、ロバ

産地	頭数	産地	頭数
青島付近	一、〇〇〇	高密県	八、〇〇〇
膠州	一、五〇〇	諸城県	六、〇〇〇
莒州	一八、〇〇〇	濰県	八、〇〇〇
蘭山県（沂州）	一五、〇〇〇	青州府	七、〇〇〇
蒙陰県	一〇、〇〇〇	昌邑県	六、〇〇〇
新泰県	九、〇〇〇	莱州府	三、五〇〇
泰安県	一〇、〇〇〇	黄県	四、〇〇〇
済南府下	一五、〇〇〇	登州府	四、〇〇〇
周村	八、〇〇〇	芝罘付近	一二、〇〇〇
博山県	五、〇〇〇		

にして、その飼養もっとも盛なるは、莒州、沂州、蒙陰、新泰、泰安等、西南部地方にして、春秋二期馬商は、黄県、濰県、昌邑付近より産地にいたり、多数の幼馬、騍児等を購求《こうきゅう》するを常とす。

三、豚、羊、鶏

豚はいたるところ、これを飼養せざる地なく、本省の飼養総数はおそらく五、六十万頭に達せん。羊の飼養を営む地方は、ほとんど区域画然たり。これ回々教徒は、豚を食うことなきをもって、回々教徒の住居する地方は、羊を飼養すること多し。

産地	頭数	産地	頭数
莒州	二五、〇〇〇	泰安県	二五、〇〇〇
蘭山県	一七、〇〇〇	博山県	一〇、〇〇〇
蒙陰県	二〇、〇〇〇	益都県	八、〇〇〇
新泰県	一五、〇〇〇	濰県	一〇、〇〇〇

鶏も豚と等しく、本省いたるところ、これを飼養せざるの地なし。今、鶏卵のみの輸出につきて見るに、

芝罘および青島における一九一五年の輸出額は、

	個数	価格（海関両）
芝罘より	一二、九四二、一一五	一〇六・一五九
青島より	七、五三六、九七〇	四五・二九六

これをもって見るも、その飼養の隆盛なるを知るべく、本地において消費せらるるもの、または旧関よりして輸出するものを合計するときは、生卵の総数はすこぶる巨額に達すべく、鶏の飼養数は、本省を通じておそらく百万羽の巨額に達すべし。

第三節　飼養法

本省の牧畜は、多く農民の副業とするところにして、蒙古地方のごとく、これを専業として、生計を営むるものにいたりては、誠に寥々《りょうりょう》たるものなり。これ牧畜のみによりて生計を立てんとするには、多数の蓄類を飼養せざるべからず。しこうして、本省のごとく耕耘《こううん》、大に行なわれ、いたるところ生産の目的に使用せられ、空地なき土地においては大牧畜場を設くる、はなはだ困難ならざるを得ず。これその専業者少なく、農民の副業となれるゆえんなり。

本省牧畜の目的に二種あり。一は食料に供するものにして、豚、牛、羊、鶏のごときはこれに属し、他は耕耘運搬の用に供せんとするものにして、馬、牛、ラバ、ロバ等これに属す。なお他の方面よりするときは、輸出を目的とするものと、自家の用に供するものとの二種あるを見るべし。輸出に供せんとするものは、諸城、泰山付近の牛のごとく、牧者がとくに食用に適応するごとく飼養するものにして、自家の用に供せんとするものは、すなわち各農家の飼養する牛、馬、ラバ、ロバ等これなり。

一、馬、牛、ラバ、ロバ

その種類により飼養法にもやや差異あれども、この四者はその性質よく類似するものなれば、今、各別にせず概括《がいかつ》して述べんと欲す。

牛、馬、ラバ、ロバは、我が国におけると同じく、春夏の両期には多く青草をもってす。馬、ラバ、ロバ等は、これを人家の近傍に放養し、その欲するがままに野草を食わしむるを常とし、ときとしては農夫、自ら草を苅り来たりて飼養することあり。牛にいたりては、すこしく趣を異にし、農民は朝夕、必ず五、六頭ないし八、九頭を引卒して山野にいたり、繁茂せる青草を追い、飼養するを常とす。その引卒法は、我が国のごとく、なんら綱をもちいざるも、性質きわめて温良なるをもって、舌鼓《したつづみ》によりて往還自由に指揮せらる。

春夏においては、かくのごとく、青草のみにて飼養し得べきも、秋冬の候にいたれば、農民は夏季あらかじめ青草を苅りて、これを乾燥して用意するを常とす。また本省は、粟の産額多きにより、その稈《かん》を押切包丁にて長さ一寸くらいに刻み、豆粕の粉末またはコーリャン、粟、キビ等を混じ、水を加えて日々、三回ずつあたうるを常とす。馬、ラバ、一日平均の食料は、枯草または粟稈の八、九斤に粟、コーリャン、豆粕、豆腐粕、黍粕等を適度に混じてもちう。ロバは、その体格前二者に比し、小なるをもって、食料もこれに準じ、前者の半をあたうれば足る。牛は、食料前者よりも多量にして、稈草は十二、三斤を要すべし。

小牛の食料は牛乳にして、生後二週間くらいはもっぱら母乳により、次第に麦粉粕、豆腐粕を溶解したるものをもちうるも、本省中、青島もしくは芝罘付近をのぞく他の地方においては、牛乳を搾取して、これを人の食用に供することなきをもって、小牛は成長期においても、母乳によること多し。

二、豚

豚は人をして、直に不潔汚穢を感ぜしむるがごとく、その食物においても、あえてえらぶところなし。春夏両季は、多く青草をもって飼養するも、秋冬の候にいたれば、豆粕、豆腐粕、蔬菜を食わしむ。豚は肥満するに従い、盛々、飼養の栄養率を増大するものにして、とくに肥満の末期にいたりてしかりとす。かくすれば、固性の脂肪を生じ、その味、佳良となり、健全にして、病にかかること少なしという。これに反して、タンパク質に富める飼料を多量に供給すれば、反対の悪結果を生ずべし。でんぷん、または砂糖を加味してあたうれば、その結果、良好なり。砂糖は豚の食欲を進め、多量に滋養分を食せしむるに、きわめて有効なる嗜好品にして、塩もまたこの点において必要なり。ゆえに大抵、毎日、毎頭五、六グラムをあたうるを常とす。

三、羊

飼養の方法は、やや前者と異なり、元来、清潔を好むものにして、春夏草色、青々たるときには、牧者は五十頭ないし百頭を牽《ひ》いて山野渓間にいたり、青草を食わしむ。秋冬の二期は、枯草をもって、その食料にあつるも、本省においては、おもに豆粕または豆を混和して食わしむ。本省の豆粕は、多量のタンパク質を含有するがゆえに、羊の飼料としてはもっとも妙なり。これタンパク質の若干は、毛を養うがために消耗し、かつその性質、軽捷《けいしょう》にして身体を動かすこと、もっとも多きがゆえに、その無窒素質物を分解すること多量なればなり。

第四節　疾病

牛、馬、ラバ、ロバ、豚、羊等に共通し、もっとも激烈をきわむるを瘟疾とす。春分、もっとも湿気多量なるなかに発生するを常とす。その症候は、主として、口内潰爛《かいらん》、鼻漏《びろう》濃厚にして、糞は軟にして、ときに血液を混ずることありという。その他、一般に行なわるる病疾、少なからざるべしといえども、ことにその恐るべきものは牛疫なり。

本省は牛の飼養の盛んなるだけ、牛疾の流行もはなはだしく、四季慢性的に発生し、草結病、気脹病《きちょうびょう》、および殃牛病《おうぎゅうびょう》の数種あり。草結病は、腹部縮少して死し、気脹病は腹部の膨大を来たし、ついに死するにいたる。殃牛病は一種の伝染病にして、下痢をもよおして斃死《へいし》

▲　臨清州の牛市

するにいたるものなり。その病症の初期において、豚は食欲すこぶる減退し、一両日にしてはげしく下痢をなし、数回にして死す。本省において、もっとも流行激烈をきわむるは、この殃牛病にして、これが治療としては、その初期において、豚の腔子の肉と蜂蜜とを調合して、これに熱湯を加え、溶解したるものを口より注入すという。ただし、その時期をおくれたるときは、これを行なうも、なんらの効なしという。しこうして、この病は秋期もっとも多く、気候の寒暖不順なるときに流行を見ること多し。数年前までは、これに対し、断固たる治療を加えず、またこれをなすも効力なかりしがため、一旦、この疾病の流行するにあたりては、がぜんとして各地に伝播し、その損失、実にはかるべからざるものありき。ここにおいてか、官憲これを憂い、種々研究の結果、我が国に請い、その予防法を購求《こうきゅう》し、今や各府県城においては、必ず牛疫種痘所を設立し、人民の請願に応じて、これをほどこすにいたりたるをもって、漸々《ぜんぜん》、この種疫病も、その勢、衰うるにいたりたれども、いまだこの種痘は、一般に普及せられず。山間にして交通不便なる地は、依然としてこの恩恵に浴することなし。また種痘をなすときは、牛の発育を害し、体質を毀損《きそん》するものなりと称する愚民ありて、これにしたがわざるをもって、本省において、牛疫を根治《こんち》するは、仲々、容易のことにあらざるべし。

第五節　畜産品および副産物

畜産品および副産物は、その種類にしたがい、これを異にするものなれば、今、便宜上、牛、馬、豚、ラバ、ロバ、羊、鶏の各種につき、一々、説明すべし。

一、牛

本省養牛の目的に二あり。一は輸出を目的とするものにして、他は農耕に使用せらるるものなり。牛をもって運搬に使用することは、馬をもちうるがごとく盛ならざるも、その体力の持久すこぶる強きをもって、馬、ラバ等とともに荷車をひくにもちいらる。しかれども、その速度遅く、行程も六十支里を出ずる能わざるは、一大欠点とするところなり。

輸出のために使用せらるるもののほかは、大抵、農耕に使用するも、普通の人民は、これを屠殺《とさつ》して食料に供すること少なし。回々教徒は、豚を食せざるがゆえに、牛を食料に供すること多く、一般人民は、斃死《へいし》したるもののみを食するを常とす。蒙古地方においては、盛に牛乳の搾取を行なうといえども、本省住民は人工をもってこれを搾取せず、幼牛の飼料となす。ゆえに幼牛の発育すこぶる良好にして、本省の牛はその体格毛色もっともよく、到底、他省の企及《ききゅう》すべきにあらず。

本省のごときは、その飼養、実に莫大の数に達するものなれば、とくに光も多数なる地方において、牛乳の搾取を行なうにおいては、適当なる産出高を見るべく、これにてバター、チーズ等の製造をくわだつるときは、一個の産物たるにいたるべきなり。

二、生牛の輸出

本省の生牛は、食用としてもっとも高評を博し、年々、芝罘、龍口、青島等をへて、外省に輸出せらるるもの、その数すこぶる多額にして、ことに南満地方ならびにウラジオ方面における食料は、ほとんど本省の供給するところにかかる。輸出地は多く、泰山地方の西南部と諸城付近を主とし、これら地方より汽車により濰県に輸送せられ、この地より陸路、龍口に向かう。龍口は濰県をへだたることおよそ四百支里、渤海に面する一港にして、港湾浅く、大船を碇泊せしむること能わざるも、一砂丘ははるかに龍口湾を囲み、冬期、北風を防ぎ得るをもって、近時、その経済的地位は浸々《しんしん》として進み、開市場となり、沿海貿易港として、今や重要なる地位を保つにいたり。中国人および日本人の経営する汽船会社あり。営口、大連、旅順口、芝罘等との間を航海す。ゆえに北清に向かう畜類は、青島を経過すること少なく、龍口より汽船にて需要地に輸送せらる。

かつて山東巡撫は、農耕に使用する生牛の輸出をなすときは、耕作用の牛を減少し、したがって農業上に、悪影響をおよぼすこと少なからずという理由のもとに、生牛の輸出を禁止し、もしこれを犯すものあるときは、重き罰金を課することとせり。ここにおいて直接その供給を受くる南満地方、ウラジオストク等は、一大打撃をこうむるにいたれるも、その後、二か月ならずして、その禁を解除するにいたれり。

山東巡撫は、牛の輸出をなすときは、農耕に使用する牛の不足するがために、この禁令を発せしものなれども、吾人親しく、本省内地を遊歴し、その状態を観察するに、牛の飼養をなす目的は、単に農耕に使用するのみならず。とくに輸出の目的にて、飼養せらるるものの多きを見たり。本省中、泰山付近ならびに諸城、莒州地方においては、いやしくも農民が自作により自活しうるものにして、五、六頭の牛を飼養せざるものなく、その多きにいたりては、二、三十頭を飼養するものもまたまれなりとせず。いかに本省農民が農耕に牛を使用すること多しとするも、いずくんぞ、かくも多数の牛を要するの理あらんや。年々、多数の生牛を輸出するも、吾人はなんら影響の農業におよぼすことなきを信ず。事情、すでにかくのごとし。むしろ吾人はその輸出を奨励すると同時に、他方においては、牧牛の風を一層盛ならしめんことを希望す。有無相通ずるは、これ通商の大原則なり。かくのごとくするは、むしろ本省牧畜の風を養うとともに、国利民福をはからんとする為政者《いせいしゃ》の義務にあらずして何ぞや。

三、生牛皮の輸出

本省の牛は、その飼養方法、粗放《そほう》ならざるをもって、牛の発育すこぶる佳良なるため、牛皮も一般に品質良好なり。牛皮の価格は、その品質の高下により等差あるも、上等品は毎担約三十五両にして、下等品は二十七、八両を普通とす。

その用途も種々にして、手提鞄《てさげかばん》、旅行用鞄、折鞄、靴、締革《しめかわ》、帯革、財布その他、軍需品として需要すこぶる多し。牛皮の大部分は、海外に輸出せらるるものにして、本省産は多くドイツおよび日本に向かう。ことに近時、中国の陸軍は、革製の靴をもちい、その他学生もこれに習う。従来、中国靴の底は、粗布《そふ》をつづりたるものなれば、持久力にとぼしく、近来、牛皮をもちうること一般に流行し来たるの趨勢《すうせい》あれば、牛皮の需要はますます盛ならんとす。ためしに芝罘、青島をへて、輸出せられたる生牛皮の数量を示せば、すなわち左のごとし。

	芝罘より		青島より	
	担	海関両	担	海関両
一九一三年	三〇一	一〇、九〇一	三八、九四二	一、二八二、五三六
一九一四年	一〇〇	三、八一四	二六、二八八	一、〇〇二、五八二
一九一五年	二、八七〇	一一五、九四七	一一、六七八	四一九、四七八

さらに北方天津に集まるもの、および江蘇省界より揚子江岸に出で、上海に集中せらるるものを加うれば、その数量は巨額に達すべし。本省の牧牛盛なるを知るに足らん。

四、牛脂の製法ならびに用途

牧牛の副産物としては、牛脂をもって主とす。近年、この輸出額は、大に増加し、一八九九年、青島の輸出額は、わずかに八百七十四担に過ぎざりしもの、一九一三年には三万千八百五十八担を算するにいたれり。次に最近、数年間の輸出数量を掲ぐべし。

	芝罘より		青島より	
	担	海関両	担	海関両
一九一三年	―	―	三一、八五八	三五〇、四四三
一九一四年	九二	一、一四四	二四、二六六	三〇八、四二一
一九一五年	一〇四	一、三五二	三、七八五	三一、九〇六

今、三万担の牛脂を得んがためには、少なくとも一万五千頭の牛を屠《ほふ》らざるべからずという。しこうして、牛脂の産地としては、諸城、莒州ならびに西部山東一帯あらわる。これこの地方の人民は、回々教徒にして、豚を食せざるがため、かくのごとく多数の牛を飼養するゆえんなり。

ゆえに四隣《しりん》の商人は、この地に来たり、各屠牛家につき牛脂を購買し、後、溶解して壺に入る。固結牛脂は、蘆蓆に包装し、西部地方のものはこれを済南府に送付し、諸城、莒州付近のものは、これを濰県に送る。輸出せんとする牛脂は、さらに溶解し、精製せざるべからず。

ロシア人は、済南府西部、停車場付近に牛脂精製会社を設立し、盛に牛脂を精製し、これをウラジオストクに輸出す。その精製の方法を述ぶれば、山西製の大鉄鍋に牛脂を入れ、熱にて溶解し、細密なる針金製の濾過器《ろかき》をへて、鉄篩に注入し、滓渣《さし》を去りたる後、油紙を貼りたる籠内に入れ、その冷却するを待ち、これを密閉し、輸出の準備を終わる。欧州に輸出するものにありては、さらに堅固なる荷づくりを要す。

牛脂の用途は、種々ありといえども、欧州においては主としてろうそく、および石鹸の原料に使用す。ウラジオストクおよびロシア領シベリア鉄道および山東鉄道にありては、これを車両の塗料に使用し、ウラジオストクおよびその他の衛戍地《えいじゅち》にあるロシア軍隊にては、これを食料に供すという。

五、牛骨の種類および用途

牛骨は、これを分かちて、腿骨および雑骨の二とす。腿骨とは四肢の骨にして、細工物として使用しうる部分なり。この骨は、多く六寸くらいに切断し、荷づくりして輸出せらる。その用途、いたるところ同じく、団扇《うちわ》の柄、刷子、小刀の柄、櫛、簪《かんざし》、その他各種の小細工に使用し、骨炭もこれよりつくる。

雑骨は、四肢以外の骨片にして、単に牛骨のみならず、豚、羊、馬、ラバ、ロバ等、各種動物の獣骨を混じたるものにして、全部肥料に供せらる。牛骨のはじめて中国より日本に輸入せしは、明治十八、九年の交にして、中国人によりて輸入を試みられたり。中国牛骨をもっとも盛に使用するは、九州にして、牛骨を粉砕して糠《ぬか》のごとき粉末となし、他の肥料と混じてこれをもちゆ。牛骨は窒素、リン酸等を含有すること多きがゆえに、稲作の肥料としては、もっとも適当なるものにして、近時、この需要は単に九州地方にのみとどまらず、さらに各地に試用するにいたれり。

本省は、かくのごとき好肥料を産するにかかわらず、農民はこれを農作に使用することなく、多くはこれを海外に輸出して顧みず。思うに農民は、肥料を使用する知識と資力なきがゆえに、これを輸出するの利益あるにしかずとなすためならんか。

牛骨および雑骨の山東輸出額を見れば、次のごとし。

	芝罘より		青島より	
	担	海関両	担	海関両
一九一三年	二、七四五	三、一〇二	二三、九六八	二五、八二七
一九一四年	三、二四四	三、六七一	一五、五六六	一九、九四〇
一九一五年	二五〇	四一二	一一、九八一	一三、四七八

六、豚
豚の飼養は、本省の特産物と称するものにあらざるも、その飼養の数、他省に比し、やや盛なるの状態にあり。年々、生豚または豚毛として、各地に輸送するもの少なからず。

七、生豚の輸出
豚は、中国人これを呼んで猪という。回々教徒が、これを不潔と称して食わざるほか、中国人一般の常食とし、いかなる寒村といえども、豚肉の販売せらるるを見る。豚肉販売には一店を有し、売買するものと、とくに一定の日を定め、市に出でて切売をなすものとの二あり。中国人のその副食物を調理するにあたりては、必ず多少の油分をもちうるを常とす。しこうして多くは豚を屠《ほふ》りたるとき、脂をとり、これを壺器に蔵し、必要に応じて使用す。吉事慶賀の場合には、必ず豚を屠りて食膳に供《そな》うるは、よく人の知るところなり。かくのごとく豚は、中国人の食料として一日も欠くべからざるものなるをもって、いたるところ、その飼養を見る。今、青島および芝罘をへて外省に搬出せらるる生豚の数量を示せば次のごとし。

		一九一三年	一九一四年	一九一五年
芝罘海関より	生豚	四一頭	三三頭	一頭
青島海関より		八頭	二頭	一頭
芝罘海関より	塩豚	一、七四五頭	二三三頭	四、一五八頭
青島常関より		五七三頭	一、四九三頭	二、三一二頭

八、馬、ラバ、ロバ

中国に南船北馬の語あり。一度、北中国の地に入れば、路上の行人騎乗する者多きを見、耕作運搬の労務に使役するまた大なり。ただし馬革は、その質、粗悪にして、牛皮のごとく靴などを製するを適せず。太鼓にもちい、または下等鞋子の底革としてもちゆ。小馬の皮革は、馬韁または荷馬車備付品の一部に供す。尾は俳優用の髯となり、また縄払となる。その硬くして短きものを下とし、やわらかくして長きものを上とす。蹄《ひづめ》は細工をほどこし、鼈甲《べっこう》の代用として、用途を有し、その肉は民間の食料となる。

ラバに二種あり。ともにロバと馬との雑種なり。そのオスロバとメス馬との交接によりて生ずるものは、馬ラバすなわち普通のラバにして、メスロバとオス馬との交尾せるものをロバラバという。前者は体躯大にして、力、馬よりも強く、後者はこれに反す。

ロバは身体小にして、積載量多からざれども、性痴鈍《ちどん》にして、危険少なきをもって乗馬用として重ぜらる。その皮は、馬に比して品質佳良なれば、馬革より高価にして、靴の表被等にもちいらる。

九、羊

羊をわかちて、綿羊、山羊、中古羊、レイヨウの四種とす。本省に産するところのものは、山羊、綿羊をもって、もっとも多とす。山羊は、その性質温良にして、かつ怜悧《れいり》に、角は綿羊に比し、やや小さく七寸を出ずることまれなり。その肉は、回々教徒の常食とするところにして、毛は被服その他に供し、中国人の愛好するところなり。山羊毛を分かちて、紫絨、白絨の二種とし、ともに春季鉄鉤子にて、きりとりたるものにして、冬期を経過するものなれば、その品質、もっとも佳良にして、きわめて柔軟なるものなり。

羊毛は、その用途きわめて多く、羅紗、毛氈《もうせん》、絨氈《じゅうたん》等を製するにもちいられ、また衣服の裏として、冬期着用せらるるは、人のよく知るところなり。我が国に輸入せらるる羊毛の大部分は、羅紗、毛布製造の原料となる。

羊毛は、青島の輸出品中、主要なるものにして、芝罘の輸出にいたりては少なし。羊はその価格、毎頭約五、六吊文より、十二、三吊文にいたる。最近、輸出数量は次のごとし。

	一九一三年		一九一四年		一九一五年	
	担	海関両	担	海関両	担	海関両
芝罘より	—	—	—	—	—	—
青島より	—	—	—	—	五六〇	一三、八〇九

綿羊毛

	一九一三年		一九一四年		一九一五年	
	担	海関両	担	海関両	担	海関両
青島より	三、〇九九	七五、〇〇四	一、八九二	六四、一三八	五、四九七	一一〇、一〇六
芝罘より	—	—	—	—	—	—

生山羊皮

	一九一三年		一九一四年		一九一五年	
	枚	海関両	枚	海関両	枚	海関両
青島より	一三一、八二六	五一、三一一	四一、五七二	一八、九二〇	一七六、一四〇	六六、五九二
芝罘より	—	—	—	—	—	—

生綿羊皮

	一九一三年		一九一四年		一九一五年	
	枚	海関両	枚	海関両	枚	海関両
青島より	二	八	八八二	二八九	—	—
芝罘より	—	—	三	六	二一三	四五四

十、鶏

養鶏《ようけい》業は、本省西部および南部山東、すなわち沂州府および金嶺鎮付近をもって、もっとも盛なりとす。いやしくも注意周到なる旅行家は、山東省の内地に入りて、足一度、村落の光景に接せば、直に雛鶏《ひなどり》群をなすも、母鶏はその影を見ざるべし。これけだし、人工をもって、鶏卵を孵化《ふか》するによれり。その方法たるや、すこぶる旧式にして、大なる室内に坑をつくり、その上に二段の棚を有する木製の箱をおき、その棚のなかに鶏卵を入れ、やわらかき覆を掛け、戸窓のすき間より、坑を温むるときは、約三週間を経過し、卵は孵化して雛鶏となる。しかれどもこの方法は、すこぶる困難にして、注意と熟練とを要すること大なり。本省にては、この孵化法をもちい、多数の雛を産するがゆえに、鶏卵の産出すこぶる多く、青島および芝罘より輸出せらるるもの少なからず。

鶏卵輸出（新鮮なるものおよび塩蔵のもの）

	一九一三年		一九一四年		一九一五年	
	個	海関両	個	海関両	個	海関両
青島より	二七、〇五六、〇〇〇	一六八、五七〇	一七、九六一、五〇〇	一五七、三四三	七、五三六、九七〇	四五、二九六
芝罘より	六、一八一、四八〇	五四、四八六	七、三七一、一一〇	六二、七一九	一三、九四二、一一五	一〇六、一五九

蛋白蛋黄

	一九一三年		一九一四年		一九一五年	
	担	海関両	担	海関両	担	海関両
青島より	一〇、八九一	五七七、三七五	一〇、四六一	五一四、二六〇	—	—

青島においては、ドイツ人経営のコロンビヤ・ジー・エム・イッチ蛋白製造公司なる一会社あり。これ本省の鶏卵産数のすこぶる巨大なるものあるをもって、これを原料とし、蛋白、蛋黄の製造をなすものにして、一九〇九年より欧州およびアメリカに輸出をなす。

本省は、牧畜業においては、あえて他省に優越せるものというべからず。今後、斯業《しぎょう》者の勤勉と努力とにより、大に振興せざるべからざるの状況にあり。目今、やや曙光《しょこう》を放たんとするものなれば、将来の発達をさらにのぞむものなり。

第十六章 山東省の鉱物

山東省の鉱産に富めるを世に喧伝《けんでん》ししは、ドイツの地質学者リヒトホーフェン氏、その他数氏にして、ドイツが膠州湾租借、山東鉄道敷設とともに、鉱産採掘の権を収めしより、坊子および淄川の石炭坑を経営ししかば、この二坑もっとも人に知らる。

その他、現時あらわるる鉱山は、博山県、嶧県、沂州店、大汶口の石炭、平度州、昭遠県の金、沂州府および金嶺鎮の鉄とし、またいたるところ各種の鉱物産すといわるるも、その採掘をはじめし者はきわめて少なし。

ドイツは、鉄道沿線の鉱山採取権を得。これがために一八九九年、山東鉱山会社を設立し、資本千二百万マルクをもってし、一九〇一年、濰県の坊子にある炭坑を開き、一九〇四年に淄川県の黌山炭坑を開けり。

坊子炭坑は、濰県県城の南約四十支里にあり。山東鉄道の坊子駅と、四キロメートルの鉄道にて連絡す。坑口三をつくり、一日九百トンを出し、一年の産額は三十万トン内外にのぼりしも、その炭質良好ならず。山東省内に消費するにとどまれり。

坊子炭坑出炭量

一九〇二年	九、一八七トン	一九〇八年	二五〇、二一四トン
一九〇三年	五〇、六〇〇トン	一九〇九年	二七三、三五四トン
一九〇四年	一〇〇、六三一トン	一九一〇年	一九四、八九八トン
一九〇五年	一三七、〇〇〇トン	一九一一年	二八八、七五二トン
一九〇六年	一六四、四三七トン	一九一二年	三七四、六〇五トン
一九〇七年	一四九、三〇七トン		

坊子炭質分析

コークス	五一・八〇〇％	灰分	一四・七〇〇％
揮発分	三〇・七〇〇％	水分	二・八〇〇％
比重	一・四〇九％	硫黄	〇・九六六％

淄川県の黌山炭坑は、博山支線の淄川駅より六キロメートル半の一鉄道にて連絡す。この地方には、古来、中国人の採炭する者多く、ドイツ経営のものは二坑にして、深さ一は二百六十メートル、一は百八十五メートルとし、一日九百トンを出せり。炭質は、坊子炭に比し良好にして、鉄道、汽船、軍艦にもちゆべく、年々、青島よりこれを輸出せり。

黌山炭坑出炭量

一九〇八年	七二、四六七トン
一九〇九年	一八三、四四九トン
一九一〇年	二三七、五四五トン
一九一一年	二八三、二〇八トン
一九一二年	二九九、六五二トン

山東鉱山会社は、創業以来、収支相あたらず。一九〇九年以来、損失も少なからず。営業不振をきわめしかば、一九一三年、これを山東鉄道会社に合併し、もって欠損を補い、資本を増加せんとはかれり。

嶧県の炭坑は、運河に近く位し、軽便鉄道は炭坑より台児荘にいたり、運河の水運に連絡し、また津浦鉄道の一支は、臨城駅より棗荘にいたるあり。棗荘は、炭坑に近し。はじめ中国人の経営にかかりしが、一八九九年、独中合弁とし、華徳中興煤鉱公司と称ししが、一九〇三年、ドイツの資本を償還《しょうかん》し、まったく中国資本のみをもちい、嶧県中興鉱務公司とあらたむ。資本金は、はじめ八十万両なりしも、今、百五十万両とす。一年の出産量は、十五万トン内外とす。

泰安府の南、大汶口に一炭山あり。津浦鉄道より四キロメートルをへだつ。中国人の経営にかかり、一年に約六万トンを出す。炭質不良なりという。

沂州府の西南に大炭田あり。府城より十五キロメートルをへだつ。炭田面積は六十五百方キロメートルと称せられ、ドイツ人はこれを買収せんとししも、ならず。今、中国人土法《どほう》により採取し、一年に約三万トンを出す。

博山県内には、古来、中国人の小資本にて採掘する炭坑多く、ドイツ人はそのうち主なるを買収し、一年に二十万トンを採取せり。炭質はおおむね良好にして、青島にも出せり。

招遠金鉱は、招遠県の東北三十支里にあり。交通不便にして、陸路龍口に出ずる九十支里をもっとも近しとす。一八八九年より中国人により採取せられ、かつてドイツ人出資せんと試みしことあり。今、有望のものと称せらる。

平度の金鉱は、平度州廟店、三座山にあり。明代、採取ししことありと伝え、同治、光緒のはじめの間にやや成績を挙げしも、その後、中絶し、光緒十三年にイギリス技師を聘《へい》し、資本二十万両をもって竪坑《たてこう》を穿《うが》ち、一時、産金少なからざりしも、直に絶え、今にこれを放棄す。

金嶺鎮の鉄鉱は、ドイツ人が経営せんとはかり、山東鉄道の金嶺鎮駅より支線をつくらんとせしにあたり、戦役起こりことやみしものなり。山は、鉄道の北二ないし八キロメートルの地にあり。磁鉄鉱にして、ドイツ人は全鉱量一億トンといい、その谷底以上にある鉱量は、

四宝山	一七、八〇〇、〇〇〇トン	王皇山	六三、二五〇、〇〇〇トン
鉄山	二四、七〇〇、〇〇〇トン	鳳凰王	—

と称し、そのなか一千万トンは経済上、とり得べき量とす、と伝う。その分析によれば、

鉄	六五・四二―六五・九八	満淹	〇・二四―〇・一八〇
硅酸	二・〇〇―二・〇六	硫黄	〇・〇八―〇・〇〇七
石炭	〇・八〇―〇・四一	燐	〇・〇三―〇・〇三七
苦土	〇・五〇―一・六四	銅	〇・〇九

という。

沂州府に安城鉄山あり。中国人が昔時《せきじ》、採取したるものなり。近く一九一四年、中国人再び採鉱の計画を立つ。鉱山は、安城東嶺、牛角嶺、掖口舗の三処にあり。交通路は嶧県に出で、津浦鉄道に出ずるを捷路《しょうろ》とし、嶧県、棗荘より二十五支里をへだつ。鉱石の分析によれば、

牛角嶺	五九・六五	上質の鉱石につきての試験
安城嶺	三〇・九一	
掖口舗	二三・九二	
牛角嶺一般並鉱	一六・二三	

という。

済南府城は、山東省城として商業繁盛に、数年前、清朝政府が商埠として、この地を開放してより、外国商人の来たるもの、ようやく多きを加う。済南には、古来、経記というのあり。

第八編

商業機関および倉庫

Japan met Shandong in 20th Century

第一章

済南府における商業機関

第五期生
第十一期生
第十二期生
調査

第一節　問屋

一、総説

済南府城は、山東省城として商業繁盛に、数年前、清朝政府が商埠として、この地を開放してより、外国商人の来たるもの、ようやく多きを加う。

済南には、古来、経記というものあり。経記は単に売り手と買い手との間に立ちて、取引の仲介を業とし、牙行とその性質を同じくす。されど現時においては、この経記は発達して問屋となるもの多し。

済南における問屋を挙ぐれば、左のごとし。

(一) 綢布行
瑞蚨祥　瑞林祥　同祥永　茂晟永　隆祥　富恒
義和祥　広誠　同盛合　通盛　咸恒吉

(二) 綿花行
玉成　恒升　恒盛泰　恒祥　慶泰合　広済
振興　信裕祥　瑞興益　同盛　恒裕公　徳源祥
阜成信

(三) 雑貨行
泰豊　復興　敬成　裕成　福昇

(四) 茶葉行
春和祥　徳景隆　合興　祥記　春生祥

(五) 南紙行
有連堂　松鶴斉

(六) 京貨行
広信　裕聚　裕記

(七) 洋広行
増祥　裕昌　公祥和

(八) 薬行
全盛　広徳　永興　泰興　徳和　通済

(九) 酒行
遠香斉　仙源居　元和

(一〇) 油行
万成　福源　大順

（一一）鉄器行

永盛　亨泰裕　震興

（一二）糸行

永聚　徳聚　恒聚泰

（一三）山菓行

福興　恒盛

（一四）炭行

徳祥　徳興　春和　東茂　恒興　義泰
義和恒　益盛永　徳和　豊源　公盛　長発
恒聚昌　恒富

（一五）皮貨行

長盛成　謙盛益

（一六）燭行

西仲三元　洪三元　長興元

（一七）糧行

悦来　公和泰　広源祥　同聚和　益増裕　福和昌
復興昌　恒順公　義徳　恒升和　興順福　恒聚成
益成　合盛　公興永　慶昇恒　泰源祥　立誠
天祥永　元昌　泰華　益興昌　万利源　会済
利源増　福徳　恒盛泰　隆慶祥　洪聚祥　裕盛東
協増成　徳盛泰　益隆徳　同義

（一八）土薬行

仁記　源起　悦来

（一九）生皮行

元泰和　裕盛永　富興

以上、各行の問屋はいずれもこれを桟と称し、倉庫を有するもの多し。しこうして問屋の所在地を見るに、綿花行、粮行および生皮行は、商埠に多く、他はおおむね城内西門大街にあり。

済南における綿花問屋は、商埠に多し。彼らが問屋業を開かんとするには、商埠総局へ願い出で、その特許状を得ざるべからず。しこうして毎年、営業税として百両を納入し、特許税としては、五年ごとに百両を納付するを要すという。

雑穀問屋は綿花問屋と同じく、商埠に多し。その開業に関しては、綿花問屋となんら異なるところを見ず。

各問屋の組織を見るに、個人の設立するあり。または数人の合同によるあり。資本金のごときは、その確数を知りがたしといえども、税金等より推すに、皆、相当の資金を有す。各問屋には、経記を有するものあり。または有せざるものあり。経記の性質は、先述のごとく、単に売買の仲介を業とするにとどまるものとす。

商埠において、雑穀問屋、連陞桟につきて、組織を問うに、本店は青島にあり。天津および当地に分店を設く。資本金は、これを秘して語らざれども、約五、六万両あるもののごとし。この地分店には、正副二人の掌櫃《じゃんぐい》的あり。経記三人をもちう。

二、　小売業者との関係

行桟すなわち問屋の小売業者に対する関係は、我が国と同じく、問屋より取引小売店に貨物を購入せんことを誘引するものにして、小売業者が買意あるときは問屋に来たりて、現物を見たる後、売買契約をなす。

問屋と小売業者との間は、従来、掛け売りをなせしといえども、近く政変以来、金融の逼迫《ひっぱく》を来たし、ためにかなり現金取引とし、充分、信用確実なる商人に対してのみ、月末決算の便をもちう。

三、　取引上の慣習

（一）絹布行

済南における絹布行の取引を見るに、絹布生産者は、皆、これを問屋に売る。問屋は、さらに小売業者に売却す。しこうしてその際、もちゆる取引上の慣習としては、一疋《いっぴき》をもって売買の単位となし、相場は吊文をもって建となす。

（二）綿花行

済南における綿花は、直隷省の南宮、成興、呉橋、趙州および山東省の高唐、夏津、臨清等の産地より、客商が各自、馬車または民船にて、運搬し来たり。この地の問屋に託して、売却せしむ。問屋はおおむね倉庫を有し、客室を備え、彼ら客商の宿泊に便せしむ。しこうして、客商は自己のもたらしたる綿花を問屋の倉庫に預けおき、その売り渡し終了するまでは幾月にわたるも、この地に滞在す。この際、問屋は宿料を要せずして、ただ食費を徴するのみ。倉敷料、すなわち桟費はきわめて低廉なり。

客商、綿花をもたらして当地に来たり、販売を託す

▲　済南城内大明湖

るときは、問屋はその包装を検査す。もしこの際、包装にして破れたるものあるときは、無料にて、これが修繕をなす。

売買の仲介をなしたるとき、問屋の徴する口銭はこれを辛力と称し、売り手、買い手の双方よりこれをとる。売買価格の二分を超ゆるなし。もし客商が久しくこの地に滞留《たいりゅう》することを得ず、帰郷せんとするときは、値段を予定し、これに対する前渡金を受け、万事を託して帰郷す。

いずれにせよ問屋の行なう取引は、委託販売にして、これを代售と称す。代售終了したるときは、売上計算書すなわち清単を書き、現金の受授をなす。

綿花の包装は、これを大別して二種となす。すなわち大包、小包これなり。大包は毎包百四十五斤にして、小包は毎包百斤内外なり。取引には毎百斤をもって単位とし、相場は両または吊文をもって建となす。しこうして秤量は、ポンド秤を使用す。

次に代金支払い方法は、買い手の信用いかんによりてこれを決し、現金または掛け売りの方法をとり一定するなし。掛け売りの場合には、月末決算なり。支払いには、多くは銭荘、銀行発行の票子をもちう。

当地、綿花の問屋のもちゆる書式は次のごとし。

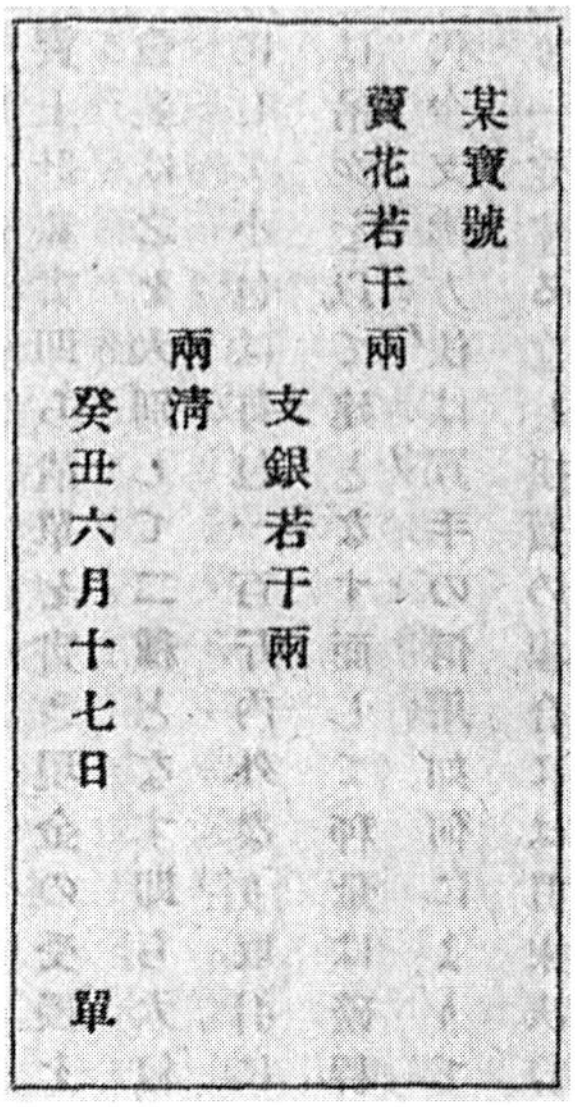

某寶號
賣花若干兩　支銀若干兩
兩清
癸丑六月十七日　單

以上の書式に照らして清算し、その手取金を売り手に支払う。

綿花問屋が、小売業者に綿花を売り渡したるときは、次のごとき書式をもちう。

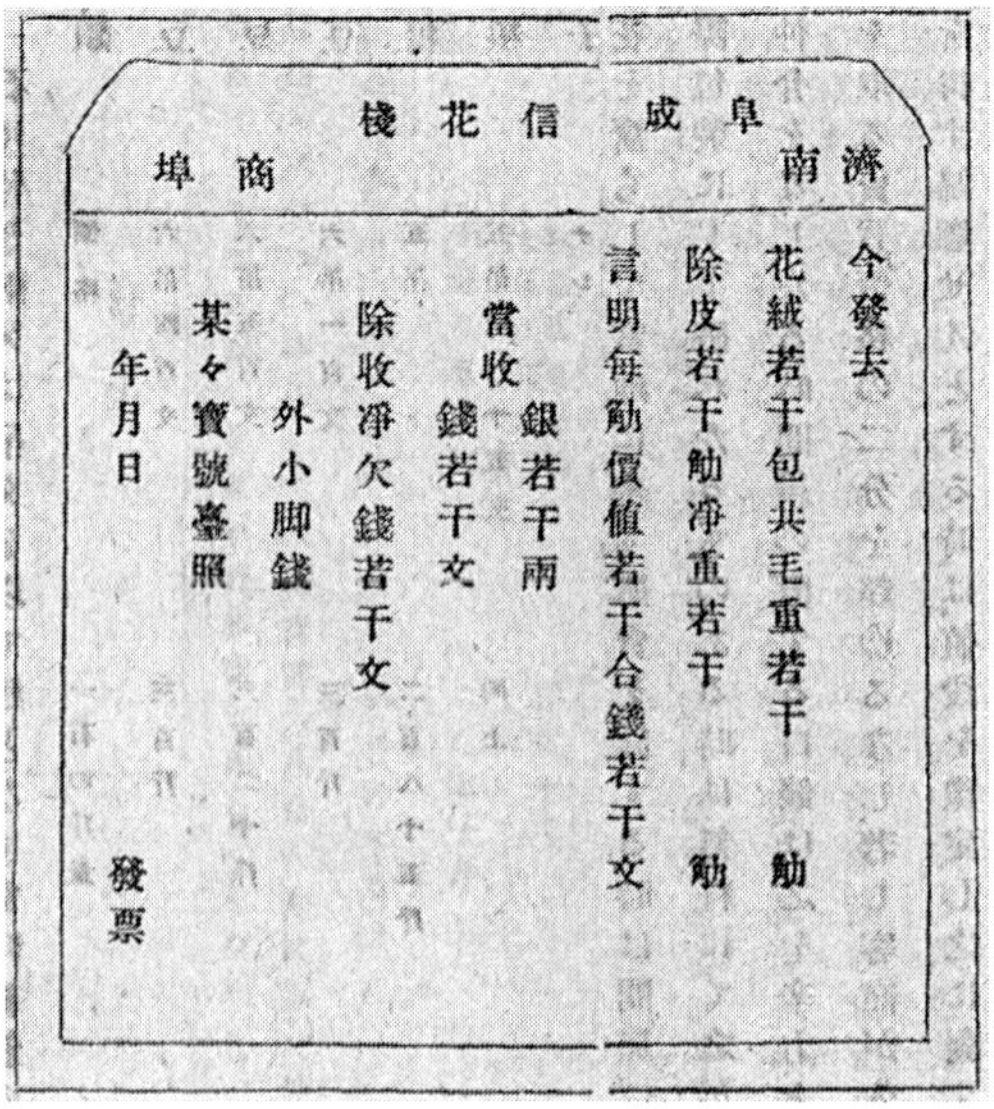

濟南
阜成信花棧
商埠

今發去
花絨若干包共毛重若干　觔
除皮若干觔淨重若干　觔
言明每觔價值若干合錢若干文
銀若干兩
當收
錢若干文
除收淨欠錢若干文
外小脚錢
某々寶號臺照
年月日　發票

(三) 粮行

雑穀問屋の取引を見るに、客商貨物をもたらして問屋に来たり、貨物を問屋の倉庫に預け入れ、問屋の手をへて貨物の販売を託す。この際、問屋は客商に対し、一日房銭および飯銭をあわせ六毛を徴し、倉敷料はこれを徴せず。

問屋にては、経記を派して買い手を求めしめ、または買い手の来たるを待ちて、売買の契約をなし、見本取引、多く行なわる。

売買契約成立したるときは、問屋は買い手より売上代金をとり、売り手すなわち客商に対しては、売上高より口銭（当地にてはこれを辛力と称す）一分と、その他売上に要したる諸掛とを差し引き、清単をつくり、これに現金をそえ、客商に渡す。

客商はこれを請けとりて帰郷し、またはこの地にて、種々の貨物の仕入をなす。しこうして、この買い入れを問屋の手をへてなすときは口銭を払う。

すべて粮行公議にもとづき、ポンド秤をもちう。七十五ポンド＝百斤なり。

相場は一石につき、両または吊文をもって建となす。当時、雑穀の相場を見るに、

種類	価格	一石の斤量
元豆	六吊四百文	三百斤
吉豆	六吊五百文	三百二十斤
豌豆	六吊一百文	三百斤
南紅粮	五吊	二百八十五斤
北紅粮	五吊四百十五文	二百八十五斤
新麦子	ナシ	
陳麦子	六吊五百ないし七吊三百文	三百十斤
芝麻	十五吊五百文	二百四十斤
荳餅（すなわち豆粕）	十七吊七百文	千斤につき

備考　価格の単位は一石。しこうして代金支払方法は、一か月末の決算にして、吊文の票子をもってすることが多し。今、その計算書を見るに左のごとし。

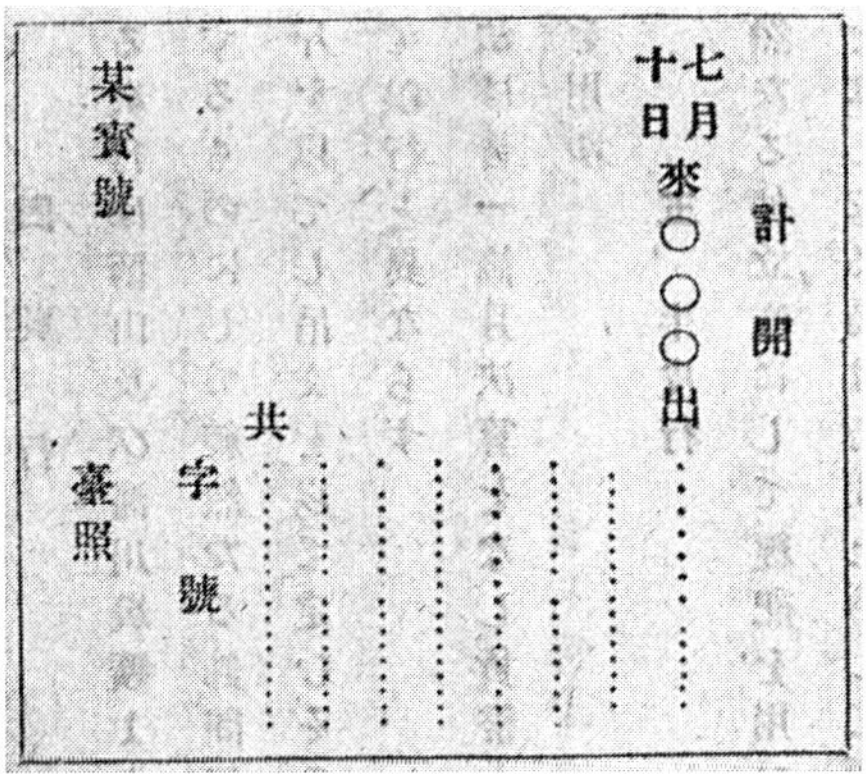
計開
七月十日來〇〇〇出……
共
字號
某賓號
臺照

（四）炭行

済南における炭行は、博山および淄川炭鉱より石炭を鉄道にて、運搬し来たり。この地にて卸売するものにして、純然たる卸問屋なり。

相場は百斤をもってし、吊文をもって定む。その使用する秤器は、ポンド秤（七十五ポンド＝百斤）にして粮行と異ならず。

代金支払い方法は、皆、一か月決算をなし、貨幣としては多くこの地銭荘の発行せる吊文の票子をもちゆ。

（五）牛皮行

牛皮行は純然たる仲立商にして、経記をもちいて付近を奔走《ほんそう》し、売買の媒介をなす。売買の仲介をなしたるときは、行用と称して、売買商の三分の口銭を徴す。

相場は百斤をもってし、吊文をもってその建となす。その使用する秤器は、ポンド秤なること炭行と異ならず。代金支払い、その他に関しては、皆、炭行と異なるを見ず。

第二節　商務総会および各商会

済南府城には、山東商務総会および商務分会等あり。山東商務総会は、民国元年八月に成立し、商情を連絡し、商智を開発し、金融を維持し、銭債《ざんさい》を整理するをもって、主要事業となす。現にすでに入会するもの千八百余家、該会維持の経費は、註冊費、憑拠《ひょうきょ》費、薄冊費を徴し、これにあて、入会したる各商号を上中下の三等に分かち、これを両季に納入せしむ。

商務分会は、宣統三年七月に成立す。その弁理事業は、商務総会と相同じ。

実業協会は、同志を連合して学術を研究し、山東実業を振興するをもって、宗旨となす。毎月、雑誌を発行す。

商学会は、商務総会内に付設す。該会は商学を研究し、商智を啓発し、商政を討論し、商業の発達を促進するをもって宗旨となす。

済南埠頭には、商会の組織あり。その章程を挙ぐれば、次のごとし。

済南商埠商会議訂暫行弁章程十七条

一、商会之設、原以連絡商情、維持商業、開通商智起見、所有埠内凡関係商務事件、商会得有察査議処之権。

一、以埠内商人合資格者、公学総理一員、弁理商会事宜董事十五員、輔佐総理、分任会中事件。

一、聘請書記一員、弁理来往文牘信件、司賬一員、専司会中収支款項、並幇同繕寫各項文件、理事一員、調査商情、経理庶務、毎月酌酬薪水、以資弁公。

一、会期分常会、特会年会、常会毎逢星期日為会期、会員斉集、考究商業何盛何衰、由書記登冊、備査特会者、凡遇有関係商業不平之事、由発起人書明理由、呈請総理、会集各董事、開会理処、年会者、毎年二月初二日、挙行一次、清査上年収支款項、預算本年収支各款数目、十六日挙行一次、報告上年調査商務情形、及本年応行籌弁事項、其常会間内董事輪流値日、若遇尋常事件、由値日董事主弁。

一、総理曁各董事、届開会日、均須斉集、不得無故不到、如実有不得已之事、可由本人請在会董事一人代表意見。

一、開会公議、各董事与応議事件、均有決定事理之権、惟不得依違両可至所議事件如有不妥之処、只可在会場弁論、不得背後私議。

一、会議事件議決、不得過五星期、如事之糾纏過多、必須展限者、須先将展限之理由宣布。

一、総理未届任満之期、無故不得辞職、実不得已、経各董事公議、認可、再挙合格之人接充。

一、凡人埠経営商業者、開張後、須先将商業行号、東主、掌櫃姓名、坐落処所、逐一開単、呈送商会註冊、並発給門牌、憑単収執。

一、埠内小本営業不願入会者、悉聴其便、其営業卑汚亦不准入会、若在会各商有蔵欺騙之心者、経本会査出、立即驅出商界、並報告各商家、均不得雇用。

一、在会各商家有索討逋欠情事、応先将理由書明請総理、会集各董事、公議理処、如負欠者、抗而不遵、或導而不繳、由総理、拠負欠違抗情由、呈報商埠総局、詧核弁理。

一、経費須籌、現経総理曁各董事開会公議、凡入会商家各随営業大小、分別酌量楽輸。

一、用欵分額支活支、額支由各董事公議、編列預算表、按月開支、送総理簽字照行、活支之欵在二十両以内者、由総理簽字照文在二十両内外者、俟開会公議議決、方能開支、曁届年終、編製全年収支款目表、張貼以示大公。

一、総理曁各董事、常川到会、応支薪水以資弁公、惟開弁之始、経費短絀暫不支給。

一、商会所有調査、商務盈虚消長情形、毎年呈報一次、至公義理処事件、随時呈報査考。
一、商会各董事、如遇関係本身事件、与商業毫無牽渉、須目行弁理、不得借用商会名義、違者、照違背会章議処。
一、在会各行、代客僱車、転運貨物、所僱之車無論何往、均有一定期限、除陰両阻隔不計外、如該車在途遅延、逾越限期、応知会該車戸所駐之桟、赴会公同議罰、其或与所運貨物有遞換潮湿短少情弊、応計算貨物価値若干、由車戸如数賠補、再行議罰以挽頽風。
　以上、議訂試弁章程、如有未尽事項及応行増減之処、仍随時稟明修改。

第三節　会館

済南府においては、同郷同業者の団体として公所というものなく、皆、これを会館と称し、その事業としても、単に組合員相互の情誼《じょうぎ》を連結し、種々なる善挙をなすに過ぎず。かの青島における斉燕公所が、商業慣習を制定し、商法を設くるがごときは、済南府においては一もこれを見るを得ず。けだし済南府の地たるや、古来、山東全省の首府にして、一省政治の中心たるをもって、官衙多く店舗軒《のき》をつらね、市街繁盛なりといえども、従来、交通の不便なりしと地勢の不利なるとは、該地をして、むしろ商業市場としてよりは政治の巷とし、物貨の消費地として、その重きをなすにいたらしめたるなり。これをもって済南府における外省人もまた商人よりも官吏多く、会館の組合員は、半商半官の有様となり。会館の事業は、自ら商業より遠ざかるの勢を示したるなり。これすなわち済南府における会館が、皆、ことごとく善挙的事業のうえに設立せられたるゆえんなりとす。会館は、その数すべて八、すなわち潮広会館、浙閩会館、中州会館、八旗会館、山陜会館、安徽会館、江南会館、江西会館、これなり。以上は、会館のいずれについても、その設立の時期をつまびらかにせず。あるいは百余年前なりと称し、あるいは二百年前なりという。しかれども、その決して近代のものにあらずして、清以前にあるはこれを推測するに難からず。

この会館のほかに、福徳、集雲の二会館あり。福徳会館は、估衣舗の公所にして、集雲会館は中国旧式銀行業者の公所なりしが、今は閉館せり。

一、　湖広会館

湖広会館は湖南、湖北両省人の設立するところにして、組合員総数約二、三百人。うち官吏に属する者、二百余名、その余は商人なりという。集会は一年一回すなわち毎年一月十三日に開き、夏后氏大禹神位を祭り、酒宴を張り、神劇を催す。会館の公金は、普通、これを公項と称し、組合員中の官吏四人（湖南人二名、湖北人二名）にて、これを管理す。経費はすべて、組合員より納付する一定の捐銭（寄付金）をもって、これを支払う。会館建物は、同治九年十月の再建にかかる。

二、　浙閩会館

浙閩会館は福建、浙江両省人よりなる同郷者の団体にして、百余年前の設立にかかり、館内に小学校を設け、組合員の子弟を教育す。組合員総数およそ二百余名にして、官商相なかばすという。

三、　中州会館

中州会館は、河南一省人よりなる同郷者の団体なり。組合員総数およそ二百名内外にして、商人多しという。館内には、付設小学堂および中学堂あり。組合員の子弟の教育をなす。

四、　八旗会館

八旗会館は、満漢八旗人の会館なり。これ同郷者の団体としての会館とは、すこしくその趣を異にするも、その主旨とするところにいたっては、毫《ごう》も異なるところなく、すなわち済南府における満漢八旗人が、各相互に情誼《じょうぎ》を連結せんとして設立ししものなり。その事業、同じく組合員に対し、あるいは丙舎《へいしゃ》を設けて棺を留め、またこれをその郷里へ回送するの任にあたり、あるいは学堂を建設して、組合員子弟の教育にあたり、あるいは組合員間の紛議を仲裁する等、その他、普通会館と異なるものなし。

五、山陝会館

山陝会館は、山西、陝西両省人同郷者の団体にして、組合員には官吏少なく、商人多しという。会館の定期集会は、毎年正月初八、四月初八、七月二十二日および九月十三日の四回に開会し、つねに神を祭り、酒宴を張り、神戯を催し、もって一面敬神の意を示すとともに、一面組合員相互の交情を温む。

六、安徽会館

安徽会館は、安徽一省人同郷者の団体にして、その組合員総数およそ三百余名、うち大半は官吏にして、その余は商人なりという。同会館は、済南における他の会館に比して、もっとも好位置に設けられ、その設備ほとんど間然《かんぜん》するところなし。すなわち太明湖畔において、形勝の地に歴下亭、覚枢亭、小滄浪、北極閣等の華美荘麗なる堂宇を建設し、市民の遊覧場に供し、また組合員、時々の集会は、常にこれら堂宇内に催さる。前山東巡撫楊士驤氏は、安徽省出身の人なりしをもって、会館の事業上に大なる便宜をあたえ、諸事整然たらしめたり。同巡撫は、外賓の送迎会に、あるいは時々の招請《しょうせい》の宴に、つねにこれをもちいたりという。

第四節　済南府の運輸業

山東、津浦の両鉄道開通以来、商業繁盛となり、商埠の開設せらるるや、とくに長足の進歩をなせり。この地において、貨物の運送を業とするもの三あり。

一、津浦鉄道転運公司
二、山東鉄道転運公司
三、車桟

すなわち、これなり。

一、津浦鉄道転運公司

済南における津浦鉄道転運公司は、停車場付近にあり。その名称、左のごとし。

和盛　通順　悦来　通裕

この転運公司は、皆、株式組織にして、津浦鉄道局に三千元の押款《おうかん》を納入して、開業せるものなり。なかんずく悦来公司は、済南に本店を有し、津浦、山東両鉄道の転運業を営み、もっとも声望あり。資本金は銀数万元と称し、株主は皆、山東人なりという。

転運公司は、津浦鉄路車站に倉庫を有し、貨物の一時保管をも営む。

津浦鉄道は転運公司に対し、一か年に運賃二万四千元以上を支払うときには、その百分の七を割り戻し、一か年に四万八千元以上を支払うときにはその百分の十を、一か年に九万元以上を支払うときには、百分の十三を割戻すとの規定あり。ただし、この率による割戻を受ける転運公司は、倉庫、その他の設備に二万元以上の資本をもちいたるものたるを要し、もし然らざるものは、割戻の率を百分の五、百分の七、百分の十に引き下ぐ。

津浦鉄道転運公司の手数料は、貨物を三級に分かち、一級品にありては十トンを単位とし、これに対し五角を徴す。二級品にありては三十トン貨車を単位とし、これに一元を徴す。三級品はこれよりもさらに少なし。

転運公司の手をへて、貨物を運送せんとするには、該公司に通知すべく、このとき公司は、推車をもちい貨物を引きとり、停車場に搬送し、しこうして停車場における公司の倉庫に保管す。転運公司の都合により て、貨車に満たざる間はこれを保管す。

されど大量貨物は、ただちに貨車に積み込み、転運公司は駅の貨物係より提貨単を得て、託送者に交付す。次に該公司は、託送者すなわち荷主より運賃、苦力《クーリー》賃、積卸賃および手数料を合算して、これを受けとる。なお常得意なるときは、月末決算の方法をとる。

二、山東鉄道転運公司

山東鉄路に対する、転運業を営むものは左のごとし。

悦来　万利源　慶昇恒　復興昌　天祥永　福和昌
合盛泰　徳天成　瑞祥成　義徳桟　名利桟　来陞桟
済津桟

以上は、株式または合資組織にてなり、資本も数万元を有するものあり。皆、相当の信用あり。また旅館を兼ぬるものあり。

これら転運公司の徴する手数料は、貨物の種類によりて異なり、各種それぞれ一定の規定あるものとす。なんとなれば鉄道運賃に対し、約二割ないし三割の手数料を徴するものにして、鉄道運賃は皆、貨物の種類によりて一定せるをもってなり。今、済南より青島に綿花を輸送せんとせば、荷主は毎百キログラムにつき、大洋七角三分を支払う。その内訳は、左のごとし。

運賃	六角
手数料	一角三分
計	七角三分

運送手数に関しては、津浦鉄道におけると異なるなし。ただし津浦線にては、重量の単位はトンをもってするも、山東線にありてはキログラムを単位となす。これ津浦線は、イギリス制により、山東線はドイツ制によれるがゆえなり。

荷主が、転運公司に貨物の輸送を託するときは、充分の注意をもってこれを運送し、責任を負うものとす。貨物の積込終わるや、提単を発行し、これを荷主に交付す。この提単は、貨物引換証のごときものにして、荷主はこの提単を荷受主に発送するなり。しかるときは、荷物受取人はこの提単と引き換えに、貨物を受けとるものとす。

提単はドイツ、中国両国文にて、印刷せられたるものにして、運送中、天災および不可抗力にあうときは、転運業者はなんら責に任ぜざることを記す。

次に転運上の慣習としては、従来貨物を五等に分かちて、それぞれ割引等の規定ありしも、近時、鉄路公司重ねて新章程を定め、割引等を全廃したる結果、転運業者利益を殺減《さいげん》せらるるにいたり。彼らは公議をもって、その鉄道運賃に妥照し、別に経費を加え、先に比すれば、その手数料を廉にするにいたれり。前には運賃を五、八、十二の三節をもって、決算期となしたれども、今や公議により、あらためて三、六、九、十二の四回に決算す。

今、転運公司の荷主より徴する車力すなわち運送料を挙ぐれば、左のごとし（青島よりの運送料）。

済南府へ	毎百キログラム	七角三
博山へ	毎百キログラム	七角一
淄川へ	毎百キログラム	七角
明水へ	毎百キログラム	七角二
周村へ	毎百キログラム	七角
淄河店へ	毎百キログラム	六角七
青州府へ	毎百キログラム	六角六
濰県へ	毎百キログラム	五角八
昌楽へ	毎百キログラム	六角
南流へ	毎百キログラム	五角
大嶺へ	毎百キログラム	四角四
膠州へ	毎百キログラム	三角二

三、車桟

済南における車桟は多く、商埠にあり。陸路各地方に貨物を運送するを業とす。車桟名称左のごとし。

鴻順　安興　中立　天興

以上は、皆、代客包運の牌子を掲ぐ。しこうしてその組織を見るに、多くは合資にして、資本額も数千両なりという。これら車桟は大なる院子を設け、馬車を備う。

車桟の荷主に代わりて運送を行なう際、徴する手数料は、運賃に対し、約一割強にあたる。すなわち、

運賃一吊（九百文）につき　百文

なりとす。

車桟に託して、貨物の運送をなさんとせば、まず貨物の数量を明らかにし、これに要する運賃を定め、運送契約を結ぶものとす。この際、車桟は荷主に対して次のごとき書式を交付す。これすなわち荷主と車戸との間に立って、運送契約の保証をなすものなり。しこうして運賃は、荷づくり人が手付金のみを支払い、到達地にて残額を支払うものとし、途中の破損等は車戸の負担とす。

濟南　鴻順車棧

立攬契車戶○車○輛在商埠攬到某々
寶號　送至○○客便處交卸、議定、
每○○脚價京錢○○○○共合脚價當
付錢若干文
貨到清付一路過河渡水打更守夜車戶
承管與客無干、倘有水濕毀破短少等弊
該車戶照卸地市價包賠、空口無憑、立此
為證
民國　年　月　日　立

第二章　青島における商業機関

第五期生
第八期生
調査

第一節　会館公所

一、総説

青島において、会館公所と称すべきもの、すべて三あり。江皖蘇浙会館すなわち三江会館は、江西、安徽、江蘇、浙江四省の官商よりなり、広東公所すなわち広東会館は、広東一省の商人よりなり、斉燕公所すなわち斉燕会議所は、山東、直隷二省の商人よりなる。前二者は、まったく同胞的団体にして、組合員相互の連絡をはかり、もって種々なる善挙をなすを、その事業の全部とすといえども、後者のもっとも力を尽くすところは、青島における中国商人全体に対し、商慣習を制定し、不正商人を懲罰するにありて存す。何をもって斉燕公所は、他省における会館公所のごとく、自己の組合員に対してのみ、あるいは商慣習を制定し、度量衡を統一し、あるいは不正の商人を懲戒するなく、一市全般の商人に対して、これを行なうや。

けだし青島は、新開の貿易港たり。これに集合せる中国商人は、ほとんど海外あるいは他省より移住せるものなり。ゆえに各自各様の言語、風俗、習慣を有し、一定せる商取引の行なわるる能わず。しこうして商取引の不統一が商業の進歩を妨害するため、商慣習法の制定は、けだし当時の急務に属せり。ここにおいて青島における商人中、もっとも多数を占め、比較的、言語、風習の相酷似せる山東、直隷二省の商人を、その制定者としてもっとも適当とせるなり。これ斉燕公所が、他省に見ざる異例の公所として存在するゆえんなり。

二、会館公所の設立

青島において、会館公所の設立を見るにいたれるは、まったく同港がドイツの租借に帰し、開港せられたる以後のことに属す。すなわち斉燕公所は光緒三十年において、広東公所は同三十一年において、江皖蘇浙会館は同三十二年において、おのおのその設立を見たり。

三、会館公所と幇

幇とは、会館公所の組合員全般に対する総称にして、会館を離れて幇なるものなく、幇を離れて会館公所なるものあることなし。すなわち広幇と称すれば、広東公所に加盟せる広東商人全般を指し、三江幇といえば、江皖蘇浙会館に加盟せる江西、安徽、江蘇、浙江四省の商人を指し、斉燕幇といえば、山東、直隷両省の商人全般を指すなり。しこうして青島における幇の数は、その会館公所の数と同じく三個なり。今、青島における各幇のおもなる商人の商号を挙ぐれば、おおよそ左のごとし。

（一）斉燕幇

源泰　中盛恒　申順成　永和興　和盛昶
瑞泰協　天順　会友茶園　福興園　公和昌
義成号　源生泰　福興隆　真泰　瑞生祥
長盛東　陳衆泰　永徳祥　三晋春　益和号
天成　春発祥　裕長　源聚泰　同興成
謙成和　益豊泰　鴻源永　三済堂　裕大衆祥
全順　義泰号　広済堂　瑞福公司　徳源城荘
第一楼　劉衛卿　永徳号　裕発當　延春堂
春興承　義興徳　協順泰　陞洪　謙益恒
義和爐記　同昌永　全順昌　四合興　利昌
亜細亜　泰生東　会仙楼　天興　天増祥
協聚祥　晋余泰　福来　林興　福順泰
公昌　万和祥　順興　徳聚泰　鴻昌
裕記　宝泰　順徳祥　順昌　聚生泰
東泰　成通公記　瑞盛泰　益豊裕　万利源
双盛泰　福和永　謙順銀号　怡美華

（二）三江帮

聚宝楼　賀金記　玉成　豊昌　万利栄
泰和祥　景昌　万康号　周村徳堂　華徳泰
凌雲閣　阿生記　仁記　万宝銀楼

（三）広帮

広洋興　大成桟　三興公司　宜今書局

四、入会ならびに退会

会館公所においては、その組合員の入会ならびに退会に関して、なんらの規定を設くることなく、まったく自由放任主義をとる。すなわち入会するも、入会せざるも、あるいは退会するも、退会せざるも、まったく商人の自由に放任す。その入会するにあたりては、ただ商人の氏名、商号および住所を会館公所に報告するをもってたれりとし、ただちに組合員の資格を得、一定の権利義務を有す。その退会するにあたりても、またわずかに、その氏名商号を組合員名簿より除却し、組合員として義務を履行《りこう》し終われば、もってたれりとす。しかれども商人にして、当該会館公所に入会せざるか、あるいは入会して後、事由《じゆう》なくして退会するか、いずれの場合を問わず、該会館公所の組合員たらざるものは、一定の権利を得ず。また義務もこれを負わざる代わりに、その組合員として享くべき便宜を得ず。商取引上、その他種々なる日常の事に際して、往々、不利の地位に立たざるべからざるのみならず、ときとしては会館公所の大なる反抗と妨害を受けて、到底、自己の安全を保持すること能わざるにいたることあり。さればその入会、退会は、はなはだ自由に放任せられたりといえども、その実、この事情の存するをもって、商人はついに入会せざるを得ず。入会すれば、破産、死亡等の理由あるにあらざれば、退会するを得ざるべきなり。

五、役員

各会館公所においては、その章程をもって、役員に関する規定を設く。すなわち役員のおもなるものは、値年董事《とうじ》にして、その下に値理あり、庶務員あり、さらにその下に雑役あり。今、役員の種類、名称、任免、職責員数等について、以下、すこしく詳説するところあるべし。

会館公所における値年董事とは、会館公所の組合員中より公選せし、一年間、該会館公所の事務とりあつかいに任ぜらるる者をいう。その員数すべて五名にして、その公選の方法は、毎年一月十日夜における会館公所の集会の席上において投票をもってこれを決す。ただし再選の必要を認めたるときは、一月八日夜に集会を開き、抽選の方法により、前任董事《とうじ》五名中三名を去り、二名をとどむるものとす。値年董事は、おもに組合員中の殷商にして、かつ名誉職なるをもって、無俸給なりとす。値年董事はこれを分かって左の三種とす。

（一）主席董事　毎年一月十日の集会において、値年董事の選任完了の後、該董事中より互選《ごせん》により決せらる。その員数一名にして、会館公所内においてほとんど全権を有し、議事あるに会すれば、庶務員に命じて組合員を集会せしめ、議事にして賛否、相なかばすることあれば、自己の意見をもってこれを決し、また値理を統率して、会館公所に関する一切の金銀出納事務を管理し、かつ一定の範囲内において、公金の自由処分を許さる。会館公所を代表して、組合員が文書類に署名あるいは捺印する場合には、主席董事まずはじめにこれを行なう。その他、主席董事は時宜《じぎ》に応じて、会館公所内の事務一切を整理の目的をもって、これを検閲するの義務を有す。

(二) 司庫董事 互選により決す。互選の方法は、主席董事とまったく相同じ。その員数は一名にして、その職責は主席董事とともに、公金の出納を管理するにあれども、その値理と異なるところは、値理にありてはおもに金銀出納に関する帳簿の整理をもって任ずるも、司庫董事はこれに反し、おもに公金の支出を管理し、役員の俸給手当房租等は、その給付するところなり。

(三) 値年董事 員数三名、主席董事を幇助して、会館公所に関する百般の整理に任ず。

広東公所および斉燕公所においては、ともに値理と称し、江皖蘇浙会館においては司事と称す。集議により組合員中より選択してこれに任ず。その員数二名にして、職責は司庫董事を助けて、公所の金銀出納に関する帳簿を整理す。毎日、会館公所に出頭するを常とし、その俸給およそ一人一か月三、四十両なりとす。

六、庶務員

各会館公所においては、各庶務員なるものを聘用《へいよう》して、常に会館公所内に居住せしめ、文書の発送、広告事務、議案の登録、その他、会館公所内、一切の事宜《じぎ》を監督、整理せしめ、かねて会館公所添設《てんせつ》の学堂において、組合員の子弟に学科を教授せしむ。また会館公所各年度の金銀出納項目は、年末にいたり、庶務員よりこれを清単に明記して、値年董事全員の署名を得て、新聞紙により広告するを常とす。その員数一、二名にして、俸給は三十両内外なり。しこうして、庶務員を助け、常に会館公所内に居住して、来客の接待、その他、取次の事務にあたる者に、聴差と称する者あり。その員数一名にして、月俸およそ十五、六両なりとす。

雑役には看門、茶房等あり。看門とは門番にして、茶房とは給仕なり。二者ともに会館公所内に居住して、あるいは門番をなし、あるいは館内所内を洒掃《さいそう》し、その会日に際しては、上司の命を奉じて種々なる事務にしたがう。その員数は、二者各一名なるを常とし、手当は一人一か月およそ四、五両なりとす。

会館公所においては、以上の諸役員のほかに、広東公所においては値季議員なるものをおき、常に議案に対し、討議考察することとす。その員数は二十名にして、うち十名は組合員たる商人中より、その余の十名は商人にあらざる組合員中より、考詮してこれに任ず。しこうして二十名を四班に分かち、五人ずつ順次、春夏秋冬各季の議員となる。その職責は、あるいは臨時会における議事に参与し、あるいは会を招集することを決し、あるいは組合員の申請事項を受理する等なり。ただ斉燕公所においては、値季議員の代わりに値月なるものをおく。値月は組合員中より選出し、その員数すべて十二人毎月交替をもって、二人ずつこれにあたる。その職責は、値季議員と異なるところなし。ともに無俸給なりとす。

七、　集会

会館公所における集会は、これを分かって、例会および臨時会の二種とす。例会とは、およそ毎月必ず一回あるいは二回これを開く。董事および議員の集会にして、組合員あるいは公所に関する一切の事宜を討議するものとす。ただし董事《とうじ》の半数以上が認めて、もって臨時会を招集するに足るべき重大なる議事なりとなすときは、何時にても董事はこれを招集するを得。

臨時会とは、すなわち以上述べたるほか、なお臨時組合員の請求あるに際し、董事あるいは議員がこれを是認《ぜにん》するによりて招集す。その是認の方法にいたりては、あるいは主席董事これを決し、あるいは二人以上の値年董事の合意をもってし、あるいは議員三分の二以上の合意をもって、これを決す。しこうしてその議事に関し、あるいは商務公所のそれと相抵触することなきを保せざるをもって、各幇、毎年選出の商務公所董事をして、常に該会館公所における議案を報ぜしめ、庶務員をして登録せしめおき、もってその参考に供するの方法をとる。このほか会館においては、春秋二季、祭神の日に、組合員全部会館に集まりて酒筵《しゅえん》を開き、神戯（神に奉る芝居）をなし、もって一面敬神の意を示すとともに、一面には組合員相互の交情を温むることとす。

八、 収入支出

青島における会館公所は、いまだまったく創業の際に属し、建築の宏壮《こうそう》なるものあるにあらず。したがって事業の発展なきをもって、その経費のごとき、決して巨額にのぼるべき理なし。されど役員の俸給、地租、房祖、館内用器具、什物、その他、組合員のためにする善挙事業集会の際に要する費用等、その支出すべきものはなはだ少なからず。

会館公所における収入は、これを分かって経常収入および臨時収入の二種となす。経常収入に属すべきものは、すなわち月捐と称し、毎月、組合員全体より納付する一定の寄付金なりとす。すなわち名は寄付金なりといえども、その実は徴収の性質を帯び、組合員は必ずこれを納付せざるべからざるものなり。これ会館公所は原来、その設立の目的善挙に存したるをもって、その経費に充当せらるべき納付金も、自ら美名のもとに徴収せられざるべからざるの致すところなりとす。

しこうして月捐は、各組合員の負担能力に応じ、これを三等あるいは四等に分類するを常とし、広東公所においては一等二弗、二等一弗、三等五角と定めたり。

臨時収入とは、組合員あるいは組合員以外の同省官吏および商人より随時、任意に納付し来たる寄付金にして、その額は常に月捐の上に達し、非常なる巨額に達すること往々あり。

第二節　斉燕公所の規定

およそ貿易港の振興は、首として商務の振興による。しこうして商務を振興せんと欲せば、もっとも規章の明晰なるを要す。しこうして規章を明晰ならしめんと欲せば、さらに衆志の連合するを要す。すでに衆志の連結堅固ならんか、もっともその持久彌《いよいよ》堅《かたし》を貴ぶべきなり。まさにかくのごとくんば、貿易港における各商店舗は、一律、これが稗益《ひえき》に浴するや必せり。顧みれば、我が青島の開港してより以来、すでに数年を経たり。規模いまだいちじるしく具備するにいたらずといえども、同人、皆、公所に集会して、時宜《じぎ》は適当なる条章を追加整頓し、すべて二十二条を得たり。これを並録すればおよそ左のごとし。

一、売買のことたるや、従来、洋銭の交易にかかりしが、土木建築工事の浩繁なりしときにおいては、各処に流通の便を有したりしも、近来にいたり、工事ようやく減少するにしたがい、洋銭は勢いこれをのぞむところなきにいたれり。これをもって、本公所ために会議するところあり。今後、およそ買貨交易のことは、すべて公估局検定済の膠平元宝銀をもってし、もし砕白、塩錁低色等を有するものあれば、公估局においては、これがために標準銀に照らして評価し、もって流通に便せしむることとせり。しかれどもこの際、双方相争うを許さず。もしこれにしたがわざる者あれば、査出次第銀十両を公所に納付せしむ。

二、行家（コミッションマーチャント）が、客に代わって貨物を買い入れたるとき、その用銭（手数料）は布疋外国糸にありては九九掛とし、粗製雑貨にありては九八掛とし、本市の兌扣は、洋布、洋糸においては九九五扣、粗製雑貨においては九九扣とす。これに反する者は、納銀二十両に処す。

三、行家が、客に代わって提貨（手付金）をとりて、貨物を代買するときは、その経費と倉敷料等は包装の大小により、あるいは箱により、あるいは風袋による等、各別に同業者規約あるべきをもって、これにしたがって計算し、もしこれに反して私に増減を行なう者あり。一度、査出せらるれば、銀十両を納付すること。

四、顧客がその貨物を行家の手をへて、売却したるときは、一定の規約にしたがい、もし倉敷料を支払う場合には、これをまぬがるべし。もし貨物を倉換えするか、あるいは自ら売却するときは、一定の規約にしたがうほか、倉敷料を支払うものとす。倉庫および什器に要する費用、莫大なるものあるをもって、これを収めざるを得ざるなり。これに違《たが》う者は納銀十両とす。

五、行家が客に代わって提貨するとき、その扛力（苦力《クーリー》の担い賃）は、すなわち道路の遠近にしたがって計算するものなるがゆえに、今、ここに総括してその多寡を規定するを得ず。扛力は客家より、これを行家に支払うこと、その他は規約にしたがうべし。もってこれに声明す。もし規約を乱る者あれば、納銀十両に処す。

六、行家が客に代わって、貨物を買い入れたるときは、その貨物の外国糸たると布疋たると雑貨たるとに論なく、すべて章程にしたがって、辛力として五厘を加え、もって行家の奔馳《ほんち》の情をまぬがるるものとす。これに反すれば、納銀二十両とす。

七、売貨定賬（掛売帳）数種を作製し、外国糸は半月をもって底期（満期日）とし、雑貨布疋等は一月をもって底期とし、期をこゆれば、毎銀百両につき、毎日四分の利息を付し、底期内に支払いをなしたるものには、また同じく四分の找息（利息を差し引く）をなし、二者損得なからしむ。底期後、また一か月をもって限度となし、この限度を過ぐれば、再びまた延期するを許さざるものとす。もしこれに反し、再び延期する者あれば、ただちに公所に報知すべし。公所はこれを納銀十両に処すべし。

八、買売貨権衡定賬（貨物掛買売対照帳）、数種を作製しおくべし。買う者は買売契約成立の後、これを退け、買わざるを得ず。売る者も売ることを承諾して後、これを売らざるを得ず。もしこれに反すれば、納銀十両とす。

九、布、糸、鉄、皮の類、旧規においては、客人と売り主と各その一半を負担し、毎条に銀五分を加うるの定なりしが、今、これをあらためて客人の得べきものを、とくに加うる必要なしとし、これをのぞき、売り主と価格を定むることとせり。もしこれに反すれば、納銀十両に処す。

一〇、客人が、索包皮および包装費を出して貨物を買うときは、これ客人自ら弁理すべく、売り主においてはこれらに対し、立替払をなすことを得ず。包装に蒲蓆《がまむしろ》をもちうれば、毎張銀八分とし、縄なれば毎条銀三分とし、荷づくり費はその大小によってこれを計算す。大なるものは銀三分、小なるものは銀二分とす。これに違う者は納銀十両に処す。

一一、箱皮のままの貨物を売り出せば、その箱は売り主に帰す。行家は主となり、買い主はこれにあずからず。

一二、輸出手続きを代弁すること、客によりて差異あり。売り主において報関をなせば、報関《ほうかん》一回につき、経費銀五分を得。これに違う者は納銀十両とす。

一三、関税車賃等の費用は、客人自らこれを納む。もし行家をして立替払いをなさしめたるときは、その借用期間一定の利息を付せらる。その底期はすなわち一定せず。これに違えば納銀千両とす。

一四、客の貨物輸出はその自由に任じ、件数の符合せざる関税の足らざる等のことあれば、客商自らこれにあたり、行家においてはこれにあずからず。これに違えば納銀十両とす。

一五、底期利息找息を付するは、銀十両、洋銭十五元以上においてす。この数以下の金額に対しては、找息を行なうを得れども、利息を行なうを得ず。

一六、貨物を売る者は、十二月初一日をもって利息を止む。この期日に際し、決算を行ない、その以後の売買は、すべて現金をもってこれを行なう。翌年にいたり、決算するの不便を防ぐものとす。これ行家の便宜のために、設けたる規定なりとす。

一七、貨物を買い入るる客人にして、その代金を支払い、找息を取得し得るは、十二時以前に支払いたるときに限りて、找息を行なうこととし、午を過ぐれば、すなわち該賬《がいちょう》を収むるをもって、その翌日において找息し、もし満期日において支払う者は、その午前においてすると、午後においてするとに論なく、当日の賬を収め、找息を得ることとなし。

一八、客家は、本市流通の洋銀をもって買い入るるときは、現金払いをもって例となし、延期することを得ず。本市渡しのものまたしかり。

一九、およそ、ことはすべからく情に通じ、理順にして、はじめて訂明するを得べし。買売交易のこと、行家をもってせざるなし。行家、おのおの相信ずれば、すなわち可。もし行家にして相掣肘《せいちゅう》すれば、客家自らことを弁ずべしといえども、またよく規約にしたがい、市場の情況に応じ、取引することを得ず。これにおいて、新来の客の本港の条例を乱すを防ぐの必要生ず。もし公を棄て、私にしたがうの弊はおおむね問屋において、その責に任ず。例に違う者は、よく規約に照らしてこれを理す。

二〇、代金は、おおむね現銀銭払をもってし、銀銭をのぞくのほか、もし流通為替券あれば、市価をもって、これに一定の帖色（割引）を加え、もって費用を補い、その帖色は期限の長短によって一定せず。これ行家の便宜をはかるゆえんなり。

二一、公估費（公估局において銀塊または銀貨の評価をなす費用をいう）は、元宝銀、塩課、砕銀に論なく、その公估をなす多寡にしたがい、客人よりこれを支払い、行家においてはこれにあずからず。もし陽にこれにしたがい、陰にこれに違う者ありて、査出せらるれば納銀十両に処し、もって公費に充当するものとす。

二二、行家にして、客を宿泊せしむる者は、その室代《へや》をとるも、飯代を免ず。すなわち旧規約のごとく、毎日、各人銅銭五百文をもって例となし、また客家、まさにもちうべきの物品、すなわち灯油、茶水等、行家において設備するものをのぞき、その他の洋灯、ろうそく、水煙等は、客人の自弁に帰するものとす。これに違う者は、納銀十両に処し、もって公費に充当するものとす。

以上、公議条規二十二端は、各幇と本市人とに論なく、これにしたがうを要す。もし私にこれを犯し、公所に報知せられたる者は、一定の納銀に処す。

公議規章にして、いまだ遺漏《いろう》あらば、今後、重ねて議定して、その遺漏を補うべし。

光緒三十二年正月初一日　青島斉燕商会公立

第三節　青島華商商務総会

商務総会の設立は、上の章程にもとづき設立せられたるものなり。今、本商会の章程を掲ぐ。

一、本会は、定名して青島華商商務総会となす。

二、本会は、商情を解絡し、商業を維持し、商智を開通するをもって宗旨となし、一切ことごとく部より頒付《はんぷ》せる奏定章定に遵照《じゅんしょう》し、たまたま商務総会に関係すべき事件あらば、本章程に照らして一切を保護す。

三、本会は、総理一員、協理一員、董事《とうじ》十八員を挙ぐ。ひとしく界内の華商にして、資格あるものをもって選任す。

四、本会は、まさに書記一員を聘《へい》して、もっぱら一切公牘《こうしょく》諸件をつかさどらしめ、理事一員もっぱら賬簿《ちょうぼ》を査核し、商情を調査し、庶務を経理することをつかさどらしめ、司賬一員もっぱら会中収支各款ならびに会員は代書をなすの各項文件をつかさどらしむべし。

五、本会は、常会、特会、年会の三種に分かち、常会は毎週これを挙行し、特会はすべてことの緊急なるものに関して、延引するにおよばず。発起人より理由書を繕具《ぜんぐ》し、総理に呈送し、董事六人以上の認可を得れば、すなわち開会を宣布すべし。年会は、毎年二月初二日に一回挙行し、会員ひとしく集まりて、前年の収支款項を精査し、本年の予算表を審議すべし。十六日一回挙行し、前年調査せる商務の情形を報告し、本年、まさに弁ずべきの事宜《じぎ》を籌商すべし。その間、会内の尋常事務はことごとく値日董事より主弁し、もし緊急の事件あらば、すなわち書を具して総理に送り、核弁すべし。

六、開会ごとに総協理、および議董事はひとしく斉集すべく、理事よりまさに議すべき事件をもって検出し、序を追って会議し、書記より要点を摘出して登記すべし。

七、会議のときには、各会員は皆、事件を決定するの権あり。決して両可すべからず。たまたま反対の事項あらば、会場内にありて弁論すべく、ただ粉争および背後にいたりて私議するを得ず。

八、開会時には、総理より各会員にいたるまで、ひとしく無届欠席するを得ず。疾病《しっぺい》およびやむを得ざるの事故あれば、人を請うて意見を代表せしめ、本人より憑信《ひょうしん》を給与し、会にいたりて承認を受くべし。

九、総協理いまだ任満の期にいたらず。もしやむを得ざるの事項ありて、自ら辞職を請う者あれば、開議中においてこれをなし、まさに資格を有する人を再挙して部の許しをうくべし。

一〇、議するところの各事総協理および議董事と関係相わたるものあるときは、本人より陳明回避して、もって嫌疑をまぬがるべし。

一一、およそ青島にありて、法律にしたがい商事を経営し、または確実の営業を有する本国商人は、方に入会することを得。もし本店青島にあらず、しこうして支店を青島に有する者もまた入会することを得。

一二、青島華商にして小資本なるをもって、註冊入会を願わざるものは、すなわちあらゆる本会保護利益を受くるを得ず。

一三、およそ人の営業をなすに、店主をあざむき、番頭をかたり、常に詐欺をこととする者は、本会の査出をへて公議し、商号より駆逐《くちく》し、ならびに各所の商務総分会に通知し、商家に報告せしめ、一切聘用《へいよう》するを得ず。その営業卑汚にして、挙止欠点あるもの、また入会するを許さず。

一四、本会の用欵は、額支、活支の両項に分かち、額支（一定の額を定めおる支出金なり）は、各会員より公議して預算表に編制し、毎月支出をなし、総協理これに捺印す。活支(一定の額を有せざる不時の支出)は、五十両以内のものは総協理これに捺印支出し、五十両以外なるものはまさに開会議決し、支出すべし。

一五、本会収むるところの各項捐欵は、すなわち数日ごとに支出し、年末にいたりてまさに冊となし、報告しもって公示すべし。

一六、本会総協理および議董事は、ひとしく殷実《いんじつ》なる紳商にかかり、公を急にするにありて、会務を担任すれば、賞与金を支給せず。もし将来、経費充裕、会務殷繁《いんぱん》とならば、馬車費を酌給し、もって補助に資すべし。

一七、およそ会員各商にありて、もし金銭債務の糾葛あれば、本会に請うて処理し、あるいは本会に請うて代わりて、地方官に投じ、稟呈し、本人より函送《かんそう》してすなわち酌弁を行なう。もしいまだ入会せざるの商人にありては、一概、処理にあずからず。
一八、本会の議決事件多きも、五星期をもって限とし、延擱するを得ず。もし延期せざるべからざるあらば、すべからく展限の理由をもって、まず布告を行なうべし。
一九、およそ、会中発するところの緊要の電文は、必ず全体会員の議決をへて、捺印、署名し、ただちに照発するを得。その尋常の事件にありては、総協理より商量して発するを得。
二〇、およそ会員中、個人として新聞に声明するにあたり、および当地方に弊害あるの各事は、商会の名義を借用するを得ず。違者は会章に照らして明らかに議処す。
二一、およそ本会は、青島の商務盈虚《えいきょ》、消長情形および処理事件を調査し、まさにときにしたがって、部ならびに勧業道に報じて査核すべし。
二二、本会はまさに済南、煙台の各商務総会と随時、連絡し、もって声気相通じ、互に相扶助せんことを期す。もし重大の事件あらば、また協商弁理すべく、商務をして発達せしめ、ともに公益をはかるべし。
以上、便宜章程二十二条を酌議し、すなわち本埠情形に暫時《ざんじ》試用し、以後もし増減すべきあらば、まさにときにしたがって、農工商部に乞うて修改登明すべし。

付条

一、もし青島商人にして内地商人に銀銭を借りて還さずんば、まさに内地商人は省城総会におもむき、告訴し、ならびに経来交渉の費用を計算し、省城総会に請うて査核し、これを移して青島商務総会に知らしむれば、本会はすみやかに処理をなすべし。もし青島商人、金を借り故意をもって返さずば、すなわち保証人三人をもってドイツ政庁に送り、厳に追捕を行ない、それをして変産、還償《かんしょう》せしむ。もし内地商人、誣控すれば、その実際、誣控の原因をもって、また省城総会に移して究弁す。
二、もし内地中国商人、青島商人に金を借りて還さずんば、青島総会は実際の情形を査明し、勧業道あるいは省城総会に移し請うて地方官に知らしめ、厳追を行ない、また会より変産弁賞す。もし青島商人、誣控すれば、その実際、誣控の原因をもって移して青島総会に知らしめ、稟明究弁せしむ。
三、済南商務総会より債権取立を委託せらるるときには、毎百元中二十元すなわち債権額の二割をもって、すべての手数料となす。

四、もし内地商人が、内地商人に現金あるいは掛をもって、多く損失をこうむらしめ、自己は密に青島に逃れたる者は、その内地商人は省城総会におもむき、実によりて呈控し移して、青島総会に知らしめ、すみやかにすなわちドイツ政庁に稟請《りんせい》して捜探し、すなわち青島総会より省城総会に送りて究弁すべし。

五、もし青島商人が、青島商人に銀銭を借り、故意に破産して内地に蔵匿《ぞうとく》する者は、青島総会より省城総会に移し請うて捜探し、青島総会に交付して処理し、もし数人心をあわせて誆騙する者は、すなわち告稟《こくりん》し、ドイツ政庁に送りて究弁す。

六、本会より勧業道に請うて各知府知県に命じ、本会商人の金銭上における罪科を犯したるものには、警察官をしてその者を捕え、首枷《くびかせ》を加うることを禁じ、もって体面を保存せしめ、もし重罪を犯したるものは、法律に照らして処弁すべし。

第十期生調査

第三章 芝罘における商業機関

第一節 行桟

芝罘の行桟には、外庄家なるものあり。行店、大店、または大屋子とも称す。これらの名称は、皆、外庄家が大なる家屋を有し、商人相互の商談所となし、また各地より来たる荷主、または買入人を止宿《ししゅく》せしむるより来たるものなり。

外庄家は、仲立を業とすといえども、これを専業となすものにあらず。各本業を有し、依頼によりて仲立人たるの地位に立つものにして、したがって資本大に、上海、天津、香港、青島、威海衛、仁川、安東県等の各開港場に支店を有するもの多く、信用もまた厚し。

内地より貨物買い入れ、または売却のために来たる客商は、ことごとくこの外庄家に宿泊し、その手をへて売買をなすものにして、客商の貨物をもたらし来たるや、外庄家は内外商人をまわりて売口を尋ね出し、また買い入れを希望する客商のためには、適当の品を周旋《しゅうせん》す。その手数料は建値の一分なり。しこうして彼らのもちうる書式は、すべて一定せず。便にしたがいて、ただその旨を写すに過ぎず。かつ相信用せる者の間にありて、証書を作成するなく、ただ口約のみなる場合もまた多しという。

外庄家の大なるものは、次のごとし。

義昌号　宝盛桟　東順利　永順和　福生祥　徳生源
裕慶合　恒祥和　中盛義　恒昇桟　永源茂　恒順号
同泰和　双盛泰　聚盛長　協茂桟　永来盛　順成恒
裕豊徳

以上は、その大なるものとし、その次位《じい》にあるものは、

東順長　億成和　成生祥　成和昌　益順和　永盛泰
義興成　広泰成　成義号　文盛興　順成恒桟

等なり。

第二節　取引慣習

芝罘における取引は、主として仲立人《なかだち》の手を経由し、直接、売買をなす場合、はなはだ少なし。これ当地は、青島のごときに比して、はなはだ古くより商港として発達せるによるべく、したがって仲介商業階級もまた多し。しこうして売買代金の支払いは、すべて建値の一分引となし、百両の貨物を買い入るるとき、実際、支払うべき金額は九十九両なり。この支払い方法を、九九控と称す。

仲立人の手をへて、売買をなししときは、仲立人は口銭として建値の一分を取るのほか、さらに一両を仲立人の口銭として引き去り、純手取金九十八両となるなり。しかれどもこの例外として、豆、豆餅、雑穀の売買においては九九控をもちいざる慣習なり。

第三節　中国商人の規約

宣統二年、中国商人は、在来の芝罘商務総会の規定を改訂し、九九控に関し、規定するところあり。曰く。

本港通商以来、商行を開くものには、もとより定章あり。ただ年久しきがゆえに、名実相ともなわざるもの多く、規模蕩然《とうぜん》たり。もしすみやかに行桟を整頓して、厳重に励行せずんば、港の盛衰に影響するところ、はなはだ大なるや必せり。ゆえに、ここにとくに会集《かいしゅう》して、重ねて規則を改訂せり。ねがわくば、諸君協同一致、努力せられんことを請う。規定、左のごとし。

一、すべて客人は、寓居《ぐうきょ》の日数の多少にかかわらず、宿銭は一日四百文（四十銅板）とす。

一、客に代わりて、貨物を売却せるときは、九八控をもちうるものとす。すなわち荷主の手取金は、仲立人の手数料として一分を、買い手への割り戻しとして一分を、差し引く。

一、客に代わりて貨物を買いたるとき、雑貨、綿布、綿糸等はすべて手数料一分を加う（すなわち建値にその一分を加うるなり）。

一、客に代わりて雑貨を売買せるときは、一月払い（一か月後払）なれば、四十日後、支払いをなすべく、糧食、石油等は現銀（即時払い）の名のもとに十日後、支払いを許す。

一、客幇が、貨物を買いとりたるときの代価は、期日にいたり、必ず送金すべく、もしその為替手形が割引または打歩をなさざれば、通用せざるものなるときは、これらの損害は、皆、客が負担せざるべからず。もし送付し来たれる為替手形を回送せるときには、毎日三分の利息を付し、十日以内にことごとく弁済せしむ。

一、客に代わりて、為替手形のとりあつかいをなせるときは、千両につき手数料一両を受く。もし手形回送等のことをなせる場合には、毎日三分の利息を付し、十日以内ことごとく弁済せしむ。

一、船帮に代わりて、輸出入貨物の通関手続きをなせるときは、毎一箇手数料銀一分とす。自家倉庫よりの貨物を積み込み、船出したるときはこの費用をとらず。

一、雑貨を船積するに船夫自ら受け負い、輸出免状（出口旗）を受領するときは、百石ごとに費用銭五千文とし、もし行桟が代弁せるときは、運賃は契約の三分引として計算すべく、この場合の費用を銭二吊文とす。また北京へ送る米穀についいては、毎石の費用銭二千文とす。

一、すべて庫入貨物は一箇につき、銭百ないし三百文の保管料を見る。なお貨物の大小につき、酌量《しゃくりょう》することあるべきも、貨物が売却せられ、または買い入れたるとに論なく、ひとしくこの料金を徴す。

一、客に代わりてことを弁ずるも、その結果の責任を負わず。近来、客帮が船積せる貨物にして、一度風浪にあい、水湿するとき、代金支払い遅延することはなはだし。これ実に理に悖《もと》るものなれば、向後《きょうこう》はもしかかることに遭遇せるときといえども、期限にいたらば送金すべく、また送付せられたる手形が、回送せざるべからざるにいたれるときにも、また例に照らして利息を付すべく、もし応ぜざるときは商会の公断を待つべし。

一、すべてこの条規に載せざるものは、従来の規則に準じて行なう。今後は皆すべからく遵行《じゅんぎょう》すべく違うものあらば、議して違約金を徴し、その金額はこれを種々の費用に充つ。

宣統二年　月　日　　煙台公会同議

第四節　各種問屋

一、大豆問屋

各港より本港に輸入する大豆は、多く民船による。

今、大豆をとりあつかう問屋を各輸出港によりて区別し、その著名なるものを挙ぐれば。

一、錦州船取扱　万順公　成福太　万聚豊　益生和　義盛泰

二、羊角溝船取扱　合生号　広源泰　万順公　順増祥　成福太　文裕桟　洪泰号

三、皮子窩船取扱　広源泰　同和桟　益生和

四、沙河船取扱
徳成玉　源義号　天成桟
万聚豊　恒義号
広源泰　同和成　湧合福
永長太　万興隆
義盛泰　順盛号　永長太
万聚豊

五、龍王廟船取扱
恒盛太　徳源号　徳成玉
永長太　万聚豊　源発和
天和桟

六、青推子船取扱
天成桟　源義号

七、堂二府取扱
源義号　天成桟　豊豫号
順盛号　義来興　成生祥
豊成義

八、左河船取扱

九、溝子船取扱
允興徳　永長太　公太義
元和泰　徳成玉　順盛号
義来興　徳源号

一〇、孤山船取扱
利盛太　広源太　同聚豊
源義桟

一一、鉄嶺船取扱
同和成　万興隆　恒義号
義来興

一二、金州船取扱
徳成玉　益生和　天成桟
源義号　来永春

一三、寧遠船取扱

一四、花園船取扱

二、麺粉問屋

麺粉問屋（麺粉の輸入業者）は、次の十六軒なり。

成裕和　徳成和　盛和泰　豊成号　裕豊徳　宝盛桟
同和成　裕隆徳　同生東　同生源　裕慶合　協泰興
広源泰　成吉泰　協豊玉　合順号

これらには、雑貨その他の問屋を兼営するもの多く、もっぱら麺粉のみをとりあつかうは、協豊玉および成裕和の二店となす。前述十六家のほか麺粉輸入をくわだつるものなきにあらざるも、皆、一時的のものなり。

三、材木問屋

材木問屋を木廠と称す。木材の輸入および販売を業とするものにして、街の東西両端に散在し、現在は東端に六軒、西端に三十余軒あり。今、左に著名なる商号を挙げんに、

東昌泰　豊盛仁　徳余成　同来桟　盛源永　瑞聚盛

同来興　福盛東　同昇和　乾聚和　同和徳　吉成号
大成号　同徳　立興　福義　永興　同順義
徳聚盛　永盛　允興　成源興　万成興

以上のうち、日本材をとりあつかうは、同来桟のみ。また福建杉材は、これら木廠はとりあつかわず、別に問屋あり。その商号左のごとし。

允興徳　協成泰　成源泰　協成仁桟　祥記号
同興和　源生徳　聚順和　復成興

この九家は、杉材とともに竹をとりあつかう。これ竹と杉とは、ともに南方より来たるがゆえなり。竹は多く民船にて輸入し来たる。

四、粟問屋

粟を輸入販売する、船問屋の名称を左に掲ぐ。

錦州品取扱　豊禄豊　万聚豊　万順公　万興隆
成福泰　永和昌　源茂号
寧遠山品取扱　万興隆
蓋州産取扱　政興永
牛荘品取扱　和豊徳　永和昌　成福泰　利盛泰
利盛号
大山産取扱　広興隆　徳源順　義盛泰　湧和福
鉄嶺産取扱　四合号
陳州産取扱　永和昌

五、コーリャン問屋

コーリャン問屋としては、

沙河産コーリャン取扱　文盛和
復州産コーリャン取扱　四合号

六、薪問屋

薪問屋を紫大店と称す。所東詞に六軒あり。その二軒はラバ、ロバ七、八十ないし百頭を収容し得る大庭を有す。

付近郷下より薪を運び来たる者は、毎朝六時より八、九時までに薪問屋に入り、需要者を待つ。売却後は必要の日用品を買い入れ、帰路に就くなり。薪問屋は目方の衡費として、一駄につき三十文を徴す。また店によりては二十文のものもあり。すなわち薪問屋は、おもに売り主、買い主の仲に立ち、薪の重量をはかり、売買終われば、手数料をとる。また薪売は、売れ残りの薪の保管を依頼して帰ることもあり。ときには委託販売をもなす。

七、緑豆問屋

緑豆の輸入問屋を業となすものを次に掲ぐ。

金州品取扱 集順盛 福豊和 洪太泰 同順興 裕豊和 源発和 益生和 徳興永 湧和福 聚来公 太興号

天津品取扱 同和成 洪泰号 源和泰 永和昌 恒茂号

羊角溝品取扱 洪太号 文裕桟 広源泰 長太号 湧和福 万順公 万聚豊 莱永春 和興桟

錦州品取扱 恒盛号 万聚豊 成福太 万順公 同和成 永和昌 豊豫号 同順興 源茂号 徳興永 聚順盛

寧遠品取扱 万興隆 文裕桟 永和昌 義盛泰 同和成 利盛太

蕪湖品取扱 同和成 恒順号

大山品取扱 同和成 洪泰号 徳源順

復州品取扱 福豊和 聚順盛 四合号

庄家品取扱 源茂号 天成桟

営口品取扱 恒茂号

金廠品取扱 福豊永

八、石材問屋

石材問屋を石局と称す。五、六年前までは十余軒ありしが需用減ずるとともに、目下一軒を残すのみ。盛徳盛石局これなり。東海岸、東河口にあり。また砕石をとりあつかう者に海盛興石局あり。

九、米問屋

米商人に二種あり。一は米の輸入商にして、他は小売業者なり。前者をば米行という。米行の大なるもの左のごとし。

徳生源　同生東　裕慶合　福順号　恒聚源　万聚豊
徳増義　裕隆徳　大生盛　広和順　永和昌　同和成
裕生成　恒順号　謙太成　洪泰号　福順益　東大成
広徳号　大成号

また黄県分設のものは、

和太公　文来号　文徳成　泰東号

以上のものは、すべて南方の米をとりあつかう。また、

金生号　永発祥　裕豊徳

は朝鮮米をとりあつかう。

これらの米行は、小売商に卸売をなすのみにて、小売をなさず。売買は現金なり。産地に出張員をおき、敏活《びんかつ》を期す。

十、とうもろこし問屋

とうもろこしの輸入問屋の名称を左に挙ぐ。

花園産取扱　豊盛義
城推子産取扱　成生祥　同義合　徳元号
松木島産取扱　同順興　同義合
間裡産取扱　永和祥　恒茂号　成福泰
朝鮮産取扱　義来興　広源泰
牛荘産取扱　永和昌
天津産取扱　洪泰号
龍王廟産取扱　徳盛宝　義来興　順興号
金州産取扱　聚順盛　福豊和　成茂盛　徳興永
同順興　源発和
大山産取扱　義盛泰
金厰産取扱　同合成　源合福　福豊和　豊盛泰
成福泰　万順和　万聚豊　聚順盛
徳興永　広発和
孤山産取扱　義盛泰　成生祥　元永泰　順増祥
公太義　徳成玉　義来興
皮子窩産取扱　義盛泰　莱永春　義来興　益生和
同順興
沙河産取扱　永発祥　洪泰号　益生和　源発号

永和昌　四合号

熊岳山産取扱　福豊和　徳興永　天興号　文裕桟

十一、小麦問屋

小麦の輸入問屋の大なるもの左のごとし。

羊角溝産取扱　福順号　広和順　成生祥　祥興公
湧和福　公来興　同和成　文裕桟
同順公　四合号　広興隆　合生号
徳源順

砂口産取扱　広興隆

紅河山産取扱　同順公　広興隆　湧和福

大山産取扱　洪泰号　徳源義　義興泰

十二、船行家（運送問屋）

船行家は民船を多数に備えて、運送の業務をとり、かつ民船に対して貨物の周旋《しゅうせん》を業とするもの、すなわち民船運送問屋なり。俗にこれを住船家と呼ぶ。されど船行家もまた外庄家と同じく、これを事業となすものにはあらず。種々の業務を兼営す。例えば民船による貨物の積卸、通関手続き等一切の業務を代弁し、また自家の民船に積める場合には、商品の売買をも代理するものなれば、運送業および委託売買業を兼営するものというべし。

船行家中とりあつかいのもっとも多きは、義盛泰および同増興の両家なり。今、船行家の名称を挙ぐ。

万成永　広源泰　允升泰　万聚豊　源義号　東盛合
天成桟　福順裕　徳源義　成生祥　万順公　源発和
永長泰　福豊和　同春盛　益生和　供泰号　永興東
成福泰　和興桟　義来興　合盛公　文盛和　文裕桟
豊盛義　泰成興　義盛泰　成茂盛　公泰義　同和成
徳成玉　合順興　豊豫号　湧和福　同聚和　徳興永
徳盛玉　聚来興　恒盛泰　利盛号　徳裕恒　謙泰成
順盛号　天勝福　同発和　允興徳　同聚恒　泰興号
永和昌　恒泰昶　義順永　永発祥　仁和福　大順泰
聚順盛　大順義　永順泰　広興隆　協豊和　裕泰公
同順興　同義合　莱永春　万興徳　元和泰　広和順
源発号　万興隆　元興義　政興永　順増祥　鼎泰号
政興永　同順公　合生号　同祥義　徳元号　恒義号
徳元玉　乾之泰　盛豊泰　同昌玉　協泰興　永増興

成来盛　徳興和　新記桟　祥興公　信記桟　和成泰

これら船行家は、おもに民船碇泊所付近より大街にいたるの間の海岸にあり。東海岸には存在せず。また荷主に対して、どこ行の船にても周旋《しゅうせん》すといえども、そのとりあつかう船籍は、おおむね一定しおるもののごとし。例えば上海行、天津行等と定まるゆえに、貨物の運送はすべてその仕向地によりてとりあつかい問屋を異にす。

第四章　龍口における商業機関

第十期生調査

本埠の輸出品として挙ぐべきは、粉条子（豆素麺）および白菜なり。この両種の輸出方法を見るに、白菜は小量を各自所有の民船に積みて芝罘にいたるものにして、粉条子は芝罘よりの注文により、問屋が民船を賃して輸出し、また各地より来たれる民船の帰り荷として送らるるなり。ここに問屋というも、規模はなはだ小にして小売商に過ぎず。したがいて芝罘よりの注文、および積み出しになんら仲介商業者の手をへることなし。

各問屋は、石炭業、糧食店、材木、石油、粉条子等をとりあつかい、かたわら運送業を兼ねるを常とす。

石炭は、この地一帯の炊事用および小蒸汽にもちいらるるものにして、一時はこれを業とする者、二十有余家におよびしも、南満鉄道会社鉱業課がここに出張所を設け、撫順炭の売込みをはじめしより、土人の石炭問屋業は漸次《ぜんじ》、不振となり、今はわずかに数軒を残すのみ。

　これら各問屋の組織は、資本主すなわち財東および司業者、すなわち掌櫃的《じゃんぐい》とによりてなるものにて、財東は黄県および北馬に住し、時々、来たりて業務の状態を監督するものなり。

　織昌厚と称するは、本埠問屋の最大なるものなり。二人の合資にて輸出入業、運送業、汽船会社代理店等を営む。

　その他の汽船会社の代理をなすは、源順桟にして、東亜公司および政記公司はこれに代理を委託す。

第五章　芝罘における倉庫

第八期生調査

第一節　外人倉庫

一、総説

　芝罘における外人倉庫業は、きわめて微々たり。これ、この地商人が特殊なる慣習に支配せられて、いまだ斯業《しぎょう》を発達せしむる能わざるによるもののごとし。したがって倉庫の観念上、特別の位置を有する預証券、および質入証券の発行のごとき行なわるる少なし。けだし、その源因、種々あらんも、要するに、

一、芝罘は古来、桟房の制、発達し、問屋は各自、大

なる倉庫を備え、自己とりあつかいの貨物はもちろん、客商の商品をあずかり、また一般商人の需に応じて、その貨物を保管す。かつ彼ら商人間の信用制度、発達し、その契約のごときも単に一片の紙片にて足り、貨物を預け入るるにも別に法定の形式を踏める預証券を発行することなく、わずかに桟票なるものを発行するも、ただ自家帳簿にその預れる旨を記載するにとどまる。

二、各汽船会社は、各自専用の倉庫を有し、揚卸の貨物はすべてこれに収容し、便船をまちて運び去り、貨物の引取、すみやかなるをもって、その貯蔵期間久しからず。全然、倉敷料のごときは、これを眼中におかざるもののごとし。

三、外国商人の大なるものは、各自専用の倉庫を有し、その商品をこれに貯蔵し、あえてこれを倉庫会社に託する必要を感ぜず。

四、中国商人間には、会館公所あり。このなかに倉庫を設け、組合員は一致協同し、会員の便宜をはかり、その費用のごとき、なるべく僅少ならしむ。現に山東商人間には、東幇桟房なるものあり。会員にして、その貨物を寄託せんとするものあれば、所定の倉敷料を支払えば足り、入庫貨物を売却するには、直接、買い手に倉渡をなし。また庫入契約を抵当として、資金を融通するをもって、とくに外国銀行を介して、倉庫証券により、資金の融通をはかるがごとき方法を採用するを要せず。

等に帰するものならん。これをもって、倉庫業を営業とするものは、ただ和記洋行一あるのみ。他は汽船会社が荷主の便宜をはかり、一時、その貨物を入庫せしむるに過ぎず。

二、倉庫数

芝罘における倉庫数、および主管者左のごとし。

盛記洋行	Curtis Bros.	一棟
太古洋行	Butter field & Swire	一棟
政記洋行	Ching-Kee & Co.,	一処
美孚洋行	Standerd Oil Co.,	一処一棟
和記洋行	Cornebe.Eckford & Co.,	三棟
捷成洋行	Diederichsen,Jebsen & Co.,	一棟
士美洋行	Smith & Co.,	一処
哈利洋行	Sietas & Co.,	一棟
盎斯洋行	Anz & Co.,	一棟
滋大洋行		一処

開平鉱務局	Chinese Engineering & Mining Co.,	一棟
岩城商会		一棟

備考　一処と記せるは無蓋《むがい》倉庫なり。

これら倉庫のうち、和記洋行をのぞき、他は各所有者が自家用に供するものにして、営業倉庫と認むべからず。

倉庫は税関埠頭に近く、建築材料は石およびレンガとし、屋根は亜鉛をもってす。石炭貯蔵の目的を有するものは、おおむね無蓋《むがい》にして、めぐらすに高壁をもってするのみ。

三、　保管貨物

倉庫に保管せらるる商品は、その保管の必要便宜上より三別す。一、危険物、二、販路大なるもの、三、しからざるもの、これなり。保管上、他物に損傷をあたうる恐れあるもの、例えば、腐敗変質するもの、爆発性のもの、もしくは悪臭を放つもののごときは、保管に特別の設備を要す。油類、マッチのごとき発火しやすきもの、摩擦により自ら発火する恐れあるものは、もっとも厳重なる方法により、これが保管をなし、必要に応じて室《へや》を区画することあり。また販路広く、売捌《うりさばき》の迅速に注文次第、至急引き渡しを要すべき物品は、引き出しに便利のため、多くは下階入口等におく。物品の種類によりては、売れ行き迅速ならず、永き保管を必要とするものあり。かかるものは、倉庫の下層もしくは多少出入に不便なる場所におく。

四、　庫入手続きおよび倉敷料

当地は、火災の少なき地方にして、貨物はこれを倉庫会社に託し、保管せしむる必要なく、また自己所有にかかる倉庫を有し、そのとりあつかい商品は、そのなかに蔵するゆえに、ほとんど保管を依頼する者なし。ただ外国人にして、とりあつかい貨物を収容するに倉庫を有せざる者、あるいは腐敗破損等の恐れあるものを託するに過ぎず。

当地、唯一の倉庫会社たる和記洋行が、開業以来、すでに数年を経といえども、その業務きわめて閑散なるより、その一班を知るに足る。これをもって該会社は、倉庫業をもって会社の一副業となすにいたれり。したがって一定の法規あるにあらず。貨物保管手続等にいたりては、すこぶる単純なるものあり。すなわち口頭あるいは筆写をもって、保管申し込みをなし、一定の方式なく、貨物の品名、荷印、番号、個数、荷姿、容積、数量、および保険金額見積価額等の事項明白なれば足る。会社は申込書を受けとりたるときは、貨物の種類によりて、その蔵所および入庫日等を指定す。貨物が倉庫に着するときは、倉庫係の者は、寄託主またはその代理人立会のうえ、申込書記載の貨物と実物とを比較対照し、相違なきを見て、入庫保管の手続きをなし、貨物に対する受取証を交付す。ゆえに倉庫会社において、この臨検の際、貨物を危険物あるいは変質腐敗の恐れありと認むるときは、これを拒絶することあり。また入庫を許すも、その物品の性質および気候等の変化によりて、腐敗変質を来たし、他の物品に損害をおよぼすべき恐れあるとき、預け主に対し、その旨を通知し、預け主通知を受けたるときは、至急、倉出の義務あるものとす。これがために生じたる損害は、すべて預け主の責任とす。

貨物に対し発行する受取証は、指図式なるをもって、これを質入し、または譲渡をなすこと自由なり。したがって預証券、質入証券等を発行する必要なし。

貨物を引き出さんとするときは、上記受取証を会社に持参し、貨物引き渡しの旨の記入を得て、これを倉庫における倉番に呈示《ていじ》し、貨物を引き取るものとす。

貨物保管に対し、徴収する倉敷料は、常願客に対しては月末にいたり、これを支払わしむるも、しからざる者は大抵、貨物受取証の交付を受くる際、これを支払わざるべからず。

五、保税倉庫

保税倉庫は、一方においては荷主のために、貨物保管の場所たると同時に、他方においては、貨物の売買移転および金融上の便をあたえ、現時発達せる商業組織上かくべからざる制度にして、貨物集散の中心たる貿易港には離るべからざるの関係を有す。したがって、税関の陸上設備中、重要なる一要素とす。しかも芝罘には、いまだその設備を見ず。けだし芝罘の地、乾燥にして、降雨少なく、税関手続き未済中、一時貨物を天日に暴露するも、雨雪のために貨物の変質腐敗等を来たす恐れなきゆえ、貨物を所定の空地に堆積し、単に蓆《むしろ》をもってこれをおおい、これに番人を付せば可なるをもって、芝罘港現時の状態にては、保税倉庫設立の要を見ざるによるならん。

六、倉庫の倉番

倉庫会社およびその他汽船会社等の倉庫を有するものは、必ず一人倉番を使用す。倉番は一定の保証金を納付し、財産身分の確実なるものをもってす。倉番は、その責任もっとも重大にして、一切倉庫内に起こりし事件に関し、責任を負担せざるべからず。また倉庫に使役する人夫等の怠惰《たいだ》、過失より生ずる損害は、まったく倉番の負担賠償の責とす。その賠償を確実ならしむるため、会社は、とくに倉番に証拠金を納付せしめ、これに充当するものとす。ただし保管貨物の性質、または荷づくりの不備不堅もとより、将来、損害を来たす患あるときは、とくにその旨、貨物受取証に記入し、もってその責任をまぬがるることを約するはもとよりとす。

貨物の倉入は、寄託者自ら苦力《クーリー》を雇いて運搬するか、あるいは会社にその運搬をも託するか、契約によりてこれを定む。前者の場合にありては、貨物の揚卸、あるいは運搬の際、生じたる損害につきては、荷主の責任とするも、後者の場合にはその責任まったく倉番にあり。

第二節　中国人倉庫

およそ中国に遊ぶ者、商業取引の盛なる都邑にいたらば、会館公所と称する宏壮なる建築物あるを見ん。これ現今、中国における商業の楔子とも称すべき機関にして、欧州、中世紀の組合制度、もしくは我が徳川時代のいわゆる座と称するものに似たり。すなわち同郷人、もしくは同業者をもって組織し、この組合の下に桟房あり。中国の倉庫業は、もっぱら、これによりて行なわる。

　桟房は旅館式の建築にして、組合郷人の定宿とも称すべく、一地方の商人数人もしくは数十人、共同出資し、適当なる場所に、大なる旅館を建て、該地に永年居住し、その他、万端の事情に精通せるもの一人を選び、これが管理を託し、かつその賄《わい》をも受け負わしむることあり。また商人、自ら家を有し、同地方の出張員に限り、宿泊その他の便利をあたうるもあり。芝罘における桟房は、主に後者に属し、山東内地、浙江、福建、広東および江蘇等の諸地方の商人にして、当地にありて商業に従事する者のうち、もっとも早く在住し、信用厚き者、この業を営み、主として同郷人、もしくは他郷の商人にして、当地に出張し、貨物の売買をなさんとする者を宿泊せしめ、取引を行なわしむ。また当地事情に通ぜざる者のためには、売買の周旋《しゅうせん》、貨物荷づくりの代弁、為替振出、取立等の銀行事務、貨物の受授に関する汽船会社、税関手続き等、一切の商行為を代理す。桟房は、その屋内に一、二の広大なる倉庫を設け、出張商人の手荷物および商品の保管所となし、低率の保管料を徴収して管理す。しこうして、これら事務上の経費を除き、単に一人一か月の桟房宿泊料はわずかに四、五両にて、ほとんど実費を払うに過ぎず。これら出張員には地方土産物の売込人、すなわち客商なる者多く、交通不便なる山東にて、自由に貨物を運搬して貿易しうるは、桟房制度のあるがためなり。

　桟房は単に客商の依託により、その貨物をあずかるにとどまり、これに対して預証券を発行することなく、また桟房内には責任ある倉番なるものを付することなく、貨物の倉入倉出によりて生ずる損害に対しては、なんら責任を負うことなし。

　貨物を桟房に託せんとするときは、一通の引渡請求書を差し出せば、直に貨物の引き渡しを受くることを得。

　桟租すなわち倉敷料は、貨物倉入の際、あらかじめ定めおくを常とすれども、会館章程において、これを一定せるものなきにあらず。山東帮に属する桟房のごときしかりとす。倉敷料の精算は、一か年ごとにこれを行なう。もし入庫の貨物が桟房の手をへて売買され、その手数料を仕払いたるものは、桟租を仕払うことを要せずと聞く。ためしに、山東帮の定むる一か月間の倉敷料を挙ぐれば左のごとし。

黄糸	毎箱	大銭	三百文
綿紗	毎梱	大銭	二百文
乱頭糸	毎包	大銭	百文
藁稈真田	毎包	大銭	百文
白砂糖	毎包	大銭	五十文
紅棗	毎梱	大銭	六文
桐油	毎籠	大銭	二十文
帯糸	毎箱	大銭	二十文
茶	毎籠	大銭	五十文
綿花	毎包	大銭	百文
灰糸	毎箱	大銭	百文
打連粗紬漂布	毎包	大銭	二百文
繭紬	毎五十疋	大銭	百文
赤砂糖	毎籠	大銭	五十文
土布	毎包	大銭	百文
粮食	毎包	大銭	二十文
氷糖	毎籠	大銭	二十文
陳皮	毎包	大銭	三十文
麦粉	毎包	大銭	百文
香苧	毎把	大銭	二十文

この倉敷料は、月をもって論じ、一か月以下なるも、規定通り支払うことを要す。以上なれば、月に比例して増すものとす。

自己所有の荷物、または受け取りの荷物を波止場より引きとるときは、自家雇付の人足をもちい、しこうして売却せし貨物受け渡しのとき、買入方において買入の倉庫に引きとるときは、買入方雇付の人足をもちい、もし買入の都合により、他の地方に積み出し、波止場にて引きとるときには、売人方の人足を使役す。

桟房が自家の倉庫に不足を告げ、他の行桟に託して、その保管を委ねんとするときは先方の人足をもちゆ。

苦力《クーリー》は、単に貨物を搬送するのみならず、倉入するにあたり、倉庫内の整理をなし、貨物を積み揚げ、外庭に積み揚ぐるとき、雨覆をなすこと等は、すべて苦力の仕事にして人足賃内にふくむものなり。

第六章 威海衛における倉庫

威海衛の倉庫として見るべきものは、芝罘において倉庫業を営む和記洋行の建造にかかるもの、埠頭の東方なるWukaoと称する地に一棟あり。和記洋行は汽船会社なるをもって、この倉庫に保管する貨物は、ほとんど全部自己所属の汽船によりて運搬す。また左のごとき料率により、貨物の受託保管をなす。この倉庫もまた倉庫証券として、流通性のものを発行することなし。

落花生	120 catties	5cents	per month
西洋たばこ	large case	25cents	per month
西洋ろうそく	package	5cents	per month
各種酒類	large package	25cents	per month
各種酒類	small package	10cents	per month

第七章 龍口における倉庫

龍口は、山東省内地より東三省に出稼ぎする苦力《クーリー》の輸入港として有名なり。商業のなんら見るべきものなく、わずかに芝罘に向かって野菜を輸出すると、粉条子の生産あるに過ぎず。輸入品としては、薪炭の代用たる石炭を日本内地および満州より送り来たるあり。しこうして生産する粉条子は、物置小屋のごとき旧式倉庫内にこれを収め、石炭は屋外にこれをおく。倉庫の発達せざるは自然の理にして、今、開市場となれるも、芝罘と相対しうるや否やは、はなはだ疑問というべく、港内遠浅にして、船着き悪しく外国人としては、今なお日本人あるのみ。

かつて太古洋行がここは数棟の家屋を築きて、倉庫用たらしめんとしたりしも、十分なる利用をなす能わず。自家の貨物を納めおるに過ぎず。この家屋は、ことごとく平屋づくりにしてレンガづくりなるも、中国家屋のごとき観あり。

済南における新式銀行には、中国銀行、交通銀行および匯豊銀行の出張所あり。山東銀行は、当地に本店を有し、市場ともっとも密接の関係あり。銭荘の営業は、もっぱら中国人間に銀行業を営む。

第九編

貨幣および金融機関

Japan met Shandong in 20th Century

第一章

済南府城における貨幣および金融機関

第十二期生
第十一期生
第十期生
第九期生
調査

第一節　総説

済南における新式銀行には、中国銀行、交通銀行および匯豊銀行の出張所あり。山東銀行は、当地に本店を有し、市場ともっとも密接の関係あり。銭荘の営業は、もっぱら中国人間に銀行業を営む。省城の各銭荘は、一の組合を組織し、これを上関と名づく。この団体に加入するものは、相当の資本を有し、全団体の認可を経、入団費として京銭二百吊文を納めざるべからず。毎日、午前六時、各銭荘は、等しく福徳会館に会し、銀銭の売買を行ない、その日の銀洋の相場を決定し、各銭業者はこれを牌上に記す。しこうして実際、市場において銀洋の売買をなすにあたりては、その公定相場に銀両、銀元については制銭十文の高下をなし、銀元と銀両兌換の差は銀四厘とす。

およそ上関各銭荘の放欵（貸付）には借用証書をつくれども、担保をもちゆることなし。各銀行もその規則、厳といえども、省内各銭荘への貸付にはまた同じく、担保を徴せざるを常とす。

当地には銭荘のほか滙兌荘《わいだそう》あり。多く山西人の営むところなれども、近年、中外《ちゅうがい》新式銀行の設立せられしにより、ようやくふるわざるにいたれり。

銀炉はすべて八家あれども、その業務ははなはだふるわずして、わずかに銀の改鋳《かいちゅう》をなすのみ。東三省、北京、その他の大市場におけるもののごとく、金融界に大勢力を握るものとは同日の論にあらず。

第二節　流通貨幣

一、銀元

当地市場において、もっとも多額に流通するものは、北洋銀にして、站人銀これと伯仲《はくちゅう》し、湖北洋、青島小銀貨、これに次ぐ。メキシコ銀は、その流通はなはだ少なく、贋造物少なからざるにより、市場においてはその信用薄きをまぬがれず。銭荘は、大体これをとりあつかわざれども、新式銀行にして、天津、青島等と取引頻繁なるものは、湖北洋と同じく、もっとも高き相場をもって、これが売買をなすを見る。これ当地にて買い入れたる該銀元は、これを天津、青島等に輸送して使用するにおいて、なんらの不利を見ざればなり。ただし、他地方に取引関係を有せざる銭荘に、これを売らんとせば、二吊四十文以下の低価を忍ばざるべからず。

小洋は一般に通じ、銅板も山東鉄道沿線よりこの地に通ず。その相場は、大洋一角は銅元十二枚前後にして、山東鉄道の運賃計算に際しては、青島と等しく大洋十銭（鷹洋の十分の一）として、とりあつかわる。当地における各通貨の相場は、皆、制銭（京銭）の勘定をもって現わすこと普通なりといえども、小取引にては皆、銅元を使用し、制銭をもちいず。したがって制銭は、地方の小市場において有するがごとき勢力なく、単に銅元の補助貨として使用せらるるに過ぎず。両者の間のこの価は、銅元一枚は制銭十枚に相当す。

上記、数種円銀のほか、なお江南円銀あるいは大清道幣等あれども、その額きわめて少なく、銭業者はとくにこれらについて相場を建つるなし。

二、鈔票

鈔票中には、新式銀行の発行にかかる紙幣あり。また銭業者の発行する銀票、銭票のごとき、紙幣と称するよりは、むしろ無期の一覧払い約束手形というを適当とするものあり。済南における鈔票は、これを分かちて洋元票、銀票および銭票の三種とすることを得べし。

洋元票を発行するものは、中国銀行、交通銀行および徳華銀行の三とし、その種類は一弗、五弗、五十弗、百弗とし、その流通状態はなはだ円滑にして割引せらるることなく、とくに徳華銀行の紙幣は、もっとも信用厚し。近来、中国各大市場にありて、商民は確実なる新式銀行の兌換券を喜ぶこと、銀票、銭票のこれにあらざるの傾向を生じ、済南またしかるを見る。

▲ 済南府の城外

銀票は、その種類一両、二両、三両、五両、十両の五種とし、これを発行する銭荘は資本もっとも大なるものにして、次の七家とす。

山東銀行　裕茂号
仁和祥　瑞生祥
恵昌号　恒慶号
大有号

銀票の流通額は、銀元票に比すれば、少額にして、その便宜より銀元票愛好せらる。

銭票は三十余の銭荘によりて発行せられ、銅元とともに重要なる通貨たり。その種類は、一吊、二吊、三吊、五吊、十吊の五種なり。他地方に往々見るがごとき、資本金不相応の額を発行するがごとき、弊なきをもって、流通円滑にして割引せらるることなし。

三、銀両

当地標準銀は、足銀なり。宝銀の種類には、五十両と十両とあり。当地は山東省城にして、西部山東の中心市場なるがゆえに、各地より輸送せらるる銀一年に千四百万両に達すと称せらる。これら多額の銀両の改鋳、あるいは新鋳の業務にしたがう。銀炉すべて八家あり。また公估局は、済南商会内にあり。五十両銀錠一個の改鋳費は、時期により、高低あれども、銅元十個以上なりという。今、当地における銀炉の名称を挙ぐれば、

開典　開昌
元祥裕　裕升
開升　天升
福生　玄生

済南市場において、銀の秤量にもちうる平は、済南平（あるいは略して済平）と称す。今、銭荘の備うる表により、各地平との差を示せば次のごとし。

済南府済平一〇〇両	＝	青島膠平	一〇一・六〇両
済南府済平一〇〇両	＝	周村鎮周平	九七・九〇両
済南府済平一〇〇両	＝	芝罘煙台漕平	一〇〇・六四両
済南府済平一〇〇両	＝	上海九八規銀	一〇七・八〇両
済南府済平一〇〇両	＝	濰県濰平	九九・八〇両
済南府済平一〇〇両	＝	青城県青城平	九五・五〇両
済南府済平一〇〇両	＝	利津県利津平	九八・一〇両
済南府済平一〇〇両	＝	武定府武定平	一〇〇・六〇両
済南府済平一〇〇両	＝	蒙陰県蒙陰平	一〇五・五〇両
済南府済平一〇〇両	＝	斉東県斉平	一〇〇・五〇両
済南府済平一〇〇両	＝	済陽県済陽平	一〇二・四〇両
済南府済平一〇〇両	＝	泰安府泰安平	一〇二・〇〇両
済南府済平一〇〇両	＝	蒲台県蒲台平	九九・一四両
済南府済平一〇〇両	＝	沂州府沂平	一〇一・七〇両
済南府済平一〇〇両	＝	済寧州済寧平	九九・二〇両
済南府済平一〇〇両	＝	黄県遭平	一〇六・六―一〇六・四両
済南府済平一〇〇両	＝	掖県沙河平	九七・七―九七・九両
済南府済平一〇〇両	＝	臨清州臨清平	一〇三・一〇両
済南府済平一〇〇両	＝	張家口張家口平	九八・〇〇両
済南府済平一〇〇両	＝	天津公砝平	一〇二・三〇両
済南府済平一〇〇両	＝	天津行平	一〇一・八〇両
済南府済平一〇〇両	＝	北京六厘市平	一〇二・六〇両
済南府済平一〇〇両	＝	北京七厘京市	一〇二・七〇両
済南府済平一〇〇両	＝	北京公砝平	一〇二・〇〇両
済南府済平一〇〇両	＝	漢口佐平	一〇二・二〇両

済南府済平一〇〇両	＝	新湘平　一〇四・五〇両
済南府済平一〇〇両	＝	老湘平　一〇二・一六両

▲　制銭熔解工場（済南）

ただし、これらの比較は、その一例を挙げしにとどまり、銭荘により必ずしも、同一にいうこと難し。

四、貨幣相場

当地銭業組合は、毎朝六時に相会し、銀銭の売買をなし、当日の各貨幣の価格を決定す。大正三年七月三十一日における相場表を示せば次のごとし。

済平足宝銀一両	＝	三吊九百四十文
徳華銀行兌換券一元	＝	二吊六百七十文
湖北鋳造銀元一元	＝	二吊六百七十文
站人洋すなわち香港弗一元	＝	二吊六百六十文
北洋（天津）鋳造銀元一元	＝	二吊六百六十文
小洋十角	＝	二吊六百四十文
ドイツ白銅貨一元	＝	二吊一百文
站人洋一〇〇元	＝	済平足宝銀六十七両五一

この相場は、各銭荘間においてもちいらるるものにて、実際、市上の銭荘につき売買せんとするときは、常にこの相場より十文の差あり。また銀両につきては〇・〇〇四両の差あり。

第三節　金融機関

一、新式銀行

金融機関は、これを分かちて新式銀行および、中国旧式銀行の二となす。旧式銀行中には、銭荘および滙兌荘《わいだそう》をふくむ。

（一）中国銀行分行

城内、旧軍門巷にあり。本店は北京にあり。政府の金庫をつかさどり、兼ねて銀行一切の業務をなす。内部を分かちて国庫股、会計股、文書股、営業股、出納股となし、国庫股は公金の収支をつかさどり、営業股は存欵、放欵および滙兌をつかさどり、出納股は兌換および金銭の出納をつかさどる。取引関係、密接なる本行支店および出張所の所在地、左のごとし。

天津　上海　漢口　南京　鎮江　蘇州　揚州　安慶
蕪湖　杭州　福州　開封　彰徳　張家口　漯河　信陽
奉天　長春　営口　吉林　大連　ハルビン　広東
寧波　清江浦　太原の各分行

青島　煙台　済寧　周村　滕県の各出張所

恵民　蘭山（沂州）　青州　臨清の各国庫派弁所あり。

（二）交通銀行分行

商埠、昇平街にあり。本店は北京にあり。その営業は、中国銀行とほぼ同じ。ただ国庫を代理せざるのみ。本行支店にして、取引関係ある各地は、

東三省　営口　奉天　長春　蓋平　孫家台　鉄嶺　ハルビン　遼陽　錦県　新民地

直隷省　天津　張家口　保定　海甸　順徳　北通　唐山　豊鎮

山西省　石家荘　大同　陽高

山東省　済南　済寧　棗荘　徳州　煙台

河南省　開封　焦作　周家口　鄭州　信陽　漯河　彰徳　洛陽

江蘇省　上海　無錫　浦口　揚州　徐州　鎮江

湖南省　長沙

湖北省　漢口
江西省　九江

(三)　山東銀行

西門大街官銀号の旧地にあり。総理張肇銓、協理牛司照なり。当地、金融界に雄飛す。前清官銀号は、民国元年、あらためて山東省立銀行となり、金庫事務を代弁す。ときに総理袁大啓、協理朱五円となし、一切新式組織を採用し、経営の成績、年とともに佳良なり。翌年、秋、中国銀行に合併されしが、また分離し、組織をあらためて、山東銀行なる株式会社にてこれを譲り受け、株式を募集し、総資本金百万元とし、優先株三十万元をもって、もとの山東銀行の名義および一切の債権債務を承継し、本行となせり。

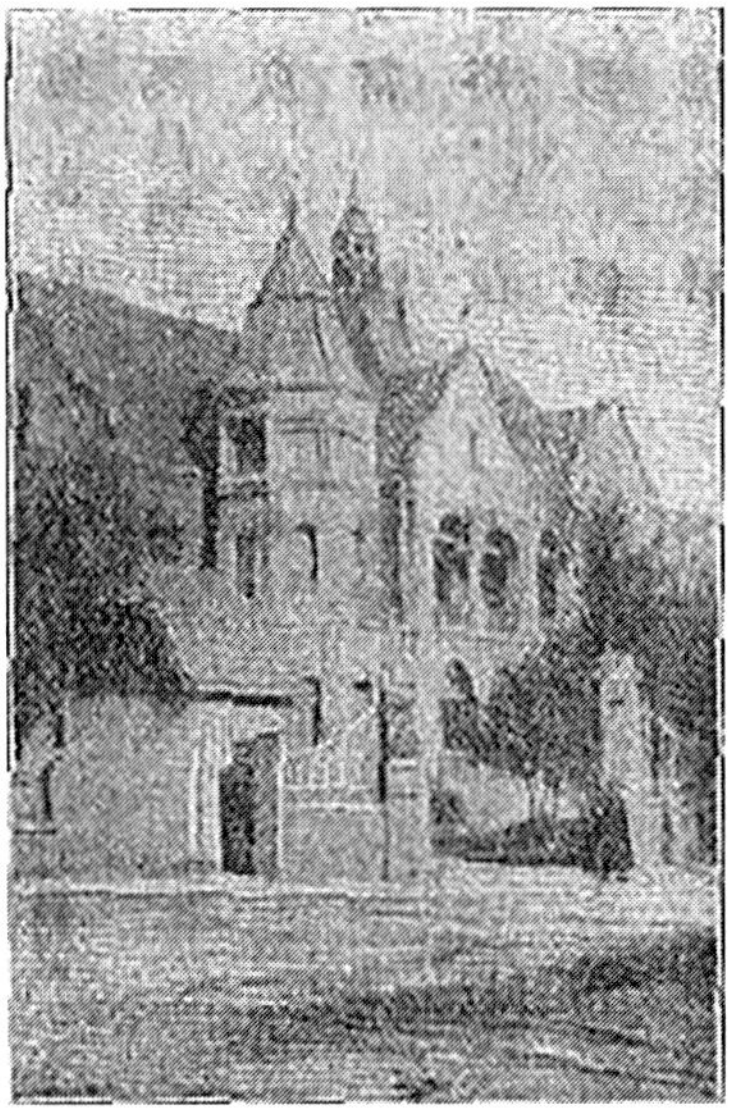
◀済南徳華銀行

(四)　謙順銀行

謙順銀行は、芝罘商人四名の合資にかかり、資本金四十万両、本店を芝罘に有し、済南に支店をおく。主として貸付、預金を行なう。貸付利子は、借用人の信用いかんによるも、大抵、月利八、九厘にして、動産も抵当としてとることあり。当座預金利子は、月三厘、定期預金は一か月二分、六か月五分、三か月四分なり。本行は、その経営当《とう》を得ず。営業成績良好というべからず。したがって信用も大ならず。

二、　銭荘

銭荘の消長は常ならずといえども、今、その荘名を挙ぐれば、次のごとし。

銭荘名称	所在地	摘要
文霖和	旧軍門巷	
×三合恒	西門大街	
同福昌	西門大街	閉業
裕来	西門大街	
義太祥	西門大街	閉業
広興恒	西門大街	
益豊源	西門大街	
協泰成	西門大街	閉業
義昌慎記	西門大街	
広義成	西門大街	
富恒	西大街	
裕茂	西大街	
豊源	西大街	
瑞林祥	西大街	
祥泰	西大街	
有懐	西大街	
呈祥	西大街	
×益記	西大街	
泰和祥	院西大街	
正興源	院西大街	
永泰	院西大街	
瑞生祥	院西大街	
徳興恒	院西大街	
協成	院西大街	
聚泰祥	天地壇	
仁和祥	院東大街	
裕蚨	院東大街	
恒慶昌	院東大街	
×済泰恒	院東大街	
景福	府門前	
増信	府門前	閉業
蚨興	府門前	
徳裕恒	府門前	閉業
恒升	星亭門	
恵元	鞭子巷	
義聚長	南門大街	
広成和	南門小窪街	
全盛郁	西門大街	
裕蚨恒	西門大街	
(字号をあらためて福号という)		
双盛泰	西門大街	
協興和	西門大街	閉業
恒盛	西門大街	
聚成公	西門大街	
×豊祥	西門大街	
徳余泰	西門大街	
源盛公	西門大街	
天順公	西門大街	
広茂恒	鞭子巷	

文春恒	鞭子巷	
瑞春	鞭子巷	
×晋逢祥	鞭子巷	
×恒昌	布政使小街	
×恒春	布政使小街	
隆福祥	布政使小街	
華康	布政使小街	
宏源号	布政使小街	
広昌	布政使小街	
豫和祥	布政使小街	
×大有	布政使小街	
同升	布使小街	
×永茂	布使小街	
蚨裕	芙蓉街	
裕升昌	芙蓉街	
蚨聚昌	芙蓉街	
恵昌	芙蓉街	
徳源泰	芙蓉街	
慶泰昌	芙蓉街	
信義	芙蓉街	
合義昌	府学門前	
同泰昌	役宰門	閉業
益源	役宰門	
豊和成	県西巷	
恵聚恒	県西巷	
鴻茂	県西巷	
×東聚成	東門外	
春泰	東門外	
×増源	東門外	
×広順昌	東門外	
広源	東門外	
景華	東門外	
恒豊泰	東門外	
西順成	東門内	
同成	東門内	
福盛	東門内	
×福祥恒	大梁陽首	
徳源成	按察司街	
×乾亨泰	按察司街	
乾裕	運署街	
遠昌久	按察使街	
乾春泰	南門内	
永聚	南門内	閉業
同其昌	南門内	閉業
広興永	南門内	
同福成	西関大街	
泉祥	西関大街	
徳和祥	西関大街	
利和徳	西関大街	
徳盛求	西関大街	

復盛公	筐市街		豊盛昌	花店街	
信裕	筐市街		通済昌	趵突泉西花墻	
泰祥	筐市街		祥玉公	西関筐市街	
済昌	筐市街		協慎祥	院西大街	
順成永	筐市街		×大徳源	布政使街	
栄泰	筐市街		×聚源	東門礼大街	
泰源	筐市街		慶成泰	西門大街	
福成慶	花店街		謙益公	西関大街	
西増源	西関		裕豊恒	西関大街	
（字号を順城協とあらたむ）			×徳発祥	西関大街	

以上、百十七家は、当地、銭業公所に加入するものなりしが、そのうち、十二家は第一および第二革命に際し、閉業せしものとす。銭荘の業務は、主として預金、貸付および銀両、外国紙幣（主として徳華銀行にかかるもの）および小銀貨の売買、銭票の発行をもって主とし、まれに為替売買を行なうことあり。ただし上表中（×）印を付せる十九家は、銭票を発行せず。他の九十余家は、ことごとく銭票を発行し、なかんずく広義成、裕茂、瑞林祥、端生祥、仁和祥、恒慶昌、蚨興、宏源号、同升、蚨聚昌、信義、豊和成、景華、恒豊泰、永聚、信裕、栄泰、西増源の十八家は、その発行額の最大なるものなり。

銭票には、一、二、三、五、十吊文の五種あり。いずれも市場に流通し、一吊文の銭票は、銅銭四十九個（ときには五十個）に兌換《だかん》す。

当地銭荘における預金利息は、毎月、銭業公所において定め、一か月間同利率にて、最高百両につき二吊ないし一吊五百文（月四厘二毛ないし五厘）、最低百両につき五百文（月一厘四毛）内外の利率なり。

貸付金利率は、年一割二分内外にして、毎年十、十一、十二月は一般利息騰貴《とうき》の時期とす。貸付期限は、通常一か月、六か月、一か年の三種とす。

当地銭荘は取引手数料として、預金引出の際、一両に対し、銅銭六厘ないし七厘を徴する振替事務をなすことあり。また取引先の要求により、貸付をなすことあり。

大正二年七月二十九日における大徳源銭荘の銀銭相場表を見るに、一両は三吊七百四十文にして、メキシコ銀一弗の換算相場は、二吊六百十文なり（一吊文は五十銅元)。また湖北洋は、メキシコ銀と同価にして、北洋銀元および站人銀はメキシコ銀より高価なるをもって、百両につきメキシコ銀より六両の申水を付するを要す。

各銭荘、営業状態については明瞭ならざるも、上記の十八家は比較的大なるものにして、その資金いずれも百万ないし七、八十万両ありという。なかんずく注意を要すべきは、瑞生祥とし、該荘は数百年来、継続し来たり。相当の資産を有し、瑞氏という山東人これを経営す。しこうして、済南はもちろん、芝罘、天津、北京等に店舗を有し、本業たる銭荘のほかに綿糸、布、雑貨商を兼ぬ。

第一革命に際し、官銀号、銭荘等は皆、掠奪をこうむり、その発行の銭票は、一時ほとんど流通せざるにいたれり。このときにあたり、瑞生祥は四、五十万の掠奪を受けたりとの風説ありしにもかかわらず、その発行にかかる銭票は、動乱の翌朝よりただちに通ぜりといえば、その信用のいかに大なるかを知るに足るべし。

その他の各荘は、小は四、五千より、大は二、三十万両の資本を有すという。

三、票号

当地におけるおもなる票号は、約九あり。すなわち、

名称	所在地	名称	所在地
天成亨	西門大街司間巷	**志成信**	西門裡大街
新泰厚	旧軍門巷	**三晋源**	衛巷
大徳恒	布政使大街	**大徳川**	衛巷
協成乾	鞭子巷	**功成玉**	衛巷
大徳通	西門裡大街		

票号はひとり山東のみならず、北京、天津、漢口をはじめ、各地に支店または代理店を有し、互いに連絡して業務の敏活《びんかつ》をはかる。ことに新泰厚、協成乾、大徳通の三号を大なりとす。

各号の主たる業務は、各地に対する官私の銀両を兌滙し、および他所より振りあて来たれる兌滙券に対して、支払いをなすにあり。しこうして、預金貸付の業

務は第二位の業務に属す。ゆえにその所得するところは、もっぱら送金に対して徴収せる為替料のみにして、貸付、預金のごとき、その取引高、非常に小なれば、したがって収入も少なし。

為替は、票号の主業なれども、ひとり当地のみならず、各地における為替取引に関する組織は幼稚にして、為替資金のごときは、あらかじめ各地に送付しおき、もって基金に充つるがゆえに、もし仕向先の基金、欠乏せる場合には、これに対する為替のとり組みを拒絶するのみならず、為替はほとんど送金為替のみにして、荷為替を営むものあるを聞かず。送金為替といえども、少額のものはとり組みに応ぜず、当地にては各票号おおむね五千吊以上に限る。手数料は支払いの際、為替金額により控除する例とし、払い込みの場合にはこれを要せず。

協成乾の北京、天津、両地への為替手数料を見るに、千両につき天津二十二両、北京三十両なり。すなわち済南より天津へ票号の手をへて、千両を送金せんとせば、天津なる受取人の手取金は、九百七十八両なり。

しかるに近来、山東、津浦両鉄道の開通するや、為替の危険いちじるしく減退し、かつ近時、新式銀行の為替業務を行なうもの続出せしため、票号は為替業務の他に奪われんことを恐れて、手数料をあらため、送金額の千分の七を徴収することとなれり。

票号の受け入る預金は、主として官金または官吏の預くるところとし、その利子歩合銭荘に比して低廉なるをもって、商人の預金は少なし。当座および定期の二種に分かつも、前者はすこぶる少なく、かつ利子を付することまれなり。後者は票号預金の大部分を占むるものにして、普通六か月をもって一期となし、一年のものもまた行なわる。利子はときによりて不同なるも、大抵三分ないし五分とす。期限内に引き出しては利子を付せず。

票号は為替資金、預金によりて生ぜる遊金を、銭荘、官銀号、商人に対して貸しつく。期限は普通二か月または三か月にして、利子は五、六厘ないし八厘くらいとす(協成乾票号にて)。しこうして商人に対する貸付は、抵当貸にして、その利率は八、九分ないし一割二分の間にあり。その抵当としては、銭単をとること多し。またときに保証人を立つれば、抵当を免除することあり。その他、従前《じゅうぜん》、山西票号は、本省官金のとりあつかいをなし、大に利益を獲得しおりしが、中国銀行の設立以来、本省の官金は、一切これに委《まか》せられ、票号旧時の利益大に減じたり。

当地における票号の使用せる店員は、主として山西人にして、員数は業務の繁閑《はんかん》によりて等しからざるも、十五、六名ないし二十五、六名なり。すなわち、

掌櫃的（支配人）	一人
管賬的（金銀出納および帳薄方）	二人（四人）
跑外的また跑街的（外事係）	二人（四、五人）
管事的（執務方および見習）	三、四人より八、九人
厨子	四、五人

各号の営業状態は、明にせず。三晋源、大徳川の資本金の二、三万両をのぞくほか、他七号はいずれも十万、ないし二十万の資金を有しおれりという。されど吾人は、単に資本の額のみをもって、票号の営業状態を判断するを得ず。なんとなれば、元来、中国人はその習慣として、決して形式的に定めたる資本額の大小によりて、その店の信用の厚薄《こうはく》を区分するの資となさず。要は、資本額は小なるも、その財東または掌櫃《じゃんぐい》的の信用の大なるにしたがい、その店の信用を増し、業務の繁盛を来たすにいたる。けだし、票号はその組織合名組織にして、その資本家は連合して、無限の責任を負いて執務すればなり。

四、当舗

当地における当舗の主なるもの左のごとし。

名称	所在地	恵和	西門裡
徳豊	按察使街	恵祥	西門剪子巷
済祥	南関朝山街	正立	東門裡
福盛	東門裡	通済	西門大街
恵豊	院東大街	永吉	院西大街

当地における当舗の開設閉店は、天津と等しく自由にして、官府の制限なし。ただし開設には、同業者の

許可あるを要す。しからざれば、その開業におよび、同業者よりはなはだしき妨害を加えらるる恐れあり。

当舗は納税の義務を有し、かつ毎年、知県衙門に一定の花費を奉納するのほか、時々、官命により幾多の寄付金をなす。

現行の同業規則は、贖出期限を三十か月とす。当票には、今なお通例二年を満期（または二十四か月をもって為満）となし、過期変売作本との文言を記入す。古来、二年すなわち二十四か月をもって官定の期限とせしが、その実はなお六か月を猶予す。これ貧民の便利をはかるとともに、自家の利益をはかるものなり。

またさらに留月と称する当物贖出の延期あり。これ定例の期日にいたり、方に変売せんとするや、窮民自ら該当舗におもむき、つまびらかにその理由を述べ、暫時《ざんじ》の延期を懇請《こんせい》すれば、一、二か月その当物を留保するをいう。一か月なる日数は、満一か月の後、五日をこれに加算し、これより一日を過ぐるとも二か月に算す。

月利にして、贖出期の長短にかかわらず、すべて貨物の種類と使銭の多少とにより、これを定む。月に二分ないし三分を通例とし、次のごとく定む。

衣服、金銀細工　一吊文以上	二分五厘ないし三分 百六十文ないし九百文、二分五厘
毛皮付衣服　一吊文以上	三分五厘
毛皮付衣服　一吊文以下	二分五厘
玉器、銅鉄器、書画、骨董、木器、磁器、玻璃器、犁、鋤、その他農具	二分五厘ないし三分五厘
夜具ふとん類	三分ないし三分五厘

◀済南郊外

その他、貸付金の歩合を見るに、

金銀細工、玉器類	原価の八、九掛
衣類	原価の五、六、七掛
家什、農具類	原価の三、四掛

なり。凶年、年末等に際し、窮民のために、とくに官府より訓令を発して、利子の引き下げをなさしむ。当地においては、三分は一分引き下げ、二分は五厘引き下ぐ。しこうして、毎年十二月二十九、三十の両日に上利換票をなす。すなわちこの期において低利を払いて、新票に書き換う。

その当票上に示せるごとく、蟲傷鼠聴《ちゅうしょうそちょう》、天命とし、その責に任ぜず。また衣類には新旧を論ずることなく、当票上には常に一つの破の字をもちい、金銀首飾り等には必ず一の壊字をもちう。しこうして、この二字等しく草書にして、大きく写出す。

ただし新製のもの、当舗にありて破壊せると、本人によりて証明するときに賠償す。その他、火災、盗難は賠償し、賠償にはその貸金をとらざるのみならず、夫と同額を出す。

当票は質札にして貸与したる金高、当物数、典入年月日、利息等を記す。しこうして、当票を発行したるときは、ただちに写票券簿に記入し、当票と該帳簿とに割印をなし、もって後日の証拠に便す。今、その票の雛形を示せば左のごとし。

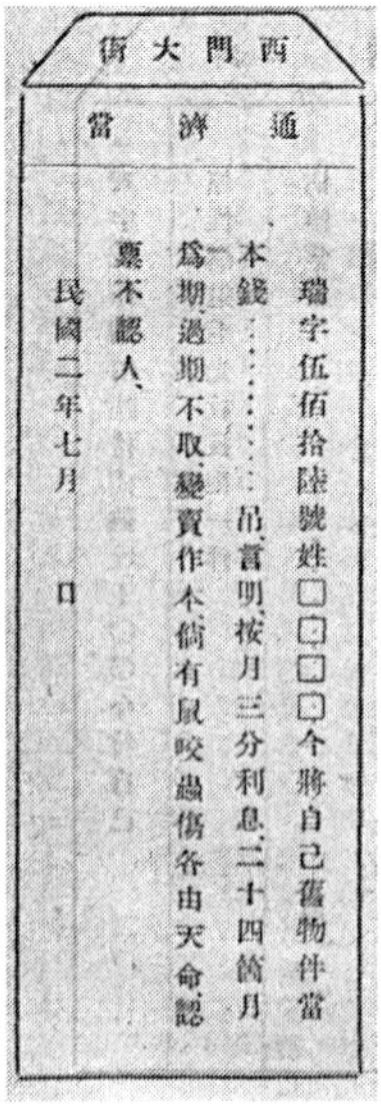
西門大街
通濟當
瑞字伍佰拾陸號姓□□□□今將自己舊物件當
本錢……吊言明按月三分利息二十四箇月
爲期過期不取變賣作本倘有鼠咬蟲傷各由天命認
票不認人
民國二年七月　日

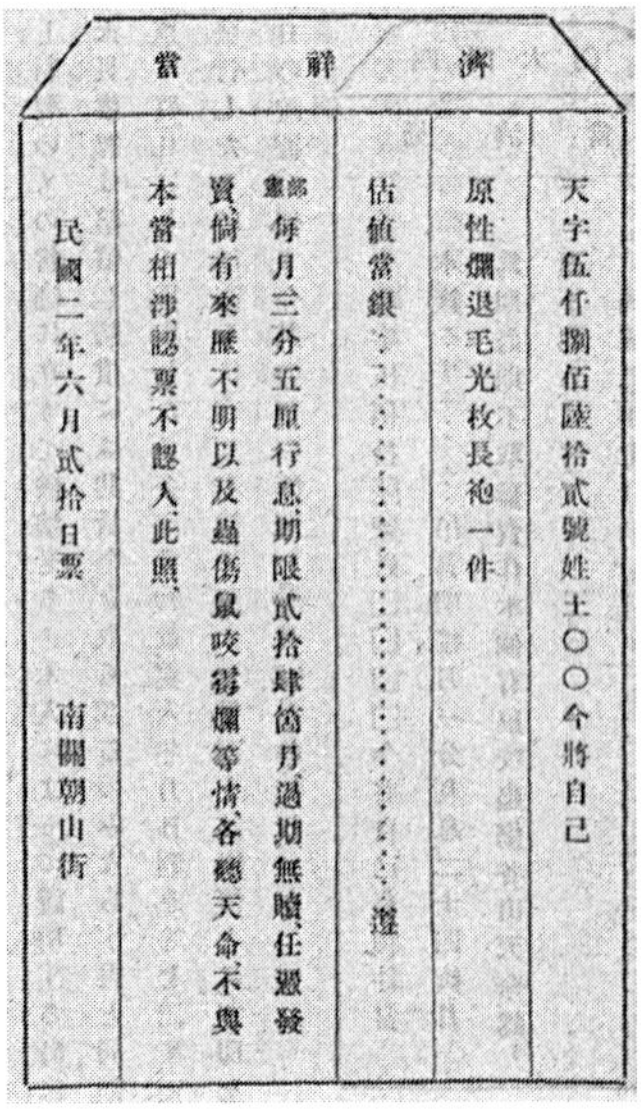
濟祥當
天字伍仟捌佰陸拾貳號姓王〇〇今將自己
原性爛退毛光枚長袍一件
估値當銀…………………………
每月三分五厘行息期限貳拾肆箇月過期無贖任聽發
賣倘有來歷不明以及蟲傷鼠咬霉爛等情各聽天命不與
本當相涉認票不認人此照
民國二年六月貳拾日票
南關朝山街

各店舗の営業状態については、これを明らかにすること能わざれども、そのうち、最大なるは済祥当舗なりという。これを商務総会にて、調査するに済祥当舗は公称資本金三十万元、他は二、三万ないし十余万元ならんと。

済南当舗について、その一年間における銀銭出入額を聞くに、年の豊凶、市況の穏、不穏によりて、必ずしも同一ならざれども、平年において五十万元以上なりという。

五、鏢局

従来、山東省一帯には、鏢局《ひょうきょく》なるものあり。これ運送業者にして、銀両および貨物の運送をなすものなり。商人はこれにより、現銀を内地に運送すれば、もっとも安全なりとす。

鏢局は、各沿道の駅に連絡の分店を有し、また旅舎を兼業す。鏢局の首領は、おもに馬賊その他の党類と互いに気脈を通じて、その間に黙契《もっけい》を有し、鏢局による輸送はこれら盗難に逢着《ほうちゃく》することをまぬがる。ゆえに中国商人、または旅行者は、鏢局に依頼して送金するもの多し。しかれども、今や漸次《ぜんじ》、交通機関、発達して、新式銀行の支店各地に設けらるるにより、これらの旧制はその跡を絶つにいたらんとす。

現時、済南より付近各県城へ送金するに、なお鏢局によるもののなきにあらず。済南には、現に鏢局七、八家あり。天津は済南商人の商品仕入れ地として、第一の市場たるをもって、これに送金するに鏢局を利用するときは、毎千両の運賃五両内外なりという。

六、手形

当地において行なわるる手形は、中国銀行業者発行のものと、商人の発行にかかるものとの二種に分かつ。すなわち、

（イ）中国銀行発行	荘票	
	支票	三連滙票
		二連滙票
（ロ）商人発行	本票	
	支票	為替手形
		小切手

右のうち、もっとも広く行なわるるものは荘票なり。しこうして、荘票には有期および無期の別あり。有期のものは期票と称し、無期のものは即票と呼ぶ。期票は、なおこれを分かちて一覧後、期日払いと確定期日払いとの二とす。

両次革命以来、動乱絶えず、銭荘の倒閉するもの続出せしため、その発行にかかる荘票は、多くは即票のみとし、期票、ときにあれども五日を超えず。

七、為替

為替機関としては、前記各新式銀行および少数の銭荘あり。このほか中国郵便局は銀元の滙票《わいひょう》をとりあつかう。新式銀行は、銀元、両の両種の為替をとりあつかうも、中国銭荘は両の為替に限る。

今、当済南と為替取引もっとも多き、周村、青島、天津、上海および芝罘との為替相場一例を示さむ。

済南足宝銀済平一、〇〇〇両＝	周村周銭平足宝紋銀	九七九・一五両
済南足宝銀済平一、〇〇〇両＝	芝罘曹平足銀	一、〇二二・七六両
済南足宝銀済平一、〇〇〇両＝	青島平足銀	九八四・〇〇両
済南足宝銀済平一、〇〇〇両＝	天津公砝化宝銀	一、〇二四・二七両
済南足宝銀済平一、〇〇〇両＝	上海九八銀	一〇八二・六〇両

市場の状況により、為替相場に変動あるはもちろんなれども、この平価はその標準をなすものなること言をまたざるなり。

中国内地各地間の為替は、国際為替とその関係を同じくす。ゆえに滙票の需要供給は、その相場を決定する有力なる原因をなす。しこうしてその相場にしたがい売買し、為替業者は利益を受くるものなるがゆえに、別に為替手数料すなわち滙水を徴するは無用のごときも、しかも慣習は、中国の為替業者をして、とくに滙水なるものをほかに設けて加算せしむることあり。ゆえに滙水の性質は、単に手数料のみならず、相場の長落をもそのなかにふくむとも見るべし。

今、済南より天津、上海、青島および周村の各地にいたる、滙水の最大限度を示さば次のごとし。

上海へ毎一千両につき	一五・〇両
青島へ毎一千両につき	七・〇両
天津へ毎一千両につき	六・五両
周村へ毎一千両につき	三・〇両

八、　商弁山東銀行章程

一、本銀行は、山東商務総会より、原山東行政公署設立の山東銀行を譲受《じょうと》し、別に商股を募集し、あらためて商弁となし、名称を商弁山東銀行という。

二、本銀行は、商会の呈明行政公署の批准に遵照し、中国銀行および山東銀行とこれを訂立し、譲与接収して合同継続す。

三、本銀行は、市場金融に活動し、商業の発達を促進せしむるをもって、主たる目的となす。

四、本銀行は、農商部に呈請し、登記を了し、株式会社の組織となし、持ち株を範囲として責任を負う。

五、本銀行は、本店を済南におき、もと山東銀行の設けたる支店は、煙台にあるものを中国銀行に合併するほか、済南商埠、周村、青島、泰安、済寧、上海、滕県等にある各支店を継承し、北京、天津、煙台に代理店を設け、一様業務を行なう。将来、なお他所に支店代理店を新設するには、董事会《とうじかい》の議決をへたる後においてす。

六、本銀行株金は、百万元となし、一万株に分かち、毎株銀百元とし、北洋あるいは站人銀をもってこれに充つ。

七、本銀行の株券は、分けて二種とす。

　一、優先株　合計三千株となす。発起人これを担当し、払い込み終了すれば、ただちに営業を開始す。

　一、普通株　合計七千株となし、開業後において継続募集す。

八、本銀行の資本増加を必要とするときは、株主総会の決議をへて、さらに株式募集をなす。ただし、まず旧株主のこれに応じたる後、なお不足を告ぐるとき、はじめて新株を募集す。その方法は、本章程第九条にしたがう。

九、本銀行株券は、記名式となし、売買譲渡は本国人間たるべし。もしこれに違反せることを発見したるときは、該株式は没収して積立金中に加う。

一〇、本銀行株券は、営業年限未満以前にありて、その株主はこれを処分することを得ず。また担保の用に供することを得ず。

一一、本銀行株式利息帳、もし遺失あるときは、ただちに確実保証人と連署のうえ、本銀行に報告し、他方、遺失株券利息帳の金額、号数、失落地点等を広告し、一か月をへてなお発見するにいたらざるとき、本銀行は別に新たにこれを交付す。ただし手数料として、金額の百分の一を徴す。

一二、本銀行株券は、記名式となし、一切その姓名を準とす。ゆえにもし担保等の用に供したるときに、あるいは轇轕《こうかつ》を生ずることあるも、本銀行その責に任せず。

一三、本銀行の営業種類、左のごとし。

（一）銀票銭票の発行

（二）預金および貸付

（三）為替業務

（四）地金銀および各種貨幣、紙幣の売買

（五）各種手形の割引

（六）貴重品保管

（七）貸付は次の三種とす。

甲、信用貸付

乙、保証付貸付

丙、担保付貸付

以上、三種貸付には、別に詳細規定を設く。

一四、本銀行は、上記各種営業以外の営業および営業上の必要なき、不動産の買収をなすことを得ず。

一五、本銀行営業は、毎月一回決算を行ない、董事会《とうじかい》に報告し、毎年一回総決算をなし、その結果を印刷に付し株主に分配す。

一六、本銀行は、総協理董事の選挙に等しく、無記名連級投票法をもちう。

一七、選挙株権は、優先株と普通株とを区分せず。一株をもって一権とす。

一八、総協理董事の任期は、四年とす。ただし再選を妨げず。任期中もし欠員生ずるときは、通常株主総会において、これが補欠選挙を行なう。

一九、総理は五十株以上、協理董事は二十株以上の株主にあらざれば、当選するを得ず。

二〇、投票のとき、本人自ら来たる能わざる事情あるときは、代理人を派することを得。ただしその代理人は本銀行の株主たることを要し、必ず委任状を提示するを要す。

二一、本銀行において前記の選挙を行なうときは、三十日前において各株主に通知す。出席者全数の三分の二に達すれば、選挙投票を有効とし、総協理董事は得票の過半数をもって当選とす。

二二、本銀行は、毎年二月一回、株主総会を開く。期に先つ三十日、通告召集す。

二三、株主にして議案あるときは、その旨を事由書に認《したた》め、総会前董事会に提出すべし。株主三分の二以上の賛成を得るとき有効とす。

二四、出席株主過半数なるときは、議決をなす。出席せざりし株主は、その議決事項につき、反対することを得ず。
二五、本銀行の董事会の全体、あるいは株主十分の三以上にして必要に際し、臨時株主総会を開かんことを提議するときは、まずその事由をもって総協理に報告し、期を定めて総会を召集す。

▲　黄河鉄橋

二六、通常総会においては、総理をもって議長とし、臨時総会には他の一人を公選して議長となすことを得。株主総会の決議事項は、書記これを記録し、議長これに署名す。
二七、董事会は、毎月二回これを開く。十一、二十六の両日をもって定日とす。前一日監事より、これを召集し、開会するときは一人を公選して議長となす。列会者総数の過半数に達するときは開議す。出席せざる董事は、その決議事項について反対を説うることを得ず。
二八、董事もし事情ありて出席する能わざるときは、あらかじめ理由を監事に届出ずべし。すでに期に届ける後、届出ずるも委任者を派して議決の数に入ることを得ず。
二九、特別董事会《とうじかい》は、もし特別事項ありて、董事の過半数が必要と認むる場合、監事に通告し、監事は期を定めてこれを開く。
三〇、董事会は、総協理経理ひとしく議決の数に入ることを得。ただし総協理経理に関する事項なるとき、あらかじめ通知を得たるときはこの限りにあらず。
三一、本銀行の職員左のごとし。
（一）総理一人

（二）協理一人
（三）董事十三人
（四）監事二人　董事中より公選す。
以上はひとしく株主により投票選挙す。
（五）経理一人
（六）副経理一人
以上、総協理より指定し、董事会の同意をへて任用す。
三二、本銀行職員の権限および責任。
（一）総理は、本支店事務を総轄す。およそ行中職員経理以下および各支店、支店長、皆、総理の統轄に帰す。行中職員経理以下および各支店長の選任解雇ならびに営業上、一切重要事件はことごとく総理より酌定し、董事会議に会同し、議決のうえ施行す。
（二）協理は総理一切の事務を助け、総理事情ありて出席なきとき、これに代わる。
（三）董事は、本支店の事務監督の責あり。およそ業務執行に関するの適否ひとしく評議の権あり。およそ一切の興革《こうかく》すべきの各事項ことごとく董事会に帰し、総協理の会同をまち、議決施行す。
（四）監事は、本支店および代理店の事務を監査するの責あり。本支店ならびに代理店の帳簿財産および営業上の得失をもって、随時、董事会に報告す。毎月、本支店の決算帳簿を点検す。
（五）経理は、営業上一切の事務を経理するの責あり。およそ営業に関する各部の職員は、その支配に帰す。
（六）副経理は経理を助け、営業上、一切の事務を協議す。
三三、各支店の職員、左のごとし。
（一）支店長は、支店一切の業務を総理し、全責任を負う。
（二）副支店長は支店長を助けて、支店一切の業務を行なう。
以上は、ひとしく総理これを指定し、董事会の同意を得て、これを選任す。
三四、本銀行株券に対しては、官利として年四厘を支払う。株金払い込みの日より起算し、利息請取帳を交付し、半年一回これを支払う。
三五、本銀行の設立費および営業什器費、紙幣印刷費は毎年、一割減却す。
三六、純益処分は一割を積立金とし、一割を優先株に配当し、二割を役員賞与にあて、残余六割を普通株の数目にしたがって配当す。ただし、この配当は株金払い込みの月をもって標準とす。十五日以後において払い込みをなしたる株式は、次の月より計算す。
三七、本銀行の積立金は、営業満期の際、これを配当す。ただしその年にいたりて帳簿を作成し、各株主入株の年限を詳細調査のうえ、これに応じて分配するものとす。

三八、本銀行積立金分配の際は、株式数目をもって標準とし、株主以外の者は、その配当にあずかるを得ず。

三九、本銀行賞与金の総数は、これを三等分し、一分はこれを

（一）総協理、董事、監事に分配す。総協理はその十分の六、董事、監事はその十分の四を得。総協理の得べき十分の六は、その六割を総理、四割を協理所得とし、董事、監事の分は四と六の割合に分配す。

（二）他の一部を経理、副総理、および各支店長および副支店長の賞与となす。その四割を経理および副経理の所得とし、六割を支店長および副支店長の所得とす。経理、副経理の割合は六と四となし、支店長および副支店長は総協理の酌量《しゃくりょう》によりこれを受く。

（三）他の一部は、これを本支店各職員にあたう。その多寡は総協理これを定む。

四〇、本銀行営業年限は、中華民国三年正月にあり。満十二年をもって満期とす。満期前一か年株主総会を募集し、これに関する一切を決議す。

四一、満期前一か年の株主総会において、営業継続を決議するときは、その許可を得たる後において、各株主は株金を回収すると否との自由を有す。

四二、本銀行解散に際しては、株主総会により二人以上の清算人を公選す。

第二章

青島における貨幣および金融機関

第九期生
第十期生
第十二期生
調査

第一節　流通貨幣

一、銀元

青島に流通する各種貨幣は、これを次の五に分かつべし。流通弗銀は、メキシコ銀その大部分を占む。これドイツ政庁がとくにこれをもって、青島の標準貨幣としたるにより、大小の取引にほとんど皆これをもちう。

このほかに北洋、奉天洋等、わずかに存在す。

日本および朝鮮銅貨銀貨は、一九〇四年七月二十二日の告示にて、絶対にその使用を禁止し、もしこの禁を犯すものは、罰金十五弗あるいは禁錮十四日の刑に処すると規定してより、永く流通せざりき。

二、小銀貨

一角および二角にして、東三省鋳造《ちゅうぞう》のもの大部分を占め、湖北、江南のものまた流通す。前者は品質において後者に劣るがゆえに、その価格に差を付す。すなわちメキシコ銀一弗は、前者の十三角内外にあたり、後者の十一角内外にあたる。しかれども、これら小洋は白銅貨の発行せられ、一般にその利便の大なるを認めらるるにおよび、流通額とみに減じ、一般中国人もまたこれを受くるを喜ばざるにいたれり。

三、白銅貨

中国人は、各自貨幣の観念なきがゆえに、メキシコ銀に対する小洋銀貨の比価はいたるところ、日々、変動してやまず。青島政庁は、この不便を補わんがため、メキシコ銀一弗の十分の一および二十分の一に相当する貨幣たる白銅貨を製造し、三弗まで強制流通力を付し、これを租借地域内において使用せしめたるも、目下その影をとどめず。

四、 鈔票

この地に流通する紙幣は、大部分、当地徳華銀行発行の弗券なりしも、日独戦役の結果、我が軍票これに代わるにいたれり。

このほか俄票と称する芝罘の露亜銀行発行のものわずかに流通し、その種類は、一、五、十弗の三種にして、五分の割引をもってせらる。このほか銭荘は荘票を発行し、広徳成等の銭票もまた一吊より十吊までのもの流通するを見る。

五、 制銭および銅元

制銭および銅元は、ともに零細なる取引用に供せられども、生活の程度高きこの地にありては、制銭の使用ははなはだ多からずして、銅元以下の取引にもちいらるるに過ぎず。しかれども下流の中国人間においては日常これを使用す。

六、 銀錠

当地の元宝は、五〇両、一〇両、五両の三種あり。名を足色宝銀と称し、また公估銀とも称す。けだし公估局の鑑定をへたるの義なり。しこうして当地の標準成色は足色なり。

銀炉として、広徳成もっとも名あり。当地、流通の銀は、上海より輸入せらるるものもっとも多く、夏季、その輸入もっとも盛に、冬季はこれに反す。当地には公估局ありて、これを改鋳秤量してこれを鑑定す。

次に当地所用の平は、これを膠州平と称し、ドイツ総督府はその二両七銭六分をもって百グラムに相当すと定む。これ膠州のものと相同じきなり。今、各地平との比較を左に録《しる》すべし。中国人はその計算に内割、外割の別をなすなく、この表も精密なるものにあらざるは論なし。

青島膠平一〇〇両＝	済南府済平	九八・四両
青島膠平一〇〇両＝	芝罘煙台漕平	九九・〇両
青島膠平一〇〇両＝	上海九八規銀	一〇五・八―一〇六・〇両
青島膠平一〇〇両＝	周村鎮周平	九六・二―九六・三両
青島膠平一〇〇両＝	濰県濰平	九八・二両
青島膠平一〇〇両＝	泰安府泰安平	一〇〇・五両
青島膠平一〇〇両＝	沂州府沂平	九六・八―九七・〇両
青島膠平一〇〇両＝	諸城県諸城平	九五・一両
青島膠平一〇〇両＝	青州府青平	九八・七両
青島膠平一〇〇両＝	博山県博山平	一〇四・二両
青島膠平一〇〇両＝	莒州莒平	九五・八両
青島膠平一〇〇両＝	蒙陰県蒙陰平	一〇三・八―一〇三・七両
青島膠平一〇〇両＝	海陽県海陽平	九九・〇両
済南府済平一〇〇両＝	青島膠平	一〇一・六両
芝罘煙台漕平一〇〇両＝	青島膠平	一〇一・〇両
上海九八規銀一〇〇両＝	青島膠平	九四・二―九四・〇両
周村鎮周平一〇〇両＝	青島膠平	一〇三・八―一〇三・七両
濰県濰平一〇〇両＝	青島膠平	一〇一・八両
泰安府泰安平一〇〇両＝	青島膠平	九九・五両
沂州府沂平一〇〇両＝	青島膠平	一〇三・三―一〇三・〇両
諸城県諸城平一〇〇両＝	青島膠平	一〇四・九両
青州府青平一〇〇両＝	青島膠平	一〇一・三両
博山県博山平一〇〇両＝	青島膠平	九五・七両
蒙陰県蒙陰平一〇〇両＝	青島膠平	九六・二―九六・三両
海陽県海陽平一〇〇両＝	青島膠平	一〇一・〇両

第二節　金融機関

青島は、その発展最近にかかり、銀行業においては中国旧式銀行の発展を来たすの以前において、すでに外国銀行および中国新式銀行、すでに支店あるいは出張所をこの地に設け、その数すべて八あり。しこうして銭荘は、ようやく五家に過ぎず。金融はすべて新式銀行のにぎるところとなり、銭荘はまったく一部中国人の金融機関たるに過ぎず。

一、外国銀行

今、当地に営業する外国銀行はすべて五あり。その名称を次に挙ぐれば、

一、滙豊《わいほう》銀行
二、正金銀行
三、露亜銀行
四、麦加利銀行
五、正隆銀行

正金および滙豊の二銀行は、ともに一九一三年、この地に出張所を設け、自国在留商人の輸出入貿易の金融に資することに努力し、露亜銀行は一九一二年に芝罘代理店より、出張所を当地捷成洋行 Diedrihsen Jebsen & Co., 内におく。これら銀行の業務の主たるものは、対自国および中国各関係地間の為替をもってし、かねて在留本国人の保護発展を促進するに力む。

我が正金銀行は、大蔵省の命令によりて、この地に出張所を設けたるものにして、ハルビン、九江の支店と同じく、利益を度外視し、ただ国際的重要地のゆえをもってこれを開きしものなり。されども設立以来、成績見るべきものあり。

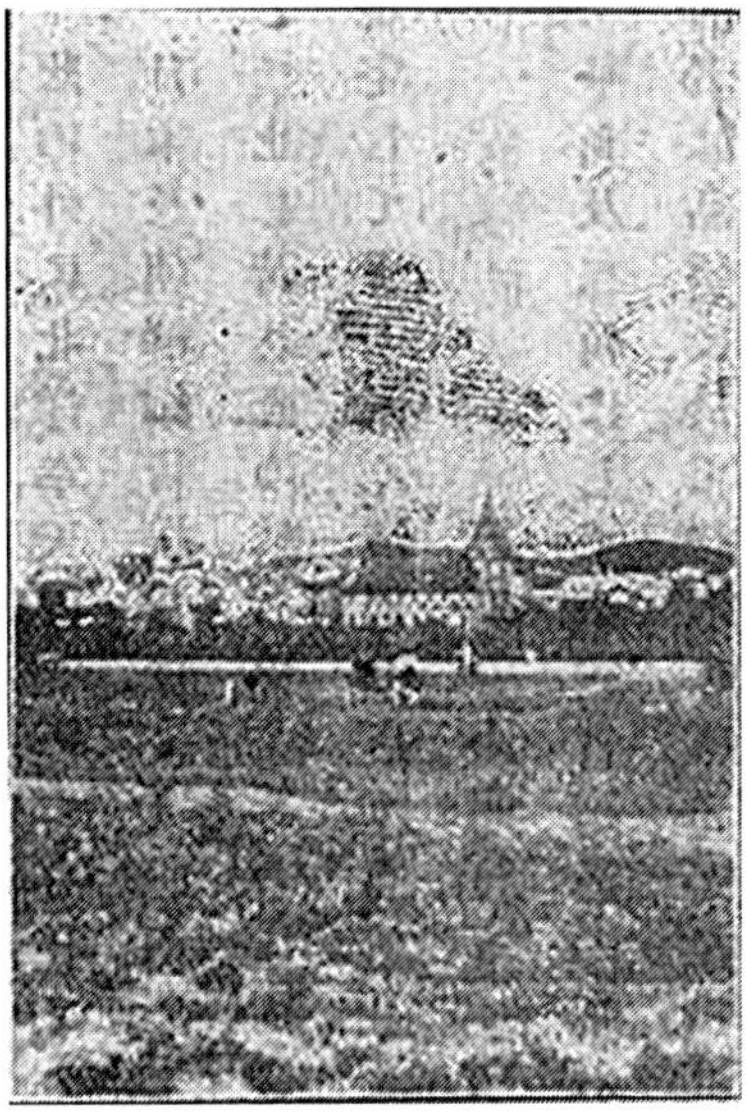
◀青島郊外

二、中国新式銀行

青島に営業を開始せる中国新式銀行は、中国銀行支店および山東銀行支店なり。山東銀行は、本店を済南におく。ともに一般銀行業務をつかさどり、主として預金および貸付をなし、もっぱら中国人間の金融機関たり。現に山東銀行支店が貸出す総額は、約銀四十万両、円銀三十余万という。

三、銭荘

前記のごとく、すでに外国銀行および中国新式銀行の発達ありて、銭荘の発展する余地なきにより、現今、その数ようやく五家に過ぎず。しこうしてこれら銭荘が、各大市場関係店との間に為替とりあつかいをなすも、為替業務もまた外国銀行の掌握するところとなる。今、その字号を挙げん。

猶泰銀号
広徳成（銀炉を兼ぬ）
徳盛永
徳順祥

四、銀行の競争

当地は発展、最近にかかり、しかのみならず新式銀行は、徳華銀行をのぞくのほかは、一九一二年より両三年の間に、とみに増加したるものなるがゆえに、その間に営業上の競争を生ずるは、まぬがれざるところなり。すなわち中国人の経営にかかる謙順銀行は、かつて徳華銀行と競争して、ついに破綻し、ついで中国銀行および山東銀行は、今なお徳華銀行とともに、海関の金庫をつかさどらんとして競争しつつあり。中国銀行は財政部に申告して、一地方銀行たる山東銀行に財政の一部たる海関税のとりあつかいの任にあたらしむるは、不当にしてかつ危険なるを主張し、その業務を己の手に収めんと運動せしも、山東銀行の総理が財政総長周自斉なるの関係より、容易にその目的を達することを得ざるなり。現に海関へは、徳華、中国、山東の三銀行出張して、預金を己の手に収めんことを競い、税関にてはまったく随意にそのいずれかへ預金をなしおる状態なり。

五、為替

各外国銀行は、自国および中国各重要地取引店との間に、為替業務をとりあつかう。その相場の基準は、常に上海の為替をもってす。当地輸入商の債務決済は、多くは上海において行なわる。

弗為替につき、百弗に対する滙水を記せば、

上海宛	一弗半
天津宛	一弗
芝罘宛	一弗

この地は従来、多くもちいられたる方法として、徳華銀行の小切手を直接送付して、送金をなす。今、七月五日における銭荘の五日払い滙票の価格を挙ぐれば次のごとし。

芝罘払	一〇一両七四	（青島百両につき）
上海払	一〇六両一六	（青島百両につき）

なお為替取組には、百弗につき五角の割合をもって

▲ 青島静岡町

手数料を徴す。このほか銭荘は、一般送金為替をとりあつかう。その滙水は時期により、常に変化すれども、今、その最高および最低を示せば、次のごとし（千両につき）。

済南宛	最高七両	最低七両
濰県宛	最高五両	最低五両
芝罘宛	最高十両	最低七両
天津宛	最高二十両	最低十両

右のごとく、為替料は不廉なるがゆえに、近時、送金のためには現銀の輸送をなすこと多しという。

次に青島標準銀百両と、各重要地の両との平価を示せば、

芝罘（曹平足銀）	一〇一・三三両
上海九八銀	一〇六・〇九両
天津化宝銀	一〇〇・五二両
周村（紋銀）	九六・一八両
済南（足銀）	九八・二四両

ドイツ郵便局の為替は、中国にてドイツ郵便局を設

置する地方との間には、その料金をメキシコ銀十元につき為替料一角とす。その額は、為替券一枚四百弗を限りとす。

山東内地にては、中国郵便局の為替取扱局にして、当局と為替取組関係を有する局は左記のごとし。

膠州　坊子　青州　博山　淄川　高密

右は毎メキシコ銀十元につき、為替料一角とし、一枚の額二百元をもって限度とす。

第三章　芝罘における貨幣および金融機関

第五期生
第九期生
第十期生
調査

第一節　流通貨幣

芝罘における通貨を大別して、銀元、銀元票子、銭票、竹票、外国小銀貨、中国小銀貨および銅元制銭とす。

一、銀元および兌換券外国小銀貨

銀元およびこれが兌換券、ならびに外国小銀貨を列挙すれば、次のごとし。

英洋（すなわちメキシコ銀にして、鷹洋に同じ）

北洋（北洋造幣局の鋳造にかかる、いわゆる北洋銀

元なり）
大俄票（露亜銀行の発行する露貨ルーブルに対する兌換券なり。また俄票ともいう）
中俄票（大俄一票は五十ルーブル、百ルーブルのものをいい、中俄一票とは十ルーブル、五ルーブルのものをいう）
半元洋（露亜銀行の発行する一種の貨幣にして、小洋十角に相当する円銀貨なり）
日票（日本旧紙幣および、かの菅原道真を印刻したる日本紙幣なり）
小日洋（日本小銀貨、すなわち十銭、二十銭、五十銭の銀貨をいう）
小洋（小銀貨十角をいう）
江湘洋（江南および湖北造幣局の発行する銀元）
吉林洋（吉林造幣局の発行する銀元）
奉天洋（泰天鋳造の銀元）
日洋（日本円銀）
俄金洋（一ルーブルの金貨代用の銀貨）
俄洋円（露亜銀行の発行する銀元）

メキシコ銀兌換券中、そのもっとも流通額の多きは、匯豊《わいほう》銀行の弗票子、中国通商銀行、露亜銀行および当地の豪商順泰号発行のもの等にして、匯豊銀行および順泰銀行のもののもっとも多し。しこうして額面金額は、一弗、五弗、十弗のものを主とす。

順泰号が、芝罘にて兌換券を発行するほか、その他

▲ 芝罘市街（煙台）

小銀行のものは、皆、上海にて発行するものにして、当地にては一もこれを発行するなし。順泰号は、当地屈指の豪商にして巨万の資本を有し、銀行業のほかに雑貨店を営み、柞蚕紙《さくさんし》および豆素麺の製造をも兼営す。内外人《ないがいじん》の間に信用すこぶる厚きをもって、同店の発行にかかる洋銀票は、当地方において広く一般に通用し、黄県、龍口、沙河、文登、莱陽等にも盛んにもちいらる。

二、小銀貨銅元および制銭

芝罘市場における小銀貨は、青島市場におけるものと大差なく、東三省鋳造のもの多く、湖北、江南のものこれに次ぐ。これ年々、満州地方に出稼ぎする山東人が、同地方より持ち帰るがゆえにして、その相場もまた他所鋳造《ちゅうぞう》のものに比すれば、もっとも廉にして、一弗に対して十二角以上の交換率を有す。

銅元の現在市場存在高はつまびらかにしがたきも、五百万元とは、我が三井洋行員の調査にかかりしところにして、そのメキシコ銀に対する昨年中の相場の平均は、約百三十二枚強にあたる。なお近時、山東都督府の発行にかかる中華民国の新銅元も通用す。その品質は従前《じゅうぜん》のものに劣れるがゆえに、中国人等はこれを受けとることをこばむこと少なからず。

制銭は中国本位貨幣たりしものにして、当港のごとき、つとに開市するものなれども、なおこれをもって日々の相場の基礎となす。

制銭には、官府鋳造のものと私銭と称する民間鋳造のものとあり。当地においてもちゆるものは、おもに官銭なり。官銭は、銅五十四、鉛四十六の割合をもって鋳造する規定とす。されど年代によりて、大小、厚薄一様ならず。康熙、雍正、順治の三銭は形、大にして、白黄色をおび、品質良好なるも、乾隆、道光、嘉慶、同治、光緒の五銭は、形、小にして品質粗悪なり。乾隆、道光、光緒の諸通宝もっとも多く、そのほか私銭および我が寛永通宝も少なからず。大小善悪、相混淆して市場に流通す。

三、制銭計算法

当地においては、京銭千文を一吊文とせず。慣習として少数を減じ、九百九十四文をもって一千文と見なし、これを一吊文と称す。しこうして四百九十九文までは四百九十九個なれども、五百文というときは、三文を減じて四百九十七文をもってす。ゆえに五百文よりも、四百九十九文は実際において多きがごとき奇観を呈するなり。また五百九十九文までは三文引きなるも、六百文以上は六文を控除するの慣例とす。

以上、述ぶるところはむろん中国人間においてのみ、もちいらるるところにして、彼ら固有の計銭語あり。これを列挙すべし。ただしこれらは単に芝罘のみならずして、東部山東省一般の通慣たり。

一、大銭　制銭に同じ。私銭を混ぜざるもの。

二、清銭　制銭に同じ。もっぱら店舗の取引にもちいらるる一種の名称なり。

三、毛銭　百文中に私銭の五文を混ずるものをいう。

四、一九銭　百文中に私銭十文を混ずるものをいう。なおこの地に二八銭、三七銭、四八銭等、皆、この類なり。

五、対開　五五銭の類にして、その制銭私銭、混合の割合が五十文と五十文にして、すなわち相なかばするときは、これを対開と称す。また対開よりなお進みて、私銭のほう多くなれば、倒の字を付し、倒四六、倒三七銭と称す。

毛銭以下四六銭までは、方銭と称し、普通の取引にもちい、対開以下は料理店、茶館、阿片館、理髪店等において使用せらる。

このほか、中銭、京銭、あるいは津銭と称するものあり。ともに同一の計算単位にして、制銭一個を二文と称し、計算するなり。

実際、かかる銭あるにあらず。直隷、山東の中国人は物価をいうに、必ず「何百何十文大」または「何百何十文、京または津」という。これ京とは北京の京にして、津は天津の津なり。また「大」とは京津銭に対し、制銭のことを大銭というより、かく唱うるなり。

四、銭票

信用ある銭荘、銭舗および商店において発行せる制銭の引換手形にして、票紙には中国紙をもちい、紙面には制銭の金額および兌換の旨、および発行の日付番号および商店名等をしるし、捺印をなす。その金額は少なきは一吊文より、多きは五十吊文にいたる。芝罘銭業公司の発行する銭票のごときは、おおむね四、五十吊文のものとす。銭票を発行したる商店は、その発行高に応じて少なくとも三割以上の準備をなしおかざるべからず。ゆえに小資本の店にては、準備金にとぼしく、ただちに引換にあい、その煩雑《はんざつ》に堪えざるにより、むしろその発行を止むるもの多し。

当地において、もっとも信用ある銭票は、順泰号のものにして、その他数十家これを発行したるも、かの革命の乱塵《らんじん》をこうむり、わずかに十八家を残し、他はことごとく破産あるいは閉店したるため、目下、その流通高少なし。

当地銭票の使用は、一時は二百万吊余も流通し、最盛の時機には近郷はもちろん、寧海、莱陽、蓬莱、棲霞、文登まで使用せられしが、清末より漸次《ぜんじ》衰退して、ついに現今、わずかに七十万吊余となるにいたれり。

当地銭票の起源は、謙益豊なる銭荘が、光緒二年に千吊を発行したるにあり。これよりようやく進歩し、光緒二十二年に急激なる増加をなし、光緒三十四年にいたり、銭票発行の銭荘五十家におよび、一家平均二万吊をくだらず。百万吊におよべり。されども商務総会の決議は、ついにこれに関渉《かんしょう》し、保証金を出すべきことをもってせり。ここにおいて、たちまち紙幣の減退を見たり。これ商務総会が紙幣と同一の作用をなし、なんら選ぶところなきものを、民間に自由に発行するを許すときは、金融界を疲弊紊乱《びんらん》せしめ、幣制統一上大なる障害を来たすがゆえに、まず一定の保証金を出さしめ、なお期間を定めて全部回収せしめ、再び発行するなからしむるの意志に出でたるものなり。

現在、銭票を発行する銭荘十八あり。今、その名号および発行高を左に示さん。

聚春盛	八〇、〇〇〇吊	和昌泰	三〇、〇〇〇吊
中和興	六〇、〇〇〇吊	圭誠信	二〇、〇〇〇吊
厦来興	五五、〇〇〇吊	蚨聚号	七〇、〇〇〇吊

恒徳源	二〇、〇〇〇吊	東徳増	一〇、〇〇〇吊
恒聚茂	四〇、〇〇〇吊	恒成和	二〇、〇〇〇吊
洪泰	七八、〇〇〇吊	福順泰	四〇、〇〇〇吊
徳順泰	六、〇〇〇吊	東洪泰	四〇、〇〇〇吊
同来泰	七〇、〇〇〇吊	福順洪	二〇、〇〇〇吊
源発長	二〇、〇〇〇吊		
豊泰永	一五、〇〇〇吊	合計	六九四、〇〇〇吊

なおメキシコ銀票子を発行するもの二家あり。すなわち次のごとし。

順泰号	六〇、〇〇〇元
萃蔡号	五、〇〇〇元

五、　竹票

一名竹銭とも称し、芝罘および山東内地にある駅站《えきたん》および騾車《らしゃ》の宿泊店において、発行する制銭引換手形にして、長方形の竹片に油または漆を塗り、表面には発行店名および引換金額を刻し、毎票制銭五百文ないし千文を限とし、各地取引店において、随時、現金に引き換うることを得るものとす。携帯に便なるがゆえに、内地に貨物を運搬する趕騾的および騾店のあいだに盛んに通用せらる。なお黄県、沙河、莱陽等にてもまた行なわる。

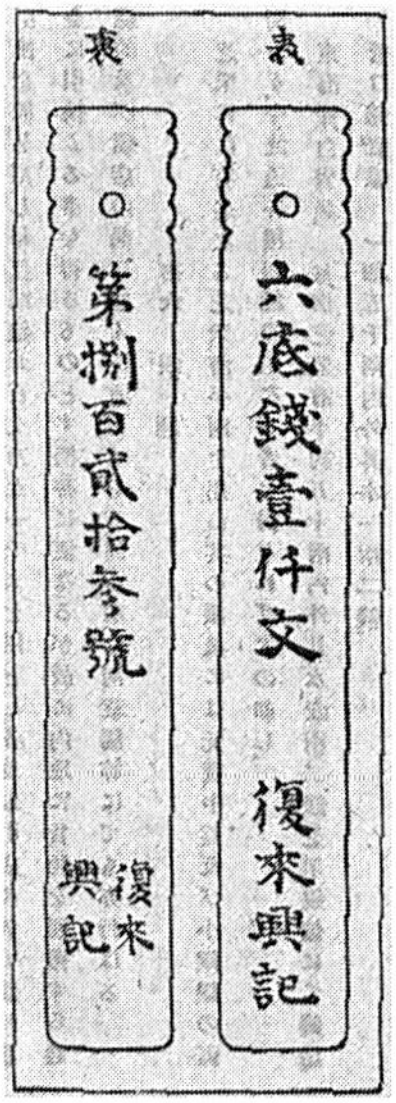

六、　銀両

芝罘には有名なる芝罘漕平両をもちい、その銀塊には元宝、中錠および小錁銀の区別あり。今、流通各種銀両の主なるものを掲ぐれば次のごとし。

東海関白宝銀	毎個芝罘漕平約五十両内外	昇水壱両二銭、芝罘銀炉にて鋳造。
営口錦宝銀	一個五千両内外	昇水一両二銭。
吉林大翅錦宝銀	一個五千両内外	大翅とは、銀両の上面両側に突出したるに翅に似たるものあればいう。
湖北方槽白宝銀	一個五十両内外	昇水九銭五分より一両二銭、方槽とは上部四角にして槽の形をなすものなり。
濰県白宝銀	一個五十両内外	昇水一両二銭
黄県白宝銀	一個五十両内外	昇水一両二銭
沙河白宝銀	一個五十両内外	昇水
天津衞黒宝銀	一個五十両内外	昇水一両ないし八銭
山西黒宝銀	一個五十両内外	昇水二、三銭ないし七、八銭
太沽黒宝銀	一個五十両内外	昇水最高七、八銭、また去水二、三銭のものもあり。銅沙を含有す。黒宝銀の色は黒味を帯ぶ。
江海関白宝銀	一個五十両内外	昇水一両二銭
河南圓底銀	一個五十両内外	昇水一両内外
河南次白宝銀	一個五十両内外	昇水最高六、七銭。去水二、三銭のものもあり。
松江錠	一個四両ないし五両	生糸、その他の商品代金として、北京より陸路芝罘に来たる。
塩課銀	一個十両内外	山東より輸送する塩の代価として河南より来たる。
銭糧子	小粒銀にして、毎個一両より四、五両	銭糧とは、地税を意味す。されどもこの銀は、単に地租に限るにあらずして、その他にも使用せらる。
灯草碗子	一個四、五両より八、九両	その形灯盞に似たるをもって、この名あり。

銀両の重量小なるものの昇水は、同質の銀両に比し、割引をなし、去水は割増多し。銀灯において改鋳の耗量《もうりょう》を計算するためなり。

七、芝罘銀両の標準

各地各様の馬蹄銀中、その成色すなわちそのなかに含有せる純銀の割合は、皆、相同じからず。ゆえに中国人は、これらの成色を表さんがために、一六、二四、二七、二八等の宝名をもちゆ。その意味は、重量五十両内外の馬蹄銀を絞銀《しぼりぎん》と称する仮想的本位に比較し、品質なにほど佳良なりやを示すものにして、一六宝といえば、紋銀に対し、五十両に一両六銭の打歩を有する馬蹄銀をいう。以下、これに準ず。紋銀の成色は、何人も明白の答解をなす能わざれども、インド造幣局において、上海馬蹄銀を分析実験したる結果、紋銀はその成色九三五・三七四くらいなりという。

上海にて、二両七銭五分の申水を含有する重さ四十九両九銭二分の上海元宝銀を芝罘において検定せしに、一両一銭五分の昇水を付す。これ上海の標準成色は、紋銀なるに対し、芝罘は一六宝を標準とすればなり。

すなわち、

紋銀標準のとき二七五宝は、五〇両内外に申水	二・七五両
一六宝は、紋銀を標準として同上の申水	—一・六〇両
ゆえに一六宝を標準とすれば申水	一・一五両

ただしこの計算は、成色のみにつきいえるものにして、上海両と芝罘両の重量の差を論ぜざるなり。

大阪造幣局にて、試験ししところによれば、上海漕平九八規銀と芝罘漕平一六宝銀との比較次のごとし。

芝罘漕平重量	五〇・八〇両
芝罘漕平昇水	一・一五
計	五一・九五

といえる銀錠を験したるに、次の結果を得。

五〇・八両の重量	二八、六三九・九グレーンス
純分千分の中	九八六・五
一両の重量	五六三・七七グレーンス
流通価格一両の重量	五五一・二九グレーンス

しこうして、上海銀錠につきては、

上海漕平重量	五〇・八七両
昇水	二・八〇
計	五三・六七
九八の習慣にしたがい	五四・七六（上海における流通価格）

この銀錠を試験したるに、次の結果を得たり。

五〇・八七両の重量	二八、七七八・八グレーンス
純分千分の中	九八五・五
一両の重量	五六五・七三グレーンス
流通価格一両の重量	五二五・五四グレーンス

これにより、この二個の銀錠純分の比を求むれば、次のごとし。

551.29 × 986.5=543.84 グレーンス

525.54 × 985.5 = 517.91,

∴ 100 × 543.84/517.91=105.006

ゆえに芝罘漕平一六宝一〇〇両＝上海漕平九八規銀一〇五・〇〇とすべし。また、その重量のみにつきて見れば、

100 × 563.77/565.73 ＝ 996.53…………

ゆえに芝罘漕平重量一〇〇＝上海漕平重量九九六・五三とすべし。

しかれども、中国人は必ずしも、この結果と同一なる比をいわず。あるいは、

芝罘漕平一六宝一〇〇両＝	上海九八規銀一〇四・五〇
芝罘漕平一六宝一〇〇両＝	上海九八規銀一〇四・八八

などという。各為替をなすにあたり、自家の利、多かるべきようこれを定むるにほかならず。今、中国人のいうところにより、芝罘両と各地両との比を見れば、次のごとし。

芝罘煙台漕平一〇〇両＝	青島膠平	一〇一・〇両
芝罘煙台漕平一〇〇両＝	済南府済平	九九・三六－九九・四〇両
芝罘煙台漕平一〇〇両＝	上海九八規銀	一〇四・五一－一〇四・八八両
芝罘煙台漕平一〇〇両＝	黄県漕平	一〇五・六両
芝罘煙台漕平一〇〇両＝	寧海漕平	一〇五・五二（また曰く一〇三・〇二）両
芝罘煙台漕平一〇〇両＝	羊角溝漕平	一〇三・四両
芝罘煙台漕平一〇〇両＝	威海衛漕平	一〇一・五七両
芝罘煙台漕平一〇〇両＝	莱州府莱州平	九四・六九七（また曰く九六・三）両
芝罘煙台漕平一〇〇両＝	利津県利津平	九七・五－九七・六両
芝罘煙台漕平一〇〇両＝	蓬莱県蓬莱平	一〇〇・六（登州府）両
芝罘煙台漕平一〇〇両＝	蒲台県蒲台平	九八・五両
芝罘煙台漕平一〇〇両＝	周村鎮周平	九七・三－九七・四両
芝罘煙台漕平一〇〇両＝	東昌県東昌平	九九・二両
芝罘煙台漕平一〇〇両＝	文登県文登平	九八・〇両
芝罘煙台漕平一〇〇両＝	栄城県栄城平	九八・三両
芝罘煙台漕平一〇〇両＝	莱陽県莱陽平	九五・〇両
芝罘煙台漕平一〇〇両＝	昌邑県昌邑平	九六・二両
芝罘煙台漕平一〇〇両＝	濰県濰平	九九・二両
芝罘煙台漕平一〇〇両＝	寿光県寿光平	九八・三五両
芝罘煙台漕平一〇〇両＝	斉東県斉平	九九・〇両
芝罘煙台漕平一〇〇両＝	北京六厘市平	一〇二・〇両
芝罘煙台漕平一〇〇両＝	天津行平	一〇一・一五両
芝罘煙台漕平一〇〇両＝	金州	一〇〇・四両
芝罘煙台漕平一〇〇両＝	海城	一〇〇・八五両
芝罘煙台漕平一〇〇両＝	営口	一〇一・四－一〇一・二両

芝罘煙台漕平一〇〇両＝	岫嵓	一〇〇・七両
芝罘煙台漕平一〇〇両＝	奉天	一〇一・七六両
芝罘煙台漕平一〇〇両＝	蓋州	一〇〇・八五両
芝罘煙台漕平一〇〇両＝	遼陽	一〇〇・三八両
芝罘煙台漕平一〇〇両＝	貔子窩	一〇〇・二五両

八、芝罘両と海関両

当時、海関において、税金徴収にもちゆる海関両と芝罘漕平両の割合は、海関両百両につき、外人には芝罘漕平両百四両四銭とし、中国人には芝罘漕平両百六両四銭とし、内外人によりてその間に二両の差あり。これ一八六三年、清国よりフランスへ償金を支払うにあたり、清国政府は銀換算法をあやまり、海関両百両に対する芝罘両の割合を百四両四銭として、受授を了したるにより、海関両の百両は実際、芝罘両の百六両に相当するにかかわらず、爾後《じご》、居留外人は百四両四匁の割をもって、中国人は百六両四匁の割をもって納税することとなり、ひいて今日にいたれるものなりという。

九、各通貨間の比較相場

当地に流通する通貨の相場は、銅元は毎朝七、八時頃および午後三時頃の二回、当地銭業者大街、天后宮（大廟）内に集合してこれを定め、その他の洋銭等の相場は、銭業公所においてこれを建つ。銭業公所には銭荘、銀行、銀号および外国銀行家等、集まりこれを決す。公所はただに両替の相場のみならず、為替の割増割引等もこれを定む。大正元年七月十五日における ものを列記すれば、

英洋	一弗＝芝罘両	〇・七一〇
北洋	一弗＝芝罘両	〇・七〇〇
大俄票	一弗＝芝罘両	〇・七七四
中俄票	一弗＝芝罘両	〇・七四四
小俄票	一弗＝芝罘両	〇・七四二
牛荘票	一弗＝芝罘両	〇・七〇〇
半元洋	一弗＝芝罘両	〇・六一五
日老票	一円が芝罘両の	〇・七二〇
日洋円	一円が芝罘両の	〇・六八五
辺洋円	一円が芝罘両の	〇・七〇〇
小洋円	十角が芝罘両の	〇・五八七
江湖円	十角が芝罘両の	〇・六九五
吉林洋	十角が芝罘両の	〇・六四五

奉天洋	十角が芝罘両の	〇・六四五
小日洋	十銭銀貨十個が	〇・七〇〇
俄金洋	一弗が芝罘両の	〇・七一〇
俄洋円	一弗が芝罘両の	〇・七〇〇
小洋銭	メキシコ銀一弗につき	十二角以上
銅元	一弗につき	百三十四枚
制銭	銅元一枚につき	十枚

第二節　金融機関

一、外国銀行

当地の外国銀行には、露亜銀行の支店あるほかは、皆、出張所あるいは代理店なり。今、これを列挙すれば左のごとし。

銀行名	
横浜正金銀行	盎斯洋行（Anz & Co.）代理
露亜銀行	
滙豊銀行	太古洋行（Butterfield & Swire.）代理
麦加利銀行	和記洋行（Cornabe Eckford & Co.）代理
東方匯理銀行	和記洋行（Cornabe Eckford & Co.）代理
有利銀行	和記洋行（Cornabe Eckford & Co.）代理
徳華銀行	捷成銀行（Diederichsen.Jebsen & Co.）代理

正金および滙豊、露亜をのぞきては、もっぱら為替業のみを営む。

当地における欧米および本邦向け為替相陽は、上海相場にもとづき算出するものにして、外国銀行間には為替立相場あり。また上海向け為替は、普通、芝罘銀千両に対し、上海銀千四十六両をもって標準相場となせども、金融の状況により、常に多少の高低あり。すなわち旧暦一月より八月までの間は、金融、比較的に緩慢なるをもって為替の需要者なく、したがって上海宛相場、下落すれども、九月より十一月にいたり、さらに十二月に入るにいたりては、金融逼迫《ひっぱく》を告げ、したがってこの時期には、為替の需要者多きをもって、上海宛相場、騰貴《とうき》す。

二、銭荘

当地のおもなる銭荘は二あり。すなわち、

謙益豊（中国銀業代理店兼営）	資本百万両という
順泰	資本金百五十万両

これなり。謙益豊は、有名なる当地豪商の一にして、銀行業のほかに、公估局、銀炉を兼ね、また関税、釐金《りきん》税、その他、官金の保管をなし、資本金総額百万両を有すと称せられ、当地、中国商間に信用厚かりしも今、破産せり。

順泰は、本業のほかに、雑貨、柞蚕糸および豆素麺の製造を営み、山東塩税の保管をつかさどり、当地方内外人の間に信用厚し、今、この二荘の取引先を見れば、

謙益豊　天津　北京　営口　青島　上海
順泰号　天津　北京　営口　青島　香港　上海　仁川
　京城　濠州　神戸　横浜

なり。内地為替の期間は、十日払いにして、その相場は、為替の出合および金利のいかんにより常に高低あり。四、五月頃を最低とし、十二月を最高とす。今、当地銭業公所が定めたる為替手数料を示せば、

毎千両につき	為替料買入料	五銭（両銀の）
毎千両につき	為替取組料	一両
毎千両につき	上海為替買入取組料	各一両
毎千両につき	上海電報為替買入料	五銭

右のごとくにして、もし組合銭業者にして、この規定を守らざるときは、千両以上の罰金を課すという。

その他の銭荘には、

聚盛号　和興存　協豊玉　福順永
恒聚茂　恒徳源　東徳増　和昌永
和城泰　天義恒　恒祥和　正祥和
政利号　永和豊　和盛泰　同来興
洪泰号　源発長　同泰利　恒祥茂
中和順　直方大　恒盛和　恒記号
和昌永　徳順泰　恒盛徳　裕成号

協和成　万慎和　東洪泰　中和盛
聚豊存　広泰成　和興桟　恒源号
義成号　義泰永　裕記号　恒順炉
聚豊義　天和興　成順昌　福順徳
恒生祥　合盛興　福豊存　恒盛同
恒発裕　永順桟　大徳祥　恒盛裕
協盛同　同来盛　隆泰福　阜興和
福泰永　恒記桟　宝生同　永豊徳
公成順　双盛泰　福豊祥　恒興仁
豊泰永　豊順桟　徳成和　同豊祥
斗升恒　慶記徳　同記号　義豊和
致和祥　源豊裕　義成東　興順得
恒聚桟　大徳生　徳春盛　徳盛永
興順和　徳生玉　東興和　同慶祥
同昇祥　公聚盛　盛興徳　豊升恒
広聚桟　恒盛仁　万春茂　大興泰
裕増湧　増生東　六号舘　成盛興
同合公　益豊泰　同盛源　徳盛桟
合順居　聚生東　福順永　祥興公
和益桟　聚斗益　恒聚泰　裕晋徳
利盛泰　元興和　西盛泰　双盛泰
利城泰　吉盛泰　永隆徳　大昌永
聚盛長　源森公　昌記号　同盛和

大義号　和豊号　会昶祥　恒義公
聚春盛　公記号　徳生祥　吉順昌
蚨聚号　中和興　源発号　吉盛泰
復来興　四義成　恒茂盛　合記号
益順徳　長茂盛　同盛和　福順恒
同春福　天益恒　裕和湧　永聚盛
協盛玉　増盛徳

以上、百四十六家は、吾人が芝罘市街において目撃したるものなれども、その盛衰常ならず。ときに変遷をまぬがれず。

銭荘の業務は、兌換あるいは銀の売買を主なる営業とし、雑貨商等これを兼営する多し。

芝罘においては、大なる取引は銀両をもちゆといえども、普通、小取引にありては、もっぱら銅元、制銭をもってす。これがため、銭荘普通の業務は、銀両、洋銭等の両替なり。また山東省出稼ぎ苦力《クーリー》の芝罘より出入するもの多く、年年、平均二十余万にのぼるという。これら出稼ぎ苦力中、その一割ないし二割は、出稼ぎ地に移住すといえども、その大部分は二年ないし三年にして帰郷するを常とす。しこうしてこの帰郷者は、シベリアおよび満州各地よりロシア貨幣、日本貨幣等を携帯し来たる者多く、これが両替は銭荘の業務として主要なるものの一たるなり。ゆえに銭荘の看板には、収買俄帖、兌換銀両の文字を表す。

芝罘の金融は、上海の金融と密接なる関係を有し、銀両の相場、換銭率の高低、金利はすべて上海電報によりて左右せらる。

芝罘において売買せらるる為替手形は、大部分上海手形にして、天津、牛荘その他内地に向けらるる手形は、きわめて小額なり。

芝罘より各地宛の為替手形は、銭荘相互間または銭荘と大商店との間に売買せられ、上海に対するものは、当地銭荘または大商店が上海に支店、代理店、あるいは取引店を有し、あるいは預金関係を有するをもって、すこぶる頻繁なりとす。ゆえに芝罘、上海間の為替はきわめて便利なるも、その他の内地との為替関係は、少なきをもって、不便にして為替料のごときも自然高率たるを常とす。

為替相場は、煙台曹平千両は上海両千四十五両に相当するをもって、これを標準相場となし、芝罘より上海宛参着払いの送金をなさんとせば、普通、この標準による。しこうして、以上の標準相場は、いかにして決定さるるやというに、元来、芝罘銀と上海銀との実際比較は千両に対し、千四十八両八銭余に相当するものにして、そのなかより、現金送費千分の三内外を控除し、これに銀行業者の利益を加えて計算を定むるなり。

芝罘市場において、売買せらるる手形は、芝罘商人が上海宛に振り出す滙票にして、一覧後十日（見票遅十天）をもって通例となす。しこうして、その当時における金融の繁閑《はんかん》および為替出合のいかんによりて、前記標準相場のうえに割引を付す。この割引は、貼色あるいは貼水と称す。これに反し、割増をなすときには、これを倒貼水と称す。ただし倒貼水は、為替界の常態にあらずして、経済界に変動を生じたる場合に限る。

貼水の高低は変化、実にきわまりなしといえども、最低一両、最高二十両を示し、一年平均約八両なりとす。

芝罘より天津、または牛荘への為替は、実際、取引少なく、したがって上海為替のごとく、便利ならず。牛荘に対しては双方同額、天津に対しては天津の千両に対し、煙台曹平千四両をもって標準となす。

芝罘外商が、上海手形を購《あがな》わんとするときには、必ず取引銭荘に依頼し、一定の手数料を支払うて、これを求めしむ。しこうして銭荘は、依類に応じて上海手形を求め、その手形に裏書きとして、字号および捺印をなし、もって銭荘は手形に対する一切の責任を負う。

芝罘にてもちいらるる滙票の様式は、また三連単式にして、また一葉よりなる様式も使用せらる。右二者の様式は次のごとし。

三連票よりなるもの

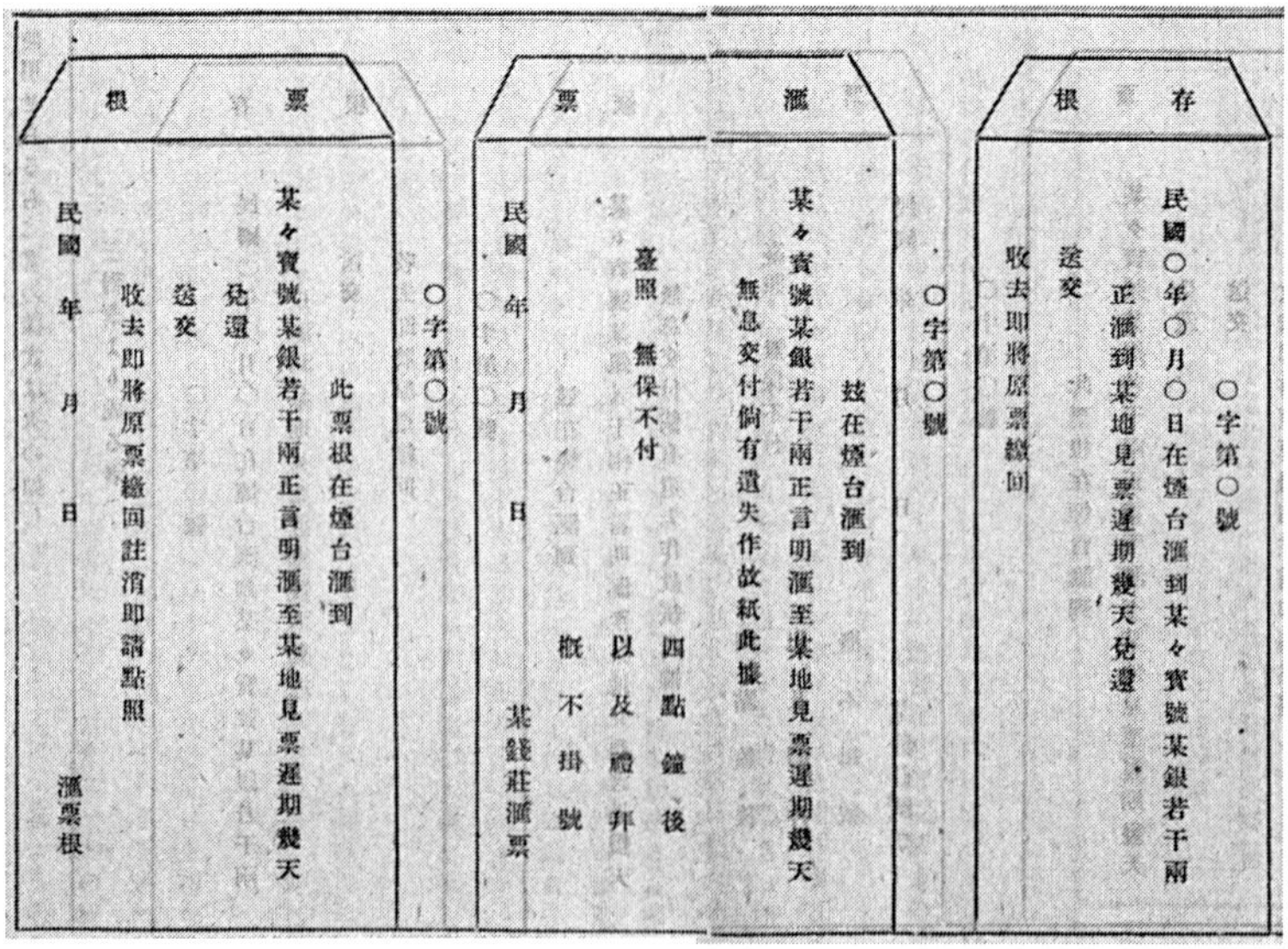

存根

○字第○號
民國○年○月○日在煙台滙到某々寶號某銀若干兩
正滙到某地見票遅期幾天兌還
送交
收去即將原票繳回

滙票

○字第○號
玆在煙台滙到
某々寶號某銀若干兩正言明滙至某地見票遅期幾天
無息交付倘有遺失作故紙此據
臺照　無保不付　四點鐘後　以及禮拜　概不掛號
民國　年　月　日　某錢莊滙票

票根

○字第○號
此票根在煙台滙到
某々寶號某銀若干兩正言明滙至某地見票遅期幾天
兌還
送交
收去即將原票繳回註消即請點照
民國　年　月　日　滙票根

一葉よりなるもの

茲在烟台滙到
某々實號九八銀平銀若干兩　正滙至上海見票遅期幾
天発還送交收去即將原票繳回是荷此據即請
某々豐記　年　月　日　烟台某錢莊滙票

三連単手形中、注意すべき点は次のごとし。

一、無保不付、すなわち保証人を立てずんば、手形金額の支払いに応ぜず。これ中国においては、手形譲渡には白地式裏書にて足るの慣習なれば、支払い上の危険を避けんがために、とくに保証人を立てしむるものなり。

二、四点鐘後、以及礼拝、概不掛号は、すなわち毎日、午後四時以後および日曜日には、支払い引き受けのための呈示《ていじ》、および支払い請求あるも、これに応ぜずとの意なり。

内地への旅行者が、現銀携帯の不便と危険を避けんため、旅行先大商店にいたりて現銀の支払いを受くるため、現銀を当地銭荘または商店に払い込み、為替券を受けとることあり。その形式きわめて簡単なるものにしてすなわち左のごとし。

今收大洋五百元
年　月　日
某々棧
某々實號

これ一片の肉筆紙片に過ぎざるも、旅行者はこれにより行先地において所要の現銀を受けとり得る便あるなり。その手数料は、即墨県まで百元につき一元半、青島まで一元くらいなりという。

銭荘は預金をとりあつかい、その大銭荘ありては商人の預金をとりあつかうのほか、官金、例えば道台衙門、東海関あるいは釐金《りきん》局等の収入金をとりあつかい、これを他の一般商人へ貸付く。しかれども、最大銭荘たりし謙益豊の破産以来、官金とりあつかいは、中国銀行に移り、一般銭荘の信用減じ、商人の預金は主として露亜銀行のとりあつかうところとなれり。ゆえに銭荘の業務として、預金業は見るべきものなきがごとし。

当地ある種の銭荘においては、沙金、赤金の売買を営む。当地に集まり来たる沙金は、遠くはウラジオストク、ハルビンあるいは満州各地より、近くは山東省内地寧海県下、捷霞県下等よりするものなり。その質良好なるもの少なく、捷霞県下より産するもののごときは、金四分くらいなりという。銭荘にてはこれを買収し、塊状となし、これを条金と称し、銭荘間に売買す。終わりに上海に移送せられて赤金とせらるるものなり。

条金は、その品質純分もとより一定せるものにあらざれば、その売買に際しては、試金石をもちいてその光沢を観察し、品質に階級を付するものなり。

銭票は、銅元を代表する紙幣にして、一吊、二吊等の別あり。その発行に関しては、十人の保証人を挙げて商会に報告するにどどまり、発行額あるいは正貨準備に関し、なんら法律上の制限なく、銭業公所および商会といえども、なんら規定するところなく、まったく発行銭荘の任意なれば、その危険なるや論をまたず。しかれども銭荘旧来の信用によりてこれを発行し、貸付支払いにこれを充つるをもって、芝罘市場には盛んに流通し、ときに信用厚きものは、芝罘以外の地にいたるもなお流通す。

銭票発行銭荘は、合計十八家あり。その詳細は既述のごとし。

三、銭業公所

煙台銭業公所の宣統元年に定めたる規定左のごとし。

煙台は通商以来、漢洋交萃《こうすい》して銭幣しばしば変じ、各種貨幣混用せられ、その弊害ますます深からんことを恐る。ゆえに甲辰の秋、我が同業者銭業公所を儒林街に創立し、もって同業者集会所となし、先に条章を設け、規模斉整たり。近時、銭業取引頻頻《ひんぴん》として、日に発達し、新たに銭荘の開設せらるるもの多く、本公所の加入者またしたがって増加するにおよび、屋宇《おくう》狭窄《きょうさく》を告ぐるにいたり、ひいては擁済《ようさい》多く、喧騒事端をしげくしやすきにいたれるがゆえに、さらに整頓して、もって市場の利益を保全せざるべからざるにいたる。われらすでに前に公所を創始せるあり。よろしくその志を後につぐべきを思い、今、新たに桃花街路西の楼房に遷移し、ここに同業者会集《かいしゅう》して条規を重整す。すべて同業者おのおのこれにならうべく、もしこれに違反する者あらば、章に按照して議罰すべし。ここに条規を列記すること次のごとし。

一、鈔票洋元の相場たるもとより常なし。ゆえに相互取引の後にいたり、もし、一騰一落あるも互いに異議するを得ず。もって私争をふさぐ。
二、客に代わりて洋元を売買するときは、出入手数料の二分を扣用し、殉私を許さず。およそ売買には争売争買して、人の交易を破ることを許さず。もって市場を安んじ、争端をふさぐ。
三、鈔票を客に代わり売買するときは、手数料を扣用し、また英洋は現洋と同率扣用するものとす。
四、匯票の代客売買は、手数料毎千両につき五銭を扣用す。
五、客に代わり弁事するものは、鈔票等の相場を曖昧にすべからず。つとめて真実に弁事すべし。もって詐欺の弊をのぞき、争競《そうきょう》をふさぐ。
六、客に代わり売買するもの、俄帖の出入毎一万両につき、五両の手数料を扣用す。
七、客に代わり弁事するに、書類に不正の相場をもちうべからず。もしこれを査明せば重罰に処して決して寛恕《かんじょ》せず。
八、客に代わり弁理する元宝、錁、砕白銀は、毎封手数料五分を扣用す。估費、扛費は客の自弁とす。
九、各銭荘の店員公所に入会せば、規則を守り、任意放蕩、喧閙《けんとう》、体面を失うことあるべからず。
十、会首議事のとき会員にあらずして、ほしいままに議事所に入り、議事事項を私に伝うることを許さず。
十一、公所の什器一切の物件は、つとめてこれを愛用し、狼藉すべからず。もし損壊するあらば、各自賠償せしむ。
十二、もし取引相互投合せずして、争端を惹起《じゃっき》するあらば、会首、その是非を公論して処罰し、したがわざれば脱会を命ず。
十三、公所内銀洋鈔票を論ずるなく、一切空売買を許さず。もしこれに違反するものあらば、衆議処罰す。
十四、公所の掲示は、会首これを酌量《しゃくりょう》し、相互乱嚷なるべからず。また不正市価を捏造すべからず。もって市面を安んじ、商業を重んず。
十五、同業者にして、いまだ公所に入会せざる者も、各章に遵照し弁理す。もししたがわざるものあらば、投票人は送信により、告発せらるれば、前章に照らして重罰を加倍す。もしまた知りて報せざる者を発見せば、永く公所に出入することを許さず。

以上は、公同酌定し、商会公所に呈明して認許《にんきょ》をへたるもの、各店舗の店員等、もしこれに違反するものあらば、毎千両につき二十両の罰金を徴し、もって公所の経費に充つ。もししたがわずんば、即時、脱会せしめ、再び入会することを得ず。後、改心して再び入会を願うものは、すべからく公所に金員《きんいん》、若干を納入することを要す。

四、銀炉

芝罘における銀炉は、すべて七家あり。すなわち、

同泰利　聚豊厚　元興和　恒聚桟
恒源　豊太永　恒順炉

これなり。化費すなわち鋳銀料は、五十両宝一個につき、一銭の割合なり。

五、公估局

公估局は、もと謙益豊の兼ぬるところなりしが、同銭舗の破産するにおよび、現今は、公估局として単独に存立す。公估局の估銀費、すわなち鑑定料は、五十両宝一個につき三十五文、うち錠銀《じょうぎん》（十両）一個につき十文、砕白銀（二、三両くらいのもの）は五十両につき三十五文なりとす。

各地より輸送する元宝にして改鋳することなく、芝罘市場に流通せしめんとするには、公估局にいたりて、これが鑑定をこい、元宝面に書しある申水あるいは、押印を書き換うることを要す。この書換料は、写費と称し、五十両元宝一個につき、三十五文なり。

六、当舗

芝罘の当舗は、特種の組織にかかり、独立営業をなすものなく、皆、福山県城なる通恵当舗に代わりて営業するものにして、すなわち質の取次店なり。これ接当局の名称の起これるゆえんなり。けだし接当とは、他の当舗に代わりて当購するの意味なり。

通恵当舗は、芝罘の西方約三十支里なる福山県城にあり。その財主は、黄県の丁氏なり。その当期は二十八か月にして、当利は毎月二分すなわち一吊銭につき二十制銭なりとす。

当地接当局にては、質入せる衣服等を一か月内にて回購するときは、無利息となし、ただ質入の際、脚力と称して幾分かの手数料を収むるのみ。この脚力は典物の種類により、一様ならざれども、普通一吊につき、四、五十制銭なり。

典物にして、一か月間、回購せざるときは、接当局においては、これを福山県城通恵当舗に送致し、当期、当利等すべてその規定によるものとなす。接当局にて、これら典物を福山県城へ送るには、毎月末にロバにて輸送し、その馬賃は接当局の負担するところなり。しこうして、回購のときには接当局にいたり、回購の旨を告ぐるも、ただちに取引することを得ざるはもちろんにして、福山県より送り来たる間、待たざるべからず。その日数、普通三日を要す。

接当局の開設に関しては、官府より領帖するの必要なく、ただ福山県衙門よりの許帖すなわち認許状を得るを要するのみ。許帖の下付《かふ》を受くるには、いくばくかの納金を要し、その額は一定するものにあらず。あるいは二百両と称し、あるいは四百両と称し、あるいは五百両と称す。ただし、資本の大小により納金額に差異あるものなるべし。

開設のとき、この納銀をなせば、その後、当税当規などの諸税を納むる必要なく、ただ毎年、貧衣若干を県衙門に納むるを要し、衙門にてはこれを貧民に給与す。これ他地に見ざるところなるも、この県下の当舗は皆、この方法をとる。その納むる貧衣の数は、各々異なり、滙記接当局にては、毎年二百套なりといい、同記接当局にては、毎年百八十套なりといえり。これ一時に上納するものにあらず。年、四季に分かち、正月、四月、八月および十二月に納む。この貧衣というは、質流《しちなが》れの粗悪なるものをいうなるべし。

　芝罘には、接当局すべて八家あり。すなわち次のごとし。

滙記接当局	滙記接当分局
恒豊長接当局	恒豊長接当分局
大有接当局	大有接当分局
同記接当局	恒発裕接当局

　以上、接当局のほか小押と称し、きわめて小規模、小資本の質屋あり。苦力《クーリー》貧民等を相手に小額なる貸付をなす。

第四章

龍口における貨幣

第十期生
第十三期生
調査

　龍口は近時、交通要地となり、一九一五年、開市場となりし都市にして、大連、その他、満州各港との定期船あり。山東半島と満州とを連絡する捷路《しょうろ》にあたり、山東人の満州に出稼ぎする者、皆、この港よりす。

　流通貨幣は、各種の銀元、ロシアのルーブル貨、日本円銀、および東三省鋳造の小銀貨、各省の銅元なり。もと制銭をもちゆるはなはだ多かりしも、今や多く溶解せられ、漸次《ぜんじ》、その跡を絶たんとす。されど古来の慣習により、交易は吊をもって本位とし、一吊は五百文にして、これを銅元につきて称するときには、五十個を一吊と名づく。各種銀貨の相場は、皆、この吊をもって定め、毎日、各貨幣間の相場を建つ。銀行には、中国および交通二銀行の支店あり。交通銀行は、関税を保管し、紙幣を発行す。他に日本人設立の龍口銀行あり。一吊、五吊、十吊、五十吊、百吊の紙幣を発行す。

当地流通の元宝銀には、足銀、宝銀、吉林大翅、錦宝銀および黄県白宝銀あり。各一個五十両内外なり。

当地の金融は、東方四十支里にある黄県のつかさどるところなるをもって、そのもちいらるる平も黄県漕平なり。

海関両一〇〇両＝	黄県漕平	一一〇・五両
黄県遭平一〇〇両＝	芝罘漕平	九四・四両

龍口の為替は、同地銭荘がその取引店、および代理店を有する地方に対し、これを発行するものにして、織昌厚のごときこれなり。現時、当地と大連、営口との取引、ようやく増加し来たれるをもって、同地方に対する送金もようやく増加す。

滙票《わいひょう》の手数料は、百両につき二両ないし五両なり。時季によりて一定せず。

第五章 周村鎮における貨幣および金融機関

第一節　流通貨幣

周村鎮における通貨は、濰県、青州等と同じく、銀両、銅銭、銅元、銀元、小洋、銭票、紙幣等なり。

周村鎮の標準平として、当地銭業者のもちゆる平は、周銭平と称し、その他なお二、三の平あり。

周銭平一〇〇両＝	庫平	九九・七両
周銭平一〇〇両＝	膠平	一〇三・八ー一〇三・七両
周銭平一〇〇両＝	青平	一〇二・三五両
周村老銭平一〇〇両＝	庫平	九九・五両
周村糸店平一〇〇両＝	庫平	九九・三両
周村毛店平一〇〇両＝	庫平	九九・六両

標準成色は、足宝なり。商売の種類によりて、足宝の扣をもちゆ。例えば洋布、洋紗店にては、足宝の九八扣をもちい、また市色とて足宝銀百両に対し、一両の打歩を付するものあり。すなわち、足宝九十九両をもって、市色百両となすなり。この地にて、もっとも多く取引にもちいらるる馬蹄銀《ばていぎん》は、鏡面宝銀と称す。

制銭は、粗悪なるものを混ずること多く、普通、その十個内外をもって銅元一個にあつ。その計算法は濰県に同じ。されど、すべての取引に皆、九八八銭をもちゆるにあらず。青州府および当地にては、九六銭すなわち九百六十京銭をもって一吊文とし、また九八銭すなわち九百八十京銭をもって一吊文となすもあり。

メキシコ銀と湖北銀元、北洋銀元はほとんど同価なり。小洋銭は、吉林省のものをのぞくほかは、皆、流通す。中国銀行、山東銀行および当地銭荘の発行にかかる銀票、ならびに銭票流通す。銭荘の発行する銀票には、庫平足宝票および周平足宝票の二種あり。銭票は、すべて銅元票のみなり。

第二節　金融機関

一、銀行および銭荘

周村鎮における中国銀行には、山東銀行、中国銀行および銭荘、銭舗等すべて四十余行あり。

銭荘の組織および営業は、ほぼ濰県に同じ。当座預金は、利子を付すれども低利なり。定期預金は、存拠票を預金主に交付し、期日にいたり、これと引き換えに元利を支払うものとす。その利子は、三か月年利三分、半年年利四分半、一か年年利五分とす。預金を有する者に対し、銭荘は小切手の振り出しを許す。この小切手は、市上に転々流通すれども、発行者および銭荘の信用によりて、その授受を拒まることあり。

貸付は、多く信用貸しにして、利子は年利五分半より一割一分にいたる。すべて期間の長短は、舗戸の信用によるものなり。

銭荘は為替をとりあつかうも、各地に支店または取引店を有するもの少なければ、自ら為替の取り組みをなさずして、他の銀行に託し、ただその間において、多少の口銭を得るに過ぎざるものとす。

各銭荘は、皆、銅銭に対する銭票を発行す。銀票を発行するものは一、二家に過ぎず。その発行高は、不明なれども、正貨準備の五、六倍、多きは十倍にのぼるものありという。しこうして源隆裕は、資本金五万両にして、銭票十万両以上を発行すと自ら称せり。

今、銭荘および銭舗の字号を挙げん。

阜祥	益太端	源隆裕	孚記
福記	徳太東	会祥	徳太恒
徳聚東	夏興東	義利恒	大徳成
協昌恒	鴻昌福	広成	義成和
裕来恒	恒興瑞	源生東	慶元東
裕和	永源益	福源成	徳源永
慶元正	天徳厚	東成瑞	滙吉昌
同半太	三益太	増成福	長聚太
万順東	徳興桟	恒昌	

二、銭業組合

周村における銭業組合は、これを福徳会館と称す。万順街路北にあり。各銭業者、毎日、ここに会して、銀の売買、銀貨と銅銭との相場、および利子歩合等を定め、毎月、初一日、十五日には、同業者間の破産の処分をはじめ、種々の紛議を協定す。公所の役員には、各銭荘の選出にかかる司事一人ありて、諸般の事務をつかさどる。このほか司事を補助する値月なるものあり。各組合員は、順番にこれにあたるものとす。今、左に公所の規定を示さん。

一、毎月初一日、および十五日に、値月は早朝公所にいたり、諸物を整頓し、香を焼き、神を祭り、風雨の害なからんことを祈るものとす。

一、本組合は、すべて外行との銀銭を兌換するには、出入に一割を増減するものとす。もしこれにしたがわず、自己の利益をたばかり、任意に価を定むるときは百両につき、罰金十吊、千両にいたるものは、閉店三日の罰を科す。値月は、これが検挙を行ない、情によりてこれを看過するを許さず。もしこれを犯せば、その罰は同様なりとす。

一、本組合銭銀兌換は、貸借の論なく、二分五厘引をもって記帳するものとす。怠惰にして、この規定にしたがわざるものに対して、三分八厘引をもって決算すべし。
一、本組合貸付には、長期、短期あり。もって急緩に便にす。経手人は必ず証書を作成し、後日の証拠となすべし。
一、本組合現銀の売買は、九八八京銭をもってなし、足色宝銀を相場の標準とす。もし本組合支払いの現銀にして、その重量不足のものあれば、公砝碼をもって準となすものとす。
一、本組合員にして、新たに支店を開設せるときは、本店より入会金百吊を納め、またその店号一字を改添せるものは、京銭二十吊を納め、もって公費に供す。
一、本組合は、その賃金と売却とに論なく、すべて現銀にして鉄銅を夾雑《きょうざつ》すること査出するときは、必ずこれを使用したる家において、その損害を負担すべし。
一、本組合は、その代金支払いの長期、短期に論なく、現銀を売買するものは、毎百両につき公所の費用として、京銭四十文を当日中に納付するものとす。もし、これを隠匿して通知せざるものは、毎百両につき、罰金京銭四百文を課す。
一、本組合は銭票を使用し、もって銭財と交易す。閉店せるものの手形は、三日を経過すれば、その退換に応ぜず。また本組合にて使用せる偽紙幣は、何時にても退換に応ずべし。
一、本組合にて、すべて大小公事あれば、組合員は公所に集参し、欠席するを許さず。しこうして、各家必ず支配人自ら参会すべく、年少者を派して、袖手《しゅうしゅ》傍観公事を等閑《とうかん》に付すごときことあるべからず。
一、本組合は、外行と仲立人を通じて取引する場合には、その長期、短期に論なく、千両につき京銭一吊を出し、その四割は公所の費用にあて、その六割は仲立人の所得とす。
一、近来、現金減少、かつその品質一定せず。沙板等の小銭を混用す。この幣たる出がたくして入やすし。ために人の挾制を受け、または組合の名声を損うべし。ゆえにすべて組合各行は、外銭の客人と取引する際には、この情状を告げ、ときにのぞみ、拒絶せらるることを免るべし。
一、本組合は、現銀銭の当座預金に対しては、すべてその証に捺印し、もって記帳上誤謬《ごびゅう》なからしむ。もし錯誤あれば悔ゆともすでにおそし。
一、本組合空相場をなすとの風評は、これ吉兆にあらず。目下、この症少なきも後来、いよいよ多きにいたれば、ただちにこれを禁止すべし。

一、外行の市上にありて、本組合銀行と売買するものは、出入増減毎百両につき、使費銀五百文を公所に納付すべし。本行よりは当番の値月を派出して、防察せしめ、私に隠蔽するを許さず。あえて違《たが》うものは重く罰すべし。

一、鉄道付近、商賈《しょうこ》輻輳《ふくそう》、本組合発行の銭票は、相互に便益をあたうるを見る。今、官銀号は点灯のころにいたれば、取引せざる旨を告示せり。各店もまた、これにしたがうべし。すなわち夜十時を過ぐれば、一切取引をなさず。この際は、方に黄昏《たそがれ》、善悪識別しがたく、ために悪人に乗ぜらるる恐れあるをもって、心をもちいてこれを防がざるべからず。

銭業公所において、銀の売買交渉成立するとき、公所よりその証拠として、発給する執照《しっしょう》あり。今、福元盛が復興東より、二百両を買いたる証を示せば、次のごとし。

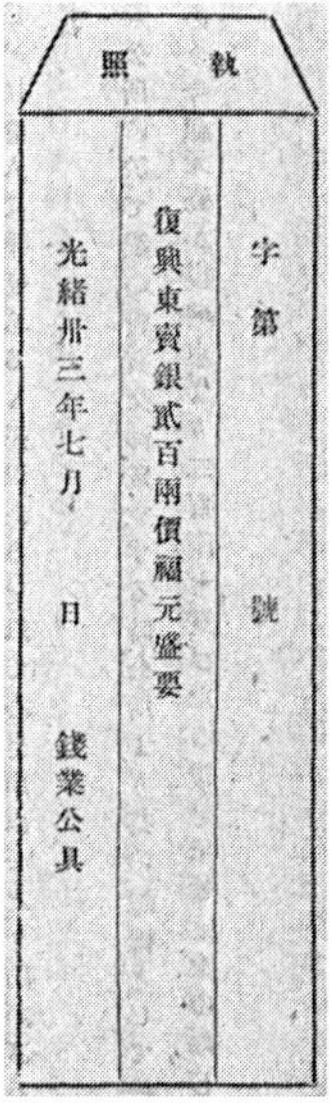
執照
字第　號
復興東賣銀貳百兩價福元盛要
光緒卅三年七月　日　錢業公具

三、銀炉

周村における銀炉は、すべて四戸あり。そのおもなるものを徳盛東、興源とす。その営業および組織は、濰県に同じ。

銀炉は、老君社なる公所を組織す。その公議を左に示さん。

銀炉公議

一、毎百両の鋳造料を京銭六百銭と定む。

一、銀炉を営むものは、毎月初一日において、来往挽兌は、すべからくこれを清算すべし。

一、もし新開の銀炉にして、本組合に入らんとするものは、京銭三十吊文を納めて公用に備うものとす。

一、鋳造料は、いかなる端数といえども、切り捨てることを許さず。

一、元宝銀をもって、鋳造料を支払うものは、市価に按して計算すべし。

一、もし以上の規定を犯すものあれば、閉店三日を罰し、私情にかかるを許さず。

周村の当舗には、永孚、阜祥、恵吉の三家あり。いずれも三、四万両の資本を有す。財東は、黄県人なり。典銭はすべて銅元をもちい、制銭をもちゆることまれなり。永孚当舗の言によれば、利子は当単には二分と明記すれども、実際は、短期のもの一分五厘、長期にわたるものは三分を徴す。例えば十月初一日より一月三十日までは、利子一分五厘、二月に入るときは三分として計算すと。

第六章 斉東県における貨幣

済陽より、下流六十支里のところに斉東県あり。水害のために廃頽し、その東南三十支里のところに県衙門を新設し、県城を移してより二十年なれども、商家は南門裏の二十数軒に過ぎず。したがって銭業を営むものとしては、端世昌と称し、薬業とともに営むもの一あり。洋元の売買をなすに過ぎず。

通貨としては、北洋、站人、制銭、銅元に限られ、その相場は、東南方七十支里の周村において定むるところによる。当時の相場は、前記二商の買相場ともに二吊六百二十文（一吊は九八銭）なり。銭票、その他の紙幣、小洋等の流通まったくなし。

当地所用の平は、斉東平と称し、標準銀は済南と同じと称するも、まったく銀両の流通するなし。

斉東平一〇〇両＝	庫平	九八・六両
斉東平一〇〇両＝	済南平	九九・五両

第七章 済陽県における貨幣および金融機関

第十二期生調査

第一節　流通貨幣

当地は済南をへだたる七十支里、黄河の下流にのぞむ人口二千の小県城にして、商業ふるわざるも、水路ありて、済南との交通容易なるゆえに、その間の取引多く、通貨は種類多く、金融上、やや発達したる点あり。流通銭票は、額面一定し、形式も兌換券に類似す。

各種貨幣の種類および交換比例次のごとし。

湖北洋一元＝	二吊六百五十文
北洋一元＝	二吊六百四十文

站人一元	＝	二吊六百四十文
銀一両		三吊九百十文

相場は、多く済南において定むるところにしたがう。

銀両は流通せず、単に名目を存するのみ。前記のほか、銅元、制銭の一般通貨たるはもちろんにして、銭票は重要通貨たるも額多からず。小銀貨は流通することなしといえども、銭荘によりては両替に応ず。されど、その価はなはだ低きをまぬがれず。鷹洋、中国、山東、徳華銀行の各紙幣は、流通ほとんどなしといえども、その両替に応ず。その相場は、銭荘によりて同じからず。専業銭荘にありては、鷹洋は湖北洋と同一相場にてとりあつかい、各紙幣は一元につき二吊六百文にて買い入る。上記の相場は、皆、買入相場なるがゆえに、売相場は各々二十文ないし、三十文高きものとす。

一吊は九八銭なり。所用の平は、済陽平と称す。

済陽平一〇〇両 ＝	済南平	九七・六両

標準銀は、済南銀と同じ。

第二節　金融機関

すべて六家あり。二戸をのぞくのほかは、皆、雑貨を兼業とし、資本いずれも小なり。その名称を挙ぐれば、

泰成永	銭業専門	**実業銭荘**	銭業専門
恒泰厚	京貨兼営	**中興和**	京貨兼営
恒豊豫	京貨兼営	**文徳和**	京貨兼営

各銭荘は、銀元兌換を主とし、かねて銭票を発行す。銭票は、一吊、二吊、三吊、五吊の四種に限る。銭票を発行するものは、文徳和、中興和、泰成永の三家に限られ、他はこれを発行せず。

その他、銭荘の業務として、放欵存欵あり。放欵は、保証人運署の証書を出すによりてはじめて行なわる。百吊につき一か月の利子二吊内外とし、存欵には利子を付せず。

当地銭業者には、為替をとりあつかうものなし。

第八章 禹城県および平原県における金融機関

禹城県は、商業地にあらず。銭荘の主なるものは、

永盛和　享豫号　源済成　福永昌
元吉成　徳茂号　瑞発祥

にして、なかんずく永盛和を大なるものとす。その業務を見るに、兌換をもって主とし、銭票の発行をなし、一吊、二吊、三吊の三種あり。

当地、唯一の当舗として大徳当あり。月利三分とす。

平原県の銭荘は、三家あり。蚨聚成、福盛公、合盛公、これなり。銀両の兌換をなすのみにして、銭票は発行せず。

第九章 寧陽県、肥城県、長清県における貨幣

寧陽は、兗州府より五十支里、県城なれども、商業として見るべきものなし。二、三の銭荘ありしも、破産して、今は銭舗あるのみ。通用貨は、銀元、銅元、銭票の三種なり。票には、二吊、三吊の両種通用す。

肥城もまた一小邑にして、銭荘は乾豫、王善、宝裕、慶范、久成等あれども、資本はおおむね一、二千両にしていうに足らず。当地通貨は、元宝、メキシコ銀、銅銭の四種なり。

長清はやや盛にして、商業の見るべきものあり。金融機関たる銭荘も左の八家にして、資本おおむね二、三万より四、五千にいたる。

同心協　豫豊太　恒度　原太和
益盛　道生豫　裕泰　和義成

当地の通用貨は、元宝、メキシコ銀、龍洋、北洋、および銅銭票なりとす。

第十章

泰安府における貨幣および金融機関

第十二期生調査

第一節　流通貨幣

泰安府の府城にして、津浦鉄道に沿い、済南に近く、農産物の集散地にあたり、人口二万余を有す。その金融機関も、やや備わり、業務の範囲もまた広く、滙票の売買を行なうあり。また中国固有の銭荘のほかに、新式なる山東銀行の支店あり。一般銀行業務をとりあつかう。通貨のごときも種類多くして、中国銀行の紙幣も流通し、また銭票のごときも、その形式において兌換券に類似し、その額面も、二吊、三吊、五吊の三種を発行す。

通貨は、北洋銀元、站人銀元、銅元、銭票、中国銀行の紙幣を主とし、メキシコ銀も流通せざるにあらず。ただし、銭荘中には、これをとりあつかわざるものあれども、山東銀行支店においては、三種同一相場をもってとりあつかう。

この地の平は、奉安平と称し、標準銀は足色宝銀なり。

泰安平一〇〇両＝	済南平	九八・〇両
泰安平一〇〇両＝	膠州平	九九・五両

貨幣相場は、銭業者、毎日、商務分会に集まりて定む。今、当時における比価を示せば、

北洋および站人銀元	一元につき	二吊六百五十文
鷹洋	一元につき	二吊五百文内外（銭荘によりて異なる）
泰安両		四吊四十文

当地の一吊もまた九八銭の勘定とす。

第二節　金融機関

この地の銭荘は、大部分銭業を専門とす。その名称、左のごとし。

裕豊厚　謙益恒　益和興　泰茂号
元亨銭店　裕茂号　広聚泰　益成号

以上、西門内にあり。上記のうち、裕茂号は中国銀行鈔票兌換をつかさどる。当舗は、文晟の一家あり。月利三分と定む。

慶豊号　聚典恒
済泰号（雑貨兼業）　華盛和

以上、城外西関にあり。このほか山東銀行支店あり。銭荘の業務の主たるものは、放欵（貸付）、存欵、銀両替、銭条発行、滙票の売買なりとす。銭条とは、銭票なり。

▲　泰山に向かう

放欸の利率は、百吊につき、一か月一吊以上、三吊以下、金融状態のいかんによりて一定せず。しこうして、放欸の最小限度は五十吊なりと、存欸には利子を付せず。

この地の銭荘は、おおむね為替を営み、しこうして、その取引先は済南、上海、青島の三地とす。今、送金為替につきてその為替料を見るに、足色宝銀の泰安平千両につき、済南宛は二両、上海宛は八両ないし九両、青島宛は三両ないし四両にして、滙票の需要供給の関係によりて滙水に変化あること言をまたず。

第十一章

新泰県における貨幣および金融機関

第十二期生調査

当地は、泰安をへだたる六十支里にあり。人口二千に満たざる小県城にして、商業の見るべきものなく、経済状態きわめて幼稚にして、六軒の小なる銭舗はいずれも綿布業を兼営す。銭票を発行するものなきは、他と異なるところとす。今、銭舗を兼業する商人の字号を記せば、

同増盛　同典号　益盛永
長盛聚　福慶昌　長増号

通貨は、銅元、制銭、北洋銀元、站人銀元にして、北洋一弗は、当時、二吊五百文、站人は二吊五百四十文、また当地一両は、四吊と四十文にあたる。鷹洋は、まったく通ぜず。

所用の平は、新泰平と称し、その比較は左のごとし。

新泰平一〇〇両＝	庫平	九六・四両
新泰平一〇〇両＝	蒙陰平	一〇一・六両
新泰平一〇〇両＝	泰安平	九八・一両

第十二章

浜州における貨幣

浜州は、蒲台県の北二十五支里にあり。北鎮とともに、この地方一帯の市場とす。銭票の浜州銭荘発行にかかるものは信用あり。蒲台県にも流通す。浜州銭票は一吊、二吊、三吊、四吊、五吊の五種あり。これを発行する銭荘は、次のごとし。

中信誠　銭行専業
徳太誠　銭業専業
義祥太　雑貨兼業
隆慶永　雑貨兼業
隆盛斎　雑貨兼業

各貨幣の相場は、湖北洋、站人、北洋ともに二吊五百文とす。売価は、二十文ないし三十文高なり。

第十三章

武定府における貨幣および金融機関

第十二期生　調査

第一節　流通貨幣

武定府城は人口二万あれど、商業盛ならず。銭票制銭を主たる通貨となし、銅元きわめて少なし。また北洋、站人は多く流通し、湖北洋はなきにあらず。鷹洋はまったくなし。交換割合は、ともに二吊五百六十文にして、銀一両は三吊八百四十文なり。売買の際には三、四十文の高低あり。一吊は、九百八十京銭なり。

この地所用の平は、半蘇半広と称し、流通銀は白宝銀を主とし、標準は足銀なり。

当地には、公盛と称する銀炉ありて、各種銀の改鋳《かいちゅう》をなすことあるも、銀細江を主業とし、規模小にして、金融上勢力あるものにあらず。

武定平一〇〇両＝	済南平	九九・四両

第二節　金融機関

銭荘の数、比較的少なし。その主なるものは、次のごとし。

公裕成	雑貨兼業
宏昶号	雑貨兼業
蚨豊号	銭業専門
徳順号	銭業専門
同詳永	銭業専門

その営業もまた銀元の売買を主とし、銭票の発行放欵、存欵とす。宏昶号をのぞくほかは、一、二、三、五、十吊の五種銭票を発行す。十吊のもの、もっとも多く、付近一帯の地に流通す。各銭荘は、必要に応じて集合して、銀元の相場を決定するも期を定めず。各銭荘間の取引少なく、他家の発行する銭票は、これを兌換せず。貸付には保証人を要し、その利子は百吊につき、一か月一吊内外なり。預金は利子を付せず。

これら票子のほか、付近地方において発行せられたる銭票も流通す。その発行地および銭荘は次のごとし。

胡家集（東南六十支里）	李家庄（南六十支里）
統源茂 協昇和 義聚和 恒祥号	双合泰 裕豊恒 恒豊号
麻店（南東二十五支里）	清河鎮（東南七十支里）
北協昇和 義祥永	徳源号

この地、中国銀行は出張所を設け、もっぱら国金のとりあつかいをなし、発行紙幣の交換をなす。

第十四章

利津県における貨幣および金融機関

第十二期生調査

第一節　流通貨幣

利津は、黄河河口より四十二マイル上流の北岸に位す。河口浅きがゆえに、舟利、少なしといえども、芝罘、龍口との間に交通あり。付近、産物たる綿花、大豆、粟等の集散地にあたる。人口五千余を有す。

通貨は、站人および北洋を主とし、湖北洋およびメキシコ銀も流通せざるにあらず。通常の売買には、ことごとく制銭および銭票、銀元票をもちい、銅元の流通きわめて少なく、銭舗もこれを有するものなし。今、各貨幣の比価を示せば、

北洋	二吊五百文	
站人	二吊五百文	
湖北洋	二吊五百文	（店によりて、十文内外、高く買い入るるものあり）
鷹洋	二吊四百七十文	（店によりて、買い入れに応ぜざるものあり）
銀元票子	二吊四百八十文	
銀毎両	三吊七百六十文	

銀元票は、中国銀行および交通銀行発行の兌換券なり。相場は、毎日午前七時、城内南北街の商務分会に銭荘の代表者集まりて、銀の売買をなし、もってこれを決定す。芝罘の相場をその根抵とするなり。

以上の相場は、銀元と制銭とのその日の比価を示すものにして、すなわち北洋一弗と制銭二吊五百文と、まったく同価値なるを示すものなれども、両替を依頼するとき、銭荘は銅銭をもって洋銭を買い入るるものなるがゆえに、その公定相場より二、三十文を減じ、売る場合には、反対に二、三十文を加う。

この地の吊は九四銭と称し、一吊が九百四十京銭、すなわち四百七十制銭百文は、九十四京銭にして

四十七制銭とし、当地の平は利津平と称す。

利津平一〇〇両＝	庫平	九九・七両
利津平一〇〇両＝	済南平	一〇一・九両
利津平一〇〇両＝	霑化平	一〇〇・五両
利津平一〇〇両＝	海豊平	一〇〇・三両
利津平一〇〇両＝	慶雲平	一〇三・五両

第二節　金融機関

銭荘は、大小二十二あり。主たるもの次のごとし。

官銭店（官金とりあつかいを兼ぬ）	銭行専門	**泰盛祥**	糧食兼業
晋吉昌	糧食兼業	**増吉昌**	糧食兼業
同祥	糧食兼業	**瑞盛和**	糧食兼業
福和成	糧食兼業	**和興徳**	糧食鉄器兼業
豊和（北街にあり。一吊の銭票を出すもののひとりこれあるのみ）		**長盛**	糧食兼業
同聚義	糧食兼業	**恒裕**	糧食兼業

以上、十二家は皆、東亜大街にあり。その他、小なるもの数家あれども、銭票を発行するものなし。以上は、皆、二、三、五、十吊の銭票を発行す。銭票は、城内はもとより付近一帯の郷地に流通す。銭荘は、発行額百吊につき、四、五十吊の準備金を有するに過ぎず。また農産物の出まわり時期においては、自家発行の銭票をもって、買い入れをなすをもってその利するところ大なり。

貸付利子は、一年、一割五分内外にして、保証人を立つるを要し、存欵には利子を付せず。

第十五章 霑化県および海豊県における貨幣

第十期生調査

当地もまた塩窩と同じく生活程度低く、一般の取引単位は制銭をもってし、小銀貨銅元の流通は、僅少なり。銀元としては北洋弗を第一とし、ほとんど全額の九割を占め、残りの一割は、メキシコ銀および湖北、江南銀元とす。銭票には、一吊と五吊との二あり。

霑化および海豊のその銀両には、済南の白宝銀流通す。その平は、次のごとし。

霑化平一〇〇両＝	利津平	一〇〇・五両
海豊平一〇〇両＝	利津平	一〇〇・三両

第十六章 蒲台県における貨幣

第十二期生調査

商業上なんら価値なき小県城にして、通貨として制銭をもちい、銅元の流通ははなはだ少なく、銭舗においてもこれを準備せず。銭舗としては、ただ東永泰の一戸あるのみ。雑貨を兼営し、銭票を発行し、一般の銭業をとりあつかう。このほか数戸の雑貨商は時宜《じぎ》に応じ、銀元の売買をなす。

蒲台平は百両＝済南平百・八六両にして、標準銀は済南と同じ。その一両は買相場、三吊七百五十文なり。

浜県、蒲台地方にいたりては、銅元、銀元の流通ようやく少なく、通貨の大部分は制銭なるがゆえに、その価、他所に比して高く、その計算方法また複雑す。

制銭は九四八銭と称し、その一吊は九百四十八京銭なり。ゆえに実際の銭数は、四百七十四個の制銭をもってす。しこうしてその百文は、十分の一なる九十四・八京銭すなわち四十七・四制銭にあらず。九十六京銭、すなわち四十八個の制銭なり。ただし五百文は、一吊の一半とし、四百七十四京銭、すなわち二百三十七制銭とす。

銅元はこれに反し、九八銭をもってす。また足銭と称する計算法あり。これ五百個の制銭をもって、一吊文とするものなり。

第十七章

羊角溝における貨幣

第十期生調査

当地は芝罘、龍口と小汽船の往来あり。小清河によりて済南に通じ、その商業やや盛んなり。通貨の主なるものは、メキシコ銀および北洋銀元にして、その二者の流通額、ほとんど相なかばす。その他、東三省銀元、湖北、江南銀元、站人銀元あり。外国銀行紙幣の流通するものなく、当地、銭荘益隆西の発行する銭票、一吊より十吊までの十種あり。小銀貨の流通額、僅少にして、小取引はことごとく銅元単位なり。

当地商人は、済南、その他、西南地方および芝罘、龍口、利津より来たりて、出稼ぎ的に商業を営む者のみ。その通用する銀両のごときも、前記地方のもの多く、済南白宝銀、濰県白宝銀、および沙河白宝銀等あり。平は羊角溝平という。

羊角溝平一〇〇両＝	芝罘漕平	九六・六両

為替機関としては、山東銀行支局あり。本行の為替業務、もっぱら済南および龍口、登州、黄県、芝罘等宛にして、相場は元をもってすると、両をもってするとあり。なお当地より各地にいたる為替相場は、時季によりて変動し、手数料もまた季節によりて同じからず。今、左に二、三の例を示す。

済南宛	一覧払い手形(即付票)	百元につき平均	四元
龍口宛	四月より五月まで	百元につき平均	一・三元
登州宛	五月より七月まで	百元につき平均	一・五元
黄県宛	七月八月の頃	百元につき平均	一・六元
煙台宛	九月十月頃	百元につき平均	一・一〇元

等のごとし。

第十八章 塩窩における貨幣

第十期生調査

当地の通貨としては、北洋、メキシコ銀および銅元、制銭なれども、銅元少なく、取引は制銭をもって行なわれ、小銀貨はすこぶるまれに見るところなり。取引単位は、吊文にして、当地、恒興銭荘の発行したる銭票あり。

東塩窩、西塩窩に分かれ、東塩窩には商舗あれど銭荘なし。ただ西塩窩に銭荘の二、三あり。当地の両は、利津平をもちゆ。

塩窩利津平一〇〇両＝	芝罘漕平	九七・六両

為替機関と称するものなし。現銀を送らんとせば、必ず鏢局に託す。その手数料は、里程《りてい》の遠近と銀高とによりて定まる。通常、百支里のところに百両を運送するには六両を徴す。

第十九章

兗州府における貨幣および金融機関

第一節　流通貨幣

兗州府における通貨は、銅元、元宝および銭票にして、制銭は少なし。銭票は二吊、三吊、五吊の三種にして、当地の銭荘、随時これを発行す。メキシコ銀、龍洋は雑貨商間にもちいらるるも、その額ははなはだ少なし。龍洋に二種あり。江南、北洋これなり。

第二節　金融機関

兗州の銭荘は、左のごとし。

銭荘	東家姓	資本
広生	郭寿辰	二万両
増源	朱敬修	三万両
公利	張永思	一万五千両
福昌	張朱	三千両
慶芳	劉徳心	四千両
徳豊	劉進徳	二千両

の六家あれども、取引ははなはだ盛ならず。為替業も行なわれず。かつ信用もまた薄弱なり。慶芳のごときは、銭荘を専業となせしも、今は茶葉の売買をなし、徳豊も現時、酒の卸売を兼業とせり。かくのごとく、当市における銭荘業のふるわざるゆえんは、これ兗州府はその勢力を付近の済寧に奪われ、商業として見るべきものなく、したがって金融機関の大なるものは、おおむね済寧に移転せしによる。銀炉は估衣市街西首

にありしも、現時は廃業の状態にあり。毎日の貨幣相場は、済寧より二回の報告を得て、これを定む。兗州、済寧間六十支里なり。

兗州における当舗には、恒順号、広生号あり。質物は衣服、銅、錫、農具、金、銀なり。その期間の定めかたは、月の端数十日以内を一か月とし、十日以上は二か月とす。すなわち一月一日より、三月九日までは二か月をもって勘定すといえども、三月十一日にいたれば、三か月をもって勘定す。期限は、二十四か月にして、利子は月三分とす。

第二十章 青城県における貨幣および金融機関

第十二期生調査

当地において、もっとも注意すべきは、主要通貨は制銭にして、銅元の流通きわめて少なきことなり。銀元の相場は、

北洋一元＝	二吊四百三十京銭
湖北一元＝	二吊四百四十京銭
站人一元＝	二吊四百三十京銭

しこうして、この地の一吊は、九八八銭なりとす。ゆえに一吊は、四百九十四制銭なり。銅元の価格を見るに、

北津	二吊五百六十文
站人	二吊五百六十文
湖北	二吊五百八十文

しこうして銅元の勘定は、銅銭の場合と異なり、九八銭なるゆえに、一吊は銅元四十九個にあたる。当地には、銭票の流通するもの少なく、小洋、鷹洋各種紙幣もあまり通ぜず。

各貨幣の行市は、五日ごとに銭荘の代表者が、城内城隍廟内に開く銀市において決定するところにかかる。

青城平の標準成色は、済南と同じ。ただし銀両の流通するを見ず。

青城平一〇〇両＝	庫平	九四・七両
青城平一〇〇両＝	済南平	一〇四・五両

この地には、銭業を専門とするものなし。銭荘名称は、

増盛和	糧食行を兼業す	**裕豊**	糧業兼業
福順全	雑貨兼業	**同和公**	糧業兼業
恒順東	雑貨兼業	**元祥**	雑貨兼業（東門外にあり）
義太	洋布業兼業		

のごとし。元祥をのぞくほかは、皆、北大街にあり。

第二十一章

曲阜県、臨城県における金融機関

曲阜県は、商業地にあらず。金融上、見るべきものなし。銭荘として、復泰その他、二、三銭舗あれども、両替をなすのみ。当舗として、李増亀一家あり。

臨城には、銭荘として永興号あり。一吊、五吊、十吊、百吊の銭票を発行す。一吊は四十九銅元なりとす。

▲　曲阜孔子廟の外墻

第二十二章

鄒県における貨幣および金融機関

鄒県における銭荘は、増和祥、恒祥にして、資本はともに四、五千両なり。滕県と同じく、市場にほとんど制銭なし。このほか銭荘の発行する銭票あり。四吊、五吊のものとの二種とす。

当地にもちうる秤は、滕県と同じく、庫平なれども、鄒県の百両は滕県の九十九両六銭にあたり、その間に四銭の差あり。

鄒県庫平一〇〇両＝	滕県庫平	九九・六両

当舗は晋豫公一家あり。

第二十三章

滕県における貨幣および金融機関

第一節　流通貨幣

滕県にもちいらるる通貨は、元宝および銅元にして、小洋は通用せず。制銭は、はなはだ少なし。銅銭に二種あり。京銭および大銭これなり。しこうして実際、使用するものは大銭にして、京銭はただ空称にして実物なし。しかれども一般市場の相場は京銭にて、何文と称するをもって、これを大銭に換算せざるべからず。すなわち大銭一文は、京銭二文に相当するをもって、実価は半数にて足るものとす。

第二節　金融機関

滕県における銭荘は次のごとし。

銭荘号	東家姓	資本	銭荘号	東家姓	資本
滙遠号	毛	二万両	**増祥和**	張	五千両
聚盛	張	二万五千両	**徳全**	鄭	二千両
永茂	王	五千両	**忠盛美**	兪	五千両
同勝	党	八千両	**徳盛和**	魯	六千両
豫泰増	魯	四千両	**同和**	魯	三千両

所用の両は、庫平にして、庫平両五十両を元宝および銅銭にて、受けとりたる証を示せば次のごとし。

これ庫平五十両のうち、三十両二銭五分を銅銭に換銭し、そのあまりの十九両七銭五分を元宝にて受けとりたるものにして、その計算法、下のごとし。当日の相場庫平一両は、京銭三千七百文なり。

30.25 × 3,700=111,925

すなわち三十両二銭五分は、京銭の百十一吊九百二十五文にあたる。しこうして、

111,925/2=55,962

すなわち五万五千九百六十二文を実価とす。また銭荘は九百八十文をもって、一吊文と計算するをもって、

55,962 × 980/1000=54,843

実際は、五十四吊八百四十三文の勤定なり。

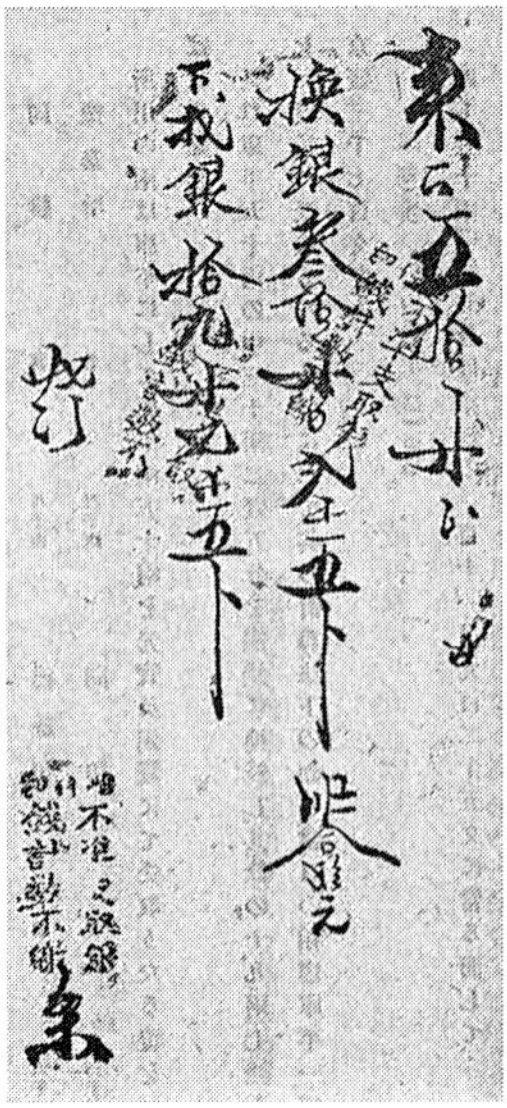

第二十四章 済寧州における金融機関

第一節 銭荘

商務総会のうちに、銭業公所を設く商業盛なるをもって、金融界また活発なり。まず済寧における銭舗は、十八家あり。その名を挙ぐれば、

鼎豫　広通　義茂　万豊　宝源
恒益　恒聚　恒豫　義亨　復豫
同益　豫順　滙源　義源　致和
復昌　華豊　瑞盛

すなわちこれなり。

預金は、定期預金三か月なれば三厘、六か月四厘、一か年なれば五厘の利息を付し、当座預金は二厘なり。手形には、銀票と銭票とあり。これ站人、北洋、湖北のもの通ずれども、制銭を主とすれば、千文、二千文、三千文、五千文等の票子を発行するなり。銀票は、両をもってす。

第二節 金店炉房および銀楼

金店としては、東盛一家あり。金銀の売買、金属の細工を営む。炉房には、化銀的と化銅的とあり。前者は元吉、公元等、四家あり。後者は十二、三家あるを見る。各地より銀塊、馬蹄銀または銀塊、銅塊等を輸入したるものは、これを炉房に託すれば、炉房はその品質、重量を検査して、これに対し、相当の対価を委託者に交付す。しこうして右、銀塊、馬蹄銀、または銅塊を必ず当地通用の銀両または銅貨に改鋳《かいちゅう》す。

第三節　当舗

当地には当舗三あり。

千吉	豫豊	南門裡西馬道
裕興		西門裡大干街

豫豊は、咸豊年間より開き、資本三十四万両、千吉は同治初年に開き、資本十万両、裕興は光緒初年に開き、資本十万両という。

質入貨物は各種のものありて、一定せざれども、衣服もっとも多く、銀首飾、銅錫器具、農具、什器等、これに次ぐ。その質入人は、地方農家に多し。

期限は二十四か月にして、当利月二分なり。計算法は、一月を超ゆる五日までを一か月とし、六日以上となれば二か月に計算す。

第二十五章　沂州府における貨幣および金融機関

第十二期生調査

第一節　流通貨幣

沂州府城は人口約四万、北に沂水県をひかえ、東南日照県をへて、海路青島に通ずべく、東北に莒州、西北に蒙陰、泰安あり。この地一帯、農産物の集散地にして、商業見るべきものあり。したがって金融機関も発達し、その業務もまた複雑なり。

通貨の種類は、鷹洋、銅元、制銭および銭票にして、銀両はほとんどなし。制銭銅元を主とす。相互相場は、各銭舗の代表者が毎日一回ないし二回、商務総会に集まりて決するところなり。足色宝銀一両の価格は、三吊七百文より、四吊の間を上下し、現に三吊九百五十文なれども、秋季、農産物買い入れにいたれば、制銭の需要増し、その価格大に高まるがゆえに、三吊七百文内外となる。

当地における一吊の価格は、九底銭にして、一吊は九百九十二京銭すなわち制銭四百九十六個、銅元四十九・六個なりとす。また当地において九八銭の計算をもちゆることあり。すなわち一吊を、九百九十京銭、四百九十制銭となす。銭荘滙票を買い入るるとき、雑貨店の貨物買い入れのときなどの計算法としてもちいらる。

今、付近の取引密接なる二、三所の計算法を示せば次のごとし。

日照県	九八銭
莒州	九九銭および九八銭
関西坡	九九銭

沂州平と山東各地の平との比較を示せば、

沂州平一〇〇両＝	莒州平	九九・〇—九八・九両
沂州平一〇〇両＝	沂水平	九八・九両
沂州平一〇〇両＝	蒙陰平	一〇七・〇—一〇六・四両
沂州平一〇〇両＝	莱蕪平	九七・二両
沂州平一〇〇両＝	新泰平	九九・九両
沂州平一〇〇両＝	膠州平	一〇三・二—一〇三・〇両
沂州平一〇〇両＝	濰県平	一〇一・二両

第二節　金融機関

銭舗、四十二あり。名称次のごとし。×号は銭業を専業とするものなり。

永祥和	×聚昌	増隆
玉増	玉生和	中和
永泰	×益聚	×復典
×広豊	聚和	和典

以上、城外南関にあり。南関には巨商集まり、銭荘もまたこの地点にもっとも多し。

恒義　　　廉評　　　　　広和
同徳　　　玉祥和　　×廉成太
和太　　　徳成　　　　大亨水
廉豊　　　仁源成

以上、城裏路西にあり。廉成太号は、比較的大なるものにして、資本五万吊、銭票発行高十万吊と称す。財東を雀貞という。

増祥　　　×春生和　　仁源厚
広増　　　怡源　　　　王成和（財東張守仁）
振典長　　恒徳厚　　　恒貞
隆盛　　　泰豊　　　　徳豊厚

以上、城裏路西にあり。資本は七、八千吊より、大なるものは十万吊にいたるという。なお最近、中国銀行は代理店を設けたるも、もっぱら官金のとりあつかいにあたる。

銭荘、銭舗は一の組合を結び、取引関係密接にして、互いに資本の融通をはかり、各舗子の発行せる銭票は、組合に加入しおるものいずれにおいても、これが兌換に応ずるなど、はなはだ進歩したるものあり。他に外行と称して、二十余の雑貨店が銭票を発行するものあれども、上記の組合に加入せざるものなるがゆえに、その票子の信用もしたがって小なるをまぬがれず。

業務の主なるものは、銭票の発行、両替および貸付、預金なりとす。票子の発行高は、大体において、資本の倍額にのぼり、準備金は資本の大小によりて異なれども、四、五割なりと称す。貸付の場合において、顧客のもとめによりてこれを発行し、また雑貨糧食等を兼業するものにありては、穀類、落花生、土布等の買い入れに際して、自己の銭票を発行し、支払いに充つるを常とす。ゆえに、その利ははなはだ大なるを察すべし。

貸付金に対する利子歩合は、時期により、金融状態のいかんにより、差あるは当然なれども、百吊につき十か月十五吊より、二十吊くらいを上下し、預金利子は八吊より十吊くらいの間にあり。

当地の銭荘は多く、為替業をもかね、その取引先は青島、済南、上海の三か所とす。

為替相場変動の大なる原因は、落花生の輸出なり。すなわち五月より九月にいたる間、その出まわり盛なるときは、銭荘の買為替、はなはだ多額にのぼるがゆえに相場は低落し、その他の時期においては綿布、マッチ等の輸入あり。輸出少なきゆえに、相場は上騰《じょうとう》す。手形額面は皆、両をもって表し、必要に応じて、その日の相場を按し、元または制銭に換算す。

当地においてもっとも多く売買するものは、青島宛手形にして、これを青票と称す。沂州における青票の価格を定むる方法は次のごとし。

今、青票千両を沂州制銭に換算するには、

1000両 × 968 × 3.950 × 3823.吊 600文

すなわち三千六百二十三吊六百文にあたる。その理由は、膠州平千両は沂州平の九六八にあたるをもって、これを乗じて沂州平にあらため、ついで沂州一両の当日相場三吊九百五十文をこれに乗じ、もって膠州千両が沂州制銭いくばくにあたるやを計算するなり。

第二十六章

莒州における金融機関

第十二期生 調査

莒州は人口五千の小市にして、物産の見るべきものなし。通貨の種類、相場は諸城と異なるなく、標準銀またしかり。当地通用の平は、半蘇半広平と称し、また莒平とも呼ぶ。膠州平千両は、莒平の九百五十八両にあたる。

金融機関も、はなはだ幼稚なるをまぬがれず。銭舗十一あれども、ことごとく雑貨商を兼ね、専門に銭業を行なうものなし。その字号、掌櫃《じゃんぐい》的の名を挙ぐれば次のごとし。

広興	郭鴻烈	**同泰**	不明
恒典合	李書金銓	**震典**	（綢緞行を兼ぬ）
恒和豊	趙維洲	**崇典泰**	万客亨
崇典東	張広襒	**三典秀**	不明
隆典泰	不明	**公典**	不明
広裕	不明		

資本のもっとも大なるものは、三百元なりという。為替の業務をとりあつかうものなく、業務の主なるものは、貸付、預金および銭票発行なりとす。貸付は、保証人を立ててはじめて行なわる。利率は、金融の状態によりて同じからざれども、普通一か月、二、三分なり。

銭票は、各舗これを発行し、幅四寸、長さ一尺くらいの大なるものにして、その額面は一定せず。発行額は資本金の二倍内外にして、発行額の約半額の準備あれば、信用厚し。

第二十七章

蒙陰県の貨幣および金融機関

第十二期生調査

蒙陰県は、人口二、三千の小市にして、寂莫《せきばく》なり。通貨には站人、北洋を主とし、メキシコ銀流通せず。一吊は九八銭にして、九百八十京銭をもってす。銀両流通せざれども、その平は蒙陰平といい、標準銀を足色宝銀とす。

蒙陰平一〇〇両＝	沂州平	九三・〇両
蒙陰平一〇〇両＝	泰安平	九六・四両
蒙陰平一〇〇両＝	済南平	九四・五両

銭舗大小八ありといえども、営業状態、はなはだふるわず。字号を記すれば、

長盛公	洋布雑貨を兼業す	東関
広豊号	洋布雑貨を兼業す	東関
益豊公	銭行専門	東関
益豊永	銭行専門	東関
和盛号	銭行専門	東関
恒順号	銭行専門	北関
泰盛号	銭行専門	西関
広典泰	洋布を兼業す	北関

その業務は、存欵、放欵、銭票発行、両替等にして、為替をとりあつかうものなし。放欵の利子は、百吊につき二、三吊の間にあり。農産物出まわりの時期において、利率高きはもちろんなり。存欵には利子を付せず。銭票を発行するには多く、半額内外の準備金を貯うるを常とし、その信用厚く、城内はもとより城外、約三十支里の外においても流通す。

第二十八章 曹州府における金融機関

この地は、農業の中心地にして、かつ交通便ならず。商業発達せず。銭荘のごときいまだこれを見ず。銭舗六家あれども、いずれも小規模なり。

乾茂元	祥昇永	栄徳太
俊太隆	謙源益	英茂徳

なかんずく、乾茂元をやや大とすれども、他地方に比較すれば同一の論にあらず。他所より来たる滙兌に対して支払いをなせども、きわめて小額なり。自家よりは、まったく滙票《わいひょう》を発行せず。預金は利子を付せず。放款は長期は一分五厘にして、期限短きものは三分なり。百吊を単位とす。期限は十か月を普通とし、一年のものもあり。乾茂元、祥昇永、栄徳太の三家は一吊の銭票を発行し、俊太隆は二吊のものを発行す。

当舗には、吉隆当舗と称するもの、東西大街にあり。期限二十四か月にして、利子二分なり。当税、年に三百五十両を納む。

第二十九章

青州府の貨幣および金融機関

第一節　流通貨幣

青州府の通貨は、その種類、濰県に同じ。

銅銭は、その品質、重量ともに良好にして、その七個をもって、銅元一個に充つ。その計算法は、濰県に同じ。その一個は二京銭にあたり、一個をもって一文とするときは、これを大銭という。普通、取引において、いくばく銭というときは、必ず京銭を意味す。大銭のときは、とくに若干大もしくは若干大銭と称す。すなわち五百銭とは五百京銭を意味し、大銭はこれを五百大もしくは五百大銭と称す。市民一般銅元よりも、制銭の授受を喜ぶ傾あり。

龍洋、メキシコ銀および小洋銭、皆、流通す。龍洋とメキシコ銀とは、同一の価格にして、小洋銭に対し、五、六分の打歩を有す。洋銭は、湖北のものもっともよく流通す。

徳華銀行兌換券は、大商店間に流通し、もっとも流通の良きものは、中国銀行、山東銀行および益原成銀号発行の銀票、および以上、三銀行および当地銭荘発行の銭票なりとす。益原成発行の銀票は、青平足宝票なり。

青州府の標準秤は、青平と称す。標準成色は、足宝とす。

青平一〇〇両＝	膠平	一〇一・三〇両
青平一〇〇両＝	上海九八規銀	一〇七・三八両

第二節　金融機関

青州府における中国銀行には、銭荘および小銭舗あり。銭荘は、その資本七、八千両ないし二、三万両を有し、もっぱら銀行業を営み、小銭舗は多く、他の業務を兼営し、両換を主とす。銭荘のおもなるものを挙ぐれば、

城内　降成　益祥成　意信誠　聚泰
　吉祥成　滙豊長　益原成
東関　永太　元吉　天聚太　晋升太
北関　致和太　東興永　益豊

その営業は、すべて濰県に同じゆえにこれを略す。東関に太興、祥太の二銀炉あり。その鋳造料は、

五十両内外の元宝銀一個につき	三百京銭
十両内外の元宝銀一個につき	四十京銭

青州の当舗は、一家あるのみ。その利子、期限はすべて濰県に同じ。

第三十章　博山県の貨幣および金融機関

第一節　流通貨幣

博山県における通貨の種類は、大略《たいりゃく》、濰県、青州府に同じ。

銅銭は濰県、青州に比せば、粗悪なるものを混ずること多く、したがって九個内外をもって一銅元に充つ。ためしに、濰県および博山におけるメキシコ銀に対する銅銭の相場を示さん。

濰県	一吊六百三十京銭（七月二十九日）
博山	二吊百京銭（八月七日）

銅銭の計算法は濰県に同じ。

博山にて制銭より銅元を使用するを喜び、各銭荘の発行する銭票は、すべて銅元に対するもののみなり。

銀元小洋は、吉林省の小洋銭をのぞくのほか流通す。紙幣には徳華銀行兌換券、および各荘の発行する銭票あり。後者は現金と同様に授受せらる。

銀両には博平をもちい、その成色は足宝なり。

博平一〇〇両＝	膠平	九五・八両

第二節　金融機関

一、銭荘

博山県には、銭荘すべて十五家あり。そのおもなるものは、広泰公、三珠堂、祐太公、義盛公、裕盛恒なりとす。その営業方法は、ほぼ濰県、青州に同じければこれを略す。

二、銀炉

鴻昌銀炉、ただ一家あるのみ。その営業規模、すべて濰県に同じ。その鋳銀手数料は、

五十両内外のもの一個につき	二百京銭
十両内外のもの一個につき	三個銅元

三、当舗

博山県には、当舗なるものなく、捎脚庱と称して、衣服の質のみをとるものすべて十一家あり。質銭一吊につき、脚銭とて六十文を天引して、九百四十文をあたう。しこうして、利子はなお一吊文に対して、収むるものとす。その利子歩合は、

一か月一吊文につき	銅元一個
二か月一吊文につき	銅元二個
三か月一吊文につき	銅元三個

以下、これに準ず。捎脚庱は当舗に比し、その規模はなはだ小なり。

第三十一章

諸城県の貨幣および金融機関

第十二期生調査

当地の流通貨幣は、高密地方と異なるところなけれども、白銅はまったく流通せず。大正三年七月十一日の調査による、各貨幣の交換割合を示せば左のごとし。

鷹洋一元	二吊六百二十文	北洋十二角	銅元百三十箇
小洋十角	二吊二百文		
小洋一角	十一箇銅元		
銀一両	三吊九百四十文		

通貨の大部分を占むるものは、銅元にして、制銭これに次ぎ、銀元もまた少なからず。小洋はきわめて少なく、銀両は名目にとどまり、銀錠ほとんど流通することなし。

この地通用の平は、諸城平と称し、標準銀は地方一帯、皆同じく、足色宝銀にして、膠州、高密など皆、同一なれば、流通銀の換算には、単に平の差を見れば足るものとす。

諸城平一〇〇両＝膠州平一〇四・九両

銭票は、四家の銭舗によりて発行せられ、皆、吊をもってし、その形式は高密と大同小異なり。硬貨をもって、とくに銭舗に向かい、銭票の発行を求むるときは、一吊につき八文の手数料を収むという。その発行額、大ならざるため割引なく、流通円満なり。

当地には、銭舗すべて八あり。その字号および掌櫃《じゃんぐい》的の姓、次のごとし。

義利	掌櫃的 王	**裕成**	掌櫃的 王
正豊	掌櫃的 宋	**徳来**	掌櫃的 郭
隆泰	掌櫃的 不明 城外にあり	**利詳**	掌櫃的 劉
春詳	掌櫃的 于	**恒甡泰**	掌櫃的 王洪斎

右のうち義刺、正豊は最大にして、銀の売買をなし、また隆泰、裕成とともに銭票の発行をなす。

当地の各銀舗にもまた為替事務をとりあつかうものなし。

第三十二章

登州府の貨幣および金融機関

第九期生調査

第一節　流通貨幣

流通貨幣は、制銭、銅元、小洋、銀元、銀両および銭票にして、その他、外国紙幣の入り来たること黄県等に同じ。

当地の吊は、大銭にして、制銭一個を一文とし、銅元一枚は十文、したがって銅元百枚をもって、一吊文とす。これ黄県以南、龍口、莱州、沙河、平度、即墨等の地方と慣習を異にするところなり。

当地の銭票は、鴻順、義豊和、信大の三家より発行す。その額面、金額二吊文一種にして、銭票の形式は、

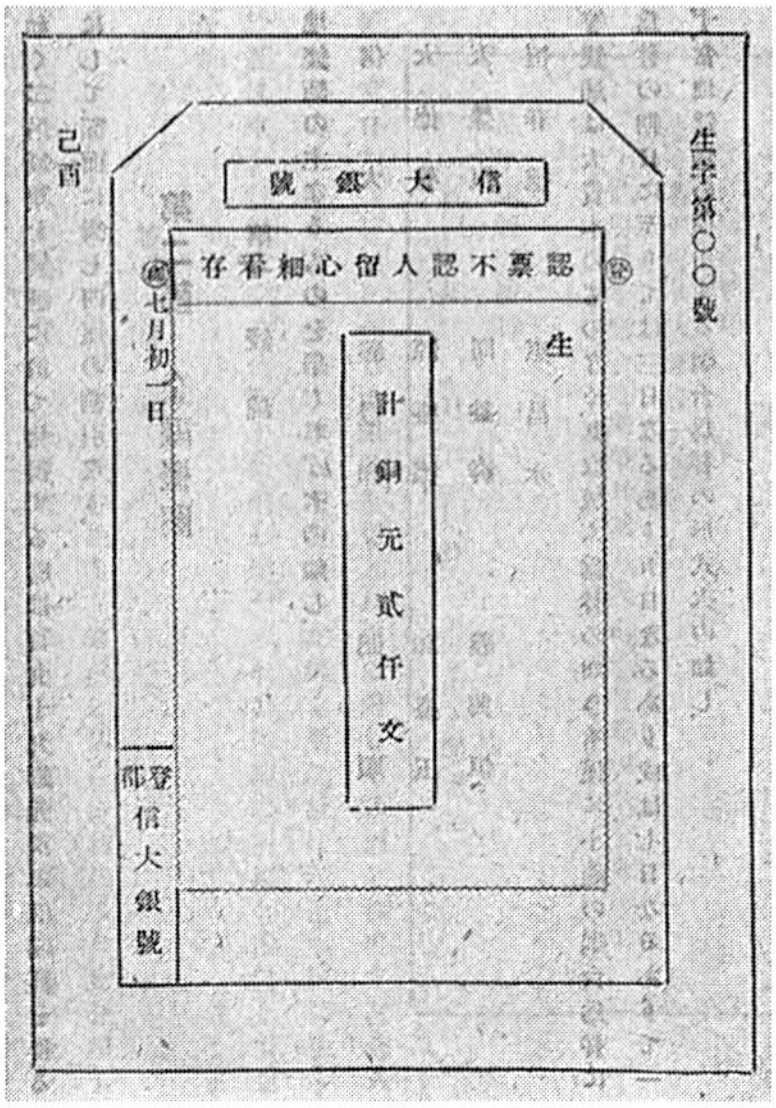

のごとく、二吊銭票を銭舗において兌換するときは、額面百九十九銅元および二個制銭を得るものにして、額面に対し、四厘の割引なり。

第二節　金融機関

一、銭舗

当地、銭舗の主なるものを挙ぐれば次のごとし。

信大　義豊和　鴻順
大徳声　源盛徳　和盛玉
天豊恒　同益祥　義興恒
恒春徳　恵昌永

これら銭舗は、大資本のものなく、そのとりあつかう為替のごときも、わずかに小額の煙台為替に限る。為替の期日にいたりては、三日なるあり、五日なるあり。あるいは七日なるありて一定せず。当地、銭舗の使用する煙台為替の形式、次のごとし。

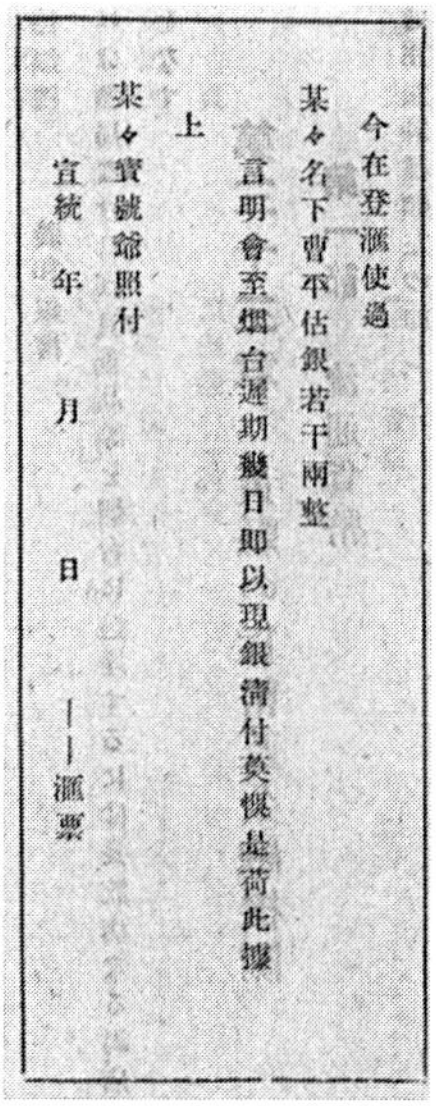

今在登滙使過
某々名下曹平估銀若干兩整
言明會至烟台遲期幾日即以現銀淸付莫悞是荷此據
上
某々寶號爺照付
宣統　年　月　日　——滙票

銭舗は、当日の銀相場に照らして、銀両を受け入れ、これに対して滙票《わいひょう》を振り出す。送金人は、これを煙台に送付し、名宛銭舗にいたりて現銀の支払いを受く。ゆえに滙票振り出しにより、当地銭舗は、煙台銭舗に常に債務を負担し、煙台の取引銭舗に現銀を輸送して、これを決済す。

二、当舗

当地には、当舗一あるのみ。すなわち天祥当、これなり。当票を見るに、利息は月二分すなわち一吊銭（当地の吊は大銭にして、百銅元をもって一吊とす）に対し、月利二個銅元を支払うものとす。

三、銀楼および馬店

当地には、多くこれを見るも、小規模のもののみ、わずかに銀錫を買い入れて首飾をつくり、これを売却す。その製造額、小なれば、金融上に関係をおよぼすことなし。銀楼の字号を挙ぐれば、次のごとし。

春宝銀楼　成宝銀楼　永盛銀楼
福来銀楼　祥興銀楼　双興銀楼
成徳銀楼　義和銀楼

当地には、鏢局なければ、貴重品等を煙台に送達するには、長訖店なる馬店に託してこれをなす。

第三十三章

黄県の貨幣および金融機関

第九期生調査

第一節　流通貨幣

当地通用銀両、種類左のごとし。

(イ)　銀宝　鎮口錦宝銀
　　　　　　吉林大翅錦宝
　　　　　　営口元宝
(ロ)　官宝　東海関白宝銀
(ハ)　西化宝　濰県白宝
　　　　　　銀沙河宝銀
(ニ)　南槽宝
(ホ)　本地宝　黄県白宝銀

以上のほか、江錠（四、五両のもの）、塩課銀（十両）、銭糧子（小粒銀にして一両ないし四、五両）、灯草碗子（四、五両ないし八、九両のもの）も通用するも、その種類少なり。

流通貨は以上、銀両のほか、制銭、銅元、小洋、銀元なり。その他、俄帖の銭舗にて換銭さるる額少なからず。当地、吊毛小銭にして、五十個銅元は、一吊文なり。紙幣、銭票の流通なし。平は黄県平という。

黄県平一〇〇両＝	芝罘漕平	九四・四両

第九期生調査

第二節　金融機関

一、銭舗

黄県は、山東資本家の集合地として、もっとも有名なる地にして、城壁を囲めるがごとき、巍然《ぎぜん》たる家屋軒をならぶ。当地銭舗の沿革を聞くに、今より百年以前すでに五十余家あり。四十年前にいたり、百余家に増加し、さらに十年前にいたりては、百五十余家におよびたるも、現今、やや減少の傾向を示し、目下、合計百二十七家あり。

当地銭舗のおびただしく増加するにいたりし原因、種々あり。多数の資本家ありといえども、その資本をもって新式企業、あるいは投機的事業に投加することの危険なるを慮《おもんぱか》り、比較的安全なる投資方法なりとして、銭舗および当舗を選ぶにいたれるなり。けだし資本家は、その資本を投じて銭舗を営業するときはその資本額に対し、優に月利一分の利を収むることを得。他の一般商業に投資するに比し、有利にかつ安全なり。

山東省出稼ぎ苦力《クーリー》は、多く龍口よりし、毎年、十五万人を出し、帰来するもの毎年十二万人あり。芝罘より出ずるもの十万人、帰来するもの九万人におよぶ。これら苦力の龍口より出ずるものは、主として営口方面、その他、満州一帯に出稼ぎし、その芝罘よりするものは、主として大連方面およびウラジオストク方面、または安東県方面は出稼ぎす。しこうしてウラジオ方面の通貨は、ロシア貨幣、紙幣（俄帖）にして、満州一帯の通貨は日本貨なるをもって、帰来する苦力により、山東に流入せらるる日本紙幣（老票）および俄帖は、実に毎年巨万に達す。しこうして黄県は、龍口に近く、苦力の大多数を出す。莱州府下また遠からざるをもって、外国貨幣の換銭を求むるもの多く、銭舗これがため、大に増加したるなり。

本県は芝罘、青島、膠州、濰県等、各地間交通の中枢に位し、資本家、集合し、山東内地の貸借決済地となり、内地より芝罘宛の為替のごとき、必ず一度黄県をへて、振宛てらるる慣習なり。

往年、道台が銅銭、空相場を許可せることあり。これがため銭舗は、投機的に続々、開設せられ、はなはだしき増加を来たせり。その後、これを厳禁するにいたり、投機的に起こりし銭舗は、閉鎖のやむなきにいたり。現時、十余年前に比し、減少せるなり。今、百二十七家中、主なるものを列記すれば、左のごとし。

東来成	東来春	東来明
恒勝興	順聚祥	怡生東
元利号	乾合奎	復来号
文来号	永浴源	和合湧
源豊長	東盛号	吉昌順
裕泰長	恒豊号	福恒号
泰豊号	保順号	益峰永
阜豊号	洪豊号	義成泰
泰来号	永順同	元亨祥
長春号	同来恒	義増裕
恒豫合	順興永	興来恒
増泰成	福祥号	成泰義
永和誠		

当地、銭舗には、雑貨商を兼業するものあり。小銭舗は、洋銭、俄帖、老票の換銭をなすにとどまる。されど専業の銭舗にいたりては、その営業、一般銀行と異なるところなく、貸付、兌換、為替、および預金等を営む。

当地銭舗は、その資本の大なるものは一、二万吊文を有し、その資本主と同一地方にあるをもって、常に大資本を備うるの必要なく、もし同業者、または商人に対し、貸し出さんとせば、銭舗は各自その財主、すなわち資本主より資本を借り出し、これを貸付く。

決済は毎月、これを行ない、銭舗相互間の決済日は、毎月二十七日にして、銭舗と一般商人間の決済は、毎月二十五日なる慣習なり。

貸付には、抵当貸しなく、もっぱら信用貸しなり。しかし、一か月経過後、返金せざるときは、銭舗は、直に商会に訴え、保証人として商家三人を立て、その責に任じしむ。

銭舗は、すべて商会へ加入し、その証として、左のごとき木板を店頭に掲ぐ。

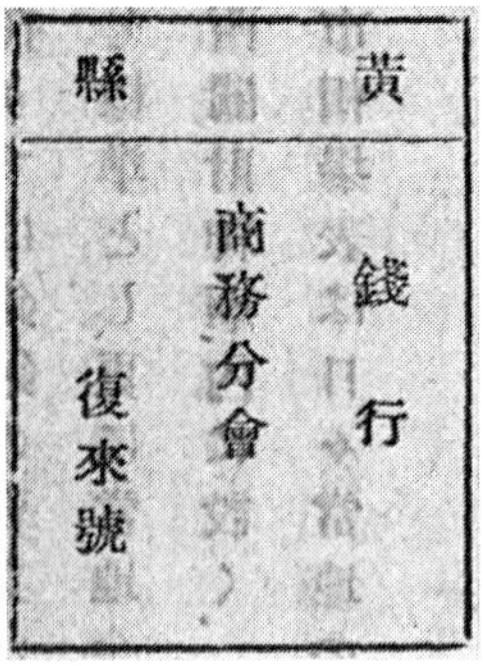

兌換にありては、銀両の売買、洋銭、俄票、老票の

収買をなし、その行市すなわち相場は、芝罘の相場を標準とし、さらに当地、金融状況を按じ、日々、決定す。この銀市（あるいは銭市という）は城内西関、財神廟内に設く。

芝罘銀市相場表は、日々、当地の銭舗に郵送し来たる。記載項目を挙ぐれば、次のごとし。

煙台政利銭荘単

英洋元	七銭〇分七厘五
徳洋元	七銭一分三厘
北洋元	七銭一分二厘
大俄票	八銭四分
中俄票	八銭四分
小俄票	八銭三分八厘
牛荘票	六銭九分五厘
日老票	八銭一分一厘五
日洋元	六銭九分五厘
辺洋元	六銭九分五厘
小洋元	六銭一分三厘五
江湖洋	六銭九分
吉林洋	六銭五分五厘
奉天洋	六銭五分五厘
小日洋	七銭六分
俄金洋	八銭二分五厘
俄洋元	七銭六分
銅元	一吊八百四十文

当地銭舗は、その収買せる洋銭および外国紙幣を煙台に輸送し、煙台の銭舗に売却し、その換銭率の差額を利とす。

為替は、沙河あるいは芝罘と異なるなく、手形の様式もまた三連単を使用す。為替取組の標準たるべき両の比較を見るに、当地千両は煙台の九百四十四両に相当し、上海両九百五十五両に相当す。

為替には、送金為替すなわち票滙のほか、信滙および倒滙あり。信滙は、すなわち上海のいわゆる凴信交銀にして、我が国の信用状なり。倒滙は、逆為替を意味す。滙票の期日は一定せず。煙台宛のものは二日、あるいは三日（一覧後）営口宛のものは十日なり。

預金には、長存すなわち定期預金と、浮存すなわち当座預金とあること、上海におけると異なるなし。その長存の期限は、一か月なるあり。二か月、三か月なるあり。あるいは六か月なるあり。その利子は、月利によりて計算す。当座預金には、利子を付せざるを普通とす。預金引出には帳簿をもってし、票をもちうることなし。

銭舗の決算は、毎年一回、年末に行ない、紅賬と称するものに記入す。紅賬は銭舗開設のとき作成するものにして、その記載事項は、資本額、店員の薪水、店員の分配額割合等を記入するなり。

銭舗の税金は、商会捐毎年二十四吊、巡警捐毎年十六吊とす。銭舗開設のときには、当舗開設のごとく、領帖交銀を要するなし。

二、鏢局

為替の方法によらずして、貸借決済をなさんとせば、必ず現銀の輸送を要し、あたかも我が国旧時の飛脚問屋のごときあり。鏢局と称す。

山東省中、平度、沙河、莱州、登州、莱陽、芝罘等、各地にはこれを見ることなきも、黄県には三家あり。これ黄県は、大資本家の集合地にして、また山東内地の貸借決済地たるがゆえなるべし。

当地における三家の鏢局は、元順鏢、金盛鏢、長順永という。宣統三年二月、その協定せる輸送料規定を掲げん。

(一) 送煙台	宝銀毎千両	足銭	七吊百文
	洋銭毎千円	足銭	四吊六百文
	帖子毎一千円	足銭	四吊百文
	金子毎両	足銭	百六十文
	会票毎千円	足銭	二百文
	西土毎包	足銭	三百五十文
	大土毎円	足銭	三百五十文
(二) 送米橋	宝銀毎千両	足銭	五吊
	洋銭毎千円	足銭	四吊
	帖子毎千円	足銭	三吊
(三) 送平里店	宝銀毎千両	足銭	六吊
	洋銭毎千円	足銭	五吊
	帖子毎千円	足銭	三吊五百文
(四) 送莱洲府	宝銀毎千両	足銭	七吊
	洋銭毎千円	足銭	五吊
	帖子毎千円	足銭	四吊

（五）送沙河	宝銀毎千両	足銭	八吊
	洋銭毎千円	足銭	六吊
	帖子毎千円	足銭	五吊
（六）送膠州	鏢馬銀	足銭	五十吊
（七）送濰県	鏢馬銀	足銭	五十吊
（八）送龍口	宝銀毎千両	足銭	三吊
	洋銭毎千円	足銭	二吊五十文
	帖子毎千円	足銭	二吊
（九）送新城	宝銀毎千両	足銭	四吊
	洋銭毎千円	足銭	三吊
	帖子毎千円	足銭	二吊

（註）帖子とは紙幣、すわなち俄帖、老票等をいう。
　金票はすなわち滙票にして、為替手形なり。
　西土は中国内地産アヘンにして、
　大土はインド産アヘンなり。
　鏢馬銀いくばくというは、
　鏢局の馬一匹の貸し切り価額をいう。

当地の吊は小銭として、五十銅元をもって一吊となす。輸送銀は元宝銀をもって主として、中錠、小錁等はほとんど輸送することなし。元宝銀を輸送するには、木箱に千両ずつを装入し、これを一匹の騾子に二箱ずつ駄《だ》し、馬夫のほかに二、三人の武装せる男、これを護送す。当地、鏢局の往来地域は、決して以上規定中の各地にとどまるものにあらず、遠く西安、北京、済南および山西各地にまで輸送すという。

その輸送銀に対する一切の責任は、鏢局の負担するものなるをもって、鏢局はときに多額の賠償をなすことあり。鏢局へ輸送を依頼するは、銭舗、雑貨商あるいはアヘン問屋等なりとす。

三、当舗

当地の当舗は六家あり。すなわち次のごとし。

利美　和義　履泰
利有　益豊　宝増

利美は、当地の資本家丁氏の開設にかかり、三十年来営業す。丁氏は、ほかになお五家の当舗を開設す。その字号および所在地、次のごとし。

亨泰（高密）　公来（即墨）　慶来（莱陽）
広豊（浜州）　恵豊（里則鎮）
（里則鎮は浜州の西南約三十支里にあり）

その当票に記載する文字、次のごとし。

遵例月利三分、情減去一分、二十四個月為満、過期不購任舗、変売、今憑旧物当本足銭若干、倘屋漏虫咬鼠傷以、及来歴不明、与舗無干、認票不認人、此照。

当利は、月二分にして当期二十四か月なり。

当舗開設には領状を要し、そのときの納金は、一定せざれども、四百両ないし五百両を要すという。税金は、一年に当規十八両、当税五十両なり。

質物としては、衣服、首飾りのほか、鉛、銅、鍬およびその他の農具等なり。

第三十四章　寧海州における貨幣

第十期生調査

当地は山東半島北岸の大市にして、かつ西隣に芝罘を控ゆるがゆえに、その商業盛んに、芝罘との取引多く、通貨も芝罘、威海衛と同一なり。

流通貨幣は、メキシコ銀、北洋銀元、奉天銀元、各種小銀貨、正金、滙豊、露亜、徳華各銀行の兌換券等あり。

銭票として最近、当地にその信用を得たる東昌成号、および西昌成号二銭荘の発行する一吊、五吊、七吊、十吊、二十吊の五種のものあり。広く流通す。

当地の元宝金は、東海関、白宝銀および営口錦宝銀にして、これを寧海漕平にて秤量してもちゆ。

寧海漕平一〇〇両＝	芝罘漕平	九四・四八両

当地における為替機関としては、山西票号の東昌成、西昌成銭荘あり。ともに、山東内地に対する送金の依頼に応ず。されどその手数料、往々にして、百両につき十五両を要するをもって、商人は自ら携帯運搬するもの多し。青島、芝罘、威海衛、天津宛等のものはことごとく、まず現銀を芝罘に運搬し、同地にて為替を組む。寧海、芝罘間には汽船の便あり。わずかに銅元二十個をもって、一時間余にして着すべし。

第三十五章 福山県における金融機関

第九期生調査

当地には銭舗なく、換銭は雑貨店これを営む。当舗、一家あり。通恵当これなり。右、当舗は黄県の資本家丁樹楨の開設にかかる。当利は月利二分、当期は二十八か月なり。通恵当舗は、開設以来、すでに五十余年の久しきにおよび、資本、信用ともに確実にして、芝罘に接当局（質取次所）八個を有す。

第三十六章

莱陽県における貨幣および金融機関

第九期生調査

第一節　流通貨幣

流通貨は、制銭、銅元、小洋、銀元、銀両および銭票なり。銭票を発行するは恒顧成、春成、全興等にして、これらは銭舗にはあらずして、雑貨商なり。

当地の一吊は、大銭にして、銅元百枚を一吊文とす。

第二節　金融機関

一、銭舗

当地銭舗は、合計二十余家あり。その主なるもの次のごとし。

瑞祥	元和	徳和
公順	源聚	益和
通益銭局	双聚永	天徳合

以上のうち、銭舗専業のものは少なく、大部分は雑貨店の兼業するところなり。当地銭舗は、その看板として、制銭を縄に連ねたるかたち、および元宝のかたちを木にて製したるを店頭に掲ぐ。他地に見ざるところなり。

当地、銭舗主要業務は、換銭にして、その収買せる洋銭の額は、これを煙台に輸送し、あるいはときとして、貸借決済のため、黄県、登州あるいは濰県等に輸送することあり。

現銀輸送にあたる鏢局なきも、馬店にて、これが依頼に応じ、六日に一回、当地、煙台間を発着し、一般商店とひとしく、現銀の輸送をなす。その賃金は、千元につき二吊文なりという。その馬店は呉格荘という。

銭舗は、その洋銭を煙台に輸送し、自己の振り出せる為替資金に充つるほか、あるいは銅元、制銭に両替して、その相場の差額を利し、あるいは元宝銀を買い来たりて、当地の銀市にて売却し、その差を利す。また雑貨商にして、換銭舗を兼ぬるものは、小売によりて得たる銅元、制銭を洋銭に換えて、商品仕入のため、煙台へ現銀輸送をなすに便ならしむるなり。

二、当舗

当地の当舗に、三家あり。すなわち次のごとし。

天復　　瑞来　　慶来

右はいずれも、黄県資本家の開設せるものなれども、天復、端来ともに目下、営業を中止し、ただ慶来の一家あるのみ。端来は、黄県の資本家丁儀廷の開設にかかり、二十余年来、営業し来たれるも、営業不良のため、宣統三年四月、営業を廃せるなり。

丁儀廷は、別に膠州に恵来、沂州に恵済の二当舗を有す。当地当舗にて規定するところ、および当舗の税金次のごとし。

当利は月一分五厘、当期は六か月なり。当税、毎年に八両、当規毎年に八両とす。

第三十七章 海陽県における貨幣

第十期生調査

海陽県城は、その地、偏地《へんち》にあり。民船によりて青島に通じ、山路をへて、はるかに芝罘に通ず。その流通貨幣としては、メキシコ銀のほか北洋銀元あり。また銅元、小銀貨、製銭あり。徳祥銭荘の発行にかかる銭票もまたその流通少なからず。外国紙幣はまったくなし。平は海陽平といい。

海陽平一〇〇両＝	膠州平	一〇一両

当地、為替機関としては義祥永あり。文登、即墨、全家口等への滙銀をとりあつかう。

第三十八章 莱州府における貨幣および金融機関

第九期生調査

第一節　流通貨幣

流通貨幣は、制銭、銅元、小銀貨、銀元、銀両にして、徳華銀行および中国銀行の票子および老票、俄票等は銭舗にては換銭に応ずるも、直接、市場に流通することなし。

当地の一吊文は、銅元五十枚にして、一制銭を二文といい、銅元一枚を二十文として計算す。平を莱州平という。

莱州平＝一〇〇両＝	芝罘漕平一〇五・三〇三両
芝罘漕平＝一〇〇両＝	莱州平　九四・六九七両

第二節　金融機関

一、銭舗

当地銭舗は、大小合計四十余家あり。そのやや大なるものを挙ぐれば次のごとし。

謙恒益	東和泰	瑞昌	吉興祥
淇順福	裕豊祥	宝合豊	義興順
洪慶	祥裕公	鴻裕号	瑞和祥
義記	泰和祥	洪昌	裕源盛
湧和裕	正義順	福祥茂	吉泰
福興合	益昌	徳増和	祥慶
聚豊合			

以上、銭舗は他地に比して、小規模のものに過ぎず。貸付は為替を営むは、二、三のみ。営業の主たるものは、ただ換銭業なり。銭舗はすべて兌換銀元、兌換銀両、洋銭、兌換赤金、収買赤金、沙金等の看板を掲ぐ。さらに収買俄帖手票なる看板を掲ぐるものあり。俄帖はロシア紙幣にして、シベリアおよび満州への出稼ぎ苦力《クーリー》によりて、移入せらるるものなり。ゆえに即墨、平度、沙河、莱州、龍口、黄県、登州、福山、莱陽等、各地の銭舗は、皆、俄帖の換銭をなす。山東苦力の年々、送り来たる俄帖は、実に多額にのぼる。

当地銭舗にて貸付をなすものあるも、抵当貸にあらず。信用貸しのみなり。貸付利子は月利四厘より、高きは二分におよぶ。

この地は商業地にあらず。県内の物産は皆、沙河に集散するをもって、したがって為替取組をなす銭舗なし。

当地金融は、芝罘と密接にして、貸付利子および銀市のごとき、芝罘を標準として上下す。銭舗はその買収せる洋銭、俄帖はこれを芝罘に輸送して、芝罘の銭舗に売却し、その換銭相場の差額を利するものなり。

二、当舗

当地、当舗に二家あり。すなわち合和当、隆興当これなり。隆興当はやや古きも、合和当は光緒三十三年の開設にかかり、比較的新設のものなり。その財主は、いずれも黄県の資本家丁氏なり。黄県には、丁姓の資本家数家あり。

その当票は、月利二分、二十四か月を期限とす。

第三十九章 平度州における貨幣および金融機関

第九期生
調査

銀両の流通きわめて少なく、通貨は制銭、銅元、小銀貨、銀元および銭票なり。徳華銀行の票子および白銅貨は市場に流通す。銭票は各銭舗にて発行し、もっともよく流通す。その種類には、一吊、二吊、三吊、四吊、五吊、および十吊の六種あり。一吊をもって、もっとも多しとす。

当地の一吊は、小銭にして、銅元一枚を二十文とし、五十枚をもって一吊文となす。

当地銭舗は、大小すべて二十余家あり。その大なるものは、

徳源　洪順　利泰

とす。この地は原来、商業地にあらざるをもって、したがって銭舗の大なるものなく、業務もまた自ら狭小にして、わずかに銭票の発行、換銭あるいは小額の送金、為替を営むに過ぎず。しこうして普通、為替をとり組まんと欲するものは、その西方なる沙河に出で、その他の銭舗に依頼するを常とす。

第四十章 濰県における貨幣および金融機関

第一節 流通貨幣

濰県の通貨は、銀両、銅元、制銭、銀元、小洋および銭票、紙幣等なり。

制銭は、青島のものに比して、一般に佳良なり。その計算法は、一個制銭は二京銭にあたり、九百八十八京銭をもって一吊文とす。代金支払いにおいて、一吊文まではその実際額を、一吊文以上は三個制銭を少なくす。また六百大銭以上は、六個制銭を控除するの慣習あり。

銅元流通するも制銭良好なるをもって、その七個をもって銅元一個にあつ（ときにより多少差異あり）。市民は、一般に銅元よりも制銭の授受を喜ぶ。

銀元には、メキシコ銀と龍洋あり。同一価格にて流通す。小洋に対して一角内外の打歩を有す。この地、偽メキシコ銀多きをもって、その品質鑑定きわめて厳重なり。小洋銭は二角、一角のもの多く、五角および五分等はほとんど見る能わず。青島のごとく、湖北、江南のもの多く流通す。

徳華銀行兌換紙幣は、銀行者および大商店においては、割引なくして流通す。紙幣としてもっともよく流通するは、銀票、銭票および荘票とす。銀票とは銀両に対するものにして、中国銀行および山東銀行は、庫平足宝票を発行す。

銭票は、制銭あるいは銅元に対して、銀行者あるいは大商人の発行するものにして、一片の紙に金額を書し、発行者の字号を捺印し、簡単なるものなり。その種類は、一吊文より二十吊文にいたる各種あり。近来、間々《まま》、偽造銭票出るにより、銀行者は比較的精密に印刷されたる銭票を発行するにいたれり。銭票を発行する銀行業者は、その兌換について責任を有すれども、その発行たるや官の許可を得たるにあらず。何の制限なく随意に発行し、市上に転々流通するものなれば、危険はなはだし。しかれども中国人は、債務不還の制裁、非常に厳重なるをもって、わずかにその濫発を戒む。

銀票、銭票、荘票は濰県城内外、およびその付近にて流通するのみにて、他地方にては、一切通用せず。濰県において鋳造する馬蹄銀は、濰県白宝銀と称し、品位は九八七ないし九八八なり。濰県標準平は濰平という。標準成色は足宝なり。

濰平一〇〇両＝	膠平	一〇一・八両
濰平一〇〇両＝	上海九八規銀	一〇七・九両―一〇八・一八両
濰平一〇〇両＝	済南済平	一〇〇・二両

第二節　金融機関

濰県における中国銀行は、山東銀行をはじめ、かつて五十一家あり。多くは兼業するものにして、純然たる銭荘は二十余家に過ぎず。そのおもなるものは、

城裡　官銀号　益和　徳興益
和興永　合大昌　天成　東関
正興　利源福　協聚泰　瑞半泰

銭荘専門のものは、その資本金は五、六千両より、大なるものは二、三万両を有す。その組織は、一個人にして出資し、自らこれを経営するものあり。また数人の合資になり、支配人をして、一切の業務を担当せしむるあり。なかんずく後者の法をとるもの多し。資本主は多く、登州、黄県の人なり。その出資に二種あり。一は普通の資本にして、これを成本といい、他は付本と称して、業務の拡張するにしたがい、成本の欠を補い増資するものにして、預金の形にて放資するものあれば、これに対しては、一定の利子を支払い、成本に対しては官利と称して、一定の利息を資本主に分配す。しこうして、純益金より官利を控除したる余利をもって、支配人および店員間に一定の率をもって配当するものとす。資本主は、利息および配当金を得るのほか、業務については関渉《かんしょう》することなく、ことごとく支配人に一任す。店員は一定せざれども十人内外なり。

その営業のおもなるものは、銀銭票の発行、預金、貸付、両替等とす。預金貸付の種類および利子のごときは、銀行と大差なし。為替取引先を有する地には取り組むも、近来は依頼者あるも、自らその取り組みをなさず。他の銀行に依頼し、銭荘はその間に多少の口銭を得るにとどまる。彼らのおもなる収入は、銀銭票および荘票の発行にあり、当地の銭荘にて、銀票を出すものは二家あり。庫平足宝金および濰平足宝銀票これなり。銭票は、制銭および銅元の二種あり。その発行高のごときは、知る能わざるも、準備金の四、五倍、はなはだしきは十倍にいたるものありという。多くは

印刷しあるも、なお肉筆のもの少なからず。

銀、銅の相場は、毎朝七時、東関大街上において、各銭業者集まり、定むるものとす。

濰県には、東関に銀炉二家あり。聚合、瑞興これなり。この地の銀炉は、ともに一個人の開設にかかり、資本金のごときは三、四千両を越えず。かの北京銀炉のごとく、資本多く、銀行業務を兼営するものとは、大にその趣を異にす。

その鋳銀手数料は、

五十両内外のもの一個	二百京銭
十両内外のもの一個	四十京銭

濰県における当舗は、城内に元降、豊亭、東関に謙益、裕豊の四家あり。利子は、月利二分、期限は二十四か月をもって満とす。その回購単、左のごとし。

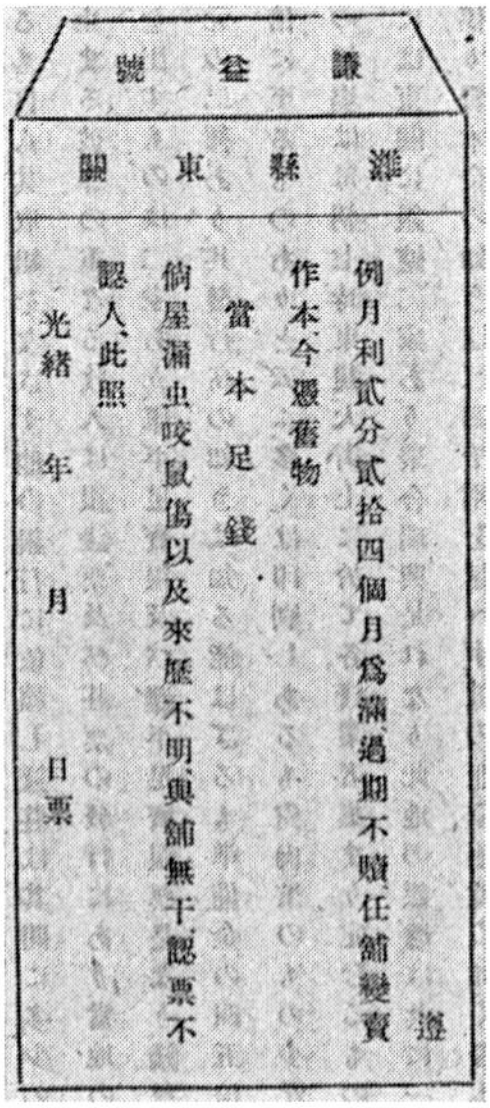
謙益號
濰縣東關
例月利貳分貳拾四個月爲滿過期不贖任舖變賣 遵
作本今憑舊物
當本足錢
倘屋漏虫咬鼠傷以及來歷不明與舖無干認票不
認人此照
光緒 年 月 日票

第四十一章

沙河鎮における金融機関

第九期生調査

第一節　銭舗

沙河は、一小鎮に過ぎざれども、その商業の盛なること、半島東部においては芝罘に次ぐ。平度県および液県の産物は、大部分、この地に集散するものなるをもって、大問屋の存するあり。ことに有名なる麦稈真田《ばっかんさなだ》の集散地にして、恒昇同、同祥順等、大なる問屋、少なからず。さらに、牛馬の市場として名あり。青島、芝罘等に関係多きがゆえに、為替取扱銭舗も少なからず。

当地銭舗の数は、大小合計五十余家あり。これ沙河は、金融上、重要の地位にあるゆえんなり。ただし銭舗の大部分は、両替を主とする小銭舗なり。その主なるものを列挙すれば、次のごとし。

一、為替取組をなす銭舗八家あり。すなわち左のごとし。

通聚桟　通聚永　合昶　聚昶
益昶　天和公　益和昌　瑞祥公

二、為替取組をなさざる銭舗。

永吉　万和堂　永聚桟　万聚桟
瑞祥同　天祥同　恒興同　義和
祥興隆　雲昌隆　雲昌祥

当地銭舗の滙票《わいひょう》は、上海宛のものもっとも多く、当地の千両は上海規銀千百三両二六に相当す。これを滙票相場の標準とす。

当地の使用する滙票は、三連単式にして、上海、芝罘等の様式と大差なし。その様式、左のごとし。

留根

今在沙河滙收到
某々名下上海規銀若干兩整訂明滙至上海見票期幾天
無利清付此致
上
某々號照付　　　　留根

字第　　號

滙票

今在沙河滙收到
某々寶號名下上海規銀若干兩整訂明滙至上海見票遲
期　天無利照數清付此票如有遺失作爲故紙無保不
付此據
上海
某々號照付　　　　滙票

字第　　號

票根

某々寶號上海規銀若干兩整訂明滙至上海見票遲期
天照票清付勿悞是荷此據
某々號照付　　　　票根

留根はまた存根と称し、自店の控えとなす。滙票は為替票にして、為替依頼者に交付し、依頼者、これを送金先へ郵送す。票根は、手形振宛先への通知書なり。

第二節　当舗

当地には、当舗としては、ただ滙源永の一家あるのみ。

中國度量衡の不統一は、山東省においても各地各種のものをもちい、もし単位名称、衡器名称、相同じとするも、衡器の製造粗にして、その間に精確なる標準をとり難く、これらの状態は中国全国を通じて、どこも異なるところなし。

第十編

度量衡

Japan met Shandong in 20th Century

第十編　度量衡　787

第一章

尺度

中国度量衡の不統一は、山東省においても各地各種のものをもちい、もし単位名称、衡器《こうき》名称、相同じとするも、衡器の製造粗にして、その間に精確なる標準をとり難く、これらの状態は中国全国を通じて、どこも異なるところなし。

開市場にては、外人間あるいは外人対中国間において、メートル、ヤードおよび海関所定の度量衡のもちいらるるあり。中国人間にもっぱらもちいらるるものには、裁衣尺、粗布尺、木頭尺等の名あり。裁衣尺はまた布尺といい、各種織物にもちゆるより、その名あり。粗布尺は土産の綿布にもちい、白布尺または土布尺の名あり。木頭尺は、木尺または木匠尺と称し、もっぱら木匠のもちゆるものとす。また裁衣尺を小尺といい、木匠尺を大尺と名づくる地方もあり。

一地方にて数種の尺度をとり、この間に標準を求めんとすとも、能わざるは当然のことに属すれども、今、ためしにその我が国の尺度に対し、大体の比較をとれば、次のごとし。

	裁衣尺	粗布尺	木頭尺
青島	一・一八尺	一尺	〇・九一尺
済南	一・一四尺	一・九〇尺	一・〇四尺
芝罘	一・一五尺―一・一四尺	―	一・〇五尺(官尺という)
膠州	一・一五尺	―	―
高密	一・一五尺	―	―
諸城	一・〇七尺	―	―
莒州	一・一五尺	一・七二尺	一・〇三尺
沂州	一・一五尺	一・七八尺	一・〇八尺
蒙陰	一・一五尺	二・〇六尺	一・七八尺
新泰	一・一四尺	一・九〇尺	―
済陽	一・一三尺	二・五五尺	一・八一尺
斉東	一・一六尺	一・七四尺	―
青城	一・一六尺	二・〇七―一・九五尺	一・七四尺
蒲台	一・一六尺	―	一・七四尺
泰安	一・一六尺	一・九三尺	―

利津	一・一七尺	一・九八尺	一・七五尺
武定	一・一五尺	一・七二尺	一・〇四尺
周村鎮	一・一七尺	一・七五尺	一・〇四尺
臨清	一・一五尺	—	一・〇四尺
濰県	一・一五尺	—	〇・九八尺
滕県	一・一六尺	—	一・七三尺
兗州	一・一六尺	—	一・八四尺

等のごとく。裁衣尺に対し、粗布尺はおおむね五割大なるを常とし、木頭尺は各地大小の差多し。

土地丈量《じょうりょう》には、官府に有する歩弓をもちゆ。その一尺を営造一尺とし、五尺を一尺とし、五尺平方を一歩とすれども、各官府必ずしも同一なるをもちいず。また一畝の地積は、二百四十歩を原則とすれども、山東には大畝なるものあり。三百六十歩あるいは四百二十歩を一畝となす。

第二章

量

量器は穀類に多くもちゆるも、これをもちいずして、もっぱら重量にしたがうものもあり。その量器をもちゆる地方も、その標準は重量よりとれる多し。

済南にては、県衙門に有する竹筒を標準とし、これを筒子という。穀類の問屋は、おのおのこれにしたがう二筒を一箒とし、一箒は我が約六合内外にあたる。しこうして、二十箒あるいは二十二箒、または二十四箒、二十六箒をもって、一斗となすあり。その間に大小の差はなはだし。南門外南関にては、次のごときをもちゆ（一箒―我が六合二勺）。

一升＝	二・六筩＝	我が	一・六一升
一斗＝	二六・〇筩＝	我が	一・六一斗
一石＝	二六〇・〇筩＝	我が	一・六一石

西関にては、次のごとく定む。

一升＝	二・四筩＝	我が	一・四九升
一斗＝	二四・〇筩＝	我が	一・四九斗
一石＝	二四〇・〇筩＝	我が	一・四九石

白米小売には、一・八筩をもって一升とす。その他城の内外には、二筩ないし二・四筩の間の種々異なれるをもちゆ。

芝罘にては、煙錦斗と名づくるをもちゆ。もし取引において量器の紛議生ずるときは、鑵子《かんす》といえる竹筒によりこれをはかり、竹筒五十二鑵七をもって一斗となす。この竹筒中の標準は、裕成機と称する油房において発売するものとし、その一鑵は、我が約三合にあたる。これにより比較をとれば、

一升＝	五・二七鑵＝	我が	一・五八一升
一斗＝	五二・七〇鑵＝	我が	一・五八一斗
一石＝	五二七・〇〇鑵＝	我が	一・五八一石

のごとし。

青州府にて、一升、一合の二種の枡の容量を測定したるに、次のごときを見る（我が国の尺にて）。

	一合枡	一升枡
枡口一辺の長さ	二・五五寸	三・六〇寸
枡底一辺の長さ	一・五〇寸	五・五〇寸
枡口枡底間の高さ	一・四〇寸	二・八〇寸

これにより、その容量を計算すれば、次のごとし。その一合と一升との比、相合せざるも、その器、精巧ならざれば、いかんともなしがたし。

一合枡	六・一二六四立方寸＝	我が約	九・四勺
一升枡	六〇・四八〇立方寸＝	我が約	九・三合

また、筒子をもちい、その二十七筒を一斗となすも

のもあり。

青城県においては、大升、小升の別あり。前者は十升をもって一斗とし、後者は十二升をもって一斗とす。二者の枡を見れば、

	大升	小升
枡口一辺	三・五寸	三・三寸
枡底一辺	五・八寸	五・三五寸
高さ	二・八寸	二・七寸
容積	六四・二四六立方寸	五三・三四立方寸

蒲台県には、二合五勺を一鑵《かん》と名づく。糧店の枡にはタンと称し、その内部四隅に厚き紙を貼《ちょう》し、もってその容量を少なからしむるを見る。枡の大きさは次のごとし。

	一升	五升
枡口一辺	五・六寸	三・二寸
枡底一辺	二・六寸	一〇・〇寸
高さ	二・四寸	四・六寸
容積	四五・七四立方寸	二五三・五立方寸

利津にては、筒子あり。二三・五筒子をもって、一斗となす。その枡の大きさは次のごとし。

	一升	一斗
枡口一辺	四・二寸	六・六寸
枡底一辺	五・五寸	一二・二寸
高さ	二・六寸	六・九寸
容積	六二・二五立方寸	六六三・七八立方寸

武定にては、二二・五筒を一斗と名づけ、また粟一斤は二合五勺にあたるとし、枡をつくる。その枡の大きさは次のごとし。

	一升	一鑵
枡口一辺	三・三寸	四・四寸
枡底一辺	三・八寸	二・八寸
高さ	六・一寸	一・五寸
容積	七七・二五七立方寸	二〇・四〇立方寸

また重量により量をいう地方にては、各種の穀類につき、その一斗は若干斤なるを定む。芝罘にては左の

ごとく称す。

上海白米	一斗	三八斤―三七斤（公議平）
コーリャン	一斗	三五斤―三四斤
緑豆	一斗	三九斤―三八斤
小豆	一斗	三八斤―三七斤
粟	一斗	三八斤―四〇斤
麦	一斗	三八斤―三四斤

滕県にては、十五斤を一升、百五十斤を一斗というあり。また一斤半を一筒といい、十筒を一升という。

兗州府にて、麦一斗は百斤、緑豆一斗は百八斤、コーリャン一斗は八十斤とするごとく、各種によりこれを定むるを見る。

第三章

衡

青島をはじめ開市場には、イギリスおよびフランスの衡ももちいられ、また海関所定の百三十三ポンド＝百斤のものも行なわる。青島にては、一九〇五年、ドイツ政庁は租借地内の度量衡を定め、膠州に行なわるるものに準じ、その標準を定む。これによれば、

一両＝		三六・二三グラム＝	我が約　九・六匁
一六両＝	一斤＝	五七九・六八グラム＝	我が約　一五四・〇匁

となす。ただしこの規定は、銀錠《ぎんじょう》の平を準としたるものにして、中国人の多くもちゆる貨物平は、行秤と称し、この銀平の一斤は、行秤の十六両ないし十九両

の間にあり。普通には、

行秤一斤二両＝	銀平一斤＝	我が約　一五四・〇匁
行秤一斤＝	銀平〇・八八八斤＝	我が約　一三六・七匁

のもの多くもちいらる。

済南にては、貨物秤として、三斤六両秤なるもの多く使用せらるる。これ制銭五百文の重量は、三斤六両なりと定め、これより標準をとりしために名づく。しかれども制銭の重量は、かく一定せるものにあらず。また秤器も各差異あり。標準を定むべきなし。その測定は大概、次のごとし。

一両＝	＝	我が八・七五匁	
一六両＝	一斤＝	我が〇・八八斤＝	約一四〇・〇匁

この他に三斤六両加半秤なるものあり。石炭、コークス等にもちゆ。三斤六両秤より五割大なるものとす。また三種の単洋秤なるものあり。その大概の比較は次のごとし。

三単洋秤　一斤＝	我が約　一五七・五匁
五単洋秤　一斤＝	我が約　一六一・四匁
八単洋秤　一斤＝	我が約　一六五・四匁

芝罘の貨物秤は、これを称《チョン》といい、力称、手称、戥子、荳餅称等、種々の名あれども、その標準はほとんど同一にして、これを総称し、公議量という。その銀を秤量する煙台漕平との比較は次のごとく称せらる。

煙台漕平	一六両	称	一五両五銭
称	一六両	煙台漕平	一六両五銭

その内割、外割の別をいわざれば、精確にこれを定むる能わざれども、漕平を基礎としてはかれば、次のごとくなるを見る。

称	一両＝	漕平一・〇三一二五両
煙台漕平	一両＝	五六三・七七〇グレーンス
称	一両＝	五八一・三八七グレーンス

高密諸城には行平、膠州平行なわる。その比較を見

れば、

行平　一斤＝	我が〇・九二五斤＝	約一四八・〇匁
膠平　一斤＝	我が〇・八二斤＝	約一三一・二匁

沂州府には、十五両七秤および十五両三秤の二あり。落花生、牛骨、砂類、豆油等は前者をもちゆ。青島の行秤と大概、次のごとき比較なり。

十五両七秤	一〇〇斤＝	青島行秤	九四―九四・五斤
十五両三秤	一〇〇斤＝	青島行秤	八七斤

沂州付近二、三地の秤を見れば、

関西坡の十五両七秤	一〇〇斤＝	青島行秤	九二斤
諸満の十五両三秤	一〇〇斤＝	青島行秤	八七斤
碼頭の十四両秤	一〇〇斤＝	青島行秤	八四斤

のごときあり。

その他、各地にてもちゆる秤の大略《たいりゃく》を挙ぐれば次のごとし。

	秤名		
蒙陰	十六両秤	一斤＝	我が約〇・九斤
泰安	三斤四両秤	一斤＝	我が約一・〇〇一二斤
済陽	三斤半秤	一斤＝	我が約〇・九斤
斉東	十六両秤	一斤＝	我が約〇・八八斤
斉東	三斤半秤	一斤＝	我が約〇・七八斤
蒲台	二十両秤	一斤＝	我が約一・二〇斤
蒲台	行秤	一斤＝	我が約一・〇斤
青城	三斤半秤	一斤＝	我が約〇・九斤
利津	行秤（十六両平）	一斤＝	我が約〇・九五斤
利津	二十三両五秤	一斤＝	我が約一・四五斤
利津	二十四両秤		
武定	行秤（十六両平）	一斤＝	我が約〇・八六斤
武定	十八両秤	一斤＝	我が約一・〇斤
莒州	莒州行秤	一斤＝	我が約〇・九斤

第四章 海関所定度量衡

海関所定の度衡は、イギリス、フランス等が中国と結びし通商条約規定にしたがうものにして、その制度次のごとし。

度

一尺 Ch'ih＝	一〇寸 Tsun ＝	一四・一インチ＝	我が一・一八一八尺

衡

一担 Picul＝	一〇〇斤＝	一三三・一／三ポンド＝	我が一六・一二七八四貫
一斤 Catty＝	一六両＝	一・一／三ポンド＝	我が一六一・二七八四匁
一両 Teal＝	一〇銭＝	一・一／三オンス＝	一〇・〇七九九匁
一銭 Mace＝	一〇分＝	〇・一／三オンス＝	一・〇七九九匁
一分 Candarin＝	一〇厘＝	〇・〇一／三オンス＝	一・〇七九九分

第五章 中国政府所定度量衡

清末農工商部および民国政府が、民国四年に発布したる条例によれば、その規定次のごとし。

度

一里 Li＝	一、八〇〇尺＝	五七六メートル＝	我が五・二八町
一引 Yin＝	一〇〇尺＝	三二メートル＝	我が一〇五・六尺
一丈 Chang＝	一〇尺＝	三二デシメートル＝	我が一・五六丈
一歩 Pu＝	五尺＝	一六デシメートル＝	我が五・二八尺
一尺 Ch'ih＝	一〇寸＝	三二センチメートル＝	我が一・〇五六尺
一寸 Tsun＝	一〇分＝	三二ミリメートル＝	我が一・〇五六寸

量

一石 T'an=	二斛=	一〇三・五四六八リットル=	我が五・七四〇一斗
一斛 Hu=	五斗=	五一・七七三四リットル=	我が二・八七〇〇五斗
一斗 Tou=	一〇升=	一〇・三五四六八リットル=	我が五・七四〇一升
一升 Shêng=	一〇合=	一・三五四六八リットル=	我が五・七四〇一合
一合 Ho=	一〇勺=	一・〇三五四六八デシリットル=	我が五・七四〇一勺
一勺 Shuo=	一〇撮=	一・〇三五四六八センチリットル=	我が五・七四〇一撮

衡

一斤 Chin=	一六両=	五九六・八一六グラム=	我が一五九・一一〇四匁
一両 Liang=	一〇銭=	三七・三〇一グラム=	我が九・九四四四匁
一銭 Ch'ien=	一〇分=	三・七三〇一グラム=	我が九・九四四四分
一分 Fên=	一〇厘=	〇・三七三〇一グラム=	我が九・九四四四厘

地積

一頃 Ch'ing=	一〇〇畝=	六一四・四アール=	我が六・一九五二町
一畝 Mon=	一〇分=	六・一四四アール=	我が六・一九五二畝
一分 Fên=	一〇厘=	〇・六一四四アール=	我が一八・五八五六歩
一厘 Li=	一〇毛=	〇・〇六一四四アール=	我が一・八五八五六歩

第四巻

山東省
中国省別全誌

終

中国省別全誌 東亜同文会編

底本 国会図書館所蔵 支那省別全誌（1917～20年）

中国省別全誌 第一巻 広東省
中国省別全誌 第二巻 広西省
中国省別全誌 第三巻 雲南省
中国省別全誌 第四巻 山東省
中国省別全誌 第五巻 四川省
中国省別全誌 第六巻 甘粛省（付新疆）
中国省別全誌 第七巻 陝西省
中国省別全誌 第八巻 河南省
中国省別全誌 第九巻 湖北省
中国省別全誌 第十巻 湖南省
中国省別全誌 第十一巻 江西省
中国省別全誌 第十二巻 安徽省
中国省別全誌 第十三巻 浙江省
中国省別全誌 第十四巻 福建省
中国省別全誌 第十五巻 江蘇省
中国省別全誌 第十六巻 貴州省
中国省別全誌 第十七巻 山西省
中国省別全誌 第十八巻 直隷省

初版 中国省別全誌 奥付

大正六年九月二十六日 印刷
大正六年九月三十日 発行

著作者兼発行者 東亜同文会
右代表者 小川平吉
東京市赤坂区溜池二番地
印刷者 佐久間衡吉
東京市京橋区西紺屋町二十七番地
印刷所 秀英舎
東京市京橋区西紺屋町二十七番地
発行所 東亜同文会
東京市赤坂区溜池二番地
電話芝 一二一五番
振替東京 九七三〇番

著者紹介
東亜同文会
1898年設立。初代会長は近衛篤麿。東亜同文会によって上海で設立された東亜同文書院の学生たちが中国全土を踏査。1920年に『支那省別全誌 全18巻』として刊行された。

編者紹介
日本旅のペンクラブ
昭和37年（1962）6月28日に設立。旅の文化の向上をめざすとともに、自然環境保護や地域活性化のため、取材例会、観光振興への提言などさまざまな活動を続けています。

・本書はオンデマンド印刷で作成されています。
・本書の内容に関するご意見、お問い合わせは、発行元の
　まちごとパブリッシング info@machigotopub.com までお願いします。

Classics&Academia
中国省別全誌 第四巻 山東省

Digital Publishing

2017年11月14日　発行

著　者　東亜同文会
編　者　日本旅のペンクラブ
発行者　赤松　耕次
発行所　まちごとパブリッシング株式会社
〒181-0013　東京都三鷹市下連雀4-4-36
URL　http://www.machigotopub.com/
発売元　株式会社デジタルパブリッシングサービス
〒162-0812　東京都新宿区西五軒町11-13
清水ビル3F
印刷・製本　株式会社デジタルパブリッシングサービス
URL　http://www.d-pub.co.jp/

MP199

ISBN978-4-86143-333-7 C0325　Printed in Japan